早稻田大学日本史

第一卷 弥生古坟时代

[日] 久米邦武 著
米彦军 译

图书在版编目（CIP）数据

早稻田大学日本史. 卷一, 弥生古坟时代 / (日) 久米邦武著 ; 米彦军译. -- 北京 : 华文出版社, 2019.11
（华文全球史）
ISBN 978-7-5075-5190-7

Ⅰ. ①早… Ⅱ. ①久… ②米… Ⅲ. ①日本—古代史 Ⅳ. ①K313.2

中国版本图书馆CIP数据核字(2019)第214125号

早稻田大学日本史（卷一）：弥生古坟时代

作　　者：[日] 久米邦武
译　　者：米彦军
选题策划：华盛卓也
插图供应：029—85504182
责任编辑：董云梅
出版发行：华文出版社
社　　址：北京市西城区广外大街305号8区2号楼
邮政编码：100055
网　　址：http://www.hwcbs.com.cn
电　　话：总编室010—58336239
　　　　　发行部010—58336212
经　　销：新华书店
印　　刷：三河市国英印务有限公司
开　　本：710×1000　1/16
印　　张：36.25
字　　数：554千字
版　　次：2019年11月第1版
印　　次：2019年11月第1次印刷
标准书号：ISBN 978-7-5075-5190-7
定　　价：140.00元

版权所有　侵权必究

出版前言

随着中国开放的大门的越开越大，关注世界各国尤其是西方国家文明的源流、发展和未来已经成为当下世界史研究的一个热点，为了成系统地推出一套强调"史源性"且在现有世界史出版物中具有拾遗补阙价值的作品，我们经过认真论证，推出了"华文全球史"系列，首次出版约为一百个品种。

"华文全球史"系列从书目选择到人名地名的规范，从书稿中图片的采用到译者的确定，都有比较严格的遴选规定、编审要求和成稿检查，目的就是要奉献给读者一套具有学术性、权威性的高质量的世界史系列图书。

书目的选择。本系列图书重视世界史学科建设，视角宽阔，层级明晰，数量均衡，有所突出。计划出版的华文全球史中，既有通史，也有专题史，还有回忆录，基本上是世界历史著作中的上乘之作，同时也是填补国内同类作品出版的空白。

人名地名规范。本系列图书中人名地名，译名规范，重视专业性。同时，在人名翻译方面，我们坚持"姓名皆全"的原则，加大考据力度，从而实现了有姓必有名，有名必有姓，方便了读者的使用。另外，在注释方面，书中既有原书注，即完整地保留了原著中的注释；也有译者注，又体现了译者的研究性成果。

书中的插图。本系列图书的一个重要特征是书中都有功能性插图，这些插图全方位、多层次、宽视角反映当时重大历史事件、或与事件的场景密切相关，涉及政治、军事、经济、社会、外交、人物、地理、民俗、生活等方面的绘画作品与摄影作品。全景插图与文字结合，赋予文字视觉的艺术，增加了文字的内涵。

译者的确定。本系列图书的翻译主要凭借的是一个以大学教师为主的翻译团队，团队中不乏知名教授和相关领域的资深人士。他们治学严谨，译笔优美，为确保质量奉献良多。

"华文全球史"系列作为一套具有较高学术价值的优秀的世界历史丛书，对增加读者的知识，开阔读者的视野，具有积极的意义。但也要看到，很多西方历史学家虽然也包含着一些正确的即符合事实的观点，但很多都存在错误的历史观，甚至还有较多的史实的歪曲，对于这些，我们希望读者不要不加分析地对它们全盘接受或全盘否定，而是要批判地吸收外国文化中有益的东西。

华文出版社
2019 年 8 月

出版要旨

　　日本坊间流行的日本史书种类很多，数量很大，堪称汗牛充栋。然而，其中很多史书是教科书，读起来索然寡味。此外，还有各种各样的人物传记、年代记、稗史、杂书。严格来讲，这些书算不上真正的史书。因此，可以说时至今日，还没有一套真正的日本史书。

　　近年来，人类学、语言学、心理学、地理学发展很快，日新月异，而且研究成果很多。这大大推进了历史学的发展。不仅如此，通过利用多学科知识，调查和分析史料，史学家们发现在此之前的日本史书中有诸多谬误。上古的日本史与神话混为一谈。中古以后的日本历史则和小说混为一谈。甄别哪些是信史、哪些是伪造的历史是很困难的。不光日本历史这样，外国的历史也是这样。《古事记》和《日本书纪》都是这样。

　　《古事记》《日本书纪》问世之后，日本史学家也编纂了很多史书。这些史书既有信史，也有伪史，可以说鱼龙混杂。《大日本史》是一套大部头史书，但仔细阅读这套史书可以发现，其中混杂了很多稗史的内容。综上所述，不难发现，日本史学界亟需一套更好、更完善的日本史书问世。

　　近年来，科学取得了长足的进步。史学家不会允许真伪难辨的历史永远存在下去，必定要搞个水落石出。他们必然会利用科学知识，进行彻底调查和分析，去伪存真，否则不会善罢甘休。史学家会从地名、谚语、古代遗物等方面着手，发现历史的真相。

中古以后，日本有大量史料，这对查明历史真相大有裨益。各个领域的科学家也开始研究历史的真相。结果，学界涌现了《史海》《史学会杂志》《史学界》《语言学会杂志》《人类学会杂志》《地学学会杂志》等发表历史学论文的杂志。但这些历史学论文只是日本历史的片断而已。迄今为止，日本史学界还没有一套真正研究日本历史全貌的读物。

前些年，帝国文科大学让重野安绎、久米邦武、星野恒三位教授编纂了《国史眼》这套书。这套书比此前出版的日本史书又前进了一步。然而，这套书是作为教科书编纂的，都是很简短的小册子，读起来非常枯燥。

研究日本上下三千年历史，搞清楚日本历史的真相，是一个人无法做到的。一个人能力再高，搞清楚这些问题也要花费百年的时间。当今社会发展和科技进步日新月异，岂会白等百年时间？因此，编纂日本史的捷径是把日本国史分成几个历史阶段，让各个历史阶段的专家公布其研究成果，然后合在一起，于是全套日本史就出现了。

早稻田大学经过深思熟虑，邀请相关领域的历史学家，将各自的研究成果编成历史学讲义。这些讲义获得史学界的称赞。与此同时，读者和学者都认为这些讲义未完全体现各个时代的历史全貌。

经过不懈的努力，各个时代的历史已经编纂成册，做好了发行准备，希望史学爱好者不吝赐教。现将各个时代的作者列举如下：

一、《弥生古坟时代》，作者久米邦武；

二、《飞鸟宁乐时代》，作者西村真次；

三、《奈良时代》，作者久米邦武；

重野安绎

四、《平安时代》，作者池田晃渊；

五、《镰仓时代》，作者三浦周行；

六、《南北朝时代》，作者久米邦武；

七、《室町时代》，作者渡边世祐；

八、《安土桃山时代》，作者渡边世祐；

九、《德川幕府时代》（上），作者池田晃渊；

十、《德川幕府时代》（下），作者池田晃渊；

十一、《幕末史》，作者小林庄次郎；

十二、《维新史》，作者本多辰次郎。

这套丛书的诸位作者有的在修史局担任编修；有的参加大日本史的史料整理，负责某一时代历史的史料编纂；有的在宫内省掌管着机密古文书。他们知道一些鲜为人知的史料，哪怕只言片语也会对史学研究大有裨益。丛书展现了很多新事实。读者也许会对此感到惊讶，会认为丛书是日本国史的"破坏者"。事实上，丛书以正确的史料为根据，通过严密的考证来论述历史问题，言之有物，有理有据，相信会在史学界大放异彩。

早稻田大学出版部

目　录

第1章　绪　论 …………………………………………………… 001

　　第1节　历史的经验和知识的发展 ………………………… 001

　　第2节　时代的思想与历史的纵横观 ……………………… 003

第2章　时代的思想与历史的纵横观 …………………………… 007

　　第1节　日本的原住民 ……………………………………… 007

　　第2节　中国北部的原住民 ………………………………… 010

　　第3节　中国南部的原住民 ………………………………… 016

　　第4节　朝鲜半岛的南方种族和北方种族 ………………… 023

　　第5节　亚洲人种的两大流派 ……………………………… 024

第3章　日本的古代疆域 ………………………………………… 027

　　第1节　日本的南北人种之争 ……………………………… 027

　　第2节　日本和朝鲜及闽地的联合 ………………………… 031

　　第3节　高志人和虾夷人 …………………………………… 033

　　第4节　三地联合时期的统治 ……………………………… 036

第4章 宗教和政治的起源 ········· 039

第1节 宗教和国县形成的顺序 ········· 039

第2节 神裔及其氏神 ········· 043

第3节 南方种族与北方种族的优劣 ········· 045

第4节 日本各地的祖神崇拜 ········· 048

第5章 伊奘诺尊和伊奘冉尊循服八洲 ········· 051

第1节 日本的传说时期和有史时期 ········· 051

第2节 伊奘诺尊和伊奘冉尊循行八洲 ········· 056

第3节 出云的黄泉军 ········· 059

第4节 出云和新罗的关系 ········· 062

第5节 天照大神与素盏鸣尊的誓约 ········· 065

第6节 三种神器的由来 ········· 072

第6章 朝鲜与闽地的上古时期 ········· 077

第1节 新罗的上古时期 ········· 077

第2节 素盏鸣尊时期的新罗 ········· 087

第3节 日本和新罗的往来 ········· 089

第4节 闽地的上古时期 ········· 094

第7章 萤蝇之乱 ········· 099

第1节 忍穗耳尊和大己贵命 ········· 099

第2节 忍穗耳尊的西降 ········· 102

第3节 萤蝇之乱的形势 ········· 107

第4节 日韩的古宗教 ········· 111

第 5 节　日本上古的尚武风气 ⋯⋯⋯⋯⋯⋯⋯⋯⋯⋯⋯⋯⋯⋯⋯⋯ 115

第 8 章　日本的统一 ⋯⋯⋯⋯⋯⋯⋯⋯⋯⋯⋯⋯⋯⋯⋯⋯⋯⋯⋯⋯⋯⋯ 121

第 1 节　大己贵命建国 ⋯⋯⋯⋯⋯⋯⋯⋯⋯⋯⋯⋯⋯⋯⋯⋯⋯⋯⋯⋯ 121

第 2 节　天穗日和少彦名 ⋯⋯⋯⋯⋯⋯⋯⋯⋯⋯⋯⋯⋯⋯⋯⋯⋯⋯ 127

第 3 节　出云避国 ⋯⋯⋯⋯⋯⋯⋯⋯⋯⋯⋯⋯⋯⋯⋯⋯⋯⋯⋯⋯⋯⋯ 130

第 4 节　大倭开国与大三轮君的兴起 ⋯⋯⋯⋯⋯⋯⋯⋯⋯⋯⋯⋯ 134

第 5 节　尾张连与物部连 ⋯⋯⋯⋯⋯⋯⋯⋯⋯⋯⋯⋯⋯⋯⋯⋯⋯⋯ 138

第 9 章　高千穗宫时代 ⋯⋯⋯⋯⋯⋯⋯⋯⋯⋯⋯⋯⋯⋯⋯⋯⋯⋯⋯⋯⋯⋯ 143

第 1 节　天孙西降及伴部 ⋯⋯⋯⋯⋯⋯⋯⋯⋯⋯⋯⋯⋯⋯⋯⋯⋯⋯ 143

第 2 节　吾田国和熊袭 ⋯⋯⋯⋯⋯⋯⋯⋯⋯⋯⋯⋯⋯⋯⋯⋯⋯⋯⋯ 148

第 3 节　海幸山幸及海盗的由来 ⋯⋯⋯⋯⋯⋯⋯⋯⋯⋯⋯⋯⋯⋯ 154

第 4 节　筑紫君和邪马台 ⋯⋯⋯⋯⋯⋯⋯⋯⋯⋯⋯⋯⋯⋯⋯⋯⋯⋯ 160

第 5 节　丰玉姬及婚姻的古俗 ⋯⋯⋯⋯⋯⋯⋯⋯⋯⋯⋯⋯⋯⋯⋯ 165

第 10 章　大倭肇国 ⋯⋯⋯⋯⋯⋯⋯⋯⋯⋯⋯⋯⋯⋯⋯⋯⋯⋯⋯⋯⋯⋯⋯⋯ 171

第 1 节　巡行筑紫 ⋯⋯⋯⋯⋯⋯⋯⋯⋯⋯⋯⋯⋯⋯⋯⋯⋯⋯⋯⋯⋯⋯ 171

第 2 节　东征军草香之败 ⋯⋯⋯⋯⋯⋯⋯⋯⋯⋯⋯⋯⋯⋯⋯⋯⋯⋯ 177

第 3 节　熊野和吉野及宇陀的形势 ⋯⋯⋯⋯⋯⋯⋯⋯⋯⋯⋯⋯ 184

第 4 节　大倭背击 ⋯⋯⋯⋯⋯⋯⋯⋯⋯⋯⋯⋯⋯⋯⋯⋯⋯⋯⋯⋯⋯⋯ 190

第 5 节　橿原肇国 ⋯⋯⋯⋯⋯⋯⋯⋯⋯⋯⋯⋯⋯⋯⋯⋯⋯⋯⋯⋯⋯⋯ 198

第 11 章　大倭的缺史时代 ⋯⋯⋯⋯⋯⋯⋯⋯⋯⋯⋯⋯⋯⋯⋯⋯⋯⋯⋯ 205

第 1 节　大倭的生机和开拓东国 ⋯⋯⋯⋯⋯⋯⋯⋯⋯⋯⋯⋯⋯⋯ 205

第 2 节　西国及朝鲜的变迁 ⋯⋯⋯⋯⋯⋯⋯⋯⋯⋯⋯⋯⋯⋯⋯⋯ 215

- 第 3 节　手研耳之变 ··············· 220
- 第 4 节　筑紫和朝鲜的动静 ··············· 226
- 第 5 节　筑紫衰乱和句丽强盛 ··············· 234

第 12 章　大倭的第二次肇国 ··············· 243
- 第 1 节　筑紫的再兴 ··············· 243
- 第 2 节　神宫和皇居的分离 ··············· 248
- 第 3 节　镇压畿内和征服荒夷 ··············· 256
- 第 4 节　筑紫之乱及任那开府 ··············· 263

第 13 章　设置国县 ··············· 271
- 第 1 节　景行天皇西巡 ··············· 271
- 第 2 节　日本武尊小碓命征讨熊袭 ··············· 281
- 第 3 节　日本武尊小碓命征讨虾夷 ··············· 288
- 第 4 节　景行天皇东巡 ··············· 297
- 第 5 节　设置国县 ··············· 302

第 14 章　倭国扩张版图 ··············· 315
- 第 1 节　仲哀天皇西巡和神功皇后征朝鲜 ··············· 315
- 第 2 节　忍熊王之乱 ··············· 323
- 第 3 节　百济归附 ··············· 329
- 第 4 节　吸收大陆的学问艺术 ··············· 339
- 第 5 节　扩张版图和迁都难波 ··············· 349

第 15 章　京师贵族相互倾轧 ··············· 361
- 第 1 节　难波宫的繁荣 ··············· 361

  第 2 节 墨江御子之变 ……………………………………… 369

  第 3 节 允恭天皇之英迈 …………………………………… 378

  第 4 节 眉轮王之变 ………………………………………… 385

  第 5 节 雄略天皇改良工艺 ………………………………… 393

  第 6 节 百济重建 …………………………………………… 400

  第 7 节 日本内地各国的动静 ……………………………… 407

第 16 章 任那筑紫之变动 ………………………………………… 415

  第 1 节 皇统衰微和继体天皇继位 ………………………… 415

  第 2 节 任那之纷扰 ………………………………………… 423

  第 3 节 平定筑紫，设立太宰府 …………………………… 430

  第 4 节 任那复兴问题 ……………………………………… 437

  第 5 节 新罗破百济和任那 ………………………………… 445

第 17 章 国教国政改革 …………………………………………… 451

  第 1 节 佛教的传播 ………………………………………… 451

  第 2 节 肃慎、虾夷之动摇 ………………………………… 458

  第 3 节 物部首屋败亡 ……………………………………… 464

  第 4 节 三宝兴隆和任那重建 ……………………………… 473

  第 5 节 制定冠位宪法 ……………………………………… 480

  第 6 节 遣隋使和圣德太子的文化 ………………………… 486

第 18 章 天智帝中兴大业 ………………………………………… 493

  第 1 节 苏我氏擅权和山背大兄王败亡 …………………… 493

  第 2 节 苏我入鹿受诛和大化改新 ………………………… 500

第 3 节　大化时期日本国内的情况 …………………………………… 509

第 4 节　征讨虾夷和肃慎 …………………………………………… 516

第 5 节　遣唐使及救援百济 ………………………………………… 522

第 6 节　天智天皇的政治 …………………………………………… 530

第 19 章　天武天皇整顿朝纲 …………………………………… 537

第 1 节　壬申之乱 …………………………………………………… 537

第 2 节　天武天皇整顿朝政 ………………………………………… 545

第 3 节　八姓与修改位阶制度 ……………………………………… 549

第 4 节　迁都和开发南岛 …………………………………………… 556

后　记 …………………………………………………………………… 563

第1章

绪 论

第1节 历史的经验和知识的发展

史学是一门新兴的学问。在思想上,史学和迄今为止的读史行为有很大区别。因此,笔者打算对史学的大意进行简述。历史书是记录自古以来社会发展足迹的书籍。大体而言,学者因为只注重理想而缺乏经验,所以将理想作为事实,以致在实际生活中很容易失败。因此,我们如果要在各个科学领域进行严密的研究的话,就必须将理想和事实进行比较。如果我们要情理并重地进行研究的话,就需要对局部的历史经验进行思考。然而,在社会现象中存在着复杂的情况。我们如果仅仅关注某个社会现象中某一局部的情况,那么是不可能理解该现象的。因此,我们一定要立足全局进行观察,进而针对种种问题,就其局部进行分析,否则是不会有效果的。史学的价值就在于此。

迄今为止,日本学者都是领取俸禄且不事稼穑的士族。因此,除了政务外,他们对经验的必要性缺乏足够的认识,而且认为政治就是"以德而治"。因此,历史经验仅仅停留并拘泥于旧例或掌故上。就学问而言,我们应该将历史应用在惩恶扬善的教育上,为了让幼稚者模仿先哲就得让他们读历史。父兄或其他前辈分别将过去的经验灌输到子弟或晚辈的幼稚的大脑中,引导他们在日后学习知识——这才是历史学的初衷。然而,学者们如果因循守旧,墨守旧学问或旧思想的话,就会停留在历史学的初衷上,并且会养成崇尚古代和敬畏先哲的习惯，导致与现代的学问背道而驰。如今，日本教育者还没有丢掉旧的习惯，而受教育者在学问道路上的迷雾也还没有消散。因此，笔者在这里就史学的本质讲几句话。史学研究应该仅仅就历史事实阐明所研究对象的利害得失、成败的原因和结果，做出是非判断，而没有必要深究所研究对象中的人物的心理，根据以某种教义为准则的理想来评论被研究对象的善恶邪正[1]。大体而言，在社会发展形势的推动下，社会知识由蒙昧走向文明，不断进步，并且不允许有丝毫退步。我眼前所看到的生物现象都遵循这样的规律。因此，历史现象也遵循这样的规律。我们将这种规律称为"自然法则"。假如某个历史现象违背自然法则，那么它就会腐朽、颓废，成为历史之锈。经验可以去除历史之锈，将其磨出光来，堪称加速进步的试金石。这样一来，第二代胜过第一代，而第三代又胜过第二代。一个家庭因而会越来越兴旺。我将这种现象称为"发展"。如果按照迄今为止的思想，只让晚辈模仿先哲而读历史，那么知识的发展就会停滞；社会就会一代而衰。

"尚古之风"是儒学宣扬的"阶级、俸禄和世袭之锈"。这一病态现象随着世袭制度的废除而消亡。然而时至今日，该现象遗风尚存。不少人动辄就逆世道而为。如今，有新思想的人都知道这些现象是不对的，但其实古人早就觉察到这些现象的错误。在此，我想对执着于旧思想的人多说几句。老子是周朝的大史学家。老子的道学是通过博览史书而得出的哲理。因为老子博学，所以孔子将他作为前辈而敬畏。当遇见老子时，孔子向他请教。老子答道："子所言其人与骨皆已朽矣，独其言在耳。"老子的意思是历史是经验的痕迹。对于该观点，在易经中乾卦下的象中，孔子做了说明："天行健，君子以自强不息。"如果研究这些文字，我们就会发现它们都是意味深长的话。儒家一方面观察到"天行健"这一点，而另一方面，孔子没有能脱离尚古的窠臼，仅仅编纂了惩恶扬善的历史。而老子不愧是老子。他的卓识向着哲理前进了一步，由浅薄变得高远。然而，孔子和老子都没有得到史学的真谛。出现这样的情况是因为他们受到当时政治的压制。话虽如此，孔子和老子的见识在当时实际上已经相当深刻。然而，社会在

---

[1] 关于该观点，笔者已经在《史学杂志》十二篇八号中进行了论述。——原注

孔子

不断发展，出现了当今的现象：政治压制完全消失。然而，虽然政治压制已经消失，但仍然有人拾古人牙慧，想回到"天行健"的情形下，受老子和孔子耻笑。这点道理需要后世人有所醒悟。

第2节 时代的思想与历史的纵横观

天然的新陈代谢功能有一定的规律可循，总是健全地运行着。所有生物生死繁衍的机能都是健全的——这是科学家了解上述现象的原理，发现规律的根据。然而，人类智慧的发展是循序渐进的——从蒙昧走向文明。所谓的"蒙"是指不明天理。因此，在规律的运行过程中，某人尝试有悖天然的行为会遭到失败；而只有积累了很多经验后，他才能走上正轨，将轨迹留在历史上。历史上既有尝试阻碍社会发展和消弭竞争的时代，也有尝试鼓舞人心、抵制社会颓废并进行自卫的时代。曾几何时，"人众者胜天"这句话广受人们称道。历史是复杂的这一现象并非是其原因之一。因此，我们要切实注意人为的事实，立足于各个时代的思想进行考虑，然后根据自然法则进行判断。因此，要想研究史学必须养成上述这样灵活的思维习惯。

譬如，当站在现今流行的民权思想立场上时，一听说日本幕府时期禁止士族进行买卖和借贷，人们就武断地说他们甘心接受被剥夺民权的耻辱。显而易见，这个观点是错误的。如果站在当时的思想立场上来思考，那么我们就会发现，对武士来说，这条禁令是无上的光荣。同样，我们不应该根据当今的自由贸易思想来论述幕府时期①之前的官府贸易；不应该用发明蒸汽船后的思想来论述帆船航海时期；不应该用德川幕府②闭关锁国的思想来怀疑室町时期③之前日本航海非常活跃这一事实；不能用佛教衰微而宋学和神教学兴起后的思想来论述室町时期以前的宗教信仰情况。然而，用现在的思想来解释古代历史是所有人不可避免的通病。搞史学的人首先要改掉这个毛病，要时刻牢记"时代思想"这个词，不得怠惰。

要观察社会现象从蒙昧向文明发展的顺序，我们有纵观和横观两种方法。在上古时期，文明首先从贵族传到名门④，再由名门传到士族，然后由士族传到平民，最后发展到消除阶级的社会。在古今历史上，我们可以观察到这个顺序。我们称这种方法为"纵观法"。此外，即便在当今社会，根据知识的多寡，我们不知道能将所有人分为多少个等级。有着最顶层知识的知识分子徜徉在数百年的世运中；拥有次一等知识的人比较超前；拥有中层知识的人则在时代的推动下——有的人踌躇不前；拥有下层知识的人还徘徊在古时候；而劣等人依然处于蒙昧时期。看一下世界各国的记录，我们就可以发现，当有的国家正发出文明

---

① 指德川庆喜政权。（本书中除原注外，均为译者注，不再另行说明）
② 指由德川氏创立的武士政权，存在于1603年到1867年。
③ 指足利氏创立的武士政权，存在于1338年到1573年。
④ 又称"良家"。——原注

开化之光时,有的民族却还处于史前状态。他们栖息在森林、野草之中,吃饭时手唇相接。我们将这种观察方法称为"横观法"。通过观察人类智慧的进步程度,发现的现象千差万别,恰如生物种类各有不同一样。观察某个现象,进而以一定的自然法则来判断是非——这是研究史学的一个很有效的方法。在科学面前没有任何不可思议的,更何况有史时代只不过数千年而已。在国土和人类的状况方面,过去与如今差别并不太大,只不过在知识上和文明程度上有差别而已。任何国家在从蒙昧走向文明的时期,在社会生活中由于依赖聪明人,导致聪明人的想法过度盛行。企图以人力战胜自然是非常荒谬的做法,反而妨碍了知识的发展。在社会发展过程中,这些情况是不可避免的。某些西方学者说历史是会重复的。如果存在模仿的话,那么历史确实是会重复的。区别在于有意还是无意。所谓重复是指:譬如在日本推古天皇①之后,又出现了几位女天皇;

推古天皇

---

① 推古天皇(554—628),日本第三十三代天皇,日本历史上第一位女天皇。

再有皇室、藤原和源氏等钩心斗角,像兄弟打架一样,不断重复。在未形成真理前,一旦发生某些事情,社会知识就会成为不好的惯例,导致出现病态的社会现象。而天然作用的持续性强。历史的重复通常是指在发生变化时,出现恶习。如今,模仿历史的时期虽然已经过去了,但历史仍然在重复。人们在时代中彷徨。如果史学研究有所进步,而社会上的多数人能够了解自古以来的经验,那么"重复"这个词也会消亡的——这正是我希望史学不断发展的真正目的。

第 2 章

日本、中国和朝鲜的原住民

第1节　日本的原住民

　　历史可以借助记录而流传下来。在一个国家，当人民的知识发展到文学开花结果后，文书才产生。因此，历史中记录的时期是距离现代最近的时期。在世界上，有的国家拥有五六千年的历史。日本的有史时代只有不到两千年。这一点是我们首先要铭记在心的。因此，在历史中，人们无法知道某国国土开辟的过程，也不能指望获悉该国原住民的情况。然而，我们可以想方设法追溯到史前，了解距离日本祖先居住日本列岛、繁衍生息并最终将事迹留在日本国史上的日期较近的时代的情况。根据迄今为止的传说，日本的国土和人民都是由伊奘诺尊[①]和伊奘冉尊衍生出来的；伊奘诺尊和伊奘冉尊衍生出来的种族繁衍生息，号称是其他国家无法比拟的。如今，在科学面前，这种观点已烟消云散。然而，对于生来独立的日本人而言，多数人都持同样的看法。日本也存在固有的原住民。如果进入有史时代以后原住民的痕迹完全消失并且没有任何效力的话，那么他们即便存在也没有价值。如今，离地球表面出现土壤并生成可供生物繁衍生息的地层已经过了几万年的岁月了。人类诞生的顺序应该是什么？据说，人类

[①] 伊奘诺尊是日本神话中开天辟地的神。伊奘冉尊是伊奘诺尊的妹妹。传说，伊奘诺尊和伊奘冉尊是日本列岛及各神的缔造者。

伊奘诺尊和伊奘冉尊

本来是由猿猴进化而来；也有人说人类是由海兽进化而来；又有人说人类是由于北极星的误差而产生的；还有人说人类的发祥地在冰海之北。众说纷纭。科学正在研究这个问题。不过，物质有因才有果。根据这个道理，我们可以说人类是由原始的一种生物繁衍而来。关于人种有一元说和多元说，莫衷一是。无论采用哪种说法，日本列岛的原住民肯定是从大陆迁徙而来的。世人纷纷猜测，当世运发展到了某一时期时，不管是在大陆还是在海上的岛屿，人类会自然而然地产生。这个想法是不成立的。隔断中国、日本和朝鲜的海水非常浅。在退潮时，它们彼此距离很近，可以说是陆地相连。从太古时期开始，在陆地上，有的部分逐渐隆起，有的部分逐渐陷落，由此形成岛屿。总之，经过沧海桑田的变迁，即便说岛上有原住民，那也一定是来自大陆，毫无疑问。

近年来，人类学家尝试通过古代的遗物来推测原住民的信息。在离海较近的河流两岸的高地上发现了贝冢。这些贝冢有的以地名命名。贝冢分布在整个日本，以关东到东北一带居多。据《常陆风土记》记载，是高大的食虆人堆积了贝冢，但美洲也有贝冢。根据在美洲的考察，通过在贝冢中发现的物品，人们可以推断这些贝冢是古时从亚洲北部迁徙来的身材矮小的科罗伯克尔人堆积的。其中一部分人经过库页岛迁徙到了日本。这些人可以被认为是日本原住民中的一种。然而，在有史以后，经过民族融合，这些人已经无法识别。

日本全国有很多古代开凿的石窟，还有窟穴和冢穴，规模大小不等。在结构上，有的是二层结构，某些呈街道状。石窟中残留有勾玉、管玉、金环和铜器等种种遗物，这些遗物都是很好的考古材料。然而，在大陆的生蕃当中，穴居生活的习俗很常见。此外，墓穴很多。通过石窟判断人种是很困难的。肃慎人和挹娄人掘竖穴居住。在日本东北地区，还存有一些竖穴。然而，竖穴容易消失，极其罕见。

在日本山野中发现的石弩和铜箭头是印证在有史前后人种之间争斗的绝好材料。按照人类学家绘制的图来看，在日本，自东北到关东一带发现众多石弩，而到了畿内附近的山里，所发现的石弩的数量逐渐变得稀少。在日本西部①，人们发现很多铜箭头，而过了畿内，越往关东地区②去，铜箭头的数量越少。铜箭头是倭人技师制造的③，因此日本国内是有铜箭头的。木矢石弩是肃慎人特有的武器，很早就出现在日语史料中。肃慎④大致相当于今天的满族。黑龙江山谷中产高质量的石弩。弩箭用毒药浸泡后射出⑤。常在七八月浸泡毒药⑥。

在从石窟中挖掘出的勾玉和管玉中，青质者居多，称作琅玕，古代产于中国西部甘肃地区，就是昆仑玉。白质青纹者称为翡翠，产于华南地区。也有人认为

---

① 日本西国。——原注
② 日本东国。——原注
③ 见《绥靖纪》。——原注
④ 肃慎：古民族名。古代居于我国东北地区。——编者注
⑤ 见《后汉书》及《三国志·魏志》中的东夷部分。——原注
⑥ 见《北史》。——原注

库页岛上的原住民

这些玉器的质地与琅玕不同。在日本的吉备地区，人们挖掘出三千年前小亚细亚地区使用的陶棺。由此可知，在上古时期迁徙到日本的人种有多么繁杂。

近年来，研究亚洲东部古代人种迁徙的学者认为，在上古时期，有的种族从库页岛和渡岛而来，向南到达日本岛；有的种族来自南洋，向东进入日本岛。这两个种族在日本中部发生冲突，优胜劣汰。这一点可以从发掘的墓穴周围的地形及日本人的身体、骨骼、秉性、习惯等推测得知。日本人由南方种族和北方种族这两个种族构成。这个说法已经成为定论。然而，在研究这一问题前，我们需要大致了解中国和朝鲜半岛的原住民情况。

第2节 中国北部的原住民

在中国，"四海"一词是指中国周边的蒙昧生蕃居住的地区。这些生蕃具体被称作东夷、南蛮、北狄和西戎，该称呼始于春秋战国时期。加上中原人，这些人合称"五方之民"。然而，通过对照地图和历史来验证民族的聚居城邑，我们可以发现，戎狄是从北方跨越大漠而来的各民族的总称，统称为"北方种族"，并无西方和北方的差别。譬如，山戎在辽西建国。伯夷和叔齐是山戎的君主。而蛮夷从南面跨海进入东南沿海及中部，被统称为"南方种族"，也没有东方和南方的区别。而华夏族则是中原固有的种族。至于最初的外族到底是什么种族，人们无从得知。

五千年前，兴起于陈、将野兽献给土地神的伏羲以及继之而起、兴土木之利、配祀社神共工氏等的风姓氏族都属于这些外族。然而，这些是在今天的直隶省东南部开拓低洼地带、建立村邑的氏族。在太古时期，这一地区曾位于大海之

伏羲

下。风姓氏族的风俗与在印度与蒙古人、马来人融合的格尔人类似，或者说本来是南方种族，经过商周时期演化成了戎狄。

　　炎帝是山东泰山西麓的土著民，以耜从事农耕，设立村邑、市场，成为部落首领。其部落风俗与北方种族"行国"①之俗迥异。虽然姜姓氏族与南方种族类似，但在北方种族中也有此类氏族。相传，黄帝的国家和炎帝的国家属于兄弟之国，但黄帝创立军队，转战各地，存有"行国"之俗。起初，黄帝从现在的北京入侵，和蚩尤鏖战。打败南方种族中的蚩尤后，黄帝定都涿鹿，即直隶省宣化府怀来县。蚩尤部落向西迁徙到陕西，之后跨越大漠，成为戎狄。尧的古唐国在今天

黄帝

---

①　指游牧、非定居的国家。

的山西太原。直到周朝时期，此地都属于戎地。虞舜属于妫姓，兴起于葱岭以西的妫水之野。禹是大夏国的君主。商契和周弃都属于居住在陕西的戎族。这些部族绕过伊犁，跨过沙漠，从中亚引进文字、算术、历法和兵车等建国所需的文化与知识，被尊称为"圣王"，在中国北部的部落联盟中大放文明之光。因此，中国被称为"诸夏""中华"，而且中国人宣称这些文明都是发挥了本国人固有的智慧而形成的。这些说法被认为是理所当然的。没有谁会说这是由外来移民带来的远方国家的文明之花。然而事实上，这些文明有些可能是外来的。

毋庸置疑，这些文明中肯定有中国的发明，但如此完善的文明在短时期内形成是很困难的。当时，亚洲大陆的人种变迁非常频繁。有一种说法是：黄帝、

蚩尤

唐虞、夏、殷、周、秦这些中国的主宰都是从西北来到中原的戎狄各部，从遥远的西亚引进文明。近年来，西方人猜测自己的祖先是居住在天山脚下的雅利安人种，并且进一步主张中国文明开化的源头在巴比伦。这一观点是否牵强附会还未可知。我也发现，古铜器中的中国古文字和埃及文字源头相似，只是流派不同。

在虞夏时期，中国划分为九州，范围甚广。然而，如果将其中称作"中华"的联盟标在地图上来对照的话，那么诸部落都分布在弯弯曲曲流经中国北部的黄河两岸的山谷、平原、下游的低地以及注入黄河的支流的源头处。它们休戚与共，自然在很多地区形成同一个民族。中国的古史和传记大体都是在这些区域编纂的。在炎帝的故乡鲁地诞生了儒教，而在周人的引导下，中国的其他文化在北方种族中发展起来。周人将杂居在他们当中并依然保留旧俗的种族称为"戎狄"。这个称呼含有贬义。

就上古时期中国原住民的住所而言，北部住的是戎狄；南部住的是蛮夷；称作"华夏人"的民族所占区域很小。我认为，黄帝、唐虞以及夏、商、周的祖先可能都是戎狄。这个观点是我从《汉典》上得出的。1892年1月的史学会上，我首次发表该观点。1894年1月，这个观点被收入《日韩古代史》中。详细内容如下：我认为迦勒底人①在消灭了苏美尔人建立的阿卡德国之后外传的天文——七曜和十二宫、历法——朔望年月、象形文字、算术——十干和六十数、耕种兴造——建造堤坝、疏浚、治理河流等方法都和五常相符。由此可以推测，可能是古阿卡德人的遗民向东迁徙成为轩辕氏。苏美尔的阿卡德王国是图拉尼亚人，即亚洲黄种人建立的，创造了楔形文字。由此观之，我的说法得到了其他材料的印证，令我颇感欣慰。1898年1月出版的《天地人物》中抄译了法国东方语言学博士特里亚德、德拉特富力的《中国文明西起论》。看到抄译的内容，我惊叹于它正好印证了我的观点。内容大意如下：大约四千年前，巴克族酋长那坤德——黄帝——率领部下入侵土耳其斯坦，翻越昆仑山，最终定居中国②。皇帝带领的这些人分为数派，并不全是巴克族，某些人仍保留了与西藏相关的痕迹。黄帝虽然

---

① 迦勒底人是生活在两河流域的古代民族。
② 这是"中国文明西来说"的观点，根基虚浮而多臆想凿空之设，但在清末即久米邦武的那个年代却喧嚣一时。一个世纪前的观点。——编者注

仓颉

入侵中国北部，但如今葬在甘肃省和陕西省交界处。中国古传说中有很多提到楔形文字的地方：神农，即萨尔贡使用形似火焰的符号；在迦勒底国教授巴克族文字的聪吉——仓颉——在黏土上写上类似于鸟兽的钩爪的符号（中国古代文字与雨滴滴下而结成的冰形状相同，即所谓的"蝌蚪文字"）。这些符号有可能属于楔形文字。这个结论是从语言学角度得出的。因此，可能有以下情况：中国百姓是巴克族；黄帝是那坤德；神农是阿卡德国王萨尔贡。将仓颉造的字和聪吉教授的文字视作同一文字是符合逻辑的。总而言之，中国北部的原住民戎狄有可能是从西域迁徙过来的。

亚洲大陆人种的迁徙历史悠久，而且种族众多，虽然经历了民族融合，但未同化的部落也很多——这一点也可以作为佐证。就中国中部以南而言，原住民源流完全不同。下面会对此进行论述。

第3节　中国南部的原住民

如今，中国南部扬子江流域富饶殷实。但在周朝以前，该地人口稀少，而该地域居民还属于未开化的野民。自从炎帝、黄帝时期起，该地域已经居住着被称作"三苗"的部族。在洞庭湖和彭蠡湖①之间，三苗建立了一个大国，称为"允姓蛮族"。与黄河两岸相比，这片地域河流源头大不相同。因此，这片地域起初与北方完全隔绝，但随着不断的开拓，逐渐开始与北方交往起来。然而，这两个地区的部族本来属于不同的部族，因而在宗教风俗上冲突不断。北方所谓"苗民乱德"讲的就是这一点。因此，颛顼在世时制定了严格的宗教制度，强迫民众信仰官方制定的巫术，禁止民众自由祭神或祈祷。颛顼称之为："绝地天通。"在古书上，这件事成为美谈。然而，在各部族杂居的地方，不同宗教仍然各行其是。

炎帝

---
① 今鄱阳湖。——原注

尧

　　北方和三苗友好、和平关系并没有维持多久。从唐尧时期起，交流越来越困难。当尧启用舜之后，舜新官上任三把火，将杂居的苗民——所谓的"允姓之奸"——驱逐到陕西的山坳里。历史上，这种驱逐异族的事情屡屡发生。因此，舜与三苗的嫌隙越来越深。舜晚年时率大军讨伐三苗，最终战死于苍梧之野。夏禹继承舜的遗志，屡次向三苗用兵，终于灭了三苗。自此以后，苗民失去独立性。北方联邦逐渐向长江北岸扩张。然而，夏禹并没有在苗民原地建立北方种族的新的国家。直到周朝早期时，三苗被称为"荆蛮"。当时，三苗还是一个野民部落。周成王将三苗所在地分封给鬻熊的曾孙熊绎。鬻熊是周文王的老师。自此以后，苗民失去独立性。北方联邦逐渐向长江北岸扩张。然而，夏禹并没有在苗民原地建立北方种族的新的国家。直到周朝早期时，三苗被称为"荆蛮"，还是一个野民部落。周成王将三苗所在地分封给鬻熊的曾孙熊绎。鬻熊是周文王的老师。自此以后，熊绎安抚荆人，开拓土地。从春秋之初开始，楚国兴起，向北方称霸。到了七国割据时期，楚国拥有中国中部，和西戎秦国争夺霸权——被称为"秦楚之争"。实际上，秦楚之争属于北方种族和南方种族之争。之后，到了南

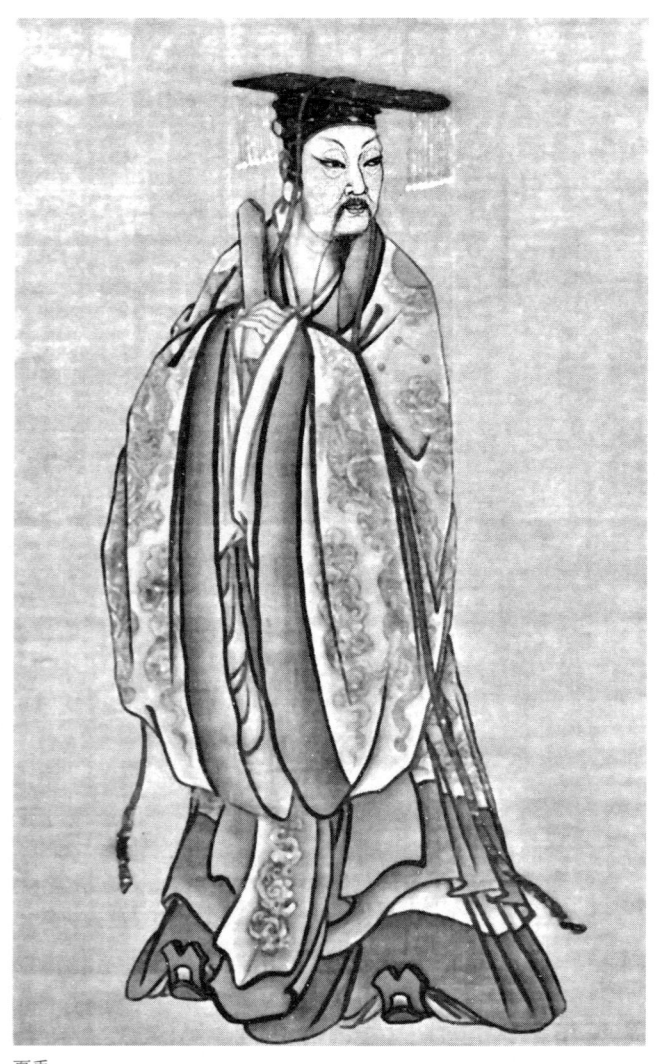

夏禹

周文王

北朝纷争时期，以扬子江和黄河的中间为界，南北分别称帝，或联合或分裂，争斗不休。南北分裂的界限正好是南方种族和北方种族的原住民分占的区域。关于这点，我们需要重点思考。

因此，三苗之民是与中国南部原住民关系最密切的部族。三苗有自己的文字。《八纮译史》中记载的苗民文字的形式与现存日本常陆鹿岛神社的神代文字及雕刻在出云岛上的"少彦名"文字相似。楚国的文学富于哲理和诗歌思想。一直到后世，楚国都盛产大诗人，其风格和北方很不相同，因而孟子诟病楚国人为"今也南蛮鴃舌之人，非先王之道"。因此，有人推测三苗有可能是迁徙到此地的印度人的后裔。如今，苗人生活在从湖南到贵州的山谷中，还有记载他们风俗的书籍。听说，对于这批苗人，现在正有学者在研究他们是否属于中国的印度人种。1898年2月，高楠顺次郎在《史学杂志》的第九卷第二号上发表了题为《印度支那人种及其起初同住的聚居地》的文章。文章指出，从地理上来看，汉语与藏语、泰语、缅甸语、越南语及朝鲜半岛语这五种语言同宗同种——从中国古文书上可以找出证据。笔者现将文章摘录如下：在云南省东部的贵州省，如今仍然存有原住民苗人。他们的语言和印度支那相似。苗人的历史很悠久。公元前2000年尧、舜、禹征讨三苗一事记录在《书经》里。据《战国策》记载，三苗左邻彭蠡湖、右靠洞庭湖、文山在其南，而衡山在其北。也就是说三苗占据着扬子江

舜

畔，即湖北省的武昌、湖南省的岳州和江西省的九江府一带。舜将三苗酋长迁到了三危。三危跨甘肃省安西州的东西。也就是说，早在公元前2000年时，三苗的居住地已经分布在湖北、湖南、江西及甘肃四省。当时，三苗已经具有很强的独立思想。这一时期是帝王人种即我所说的北方种族和南方种族与三苗原住民的战争时期。之后，南方种族和北方种族不通婚、不杂居，彼此独立。三苗屡屡被征讨。尽管如此，时至今日三苗还居住在不算偏远的贵州，成为现在这个样子。1775年，经过十八年的抵抗后，他们才归顺中央王朝——显示出了以高傲和自由著称的傣族的特性。傣族与傣族的本部暹罗在语言上关系密切。谁都不会怀疑苗族与傣族密切的关系。将上述结论总结如下：第一，三苗居住在中国的中心扬子江畔，在尧、舜时期已经颇有势力；第二，三苗的一部分被迁到甘肃地区，成为分居的民族；第三，苗人仍在贵州居住；第四，藏族中有一部分是来到甘肃的三苗；第五，傣族是三苗的一部分，与三苗在语言上关系密切，性质相似；第六，缅甸族与藏族在语言上有关系；第七，堪砌族住在西藏和云南之间，是三苗的一个代表。从地理、传说、人种的特征及语言学来看，可以猜想堪砌族与三苗属于同种。假如是同种的话，那么原住地一定相同。现在居住于亚洲南部的缅甸族、卡伦金族、老挝族、罗阳族和闪族都可能是从中国内地和西藏之间的山上下来的。果真如此的话，那么这些印度支那人种从山里出来后可能进入了中国内地，即印度支那人种在公元前2000年离开原来的居住地，繁衍生息，痕迹可能在扬子江中游找到。这与中国最古老的文化开化地区没有大的区别。

上述高楠顺次郎的观点源于英国汉语教授萨托马斯韦德和德国的康布拉德等人对他的直接面授。此外，他还从马斯韦德和康布拉德等人身上学到了初步的研究方法。我认为，在中国的古代传说中有戎、狄、蛮、夷四个人种；其中，戎狄与中国北部的原住民相符，而蛮人与居住在扬子江畔的原住民相符。四千年前，即公元前2000年的三苗在三千年后变成荆蛮和楚人，和下游的吴越有着密切的关系。夏禹灭三苗并非消灭了这个民族。后来吴楚的蛮与楚蛮混在了一起也能说明这一点。苗人最初是从扬子江下游或由南海岸翻过丘陵进入扬子江流域中心地区的。他们本来就是在印度繁衍生息的民族。

此外，直到周朝时期，扬子江上游还生活着百濮。在汉代，他们被称作西南夷，属于各种生蕃、土著部落，纷纷建国。在扬子江下游有群舒。《诗·鲁颂·閟宫》中有："戎狄是膺，荆舒是惩。"这些都是部族名称，说明当时部族之间仍然经常反目。此外，在扬子江下游，江苏地区是吴，而浙江地区是越。这两地居住的都是断发文身的蛮民。这两个地区再往南是闽越。南海岸的广州是南越。这些地方的人被总称为蛮，也叫荆蛮。在周朝时，由于北方种族文明开化，所以在扩大联邦规模时，吴越也和楚一样声称它的君主是北方种族的后裔。吴人自称是甕的后裔。越自称是夏朝少康的后人。他们以这些名义参加会盟①。仅凭君主的系谱不足以证明部族的种类。沙皇以德国血统参加欧洲会盟就是同样的案例。

在字典上，"夷"是"大"和"弓"组成的会意字，由弯曲大弓而命名。因此，夷和北方种族不同。吴以南的淮水两岸建有淮夷国——这点记载在《禹贡》上。在淮夷国西北低地，建有徐国。在周朝早期，徐国国君徐偃王兴起。徐国国势大振，震撼北方。到了周宣王时期，周宣王发兵从江水和汉水而下讨伐徐国和淮夷国，使它们归附，并因此得到"中兴之君"的美誉。春秋时期，徐国仍然是强国，后来被楚国吞并。直到秦始皇一统天下时，淮泗之夷全部散落，变成民户。这些部族都属于南方种族。山东半岛是莱夷之国，《禹贡》上对此有记载。莱夷是经营畜牧业的村落民族，属于南方种族和北方种族的混合体。

综上所述，扬子江两岸和沿海地区属于蛮夷各族居住之地。在这片地区建立了很多国家，就其在秦楚相争时期之前的历史而言，只要参照地图思考一下古代史就会一一展现。时至今日，中国人航海到澳洲、美洲及其他各国。务工和贸易非常活跃。其中很多人都出自蛮夷地区的民族。因此，北方人认为闽越人浮躁，对此表示轻蔑。由此可以看出，北方种族和南方种族性情不同②。

---

① 有人认为越人和楚人同姓。我非常同意该观点。同姓必然同种。——原注
② 闽后来称"福"。以下将淮吴以南沿海地区总称为闽地。——原注

第4节 朝鲜半岛的南方种族和北方种族

东夷南蛮之称其实并没有太大差别。从地理上来看，吴越淮东面是朝鲜半岛，而南面则是星罗棋布的日本列岛。三处地方成鼎足之势，唇齿相依。在古代，南方民族渡海来到中国沿海，形成蛮夷部落。据此可以推测，与此同时，他们必然也迁徙到了朝鲜和日本。根据这个逻辑翻看《史记》和《汉书》，南越是雕题、交趾之民；吴越是断发文身之民；马韩、弁韩与倭国相近，也有文身的风俗，倭国风俗与马韩、弁韩类似。由此可以得到证明，倭国人和属于马韩人、弁韩人是同种异族。与山民跋山涉水一样，沿海民众在海上驰骋。他们渡过数千里的海洋来到中国海岸。如果有稳定的信风，那么跨越日本、朝鲜、闽地之间的海域也不过几天航程。自古以来，即便在没有蒸汽船的时代，日本、朝鲜、闽地之间的人员往来也是很频繁的。然而，在上古时期，人们都是将船停靠在西岸而定居下来，绝没有停靠东岸和北岸的。为什么？这说明同一种族占据了中国、日本、朝鲜沿海地区。

朝鲜自古以来也写作"汗"。就其历史而言，直到两千年前还是一片空白，从周秦时期开始才有一些记载。朝鲜半岛很早就被辰族占有，分为三韩：西面称"马韩"；南面称"弁韩"；东面称"辰韩"。三地统称为辰国或者"之利"，疆域相当于今天的全罗道、庆尚道、忠清道、京畿道至江原道的总和。据《后汉书·东夷列传》记载，"马韩、弁韩与倭相近，有文身者"。由此可知，辰族和日本人及吴越人属于同一种族。后来逐渐证实他们的语言风俗也相同。因此可以说，认为日本人属于北方种族这一观点大错特错。弁韩也称"弁辰"。由于秦国遗民混在辰韩中，因此辰韩也称"秦韩"，但这个观点不妥当。辰韩、弁辰的"辰"都属于辰族。早在秦以前就有辰韩、弁辰的称呼。新罗也称斯庐。汉字写作白国，也就是辰国。白国将山脊一分为二，定都于辰韩、弁辰以东的金城。本来白国统一了三韩。后来由于马韩强盛，改称辰国。在上古时期，辰国是辰族各国的总称。辰族和日本人同种异族，并且辰国是日本的领地。这一点后面再讲。

在三韩以北，西面有貊句丽，中部有秽，东面有沃沮，北面有夫余。此消彼长。貊在古代写作"貉"。貊句丽占据今天的平安道至盛京的东南，而沃沮占据从今天的咸镜道一带到符拉迪沃斯托克一带的地区，二者同种异族，将长白山南侧一分为二居住。夫余属于其他种族，占据长白山北侧。三者都是从西北迁徙而来的种族，和三韩种族迥异。然而，夫余已经占据该地。久而久之，在交界杂居处形成混合种族。据《后汉书》记载，在有史以前，句丽人从北方而来，住在长白山阴面的原野上，逐渐南进，占据朝鲜北部。夫余人也从北方来，居住在句丽的旧地。在孔子和孟子的书中，对貉人和貉地的事情也有记载。大概句丽也属于貉族之国，和沃沮分开。在有史以后夫余南迁，演变为百济、高丽。马韩已经迁徙。因为变化很多，故而对它们原来的风俗不得而知。朝鲜半岛的北方种族和南方种族大体以今天的京畿道为界限。南北风俗和体格都很不同。北人讨厌南人，认为南人浮躁、易生叛乱。

第5节　亚洲人种的两大流派

从上古时期的亚洲人的迁徙中可以看出两个倾向：其一是从中亚向东西横向迁徙。向东绕过葱岭、天山，跨越沙漠，或者绕过沙漠，来到满洲平原。这样的民族为数众多。为寻求沃土向南迁徙则成为秦人、赵人、燕人、辽人、貊句丽人、夫余和沃沮人。到达最东面的是肃慎人。其余的人则进入美洲。这场人口大迁移清清楚楚地表现在中国历史上。迁徙沿革的路径值得研究。如今，这场迁徙完全停止。肃慎演变为女真。在满族人夺取天下后，只有黑龙江山谷留下了通古斯野人部落。以上就是北方种族迁徙的大致情况。其二是从印度走海路，绕过南大陆参差的海角，沿着星罗棋布的海岛，从安南、吕宋、闽来到日本、朝鲜。对中国北方民族的历史传说来说，这场南洋民族大迁徙无关痛痒。从记录荆、吴、越、韩的古代风俗的书中可以找到印证上面结论的内容。更何况近年来世界各国交流频繁。通过各地的探险记可以发现，与北大陆的迁徙相比，南大陆的民族迁徙更能得到印证。从朝鲜回来的日本人说朝鲜南部人的容貌、体格、性情、

女真人

风俗都和日本人酷似；到广东的日本人则说广东的人活泼，连风俗也跟日本类似；看到记录苗民风俗的书籍，人们发现苗民跟日本人非常相似；到锡兰的人说新加坡人酷似日本人。如果菲律宾的上等人和日本人汇集一堂，那么简直分不出彼此。听到日本的威名，苏门答腊人颇有同种相依之感。到中国浙江、福建旅游，阅读这些地方的地方志，探访当地古迹，人们可以发现日本人将种种意外的故事留在这里。称南方种族的发源地是印度虽然没有确凿的证据，但人种的源头应该在大陆，并非是居住在群岛上的人。从这一原理来推测，南方种族的发源地应该是西面的印度大陆。或者有的人种从印度不经海路，而由陆路翻山越岭，穿行在深林中，最终到达中国大陆。这批人种属于支流。我认为，三苗就是很早以前从番禺、广州溯江而上进入中国内地的民族。

无论是北方种族还是南方种族都不只一两个民族。根据迁徙的时间先后自然就演化为其他的民族。因此，这些民族很早就发生了种种变化。虽说如此，如果将它们的风俗大体分类的话，就会有动和静的区别。北方种族辗转数千里旷野而来。很多民族狩猎、放牧、追逐水草而迁徙——这就是所谓的行国之民。而找到沃土后，就建村邑，然后定居下来——这属于动态的种族。其中，如肃慎人、挹娄人在山里狩猎，在海里钓鱼，在附近的山野、海滨活动，具有破坏性，是最无法无天的野蕃。南方种族渡海迁徙，其中也有吃人的暴戾部落，但大体来讲其人民属于居国之民。他们进行农耕、拓荒，一族紧密团结在一起，建村邑定居，属于静态种族。如果以这种大体分类来观察中国、日本、朝鲜的北方种族和南方种族，那么从古至今都能看得泾渭分明。在古代的日本，南方种族大体上占据海滨地区，而北方种族则大体上在山里活动。

以上属于概论。如果知道了北方种族和南方种族的大致分类，那么在解释日本原住民时就不会迷茫，并且大有裨益。以下将对史前的情况进行分析。

第 3 章
日本的古代疆域

第1节 日本的南北人种之争

关于日本的历史，上古史书中只有寥寥数句记载。因此，要想获得一分资料，得花十二分力气去思考、分析这些记载中的内容。日本原住民分为南方种族和北方种族。北方种族从千岛和库页岛迁徙而来，而南方种族则从筑紫和日本中国地区迁徙而来。关于这些内容，我们可以根据地理知识推测得知。在遥远的古代，日本是个无人岛。不久，人们从北方和南方乘船来到日本。抢占先机的民族所占地盘也多。最近，西方学者认为北方种族趁着结冰渡过海峡，迁徙而来。他们的理由是，在使用石器和铜器的上古时期，人们还没有船。然而，造船术的发明应该很早。对于北方种族和南方种族哪个种族更早来到日本，我们很难判断。通过研究阿伊努人可以发现，阿伊努人是马来群岛的种族，虽然很早就来到日本，但由于遇到北方种族的迁徙而撤退。一部分阿伊努人留在日本最北边，一部分则退回到中国台湾和菲律宾。由于北方种族突袭大陆旷野，阿伊努人只得退避南面。如今，虽然不能断言今天的台湾生蕃和阿伊努人是否是同种，但阿伊努人是能够在中古之前通过乘船迁徙到北海道的。

在远古时期，日本列岛山险谷狭，只有海滨有少量土地。各种族从南、北两个方向迁徙到海滨地带，这里人烟稀少。通过与钦明帝时期①肃慎人迁徙到佐渡北海角的情况做对比，我们就会明白远古时期各种族的迁徙情况。此外，时至今日，苏门答腊岛仍然有些地方辖地的界限不明确，也说明了这一点。

之后，迁徙到日本的民族越来越多，而居住在村落的人口不断繁衍。随着土地的不断开拓，各民族之间不免发生冲突。某个民族或者因捕鸟猎兽，驰骋在山间、平原，误入其他民族的领地，也会发生摩擦。这些情况大致发生在三千年前。南方种族从附近的海滨地区逐渐向内陆开拓，而北方种族则以奥羽为根据地。双方隔着山谷进行斗争。直到有史之后，在各处的山中，虾夷、佐伯、土蜘等民族的首领依然拥有割据势力。

因此，上古时期日本列岛上的疆域划分与今天的版图大不相同。从日本东北地区到中国地区的山里，很多地方属于北方种族。为了在热带地区得到气候温和的沃土，南方种族中的优等人种率领"文身之民"向南迁徙。在这个时期，继苗人之后，吴越人也迁徙到日本。当吴越人在中国东海岸得势后，百越人占据了中国的南海岸。古代的常世国②所在地就是福建与广东的海滨山谷。在中国周朝时期，常世国的君主让文身种族到朝鲜半岛建立殖民地，建立联邦国家。当时，人们从常世国向日本迁徙的路线是从厦门、台湾乘小船到达萨摩，再到冲绳群岛；或者从弁辰经壹岐③、津岛到筑紫，从新良贵到出云、隐岐。他们观察晴雨、信风和潮流的情况，顺势而为，往来穿梭。当时，同种族之间和睦相处，情深意厚。常世国和日本的国家及朝鲜半岛上的国家亲密往来。有时，各国家间还相互迎立君主。

北方种族中有虾夷、高志等民族。同样，南方种族也并非只由一个民族构成，而是庞杂的各民族的集合体。其中，处于优势地位的是天神系统、国神系统的君主。在日本、朝鲜半岛和闽地的山谷与海滨地带，各民族建立联邦国家。随

---

① 539年到571年。
② 古代日本人相信在海对面有另一个世界，想象那里是乌托邦、桃花源，在那里生活能够长生不老、返老还童。常世国是表达日本神话生死观的代表性观念。《古事记》《日本书纪》《万叶集》《风土记》中经常出现常世国。
③ 日语中写作"壱岐"。

虾夷人

着逐渐征服北方种族,南方种族和北方种族竞争的势头逐渐减弱,而争夺同一种族主权的时代逐渐到来。日本、朝鲜半岛和闽地虽然互相分离,但民族和睦、团结一致的习俗久久无法消散。在室町时期关于倭寇的历史中,这种现象可以得到印证。即便是在德川幕府闭关锁国后,在春秋两季,闽地的商船还是会在长崎集结。长崎市民热烈欢迎这些商人,称他们"阿爷"。我曾亲眼看到这种景象。即便是今天,在逛市场时,我们仍然可以发现这种现象。它源于上古时期。通过这些习俗,同一民族自古以来和睦相处、贸易往来,因而促进了地方社会的繁荣和发展。在日本京师贵族历史中，这些现象是看不到的。不过，要想发现这些现象，就需要以十二分的思考来推测问题的实质，而对历史研究来说，这种思考至关重要。

《虞夏书》的《禹贡》中记录有冀州贡。其中有"岛夷皮服"的说法。而在记述扬州贡时，其中有"岛夷卉服"的说法。没有岛与冀州进行贸易。"岛夷皮服"中的"岛"是指朝鲜半岛。而"岛夷卉服"中的"岛"是指中国台湾岛、琉球岛和日本。"皮服"和"卉服"是指在贸易不发达的时代，他国的人民从官府领受商舶货物，在完成贸易后，将进口的主要物品献给官府，将其称为"贡品"。直到江户幕府时期，荷兰人和中国人还是以这样的方式在长崎做贸易。人民自由贸易是最近的事情。按照中国的习惯做法，在接受某国贡品后，中国就直接将该国看作附属国。虞夏以前就是这种做法。因此，中国将朝鲜人纳兽皮称作"皮服"。在江户幕府时期，对马①的宗氏将虎豹皮作为到江户述职时的贡品也是基于这个道理。

"卉服"是指将用卉织的布作为贡品献上。《古语拾遗》中记载："在上古时期，斋部氏的部下所制作的币帛详情如下：用麻织成青和币，用谷织成白和币。另有和衣、荒衣和文布等。谷布约等于棉花。"因此，从四千年前开始，日本已经将织布作为和中国进行贸易的主要商品。日本和中国往来频繁。

在种族竞争时期，占领日本和朝鲜的各断发文身的民族一定相互联合，意图繁衍生息。这种做法自古有之。到了周朝时期，北部联邦势力不断扩大。吴国和越国也参加北方国家的会盟。吴国和越国一度争霸，最终被楚国吞并。在此之前，吴国、越国与日本和朝鲜唇齿相依。四地人种相同，往来频繁并且和睦相处。因此，吴国和越国对日本和朝鲜影响巨大，但这也不能说明历史是空白的。《山海经》中的"南倭北倭属燕"一句值得玩味。《后汉书·东夷列传》讲"辰韩国出铁，秽、倭、马韩并从市之。凡诸贸易，皆以铁为货"。由此可见，就上古时期的剑矛而言，除了金山彦统治的地区产铁外，日本还从辰韩进口铁。关于该情形，从将素盏鸣尊的剑称作"蛇之韩锄"中可见一斑。齐国管仲以盐铁之利富国并成就齐国霸业也是因为不仅采掘山东的铁，还进口辰韩的铁。据此，我们也能

---

① 地名。

对史前时期日本、朝鲜和闽地往来密切的情况了解个大概。据《禹贡》记载，上古时期有一种叫"琼戈"的东西。琼是青玉，也就是琅玕。从唐虞时期开始，北方种族的行国之民就拿着琼戈到了日本。日本贵族将它用于装饰。

第2节 日本和朝鲜及闽地的联合

大八洲并非日本的古代疆域。素盏呜尊在新罗兼领三韩。因此，在出云八岛沼神的《国引词》中记载："从新良贵崎引线来缝。"这些文字足以证明日本和朝鲜联合的事实。对马是从筑紫前往弁辰的中间地带。筑紫和弁辰之间并未划线以分疆界。在新罗反叛之后，这种狭隘的想法才出现。一直到大化改新时，在对外的诏书中写"明神御大八洲天皇"这种格式才首次出现。"八洲"意为"弥洲"，未必是指八个。这种说法很有道理。《日本书纪》和《古事记》将八洲进行排序，但有四个相同之处、七个不同之处。如果要凑足八个数未免过于牵强。随着周边国家的变动，疆域本来就会扩张或者收缩，并非是千年万年固定不变的。国运越不发展，变化就越明显。这一现象早已经在世界各国的历史上得到证明。我很早就认为，日本最初的疆域比大八洲还要大，而日本的海外领土极其广阔。在上述南方种族所居住的区域上，这种观点得到佐证。此外，神代历史中也写得明明白白。

"伊奘诺尊让天照大神统治天高原，让月夜见尊统治夜国，让素盏呜尊统治海原。蛭儿三岁尚不能站立，让其顺风乘船。"在日本国史上，这些内容写得很清楚。只不过古史的文句将诗歌宗旨夹杂在宗教性的比喻中进行抽象，尽量避免直接叙述事实。因此，恰如通过读楚辞来了解楚国的历史、学说一样，很难说得清楚。因为是自古传承下来的，不免有失误之处。这也是南方种族的思想中的显著特征。

前面所举的句子中值得参考的是在《古事记》中记录了神武天皇的兄弟的事情："御毛沼命跳浪穗渡坐至常世国，稻冰命者，为妣国而入坐于海原。"常世国就是夜国，而海原就是妣国，也就是新良贵。此外，《古事记》将东面的虾夷

天照大神

称作"日高见国"。这样一来,高天原就是"中国"①,当时是西方日没之地。海的对岸称"海原",并非都是国土名称。《古事记》将君临中国地区的天照大神比喻为日神,将君临西土的月夜见尊比喻为月神。这些内容也是用诗歌思想抽象其光景,加深了渴望的意念。然而令人十分遗憾是,作为历史,这些内容忽视了事实。常世国都是指西方的大陆。《新撰姓氏录》的右京藩别中记有"常世国燕国王公孙渊之后",讲的是辽东地方的人,并不可信。我认为这和田道间守寻求

---

① 指日本"苇原中国",日本列岛。以下称"中国地区"。

非时香果的常世国是同一个地方，大致在福建、广东一带。就海原而言，《新撰姓氏录》的左京皇别中写道："新良贵乃稻饭命之后也。"毫无疑问，此处"新良贵"是就是指新罗。

以上是我主张日本和朝鲜的海岸之间联合的根据。在史学杂志上，我就该观点发表了文章。之后，这个观点还需要仔细斟酌。于是，1895年1月，在有文馆出版的《普通学全学科讲义》中，我补上了有关"蛭儿"的部分。这部分内容大意如下：就蛭儿的地理位置而言，萨摩以南岛屿星罗棋布，与琉球、台湾和澎湖相连，西面和福建相望，南面有吕宋群岛及广东。这些地方将从日本、朝鲜和闽地往来的航线连成一体。因此，从中国的东南沿海到南洋群岛，到处留下了日本人的足迹。我相信这些地方他日定会成为日本人的探险对象。在伊奘诺尊时期，他虽然制定了在岛屿上立足的计划，但没有得到方便的战略要地。我认为有关蛭儿的上述内容是在描述日本组建舰队驰骋于海上。

第3节　高志人和虾夷人

在日本、朝鲜和闽地联合时期，日本列岛还没有统一。如上所述，在远古时期，亚洲大陆有两股民族大迁徙的潮流。千岛和库页岛的西北方是肃慎国，后来称"挹娄"。女真与肃慎国相似。据《尚书》记载，周成王曾于三千年前讨伐东夷，而"息慎[①]来贡"。据《国语·鲁语下》记载，"昔周武王克商……昔肃慎氏贡楛矢石弩"。这里的东夷是指淮夷和徐夷。由于周朝向东夷用兵，影响远及肃慎。在之后的有史时期，每当中原向东北用兵时，就必然也会影响到日本和朝鲜。可以推测，在史前时期的人种竞争中，局势必然更加动荡。

在北方种族中，最早迁徙到日本的种族之一是食屦人。古史上所认可的其他迁徙日本的北方种族有越人，即高志人，还有熟虾夷和麓虾夷。此外，国梧、佐伯、土蜘之类或属于同种族或属于异族。有的很难识别，但大体而言非常相似。相当于越洲以北的大陆是咸镜道及满洲的南海岸。在古代，该地是沃沮国

---

① 即肃慎。

的领地。因此，向津、新罗、沃沮、秽的属民都迁徙越洲，杂居在一起并相互争斗。因为人们越过北海而来，所以日本内地将该地称作"越路"，将迁徙来的人称作"高志人"。在出云的神门郡有高志乡。《风土记》中记载："伊耶那歧命之时，以日渊川造池之时，古志国到来而为堤，即宿居之所，古人云古志。"此外，占据簸川的八岐大蛇也是高志人。根据奈良朝①的敕文记载，飞騨②人的面相与其他种族不同。因此，我们可以认为飞騨人是与三韩人不同的一个民族。虾夷应该是"沃沮"的读音的转讹③。在那个时期，由于不熟悉地理位置，也没有地图，导致人们认为沃沮的东面边境与奥羽毗邻，因此将这片地方统称为"虾夷地"，并将当地人称作"虾夷"。如果这个推断属实，那么高志人和虾夷人很早就从沃沮地区迁徙而来，形成村落而定居。其中秽人也夹杂其中，大概是佐伯人。在肃慎人中，籚虾夷是最暴虐的挹娄人。《诹访明神绘词》中记载了镰仓时期虾夷和千岛的情况，将当地的人分为日之本、唐子和渡党三类。日之本和唐子的形体如夜叉，以禽兽、鱼肉和人为食，属于食屡人或者挹娄人之类。渡党人和日本人相似，多胡须，遍身生毛，因此可能是阿伊努人。由此可见阿伊努人曾在北海居住过。关于这部分内容，有待人类学者继续研究。此处仅仅引证历史而已。

《古事记》记载开天辟地之初的情况："日本国稚嫩如浮脂，而呈水母状漂浮之时。"该书非常神秘，很难作为历史资料来使用。而《古事记》在后文中写道，天神命令伊奘诺尊和伊奘冉尊神"修理整固这一漂国"，并赐给其国民天沼矛。我们将两部分内容进行对照。"漂"可以理解为"扰乱"。因此，在日本、朝鲜和闽地联合的初期，为击退北方种族，它们下了很大力气，同时不断开疆拓土。到了伊奘诺尊和伊奘冉尊时期，就大陆形势而言，北方种族入侵更加猛烈。可以推测，当高志人来到出云，在开凿湖时，八岐大蛇占据了山背国的山谷和平原。有史以后，日本朝廷重点进行招抚和驱逐工作。从地理上来讲，北方种族占据了山岭的险隘之处。因此，日本东北荒地颇多。南方种族从海滨出发占据重要港口，建立村邑，开拓沃土，并向山谷推进。后世一直将海岸低地和山间险隘

---

① 710年到794年。
② 汉字中没有"騨"。飞騨是地名。
③ 在日语中，虾夷读えぞ ezo，沃沮读 ozo。读音相似。

日本武士

分为国领的属地和豪族领地两种，由于领家和地头相争以及贵族和武士发生冲突，南北朝大乱。原因就在于他们分别属于古代的南方种族和北方种族。对于日本国史研究，这些问题始终是重要问题。因此，一开始就要注重对这些问题的考证。总而言之，直到日本、朝鲜和闽地联合的后期，日本本岛发现了石弩和铜箭头，虾夷人占据了东山北麓，势力波及畿内至中国地区的山中。明治天皇以前，日本东北的一半属于虾夷地。

第4节 三地联合时期的统治

有一种说法认为，据古史中所说的夜国、海原和蛭儿推测，日本的古代疆域为闽地、朝鲜及西南群岛的联合体。然而，这片疆域过于庞大，又无事实佐证。听到这个观点，人们不禁会诧异。就算御毛沼命的常世国所在地是闽地，而他也的确去闽地作王，那也是暂时的。的确，御毛沼命施行了实效统治，但关乎国家离合的一种力量是很强的。如果是同一人种，那么即便国家不同，也有凝聚力。然而，如果人种不同，那么即便是同一个国家，也会长期分裂……在西方各国，这种例子也有很多。在上古时期，当南方种族来到日本、朝鲜和闽地开拓领地时，遇到北方种族强烈的抵抗。同一种族互相帮助、团结一致的心理非常强。因此，直到后来，日本、朝鲜和闽地的人民都亲密往来，互相贸易和通航，从未间断。

东洋各国很早就以种族分类居住，并以此作为国家组织的要素。因此，政治和法律只给上层社会家族提供方便，而最下层公众像牛马一样。贵族和贱民有云泥之差，彼此内心隔绝。直到最近，这种情况仍然毫无改观。大清国和大韩帝国依然如此。通过素盏呜尊、稻水命对新罗的统治情况，我们可以对古代日本、朝鲜和闽地联合时期的实效统治状况进行推测。素盏呜尊将新罗视作姤国是因为该地是伊奘诺尊兼领的国家。素盏呜尊到该国上任，驻跸曾尸茂梨，被尊称为"牛头天王"。就曾尸茂梨而言，建内繁继在《八坂社旧记辑录》中说：朝鲜语中将牛称作"曾尸"，将头称作"茂梨"——后世称"午头"，属于别字。素盏呜尊坐在牛头上，要将浮宝瑞官棺材移往日本，让他的儿子五十猛命将杉树、樟树和桧树等种植在《日本书纪》中所记载的两熊野山。因此，两地都祭祀辛国伊太氐神社。三井寺的新罗明神也祭祀素盏呜尊。直到那个时期，新罗一直被叫作"辰国"，统辖三韩的辰族。西汉的《朝鲜传》中所说的真番辰国就是这个国家。在这一总称之下分为三韩，进而分为七十余国。此事见《后汉书·三国志》。《日本书纪》中也有记载称此国分为众多小国。后来，这些小国分属任那府及新罗、百济。即便如此，还有安罗、加罗、秦韩和慕韩等小国。由此可以推测上古时期辰国的统治情况了。

日本列岛的统治情况也可以据此类推。西汉的《地理志》客观地记录了日本列岛的统治情况:"倭据海岛为国,分百余国。""为国"是指天皇统治的总称。下面的"分国"由国造和县主来统治。由于国造和县主权力很大,因此即便当时下层社会提出意见,国造和县主也不会听从。由此可见,天皇的统治没有渗透到下层民众。而根据近代以前大名和诸侯统治人民的情况,我们也可以推出这个结论。

由于中国大陆幅员辽阔,政治统治比较松散。春秋时期,北方诸侯割据,分裂为大小一百几十个国家。此外,还有数百个夷狄部落。秦国统一中国后让诸县自治。秦朝的一个县要远远大于日本和朝鲜的一个县。三十六郡的统治权在于向诸县收取贡租、养兵及镇压反叛。与此相比,垂仁天皇以来,日本不断在朝鲜

垂仁天皇

半岛各国设置国宰,将当地作为贡租田进行分割,建成屯仓,将其置于天皇的直接统治下。这可以说是统治方法的进步。政治与时俱进,是在历史经验和自然规律的基础上发展起来的。在地广人稀时期,统治肯定松散。与古代相比,如今的俄罗斯帝国等国的地方统治情况依然没有什么不同。

在日本、朝鲜和闽地联合时期,闽地各地首领同种相依,和睦相处。他们迎来天孙的子孙,尊他为首领或君主。"尊"同样是神裔的贵族,辅佐君主,管辖伴造和国造,宣扬神教统治。由日本的统治方式可以类推:古代的主权者统治全国。实际上,日本、朝鲜和中国大体而言都是如此。由于习惯了后世发展起来的政治而将这些政治的思想用来讨论古代统治思想的做法是错误的。

民族建立村邑,推选首领,和邻地交往,互相帮助,成立郡县,最终形成一个国家。这个过程中最大的原动力就是宗教。因此,下面谈一下宗教和政治统治的关系。

第 4 章

宗教和政治的起源

第1节 宗教和国县形成的顺序

村邑的结合是国家形成的基础。村邑的起始情况不难推测。在《封建论》中,唐朝柳宗元写道:"彼其初与万物皆生,草木榛榛,鹿豕狉狉,人不能搏噬,而且无毛羽,莫克自奉自卫。荀卿有言:'必将假物以为用'者也。夫假物者必争,争而不已,必就其能断曲直者而听命焉。其智而明者,所伏必众,告之以直而不改,必痛之而后畏,由是君长刑政生焉。故近者聚而为群,群之分,其争必大……"现在人类学家的推测与上述内容大体相仿。然而,假物而争,久而久之必然兴起宗教信仰。这些信仰是君主行政和实施刑法的根本。下面就此进行补充论述。

人类和所有动物都是上天之造化,生来具备生存和繁殖能力,并且需要借助物质生存下去,希望风调雨顺,恐惧突如其来的水旱等自然灾害和疾病。这种想法非常迫切。因此,人们仰望苍天,笃信其中有主宰自己的神,而神会降祸福。出于人之常情,人们诚心诚意拜神,处事谨慎,沐浴神的恩德,不触怒神灵——这就是宗教信仰的起源。在这种信念逐渐加固的过程中,脑神经会变长,而有的人会产生与神沟通的灵异和智能。察觉到这些人的言行后,社会上的人将他们作为下凡的神灵来敬重。这些人就是所谓的"智而明者",进而智者从中发明一种奇术。因此，在神一般的人的启发下，社会开始有宗教信仰。这些信仰都是希望通过涵养和德行迎福避祸。如果有疑问，就让宗教做出曲直判断。这些现象是村邑凝聚力很强的主要原因。

很早之前，这样的宗教意识就与各个村邑的男女群体相结合，形成社会习惯。我们称之为宗教习俗。宗教习俗的情况千差万别，甚至包含一些令人哑然失笑的情况。这些习俗本来源于"神"这一观念，进而左右人的感情，因而很难更改。作为一个集体，村邑的结合力和凝聚力也在于这种宗教习俗。宗教习俗是人种学专门研究的问题。此处仅就南方种族和北方种族举一两个例子。住在日本南北两端的阿伊努人的祭熊和中国台湾生蕃的骷髅祭祀都是出自根据"就断曲

阿伊努人

阿伊努人的渔夫

直者听命焉"进行裁决的宗教习俗，以证明"同事异物"，二者实质相同。冲绳群岛中实施结绳政治，将绳子弄成各种样子挂在树上以示禁令。在酋长面前解决争端后，阿伊努人在柱子上和板子上画上横向符号表示凭证——这与伏羲的八卦类似。在满洲的通古斯人中盛行祭祀恶神，而善神祠堂寥寥无几，原因是善神宽大，而人们害怕易怒的恶神。这些例子如实地表达了人们的真实感情。有的人的灵智使人信服，成为巫师；有的人具有灵威，成为君长。君长不仅受到尊重，而且与巫师相比，他们的权威永存。君长的权威通过世袭而继续下去。还有人既是君长也兼任巫师。在日本古代，人们将神的文德称作"和魂"——以镜来表示；而将武德称作"荒魂"——以剑来表示。政教合一；不分神物和官物，而巫师和君长也没有区别。这种宗教习俗相当流行。此外，整个朝鲜半岛将人群分为各个等级。皇室和京师贵族①是天神的子孙，是最高贵的人种。国神的后裔及外国君主之后为第二等人，如各级官员和地方豪族②。第二等人名字起初用某神或者某命来称呼，后来改用家族名来分出贵贱，日本称之为尸，新罗称之为骨。位于他们下面的公众分为贵民和贱民：贵民是部民，又称"良民"，即士族；贱民是贵族和豪族的家奴。通过这种等级划分，人们从生下来就被区分出贵贱，不能坐在同一个房间里。人种贵贱之分酷似印度种姓制度中的婆罗门、刹帝利、吠舍及首陀罗等的区别。这种宗教习俗源于埃及一带，传到东南亚，在西方没有流行起来。起初，中国也按照该习俗严格区分氏族，但春秋以后，由于姓氏混同，导致习俗发生变化，血统的种别消失。然而，中国依然按照帝命制定品级，即九品中正制科举制度。流毒很深。

　　在《职原抄》中，北畠准官对神祇官解释如下，"以神祇官置太政官之上，此乃神国之凤仪。然则祭官之职者上古之重任也，又神国之政以神祇官置太政官之上乎。"这样一来，日本将政教合一这一做法永久保存下来。日本堪称良风美俗的国度。但这一风俗并不仅仅限于日本，所有给人群划分等级的国家都有这种风俗。上古时期的新罗将王称作"次次雄"，"慈允"这个称号经常使用。朝鲜的《三日本国史记》记载："世人以巫事鬼神，尚祭祀，敬畏之。遂称尊长为慈允也。"《后汉书·东夷列传》中也有记载："马韩俗信鬼神，国邑各一人主祭天神，谓之天君。"由此可知，巫师，即祭主，就是次次雄，即国王。他们也被称为"天君"。后来，"天君"成为人们对主权者的称呼。《楚语》的《观射父》中记载："民之精爽不携贰者，而又能齐肃衷正。如是则明神降之，在男曰觋，在女曰

---

① 被称为"云上人"。——原注
② 被称为"地下人"。——原注

巫。"中国的古俗也重视巫术，男女都能当祭主。这一点和日本、朝鲜相同。殷商时期出现了巫咸和巫贤等名臣。

大体而言，社会上最近的关系是血缘关系，其次是人种。宗教风俗根深蒂固，形成同族同种的团体。国、县开始成形。人们将主权托付给一个君或巫，以事神，以统众，进而与异族异种相争。以上就是太古时期的基本状况。英国戈姆写的《村落篇》翻译后刊登于《日韩古史断》。其中写道：创建印度村邑的是西方人的祖先雅利安人的世仇——格尔人和德拉维德人。这两个种族教义相同，都崇拜祖先，注重氏族，开拓土地，分给族州，均有世袭的君主。之后再分给族村，每个村子都在古树葱郁的清净地建有氏神祠堂。选出族巫后，全村进行祭祀并推举氏长。负责政治统治的是君长和巫长。他们拥有主权。在德拉维德人的军队制度中，君长居于正中。此外，君长亲自祭祀大土地神。中央政府向各村收税，将中区规定为公田。公田的收成归王仓所有。如有来领田地者，政府就给他，称"给田"，设置土地管理者来管理。其他土地由世袭的村吏来管理，为王的军队提供军需。这些制度酷似日本实施的由屯仓、国领、班田、国宰和郡司构成的制度。然而，格尔人和德拉维德人的语言都是单音语言，与日语和朝鲜语迥异。因此，他们并非日本原住民。荆楚原住民三苗可能与格尔人和德拉维德人同种。在古代，葱岭以外的西域曾是民族迁徙的中枢，但如今已经成为旷野。由此可以推断，迁徙到中国、朝鲜和日本的民族在他们本土早已经绝迹。

第2节　神裔及其氏神

日本国史始于国常立尊，即皇统的元祖。从名字可以推测，当时日本已经形成统辖族州的国家。当时，日本在政治制度上已经相当先进。《古事记》的开头记载：人们将在开天辟地之时、在高天原上所生的神称作"天御中主神""高御产巢日神""神产巢日神"[①]。三个神都是独神，藏了起来，被记载于国常立神之前。在日语中，"神"和"上"是同一个词，都指"居于高位者"。在上古时期，

---

① 在《日本书纪》《古语拾遗》中，也有相同的记载。——原注

基于宗教意识，日本人相信灵德灵智之人是天神的化身。因此，只有承继天神系统的子孙才能被称为"命"，即"御事"。"命"是对他的尊称，和"御上"意思相同①。本来，天御中主神和两产灵神是不同的天神，没有君臣之分。将其子孙称"命"，也是国民最高等级的尊称，没有区别。只不过，"天御中主"的意思是国主，而"产灵"意味着道化的功力，包含着以体用之别来区分君臣的要素。虽说如此，如前一章所述，因为日本实行的是政教合一的制度，所以自然君长包括巫长。独神是指由一人兼任两长，即天御中主神和两产灵神没有君巫之别。

国常立尊就是天御中主神，也称"天底立命"。皇统属于国常立尊后裔。此外，伊势朝臣称自己是天底立命之后也是有来由的，但称服部进御手代首是天御中主神之后则不符合逻辑。两产灵神的后裔分为中臣斋部大伴和久米等管辖文武将相的贵族。这些都是天神的子孙。因此，作为国中至高的等级，他们代代做天子或将相，相互通婚，掌握政教合一的主权，世袭官职，代代相传。在各地管理村邑部民的被称作"伴造"，而管理土地者被称作"国造"。他们都被尊称为"主长"，男的称"彦"，女的称"媛"，分别是"太阳之子"和"太阳之女"的意思。最初只有独神，只有男子掌管政教主权，而后女子也成为政教之主，开启了耦神的先例，出现了"彦媛"之称。其中，天神之子中有"彦命"和"媛命"的称呼。

其他国县的君长一族被称为国神之子。如果是出自第一代天神之种的族则称"彦媛"。无此称号的为异族——譬如新罗的天日枪的后裔。不称"彦之命"或"媛之命"的阶层被作为第二等级来对待。国神的高贵家族和最高等级的家族通婚。《后汉书》中记载："倭国多女子。大人皆有四五妻。其余或两或三。女人不淫不妒。"从上古开始，日本没有根据等级对婚姻进行限制的习俗，但异种异族和并非国王之后者不能列入高贵等级。日本的社会习俗注重血统，疏远他族，进而排斥不同人种。这些习俗是为了加固村县的凝聚力。从存在国民等级习俗来看，征服日本的原住民似乎是出自印度的某个种族。

---

① 《日本书纪》中将"至尊"写作"尊"，将"自余"写成"命"。汉学流行后，基于君臣思想，人们进一步对这些称呼进行区分。——原注

总而言之，征服日本并建立国家的人种信仰祖先教，注重血缘关系，因此也必然尊崇政教合一之根源的祖神。因此，古代日本祭拜什么样的神还是个疑问。本来祖先崇拜并非只是祭祀先祖，而是崇拜一族的祖神，并按照神的意志做事。在日本，最高等级的一族是天神的后裔。天神的后裔在国民之上，受到国民尊崇。而首祖天神是天御中主神、两产灵神。因此，皇族和贵族有三种义务：其一，将国家主权托付给天御中主神的后裔；其二，产灵的后裔辅佐政权；（这两条是明明白白写在日本国史上的事实）其三，崇拜天神。要说天神有什么神德的话，那么必定是产灵之德。这是因为"天御中主"的意思是主宰。天御中主神已经将主权托付给他的后裔，而通过其主权行使的万机，即政事，都是产灵之德。自古以来，日本崇拜产灵神的证据如下：《古语拾遗》中记载橿原之晨，"听从皇天二祖之诏，建树神篱，所谓高皇产灵神皇产灵、魂留产灵、生产灵、足产灵、大宫卖神事、代主神和御膳神"，将这些称为八神殿的原始神。此外，《日本书纪》中有如下记载："显宗帝之时，月神著人谓之曰：'我祖高皇产灵有溶造天地之功，宜以民地奉我月神，若依请献我，当福庆。'""溶造天地之功"是指天神作为我祖现身的灵德，应该得到子孙的崇拜，竭尽报答恩情之努力，以此获得幸福。这才是自上古以来奉祀祖先的信念。因此，在日本，祭祀祖神天神的形式各异，但镜是崇拜产灵神体之物。

第3节　南方种族与北方种族的优劣

根据有史之后的传记，上文概述了在伊奘诺尊和伊奘冉尊之前的时代以及日本的天神后裔宣扬神教、建立州县、创立国家的过程。由此观之，自太古时期以来，住在岛国日本的原住民并非是通过自发的知识加强部落的团结而发展起来的。实际情况如下：大陆上有先进且高贵的民族。在日本列岛的山谷和海滨地带，这些民族和野民人种进行竞争。早在"日本如水母漂浮"的时代，它们的人民带着先进的制度来到日本，在海岸肥沃之地建立部落，渐渐开疆拓土，宣传神教，炫耀武力，驱除和驯服野民并建立州县。

日本的原住民中有南方种族和北方种族之分。经过长年累月的相互竞争，优胜劣汰，日本终于实现统一。而今，这些观念已经成为定论。至于胜出的是北方种族还是南方种族，现在还没有定论。前面已经讲了考古学上的考证结果。虽然有学者尝试从语言学上进行考证，但众说纷纭，莫衷一是。使用汉字的国家的语言大半已经同化。而西方人用的是表音文字，很难考证。因此，我不主张从语言学角度来进行考证。在1893年3月《史海》第二十一卷上，我摘录了日本人种来源地的证据。作为日本人从北方来的人种的证据如下：

一、语法与马来语相反，而与朝鲜语、蒙古语、满语、土耳其语、匈牙利语和芬兰语等相同。

二、勾玉的青琅玕产于西藏或者贝加尔湖附近。

三、天降人种携带金银装饰的刀剑，而金银产于朝鲜。

四、天降人种不文身。

五、天降人种脸白、黑发。马来人种有虬髯，而日本人种的上等人都是美髯公。

然而，上面这五条证据仍然薄弱。玉材是通过贸易得来的。如果知道朝鲜半岛与日本人种相同的话，那么第三条和第四条也站不住脚。毫无疑问，他们属于被淘汰的人种。

作为日本人是来自南方的人种的证据如下：

一、"神"或"上"这个词在中国台湾和马来等也有使用。"酋长"用于自称。日语古语中有"国津神"。"国津神"等同于后世的太守。

二、墨齿之风应该是南洋咬槟榔子之余风。南洋人还用药染黑牙齿，时至今日仍然如此。

三、《古事记》中记载着鳄鱼，而鳄鱼非南洋不产。

四、勾玉的翡翠产于交趾和中国。

五、《后汉书》中记载日本有珠崖儋耳之俗。

六、文身是南方裸体民的装饰，而北方穿衣服的民族不文身。

七、古代用木棉做衣服。木棉也写作"栲"和"谷"，也就是楮，和现在的意思是否相同不得而知。现在只有萨摩土人用这个字。

其中，关于第四条的翡翠，有人认为琅玕是白色的。此外还有许多增补的证据：

一、常吃水田种的稻子。南方熟地更适合这种稻子。在周朝以前，中国北部都是旱稻，而有人认为旱稻不应算作五谷。根据《周礼》，地方官有稻人一职，下地种稻，开始造水田，开凿沼泽，之后，江南吴地开始产水稻。自此以后扬州富甲天下。这是后话。

二、使用的大弓是南方人的兵器。

三、手舞足蹈是南方人的习俗。据说，产萨摩陶器的野代川的韩民现在跳龟舞。龟舞与伶人的久米舞酷似。这些现象足以证明日本和朝鲜的古俗一致。

四、头发插上梳子做装饰是南方人的习俗。新加来人的男子披发，插半圆形梳子。

暂且举这几个证据。下面简述由此产生的宗教习俗。

自古以来，祭神要规定神田。人们耕种稻子，以稻米酿造神酒，做糯米糕，并将糯米糕做成圆镜状给神上供。人们用秸秆做注连绳装饰神殿。无论城乡还是贵贱都遵守这一习俗。在肥前的乡村，村民轮番合作耕种神田，并当当年尝祭的祭主。在乡村年年举行的产土神①的尝祭上，神酒、圆镜状糯米糕、注连绳等各种习俗是全国统一的宗教风俗。注连绳大概起源于上古的结绳文字。造糖块和酿酒这种日本与朝鲜共有的古代风俗应该源自南方。据考证，青铜圆镜象征

---

① 俗称"氏神"。——原注

神体。将它放在宝殿中来祭拜是南方种族留下的风俗①。我以前写的《神教是祭天的古俗》这篇论文颇受世人诟病。直到当时，关于南方种族和北方种族的辩论尚未停息。我的论文从北方种族有祭天的古俗这一点开始论起，但祭天几乎是所有宗教的习俗，因而没有得出定论，只得放弃。神教的源头来自南方，与北方种族的宗教习俗不同。对于这个结论，人们没有异议。这条结论也因而几乎成为定论。

第4节　日本各地的祖神崇拜

散佚在日本各郡的《式内》《式外》中的神社中有史前的古神社。虽然没有确切的祭神传说，但神社名称，如高魂、神魂、海神和山祇等都有"神"字。还有叫宇夫须那社的，有忌部、麻织、物部、倭文等冠以部民职业的神社。还有冠以祭祀村邑的名称的神社。这些都是当地的领主祭祀祖神的神社。领主以此来实现政教合一，提高族群和州邑的凝聚力。祖神就是产土神，也写作"本居神"。在印度称作"城隍天神"。中国江南和越南也有城隍庙，都是统一教俗的设施。而今在日本村镇称氏神，意思是当地的祖神。这些都起源于相同的教俗。不过从中世②开始，在某一族中兴旺起来的家族确定了自己氏族崇敬的神社。譬如藤原氏的春日社和源氏的石清水社等。它们将崇敬的神称作"氏神"。氏神是这些氏族信仰的神，与产土神完全不同。还有另一种情况：通过占有庄园，人们在比睿山领地祭祀山王八王子、在男山领地祭祀石清水、在东大寺领地祭祀正八幡、在三宝院醍醐寺领地祭祀若宫、在祇园社领地祭祀祇园社以及在言寺领地祭祀熊野社。诸如此类是将领地家族的祖神当作该地的产土神来祭祀。如今，即便领地家族更迭，只要产地神存留下来，那么产地神就成为祖神。

由此推知，文身民族很早就来到日本、朝鲜和闽地的旷野地带，从事殖民开拓活动，建村邑，按照教俗在清净场所祭祀君长的祖神，君长的祖神演变为该地

---

① 有人认为日语中"神"的发音是"镜"的发音的简化。——原注
② 从镰仓时期到战国时期。

的产土神。文身民族还在水田种稻子，或纺织麻布、棉布，或种桑养蚕，丰衣足食。文身民族将产于土地上的物品酿成神酒，供上圆镜糯米糕、币帛，以报答产灵的恩德。他们听从神的意见判断是非曲直。当时，从北方南进的异种异俗的民族占据各地，将这些神社看作邪神恶鬼，准备铁剑和大弓等兵器驱除异族，并在人种竞争中获胜，建立国县，进入传说时代。

天神之子首次来到高天原，统辖国县之主并实施三地联合是几千年前的事情。对此现在已经无从得知。虽说如此，这个政权的中央和首都是日本，即高天原这一点可以断言。自太古以来，民族迁徙的源头在亚洲中西部，虽说亚洲中西部并非荒寒的北方大漠，但属于南方的炎热之地。这些民族为了在大陆上寻找沃土，不断迁徙，进行人种竞争。从五千年前开始，风姓种族开拓中国东部低地。允姓种族在苗民两湖之间建立国家。北漠的戎狄各族入侵中国北部。特别是在印度，由于雅利安人的入侵，当地展开了激烈的人种竞争，原住民受到极大损失。这些情况让当地优等的德智发达的民族动了通过迁徙寻求沃土的念头。与他们原来居住的偏热地区相比，中国的东南沿海至日本和朝鲜一带由文身民族占据并建立的国家有更广阔和优质的沃土。可以断言，越是优质的沃土，迁徙来的君长民族越优秀。这种情况和在发现美洲大陆后，从欧洲各国迁徙到美洲进行开拓殖民地的情况非常类似。最初是探险者和冒险者尝试移居。逐渐村邑里的头领等有实力者开始拓殖。而最终迎来优秀一族进行统治。由此可以推断，就日本、朝鲜和闽地而言，在气候温和、山水秀美、田野肥沃以及周边最安全等方面，没有超过日本的地方。因此，天神一族以日本为高天原的中都，派自己血统的人在朝鲜做君长，统辖同种族的国县。这个推断十有八九是正确的。

《日本书纪》第一卷中记载："伊奘诺尊隐藏在桃树下，摘桃子向雷神投掷。雷神全部退走。这就是用桃避鬼习俗的来源。"①据《荆楚岁时记》记载，"桃树东南枝，向日鬼憎避"是"避疫术也"。两处内容有异曲同工之妙。从荆楚到安南的人民都祭祀城隍庙。如果仔细研究这些迁徙人种带到日本来的教俗的话还有很多。根据历史经验，异族的亲和力极其薄弱。而宗教风俗是最不

---

① 《古事记》中有相同的记载。——原注

容易变化的。譬如,各种民族要在中国的平原上杂居,有些要进行民族融合。直到周朝结束,百濮、群舒和淮泗、徐莱等夷族都一直被中原地区看作异族。更何况日本、朝鲜和闽地多是在山岭之间开拓谷地,最适合于小范围内聚居。受这一地理条件限制,当地很早就分成众多族州。当地人和异族或异种同化十分困难。因此,人们奉天神后裔为君长。在他的领导下联合,抵御外族入侵。这种选择是必然趋势。日本的优秀种族开始移民的时期或许很早,甚至可以上溯到有岛夷卉服习惯的虞夏以前。到了三千年前的周朝时期,吴越参加中原地区会盟并争霸,不久被楚国吞并。在这一时期,天神后裔将日本叫作"高天原"。受中国动荡的政局的影响,日本平复国内如"漂浮着的水母"般的动荡局势。自此以后直到今日,已经过了十多个世纪。关于史前的推测先写到这里。下面概述传说时代的情况。

第 5 章

伊奘诺尊和伊奘冉尊循服八洲

第1节 日本的传说时期和有史时期

要从史前的推测过渡到有史后，首先要从有史时期开始论述。毫无疑问，通过严密的考证推断某国首部历史编纂的年代后，才能够判断该国的有史时期。譬如就中国历史而言，为《史记》作年表时，司马迁将周朝的文武成康时代称作"圣人时代"。尽管如此，在厉王之前也只录得短短三代年表。之所以这样是因为没有制作年表的材料。在史前时期，如果只有纪年很不确定的神话和传说，那么我们就将它称为传说时代。日本的有史时代有诸多疑问。有人主张将应神天皇或履中帝设置史官之后算作日本的有史时代。甚至还有人根据考证将日本的有史时代推迟到继体帝、钦明帝甚至推古天皇时期。《日本书纪》的纪年有伪造成分，破坏了历史的可信度，在史学上可谓罪孽深重。然而，我不打算这样苛求。就按《日本书纪》所划分的那样，我将神话时代看作传说时代，将神武天皇以后，即人皇时代看作日本的有史时期。

《古语拾遗》记载："上古之世，未有文字，贵贱老少，口口相传，前言往行，存而不忘。书契以来，不好谈古，浮华竞兴，还嗤旧老。"这是说古代宗教以口口相传为主，将国运定格在传说中的口碑时代。如果"前言往行"只靠口口相传的话，那么数百年的史实也无法得到确证。因此，大部分日本古代历史反复谬传，

被八咫乌引导的神武天皇

历史事实面目皆非。然而,写到神武天皇时期,这一情况发生了重大变化。《日本书纪》中虽然还有虚饰成分,但书中记录的地理名词等都是如实的,和神代历史相比完全不同,此书记载的已变成人皇的历史。这里面肯定有很深的原因。在神武天皇时期,日本人中已经有掌握汉字的人。他们从筑紫跟随神武天皇,记录

所见所闻。虽然他们的思想还很稚嫩,但重要的事情被记录下来,并以事实为材料进行撰写。虽然他们仍然受旧有的习惯影响掺杂一些荒诞不经的内容进行附会,但其记录的内容已经超越了口口相传时期,具有了历史价值。

如果进行详细的时代对比的话,那么神武天皇前往筑紫是在汉武帝在朝鲜设置四郡之后,相当于日本的国县和乐浪郡开始交往的时期。从国际上来看,文书和翻译是不可或缺的。因此，即便日本贵族目不识丁，日本却已经设置了伴部或者译部等机构，并且贵族肯定已经学习了汉文。此外，《履中帝纪》中就设置史官一事虽然仅有十余字的记载，但当时高丽和百济都已经开始修史。百济人阿直支归化日本，始称"史氏"。博士王仁始称"书氏"。阿直支担任史官。直到后世，太政官设外记和史官，将官务和局务分离。这样的惯例实际上是从那时开始的。记录虽然简短，但不应忽视。崇神天皇以来，历史的纪实逐渐变得详细。这些进步都归功于阿直支。他担任史官，采集旧文书，开始编修历史，很有成效。当然，里面也包括有关神武天皇的记录。

崇神天皇

只不过《古语拾遗》中所说的"书契以来，不好谈古，浮华竞兴"是在应神天皇以后，即阿直支之后的这段时间。乍一看，书中所说的情况似乎有反文明之嫌。但经过分析，我们可以看出它的本意是：自从文学流行以来，通过将文学思想与日本的传说相对照，发现世间出现种种浮华的文藻。这些习惯应该被摒弃。事实上正如书中所说，从神代之初开始，记录中夹杂着阴阳学说，不免有纬①说成分，甚至还沾染了儒学气息。《日本书纪》的正文中和《古事记》中都有虚饰成分。出现这种情况不仅仅是因为传说的内容各不相同，由于口口相传造成讹传，还因为在应神天皇以后，有不少记录进行虚构，用地名、人名等做出牵强

应神天皇

---

① 谶纬之说有谶说、纬说之分，"纬"是古代神学迷信附会儒家经典。

人皇

附会的解释，虚构神话。因此，"浮华竞兴"并非虚言。在本书中，我将神代称作"传说时代"，人皇以后称作日本的"有史时代"。在传说时代，斋部广成氏对书契以来的浮华之辞之表示同意，建议尽量只提纲挈领地论述重要的事情。认为其中有不少误传，没有必要写的事情要尽量割爱。

第2节　伊奘诺尊和伊奘冉尊循行八洲

日本的神代传说让人如坠云里雾里，并且对同一件事情有不同的记录。如何使这些传说成为研究史学的资料是所有人都头疼的问题。有的人主张将神代完全作为宗教研究对象，不应在史学研究中将它作为史实采纳。然而，这种主张属于浅虑。我认为与其将神代的传说作为宗教来研究，不如将它作为史学材料来研究。它的价值会因此增加数倍。在万世一系的皇统下，日本获得独立，向世界大扬国威，并在与各种人种竞争的过程中奠定了举世无双的国家基础。面对祖宗的这份勤劳，我们应该尽最大努力进行研究。下面简要论述日本国史之初的情况。

从国常立尊开始到伊奘诺尊和伊奘冉尊，天御中主神的垂统共历七世。这些情况是《日本书纪》正文中说的。其他各种传记众说纷纭。然而，根据《日本书纪》的说法，天御中主神刚开始是独神，逐渐演变为男女耦神。到了伊奘诺尊和伊奘冉尊时期，天神，即天御中主神下令修理和加固"漂浮着的日本"，授予伊奘诺尊和伊奘冉尊天之琼矛。伊奘诺尊和伊奘冉尊乘天浮桥在雾中探沧海，降临磐驭虑岛，在磐驭虑岛交媾，生下淡路洲。之后又生下大倭丰秋津洲，接着生下伊豫二名洲。接着，伊奘诺尊和伊奘冉尊产下筑紫洲。之后，伊奘诺尊和伊奘冉尊来到北海，一胎双生隐岐、佐渡，再产下越洲，又在回来的路上产下了大洲和吉备子洲。此外，伊奘诺尊和伊奘冉尊还产下众多洲。《日本书纪》正文中记载："这是大八洲出生的顺序。"这些顺序、洲名和传说各不相同。我列举了最合情理的说法。越洲是指直到佐渡对岸一带的区域。其他日本东北地区都被虾狄占据。

以上就是伊奘诺尊和伊奘冉尊产下大八洲的传说的大致情况。该传说本来就是一种比喻。其中有些内容让人觉得当时日本的状况相当不易。迄今为止，人们都根据记载认为大八洲及其他众神都是由伊奘冉尊生出来的。这是因为人们都是按照字面意思理解史书编纂者的意图。其实，这些记载只不过是用了比喻这一修辞法而已。国土是不可能生出来的。从"修理加固漂浮着的国家"这句话可以看出，当时已经有国土和人。《日本书纪》中也写道："瑞穗之地，宜汝往而徇之。"实际上，与其说"徇"不如说是镇服。在《古史通》中，新井白石说道："'漂浮着的国家'是指国家大乱，纷争不已。伊奘诺尊和伊奘冉尊生下大八洲这一段是说以淡路为根据地，征服各国。"这一说法非常精辟。就磐驭虑岛而言，《古事记》的和歌中写道："大雀命坐镇淡路岛。"这个岛上的东部被开发建成良港。因此，此地被选作行宫，建八寻殿。"交媾"是指上国和下国约定合并。记录当时伊奘诺尊和伊奘冉尊绕着柱子左转右转的情景属于根据阴阳学说进行的杜撰，实不足取。就八洲循行的顺序而言，正如《日本书纪》正文所言，是从丰秋津洲开始的。一种说法是将丰秋津洲叫作"丰苇原的瑞穗国"，因为在海岸地带广阔的沃野上，芦苇茂密，稻田丰饶。淡路附近芦苇茂盛之地正是难波。古谚语里就赞颂过难波芦苇茂盛。河摄泉一带是肥沃的稻田。因此，"丰苇原的瑞穗国"所说的一定是丰秋津洲。直到后世，从丰秋津洲以北的武库山踯躅到丹波后的连绵山脉都是生蕃居住之地。因此，要想使丰秋津瑞穗国安稳太平、固若金汤，首先就要平定此地。传说中先提此地是有道理的。

之后，天神派战舰前往异族杂居相对较少的伊豫二名洲，即四国。虽然现在虽无法确定战舰是在哪个港口停靠，但四国的主要港口应该是三津滨或者久留岛。后来，久留岛成为海盗使用的港口。如今，久留岛主要用于管理府的战舰停泊事宜。此后，天神向四方派遣地方官员，接着循行筑紫洲，即九州。筑紫的港口是娜津，就是今天的香椎以及博多，当时已经是海神占据之地。战舰负责从港口向内地派遣官吏。如今能够看到的遗迹是位于丰前中津的丰日别神社。然而，该地只有一些式外①古神社，大概是因为派遣官员之后不久发生变革的缘故吧。这一点后面会讲到。伊伎和津岛是往来于向津与新罗之间的要冲，但这里没有必要循行。因此，《日本书纪》中将伊伎和津岛列为"潮沫"之洲和"凝成"之洲是符合逻辑的。这时，战舰已经前往北海。正如前面所讲，山阴和越国是外种族的杂居之地，特别不稳定。因此，战舰驻扎在隐岐循服山阴，之后又驻军佐渡深入虾狄之界予以征服，将外种族赶到山里。两洲之间有道路相通。向北海岸屡屡用兵这一点可以解释"一胎双生"这一比喻。之后，战舰转入内海。为了征服北岸的山阳，战舰先在应为周防大岛町大洲扎营，接着在吉备子洲扎营。分别在这两处地方设置官吏后，战舰返航。之后，在东征时，神武天皇驻跸艺备，同样占据了地理上的要冲。

---

① 日本神社有式内社、式外社之名目。

神武天皇东征

第3节 出云的黄泉军

产下八洲后，伊奘诺尊和伊奘冉尊回到淡路国。之后，伊奘诺尊和伊奘冉尊产下海神绵津、见川①神秋津彦、山神大山祇木祖句句乃驰、草之祖茸野姬和土神埴安等。在生火神迦具突智时，伊奘冉尊突然感到不适，躲在出云和伯伎交界的山中。伊奘诺尊生恨，拔剑将火神斩为三段。之后，伊奘诺尊去伊奘冉尊隐

---

① 也称水门。——原注

藏之所。伊奘冉尊见状说道："为何来迟？我已经吃了黄泉之食。然而，入来很贤明，说'你先回去吧，明晨讨论封你为黄泉之神'。你一定不要进来看我。"说完就进去了。到了第二天，伊奘诺尊等得心烦，偷偷窥视，发现伊奘冉尊和八雷神在一起。他大吃一惊，赶紧逃了出来。伊奘冉尊生恨，遣一丑女追赶。八雷神也率领黄泉军追赶。伊奘诺尊翻越泉津平坂，拉过磐石堵住平坂，以此和伊奘冉尊对峙并发下休妻的誓言。据说，平坂就是今天的出云伊赋夜坂。之后，伊奘诺尊来到不须凶目污秽之国，想要用咒语除灾求福。这时粟及速吸水门说："海潮汹涌，从速逃命。"伊奘诺尊前往筑紫的日向宫的橘小门的檍原除灾求福，在誓言中说"生三贵子"，让他们治理上面所讲到的高天原、夜国和海原。此外，三绵津见神①、三个男神也是生于此时。

  这一段的描述似乎很奇怪，但在字里行间隐藏着重要的信息，需要进行深入分析。下面试着做一下解释。毫无疑问，首先，产下了海、川、山、树、草及土等众神是说伴造和国造等实力派已经产生。伴造是指管理民众的官职。国造是指管理土地的官职。伴造和国造都是国县的君长。绵津见监理渡津是筑紫国主。山津见监理山津是吾田，即萨摩国主。木应该是指纪直。就水门，即见川而言，根据其名"秋津彦"可以推断应该是津国难波地区的港口长官。草所指是谁尚不明确。土神是管理陶工之民的官吏——从名字上可以推知。"领民"是指它的职责是在分配的土地上建立村邑，管理当地的民户，即"部曲之民"，与后来的士族相同。他们的首领也就是后来的"地头"。需要注意的是，古代的财产是指所拥有的土地和人民。

  毋庸置疑，火神一段是指以此为由，上国和下国的和睦关系遭到破坏，但要将该结论作为事实来解释则缺乏参考资料。参考海川等例子进行推测，火神也是指伴造、国造。在伴造和国造处理土地问题时，有人不服，在伊奘冉尊的根据地出云要冲之地发动叛乱。因此，伊奘冉尊放弃耦神之位急忙回国，并在死后葬在国内。因此，大体可以断定上面神话是这一事实的演绎。当时，高志人占据簸川。簸川有东西之别，流经云、伯两州，对当地产生了影响。因此，可以推测火

---

① 海神。——原注

神是簸县主。伊奘诺尊斩杀火神是英明之举。斩为三段是指将火神兼领地区分为三个部分。当时产生的神都是山祇名,可见因为火神是山津见一族,所以将他的土地委托给三家,让三家统治。簸川上的手摩乳和脚摩乳也是山祇一族①。就这段记录而言,《古事记》和《日本书纪》各执一词,很难分辨真伪。山祇家族的事情在天孙降临一条进行阐述。《延喜式》中镇火祭的祝词中记载:"伊奘冉尊来到夜见比良坂时想吃东西,说'我在你统治的上国生下心地不好的孩子'。可见,火神是上津国人,属于与下津国有密切关系的大家族。"

之后,当伊奘诺尊为了处置火神而率兵前往出云镇压时,出云的激进派已经决定拥立伊奘冉尊并向神起誓了。因此,伊奘冉尊才说"吃了黄泉之餐"。至此,虽然还有和好如初的可能性,但在第二天早上的会议上,伊奘诺尊看到八雷神列坐,因此判断事情已经无法调和。只要稍加思索就可以明白八雷神有可能就是八岐蛇,或许是与伊奘冉尊的属国新罗有密切关系的韩地的君长。这一点在下面的素盏鸣尊部分进行论述,此处暂时存疑。丑女也叫勇妇。古时,日本女人也入伍作战。在《神武天皇纪》中可以看到男兵和女兵的描述。"拉磐石"的意思是伊奘诺尊以重兵把守险隘。两军在此对峙。伊奘诺尊发下休妻誓言是指在大庭广众下宣布解除和约。此后,为了循服出云,发生过几番波折,最终大国主命避开此地,回到大和。这一条至关重要。

不须凶目污秽之国是指后来忍穗耳尊将"中国之乱"称为"彼地未平矣,不须也,颇倾凶目之国",意思是宗教不同种族不同之徒掀起骚乱。伊奘诺尊平定此乱,并采取了善后措施。因此,伊奘诺尊在战后举行了除灾求福大典,大会伴造和国造,并选择合适之处进行分配。因阿波、丰后偏僻狭窄,故将分配之地定为筑紫。于是伊奘诺尊又前往筑紫。在当时的伴造和国造中,筑紫的绵津见、吾田的山津见是仅次于出云的大家族,后来与琼琼杵尊之后的三、四代进行通婚,是上古历史中最主要的国家。特别是就筑紫而言,伊奘诺尊让筑后八女统治本国,在娜津,即博多监督当地与新罗的交往。筑后八女处处都有兼领之地,在朝鲜也有殖民地。因此,为了镇压出云的叛乱,伊奘诺尊在此处设县。橘之小门檍

---

① 《日本书纪》中称"火产云"。——原注

原也称日向。迄今为止，因为在日向的宫崎、那珂两郡相交之处的橘乡小户川一带有一个叫檍原的沙滩，所以人们以此称呼该地。然而，正确叫法应该是傩县。博多是原住吉神社的旧城，在前面的志贺岛上有渡津见遗址。在渡津见遗址东面的糟屋郡香椎之南有立花山。后来，大友家族被称为"立花氏"。在渡津见遗址西面尚存青水村。以前这一带都是入海口，是海神的军港，用来抵御蒙古军队入侵。因此，这里的地形非常怪异。《续古今集》中卜部兼直的和歌中记载："西海檍原潮水涌，洗出住吉大神社"，脍炙人口，说的就是这个住吉社。通过在檍原除灾求福，底津少童、中津少童、表津少童三神及底筒男、中筒男、表筒男三神出生了。这说明除了大渡津见神外，又增加了海神和住吉神。虽然看起来有所重复，但该现象和部民与土地是连在一起的一样，神社也有捐赠的土地。可以说，作为大典的恩赐增加了氏神的领地。

第4节 出云和新罗的关系

伊奘诺尊在檍原举行了除灾求福大典，在大会伴造和国造之前执镜①在神前发誓，定三贵子为三地君主。三地一事已经讲过。三贵子就是上文所说的。自古以来，人们对此有误解，尚存疑义。《释日本纪》记载："先儒私记云，一注释书并《古事记》之文者，非伊奘伊奘冉尊所生也，但昔共为夫妇，纵素盏呜尊非所生，犹为子，因本约假云欲从母耳，其实非母文也"，很清楚地说明三贵子是在伊奘诺尊与伊奘冉尊离婚后所生。《日本书纪》的正文对此不以为然，将火神以下至檍原除灾求福一段删去。即便是神，岂有男神怀孕之理？人们因为将产八洲等传说信以为真，所以才产生了这样的误解，使这些传说成为难懂的内容。素盏呜尊称伊奘冉尊为妣，称天照大神为姊。由此可见，他们都是伊奘诺尊和伊奘冉尊亲生的。

《日本书纪》正文中记载："伊奘诺尊和伊奘冉尊共议生天下之主，生下日神大日雯贵、月神月读尊，光华明彩，授以天上之事。接着生下蛭儿。接着生

---

① 据《古事记》记载，伊奘诺尊所执为玉。——原注

天照大神出洞

下素盏呜尊,因勇悍安忍不能君临宇宙,适合统治偏远根国,将其派出。"这里面没有提到伊奘诺尊休妻一事,隐匿了当时的事情。此外,《日本书纪》的注释书详述了火神黄泉军除灾求福一事:"下诏任用三子,天照大神治理高天原;月读尊治理沧海原潮的八百重;素盏呜尊治理天下。此时,素盏呜尊年已长。复生八握须髯,不治天下,常啼泣嗔恨。伊奘诺尊问'何故如此?'答曰'吾欲从母往根国'。伊奘诺尊恶之,任其所为。"《古事记》记载:"派月读命去夜之食国,派须佐之男命统治海原。仆者欲罢妣国根之坚洲国。故哭。大神大忿,莫住此国,乃逐之。"这样看来,传说内容各不相同。海原是新罗这一观点很早就被否定。迄今为止,学者们将根国解释为出云,将坚洲理解为其他的洲,而不知三韩就是本国。新罗国位于朝鲜东海岸。金城港向北直到元山,山岩耸立,波浪很大,故称坚洲国。因此,我认为《日本书纪》的注释书所写内容是事实。下面就此进行详述。

　　古代将神分为和魂与荒魂,分别用镜和剑来表示。这一点在前文已经概述。伊奘诺尊时期是以剑矛祈祷荒魂的动荡时期。因此,由于天照大神喜欢和德,伊奘诺尊授他以天玑;而素盏呜尊勇悍强忍,伊奘诺尊下诏让他治理天下,成为耦神,征服日本国内。迄今为止,立耦神的目的在于将大自然和祭祀以及政治分离。女主缓和神的怒气，男主掌管人间事务。二者未必是夫妇关系。这一点可以在后来的菟狭彦、菟狭姬兄妹那里得到佐证。伊奘诺尊下诏天照大神和素盏呜尊分别治理天上和天下也是这个道理。然而，发生出云变故后，情况不允许这样了。素盏呜尊虽然悍勇，但得不到伊奘诺尊的认可。并且在盛怒之下，伊奘诺尊放任素盏呜尊不管，让他到了新良贵，即新罗，不让他统治日本。因此，尽管御子①大国主命立下造国之功，避开其出生地，迁至大和。这也是因为有此约导致。在日本国史上，这是大事件。《日本书纪》正文中写道："皆被贬黜，实为过分。"自此，素盏呜尊到了根国，将誓约之御子立为日嗣。虽说如此，直到伊奘诺尊和伊奘冉尊解除夫妻关系，耦神的惯例才终结。又恢复独神掌握主权的制度。之后，皇后摄政或尽管有英明太子却立女帝等做法堪称耦神之遗风。从某种意义上讲，我们可以说耦神是有必要的。

前文讲过了火神之变和八雷神率领黄泉军反叛、伊奘诺尊休妻、禁止素盏呜尊治理天下以及素盏呜尊不顾父亲愤怒，希望到姒国新罗国上任。这些内容中还有诸多疑点。朝鲜辰族和倭人大同小异。这一点从语言风俗的大体一致上就可以明白。而在此之前，倭人就在朝鲜开拓领土并进行殖民，而辰族也在日本开拓领土和进行殖民。他们彼此杂居。因此，伊奘诺尊和伊奘冉尊及众神之意在于让两地同化，因而才有淡路的交媾，而伊奘诺尊才下诏让素盏呜尊治理天下。然而，朝鲜已经分为三韩。其中马韩坐大，不久因箕准之乱处于半分裂状态。就此历史而言可以断定朝鲜人不希望被同化。因此，借口朝鲜是出云的兼领土地，朝鲜人发动了八雷神之变。

虽说如此，如果听之任之的话，那么日本的统一就会受到威胁，或许还会导致朝鲜兼领日本领土的恶果。因此，伊奘诺尊非常果断，让素盏呜尊只作新罗之君，拒绝他在新罗执掌日本主权的要求。由此可见，三地联合之治已经成型。之后，大国主命返还版图也是根据这一契约。这是史学上应该重点研究的问题。如果按照当初旨意实施的话，那么会有如下后果：不仅朝鲜半岛分裂，就连筑紫岛也分裂为娜国、筑紫、吾田国及伊都等大小国县，而表面上服从于高天原的统

---

① 对皇室子女的尊称。——原注

辖。这样一来,不仅吞并三韩、发挥历代国威向北方扩张势力以及让秽貊和沃沮等驯服的伟业不能实施,反而日本大半领土会被夫馀侵蚀。这样的结果会令人遗憾。

因此,在建立神功伟业后,伊奘诺尊长期隐居淡路幽宫,即津名郡伊佐奈伎神社。《古事记》中记载有"淡海之多贺",即犬上郡多贺神社,称作"日之少宫"。因此,也有人认为该地是往来于日本和朝鲜的幽宫,但淡路和淡海之一是谬误。这是因为大体而言著名的古迹往往有两处,而人们难以确定孰是孰非。这些都是末节,不予讨论。

第5节 天照大神与素盏鸣尊的誓约

素盏鸣尊被任命为根国国主,从出云率兵赴任,并向天照大神辞行。因为根据当时的誓约,忍穗耳尊被立为日嗣[①]。最后,素盏鸣尊终于去赴任了。这一过程是日本国史上最重要的事件。下面进行论述。

古代遗物一句一器都要仔细玩味,因为这些都是史实。古代史学和文学混为一谈。古记录辞藻华丽,多有虚饰并大多以此为巧。然而,通过抄录这些文字,史实就会明了。取舍之要领在于选择华与实。文学性句子华而不实,要去掉其浮华不实部分,只存留事实作为史料。这种方法对史学至关重要。举一两个例子来说明一下。和学讲谈所出版的六百多册《群书类从》,竟有读者购买,对此我深感不解。有人说该书中和歌占了一半篇幅。当时,和歌非常流行,很多诗人因此购买此书,即主要是需要其华。然而,前几年东京经济杂志会社预约印刷该书时,想舍去和歌部分但未能如愿。因为无用,最终将和歌部分缩成小字。因为史学研究重视"实"。仅百年时间,学者在选择华实的好恶上如此不同。古记录中的重要部分也是如此。迄今为止,国学家非常珍视古代的文章。其中著名的有《大祓词》。譬如:"神居住高天原。皇亲神鲁岐神漏美命将八百万神召集起来开大会。我皇孙命将丰苇原之水穗国治理成盛世,这样国中的荒振神等向神询

---

① 意为皇太子。

忍穗耳命

问详情。神说风调雨顺，万物向荣。四方各国都称赞大倭日高见国为安国，以下津磐国为宫柱，高天原冰木高耸，天之御影、日之御影皆隐藏起来。"

上述文字原封不动使用上古时期的谆词，朗朗上口，令人陶醉。而在去掉语调和华丽辞藻并仅摘录事实后，我们可以发现：对于皇亲神鲁岐神漏美命和诺册二神、日神高魂神以及皇孙命、忍穗耳命、琼琼杵命和橿原宫的磐余彦命等内容，人们很难辨别清楚。还有天孙西降和大倭肇国等内容也很难让人琢磨透彻。仔细分析可以发现，这些内容是在奈良朝时期摘抄《日本书纪》和《古事记》的文辞进行堆砌、模拟古语而成，都是浮华之词，没有史学价值，没有一句值得作为古记录而摘抄的。《日本书纪》和《古事记》中没有这般浮华之词。如果去华留实，那么我们会找到一些史实的。

就素盏鸣尊上京部分，《古事记》记载："于是速须佐之男命言，然者请天照大御神将罢。乃参上天时，山川悉动，国土皆震。天照大御神闻惊而诏，我那势命之上来由者，必不善心，欲夺我国耳，即解御发，乃与左右，亦于御发，亦于左右，御手各缠持八尺，勾穗之五百津之珠，而者负千人之韧，负五百人之韧，亦所取佩，竹柄而弓……故以为请将罢往之状参上耳，无异心。"

上面文章极尽汉译之能事，比《古事记》还多五十余字。然而，中间一段和上述的《群书类从》和歌部分相同，都是浮华之文，都是形容词，原封不动记录了古代语调。那些迄今为止写谆词和宣命的国文学家会反复玩味这些内容，而作为史学事实，这些文字只不过描述了当时高贵人群的男装、女装及戎装而已。即便如此，里面还有问题。勾玉并非左右手都戴，而箭也不是将小箭囊拴在大箭囊上来背的。特别是千支箭和五百支箭，一个人也背不动。这些文字都是言过其实。谆词、宣命大体都是如此，多华而不实。大祓词等尤其如此。这些文字作为国文学之精华受到日本国学家赏玩，而被史学家舍弃。从史学角度观察，我发现日本人的秉性与荆楚人相似。在研究古史时如同读楚辞。由于浮华之词太过冗长，导致从百余言文字中找不到多少实际内容。

文学家喜欢抽象，但史学家并非如此。譬如《史记·项羽本纪》中描写睢水大战：大风"扬沙石，窈冥昼晦"。《后汉书·光武本纪》描写昆阳大战："会大雷、风、屋瓦皆飞。"这些文字文笔虽佳，但作为史实只需知道当天的天气情况而已。前面列举的"山川悉动，国土皆振"二句很抽象，不知所云。《日本书纪》中在这两句下面写道"此则神性雄健使之然也"，加上了作者的点评。作为史实而言，应该是"素盏鸣尊率军从出云出发上京，京师闻此震动"。从下面的天照大神的戎装可以推测到这一点。因此，古代传记句句千金是指里面隐藏着史实的句子，而非那些为了吸人眼球，言过其实的抽象描写。那些文字反而让史实被云雾所遮盖，还不如没有。因此，将这一段删去冗余部分后，我们是可以发现简明的史实的。如《日本书纪》注释书写道："素盏鸣尊将升天时，有一神号羽明玉奉迎而进八坂琼之曲玉。故素盏鸣尊持其琼玉而到天上。是时天照大神疑弟有恶心，起兵诘问。素盏鸣尊对曰：'吾所以来者实欲与姊相见，亦欲献珍宝八坂琼曲玉耳，不敢别有意也。'"与《日本书纪》和《古事记》相比，字数仅为三分之一，但言简意赅、事实清晰，并且记录八尺勾琼出处的仅《日本书纪》注释书而已。不过，"起兵诘问"的缘由尚不清楚。素盏呜尊被放归出云最主要的原因是拥兵骇京和勾玉的由来。形容天照大神身着戎装没有必要用那么冗长的文字。就人性而言，从上古时期开始，人们富于诗歌思想，不喜平铺直叙，而喜欢从侧面抽象描写。这一秉性沉淀在学问艺术和事业中，古往今来，屡见不鲜。以我所见，这种现象也属于人种的禀赋。关于这一点，我们需要注意研究。

上面已经列举了抄录古史大意的例子，以后都应照此法行事。

"这样，天照大神问道：'如何表明汝之清心。'素盏乌命对曰：'各立誓言，生子后，如果所生子为女，有浊心，所生为男为清心。'天照大神让真名井取来素盏呜尊的剑，对此发誓说：'我已经生下田心姬、湍津姬和市杵岛姬三女。'大神又让人取过勾玉曰：'忍穗耳尊、天穗日命、天津彦根命、活津彦根命和熊野木豫樟日命五男随之出生。'"

宇气毗也翻译成"誓"或者"诅"，意思是向神祈祷决定事情，用今天的话说就是在神前宣誓，签订协议。当时的宇气毗仪式是执剑作三折状，执玉摇曳，咀嚼吹气。如果出现细雾，则代表誓言生效。这和祈祷的结果出现在男女子名谶上一样。这种仪式和伊奘诺尊在筑紫的除灾求福仪式上执镜求生三贵子的做法相同。宇气毗中包含着重要仪式。当时，这些仪式是很神秘的，在后世的神教中失传了。

在天照大神的诏书中可以找出玉、剑等物的根源："玉是吾物，故五男是吾儿，收为养子，剑是汝物，故三女为汝女"，将此授给素盏呜尊。这就是筑前宗像三神的来历。因此，宗像和出云是一家人。通过《真名井誓约》，五男之一的忍穗耳尊被立为日嗣，其余都被封为畿内和中国地区等地的诸侯，拱卫京师，进而将其余子孙封为国县。因此，天照大神将忍穗耳命称作吾孙，即琼琼杵尊。也有文献说天照大神也称素盏呜尊为"吾儿"。然而，素盏呜尊是否是天照大神亲儿子尚无定论。认为都是天照大神所生也是一种猜测。这些情况只有神自己知道。换言之，都是在神前会议上进行推选。素盏呜尊已经立下誓约，开始骄傲起来，不严格管束下属，进而触犯天条。天照大神十分震怒。素盏呜尊失去威望，被贬黜到出云。

在神教中，这一段内容是至关重要的传记，但在史学上并非如此，因此对此进行了删减。不过，古宗教习俗渗透到了社会上。时至今日，这种习俗依然存在。究其原因，迄今为止，很多学者将这些习俗当作迷信，没有深入研究，但了解一些其中的内容对研究有裨益。下面进行简述。

在上古的神教政治中和司法中，天津罪和国津罪，即天条发挥着权威作用。古代法律的根源就在于此。然而，中臣斋部等通过神秘口传的古谆辞没有以成文形式出现，已经不复存在。后世称中古时期模拟而成的中臣被为古谆辞的遗物，并对其进行讲述。现举例如下：

> 天之益人等将所犯的种种罪恶称作天津罪，如毁畔、埋沟、重播、串刺、生剥、逆剥和屎户等罪。国津罪是指生肤断、死肤断、白人、性侵母亲、母子相奸、奸畜、昆虫灾、高津神灾、高津鸟灾和蛊惑等罪。

上述天津罪是《日本书纪》和《古事记》从素盏呜尊在京师所犯罪状中抄录的，共有七桩罪。如前所述，后世文学家对此多有虚饰，颇多不实之词。因此，这些内容不足以当作史实采纳。在民间神教中，神官们神神秘秘地反复背诵的几种被文就是这种华而不实的文字。知道了这一点后，人们的信仰热情或许会降温。

就素盏呜尊的犯罪事实而言，为他列举的罪状都是一些琐事，但当时人们崇信神明，这些小过也因此被"高热度"放大，造成犯了重罪的幻觉。素盏呜尊因此被重判。在上古的神教政治中，这种审判属于正常的常态化审判。因此，虽然《日本书纪》和《古事记》中称素盏呜尊所犯的天津罪罄竹难书，但仔细想来罪过其实并非那么大。参照大同小异的《日本书纪》、《古事记》及《日本书纪》注释书的内容，我们将素盏呜尊所犯罪过分为三条：

一、妨害神田。这里列举《日本书纪》注释书的内容来说明。

　　日神之田有三处焉，号曰天安田、天平田和天邑并田。此皆良田，虽经霖旱，无所损伤。素盏呜尊之田亦有三处，号曰天织田、天川依田和天口锐田。此皆硗地，雨则流之，旱则焦之。故素盏呜尊妒害姊田。春则废渠、埋沟毁畔，又重播种子，秋则插签伏马。

其中有六条罪状。《古语拾遗》中列举了八条天罪，注解了中臣祓文。

　　第一，废槽。将藏在神田里的水道竹筒拔掉。用"斐波那知"音读来注释。
　　第二，埋沟。《古语拾遗》用古语"美曾宇女"音读注释。
　　第三，毁畔。用"阿波那知"音读注释。
　　第四，重播。用"志伎麻伎"音读注释。在别人播了种的田里重新播种。
　　第五，插签。做成刺串，用"久志佐志"汉字音读注释。耕种之节，窃往其田，刺串相争。《释纪》中私记曰：以签刺立田中，为诅咒之词，谓之插签。若有强称其田者，身遂灭亡，今世若有相争之田者插签，是其遗法也。一直到中古时期，诅咒法还在施行。
　　第六，伏马。《日本书纪》正文中有"放天斑驹，使伏田中"。这条罪不包括在中臣祓的天罪八条中，意思是放马毁田。

《日本书纪》注释书中写道："秋谷已成，则围以络绳。"《释纪》中记载道："至秋时即以络绳围御田，曰是我田也。见其丰收既欲夺之，必围络绳者，欲为其田之畔也。"这条罪状也在八条之外。之所以将这条罪状作为天津罪是因为它不是妨害寻常的田野，而是神田，因此罪过很重。御田和神田相同，保留在地名中。有时也写作"三田"。御田和神社领地不同，用于神的尝祭或者供神。因此，妨害御田就是侮辱神灵，被定为天罪。在有神圣田地的地方有木牌标识，甚至禁止通行。因为害怕犯罪，所以在没有文字的时代，田地与御田交界的地主相当头疼。

二、玷污新尝官。《日本书纪》的正文中记载道："复见①天照大神举行新尝祭时，暗中放屎于新宫。"《古事记》中写作"撒屎"。注释书中写得更详细："于新官御席之下，暗自送粪。日神不知，径坐席上。"在中臣被中，这条罪状称作"屎户"，是八条天罪之一。《古语拾遗》注释中记载："当新尝之时，以粪涂户。"这个记载是误解。原因是将"放"的假名误写为"送"，并最终写作"户"，被误释为"丑秽"。就算在平时，这样的行为也会被认为是可憎的恶作剧，更何况是新尝大祭，简直罪莫大焉。《古事记》的正文中有"复见"和"阴"等字样，意思是故意为之。使用污秽的词语是《古事记》和《日本书纪》的通病，令人怀疑是否真的如此。我做出以下推测：很多出云人进入京师，因为没有守法习惯，放荡不羁，所以在新尝官里放屎也是可能的，而平时受害或怨恨他们的人告发了他们。

三、弄脏织神衣的房间。《日本书纪》的正文中记载："窥见天照大神正织神衣，居斋服殿则剥，天斑驹穿殿甍而投纳，是时天照大神惊动，以梭伤身。"《古事记》中记载："天照大御神坐忌服屋，而令织神御服之时，穿其服屋之顶，逆剥天斑马。剥面所堕入时，天衣织女见马面于梭冲，因伤而死。"《注释书》中写道："生剥斑驹，纳其殿内。"作为中臣被中的"生剥和逆剥"，这条罪被列为天罪二科。这件事最值得怀疑。生剥和逆剥马属于残忍非人道之贱事。这样的行为被列入天罪能抵几百条。即便是临时搭建的，毁坏房间栋梁也是重罪，而将剥了皮的马投下，而下面的人毫不知情地在织神衣，不能够阻止木屑尘埃落在神衣上。试想在宽阔的斋服殿内的织布房里，士兵们发现了生剥后藏起来的马，接触到污秽之物，那该是多么大的骚动。

当然，上述三桩罪都不是素盏呜尊本人干的，也不是素盏呜尊亲自下令让手下人干的。他带了大量士兵长期留在京城。血气方刚的士兵们会因打家劫舍受到处罚。本来主人素盏呜尊应该时刻提高警惕，但因为受到天照大神礼遇，他

---

① 也作"窥见"。——原注

非常骄横，其所率部众纪律松弛，并且对作奸犯科的士兵的处罚也很不到位，因此，事情才闹到这个地步。因此，出云兵在京师胡作非为类似于后世的以下情况：其一，《源平盛衰记》中记载的情况。在寿永之乱中，源义仲和源义经部队在京都胡作非为，有画本描绘了当时士兵们抢劫商店和强奸妇女等的情况。实际上这种现象是指士兵无法无天，跨越田界，将不属于自己的田地据为己有，或者非法征税，掠夺粮食，将军队驻扎在神社、寺庙，砍竹木，或者骑马到禁止入内区域。源义经遭到祇园神社的投诉，下令士兵停止扰民行动①。新田义贞闯入播磨斑鸠寺内，出示假公文。菊池武时闯入探题馆，在香椎宫内斩杀三个对手并因此遭到天谴而战死。这些案例都是类似的。之所以被口诛笔伐到这个程度是因为素盏呜尊的亲信们散漫和纪律松弛之故，因而只得"拔手足之瓜赎之"，即将出云重臣绳之以法。

因为这件事情，天照大神十分震怒。他进入石窟幽居。众神开会，在天岩户前奏神乐并祈祷，希望天照大神息怒并统治天下。此事在神教上是一个重要的典故。因为此事而兴起的各贵族的家记中都分别保留着当时的记录，且引用了《日本书纪》和《古事记》中的相关记载。添枝加叶的文章也不少。在宗教上，这些记载有重要意义，但在史学上并无多大意义。这里予以省略。

众神会议做出决定：对素盏呜尊课以"千坐置户"的处罚，贬黜到他自己的藩国。就此需要稍微展开论述。天津罪是通过"科料"，即物质处罚结案的。千坐未必就正好是一千，意思是"很多"，即从很多仓库征收更多租税，以示惩罚。征收惩罚性租税不仅涉及出云领地，还涉及新罗。对属地来说，在敬神的名义下征收更多的租税是个沉重的负担。在缺乏政治经验的时代，这种方式是经常采用的手段，也是日本失去朝鲜的原因之一。这一点需要日本人深刻反省。

第6节 三种神器的由来

作为天皇的玉玺，总是不离天皇身边的镜、玉和剑三种神器的由来都始于

---

① 出自《史征墨宝》。——原注

这个时期。镜就是八尺镜，作为神体挂在真贤木上。当时，天照大神命令天糠户之子石凝姥命制造镜子。起初很不成样子。因此，《日本书纪》称先是将它用作日前神社的神体，后来才用上了成品。之后，以此作为天照大神的御魂一直拿在手中。后来天照大神将此赐给了天孙，最终成为伊势神宫内宫的神体。供奉在皇居内侍所的是它的复制品。

玉是八尺琼之勾玉，挂在真贤木的下枝。有的书上讲八尺琼之勾玉同样是玉造部丰玉制作的。可见传说并非一种。这块玉就是以前在真名井的誓言中素盏鸣尊摇晃的那块，后来献给了天照大神。我认为这一说法可信。时至今日，这块玉作为皇位的玉玺而由皇室拥有。

剑就是天丛云剑。因为剑象征着荒魂，没有挂在神乐的贤木上。这把剑应该就是真名井誓言中天照大神所拿的那把剑。这把剑最后保存在尾张，即名古屋，成为热田大神宫的神体。《古事记》和《日本书纪》中记载相关事实的序已经遗失。其来由已经不得而知。下面抄录一则《日本书纪》的一个版本中我认为可信的传说，"素盏鸣尊帅其子五十猛神降临新罗国，居曾尸茂梨处，乃悸悸言曰：'此地吾不欲居。'遂乘舟东渡到出云国簸川上所在岛上峰之时，彼处有吞人大蛇"。大体而言，《古事记》中记载的事情都是散录的，忽视年代顺序。因此，阅读时需要留意。这件事发生在素盏鸣尊年轻的时候，也就是他在彼地结婚，生下五十猛命的时候。"帅"这个字用得不当。关于"岛上峰"，《出云国风土记》记载："仁多郡岛上伯耆与出云之境。"簸川之源出自此山。从竹崎村可上山。山高三千余尺，乃此洲第一高山。西溪为出云的斐伊川，东溪为伯耆的日野川，同为簸川。

就除掉大蛇一事，略引《古事记》和《日本书纪》文如下："素盏鸣尊来至簸川上，国神大神津见之子脚摩乳手摩乳夫妇被高志的八岐蛇夺去数女，而今仅剩的小女稻田姬也将被夺去，因此向素盏鸣尊哭诉。素盏鸣尊让脚摩乳手摩乳夫妇备酒招待八岐蛇。素盏鸣尊将梳子插在发上，扮成女子，等到八岐蛇喝醉，将其斩杀数段。至蛇尾，崩刃，割开一看，有一把剑在内，即名剑天丛云剑。因此，将剑献给天照大神。"因为是假扮童女，所以最迟也在丁年①前后，在八握须

---
① 指男子成年年龄。——原注

斩杀八岐大蛇

髥出生以前。天照大神在升天告别之时佩戴此剑。真名井誓言中讲天照大神拿此剑起誓时，素盏呜尊献上。这件事是后来补录的，逻辑不通。因此，这把剑应该是后来献上的。这件事情前后关系到很多事件，应该认真辨析。

八岐蛇当然是一种比喻。这件事与神武天皇诛杀八十枭帅及日本武尊诛杀熊袭帅类似。二者都是在宴会上斩杀骁勇之士而名扬天下。到了蛇尾部崩刃是说最后一个对手手拿天丛云剑，防御能力很强。脚摩乳手摩乳是大山津见一族，

是占据云伯之地的县主。然而，从伊奘冉尊时期开始，高志人从北部入侵，而八岐蛇是高志人的魁帅，占领了簸川的峡谷。簸川下游县主的势力衰弱，不得已每每献上采女。因此，素盏呜尊伸出援手，斩杀高志人的魁帅，从而平定云伯之地，立下赫赫战功。我在前文中讲的伊奘冉尊生下火神后隐居可能正是导致此乱的原因。从此以后，素盏呜尊武功名扬天下。因此，伊奘诺尊考虑让素盏呜尊和天照大神作为耦神共治天下。斩杀八岐大蛇一事应该这样阐释更符合史实。

在斩杀八岐大蛇后，素盏鸣尊在出云的清营造宫殿，和稻田姬成婚。当时，素盏鸣尊作和歌曰："八云起于出云兮，八重垣妻笼于中兮，造八重垣。"这首和歌是三十一字和歌之嚆矢①。稻田姬产下大己贵命。后来，大己贵命继承出云领地，被后世称为"大三轮君之祖"。如果此事不是发生在筑紫祓除之前的话，那么时间顺序会发生紊乱。就清宫而言，《出云风土记》记载："大原郡御室山须佐乃乎神御室令造给所宿，故云御室。"虽然写着须我山，但其故址不知何处。《释纪私记》中写道："饭石郡有称清地，今指杵筑边，号须贺郡，今俗也。"可见，很早就不知清宫所在了。

《纪注释书》记载："簸川上应在安艺国可爱川上。从地理上说，岛上峰起于云伯交界，其山脊横亘东西，南面形成艺备山谷，其水流向西北，名为出云斐伊川，最短。流向东北名为日野川，长达七十公里。两河流经的低地本来并未被高志人占领。山南是备后的奴可和惠苏郡。诸溪之水西流，交汇于三次郡，与安艺高田郡之水汇合于石见，称江川，即可爱川上。"惠苏类似于虾夷②。有人说这就是高志人的本部。备后的奴可、三上、惠苏、甲奴、三谷、三次、艺之高田和石之邑智这八郡形成八个山谷，相当于簸川上及可爱川上。看一下地图就可以发现，所谓的八岐蛇就是指分占了这八个山谷的魁帅。这一峡谷中有银、铜和铁等矿脉。石州铁就在这些矿脉上。天丛云剑是采这些矿脉上的铁而锻造的名剑。江川长达二百公里，俗称土佐太郎江次郎，是中国地区第一大河。江川的下游本来并非高志人所占。三川峡谷保存着很多素盏鸣尊和五十猛命的古迹，可以想象当时经略之艰辛。然而直到后来，占据山中的高志人一直存在。山中有他们的遗迹。当时，虽然魁帅被杀、势力受挫，但民众没有完全散去。素盏鸣尊升天之后不久到了新罗国。这一点在新罗古史部分进行论述。

---

① 意为起源。——原注
② "ゑ"和"え"在古代假名中发音不同。——原注

第6章

朝鲜与闽地的上古时期

第1节 新罗的上古时期

素盏鸣尊因为是新罗国君，所以被尊称为"新罗大明神"。由于处在半岛上，朝鲜总是直接受到大陆政局波动的影响。因此，新罗的事情必须要和中国史对照论述。要将日本国史与朝鲜史、中国史进行对照，有必要先对年代进行定位和排序。然而，日本国史的纪年可信性不足，因而有必要确定其真实年代。确定真实年代是研究日本国史的一个大难题。这也是有人排斥纪年法的原因。近来为了考证年代，经过考证后，我得出以下结论：仲哀天皇驾崩到应神天皇诞生之年是新罗的讫解尼师今三十七年、百济的近肖古王元年、东晋的晋穆帝永和二年（公元346年）。因此，我们以此为起点，分析日本国史的史实。同时，以天皇统治的平均年数逆推，我们发现神武天皇诞生于汉宣帝元康年中，即公元前60年左右。因此，琼琼杵尊的诞生需要自此往前推八十年左右，相当于汉武帝初年。素盏鸣尊和汉文帝处于同一时期。伊奘诺尊和汉高祖处于同一时期，大约在公元前200年左右。

得出这一结论的理由在后面会进行详述。迄今为止，将神武天皇以前的三世称作神代。每世有数万年则纯属虚妄之说，实不足取。然而，《古事记》称"彦火火出见尊在高千穗宫执政五百八十年"，而三代天皇执政仅仅八十余年，过于短暂。现将理由简述如下：

琼琼杵尊

　　每代天皇的统治时长并非与寿命长短有关系，而由嗣子出生早晚来决定。因此，历代执政年数的长短与婚姻早晚关系密切。世间长寿的人能够看到玄孙长大成人，这种例子不胜枚举。自古以来，日本贵族就有早婚之风。素盏呜尊产下五十猛命也没有到丁年。琼琼杵尊的西降也应该是在成年之时，因此，产下第二子彦火火出见尊也应该是在丁年，父子相差二十年。彦火火出见尊结婚稍晚，与其子相差三十年。鸬鹚草葺不合尊比玉依姬小十二三岁。因为神武天皇是玉依姬腹中的末子。玉依姬四十四五岁才怀上他。神武天皇和葺不合尊相差三十几岁。加起来符合八十年这个说法。《古事记》和《日本书纪》中记载的帝王的长寿是不符合人伦常识的,不足采信。假如按照《古事记》所说,那么彦火火出见尊活了五百岁,生出了葺不合尊。也就是说直到他的末孙神武天皇在大和即位后,他还活着。如果彦火火出见尊也是三十岁左右结婚的话,那么直到仁德天皇时他还应生活在高千穗宫。这从数理上、社会学上和逻辑上都讲不通。这样的情况比比皆是。

伊奘诺尊时代正好是秦楚在中国大陆上争战正酣之际。这一政局波动肯定会给日本带来不小的影响。不难想象,八洲循服以来,日本、朝鲜和闽地都在勤劳经略。其中,朝鲜半岛是伊奘冉尊的兼领国。两产灵尊及渡津见诸侯在朝鲜拥有殖民地。这一点在古史上是有证可查的。但直到汉初,新罗历史仍是一片空

彦火火出见尊

汉武帝

白，无从考证。《史记·朝鲜列传》记载，汉武帝时，"真番旁众国朝鲜王欲上书见天子，又拥阏不通"。《汉书》中又改称"真番旁众国"为"真番辰国"。在讲燕国时，《地理志》中记载："北隙乌丸、夫余、东贾真番之利。"其中"之利"是斯庐新良的音讹，即辰国。这是新罗首次出现在中国史书中。因此，从春秋燕国时已经有之利国。之利国就是伊奘冉尊从出云兼领海原的妣国。真番与妣国西北交界，相当于今天的江原道的西部直到平安道北部吉林及貊人种的国家，也就是勾丽。新罗北面被阻，无法与汉朝来往。直到《史记》时期，在地志上，和倭国的关系也是一片空白。现在，我希望拨开《日本书纪》纪年的云雾，探寻《汉书》

上的辰国的微光，进而分析上古时期日本列圣的辛勤经略的足迹。如果这个愿望能够实现，那么我会感到很欣慰。

周朝末期，中国分裂为七国。殷商王族箕子被分封在辽东地区。后来，箕子被东胡山戎驱逐，来到朝鲜，占据王险城①，被称为"朝鲜侯"。王险城东北有

箕子

---
① 今平壤。——原注

真番和秽两个国家。它们分占江原道,与辰国交界,共同从属于燕国。到了战国末期,燕国派将军郭开镇守辽东的番汗,派国宰到朝鲜真番,并构筑要塞据守。由于受到北面国家阻隔,辰国和沃沮①没有受到中国大陆的直接影响。中国大陆发生大乱,其动荡必然波及日本。高志人、虾夷人从沃沮的对岸入侵越洲也是这个原因。

　　大约从周朝开始,朝鲜半岛分为马韩、辰韩和弁韩。史称"三韩"。马韩人、辰韩人和弁韩人风俗大同小异。他们都属于辰族。因此,在新良贵统治朝鲜时,朝鲜被称为"辰国"。即在伊奘冉尊之前,朝鲜就成为出云的兼领土地。而且,筑紫的娜津也与辰国亲密往来。在三韩中,马韩的领土最大。马韩在南面占有了全罗道至半岛的西部,北面至黄海道,将各个小国联合,以乾马国的乾马渚②为首府。可见,马韩的国名也源于此。马韩西海岸与中国为邻,北面与朝鲜接壤,海路陆路交通都很方便。因此,燕国灭亡后给朝鲜带来了重大影响。动荡首先波及马韩。到了汉初,中国大陆动荡给辰国的统一带来了障碍。当时正好是伊奘冉尊统治时期。我在前文讲到火神迦具突智及八雷神与新罗有着密切关系也是因为这个原因。

　　从秦始皇与楚国大战,秦灭六国并统一中国最终汉朝统一中国,从时代上来说,这段时期相当于伊奘冉尊时期或者稍早的时候。因此可以推测,秦朝统一中国所带来的影响必然从新罗波及日本。但在保留下来的《古事记》中并未发现相关记录,只有一些蛛丝马迹可寻。

　　其一,据《史记·秦始皇本纪》记载,公元前218年,秦始皇派遣齐人徐福③率童男童女数千人入海寻仙人。对于该事件,后人认为徐福来到了日本或移居朝鲜。众说纷纭。在这些说法中,值得注意的说法是徐福来到了熊野。在后龟山天皇时,禅僧绝海到了明朝,在武英殿受到明太祖的接见。当时,绝海作七言绝句一首说徐福移居日本一事,受到明太祖嘉奖。这一故事颇为世人称道。然而,我们并没有徐福移居熊野的确证,并且熊野这一地名总是与出云的熊野混淆。出

---

① 即咸镜道。——原注
② 后为金马。——原注
③ 又称徐市。——原注

徐福泛海东渡

云熊野神社是出云第一古社。从"纪之熊野"而得名。"熊野"这个词取自新罗的地名。新罗有熊成，又叫熊川。因此，徐福起初移居秦韩，之后殖民出云，最终又前往纪伊。然而，以上毕竟是没有根据的推论而已。

肥前佐嘉郡的金立神社属于式外古社，供奉徐福。相传徐福从寺井津上岸，住在金立神社所在的山上。如今，每逢旱灾，为了祈雨，郡中各村将神舆移至寺井津的浮杯。如果还不下雨，人们就将神轿抬到海岛。人们将该仪式称作金立神社的"冲降临"。冲降临是肥前佐嘉郡的大型节日。座主隶属云上寺天台宗，口碑很差。这是寺僧的杜撰。附近的山称熊山，祭祀金比罗权化。人们称金立神社为三社权化①。权化虽然是本地垂迹说②流行后的附会，但在从熊山登金立山的路旁，有一个叫鬼岩屋的古石窟。在附近的千布和川久保的山地里也有无数的石窟，越到山里石窟越多。自此，翻越无津吕来到筑前怡土郡。怡土郡就是新罗的天日枪开拓的伊都县。因此，不能说此地与徐福无缘，但这也是《南留别志》的说法。

诗人们最喜欢就徐福的故事津津乐道。因此，我再稍微啰唆几句，普及一下常识。正如前文所述，该历史记录本来起源于《史记·秦始皇本纪》中的寥寥

---

① 化现、应现之意。——原注
② 指日本的神佛合一。

秦始皇

数句。《史记·秦始皇本纪》中的《封禅书》一般少有人读，但里面记录了这件事情："使人乃赍童男女，入海求之。船交海中，皆以风为解，曰未能至，望见之焉。""船交海中"是说陆续派了很多船，动静很大。"皆以风为解"是说这些船都因为大风而返回，出行失败。徐福的船也是其中之一。无法看出载着数千童男童女的船有没有回来。还有下面一些话："明年始皇复游海上，后三年游碣石，考入海方士。"文中没有提到徐福未返回。《汉书·郊祀志》也有同样的记录。直到《后汉书·东夷列传》才开始记载传说。《后汉书·东夷列传》是上述徐福故事的起源，称"会稽海外有东缇人，分为二十余国"。《汉书·地理志》中也有相同的记载。文中所记载的大概是台湾。还有一些记载:"又有夷洲及澶洲。传言秦始皇遣方士徐福将童男女数千人入海,求蓬莱神仙不得,徐福畏诛不敢还,遂止此洲,世世相承,有数万家。人民时至会稽市。会稽东治县人有入海行遭风,流移至澶洲者。所在绝远,不可往来。"如果该记载是真实的,那么记载中说的一定不是日本。夷洲和澶洲所在方位大约是吕宋所在位置,是一个有数万家的岛屿,遥远隔绝,不可往来。这两洲还有可能是更遥远的南洋群岛。此外,徐福不还之说是从后汉时期才开始有的,也不能算是确凿的事实。经过仔细考证,我们可以确定这些都是无稽之谈。徐福来到日本或者去往新罗的说法都不真实。熊野与新罗有关系这一点倒有一定的史学价值。下面就此进行简述。

其二,《后汉书》中记载:"秦并六国,其淮泗夷皆散为民户。""散为民户"是指两千余年来人种独立的这两个国家此时已经完全灭亡。人民被编入民户。很多贵族肯定逃往国外。移居对岸的朝鲜这一点可以从"散"字和燕国人与齐国人逃亡的例子进行推论。这些情况也是给辰国带来影响的重要原因。

其三,《后汉书》中记载:"辰韩耆老自言秦之亡人,避苦役,适韩国,马韩割东界地与之,其名国为郡,弓为弧、贼为寇,行酒为行觞,相别为徒,有似秦语,故或名之秦韩。"这是三四百年后的传说,稍微有些不同。为了躲避秦的苦役说的是秦始皇末年。当时的朝鲜归辰国管辖。马韩一统是在箕准进入马韩后后世的事情,不会发生在秦末。辰韩是辰族韩的意思。新罗也是辰韩之一。新罗人并非秦的逃亡人。"郡""弧""寇""行觞"和"徒"这些词究竟是秦语还是淮泗夷语尚未可知。应神天皇朝将百济归化来的秦姓民称作秦韩民是因为地理上的原因,而非真正相信他们是迁徙来的秦始皇的子孙。当时,距秦朝灭亡已经六百多年了。因此,这些人自称是秦始皇之后不足为信。秦氏和汉氏之类如果不谎称属于帝王血统,那么归化后他们将被当作二等公民。因此,他们假冒帝王系谱。这样的例子直到近古还有。不过,为躲避苦役,秦氏移居朝鲜和上述秦泗夷的情况相同。历史上确有其事。

总而言之,在六国覆灭后,士民失业者剧增,导致社会混乱,给边防带来重大隐患,这是必然之势。匈奴的冒顿也是此时兴起。燕辽地区本来就不安稳。据

汉高祖

《史记》和《汉书》中的《朝鲜传》记载，秦灭燕后将朝鲜列为辽东的外藩。这是朝鲜侯箕否时期的事情。当时，人们严守箕子的犯禁八条，杀伤奸盗等事很少发生；社会竞争不剧烈；未开垦的土地很多。汉兴起后，因地远难守，又修缮辽东古要塞至浿水①，以此为疆界。汉高祖封卢绾为燕王，将朝鲜作为卢绾的属地，但士民人心不稳。反叛的事情败露后，卢绾逃至匈奴。燕地再次陷入混乱。其他齐、赵的逃亡者为数众多。燕人卫满纠集三国的亡命徒数千人椎髻夷服②，向东奔

---

① 即鸭绿江。"浿"音"pei"，无简体字。——原注
② 将发髻、服饰改为蛮夷式。

走,出塞后渡过浿水,在秦之故地屯兵,设置堡垒,集结势力。当时,朝鲜正值箕准统治时期。国人很久没有受到社会动荡的刺激,为如何驾驭桀骜不驯的亡命徒而伤透脑筋。不久,卫满使用诈术夺取王险城,称所属政权为"朝鲜",迫使真番及其他各国成为朝鲜藩属。箕准率领余众数千人逃亡,从海路进攻马韩,成为马韩联邦之王。其城墟在全罗道益山郡的龙华山上,位于马韩的首府金马渚附近。之后,辰国的西北地区分离出去,成为箕氏马韩。以上是汉惠帝初年的事情,大约发生在公元前192年或公元前193年,相当于伊奘冉尊时期。素盏呜尊要求回到妣国根之坚洲国的动机由此也可以推测得知。朝鲜的形势自此发生了变化。

第2节　素盏呜尊时期的新罗

起初,天照大神让素盏呜尊统治新罗之时,素盏呜尊说不愿居此地。曾尺茂梨是"牛头"之意,相当于后来的江原道春川府的牛头州,但距离真番太近,离貊族的首府也不远,因此需要向内地开拓。有人主张为了和真番争夺要地就必须驻扎在此山。这些内容的真伪需要进一步研究。《日韩古史断》记载:"其地隔海,牛头州以东悉直国的大白山面海,和出云斜对,东面形胜。新罗时为北岳祠,在山顶,俗为天王堂。本道及庆尚道旁邑人春秋祀之。牵牛于神座前,狼狈不顾而走,曰:'顾之',神知不恭而罪之。"可以说这些记载和牛头天王是有渊源的。虽然从地图上来看,此处地形很有利,但实际的山野形势如何、是采取进攻路线还是保守路线都未可知。利害关系复杂。这些问题都需要慎重考虑后给出结论。

《史记》和《汉书》的《朝鲜传》中如下写道:"会孝惠、高后时天下初定,辽东太守即约满为外臣,保塞外蛮夷,无使盗边;诸蛮夷君长欲入见天子,勿得禁止。以闻,上许之,以故满得兵威财物侵降其旁小邑,真番、临屯皆来服属,方数千里。"临屯即秽国。《后汉书·东夷列传》中记载:"秽及沃沮、勾丽本皆朝鲜之地也。昔武王封箕子于朝鲜,箕子教以礼义田蚕,又置八条之教,其人终不相盗,无门户之闭,妇人贞信,饮食以笾豆其后四十余世,至朝鲜侯准自称王。"然而，该记载其实说的是箕准和卫满以后的情况。貊之真番、秽之临屯及沃沮的人都是异族，从一开始就和王险城的朝鲜人属于不同的种族。从卫满当上朝鲜王，到借助汉王朝的威望，将朝鲜北部变为他的附属国，卫满和新罗、马韩都没有交往。从上古时期开始，朝鲜半岛和中国大陆的贸易交流就非常必要。然而长期以来，因为和吴、越关系密切，所以新罗、马韩在朝鲜半岛南部从海上与中国大陆进行贸易和交往，没有必要和王险城进行往来。之后，习俗使然，高丽与拓跋魏交好，而百济与晋关系密切。

汉文帝之初，素盏鸣尊再度到新罗赴任。当时，卫满朝鲜和箕准朝鲜都刚刚建国。就辰国而言，由于马韩的国县过半已经归附箕氏，所以辰国绝不太平。《日本书纪》记载："素盏鸣尊居熊成峰而遂入于根国者矣。"熊成就是今天的忠清道公州，本来叫熊川，后来成为任那府的官家所在地。雄略天皇时将熊川让给百济，使百济在此复兴。因此，熊成峰位于金马渚的上游以北，在熊川与辰韩的西北交界，左右能够监控真番和马韩的要冲。无论是前面所说的曾尸茂梨还是熊成都对素盏鸣尊至关重要。素盏鸣尊不仅勇悍，而且富于进取精神，在搅乱韩地，确保辰国的安全上战功赫赫。素盏鸣尊后来被称为"牛头天王""新罗明神"，受到民众的敬仰。时至今日，八坂神社还是京都屈指可数的灵祠。值得对其由来进行研究。

卫满之所以能以亡命徒的狡诈和豪气占领朝鲜半岛北部是因为借助了汉王朝的威望。此外，他不仅兵精粮足，而且富庶。秽貊之所以臣属于他，除了畏惧他的兵力外，还想和汉王朝交往，以获取贸易之利。从当时开始，朝鲜人事大之心开始形成，尤其在北部种族中根深蒂固。朝鲜半岛南部人和日本人种相同。他们和睦相处，情深意厚，并且敬畏日本的强大。在朝鲜半岛行将分崩离析之际，素盏鸣尊奋起赴任。然而，素盏鸣尊的属地被课以重税，并且兵力和财物都大大减少，事事不如意。《古事记》和《日本书纪》称素盏鸣尊的鲁莽是主要原因，而苛捐杂税重负只是暂时的原因。再有，兼领之地距离日本十分遥远。好似后娘养的，而素盏鸣尊将精力主要放在从本国榨取利益、中饱私囊上，因此失去了兼领属地的民心，导致兼领属地发生叛乱。这样的案例在古今历史上不胜枚举。

后来，日本之所以失去新罗也是因为日本贵族将新罗当作摇钱树，任意榨取。因此，有必要从源头上对这一问题进行论述。

在出征熊成之后，素盏鸣尊采取的措施得当，和马韩、真番缔结三国同盟，终于在根国扎下根来。所谓的根国是指统辖分裂为七十余国的三韩的根据地，也就是辰的本国新良贵。当时的国都是金山加里①。在朝鲜半岛东北角具有海陆交通便利条件的仅有此一地。被允许做朝鲜王后，卫满不再生事。汉朝正值汉文帝统治时。由于大乱之后民生凋敝，汉朝采取休养生息政策，不向邻国寻衅。因此，素盏鸣尊下大力气进行领土内的开发。马韩分离出来，在箕准的领导下建设国家。这是基本国策，同时也是后世的做法。当时，人们都不会这样想。这是因为将马韩五十余国统一在辰国旗帜下只是名义上的。政治还没有发展到以一种制度将众多国家统一起来的程度。在日本也是如此。日本东北地区是虾夷地。从中部到中国地区的土地处处被高志和虾夷占据。九州也有很多像枭帅、土蜘等未开化的民族。马韩也是如此。从很早时候枭帅之徒就嚣张跋扈。因此，日本早就开始采取切实措施予以应对，且成效显著。因此，日本在战略要地建栅栏，设置栅门，防御外敌入侵，达到了保境安民的目的。

第3节　日本和新罗的往来

《日本书纪》中记载："素盏鸣尊曰: 韩乡之岛有金银。若使吾儿所治之国殷实，此乃佳地。"他让五十猛命等将杉树、樟树、桧树等种子遍布日本。《日本书纪》对这一事实的记录可谓一句千金。将忠清和京畿左右分开的、延绵横亘在新罗以西的山脉向南沿着庆尚道中间分布。此处的峡谷中分布着辰韩各国。辰韩用所产的铁与日本、秽国和马韩贸易，这一点前文已经讲过。时至今日，该山谷铁矿资源仍然丰富。在辰韩与忠清道的交界处，金银矿颇多。但深山偏僻，尚未引起世人瞩目。古史上每每称新罗金银矿产丰富。这些记录不应当被看作虚饰之词而受到忽视。

---

① 后来的金城。——原注

素盏呜尊让人大量种植树木作为造船材料。这一点需要重点讲述。日本的原住民都是勇悍的人种，不畏惧惊涛骇浪，擅长航海。不仅如此，日本的原住民勤于农耕、养蚕、织布和开垦土地，注重村落的团结，具有全面的知识和能力。直到德川初期，运用船舶在重要港口互市的浪潮一直没有衰弱。因此，素盏呜尊赴任根国后，筹备造船材料。"殷实"一词含义深刻。国家的财富来源之一就是航海贸易。因此，皇室和各诸侯国都大力抓这项工作。德川幕府实施锁国政策之后日本经济凋敝便是明证。在素盏呜尊时期，新罗人从金城港出发，与隐岐和出云的人相互往来。如今，朝鲜东海岸和云石地区往来密切，海上舟船往来穿梭。无论人世发生什么变化，拥有地理便利的战略要地的重要性古今不变。港口就是一个例子。日本西部的重要港口是筑前的博多，古代被称作"娜津"，是与朝鲜半岛和中国等各国开展贸易的重要港口，在史前便是如此。从娜津经津岛①

娜津经津岛

---

① 即对马。——原注

到弁辰国的釜山浦是日本往返新罗的正门。古代,在金海湾的左右分布着弁辰的滨庐津、阿珍浦和熊津等港口。为了进一步开拓贸易往来的便利航线,素盏鸣尊通过真名井誓言得到天照大神亲生的三个女神。天照大神让素盏鸣尊像对待亲生的那样来对待这三个女神。素盏鸣尊将娜津东海角作为领地分给这三个女神。这件事在《日本书纪》《古事记》和《日本书纪》注释书中都有记载:"乃以日神所生三女神,令降于筑紫洲,因教之曰:'汝三神宜降居道中,奉助天孙'",还有"以日神所生三女神者,使降居于苇原中国之宇佐岛矣。今在海北道中,号曰道其主贵"。《筑前风土记》记载:"宗像大神自天降居崎门山,以此三表成神体之形,纳至三宫,即隐之。因曰身形部,故曰宗像"。这就是宗像神社的起源。宗像郡是身形部的区域。"海北道中"意思是"往返新罗的海路"。湍津姬将其在宗像的海港称为边津宫,以此神表为镜。镰仓初期,移至今天的深田乡田岛,将边津称为"神凑",保存了神幸大院的遗迹。田心姬在中瀛,其居所叫作"中津宫",就是今天的大岛,位于距神凑十二公里的海面上,以紫玉为神表。市杵岛姬居远瀛,其居所称作"瀛津宫",位于大岛西北六十公里左右的海中高八十丈的岩礁上,以青玉为神表①。以上总称为"宗像三社"。宇佐岛就是指瀛津岛,一种说法中也叫"恩贺岛",和远贺郡混淆了。

今天,宇佐岛在玄海中,是方圆三千米内的孤岛,荒无人烟。福冈藩时期,派遣七人守护社祠,每百日轮换。如今,根据这一惯例,由田岛社司前往守护社祠。虽然规定了交接班日期,但风浪大时日期会延迟半月,因此很难硬性规定。据曾经当过社司守护此岛的人说,岛的周围是荒凉的岩礁,非常狭窄,仅能容一只船通过,以此作神宫之凑②。岸上没有水田。岩石间杂树、巨竹茂盛。海上风景独特。向前能够在烟波中看到对马,晴天时能够望见朝鲜的山。其实没有必要将神社建在这样的孤岩上。可以推测,这里本来就有与大岛相似的岛屿,也有优良港口和人家。因为后来发生地变而沉没,所以如今只有峰顶露出。迄今为止,乘船横渡至博多、马关经常被玄海响滩的风浪阻隔,而大岛是玄海航路上的驿站,

---

① 在《古事记》和《社记》中,三女神的排序各异。——原注
② "凑"意为港口。

可供船停泊。冲岛也是如此，是古代为乘船从新罗到筑紫，作为中间驿站在娜津东面建成的良港。

素盏鸣尊规定了树种的用途，称："杉及樟此两树者可以为浮宝、可以为瑞宫之材，木皮可以为显见苍生，奥津弃户将卧之具。"《日本书纪》中记载："五十猛神天降之时，多以树种而下，然不植韩地，尽以持归，遂始自筑紫，凡大八洲之内莫不播植，而成青山焉，所以称五十猛命为有功之神。而纪伊所坐太神是也。""奥津弃户"是一个古语，讲的是如下风俗：人死后卧于棺材，棺材埋于床下，然后放弃这个房间。天皇时期的迁宫也是这个原因，是神教忌讳不净的遗风。这句话的意思是说从大陆得到好的树种后不在朝鲜半岛种植而全部拿回日本。语气中带有有史之初传说的味道，听起来像创始之意，但物质的发展远远早于文学。《古语拾遗·磐户前神事》中记载："令手置帆负，彦狭知，二神以天御量，伐大峡、小峡之材而造瑞殿。"为了给磐户神乐造瑞殿而砍伐峡谷之木材虽然令人难以置信，但当时的工匠可以装饰冰木，技术相当发达。大峡和小峡的杉树、桧树繁茂，五十猛命进而又播了用作舟材、宫殿材料和棺材的树木的种子。日本的树木并非始于此。

"纪伊所坐太神"是指名草郡的伊太氏神社。伊太氏神社不仅在纪伊有，出云的辛国伊太氏神社意宇郡有三座，出云郡有两座。《风土记》中石见迩摩郡的辛崎说道："可良岛秀海中，因之曰可良崎之渡。""辛国伊太氏神社"中的"辛"就是韩。邻村叫礒竹，即五十猛命的神社。在大浦有新罗神社。《风土记》记载："五十多伎神户须佐能乎御子，五十猛命领此所，故则此神领座故神户也。"在新罗神社西面的马路滨有马路庐窟，古时是海中小岛，有石神像，高一丈二尺，周长二丈左右，称"古流明神"。古老传云："此处往昔，波多都美命天降，坐家有，故曰神波多。"因此，五十猛命和渡津见命合作，在此地植树，又在筑紫娜县和身形部的山岭播种。云石界在古代称作"竖立之加志"，在佐比卖山之尾。如今，人们将此山称"三瓮山"。三瓮山是直立三千六百尺的火山，藏有银铜矿脉。五十猛命从大浦开矿。此外，佐比卖社被称作"产土神"，五十猛命将佐比卖社作为素盏鸣尊往来新罗的港口。五十猛命开拓位于可爱川上的原野，植树造林，功勋卓著。虾夷人栖息于此，在山中打猎，在海里捕捞。相比于虾夷人的蛮俗，优胜劣汰之势自然无法阻挡。

迄今为止，学者们不善于收集那些记载于周边国家中而日本历史中没有记载的事情。古代历史本来就是空白，这样就更加空白了。因此，这里将伊奘诺尊和伊奘冉尊的年代进行合理排序。参照日本史和朝鲜史，我们能够依稀辨认当时的事迹。这一点前面已经讲过。进而以此为突破口，推测隐含在背后的实质。汉史中有"真番、辰国欲上书入见"一句。考虑到在国际上有必要对文言文进行翻译这一点，从卫满和箕准占据朝鲜以及马韩时候起，真番和辰国发现与汉朝交往可以获利，一定已经开始学习汉字和汉文了。出云设有语部，而筑紫设有译部。从此时开始，中国的隶书已经传来。记录神代的传说因此可以向有史时代过渡。这样推测是合理的。日本没有秦篆传来的痕迹。存于出云文字岛上的"少彦名"是姓，是与吴越往来时期使用的文字，另外还有肥人书、萨人书等，但这些都不是秦篆。如果存在古文的话，那么承平年代的博士是不可能不知道的。如果当时没有传来这样的文字，那么他们是无从知道的。"肥人书"由朝鲜传来，而"萨人书"由闽地传来，是姓的一种。

素盏鸣尊的事迹在"就于根国"一句中体现出来，大概是驾薨于新罗。《日本书纪》大体上将古代的人名进行训译，但伊奘诺尊、伊奘冉尊、素盏鸣尊和忍穗耳命等没有训译是因为其训译不明确之故。"诺冉"有男女两种含义，应该属于朝鲜语。满语中夫妇都叫"nakinami"。因此，铃木真年说素盏鸣是新罗的次次雄①，也称"苏民将来"。次次雄一写作"慈允"，是新罗古代政教合一的尊长，即巫君，后称"尼师今"，遂改称王。坪井九马三认为今天的阿尔泰山两麓和黑龙江等地的通古斯人所说的"jiaman"这个词和"慈允"同义。我认为辰国人和肃慎人是南北不同的种族，不能说发音相同就是同一个词。"苏民将来"一词或许是我的耳误。就此也有古代传说。《释纪》记载："素盏鸣尊乞宿于众神。"接着又引用《备后风土记》记载："疫隅国社，昔北海坐武塔神，南海神之女子与波比坐，日暮彼所，苏民将来二人在，兄苏民将来甚贫穷，弟将来富饶，屋仓一百

---

① 即巫人。

在。爱武塔借宿处,惜儿不借。兄将来借奉,即以粟柄为座,以粟饭飨奉。飨奉既举,出坐后,经年、率八柱子还来诏。我将奉之为报答曰:汝子孙其家在哉?问给苏民将来答申,己女子与斯妇侍申。即诏以茅轮令着于腰上,随诏令着。即夜苏民与女人二人置,皆悉许吕志保吕保志即诏。吾者速须佐雄能神也。后世疫气在者,汝苏民将来之子孙止云。以茅轮令着于腰上,随诏令着。即家在人者将免诏。先师云此即祇园社本缘也。如此国记者,武塔天神者素盏呜尊。故素盏呜尊并非苏民将来,而是杀害其弟的武塔天神。又先师云祇园为行疫神,武塔天神御名世之所知也。而吾者速须佐雄能神也。御灵会之时于四条京极,奉备粟御饭之由传承。是苏民将来之因缘也。""苏民将来"是根据这一传说而来。

回顾十二年前,在史学会杂志第一号上,我以《日本幅员的沿革》为题讲了古代日本朝鲜的联合及与新罗交往由来已久之事,当时不少朋友评价该观点为破天荒的奇论。如今该观点几乎成为常识,可见史学进步很大。当时,我并不认为素盏呜尊就是新罗王①。铃木论述出云语部的文章开头写道:"素盏呜尊从曾尸茂梨回到出云之时,看到海上云起,曰:'八云起出云八中垣。'"这件事出自什么书?希望能做出解释。铃木坦然说很明显是出自《日本书纪》。因铃木博闻强记,认为初学者都能背诵《古事记》和《日本书纪》。不久后,这一论点引起诟病,他又改变观点,称素盏呜尊就是新罗的牛头天王,又引用香春神社的由来等予以证明。最后铃木还根据《山海经》称颛顼帝是日本人。本来自古以来日本和朝鲜的关系在学界就是热点问题。铃木最先开始讨论这个问题。今天的史学家仍旧保持锁国陋见。因此,在论述完古代新罗之际顺便提起铃木一事。

第4节 闽地的上古时期

"日神号大日霎贵、光华明彩,照彻于六合之内,故送于天而授以天上之事。"《日本书纪》正文中的"天上之事"包含"神事"之意。"次生月神,其光彩亚日,可以配日而治。故亦送之于天"是说将二神比作日月。光彩的事实除了磐户

---

① 虽然三韩考证疏漏颇多。——原注

这一条外没有记述。日神统治天下一事仅在素盏呜尊和忍穗耳尊的事迹中看到过。就月神统治夜国一事，《日本书纪》中记载："受敕而降于保食神许，便拔剑击杀，然后复命。天照大神怒甚曰：'汝是恶神，不须相见'，乃与月夜见尊一日一夜隔离而住。"这几句只不过是对日月做了牵强的解释而已，没有必要过多关注。接着，天照大神派遣天熊人前去观看，结果保食神已经死去，从其身体上生出牛、马、粟、稗、稻子、麦子、大豆和小豆。天熊人取来奉上。天照大神大喜，说道："此物乃良物，苍生食之能活"，于是将粟、麦、稗和豆作为旱田种子，将稻作为水田种子。因此，天照大神任命天邑君将稻种种到天狭田长田。秋天，垂颖八握，或口里含蚕，抽丝①。自此有了养蚕法。这些举措和五十猛命的植树一样，是一个管玉改良农牧种子的神话。这一种子的产地是闽越。熊人称该地为火县或者熊袭。

　　大体而言，神代的事迹经过了神话抽象，需要仔细推测才能明白其中真实含义。譬如，将国的主权者神裔抽象称为"天御中主"，将主权者所在国都抽象称为"高天原"，将君临此地称为"送至天上、授以天机"，将主权者君德之高尚想象成"光华明彩"，抽象为"照天日轮"，奉上"天照大神"或者"大日女贵"或者"天照大日女尊"等尊号，最终称"日神"。如果不考虑这些因素，人们就会将神教看作和回教等一样的拜日祭火的宗教风俗或是卢舍那大佛的下凡。然而，古神教中没有拜日月的习俗，也并非将伊势神宫看作祭祀太阳之处来祭拜。望文生义会产生误解。月神也是如此，因为主权者所统治的国家是常世，德配日神。人们将主权者比喻为光彩仅次于太阳的照耀夜国的月亮，尊称他为"月夜见尊"。这些行为也是一种抽象。试想这些尊号并非当时的称呼，而是在神武天皇以后，由神教学家追赠的。

　　我在前文讲过，常世国用来指代西面的大陆，具体是指福建或者广东一带。如今到了宣扬这一说法的时候了，因此予以证明。西面的中国大陆的海岸线最北端为辽东。在秦汉之际，这里属于燕国。郭开、卢绾和卫满等先后统治这里。之后，南面的山东属于齐国领地，再南面是淮泗夷狄；在秦统一中国后四散

---

① 古代制丝法。——原注

项羽

开来。吴越是项羽举兵的根据地,汉初成为吴王的领地。因此,常世国应该在吴越南面的闽地。

然而,直到汉代,闽地以南的历史是一片空白。《史记·秦始皇本纪》记载:"王翦悉定荆、江南之地,降百越之君,置会稽郡。"《东越列传》记载:"闽越王无诸及越东海王摇姓驺氏。秦已并天下,皆废为君长,以其地为闽中郡",即在会稽郡之南设闽中郡。该地位于今浙江南部。臣瓒所注《汉书》中记载:"自交趾至会稽七八千里,百越杂处,各有种姓。"也就是说,从闽中到交趾被百越占据,地域广大,王翦数年间不能平定。《史记·秦始皇本纪》记载:"三十三年,发诸尝捕亡人,赘壻贾人略取陆梁地为桂林、象郡、南海、以谪遣戍。"《索隐》就陆梁地解释道:"岭南之人多处山路,其性强梁,故曰陆梁。"陆梁地是横亘今天的湖南、江西以南的五岭大山脉,将中国中部和南部一分为二。在南部的福建、广东和广西等地,百越杂处,强悍的种族占据山陆。月夜见尊的常世国指的就是这一地区。

我认为常世国在福建或者广东。《后汉书·东夷列传》称倭国"其地大较在会稽东冶之东,与朱崖、儋耳相近,故其法俗多同。土宜禾稻,麻紵、蚕桑,知织绩为缣布"。其宗教风俗和《地理志》中的朱崖、儋耳大致相同。会稽是越王勾践的都城。汉《地理志》中有"山阴会稽山在南越勾践本国,由灵文园"的记载。书法家都熟知的王羲之的《兰亭序》中的"兰亭"即为会稽郡山阴县的兰亭。其中"有崇山峻岭、茂林修竹,又有清流急湍,映带左右"等句子。可以想象那里的情况。兰亭如今属于绍兴府。绍兴府临着钱塘江。唐之僧人处墨诗中写道:"到江吴地尽,隔岸越山多。"诗中就是指这条江。钱塘江是吴越的分界线。会稽郡位于钱塘江两岸,今天是浙江省。东冶是汉朝的冶县,位于会稽郡的南界。秦朝将闽中郡设在东冶,后来成为闽越王的首都。唐代将闽改称"福"。闽越在今天福建省的北部。建安就是福安。温州和福州之间都称"建州",是福建省的北界。常世国相当于福建省南界厦门以西的山岭。

如果将秦汉之际的闽越地形和朝鲜相比较,那么钱塘江就类似辽河,而会稽郡则类似辽东郡,天台山类似长白山,温州类似鸭绿江岸的义州,如果将东海王都定于闽越地区,那么东冶就是东海王都南面的要冲,类似于王险城。秦将闽中郡置于闽越地区类似于将王险城中的朝鲜侯当作藩王。汉初,朝廷废郡,立东海闽越两国王,如同将朝鲜分为浿水和激外两个属地一样。温州以南如同真番、临屯和马韩。汉朝如果将这些地方作为百越的杂居地而放弃的话,那么月夜见尊的常世国必然像三韩一样,在自此以南的沿海及西部山陆建立了国县。

直到汉朝时期，横亘在扬子江以南的五岭山脉就像长城一样成为汉朝南界。五岭是个比喻，其实只不过是五条路而已。百越占有了五岭中为数众多的广阔的山谷，建立了县邑。在种族、宗教、语言和文化上，百越和中国北部民族都不相同。用台湾地区打比方的话说，上述情况就相当于以东山脊为界将生蕃各社隔断。因此，百越的历史一片空白。

第7章
萤蝇之乱

第1节 忍穗耳尊和大己贵命

据我推测，朝鲜上古历史在黑暗中露出一些微光是因为在天神子孙的领导下，本来就地理情况而言适合在山岭峡谷中割据的众多国县却联合起来。下面回到日本国史就这一推测进行验证。

《日本书纪》的"忍穗耳尊条"中记载："苇原中国之地多有萤火光神及蝇声邪神，复有草木，咸能言语。"《日本书纪》注释书中换了个说法："有残贼横恶强暴之神。"谁都清楚这并非那个时代突然发生的事情。《古事记》的"天照大神磐户笼之条"记载："于是万神之声者，狭蝇那须皆满，万妖悉发。"此条中还有"于此国道速振荒振国神等之多在"。尽管如此，认为这是因为天照大神隐藏在磐户而造成的结果是不妥当的。萤蝇之乱是形容早期时，日本有众多不同种族、不同信仰的民族割据和相争。他们从所谓的"国稚嫩如浮脂而似水母状漂浮"之时不断优胜劣汰。之后，伊奘诺尊和伊奘冉尊开始整顿并固定国土，结束天神时代。此时，天照大神时代已经开启日本鸿业之端绪，使日本形成统一的国家，开始向地神的时代过渡。在皇统下，国家的结合从萤蝇之乱中形成，这是最应该重点研究的问题。迄今为止，讲日本国史者只不过说到了皮毛而已。我要对此进行深入分析。

大体而言，太古的传说中充斥着后人不断添枝加叶编造的神话。如今，神话中的怪诞部分已经立足，因此孟浪之荒诞是不可能被当作研究人类活动的史学的材料的。然而，这些神话绝非完全凭空捏造。它们本来就是以零星的传说为材料形成的，这好比金矿经过加工提炼是可以获得金子的。我首先制订四个方案来对这些神话进行归纳整理：其一，舍去不符合人类社会发展规律的内容；其二，年序；其三，地理，将以上两个因素理顺；其四，按照比例，以显求隐，弥补《古事记》的不足。忍穗耳命和大己贵命是这一时代的代表。我计划合理地排列忍穗耳命和大己贵命的年代顺序，做好历史定位工作，通过这一方法开展研究。

忍穗耳尊是素盏呜尊誓约之子，也是天照大神之子。至于首次出现在《真名井誓约》中忍穗耳尊是否是素盏呜尊亲生子，我们无法断定，但素盏呜尊称他"吾儿"。因此，姑且按照旧说将忍穗耳尊看作素盏呜尊亲生子也无妨。在新罗，素盏呜尊生下五十猛命。回到出云后，他的妻子稻田姬又生下大己贵命。当时，素盏呜尊不足二十岁。这一点前面已经讲过。因此，忍穗耳尊是后来的嫡妃所生。按照常理推算，忍穗耳尊比大己贵命至少小十岁。《日本书纪》注释书中称大己贵命是素盏呜尊的五世孙，也有说是六世孙的，而《古事记》认为是七世孙。就算是神的所为，同一时代的人的年龄也不可能一会儿是甲，一会又成了乙。这些说法只不过是神话作者借神的名义杜撰的而已。这些说法都应当根据人类社会的规律毫不犹豫地予以摒弃。

下面对年代进行历史定位。天照大神是姐姐，素盏呜尊是弟弟，但年龄应该相差不大。当伊奘诺尊的地位确定的时候，素盏呜尊已经成人，长了八握须髯。因此，到根国赴任时，素盏呜尊已经超过四十岁，之后不久大己贵命当上国造。忍穗耳尊西征班师回朝时应该在二十岁左右。他娶高皇产灵的栲幡千千姬应该是之后的事情。在此期间，天穗日命镇压了出云叛乱。三年后，天稚彦前往越洲，历时八年[①]。后来，武甕槌命前往那里，让大己贵命避开此地。此时，少子健御名方已经是壮年。因此，时间至少已经过了十五年。避地之后，忍穗耳尊开

---

① 参考《日本古纪》和《古事记》。——原注

始做西降的准备。此时琼琼杵尊出生,而忍穗耳尊大概三十多岁了。因此,如《日本书纪》注释书所言,可以断定忍穗耳尊长子是火明命。这样一来,议定天孙下凡,等到他成人西降时,天照大神已近九旬,大已贵命六十余岁,忍穗耳尊已经到了五十岁。如果不是这样的话,年龄顺序就会紊乱,不符合人情逻辑。

古传说的神话比较空泛,如果不仔细查阅地理的话是很难弄明白的。这是因为牵强附会的传说已经比原来的故事欠缺了很多内容。"苇原中国"是丰苇原的瑞穗国的略称,也是日本的总称。这和将日本总称为"大倭"是一样的。明确记载着此时去平定苇原中国的人中有天穗日命和武甕槌命。他们二人前往出云。天稚彦出征是为了督促国神,并不是为了建立国家。而大国主的避地①是为了统一主权。弄清楚这层含义后,我们再进行深入分析。详细情况在后面进行说明。

就历史而言,不要说古代了,就是到了后世,记录在文书上而传世的事情也不及社会现象的万分之一。只不过以此为据,人们就可以引证其他类似事例来推测潜伏在其内部的道理,这样史学才能成立。假如只是涉猎群书,拼凑罗列的话,那么仅仅是字典、史料,而非学问。即便是潜伏在眼前的事情,人们也不能看出,更何况是缺乏记录的古代。通过类比和比较、以已知推测未知是数学等所有科学的研究方法,而不仅仅是史学的研究方法,这是做学问的自然道理。昔日的儒学也是如此产生的。以前的学者被尚古之风所遮蔽,失去了推测研究能力,忽视了这一关键方法。然而,尚古之风虽然偏离了这一方法,但对弄清楚事情的顺序还算有所裨益。

孔子的儒学研究方法是"吾道一以贯之"。曾参将此解释为忠恕,以己推人。这种做法虽然也是类推法,但这一解释容易产生臆测之误。所谓的一贯并非那么难的事情。孔子所说的话"吾有知乎哉?无知也,有鄙夫问于我,空空如也,我叩其两端而竭焉"是正确解释。所谓的两端意思是根据此端到彼端的一贯的道理来推测其中暗含的意思。数学中将此称为"合率比例"。社会上的凡夫俗子打算盘,根据已知数字计算结果无一不是根据这一公式。孔子解释的"不愤不启,不悱不发,举一隅不以三隅反,则不复也"就是这个道理。《大学》谓之"絜

---

① 即让地。——原注

矩之道"，即长方形。矩是俗称"三四五"的曲尺，也就是勾股弦。《周髀算经》认为矩是禹发明的。大体上，在数学中，连此矩而开此线，使小矩成大法，根据比例推知其数字，弧三角法繁矩之道。总而言之，学术上通过类比、比较，由显推隐。这都是自然教给的真理。如果以空言陈述，虽然听起来很深奥，但在实践中，自己做的却又不清楚原委的人很多。用史学来讲的话，就是记了很多史实或者史实经验丰富的人仅仅听一下某件事情的开端，类似的史实就会浮现在他脑海中，即便不问也能预测该事情始末缘由，甚至未来的结果。人们将这些人称作专家。社会上有很多这种情况，毫不足怪。只不过，如果因为平时注意不够，选错了史实案例，那么推测就会出现偏差。学者应该认真思考这一点。因此，推测隐藏的含义并非难事。中国、日本和朝鲜的原住民都分为南方种族和北方种族，在人种上属于同矩比例的关系。日本人和朝鲜人属于同一人种，住在同一山陆。起初以村落形式占据朝鲜半岛的辰族将峡谷分割形成七八十个国家，吞并三韩，统一为辰国，这属于几何上的小矩，称得上是叩两端而反三隅。北方种族占据了从日本东北部到日本中国地区的大片土地一事记入了后世的史书中，分为百余国一事记载在了《魏志》中，这些事情明明白白写着，不需要推测。虽然缺少书面记录，但通过类比法不难推测。近年来，人种学家提出南方种族和北方种族的说法。和人类学家讲的薛下人一样，这种说法都是从古记录之外发现的。毋庸赘言，发现古文书上完全没有的事情是研究史学的分内之事。任何国家都有古代部落时期，这一点无须多言。长期以来，日本人听惯了神话，感觉不到有什么可奇怪的，其实神话不符合自然和人类社会的法则，这才如梦方醒，感觉到日本是一个特殊的国家。因此，我虽然认识浅薄，但斗胆表达自己的观点，大声疾呼，在日本国史之初日本这个国家就是从同种异类的割据中产生的。

第2节 忍穗耳尊的西降

天照大神统治时期根据高皇彦灵尊的诏谕执政。参与政事的主要有天照大神之子思兼命。在根据《真名井誓约》成为天照大神儿子的五御子中，最终由忍穗耳尊统治苇原中国。成人后①，忍穗耳尊驾着浮舟西降。天穗日命赴任出云，天津彦根命到河内山背地区上任。虽然没有记载其余的二御子所赴任的地方，但活津彦根命去东国②赴任，熊野樟日命则如同其名到木国赴任。由于早逝，熊野樟日命可能无后。此时，正值天照大神继承伊奘诺尊遗志，在国内循服之际，各地将镇也称作置，但为了安抚宗教各异之徒，平定国家，只好多借助传教的力量。使用武力有时也能起到宣扬皇权的作用。因此，天照大神下令在五方设立祭主，通过请教神灵来断诉讼；执政以祈祷祭祀为主。

忍穗耳尊也称"天忍穗根尊""天忍骨尊"。西降之地虽然在《古事记》和《日本书纪》中没有明确记载，但在《延喜式》中记载着丰前国田川郡三座神社，即辛国息长大姬大目命神社、忍骨命神社、丰比咩神社。丰比咩神社也就是香春神社。忍骨命就是忍穗耳尊。冠以神的名字说明这个神社创建于古代。据《风土记》记载，出河郡鹿春乡因昔日新罗国神自度到来，住此川原，便即名曰鹿春神。这一点可以成为一个证据。而今"香春"训读为"川原"。《续后纪》中记载："太宰府言，管丰前国田和郡香春岑神总是三社，原来是石山，没有土木，到了延历年中，遣唐使僧最澄本人来到此山，祈祷神力，平安渡海，即在山下为神建寺诵经。自那以来，草木茂盛，如同神灵尚在。"自此，香春神社成为官方神社。其他书说建筑物是由当地人建的，这与事实不符。1866年，小仓藩主小笠原被长州打败，迁至香春来避祸。香春位于从小仓翻山向南二十多公里的河滩上。我曾经到访此地，从小仓到香春的山路并不那么险峻。纯白的石灰石非常醒目，翻过山向南是"采铜所村"。满山的土是红色的——可能是氧化铜的颜色。据说早在天平年中③，这里就设置采铜所采铜④。香春并非连土人都不来的荒山野岭。溪流自此向南流经红土、白石和绿松之间，非常美。香春位于南麓，神社在右面山下。此山是岩石耸立的石山。南面有小平原，与彦山相对，是四周青山环

---

① 其间大约过了十年。——原注
② 东八国见诸大化诏书，应该指伊贺、伊势、志摩、尾张、三河、远江、骏河、伊豆和远淡海。——原注
③ 729年到749年。——译者注
④ 即铜矿。——原注

绕之地。宰府上书一事一读便知属于凭空捏造。这里信众颇多，宰府上书一事是传教大师想趁此提高神社的规格而虚构的。这一点毋庸置疑。官府请愿的文章是让官吏伪造的，破绽百出。即便是官吏撰写的文书也不能轻信。我认为这不足采信。下面我谈一下就忍穗耳尊的神社位于香春一事的见解。

忍穗耳尊的神社位于丰前的小青垣山，古代人喜欢选择这样的地形设置都府。而山上之水大致向西南流去，在筑前远贺郡入海——此地是古代的天然闸门。东面的水留在低缓的山谷中，沿着河谷的路可以到达京都郡。从京都郡到海滨的平地夹着条长溪流直达莵狭。从远贺到宇佐的土地很早就得到开发，始于神武天皇东征之时，这一点已经证明了。香春的山阴企救郡向着从玄海流入穴门的海湾，与冈港相对，共同形成要津。在古代，新罗的贵族渡过玄海而来，进行殖民活动。新罗的贵族以田河山原为首府，为其祖神建立息长大姬大目命神社。上国很早就开拓了京都郡以东地区。仲津地区有供奉伊奘诺尊和伊奘冉尊的丰日别神社便是明证。因此，忍穗耳尊的西降以香春为驻跸之地，暂时将香春的社殿定为官墙。按照当时的风俗，为了让天神之子降临，人们进献受国人欢迎的国主或者国主家族的女孩以作备选候补的例子比比皆是，丰姬也根据这一先例成为忍穗耳尊行在的妃子。因此，在忍穗耳尊东上之后，人们在他的行在供奉忍穗耳尊，进而供奉他的妃子。三座神社并列。息长大姬大目命因为是本社，故列为首座。以上当然就是建设神社前后的顺序。这一神社中有辛国。有说法称忍穗耳尊是和自己的耦神一起从新罗来的。然而，不管怎么说，古代传说中虽然容易形成创世《日本书纪》的思想，但实际上直到最近的时代，忍穗耳尊一直在香春。

忍穗耳尊之所以降临香春是因为想要将从丰国至筑紫交界处的异族驯化。此地以彦山为中峰，层峦叠嶂，东与丰后相连，直到宇佐海角。长期以来，土蜘、枭帅等异族占据山里，此后又劳神武天皇征伐。景行天皇也征伐三次。景行天皇时，田河郡也被异族占领。"麻剥潜集，徒党居于高羽川上。""高羽"就是田川。此后，筑紫国造磐井逃到上毛山中。我认为隼人族住在此地。天平年中，隼人族煽动藤原广嗣骚扰企救远贺是因为在此国有其巢穴，说来话长，姑且省略。迫于这一形势，忍穗耳尊一行认为征伐无效，班师回朝。就其往来海上路程而言，来时像伊奘诺尊和伊奘冉尊那样经过伊豫海从小仓或者冈上岸，班师回朝时则循行两丰海岸，暂且驻扎土佐。因此，在土佐香美郡有天忍穗别神社。后人据《旧事记》讲火明命三世孙天忍男命这一说法不足取。《日本书纪》注释书记载："忍穗耳尊立于天浮桥而临睨之曰：'彼地未平矣，不须也。'颇为倾凶目之国，乃班师回朝，具陈不降之状。"和伊奘诺尊的不须凶目污秽之国相对照，可以发现这属于异族、异教之徒的骚扰。《古事记》记载："瑞穗国人非常震动，上书班师回朝"，也是这个意思。在《日本书纪》注释书中有记载说："苇原中国者盘根、木株、草叶能言语，夜者若磷火而喧响之，昼者如五月蝇而沸腾之。"忍穗耳尊派人观其背面，生蕃骚扰之状昭然。前些年我去美国时，太平洋公司刚开始跨越落基山脉修铁路，穿过加州西拉特巫山隧洞，来到号称亚美利加沙漠的翰博尔荒野。灰色灌木丛生，一派荒草连天的景象，远远看见印第安人骑马射猎。在铁路旁低缓的山岗顶的枯草中，可以看到印第安人出入那里的一间间茅屋。此地就是他们的穴居之处。据美国人说，印第安人将地面挖成半圆形而居，

印第安人骑马射猎

用茅草盖住屋顶，其状酷似蜘蛛巢。我观此情景想象得到古代土蜘人的穴居与此大同小异。在火车过了巴特尔蒙田之后，荒野愈加空旷、萧瑟。落基山脉的原野是印第安人的领地。他们对美国人占有这里异常愤恨，曾经在这里和美军进行了大规模的战争，因而起了巴特尔蒙田这个名字。在架设铁路以前，驿站上饲养良马，而邮递员骑马扛枪，防备印第安人偷袭。印第安人对架设铁路也异常愤怒，因此聚众藏在灌木丛中，等火车过来，将巨石横在铁轨上，或者向火车投掷巨石，如此种种。车站旁的村店里卖几样石版画。头插羽毛的凶猛的印第安人在草屋中窃窃私语，手指着火车车灯，等待其到来。看到这些，我想象古代的"磐石、木株、草叶咸能言语"也应是这种情况。因此萤火是指人们在溪流旁夜营，点火群聚；蝇声则是指人们囤聚于深林呐喊。这都是形容虾夷、佐伯之类在山中建立村落、寻衅滋事。邪神国神是其酋长，是异族异教之徒。此等生蕃占据从中国地区到九州的山险，种类不止一个，并且不仅仅限于北方种族，里面也夹杂着日本的原住民。

  在蝇萤之乱时期，关于各国县如何保障治安，我们可以通过纵观法来推测得知。我从欧洲乘船回来时曾逗留印度锡兰岛。那里有四种人杂居，其中的新加来人酷似日本人。除了这四种人外，在人迹罕至的深山的森林里，有野人靠穴居、采集和狩猎生活着，称维特人。他们住在马六甲半岛西岸布雷港的腹地。这个民族至今不与外界交往，居住在山林，怒则食人。据说，布雷港前面的槟榔岛的居民也非常强悍。安南①可以与朝鲜半岛南部相比较，分为东京、交趾、东浦寨、真腊四部分。在真腊北部有险要山岭，山坳里住着麦尔人。他们住在树林里，以野兽和树根为食。由于筋骨强壮，他们因此被捕获来做奴隶。即越南便成了英法的殖民地，在商船辐辏的码头腹地，至今尚有生活在古代的人群。蝇萤之乱未必一开始就是各种民族以山海为界争斗不已。从地广人稀时代开始，各民族纷纷割据，逐渐发生流血冲突。这样的事情不仅在古代发生，直到近三百年前，地方武装势力的冲突仍然在持续。然而，在这一过程中，国民不断开化。

---

① 即越南。——原注

第3节　萤蝇之乱的形势

人种及宗教之争是民族开化进程中的要素，这在西方史上是常识，而在东方却被忽视了。如今仔细思考该学说，我们就会发现它确实有道理。日本之所以被称为神国，是因为日本是通过神教的力量而结合的国家。然而，东方人对宗教冷淡。从一开始，东方的宗教争执就不如西方史上的宗教争执剧烈。然而，对研究蝇萤之乱来说，西方人的学说还是有所帮助。下面我先从人种竞争的角度进行论述。

印度黑潮降下南海之雨，长白之云积下北陆之雪。蝇萤之乱起源于在亚洲大陆民族迁徙过程中的南方种族和北方种族之争。这一点前面已经讲过。就民族迁徙而言，汉史上说北漠游牧民逐水草而迁。在偏寒偏热之地繁衍生息的民族为了寻找良美的国土而迁徙。因此，只要得到良土则停止迁徙。该理论与西方人的观点吻合。有一种说法认为，三四千年前，在亚、非、欧交界处，人种竞争和宗教竞争很激烈。战败后逃离此地的民族在中国北部寻觅得良土，定居下来。他们被称为北方种族。此外，北方种族入侵印度，驱逐原住民。而印度的原住民很早就开始离开炎热之地，渐渐向中国中部和南部迁徙。他们就是南方种族。日本和朝鲜的南北方种族大致就是这一类人。结果西方战败的民族安居沃土，而西方战胜的民族在恶劣的土地上继续竞争。结果截然不同。生于贫瘠土地上的动物即便是虫类都像毒蝎般令人恐怖。同样，西方自古以来人种、宗教竞争激烈是因为土地贫瘠，环境恶劣。东方人种、宗教竞争不激烈是因为生活安稳。但翻看古史可以发现，即便是东方，在开化进程中，对国家的形成来说，人种和宗教也是重要因素。蝇萤之乱的原因也在于此。但如果生搬硬套西方的理论来分析的话会出现偏差。

策划平定蝇萤之乱是日本国家统一进程中的一个里程碑。北方种族在优胜劣汰的战争中失败，被视作野民和蛮夷。然而，史学家需要对此进行深入思考。作为历史惯例而言，败者的文书也会被毁掉，并在对手，即胜者的历史上遭到贬斥，堕落为与胜者不可同日而语的地步。如同在原告、被告不全的诉讼中，法官应该摒弃偏见秉公审理一样，我们也要尽量公平地考虑败者的立场。首先，在文明这一点上，南方种族的姓氏并非是发达的东西①，北方种族的秽貊与中国接近，或许引进了汉字。琼玉、金环之类是从北面传入的。从地理学上讲，多数北方种族占据山险，缺乏停泊船的重要港口，除了用小船捕鱼之外不善于航海之术。高志人占有山海之便，其中也有占据内地，开荒种田，作为一个县主归附中央政府者。然而大体而言，枭帅、土帅所在之处为山谷，多属于栖息林中狩猎的蛮夷。东北虾夷所占据的地方是狩猎捕鱼的野民栖息的地方，在其遗迹至今还有很多未开垦的蛮荒之地。总之，北方种族种类很多，过半具有行国的习俗，是在山野生活的人，逐渐被淘汰。要同化这类人需要八百年的岁月。南方种族也有很多种类，其中也有强悍的吃人种族，都是乘风破浪来到日本的。他们善于造船航海，首先占据船舶往来的重要港口，以家族血统、部曲为编制建立村邑，祭祀产灵神，制定宗教习俗，逐渐开垦沃土发展起来。南方种族将北方种族赶进了山里。在人种竞争中，优胜劣汰并非偶然。

  古关遗址是当时针对蝇萤经略的一个明证。古关是指白河关、菊多关、足柄关、清见关、铃鹿关、不破关、逢坂关和须磨关等。这些都是日本古诗歌咏的名关，不知道是为什么创设的。我认为这些关隘很多是在神代就已经创设的。原因如下：关亦称"堰"，设在边境路口的险隘之处，是防止外敌入侵的大门，又称"枢"，"枢"同"城"。古代时，为了防卫越狄，人们在出羽界设立磐船枢。到了大化时期，人们进而在新潟设立淳足枢，设枢户，这就是重关。枢户是指守护关枢的部民。朝廷班授其附近的田野，给予他们宅地，为他们建设村邑，让他们定居下来，如果外寇入侵，他们立即手持兵器赶来防御。这是一种制度，即永居的屯田兵。这是古代用于拓殖的制度，称作部曲制。后世的武士土著制度也是如此。其遗法犹存，近如武州八王子千人町的同心宅邸，远如在萨日隅被称作"城"的乡土宅邸。这些都有考察的价值。

  因此，关址在地理上来说内外皆知。在上面列举的遗址中，白河关多是防

---

① 姓氏、苗字是否和今天的马来字同源需要考证。——原注（译者按：日语中称"姓氏"为"苗字"。）

卫从坂东到虾夷口的关隘，这一点是很明确的。然而，其他的各关口则尚存疑问。从具体的地理位置来说，清见关在鞠子野设立枢户，防止来自东面的入侵，在龟山关原设立枢户，防止来自西面的入侵。史书将东西两关之内称作"东道八国"。然后，逢坂关在山科设立枢户，防卫东面，须磨关防卫西面的针间①。史书将这两关以内称作"后畿内"。之所以将从近江到大和的山中称作关外是因为古代这里曾经是虾夷占领的地区。另外。从须磨经淡路也能够渡过海峡，从海陆两方面开拓针间的原野；翻越逢坂、铃鹿开拓近江，从清见渡过美保海，开拓骏甲原野。地理上非常便利。因此，足柄关是后世的重要关隘。备前的和气关也是如此。将此对照地图就会发现，就东西两关内②而言，南方种族占据了便利重要的沃野，但北方种族占据的山野面积也很大。住在这一地区的虾夷中最凶猛的生虾夷大概是挹娄人。《后汉书·东夷列传》记载："挹娄，古之肃之国也。在夫余东北千余里，东滨大海，南与北沃沮相接，不知其北所极。土地多山险，人形似夫余而言语各异③……无君长，其邑落各有大人。处于山林之间，土气极寒，常为穴居，以深为贵，大家至接九梯。"日本也有竖穴种族。据说古代的穴居多为竖穴。又好养豕，食其肉，衣其皮，冬以豕膏涂身，厚数分，以御风寒，夏则裸袒，以尺布蔽其前后，其人臭秽不洁，作厕在中央，围之而居。此文中养猪、在中央建厕所的风俗在今天的中国东北境内似乎不留痕迹。"便乘船、好寇盗，邻国患之，而卒不能服。东夷饮食皆用俎豆。唯挹娄独无，法俗最无法纪者也。"这是北方种族中最劣等的族类，称其为"凶目汗秽"之国恰如其分。乘船渡过狭窄的海峡，从库页岛盗寇、入侵北海道、奥羽一事古来有之。或者渡过白令海峡，迁徙美洲，成为印第安人的也是这一族类。然而，我认为挹娄并未深入日本内地。

　　沃沮将长白山山脉和挹娄分开，占据南海岸，分为南、北、东三部分。因为有记载说"言语饮食居处有似句丽"，因此沃沮本来和句丽是同一人种。据说，北沃沮和挹娄接壤，因害怕挹娄人乘船入寇，等冬天船路不通后下山来，居于邑落。沃沮就是虾夷。据说东沃沮"其葬作大木椁，长十余丈，开一头为户，新死

---

① 即播磨。——原注
② 北陆、山阴和九州后面再讲。——原注
③ 夫余古之肃慎也。——原注

者先假埋之，令皮肉尽，乃取骨置椁中，家人皆共一椁"。前述的奥津弃户将卧之具与此俗相似。

伊奘冉尊吃了黄泉的饭，小憩，有鼾声。伊奘诺尊看到后，说："脓沸虫流，吾不意到了不须也凶目汙秽之国。"这是一个比喻。就出云而言，高志人、朝鲜人移居此地者颇多。我不禁怀疑殡殓之俗自然而然传到了日本。后来，沃沮这个民族逐渐缩小，在后汉时期臣属句丽。可以推测，在此期间沃沮人中迁徙到日本来寻觅沃土者应该很多。1890年，看到人类学会制作的古坟分布图，我指出这个沃沮人所占据的地区墓穴很少。这也是薄葬的一个证据。

史书将沃沮以西称作秽国。耆老自谓与句丽同种。言语、法俗大抵相类。朝鲜半岛北部、长白山脉的南面一直由高丽人种占据。秽国之地本来能延伸至长白山北面的肃慎人的原野。此时，秽国北部边界由夫余人占据着。因为此地是偏僻寒冷的山野，所以秽国人废弃不住，迁徙到了南面。今天的元山津因为是秽国之地，所以可以推测渡海到日本拓殖的种族应该很多。史书中有记载："多所忌讳，疾病死亡，辄捐弃旧宅，更造新居"即奥津弃户之俗①。秽读作"kuei"。《说文解字》解释为"岁声"。因此，虾夷又被称为"佐伯"（"saiki"），这里的"sai"是"岁"之音讹②。《常陆风土记》记载："山之佐伯，野之佐伯"，又称"土蜘"或者"八掬胫"，在越后也有这一族类。还有安艺③的佐伯郡、丰后海布郡的佐伯等，本来是秽人渡过玄海，或者从石州过海而迁居之地。此后，过了四十年左右，在公元前128年，秽君南间等反叛朝鲜王卫右渠，率二十八万人至辽东，内属汉。这大概是因为被肥沃的日本土地吸收了人口，而人口逐渐减少的缘故。

作为日本的交往国而隔岸相对的邻国是新罗及上述三国。在夏秋两季，人们即便乘小船也能渡过日本海。因此，毫无疑问，从对面迁徙来的人很多。秽的西面是貊句丽之地，其海岸线被秽一分为二。该地人将"貊"训读为"koma"。因为该地产一种叫"果下马"的小马，故得此名称。此外，也有从各国迁徙来的痕迹。人们将沃沮、秽之北、今天的盛京吉林省叫作夫余之地。夫余人从后汉末

---

① 是说代代换新宫。——原注
② 《景行纪》中的佐伯的起源说法不足取。——原注
③ 今广岛。——原注

期开始逐渐南移,后成为百济人和高丽人。这六七种民族在长白山的南面和北面的兴衰与沿革是由于疆土被侵略造成的。虽说如此,从荒寒的旷野迁到气候温和的沃土是大势所趋。秽貊、沃沮的不少种族很早就离开这里,迁到日本。这一点在有史之后有很多事实可以证明。这些种族分别成立国家,守卫疆土。这一形式属于人种之间的竞争。虽说如此,但在西方历史中我们看不到那样人种间一直相互竞争、相互反目的情形。

第4节　日韩的古宗教

　　人尽皆知,神教国家的民族凝聚力很强。迄今为止,神代的传记被作为经典来讲解。在神宫和皇居没有区别的时代,政教合一是巩固皇权的基础。国教中存在众多的速振国神和荒振国神,导致日本如漂浮着的油脂。这是一种正如西方人所说的宗教竞争十分激烈的状况。但将此与事实比较,颇有捕风捉影之感。宗教不同的种族是从对岸的北部大陆渡海迁徙到日本的。如上所述,在北部大陆,挹娄、沃沮中有凶目污秽之俗。此外,其他国家有什么样的宗教习俗?要搞清楚这个问题首先要知道朝鲜半岛上的人是和日本人同种的辰族人。关于马韩,《后汉书·东夷列传》记载:"常以五月田竟祭鬼神,昼夜酒会,群聚歌舞,数十人相随,踏地为节。十月农功举,亦复如之。"这类似于日本的新尝祭。"诸国邑各以一人主祭天神,号曰天君。"这类似于日本国县祭祀本居(或称本土神)并将君长称为"日之子"。"立苏涂建大木,以悬铃鼓,事鬼神"则类似于日本将真贤木作为祭神之木。《魏志》记载:"诸逃亡至其中,皆不还之,苏涂之义有似浮屠。"这类似于日本武家时代佛寺和神社内部不允许守护入内。这些习俗或许是自古以来的遗俗。因为大同小异,所以史书中没有记载辰韩和弁韩祭祀之俗。

　　关于新尝祭,《日本书纪》记载:"天照大神在新尝时,方织神衣,居斋服殿。"这些情况在天神时代就已经有了。虽然没有记载祭祀的月份,但因为是祭祀新稻来报恩,所以祭祀的月份应该是在十月以后。九月神尝、十一月新尝始见于《天武纪》。上古时期,十月举行新尝祭。一直到乡村层面都举行新尝祭是古代为了加强统一宣扬神教的遗俗。该习俗至今仍然保留。神衣祭每年举行两次,分别是孟夏和季秋。这或许是在播种之后和收获之后的两次祭祀。后来,新尝祭演变成一年一次。只有神衣祭是一年两次。比睿山领地的山王社举行御田祭,保留着插秧歌舞的古代祭祀仪式。以上这些应该是该御田祭的由来,值得研究。使用真贤木祭祀见诸《日本书纪》的"在磐户之前奏神乐"一条。《景行纪·神夏矶媛仲哀纪》中记载:"冈县主、伊观县主都将之立于船舳,迎接天皇。"形式略同。伊观县主是新罗王的后裔。冈县属于香春社的支社,属于新罗种族。因此,素盏呜尊的邻国新罗的祭祀仪式大概相同。

位于三韩以北的秽貊、句丽、沃沮本来是从肃慎人的原野南迁而来的种族的分支。从周朝末期开始,北方的夫余人南迁。其中一个分支为高句丽。这本来是北方种族的行国之类的种族,因此宗教风俗不同,但在举行新尝祭上大同小异。辰韩、弁韩五月播种,十月收获季节祭鬼神,昼夜酒会群聚歌舞。北韩、秽十月祭天,昼夜饮酒、歌舞,名"舞天"。长白山北的夫余①祭天时,国中大会连日饮食歌舞,名"迎鼓"。高句丽十月祭天、大会,名"东盟"。

只有马韩祭鬼神,但"诸国邑祭天神"。祭祀天津神这一点是明确无误的。诸国都大会祭礼、饮酒歌舞与日本的景明节会相似,都是在一年一度的收获之后举行新尝祭,感谢天神,大摆酒宴。这对统一国民的宗教信仰至关重要。因为祭祀仪式大同小异。即便人种不同,在迁徙到日本之后,也不会和神教冲突,引起"蝇萤草木之喧嚣"的纷争,毋宁说他们很容易被日本的宗教习俗同化。并且新尝祭是农耕民族报恩的节日,并非游牧迁徙之俗。试想朝鲜北部的各种民族起初居住于不生五谷的肃慎人的原野②,在这样不稳定的时代,应该没有这样的祭礼,必定是在南迁、定居在生长五谷的土地之后,才对天津神产灵的灵德感恩戴德。这或许是其他的原住民受南方神教感化而创立的祭祀仪式。以此推之,南方种族的神教此时已经风靡朝鲜北部。

---

① 即后来的百济。——原注
② "貊,五谷不生。"见《孟子》。——原注

大会和祭天不仅仅是朝鲜的风俗。匈奴虽然是高句丽西面的行国，但也在五月举国祭天，只不过与新尝祭有所不同而已。早在唐虞时期，中国北方的燕齐儒者、方士竞相主张谈天雕龙的神异。秦始皇笃信之，让徐福等寻找海中三神山。辽东属于燕国，位于齐国对岸，东南与夫余、句丽、朝鲜之地接壤。因此，燕齐的遗民早就杂糅了宗教信仰。但汉史之文简短，未提及此事，仅在高句丽的记载中看到"好祠鬼神，社稷零星"一句。社稷是祭祀土神、农神，配祀对土木、农作立下功勋的人，在春分、秋分时予以祭祀，诸县邑都进行祭祀，这就是今天所谓的社日，类似于日本产土神的祭礼。这个祭祀活动是中国的教俗。就"零星"而言，《汉书音义》中记载："龙星左角曰天田，即农祥也，辰日祀之，以号曰零星。"《风俗通》中记载："辰之星为零星，故以辰日祀于东南也。"这是祈祷五谷丰登，是从中国传来的教俗。对此稍加阐释的教俗在朝鲜流行的情况颇多，因而肯定会传到日本，成为阴阳道的前身。然而，在新尝大祭中，在祭天方面，各民族是一致的。因此，日本的古神教中没有将祭天排斥为邪神恶鬼。

在宗教尚未发展的时期，社会上的男女根据神这一观念，接触祸福，想预知趋利避害的方法的意念很强。这在今天的宗教信徒中也能看到。我们将此作为"构忌"①产生的原因。中国的神异说最适合于这一心理，在蒙昧的民族中最容易传播。《日本书纪》就"构忌"解释道："今世人夜祭一片火，又夜祭祀掷栉，伊奘诺尊讳穿蓑笠，以入他人屋内，又讳负束草以入他人家内，有犯此者，必予以重罚，此太古之遗法也，反矢可为恶，以生误死，此其缘也。"这些都是将古代的事情作为神话的历史的"构忌"。此外，还有出自阴阳五行、星相、干支、方位等的种种"构忌"。"构忌"从中国传入的东西较多，大体而言与宗教关系不大，在后世属于阴阳道。蝇萤之乱也不是因此发生的冲突。

总之，进献新谷、祭祀天神以及报答当年的产灵是农耕村落之国而且是种稻谷之国兴起的教俗，本来是由南方种族带来的教俗发展起来的。特别是在日本，在祭祀神灵时，严格禁忌污秽，实施祓除，注重清洁。《日本书纪》中记载：

---

① 即忌讳。——原注

"伊奘诺尊曰：'我所生之国者，唯有朝雾而奋满哉，乃吹拨之气化为神'，号曰极长户边命，是风神也。又饥时生儿，号仓稻魂，又生海神等。"这说明日本古代在按照古神教进行祓除、尝祭之后，再开始从事生产活动。称在山海水土产生之前就有这一教俗是后世人们的牵强附会。另外，有人将此作为大和国龙田、广濑两神社的起源。这一注重清洁的教俗本来是从南方传来的，但所经由的马来、安南都非清静之地。广东、福建的山水虽然秀美，但还算不上洁俗。到了日本，空气清新，山清水秀，语音清晰，人民有洁癖——这些都为外国人所称道。大体而言，此教俗渐次北进，最终将高天原定在清洁的日本，冰木峻峙，成为传教的中心。由此可见，蝇萤之乱是由从南北两面迁徙、拓殖的异族、异教的枭帅等，隔着山谷，实施割据，仍然因循"不须颇倾凶目污秽"的古俗而引起的。当时，日本要将其习俗驯化为日本的清洁教俗，即奠定日本神国的统治基础。教化的效果在短期内是看不到的，皇室一统的历史从中逐渐产生。

西方历史起源于小亚细亚古代人种间和宗教间的竞争。在与周围国家进行抗争的过程中，犹太人产生了一神非偶像教，本着这一宗旨不断宣讲，不允许对他们自己夹杂任何偏见。人种、宗教的纷争是基督教国家的病根。如前所述，大量的东方原住民离开西亚和印度，跨越北漠，渡过南洋，带着祭天的教俗来到良俗、宜居的地方，人种和宗教竞争并不激烈，而且容易被同化。因此，泰西①人认为国民品种不传播是大幸，但在人种、宗教纷争能力很弱并且容易同化之地也会产生其他问题，这也属于不幸。因此，二者需要综合考虑。此外，他们所诟病的多神偶像及动物崇拜本来就是与埃及、巴比伦等教俗相抗衡的教俗，在所谓的多神教中也有以自己为主的一神教，即便是一神教一开始也并非没有想象中的其他神。如今日本唯一的神教——神道属于后世发达的思想。不发达的古代宗教就像有不同人种一样，其内容也是五花八门，其理论混沌未得以剖析，其实质都是敬天，相信天上有统治现世的神。这也就是一神教。将帝王及其诏书看作神德的部分体现而予以尊重就成了多神教。更有甚者，将动物、虫子、植物、岩石等都作为崇拜对象。宗教之中必然附带着迷信和"构忌"。因此，宗教应该

---

① 即西方。——原注

讨论其发展程度，而不应该将历史上迁徙到东方的古代人种的宗教以一神、多神、偶像或动物崇拜等来划分。

犹太教是所谓的偶像教，批判埃及、希腊等想象丰富的多神教。起初，我不理解偶像是指什么。在游历欧美时，我发现那里的美术雕像非常多，听说这都是古代的神像，终于理解了偶像的内涵。东方本来没有偶像之风。秦始皇时，洮水上出现巨人，于是锁了天下兵器，铸成十二个铜人。洮水离西藏很近，印度宗教传到了这里。其后，汉武帝从匈奴得到了金人，予以祭拜，成为佛教的起源。在日本古冢中，人们发掘出陶偶等葬具，但还没有看到神像。将神体上挂镜子称作偶像过于牵强附会。佛法传播之后，日本才开始出现佛像。因此，印度教属于偶像教。近来，西方人指出印度虽然信奉多神教，但起初也是崇拜同一个上天。因此，任何国家的古宗教在混沌未开的初期都有一个主神，称只有西方才是一神教有失偏颇。

第5节　日本上古的尚武风气

从各国迁徙到日本的异族、异教的人们占据了适合小规模割据的山谷，在枭帅的领导下形成部落。这一点在古代史上有明确记载。因为割据必然要发生冲突和战争。因此，将上古时期的蝇萤之乱定性为人种、宗教之争也无不可。但如上所述，和古代西方不同的是，这只不过是各个县邑为争夺疆土而进行的纷争而已。譬如前文所述，忍穗耳尊、天穗日命等降临各地并非是身为元帅，进行武力征服，而应该看作是传播神教的祭主，为了教化蒙昧，恩威并重而已。据说，他们左手拿经典，右手拔剑，斩杀抵抗者。神代的记录中仅存神话传说，没有提到战争。虽说如此，伊奘诺尊称日本是"细戈千足国"，将大己贵命称作"八千矛神"，这都是崇尚武勇的明证。据汉史记载，日本原住民中的南北方种族都是擅长战斗的强悍之民。他们在古代杂居山野，相互之间的战争非常激烈。后世的各国武士斗勇斗智，战争血腥。对照这段历史，不难想象古代日本人的尚武风气。

从南方种族乘风破浪迁徙日本，冲绳、安南、马来、南洋各岛上有凶猛的吃人民族这一点可知，他们本是强悍民族。此外，在史书上也可以找到例证。民族的风气、风俗并非是本国人能够认识和记载的。为了客观地了解这一点，首先从北方种族的历史上看看移居到中国的南方种族的风气。中部的三苗、东部海岸的莱夷、徐夷、淮夷及吴越都是南方种族。三苗虽然让五帝头疼，但终被夏禹所灭，其后裔在周朝成立楚国，与北方争雄。直到项羽称霸，楚人彪悍勇猛，为各书称道，不负强国之美誉。莱夷是齐之强兵，徐夷在周初称霸东方，和淮夷一道顽强抵抗周朝，到了周宣王时期才被征服。吴越以钱塘江为界分据江苏、浙江，到了春秋末期，相继强大起来，与北方争霸。《汉志》称吴越之君皆好勇，故其民至今"好用韧，轻死易发"。这些描述与日本人的气质相似。

《中庸》引用孔子之言记载："衽金革死而不厌，北方之强也。强者居之，宽柔以教，不报无道。南方之强也，君子居之。"这一对南方之强的评论虽然不同于楚越的彪悍易怒，但里面颇有深意。我在旧藩时期常听前辈讲崇尚勇武和有胆识之人的事迹。他们在与别人争论之时，应该观察其脸色。面红而拔刀者敲落其刀，脸色苍白而拔刀者应从速逃离。面不改色而拔刀者吾命休矣。虽然只是闲谈，却是颇富经验之语。"北南之强"也是如此。日本的武艺以宽柔为教，以忍耐养勇，这是其精髓所在。锻炼的极致就是平心静气地决斗，可称之为日本的尚武之风。今在京城街上评判打架者称关东与关西的做法不同：怒不可遏而打下拳头者是关东人，反驳对方之后握紧拳头者是关西人——为了表示决心，每每如此。可以看出关东人和关西人的不同之处正是基于南方种族和北方种族的脾气秉性不同。通过纵观法将古代历史和现代社会对比非常有趣。

闽越、南越被称为"陆梁之地"。汉武帝的宰相田蚡说："越人相攻击固其常，又数反复。"汉武帝说："东越狭多阻，闽越悍，数反复。"以此可以想象其人种彪悍、好战，隔着山谷相争的情景。日本人和朝鲜人同样属于南方种族，也彪悍好勇。虽然蝇萤之乱的战争情况没有被记录下来，但枭帅、土蜘为争夺疆土而相互攻击从闽地情况中可以推知。畿内以西南方种族占据的地方较多。即便是同一人种，异族之间的反目不绝于后，而和北方种族之间的争斗更加剧烈。下面讲一下北方种族的情况。

前面讲过，挹娄人好寇盗，长期被邻国视为心腹大患。《后汉书》和《魏志》称沃沮人"有邑落长师①，性质强勇，便持矛步战"。生、熟虾夷皆善战。神武天皇在宇陀郡杀八十枭帅时，曾说："虾人一人敌百人，无人能敌，此言不虚。"可见其强悍。秽人"少寇盗，能步战，矛长三丈，或数人共持之，乐浪，檀弓出其地"，不仅是尚武国家子民，还有长枪劲弓。日本的靫负部属于弓兵，后来成为大伴佐伯二部，养了很多檀弓之兵。这也是我怀疑秽是佐伯之音讹的原因之一。此三国位于直接渡海来到日本的位置。因此，秽夷高志应该是这一人种。《古事记》和《日本书纪》中客观地称他们为野民部落，但沃沮、秽各成一国。汉武帝授予秽国秽王之印，可见其开化程度绝不亚于新罗。因此，这一民族在日本割据县邑、冲突作战之时，如坚石相击，迸出火花。

与日本有间接关系的国家高句丽被评为"其人性凶急有气力，习战好寇，沃沮、东秽皆惧焉"。这记录的是自此三百年后的结果。夫余"其人蠢大，强勇而谨厚，不为寇钞，以弓矢刀矛为兵"，因此属于较温和的民族，但也强悍勇敢。此二国本来都属于夫余种族，后来南侵，吞并秽、沃沮、句丽、貊，建立高丽、百济国。百济貌似温和，但起初袭扰新罗，和高丽相争，勇猛强悍。寇盗、寇钞是指结群入侵邻国，掠夺邻国农桑、家产和人民的风俗。古史称关东每每受虾夷寇钞之苦，古时诸国饱受其患。夫余没有这一习俗，较文明。而狡诈的百济统一国家，建立军队，向中国称臣，进攻朝鲜，进行掠夺，在中部建立国家。试想假如这个民族很早就迁徙日本、建立部落会怎样？史书上没有相关记载，但从后来高丽、百济之徒颇多这一点可以推知。修建贝冢者为蕗下人，是躯干矮小的种族。其族人从堪察加、千岛侵入日本，凶猛、食人。据说，考古学家发现了他们的遗迹。直到后世，有一种族住在千岛、虾夷，称"唐子"，面貌如夜叉，大概是蕗下人。在高志、常陆等有八握胫人。八握胫人躯干高大，是个善战的种族。

---

① 即枭帅。——原注

总而言之，南北方种族都很强悍，喜好争斗寇掠，在山谷海滨建立村落，从蒙昧时期开始一直相互冲突，争斗不已。因此，总的来说，日本人富于尚武精神，独立意识很强，后来成为武士阶层后，依然好斗。但日本人文拙、短虑，因此学问政治、事业比较落后。其中效忠天神之子的一族逐渐驯化了各种族，将它们统一起来，形成国家，奠定了皇权的基础，为此惨淡经营，付出了艰辛的努力。这些都需要根据有史以后的资料上溯到史前进行深入研究。朝鲜本来也是尚武国家，好战。因此，朝鲜为了改变这一风气而绞尽脑汁，终于制定严格的衣冠等级制度，增加争斗的难度，逐渐改变了好斗之风。就日本而言，国郡层面流血争斗非常炽烈。经过磨砺，人们形成武士道精神，逐渐统一国家。其中有的发挥诗歌才能，消化大陆文明，绽放异彩。在天孙人种优良的资质的引导下，人们的血统和资质也得到了提高。就后来的历史而言，这是需要引起注意的。

因此，蝇萤之乱是不同人种、不同宗教之争。谁都认为平定这一叛乱是战争的胜利。但东方人的人种纽带很脆弱，而在宗教上容易引导。这些和西方的思想有所不同。就战争而言，如前所述，因为都是好战的种族，用兵力征服无异于以火灭火，绝不能带来好的结果。然而，要驯服强悍的人种也必须使用武力。"伊奘诺尊琼矛循八洲"说的就是要搞好战备。而设在各国的"别"则是宣扬神教的祭主，并非军队的主帅。忍穗耳尊平定叛乱后在班师回朝的地方建了香春神社。这意味着传教时期尚早，并非吃了败仗而回。在将祭神作为执政手段的时代，行政、司法都是以祭祀祈祷为主，通过卜部大占来问询神的意志，来处理犹豫不定的问题。因此，神社就是政事堂、法院。就是因为这个原因，忍穗耳尊的几个弟弟中，天穗日命做了出云的祭主。下面先讲一讲忍穗耳尊的另一个弟弟天津彦根命的事情。

《日本书纪》中将天津彦根命称作"凡河内直三代直等祖"[①]。古代的凡河内包括和泉。和泉隔着卷尾岭，到达茅渟，即和泉海岸。以山原为川内，大和川在其北面注入难波江，因此，名叫河内国。河内以北是山代平原，淀川流经山代平原南部，注入河内入海口。河内西面是津国的平地，以前人们将丰秋津洲称作"河摄泉三州稻田"。以前人们之所以将水户神秋津彦推测为津国之主是因为

---

① 《古事记》中将"直"称作"国造"。——原注

"水门"这个字眼。而在地理上，堺、难波、务古三个重要港口均在此地，故应称作"水户神"更恰当。与位于难波江上游的山代相连的原野①就是丹波路，当时非常荒凉。河内平原也是如此。大和是虾夷杂居之地。伊奘诺尊的浦安国是合并河内之后的称呼，从那时开始实施拓殖。至此，天津彦根前往浦安国，成为山河津总社的祭主，统辖县邑之主，一直到大和的高原。关于此事，《古事记》中记载："倭田中直、倭淹知造、高市县主等之祖也"，而《姓氏条》中记载："山背忌寸是天都比古而命之子，天麻比都而命之后。凡河内忌寸、大县主均为天津彦根命之后也。津国造亦为天津彦根男、天之间见命之后也。"关于建于此洲的神社遗迹，我以后再论述。

在虾夷、高志等进行杂居和与大倭接壤之前，近淡海、丹波的荒山依然很多，但因为犬上郡建有伊奘诺尊的日之若宫，从那时起殖民活动已经深入到此郡。在天津彦根时，犬上郡开通了从山代翻过逢坂关到铃鹿路的道路。伊势桑名郡的多度神社供奉着天津彦根命，桑名首是天津彦根命的儿子久之比乃命之后。摄社的一目连社是天津彦根命儿子山背忌寸之祖天比都而命之讹。多度社位于尾津是因为考虑到历史、地理的缘故。在木曾川的淤积没有露出中岛郡的时代，铃鹿路能够从尾津到达尾张。尾津是势尾浓的重要港口，如同今天的桑名。天津彦根占有此战略要地，陆路往于来山背，海路与度会名草相连，往来于堺、难波、水户。考虑到与伊奘诺尊的浦安国合并，可以看出当时的天神之子占据了各地的要港，加强水运工作，逐渐在平原开荒殖民，将虾夷、高志、佐伯等赶入山中，传播神教，使他们驯服，卓有成效。因此，认为神代是蒙昧未开的时期是错误的。

《古事记》中记载："天津彦根命者周芳国造之主。"周防、安艺的交界处是佐伯及海人居住之地。火门是海神一族的殖民地。但位于周防中央的沙磨浦是景行天皇——同样也是仲哀天皇行幸之地。岂能将此地作为首府？在天津彦根命时期，丰国动荡不安，河内对这里鞭长莫及。因此，让天津彦根命子孙兼管这里。

---

① 后来的平安京。——原注

天津彦根命的遗迹很难寻觅，因为当时各种族占据国内，相互攻伐。经过谋划，高皇产灵尊派祭主到各方天社，让他们教化这里的种族，开始了统一国家的大业。这一点可以推测得知。如常人所思，认为通过血腥的战争打败各种强悍的种族这一认识是浅薄的。在各地和异族发生冲突、兵戎相见这一做法和后世的武士与其他家族相争、纵容士兵为非作歹、打家劫舍是一样的。由裂土分疆的君长来全面约束士兵，防止这一事态的发生，不用一一等待天朝处理，这一点比照武家政权时期的做法可以推知。当时的国神[①]中势力强大者被任命为新罗兼出云、纪州等地的君长。海神、山神、水户神都是大国。即便如此，它们也必然和接壤的异族发生争端，远的有在野民部落地区开荒，近的有藤原、安倍各家族驯服虾夷、割占奥羽之地等史实。

---

① 即国君。——原注

第8章
日本的统一

第1节 大己贵命建国

天照大神建立国家之时，驯服异族，开辟国土，在出云的业绩最辉煌。其后，经过武瓮槌命的强势谈判，大己贵命父子将国家奉还天照大神，后迁至大倭。人们称此为大三轮氏之起源。在大化改新之际奉还皇太子领地一事成为彰显国家主权大义的历史美谈。在明治维新时，诸藩奉还版籍，使得大政得到统一，并赋予臣民土地所有权。今天，这些已经成为历史。然而，按照迄今为止的解释能否弄清大国主一事的事实真相以及国家主权是否真是这样，史学上尚有诸多疑问需要人们解答。我认为，迄今为止，学者们只看到问题的表面，而没有对深层的问题做出足够的解释。本来，在国家经营上，大国主建国只不过是一部分业绩而已，比其他的国主政绩多一些而已。就国家的主权者而言，与镇压啸聚山谷的各种族相比，大国主建国则是上国对下国采取了怀柔招抚政策。前面已经讲过，从伊奘诺尊在出云宣布休妻到忍穗耳尊被立为日嗣，两国之间一直缺乏协调。出云是往来于新罗的要津。朝鲜人杂居其间，将它作为本国的兼辖地①非常方便，这是必然趋势。就算是君主通过亲属在此之间进行调解，如果考虑民意，也不能随心所欲。伊奘冉尊和素盏呜尊之所以有不协调的行为，也是这

---
① 即行使治外法权之地。——原注

个原因。因此,对天朝来说,如何不伤日本和朝鲜和气、巩固国家是最头疼的事情。大己贵命必须在充分理解这一情况的基础上采取措施。

从素盏呜尊到新罗上任到大己贵命成人并开始建国,已经过了一些岁月。据《古事记》记载,在此期间,出云出现了兄弟阋墙之变。"大国主神之兄弟有八十神座,然皆与大国主神不和。"八十神等想要与稻羽八上姬成婚,对想嫁给大国主的稻羽八上姬相当愤怒,想要杀死大己贵命。这一神话所要隐含的意思很难理解。根据对人名、地理进行归纳,我们发现八十神在稻羽共谋,要将大国主陷害于伯耆的手间山本。他们将大国主骗入山中,但大国主被御祖命营救,前往木国大屋毘古之所,又逃到了须佐能男命所在的根坚洲国,和天照大神之女须势理姬结婚。须势理姬将父亲的生太刀和弓箭及天诏琴拿了出来,和大国主逃到远方。天照大神追至黄泉比良坂,远远望着喊须势理姬。须势理姬对大己贵命说:"汝所持之生大刀、生弓矢、以汝庶兄弟者,追伏坂之御尾,亦追拨河之濑而折,为大国主神,亦为宇都志国玉神,而其我之女须势理姬为嫡妻,而于宇迦能山之山本于底津石根宫柱。"大己贵命手拿其大刀、弓逃至坂御尾,沿着河濑一直逃,才开始建国。这段话意思非常晦涩,对此解释如下。

此事果真是史实的话,在素盏呜尊到新罗后,大己贵命已经二十岁,掌握了王权。八十神也写作"兄弟"或者"庶兄弟",大概是诸王。在贵族会议上从八十神中选出国县君长,掌管权力。去稻羽那里求婚之时,大己贵命扮作从者随行。八上姬就是稻羽的八上县主。结婚典礼在八上郡卖沼神社举行。其订婚事宜与诸王势力关系密切。

自古以来日本实行多妻制,或是征集采女,男尊女卑。但开了男女耦神先例之后,女子也有资格掌握权力。与男子相比,贵人更迎合女子之意。后来开始立女帝,这种做法由来已久。大己贵命被称作"苇原中国之丑男"。"丑男"和"丑女"同样是称赞人英勇。在此神话中,"成丽丈夫而出游,须势利姬还入,白其父言,甚丽神来",堪称巾帼英雄。古代尚武,连妇女也爱英勇的丈夫,这和后世的武士妇女一样。因此,大己贵命到处受到妇女欢迎,这也是建国英主所具备的资格之一。素盏呜尊在根坚洲国,追到泉津比良坂,表明神话作者已经将根国解释

雄略天皇

为出云。《古事记》中的很多内容是雄略天皇以后杜撰的，因此和古传说有矛盾之处。这是研究古史的难点。

  大己贵命追赶八十神，让他们让出领地。之后，大己贵命在须贺造宫殿，开始建国。其中的须贺是否与素盏鸣尊的清宫在同一个地方还未可知。在私记中将杵筑边称须贺郡是今天的说法。后来，又营造大社，称作须贺。大己贵命开始建国是在不满二十岁之时。他讨伐诸国，扩展领地。那么被称作"诸国"的县邑到底在哪里？虽然缺少确证，但应该在出云附近。前面的神话讲道，大己贵命顺次逃命的路线是从因幡逃到伯耆、纪伊，然后前往根国。《日本书纪》称从出云到纪伊有大己贵命的领地。在地图上，从陆路往来出云纪伊的路线一目了然，并且这是登天的捷径。大己贵命必然优先考虑这条路线。出云、伯耆的背面是簸川上的岛上峰，向东有高七千尺的伯耆大山耸立，在因幡层峦叠嶂，绵绵横亘在但马上，形成中国地区的脊梁。北面称山阴，南面称山阳。因此，从出云港往来上国需要从伯耆翻山，经过美作，至播磨。美作驿站为古来必经之大路。从美作到备前的道路称作别路。以上就是地理情况。因此，我们首先在美作和备前这两个地方寻找蛛丝马迹。

高志人占据了位于簸川上的吉备峡谷这一点前面已经讲过。从美作到备前的冈山东山有北方种族占据过的痕迹。这是因为在这一地区发掘出为数众多的古陶棺。保存在今天的各陵寮的陶棺是从美作英田郡平福村发掘出的屋顶型的卧棺。上面画着人站在侧面，左右跟着战马，非常类似于古代西方的画风。在日本帝国博物馆收藏的是备前邑久郡须惠村发掘的同样形状的卧棺，带有两瓣菊花纹，颇具日本特色。这或许是后世之物。其中的菊花纹或许是古代西方的花纹。此外，还发掘出十几个陶棺。这在其他地方是罕见的。在与西方古代史关系密切的小亚细亚地区，人们发掘出三千年前的屋顶型陶棺，而今同样的东西埋葬在日本的美作山中，令人颇感不可思议。这肯定是离开小亚细亚地区的一个部落民族在周朝迁徙北漠，最终来到日本，在其君长死后，让带来的陶工按照旧俗制造了这样的陶棺并埋葬了，作为该家族的象征符号。虽然不清楚他们属于什么种族，但能够想到类似的案例。上古时期，在中国的西北甘肃省，有人建立了西王母国，并将那里的山叫昆仑山。昆仑山产琅玕，也就是昆仑玉。古史上有关于这些玉的记载。在各地，人们发现了很多这样的玉。在古代，这些珍宝只有通过交易和俘获才能得到。直到周穆王时期，西王母国一直存在，但不知何时人们离开此地，导致这里成为荒野。在西域条支也有西王母族。条支相当于小亚细亚地区，是"如德亚"的音讹。如果陶棺是西王母族的遗物，那么因为在《姓氏录》上有："玉作连高魂命孙天明玉命之后也"，所以与西王母族有关的人就是向素盏呜尊献八坂勾玉的人。上述民族要么是此家族率领的玉作部民族，要么是埴安率领的埴部之民。邑久郡海角与儿岛郡相对，即吉备子岛。在埋葬菊花纹的陶榇时，玉作部民族或者埴部之民已经被日本人同化。此地有美和神社和宗形神社。在它西面的上道和下道两郡也有天照大神神社数座。这证明上道和下道两郡都是大己贵命所建之国。

播磨的《风土记》中所记载的大名持命、少名日子命、天日枪命的同族经营的地方，在挹保郡以西有很多。另外，在完粟郡有伊和坐大名持御魂神社、大倭事代主神社。事代主迁徙大倭之后依然从事拓殖事业。只不过播磨《风土记》是宽正时期出现的古本，是一本怪书。虽然其中拼凑了《风土记》的逸文，大己贵命、少名产并非和天日枪是同一时代的人。《日本书纪》中记载："天日枪将新罗王子之国让给弟弟知古而来到日本。"《风土记》之文没有力量否定这一点，称天日枪是素盏呜尊之子，弟弟知古相当于五十猛命。很明显这个说法不可信。然而，播磨的确有天日枪开拓的土地。这是因为但马是新罗的殖民地，之后将王子天日枪迎到出石，让其统治。播磨山中有很多佐伯种族人。《日本书纪》中说他们是"日本武尊在那里关押的俘虏"，但他们应该是自古以来住在那里的种族。大己贵命在播磨建国时，也在但马经营土地。到后来，有的地方成为天日枪的领地。今天研究古代史的人很多轻信《风土记》，将天日枪看作是和大己贵命同一时代的人，这样一来天日枪就成了大己贵命的兄弟。

到了吉备彦时期，吉备逐渐得到开发。到了丹波之主时期，丹波得到了开发。这是三百年后的事情。直到大己贵命着手建国之际，尚有很多异族的魁帅盘踞中国地区的山里。丹波若狭隔着气比海与越前的角鹿地区相对，以此为大倭的北门，设立爱发关，防备位于胆吹山、白山之间的虾夷的侵扰。这件事从很早就开始了。其东面的越地区和中世的奥羽一样，为实力派所瓜分。越前有很多叫"产媛"的神社。这些神社主要集中在能登海角。将羽昨郡的奈豆美比咩神社称是为安云氏之女建的这一说法有些牵强。然而，凤至郡的奥津比咩神社、边津比咩社是宗像氏的领地，美麻奈比古神社、美麻奈比咩神社是在任那建国之后建的。在敦贺郡有信露贵彦神社。这里留有早期从新罗殖民来的痕迹。敦贺及能登海角是与越国往来的必由之港口。西国和中国地区的大族占据了便利而重要的停船处，在敦贺及能登海角做必要的准备。在该地进行的拓殖活动中，高志人占据中国地区。可想而知，早在伊奘诺尊和伊奘冉尊之前甚至是高志人迁徙来之前，南方种族的各族就占据了山野。

自古以来，出云、高志及朝鲜就关系密切，形同一体。大己贵命很早就在此地着手建国。《古事记》记载："此八千矛神将婚高志之沼河姬，幸行之时到，其沼河姬之家歌曰：'沼河姬未开户'，自内歌曰：'其夜者不合，而明日夜为御合也。'"大己贵命也和稻羽县主成婚，又和高志县主成婚。奴奈川神社位于越后劲城郡。稻羽县主和高志县主属于占领越后、越中交界的大族。诹访的健御名方命是稻羽县主的腹中子。在东越后，蒲原郡有弥彦神社，而能登郡有伊夜比咩神社。《万叶集·越中歌》中记载："伊夜彦己神有青云之志。"可见稻羽县主为跨三越的大族。产媛就是南方种族。在有关诹访的建御名方命的记载中，我们可以看到从劲城翻山或者从新潟沿着河流向南溯江而上、开拓科野山中的痕迹。此外，安云郡是海神氏开拓的土地。《古事记传》中因"拆"与"佐久"在日语中读音相近，就将佐久郡称作安云之祖日金拆命的住所。这一说法牵强附会。麻绩郡是斋部氏开拓的土地。因此，越国并非为出云独占，是与胸形、安云及山祇等联合建的国家。

关于从出云向西南建国的事业，西界三瓶山之野是由素盏呜尊和五十猛命开拓的。这一点前面已经讲过。安艺和吉备的交界处尚存须佐能男神社和大己贵命神社。素盏呜尊斩杀高志的八岐蛇之后，开通从爱川上至安艺的道路，与胸形、筑紫连成一片。《古事记》中记载："大国主神娶坐胸形奥津宫神多纪理姬命，生子阿迟祖高彦根命。"这里说的是市杵岛姬，严岛神社是其遗迹。严岛属于佐伯郡，佐伯郡有海人乡，在严岛对岸的丰后国前郡有很多大神氏的领地，在一个海湾相隔的海部郡有佐伯，与前面的佐伯组成一对。这个需要考证。海人是安云氏的部下，从素盏呜尊平定胸形部时起，就和海人联合，大己贵命也因此得到海人的协助，才得以招抚佐伯，这里为大己贵命、海人、佐伯三氏所共有。

胸形与傩县的糟屋接壤。《日本书纪》中将天照大神所生的三女神称作道祖贵，"此筑紫、水沼君等祭神也"。筑后三潴郡与傩之本国高良社接壤，或者从筑紫、水沼君等国割地奉迎天照大神所生的三女神。大己贵命建国的足迹大体如上。

第2节 天穗日和少彦名

天穗日命降临出云是与忍穗耳尊的西降同时发生的，正好是大己贵命建国过程中。忍穗耳尊、天穗日命、天津彦根命等五贵子是在素盏呜尊誓言中诞生的，是兄弟关系。因此年岁递减。我不拘泥于"亲生"这个词，将他们都作为出云的贵子来对待，但并不按照年龄顺序来叙述。随着国家统一进程不断推进，要论述京师、出云的两个皇统的父子、兄弟、叔侄的事迹需要纠正年龄顺序，而且有必要进行时代比较。古传《古事记》的神话年龄年代混乱，因此需要制定一个相关标准。琼琼杵尊的降诞是在汉武帝初期，如果细算的话还会早两三年，假定为汉武建元元年，即公元前140年。当时，事代主二十五岁，大己贵命四十五岁，天照大神年届七旬。他们绝对不会小于这个年龄。因此，忍穗耳命比大己贵命小不了十岁。天孙比晚生的天穗日命降临出云要早十二年，应该在汉景帝七年，即公元前150年。当时，大己贵命三十三岁，忍穗耳命二十余岁。

《日本书纪》的正文中记载："即以天穗日命往平之，然此神佞媚于大己贵命神，比及三年，尚不报闻，故仍遣其子大背饭三熊之大人，此亦还顺其父，遂不报闻。"[①]注释说大背饭亦名三熊之大人，是天穗日命之子天夷鸟命的别号。很明显这是对谱系的杜撰。如果天夷鸟当时长这么大的话，那么天穗日命比大己贵命要年长，相当于素盏呜尊的弟弟。《古事记》中没有该记载是对的。天穗日命的北行和天津彦根一样，都是一方的祭主，而非征讨出云的大将。不过诏书中应该写明了政教合一，两方面工作都要顾及。因此，大己贵命表示欢迎，将天穗日命请入须贺宫，利用天朝的祭主的光辉来为天穗日命创立的国县添彩。政权统一一事是伊奘冉尊以来的宿疾，无法在短期内解决。大己贵命也是英主，对此事绝不马虎。天穗日内心如明镜一般，不敢贸然行事，迁延三年之久，他也因此被指责为佞媚。然而，这是蝇萤之乱中最大的难题，其他问题都与此有着千丝万缕的联系。

---

① 《古事记》的内容与此相同，但无"故仍"以下内容。——原注

高皇产灵尊派遣天稚彦到出云。天稚彦说:"至今所以久不来者盖是国神有强御之者。"大己贵命说:"如吾防御者,国内诸神必当同御。"我认为这是从朝鲜移居来的豪族以出云的治外法权为由与朝廷分庭抗礼的主要依据。

此事仍需要进一步考证。《古事记》中将高皇产灵称作"高木命",将神皇产灵称作"御祖命"。在"争夺八上姬一条"中,有"御祖命哭患而参上于天,请神产巢日之命时"一句,将他们作为父子对待;在"少名毘古那神一条"仅写了"神产巢日祖命"一个人。神产巢日是家族名称,并非是一代之名,只不过仅出云皇统的御祖出自这一家族。御祖是指外祖父。大己贵命的外祖父是脚摩乳,可能是素盏鸣尊正妻的父亲。伊奘冉尊或许出自神皇产灵家族。总而言之,高皇产灵是忍穗耳尊的舅舅而神皇产灵是出云的御祖这一点确定无疑。本来将天御中主之神所彰显的产灵之德分成高神,天御中主之神、高皇产灵、神皇产灵不可能是三位一体。

一开始应该有三位其他天神,从这时起已经分为一主两产神。此三统作为最高等贵族,互相通婚,子孙繁衍,统一政教大权。各个家族属于姻亲关系,兄弟叔侄和睦相处。另一方面,因为家族不同,族属利害关系各异,所以不免产生相互倾轧的情况。用后世的例子说明,譬如藤原氏摄关家族在分为近卫、九条后,家风就不同了。因此,京师和出云的君主虽然都是金枝玉叶,相互联系,但臣民之情为争端埋下了隐患。因此,神皇产灵尊执政时出云派得到诸多好处,而高皇产灵尊执政时京师一派得志。这一情况需要从御祖命、高木命这一名称下进行分析。对于出云的处理,高木命和大己贵命都各存苦衷,原因也在于此。如此看来,天穗日命逗留出云是因为优柔寡断还是由于忍耐待机,用"佞媚"二字是无法说明其真实意图的。最终,事情圆满解决,而天穗日命立下建国功勋,成为出云国造,垂统至今延绵不断,这成为千古美谈。

在天穗日命来出云以前,一个伟人名叫"少彦名命",从海外来到出云,辅佐大己贵命,关于这件事的记载,《古事记》和《日本书纪》大同小异。《日本书纪》中记载:"初大己贵命神之平国也,行到出云五十狭,狭之小汀。御大之御前,而且当饮食,是时海上忽有人声,乃惊而求之,皆无所见。顷时有一小男,以鸟羽为衣，随潮水以浮至①。大己贵命神取之掌中而把玩之，则跳至其颊。乃怪其物色②。遣使白于天神。此时高皇产灵尊③闻之曰：'吾所生儿凡有一千五百座，其中有一儿最恶，不顺教养，自指间漏堕者必彼矣，宜爱而养之'，此即少彦名命是也④。""小男""颊""指间漏出"等皆如其名，形容才气机敏轻捷。如前所述，产灵神就是御祖命，不是高木命。"一千五百座"是指大国主命的儿子共有一百八十一神，庶兄弟共有八十神。这些未必是准数，是形容数量多的说法。

"子"是其门族的凡称，等同于"干儿子"，是没有姓户时代的词汇。朝鲜应该有很多两产神家族的领地。少彦名是其县主。有说法认为少彦名起初来自朝鲜，但实际应该来自闽越。

书中称少彦名命机敏轻捷也是虚言，并无事实流传。出云的文字岛上没有刻少彦名这一姓氏的石头。因为有斯命二字，所以表明少彦名命是有学问的人。《日本书纪》中记载："大己贵命与少彦名命戮力一心，经营天下，复为顾见苍生及畜产，则定其疗病之方，又为攘鸟兽、昆虫之灾异，则定其禁厌之法，是以百姓至今咸蒙恩赖。"少彦名命在医药工作上也有大功。因此，此二神为医药之始祖。就疗病之方而言，是由大陆引进某个民族发明的医术，不同于神农之法。禁厌之法也是道教以外之术。在风气未开时代，人们常将病看作恶魔作祟之术。时至今日，日本人将热说成邪气，将感冒说成外邪，都是古时遗风。因此，古代的疗病大体由宗教人士负责，以祈祷禁厌为主，以药剂为辅。直到最近，在上层男女社会中，这种方法仍然非常流行。中层以下社会更是如此。可以想象少彦名命的疗病方法不出此范围。此外，《日本书纪》记载："稻田媛乃于奇御户为起，而生儿号，清之汤山主亦明狭漏彦八岛。"《风土记》中写道："大原郡海潮乡，须我小川之汤渊村，川中温泉出。又毛间村，川中温泉出。"此州的温泉属于硫磺泉。

---

① 《古事记》记载："自波穗乘天罗摩船，而内剥鹅皮剥为衣服。有归来神，虽问其名不答。"——原注
② 《古事记》记载："召久延毘古问，时答白，此者神产巢日神之御子少名毘古那神。"——原注
③ 《古事记》中为神产巢日御祖命。——原注
④ 《古事记》记载："此者实我子也。于子之中，自我手俣久岐斯子也。故与汝苇原色许男命为兄弟而作坚其国。"——原注

这是说温泉在治疗日本人疾病方面效果显著。人们发现温泉疗效的时间应该比大国主年代更早。

《日本书纪》中记载:"大己贵命谓少彦名命曰:'吾等所造之国岂谓善成之乎。'少彦名命对曰:'或有所成,或有不成,是谈也,有幽深之致。'"由此一句话可见,少彦名命的德智令大己贵命推崇备至。《古事记》中记载:"其后,少彦名命行至熊野之御崎,遂适于常世乡矣。"熊野崎是意宇郡的崎。《日本书纪》记载:"至淡岛而缘粟茎者则弹渡至常世乡矣。"就淡岛而言,在《伯耆风土记》中有记载,"相见郡余户里有粟岛,少日子命诗曰:'粟秀实离离,即载粟弹渡'于常世国,故云粟岛"。在今天米子滨的长达十二公里的海滩以西的彦名村有座岛叫粟岛。仅点点沙洲与海相隔,经年累月,地形有所变化。在古代,意宇熊野海角突出,彦名之边在海水侵蚀下露出岛屿。从少彦名到常世国一事可以推测常世就是闽地。因此,少彦名是回国了。

天穗日命逗留出云年代很长。当时正值少彦名命经营此地。就天穗日之子建比良岛命而言,《古事记》中记载:"无邪志国造,上菟上国造,下菟上国造,伊自牟国造,津岛县直远江国造之祖也。"无邪志就是武藏,以下的三国是两国的海上及夷隅。在出云国造定下来之后,日本开始向东国坂东拓殖,又将弁韩的要津对马作为自己的领地。稻羽有建比良岛的遗迹。

第3节 出云避国

这样一来,伊奘诺尊和伊奘冉尊通过循行八洲建立并统一国家的鸿业逐渐接近尾声。笔者用数章篇幅对其内外形势进行了归纳。下面根据《古事记》《日本书纪》原文对事情经过进行概述。

天穗日命去出云后过了三年尚无捷报传来。经过召集众神商议,高皇产灵尊决定再派遣天国玉之子天稚彦。天国玉是天上的掌玉神,家财万贯。天稚彦被赐予弓箭,翻越美浓不破关,从越前或丹波路前往出云,受到国神等的欢迎,娶了显国玉之女下照姬,并因此住在显国。也是为了占领该国,天稚彦长达八年没有复命朝廷。下照姬是市杵岛姬所生，其兄味耜高彦根是天稚彦的朋友。二人仪容相似，都是二十几岁的年轻人。事代主也是市杵岛姬所生，大概是下照姬的哥哥。大国主的谱系中牵强附会之处颇多，很难确信。这样一来，日祖高木命下诏："天稚至今所以久不来者，盖是国神有强御者。"他派无名雉为使，调查天稚彦的进展情况，"本来派他到苇原中国是为了招抚该国的荒振神等，为何八年不来复命？"天书上说："无名雉乃天之后国神也。"无名雉大概属于密使一类。国神天探女有所察觉，报告天稚彦，将之射杀。士兵获得此箭，向天朝汇报。高木命查明是赐予天稚彦的箭，遍示诸神，说："如果这是天稚彦遵照命令射杀恶神的箭，天稚彦就不会被射中，如果天稚彦有歹心的话，给此箭施以咒语射了回去。"当时，天稚彦刚刚举行完毕新尝祭，正躺着休息，却忽然中箭而亡。俗话说"反矢可畏"就是这个道理。天稚彦的亲属从天上下来，为其收尸殓葬。天稚彦灵堂所在之处是美浓国蓝见河之上的爽山。蓝见就是今天的厚见郡。

　　高皇产灵尊继续开会确定派遣新的使者人选。诸神推荐伊都尾羽张命之子武甕槌命。于是，高皇产灵尊又派天乌船命为副手辅佐武甕槌命，前往出云。关于此事，《日本书纪》中记载："诸神皆荐举磐裂根裂①的孙子经津主命。矜威雄走命的曾孙武甕槌命进言曰：'岂惟经津主命独为丈夫，而吾非丈夫者哉？'辞气慷慨，是故辅佐经津主命前往苇原中国平叛。"这是最流行的说法，但经津主是剑的名字，后来是藏于石上神宝的石上布都大神。因此，《旧事纪》等书中将武甕槌的别名称作"健布都神"。天书解释为："经津主神者天之镇神也，其先出于诸神"。此神是无形人。在鹿岛和香取，供奉藤原氏祖神的鹿岛神社和香取神社分别祭祀武甕槌和经津主。然而，这也是后世的说法。香取的祭神并未确定。《日本书纪》记载："记载了诛杀经津主、武甕槌二神的《天津甕星》中写道：'是时，斋主神号斋之大人，此神今在乎东国楫取之地。'"斋主神意思是未成名，本来就不是经津主。此外，我们也没有听说斋祭的主神。经津主的踪迹几乎无可查证。或许可以猜测如下：高皇产灵尊将剑授予武甕槌命，命其出使，而武甕槌命佩戴的十握剑就是经津主。这种情况类似于天乌船神就是渡海的飞船。

---

① 即火神轲遇突智。——原注

武甕槌命到达出云国五十天狭之小滨，拔出十握剑倒插在地上，并坐在十握剑前面向大己贵命说："我奉天照大神、高皇产灵尊之命来问你话：'苇原中国是我御子统治的国家。汝意何如？能否让出此国？'"大己贵命回答道："我不表示意见，让我子事代主说吧。"于是，熊野诸手船上载着使者稻背脛，前往美穗崎，召回事代主命。事代主命回来后对父亲大己贵命说："诏书可畏，应让出此地，奉还天神御子，我绝不抗命。"大己贵命将这话讲给武甕槌命："吾亦当避，若吾防御者，国内诸神必当同御，今我奉避，谁复敢有不顺者？"《古事记》和《日本书纪》正文大致如此。上述大己贵命避让一事是最流行的说法。然而，自伊奘冉尊以来，此间的情况错综复杂，谈判绝非如此顺利。史书编纂者只是摘录了谈判结果而已。此外，武甕槌命插剑听起来是一个奇怪的举动。我认为这足以说明他受赐宝剑一事可信。剑是神的荒魂。拔剑并非露出白刃，而是插上受赐的剑并在剑前面举行谈判。这是一个仪式。即经津主命就是这把剑。就武甕槌命和大己贵命的谈判而言，我采纳《日本书纪》的说法。详情如下："二神问大己贵命神曰汝以此国奉天神耶。以不对曰，疑汝二神非吾处来者，故不须许也。于是，经津主神则还升报告。"虽然问题过于简略，但这类问答应该是真实的。"时高皇产灵尊乃还遣二神。大己贵命神曰：'今闻汝所言，深有其理，故更条条而敕之。'"谈判中提出了条件，这才是合理的。条件之一是："夫汝所知显露之事是吾孙治之，汝则可以治神事。"该条件被作为大纲领。国权的统一在这一条中首次确定下来。条件之二是："汝应住天日隅宫者，今当供造，即以千寻栲绳结为百八十经，其造宫之制者，柱则高大，板则广厚。"日隅宫就是出云大社。《私记》中记载："夏至五月之时，日入于戌亥，杵筑宫在千乾位，固有此号。"《古事记》记载了大国主的回答："此苇原中国者，随命即献也。只仆住所者，如天神御子之天津日嗣所知之。天之御巢而于底津石根宫柱之粗，与高天原永木之高。而治赐者，仆者于百不足八十手。隐面侍亦仆子等百八十神者、即八重事代主神为神之御尾前而仕奉者，远神者非也。"在出云多艺市的小滨有天之御社，说的就是此事。文章用的是谆词的口吻，非常有趣。然而，事实应该是《日本书纪》注释书中所说的在天朝会议上提出的条件。条件之三是"将田供佃"，给大社捐赠御田。条件之四是"又为汝往来游海之具，高桥、浮桥及天乌船亦将供造"。条件之五是"又于天安河亦造打桥"。造船、造桥由官方供给，来报答大己贵命让出出云一地。条件之六是"又供造百八十白盾，以仪卫之用具被宠敬"。条件之七是"当主汝祭祀者，天穗日命也"。以此作为储运高座家族的起源。以上述七个条件敕令大己贵命照办。"于是大己贵命报曰，天神敕教殷勤如此，敢不从命乎。吾所治显露事者皇孙当治，吾将退治幽事乃荐岐神于二神，曰：是当代我而奉从也。吾将自此避去。"这样一来，上国、下国的政权才归为一统，从而才开始奠定日本国家的基础。

在避让出云的谈判中，就出云国情而言，不可能没有反对者。《古事记》在事代主之后插入了诹访社的缘起。武瓮槌命问大国主有无其他儿子对此有不同意见。大国主说："我儿子健御明方有可能反对。此外，没有其他的了。"这时，健御明方命来说："谁来我国窃窃私语，有种的与我比试比试。"结果健御明方命没有取胜，逃走了。健御明方命被追赶至科野洲羽海，终于说道："除了此地，我哪里也不去"，最终屈服了。这件事或许是真实情况。不过，追赶至科野是后来的事情。让地之约定下来后，据《日本书纪》记载，"于是二神诛诸不驯鬼神等，果以复命。"《日本书纪》注释书的内容更详尽："经津主神以岐神为向导，有逆命者即加诛戮，归附者仍加褒美。"事情顺序应该如此。健御明方此时应该屈服了。此后，武瓮槌命前往关东，驻跸鹿岛。接着，天夷乌成为无邪志和两上总数郡的"造"。"此时首先归附者是大物主神和事代主神，乃令八十万神于天高市，帅以升天，陈其诚疑之至，高皇产灵尊敕大物主神：'汝若以国神为妻，吾犹谓汝有疏心，故今以吾女三穗津姬配汝为妻，宜领八十万神，永为皇孙奉护'，乃使还降。"人们将此称作"出云合体"，即统一出云的结局。首先归附的多是大己贵命建国时服从他的人们。八十万神是指出云的衙门。皇孙被称作"琼琼杵尊"。然而，《日本书纪》注释书称他为"忍穗耳尊"。称呼未必拘泥于一种。

第4节　大倭开国与大三轮君的兴起

就大己贵命避让出云而言，《古事记》和《日本书纪》中都说大己贵命和事代主都隐退了，不再参与政务，并且让出出云交给天穗日命。其他的领地及新开拓的国县都交给国造、县主治理。他们自己的领地更是如此。长期以来，出云兼领木国，此后不断拓殖。大己贵命进入大倭的进程也会加快，将大倭称为"玉磐内国"。大倭四面青山环绕，依照自然地形建造宫殿，大己贵命对这里十分中意。早在让出出云以前，大己贵命就在三诸山建了神社。虽然不太敢肯定，但大己贵命应当是避让出云之后来到这里。事代主在大倭的功绩被称为"大三轮氏的兴起"。下面讲一下三轮山神社的创建。《古事记》和《日本书纪》都在"建国"一条中讲了三轮山神社的创建。《日本书纪》中记载："少彦名命去了常世国，自后国中所未成者，大己贵命神独能巡造，遂到出云国，与言曰：'夫苇原中国本自荒茫，至磐石，草木咸能强暴，然吾已催伏，莫不和驯，遂因言今理，此国惟吾一身而已。其可与吾共理天下者盖有之乎。'①子时神光照海，忽然有浮来者，曰：'如吾不在者，何能平此国乎。由吾在故，汝得建其大造之绩矣。'是时大己贵命神问曰：'然则，汝是谁耶。'对曰：'吾是汝之幸魂、奇魂也。'大己贵命神曰：'惟然，知是吾之幸魂、奇魂。今欲何处住耶。'对曰：'吾欲住日本国之三诸山。故即营宫彼处，使就而居，此大三轮之神也。此神子即甘茂君大三轮君。'"由此观之，早在大己贵命避让出云以前，三诸山神社已经营造完毕。"幸魂""奇魂"是"和魂""荒魂"的替代性说法。三轮社的由来如上。现在，神殿与三座神社合并。《社传》写道："当社古来无宾仓，唯有三个鸟居而已。奥津盘坐大物主命、中津盘坐大己贵命、边津盘坐少彦名命。"大物主就是大己贵命。此传有可疑之处。如果三座神社是大己贵命创建的，那么中间应该是天神正殿，左右是幸魂、奇魂。三轮社是崇神天皇时期创建的。如果按照这一模式，那么中间应为幸魂、奇魂，左右是大己贵命和事代主。近年来，有人看到这三社并列，就断定它们是建在墓地上的古建筑。这一观点大错特错。墓地并列是后世的事情。古代贵人

---
① 指"除少彦名命之外没有其他人"。——原注

有起冢的习俗。我往年到上诹访社参拜，看到其神殿位于山侧的小丘上，用回廊连接在一起，怀疑该神社是否建在了墓冢之上。

对三轮神社和三轮氏的起源进行思考，所产生的疑问是：在此之前，大倭是否被作为高天原的京师所在地？我通过"天、香山天、高市"等的地名认为高天原可能就是大倭。这是长期以来我思考的问题，但苦无结果。这是因为伊奘诺尊以来，天照大神等处理朝政，治理有方，才有出云的避让，天穗日才能平定该地。之后，青垣山的京师也得到巩固，成为全国统一的政治中心。然而，从出云换到该地，皇孙却西降，这似乎是败者收获颇丰。这是第一个不可思议的地方。此外，其后经历了百余年，当神武天皇来攻时，物部三轮两氏占据此平原，在东郡有虾夷八十枭帅，在西山、北山有土蜘，吉野有国栖，熊野有异族，非常混乱。古代的京师退回到蒙昧时代。这是第二个不可思议之处。应该从全国大势看一看地理情况。天孙拓殖首先是从主要港口到海滨的原野开始的，然后进入山里。这一踪迹历历在目。大倭是山中的原野，并非首先着手开拓的地方。然而，将这里比拟为高天原毕竟在思想上是受到天降这一神话制约的，这不免让史学家感到迷惑。剔除这一迷惑来看，在大倭尚未得到开发的时代，这里只是宇宙陀郡和一般的荒山而已。如前所述，从近江到吉野、熊野的山中是关外的夷地。伊奘诺尊当时在这里拓殖时，仔细观察了地势，称此地为"矶轮上秀真国"。这样一来，河内山背的原野也得到开垦。伊奘诺尊任命天津彦根为国造，逐渐着手开发大倭的平原。而建国之祖大己贵命很早就将此地称作"玉墙内国"，并以武威降伏矶城、八十枭帅等。大己贵命在三诸山上创建神奈备，以此为根据地，不断扩大规模，终于避让出云，迁居此地。直到此时，大倭依然维持着自神武天皇攻占这里时的荒凉的蛮夷部落的状态。因此，高天原的所在地是伊势。伊势被称作常世，这里神风大作，波涛汹涌。只不过高天原的所在地是否是有大港口的度会郡还不能断言。或者是多气郡一带。在皇孙西降之后，猿田彦称为宇治土公后，五十铃川上这个地方才被关注。

三诸神社是大己贵命建国的幸魂、奇魂。大己贵命在让出出云之时还不到四十岁，还算年富力强。他不再从事治理国家等"显见之事"，而是致力于传教这一"幽事",驯化了众多民族。因此,大国魂神社遍布全国,一直到陆奥地区。大国魂是建国神或建邦神,憧憬其教化的人都将大己贵命看作建国神的化身。建国神出现在钦明帝时期的文献中。苏我稻目对百济王子说:"昔日大泊濑天皇之时,汝国为高丽所迫,命神祇伯受策于神祇,祝者乃托神语,报曰:屈请建邦之神,往救将亡之主必当国家谧靖。夫建邦神者天地剖判之代,草木言语之时,自天降来,造立国家之神也。"因此,《释纪》中将大己贵命称为"大己贵命神"。我认为他相当于产灵神。在古代,大己贵命为民众敬仰绝非虚言。这是在宗教发展过程中的必然现象,不足为怪。原因在于在天之神幽远,而看到出现在眼前的威德,世间会满腔热忱予以仰慕。这种情况和将对天主的敬仰集中于耶稣、将对佛教的信仰集中于弘法亲鸾、日莲一样。大己贵命建国,德高望重,自诩与神沟通。沐浴在他教化中的人看来更显得神秘高贵。因此,事代主家业日盛,作为大国魂越发受到崇拜。后世相信大己贵命是创造天地的产灵神的化身。从史学上来看,其实质是运用了创造英雄的手段和政治权谋。在神武天皇以后的时代,崇拜三诸神和大国魂之风日盛。

事代主颂扬父亲大己贵命的功绩,成就大己贵命的美名,但在人望上亚于大己贵命。继三轮社之后,大和国高市郡鸭事代主神社最受崇敬,大己贵命的正统子孙被称为大三轮君,支系被称为三轮氏,写作"大神"。其神社在全国有很多。鸭事代主的一个案例出现在崇神天皇时期,大三轮神主大田田根子命地位显赫。《古事记》中记载:"大物主大神娶陶津耳命之女活玉依姬,生子栉御方命之子、饭肩巢见命之子、建瓮槌命之子、仆意富多多泥古。"因此鸭事代主是栉御方命之后。就此有种种说法,以上述《古事记》的说法为准。在种种说法中,有关于三轮神的神话适合于人情小说的材料,世间颇有流传。《古事记》的大田田根子条中写道:"活玉依姬其容姿端正,于是有神壮夫倏忽到来,故相感共婚,供住之间。未经几时,其美人妊娠,尔父母怪其妊娠之事,问其女曰:'汝者自己妊无夫,何由妊娠乎?'答曰:'有美壮夫,不知其姓名,每夕到来,供住之间自然妊娠。'是以其父母欲知其人,诲其女曰:'以赤土散装,纺麻贯针,刺其衣服。'故如教而旦,时见者所著针麻者自户之钩穴,控通而出,唯遗麻者三勾耳。而即知自钩穴出之状，而从丝寻行者至美和山，而留神社。故知其神子。故因其麻之三勾遗而名其地尔美和也。"（注：意富多多泥古命者，神君鸭君之祖，称大田田根子是其时妊娠之子①。）这样一来才搞清楚了谱系。《姓氏条》记载："大和神别大神朝臣以下，素佐能雄命六世孙，大国主之后也。初大国主神娶三岛沟杭耳之女玉栉姬，夜来曙去，未曾昼到，于是玉栉姬，织麻系衣，至明隧苧寻觅，经茅渟县陶邑，直指真穗御诸山，环视苧遗，唯有三萦，因之号姓大三萦。"因之号姓大三萦。遂称大国主，称活玉依姬为玉栉姬。其实并无妊娠一事，这些都是无稽之谈。神话小说引用《古事记》和《日本书纪》中的人名和地名，进而解释其因缘，其内容均为杜撰。特别是三轮神话称三轮、贺茂两氏都是事代主之后，自然而然会被证伪。《姓氏条·贺茂朝臣》记载："大田田根子命孙大贺茂都美命奉斋贺茂神社也。"这才是正宗的家谱。而鸭事代主神社是垂仁天皇、景行天皇时代创建

景行天皇

---

① 《日本书纪》同。——原注

的。《日本书纪》中记载:"事代主神化为八寻熊鳄,通三岛之沟栉姬而生儿姬稻栉五十铃姬命"和五十铃姬有时代差异说明"生"意为"其家",是族称。在摄津国岛下郡有沟咋神社,也有三岛鸭神社。由此可知,鸭事代主和三岛沟杭姬是有关系的。毫无疑问,大三轮君和鸭君两姓是其子孙。

第5节 尾张连与物部连

为了合并出云,实现国家统一,高皇产灵尊让忍穗耳尊降临西国。为此要做相关准备。栲幡千千姬生了琼琼杵尊命。因此,高皇产灵尊改议让此皇孙下凡,结果这一提议无果而终。在前面所举的《日本书纪》注释书中有"大己贵命避地之后,设立斋部、中臣部、玉作部等,建起神篱,将其伴绪作为忍穗耳的陪从,天照大神授三神器,高皇产灵尊配万幡姬"的记载。但部曲编制是一种管理方法,最初就有。部曲编制的起源甚至早在磐窟前的神乐之前就出现了,又遑论始于此时。栲幡千千姬的婚事也很晚,或许已经授了神器。但是,这件事中止了,因此其仪式也不复存在。这里应该研究的是琼琼杵尊是栲幡千千姬的第一胎还是第二胎。据《日本书纪》正文记载,忍穗耳尊娶了栲幡千千姬,生下琼琼杵尊。高皇产灵尊特别钟爱琼琼杵尊,想让他作苇原中国之主,讨论平定萤蝇之乱事宜。这一说法最有个性。平定苇原中国地区是为了其爱孙这个说法比较牵强。其他书籍多认为忍穗耳尊的唯一的御子是琼琼杵尊。和大己贵命的事代主相比,忍穗耳尊属于晚婚晚育。《古事记》记载:"此御子者,御合高木神之女,万幡丰秋津师姬命,生子火明命,次日子番能邇邇艺命也。"记载与此相同的书有二。我相信这一传说是真实的。

尾张连是火明命之子天香语山命之后。这一点没有异议。然而,《日本书纪》正文中认为火明命是琼琼杵尊命的季子,是尾张连的始祖。有的书认为火明命是琼琼杵尊命的长子,有的书认为火明命是琼琼杵尊命的仲子,众说纷纭。《日本书纪》正文注中写道:"吉田兼夏在乾元二年的抄本中正文用大写,红笔,家本中说:'此注疏也犹可书注也。'"嘉元本、文明本、学问所的古本都写在了正文中。室町时代的古抄本写在正文的居多。然而，河村秀根的《集解》中写道："火明命吾圣尊第一之御子。后《日本书纪》注释书、《古事记》、《旧事记》、《姓氏录》所载如此，以其同名故，后人缪之"，删去了注。这样的做法十分欠妥。《日本书纪》始终以琼琼杵尊为重点，认为火明命是其末子。后世的《日本书纪》注释者将注挪到了正文。这也并非偶然。火明命是兄长，留在了尾张。琼琼杵尊是弟弟，前往日向。这是因为在皇室之初，嫡统属于尾张家族。这是按照旧时学者的思想得出的结论，但历史事实并不能如此曲笔来欺骗后世。《古事记》记载："琼琼杵尊的御子长子是火照命，次子是火须势利命，三子是火远理命。"《日本书纪》的注释中没有火照命。此说法接近真实。古代的"连"这一贵卿家族其家谱都是很明确的。只有物部姓仅仅写着是饶速日命之后，没有记载饶速命所出、来历的书籍。据《神武纪》记载，大三轮氏拥戴皇室，和神武天皇相互出示天表后归附。因此，很明显这是正统近支的天神之子。我至此才知道虽然忍穗耳尊的第一御子是火明命，但在很早时期火明命的事迹就被抹杀了，这就是众说纷纭的缘故。毫无疑问，这是因为《旧事记》的伪书导致的。虽说如此，应该有伪书作者所根据的原本，或许是得到了物部家族的旧记、平安朝的国造记，并以此为基础进行了演绎。只有天神、天孙的两个《本纪》才具有与《古语拾遗》等同的价值。今天，信奉《旧事记》的学者也对此有疑问。然而，翻看上述两本纪令人大失所望。在《天神本纪》中就对《古事记》《日本书纪》做了如下处理。《日本书纪》的正文写道："忍穗耳尊娶栲幡千千姬，生出了琼琼杵尊"。《天神本纪》中将其改为生下了天照国照彦天火明栉玉饶速日尊，再引用《古事记》中的"忍穗耳尊西降束装之时，所生之儿，以此可降"一句，杜撰了饶速日一事。这属于蹩脚的伪作。此外，还有自编文字："天神御祖诏授天玺瑞宝十种，谓瀛都镜一，边津镜一，八握剑一，生玉一，死返。玉一，足玉一，道返。玉一，蜂比礼一，蛇比礼一，品物比礼一，是也。天神御祖教诏曰：'若有痛处，令兹十宝谓一二三四五六七八九十。而布留部由良由良止布留部（表音文字，属于虚词。其意不详）。'如此为之者，死人返生矣。是则所谓布留之言本矣。"这应该属于适合劣等信徒的一套说辞。接着在高皇产灵尊的敕令中写道："为防止敌神作祟，供奉天香语山命、天钿卖命、太玉命天儿屋命等三十二人，带着二十五部的物部兵仗侍奉两侧，都详细地记录了其名称"，但破绽像蜂窝一样多。《天孙本纪》中称饶速日是天孙，被授予十种瑞宝，乘天磐船降临河内国河上哮峰。大倭国岛见北边白庭山，虚空见日本国。《神武纪》印证饶速命之说之后，详述了物部家谱。它是以《旧事记》为史料，最让人相信。然而，《神武纪》中称天香语山命的别名是高仓下，其弟弟是可美真手命。这一点令人怀疑。其他值得商榷的地方还很多。家谱学家等或许会喜欢此类书籍，但这毕竟属于伪书，只不过比没有强一些。我相信尾张连之祖火明命是忍穗耳尊第一御子这一说法。虽然有《旧事记》，但不可深信。另一方面，即便是伪书，也不可不信。通过仔细推敲，我得知物部家族之祖饶速日是香语山的兄弟或者子侄。然而，这一伪书中称火明命的别名是饶速日，香语山的别名是高仓下，这些内容称得上是搜肠刮肚的腹稿。一些饶舌者会以类似的说法混淆学术界的视听，因此我需要在此进行辨析。

在中止天忍穗耳尊的西降时，火明命尚处于幼年时期。如果京师在伊势的话，那么此时朝廷已经决定由第一天孙治理东国，已经出生的第二天孙治理西国。天穗日前往山阴，天津素根前往畿内，活津彦根及熊野樟日也前往各地。这样一来，行政区划分才制度化。要问这几个地区中最重要的是哪里，毫无疑问应该是西国。因为这是忍穗耳尊从一开始就去的地方。然而，当时并非厚此薄彼。自古以来，之所以有关火明命的传说很多，是因为受琼琼杵尊的西降属于边裔这一思想的影响。一个是对将末子定为天孙这一点想不通。这些都是后世的思想。上古以来并没有明文规定由长子作日嗣。历代的事实是，直到后世，末子即位的先例很多。不仅皇室这样，藤原氏的摄关政治也是由末子系统继承。从南北种族相互冲突的"如漂浮的水母那样"的时期到成务天皇时期，皇族、贵族尚武风气很强，极富拓殖、进取精神，崇尚跋涉远国，驯服异族。这样的案例在历史上不胜枚举。居住京师、贪图享乐是后世的想法。

在地理上，尾张是东国的中枢要地。因此，直到后世，尾张将军辈出。就尾张这一地名的起源而言，《古事记》中记载："武甕槌命之父，伊都之尾羽张神，阻塞天安河之水，而塞道居。"说明伊都之尾羽张神是精通土木的国神。据《日

成务天皇

本书纪》记载:"天石窟所住神衿威雄走神之子甕速日神,其子乃速日神之子武甕槌神。"因此,尾羽张是"雄走"之意。就这里而言,《神武纪》中将用葛网把高尾张邑的土蜘蛛掩杀的地方称作"葛城",葛城山上有高尾张;将肥沃的低地称作"尾张"。因此,大倭的海拔较高的肥沃的平地称作"高尾张"。就火明命而言,我认为在治理处于要地的这个国家时,乘天磐船前往虾夷、土蜘杂居的大倭国时的饶速日是火明命的儿子或者孙子。这是因为除此之外在家谱上没有其他可能性,并且火明命非常有为。当时尾张的开发程度已经很高,因此他是不会在尾张闲居的。此外,就大三轮家族而言,在以大倭的青垣山为根据地迁到这里以后,因为很多异族杂居此地,所以大三轮家族效仿天穗日的做法,感到有必要打着天神之子的旗号行事，因此迎来了饶速日。这样一来，在天香语山之后，尾张连就成为宗家。物部家族虽然是旁系，但自神武天皇以后，物部家族成为京师第一权贵。尾张连属于外来的国造，又厌恶自己是旁系这一身份，因此将饶速日作为自己的始祖。因此，关于饶速日的出身等传说被删去了。在家谱上，这样的案例非常多。在古代，中臣家族不说自己是神皇产灵尊之后，而说是津速魂命或己己都魂命之子孙。情况与前文相同。这就是关于火明命及物部、尾张两姓之祖的我的见解。

天孙西降之后百余年间，上国的历史又出现空白。以居住在高天原的高皇产灵尊、神皇产灵尊、思兼神为首的八百万神的京师都化为空虚之地。其神裔被供奉在西国的伴绪，作为最高等的贵族和皇室联姻，实行家族统治。此外，所谓的水神、草神、土神、火神等和海神、山神、木神一样，很多是对土地和人民有统治权的国县之主，但没有能够证实这一点的蛛丝马迹。只不过，天穗日之子天夷乌成为出云国造。天津彦根之子天麻比都祢成为山代直①。天御影成为凡河内直。天栉比成为桑名直。在伊势有号称"国底立尊"之后的天日别等等稀稀落落如晨星。因此，在传说时代的神代向人皇的历史时代过渡时期，在大倭的京师最有实力的是物部连、尾张连和三轮君。下面通过讲他们的缘起，来论述一下这百余年黑暗②时期的情况。

---

① 指长官。——原注
② 该时期历史空白。——原注

第 9 章

高千穗宫时代

第1节　天孙西降及伴部

　　天孙琼琼杵尊已经长大成人，就要降临西国。因此，天照大神发出敕令："瑞穗国是吾子孙可王之地也，尔皇孙就而治焉，行矣，宝祚之隆当与天壤无穷者矣。"（《古语拾遗》）"御手持宝镜，念咒曰：'视此宝镜当犹视我，可与同汝共殿以为斋镜'，添上八尺琼之曲玉和天丛云剑赐授，以作天玺。"这些内容描述的是承继皇统的三种神器的起源。不过，各种书籍的记载略有不同之处。《古事记》中没有《古语拾遗》中"尔皇孙"以下十八字及《日本书纪》中"可与同汝共殿"六字。"行矣"等汉语强调意味浓厚，疑是后世颂扬之词。《日本书纪》的正文中完全没有记载上文《古语拾遗》中所说之事。北畠亲房的《神皇正统记》的前文中记载了此事："如此镜分明照临天下，如八尺琼扩展一样，以曲妙治理天下，提神剑平定不归附者。作为此国神灵皇统一种，此敕书之宗旨也。"伊都县主向仲哀天皇上书说："非天照大神之敕不能越三神器之德。"古代的神教是由中臣斋部掌管的，采取神秘主义原则，是不成文的宗教。《古事记》中又记载："此镜者专为我御魂……如拜吾前。"然而，对照前后文可知这是五十铃川伊势神宫创建之后传下来的。《古语拾遗》中的"镜剑二种神剑"的说法明显有错误。琼琼杵尊是皇统的首祖这一段是最根本、最重要的内容。各种书籍所传添枝加叶成分颇多，说法各异，但以镜、剑、玉为神玺不离玉座且代代相传则来源于此神敕。上述列举的内容大体无误。

高皇产灵尊又敕令曰："吾为吾孙树立天津神篱及天津磐境。汝天儿屋命、太玉命宜下凡辅佐吾孙。"指定了陪从，即中臣斋部二氏主管神事，侍奉于殿内，又建八神殿，中臣主管占之卜事。这是神祇官的起源。此外，高皇产灵尊又命天钿女命、石凝姥命和玉屋命为副侍。天钿女命、石凝姥命和玉屋命为媛女君、镜作连、玉作连之祖，与中臣斋部二氏并称五部之伴绪。大伴连之祖天忍日命、久米直之祖天津久米命二人负石靭，取椎刀，拿天桥弓和天羽羽矢，立于御前，作殿前侍卫。皇孙将要离开磐座时，高皇产灵尊以"真妆追衾"盖住皇孙。此时，殿前侍卫回禀道："有一神立于八衢，鼻背皆长，眼睛如镜，脸如赤酸酱。两目如电，不得相问。"因此，高皇产灵尊敕令天钿女命去问话。天钿女命立刻露出胸乳，将腰带系到肚脐下，边笑边站在他面前。衢神答曰："吾乃国神猿田彦，闻天神之子将行，前来奉迎启行。"钿女问："天神该到何处？"对曰："天神之子将去筑紫、日向、高千穗槌触之峰，我认为应该去伊势狭长田五十铃川上。"钿女回禀详情。于是，一行人决定听从该神的建议前往日向高千穗。猿田彦本来在伊势阿邪河上打鱼为生。一志郡的阿射加神社或许是其旧居。这样一来，天钿女命将天神之子送到五十铃川上，因此得到猿女君这个姓。猿田彦的后裔称宇治土公。钿女是在神前舞乐的俳优。俳优擅长戏谑，缓和神虑人意。这是上古的风俗。皇孙西降之地是根据伊势处士的建议决定的。这一传说就是猿田彦神话。虽然这里面有添枝加叶的成分，但钿女向阿邪川的家族征求了意见，然后回禀天神之子。因此，将天神之子送至宇治山的隐居之处，得到了家族名称。这件事情成为美谈。这也说明高天原的所在地在伊势。就天孙供奉而言，《日本书纪》主张"天儿屋命、太玉命及诸部神等"，这个看法是正确的。此外，加上猿女、镜作、玉作，形成五伴绪，也有只添加猿女的。但这些都是伊势神宫创建之后的思想。《古事记》又写道："赐授三神器及思兼命、手力雄命。思兼命者取持神器在前面侍奉。此二柱神者拜祭佐久久斯侣、伊须受能宫，次登由宇气神，此者坐外宫度会神者。"这些内容很明显夹杂了内宫、外宫形成之后的传说。《神皇正统记》中记载："八百万神奉敕侍奉御供，诸神上首有三十二神，其中有五部之神。"这里夹杂了《古事记》"火明命"之条的内容。供奉天神的伴部很多，其中位于上垂首的是负责神事的中臣、忌部，负责元戎的大伴、久米，应该首推这四部。《古语拾遗》中记载："栅明玉将八尺琼之曲玉献给素盏呜尊。石明姥造日像镜。这都是太玉命领导的诸部神。先辈称斋部的家传将诸部看作自己领导的部下。"《古事记》记载："物部氏所领导之说为偏说。"我认为物部都是带刀武士，和靫负之弓兵有严格的区别。斋部供应祭品，中臣主管神事卜卦。政教合一，相辅相成。称镜作、玉作由斋部连管辖这一点令人质疑。将这些列于诸部的上首是基于三种神器的考虑。下面大致讲一下部曲制度。

各类古书对上古时期的种族、等级没有明确记载。《唐书》记载："新罗官吏以亲属为上，将其家族分为第一骨、第二骨，兄弟姑姨表、姨姊妹皆聘为妻。故以王族为第一骨，主妻亦为其家族，王子也都是第一骨，第二骨的女子即便是娶进来的也是妾媵。"这种情况与日本古代的妃嫔等级及姓尸法制十分相似。骨即尸。根据印度的种姓制度，婆罗门的僧侣是最高等级；第二等是刹地利的王族；第三等级是吠舍，属于职业民；第四是首陀罗，即农民。这与日本古代实施的政教合一制度类似，详情如下：在日本古代，其一，以天御中主两产灵的血统为最高等级的贵族；其二，是国县主的家族；其三，就是归化日本的外国贵族，很多称忌寸；其四，是从事各种职业的伴部；其五，是良民，受田服兵役。在后世的沿革中，这些等级演变为卿、大夫、士、庶民四等。卿坐于朝堂之上，诸大夫坐于其下，士坐在廊下，庶民站在院里。书院式建筑也是根据等级法设计建造的，可谓等级森严。直到中世，人们为要晋升等级者举行荒镇之祭。成功者举行焦尾仪式以示祝贺。人们将此比喻为鲤鱼跳龙门，很形象地说明了人类等级森严。直到明治维新以前，日本仍然存在等级制度，士民不能同席。这是我亲身经历的。朝廷上即便是站在庭院里的白丁在地方上也是豪族。户令说："里长、坊长取白丁，清白、强干。"即便是一村之长也必须是富豪，一乡之长也是白丁。可见，即便是庶人也有很多等级。受此习俗的影响，直到最近，国民都崇尚虚荣，忘却实际利益，轻视各种职业。这些都是等级制度的遗毒。由此可以推测上古时期的等级制度。

在上古时期，迁徙到日本列岛的野民都是类似于猿猴的劣等人，栖息于荆棘遍布的原野里。后来。有实力的民族率领着奴隶从南方、北方迁徙到日本。自此，才有了良民、贱民的区别，人们进而建立村落。在良民之上有从外国迁徙来的自称贵种的豪族，成为酋长。在酋长领导下，人们建立村邑，最终迎来贵种一党。他们成为国县君主，传播神教，驯化异族。最终，由于感到成立国家的必要，天神之子下凡。这是合乎逻辑的顺序。因此，最初迁徙来的土人全都被征服，作为贱民像奴婢一样被使唤，待遇甚至还不如牛马。其中，精明强干者在专业手艺上或者军功上做出成就，逐渐被编入部民，被授以田地，有幸成为有姓氏的家庭，称作良民、良家。每个村邑都有统治其部民组织的首长，以此形成部曲制度。部曲制度是南方种族带来的管理方法。统治者以此有序地管理臣民，以"与夺"荣誉的方法奖励手工业和农业，通过这一方法及传播神教开拓国土、落实政策。

以上是对这一段的历史进行的最符合逻辑的一种梳理。但迄今为止，日本国史研究人员没有人指出这一点。人们存在两个认识上的误区：其一，直到最近都还将农夫叫作"百姓"，而贱民是指位于百姓阶层以下的"秽多"的少数奴婢。这一点十分令人意外。直到中古时期①，国造、伴造、百姓并称有姓之贵民。这一点在古文书上写得明明白白。如果将在全国最下层占多数的贱民误解为百姓的话，那么我们就不会了解地方上的情况。其二，受"普天之下莫非王土"的思想影响，人们认为全国的土地、人民都受朝廷的直接管辖。诚然，就国家主权的一部分的确做到了这一点，但国君、县主依然掌握着自古以来领有的土地和人民，而皇族、臣、连也同样有领地、领民。后来又出现了垦田庄园。人们将朝廷的直辖领地称作国领及公田，以和私田相区别。这在令格文书上写得清清楚楚。因此，官吏的直辖民都是有姓的良家。贱民是指官奴官婢。贵族寺社的私民在领家层面有各种等级。富豪、大家族虽然不少，但不在官方的户籍上，大多作为家人、奴婢，待遇如同贱民。后来的权门御家人是他们的后裔。如果解决了这两个认识误区的话，那么对日本古代史就会洞若观火。在日本建国之初制定的部曲

---

① 指平安时代，794年到1185年。

编制一代一代随着国土的开拓、扩张不断发生变化，而公领、私领的交错产生种种变化。我们需要对这一历史现象进行考察。

　　供奉天孙的中臣、忌部、大伴、久米等伴部、"连"在诸国管领的部民的大致情况在前面已经讲过。这几个"命"是最高等贵族的总长，是分管诸国部曲的大臣、大将。在他们下面，忌部有天日鹫等。在其他的伴部中也有首长，也有住在诸国村邑，作部民之长的。只有具备了这四大阶层才能够管理分散在全国的各部。当时，天神之子下凡到各地，实施政教合一的统治，都有伴部随行，处理相关事务。针对各地品部供给的物资，统治者设立怎样的部门来进行处理？神话中的相关内容很少，很难解决这个问题。然而，为了统辖伴造，必须有中央政府，并有集中管理他们的制度。皇孙虽然是统治苇原中国的君主，但在地理上，在日向统辖全国的八十伴绪是很困难的。此外，天孙西降之后，天照大神、高神两产灵尊及思兼命等诸神仍然在高天原治理"显见"之事。中央政府还在原来的地方，而后是如何沿革的？历史再次出现了空白，并且找不到头绪。

　　此时，皇孙琼琼杵尊带领文武伴部，从海路向日向行进。神话中对此事如此描述："排天八重云，矜威之道别。"中途，琼琼杵尊剿灭不归附者。如果这属实的话，那么航路是沿着内海的路线。1338年，琼琼杵尊从征西宫登上伊豫忽那岛。经过数年的操练，琼琼杵尊督促九州水师前往萨摩谷山。虽说如此，琼琼杵尊渡过土佐海也有可能。这是因为此航路的断绝是闭关锁国以后的事情。就皇孙琼琼杵尊降临之地而言，有日向袭之高千穗峰、筑紫日向高千穗槵触峰、槵日高千穗峰或高千穗添山峰、槵日二上峰等种种说法。将华丽辞藻用于地名是神话的通病。如果是形容承接天降、浮桥停落的山的话，那么二上峰是可以的，但日向袭之高千穗峰应该是本名。此神话是将流传在高千穗宫的原文进行了润色。皇孙琼琼杵尊等对萨隅的地理并不陌生。从萨隅的海岸极目远望，雾岛山高耸入云，两国之地皆形如其山麓，因此说天降二上峰也不是没有道理。然而，高千穗宫在加世田地区，其海角是突起两千尺的野间岳。这里应该是高千穗峰，并非二上峰。在被《释纪》引用的日向《风土记》中，臼杵郡高千保被称作二上峰，但那里属于深山奥，后来成为阿苏家族领地高知尾庄，和天孙降临之地相去甚远。

我认为雾岛山、野间岳也非二上峰。很久以来。二上峰的地点很难确认。我曾向人询问加世田地区是否有像双峰的地方。之后，加世田地区汇报说阿多山就是双峰，呈马鞍状，与野间岳相对峙，是此海岸的高峰。于是，多年的疑问冰释。吾田穗日二上峰是与加世田港相对的海上的标准山峰，是一个有进口的双峰，自古以来一直耸立。其河口由于被泥沙掩埋，很久没有作为港口使用。学者们拘泥于"天降"二字，只是关注深山之处的峻岭，而浑然不知眼前的长期以来被掩藏在迷雾中的阿多加世田就是二上峰。此双峰的名字叫金峰山。或许里面有金矿。我将金峰山与《日本书纪》《古事记》中记载天孙降临的文字相对照，发现地理上句句吻合。迄今为止很费解的字句都迎刃而解。下面逐条解说。

第2节 吾田国和熊袭

就皇孙琼琼杵尊等"降临高千穗之条"而言，当时的记录者特别善于辞藻，费解之处颇多，因而很难说修史者通晓地理。《日本书纪》的正文中就皇孙的巡行情况写道："从穗日二上的天浮桥下来，到膂肉空国，从顿丘到吾田、长屋笠狭崎。其地有一人，号事胜、国胜、长狭。"《古事记》中则有漏误，没有记载此事，直接写道："于是诏曰：此地与韩国相对，御前笠沙，乃朝日直刺之国，昔日日照之国，故此地甚吉，坐落之处底津石根宫柱甚粗，高天原冰橡甚高。"对照这两段文字，我们可以看出皇孙琼琼杵尊选择在交通便利的要地建高千穗宫。很明显，笠狭崎就是加世田海角，吾田国就是其北面的阿多郡。《古事记》中写道"吾田长屋"，又记载"到了吾田笠狭崎，遂登上长屋竹岛，遥览其地，召来长狭"。以上推测最符合地理条件。如此可以断定皇孙琼琼杵尊泊船处是萨摩半岛西南岸的吾田加世田，和日向的雾岛山隔绝，不能相望。更何况臼杵郡高千保等地更是出人意外地遥远。膂肉空国就是后来仲哀天皇神谕中所说的"熊袭国者膂宍之空国也"。这是与实国相对而言，是狭隘贫瘠之地的意思。萨隅缺乏肥沃的平原，农耕业利薄，矿山虽然很多，但大大逊色于朝鲜的良矿。吾田就是阿多郡。古代将吾田用作萨摩半岛的总称，后来阿多平氏在此割据，兼领南岛，是自古以来的土豪。在镰仓初期①，岛津氏以萨摩半岛为根据地，不断扩充势力。到了室町时期②，阿多平氏和岛津氏势均力敌。时至今日，这两族的后裔甚多。

皇孙琼琼杵尊离开浮桥上岸，立于浮渚平处，从顿丘出发，寻觅国家，到达笠狭崎，将船停泊在阿多山麓的加世田港。阿多一带的海岸堪称日本第一的宽阔沙滨。从中国拍打来的波涛将沙子冲上岸来。阿多的田布施一带也是日本第一的波涛带来的堆沙沙滨。风从山顶吹下来旋转肆虐，导致这里成为浮动不定的"浮渚平处"。其堆沙形成自然的长阜，被称为顿丘。加世田海角隆起长屋山，其南面有野间岳。流经阿多加世田边界的万野濑川穿过萨南的山谷汇集在这里入海。两千年前，堆沙不像现在这样广阔。河口在阿多两岸的岸边形成港口。皇孙琼琼杵尊从加世田浦通过堆沙的"吹上滨"，过了长屋山，登上野间的竹岛观察地形。如今称作野间片浦的地方虽然有良港，但不适合建都。"与韩国相对"意味着南北海岸相连。"朝日直刺"和"夕阳照射"意味着东西海面宽阔。这些所描述的地形与野间海角相符合，应该是上古时期与闽地、朝鲜往来的港口。后世与中国进行贸易的港口移至坊津。此地三面环山，易守难攻，但在安全方面不及片浦。

在笠狭崎，琼琼杵尊问长狭意见。长狭回答道："是有国也，取舍随敕。"因此，琼琼杵尊在笠狭崎修建宫殿，称高千穗宫，是神代三世之都。长狭是伊奘诺尊之子，又叫盐土翁。如今，吾田的笠狭崎和长屋的竹岛仍然作为郡、乡、村而存在。后来，萨摩别府也设在此地。坊津成为岛津庄的贸易港。吾田国前面是大洋，北面与韩地相连，南面是列岛，与吴越遥望。从地理上看，可想而知当初琼琼杵尊按照猿田彦的建议决定降临高千穗这一计划多么宏大。

琼琼杵尊巡行海滨，看中了大山祇之女，召见大山祇。大山祇即将二女和百桌饮食献上。因为妹妹国色天香，所以琼琼杵尊宠幸妹妹，称她"本花开耶姬"。有史之后，本花开耶姬是皇室的第二个后妃，生下两个御子（火阑降命和彦火火出见尊）。本花开耶姬、火阑降命和彦火火出见尊的名字中有"花"和

---

① 1185年到1333年。——译者注
② 1336年到1573年。——译者注

"火"。关于他们的名字有种种牵强附会的神话,但没有一个足以采信。有的人说有三御子或四御子,但这种说法都不可信。大山祇是这一地区的君长。他的家族是伊奘诺尊、伊奘冉尊巡幸大八洲后确定的海、川、山、木、草、土、火诸神之一。正如前文所讲,海神是筑紫君,监管渡津。山神是吾田君,监管山津。朝鲜和闽地的交流贸易由此两监主管。显而易见,从地理上看,渡津和山津就是娜津和笠狭崎。据《日本书纪》记载:"伊奘诺尊斩火神为三段,其一段是雷神,一段是大山祇神,一段是高龙。又说斩为五段,大山祇、中山祇、麓山祇、正胜山祇、雏山祇。"众说纷纭,令人费解。山祇是参与处分火神的雄藩,又领有伯耆的山祇一族迎来素盏呜尊,平定簸川上的高志魁帅,成为大国主的外祖,占据往来于伯耆和朝鲜的港口。《释纪》及其他书籍称大山祇的遗迹是伊豆的三岛神社,摄津的三岛鸭社和伊豫的大山积神社。这些神社都是祭祀大山祇的大社。神社所祭的神的说法牵强附会者颇多,都很难令人相信。伊豫《风土记》记载:"宇知郡御岛坐神、御名大山积神,一名和多志大神也,是神者所显,难波高津宫御宇仁德天皇御世,此神自百济国度来,坐而津国御岛坐。御岛者津国御岛名也。"据此可知,在仁德天皇时,伊豫的三岛神社将津国的三岛鸭社分离。三岛鸭社是前文所讲的与事代主成亲的家族。从那时起,山祇一族领有此地,建设港口。伊豆三岛靠近沼津。在海潮的作用下,沼津地形发生变迁,与两千年前大有不同。此外,美保湾也是要港,而甲斐、骏河的浅间神社祭祀大山祇和木花开耶姬,均受瞩目。大山祇一族占据伊豆要港,开拓甲斐山区和骏河平原。

迄今为止,在学者的思想中,伊奘诺尊、伊奘冉尊生下大八洲的幻影根深蒂固。因此,他们认为只有日本从一开始就是皇室一统的天下。皇室不断开拓,设立郡县。日本并非封建国家。但我认为在日本不存在中国式的封建制度。这是因为就开疆拓土的过程而言,起初,野蛮部落增强村邑的凝聚力,渐渐在有实力的人物的领导下建立国家。一般来讲,起初是酋长割据。日本也是如此。古代魁帅、土蜘到处割据。大的国县以出云为首。海神、山祇、木国及水门、野、埠等众神都是有土地之君。国君、县主、国造等称呼一直存在到有史之后。但在某一条件下,他们接受统一的管理。其中,吾田山津见和筑紫渡津见管辖着与外国进行交流、贸易的港口。筑紫向汉朝派遣使者，各国县也纷纷仿效。由此观之，从很早时期，吾田就专管和闽地的贸易。"生海山"这几个字说明他们所从事的职业是得到伊奘诺尊和伊奘冉尊的准许的。在日本、朝鲜和闽地间的贸易上，这些大藩比天神一族都要早。他们将天神迎来做他们的君长。"向外国遣使开展外交活动是帝王的特权"这一思想是后世的政治思想。在日本，崇神天皇时期开始逐渐感觉到这一政治制度的必要性。到了应神天皇时期，中央管外交的制度才确定下来。那时，筑紫和熊袭争雄。这在古代史上是一个重大事件。此外，山祇一族在东国开疆拓土。成为皇室的姻亲是后世的事情，但占据伊豆港并开展拓殖活动则很早就开始了。此外，山祇一族所统治的是毫不逊色于筑紫的大国。因此，皇孙琼琼杵尊西降就定在这个国家。琼琼杵尊决定内驯化熊袭，外招抚常世国。这应该是猿田彦的深谋远虑。

对于吾田国隼和熊袭隼人的区别，我认为吾田君、火阑降命、隼人这三者是不同的种族，绝不能混淆。下面正本清源。如上所述，吾田君是山祇族，是自称"产姬"的贵种，因此成为皇室的第二个皇后家族。火阑降命是皇后的长子，是草葺不合尊的伯父。《古事记》中记载："神武天皇坐日向时娶阿多之小椅君姊，名阿比良姬。"显而易见，阿比良姬是吾田君的女儿。《日本书纪》的正文中写道："其火阑降命即吾田小桥君等之本祖也。"这一说法是错误的。倘若不是这样的话，那么小桥君、吾平姬都是火阑降命的孙辈的人，而仅隔一代，山祇家族又怎么会成为皇别？在重视门阀的时代，假冒谱系是公开的秘密。因此，人们很难轻易将谱系作为证明天然的血统或人种的材料。直到崇神天皇时期，山祇一族的吾田国还是大国，之后严重衰落，甚至在历史上没有留下痕迹。不知是什么时候，吾田国开始以火阑降命为先祖。这和筑紫国造自称是大彦命之后是相同的手法。以后再详细解说这一点。

在八十"连"管辖的熊袭地区，隼人建立村落。早在伊奘诺尊以前就是这样。在天孙琼琼杵尊降临后，过了一二代，他的后人突然像蜂蚁一样开始繁衍。这一说法显然是荒谬的。阿多隼人、大角隼人等称姓尸，得到贵民的待遇大概是在琼琼杵尊奠都高千穗之后。当时，由于萨隅的隼人强悍，琼琼杵尊驯化他们，让枭帅领导他们护卫宫墙。他们忠于职守，最终成为火阑降命的领民，受火阑降命管辖。这是隼人的起源。此外，神武天皇改在橿原奠都，之后派可美真手命统辖物部，成为守护职。这两种情形非常类似。因此，隼人并非火阑降命的后裔，而物部也并非可美真手命的后裔。在中古时期，部民冒用首长的家谱是常有的案例。因此，这些家谱不能证明血缘关系。这样一来，虽然隼人中很早就出现了有姓的良家，但一般的熊袭隼人属于异族群落。他们推选枭帅，占据山谷海滨，属于不化之民，状况与东国的虾夷相同。熊袭的叛乱也多是由这个民族造成的。因此，历史上的隼人应该分为两类：其一，归化成为有姓良家并被任用为官吏者；其二，化外之民虽然归附、入朝，但被作为藩客对待。这一区别非常明显，但因为同样是阿多、大角的居民，同样称作"姓尸"，所以很容易混淆。

很早就有人认为，隼人因为讲外语并受到外藩的待遇，所以应该属于异族。但我对此一直持怀疑态度。如上所述，隼人假冒火阑降命的后裔，因此受到外藩的待遇。另一方面，有人主张既然将隼人的居住地衷国称作"熊袭"，那么就应该分为"熊"和"袭"两类。《古事记》记载："去看保食神的天熊人等就是熊袭人"，但景行天皇西巡之时，熊县有一个县主自称"产"，不是异族。然而，既然"熊袭"这一称呼继续存在，那么毫无疑问，"熊"就是形容袭人勇悍的形容词。只看地图，人们认为赠于和诸县、球摩两大郡相连，将熊袭理解为熊国和袭国，但实际按照地图走一下就可以发现，米良球摩的险峻在日本数一数二，属于深山绝谷。在我壮年时，我从诸县的加久藤翻山去球摩，惊愕于其险恶。往年又从宫崎前往小林，目睹雾岛附近的山野。诸县的山中绝非是在神代曾经开发最终又变得荒凉的地方。人们将东麓的狭野称作神武天皇诞生之地完全是凭空妄想。球摩的深谷和诸县、赠于完全隔绝。球摩的深谷和诸县、赠于的居民本来是沿着球摩川迁徙而来的。很早就称"彦"的县主从八代、苇北两县进入这里进行殖民，称这里为肥后是妥当的。

就熊袭隼人而言，在近年的历史地理学界，沼田赖辅的新学说引人注目。他认为隼人人种和日本人种不同。我对该观点的要点表示赞同，现拟在抄录的基础上予以评论。

一、在熊袭隼人割据的地区不存在考古学上日本人种特有的遗物；

二、熊袭隼人屡屡反抗政府；

三、政府对这一地区采取了不同的施政方针；

四、风俗语言的不同。

上古日本人特殊的遗物是指埋葬的坟墓。考古学者称之为古坟。1899年4月，坪井正五郎博士到日向地区旅游，就古坟分布进行了调查，在儿汤郡以南未发现古坟的存在[①]。就上述最后一条，《魏志》记载："女人叙国，男子无大小，皆黥面文身，后稍以为饰，诸国文身各异，或左或右，或大或小，尊卑有差。"这种习俗是熊袭隼人种所喜好的，并非日本人种的嗜好。然后，我就第二个问题进行下述分析。

沼田认为熊袭隼人种是住在东印度泊尔乃岛的曾族迁徙而来的，在大隅萨摩地区繁衍，论据如下：

一、"曾"和"sow"语音相同；

二、使用盾上带毛的东西；

三、善舞；

四、黥面文身的习俗南方人种居多；

五、善于制作竹子艺术品，特别是斗笠。

赤道洋流冲刷泊尔乃岛，接触到日本萨摩大隅之角而东行。这就是黑潮。泊尔乃岛的海岸是荷兰和英国的殖民地。泊尔乃岛内地是几乎独立的蛮族的根据地，其中的彪悍者为曾族，屡屡反抗统治者，占据荒芜的山野，分成大大小小的部落而居住。曾国各人种是由于潮流的作用漂流来的。曾族人特别是男子盛行黥面文身的风俗，并且在咽喉、胸、臂、手、指甲和腿等身体各处文身，再配以多种曲线，或者实施单一形式文身。《释纪》记载："多祢国切发草裳。"曾族剥植

---

① 第二条和第三条是史实，此处不做评论。——原注

物皮浸泡于水中使它柔软，之后去掉它的外皮用锤子敲打，接着将其慢慢展开，成为纺织物状的方片。这就是草裳，称为"栲拔"。就头发而言，男子将前面头发剪至额部，而后面头发垂至脖颈下。女人将头发集中于头上，用头绳束在后面。因此，切发说的是男子。按照隼人习俗，用于仪仗的盾牌"头编着马发，以赤白土墨画钩形"。在曾族的武器中，盾牌是唯一的防御武器，平时人们也随身携带，表面画着有人面及人体的变形形成的纹样，施以红彩，或者处处附着着平列着的头发捆，以此为装饰。隼人司"教习歌舞，作造竹笠"。曾族带着用草编织的无檐的圆帽或尖圆状的斗笠。斗笠是由切得细细的藤条编制而成的，杂有赤黄墨色，露出纹样，轻巧坚韧。曾族人非常善舞，戴假面，手拉手载歌载舞。由此可见，隼人的耳形鬘是由曾族的耳形假面转化而来的。

可以说以上沼田的说法开启了千古之谜，令人耳目一新。只不过就考证的细节而言是有诸多疑问的。萨摩南部高千穗宫的所在地没有古坟。古坟是否是被隼人挖掘了？此外，很难说黥面文身是隼人所独有的风俗。如今，刺青已经成为日本人的拿手技术，并且在男子中不断传播。阿伊努人也是黥面。南洋岛屿人迁徙日本是利用了黑潮和恒久信风之便。最近帆船来往于爪哇与荷兰之间便是明证。草裳切发不免有论据单薄之嫌。日本国史研究有问题主要也是这个原因。这些都是需要补充之处。但熊袭隼人大概是泊尔乃曾族这一论断是一个重要的发现。

第3节　海幸、山幸及海盗的由来

琼琼杵尊降临高千穗之后，以吾田国大山祇家族为皇后家族，在加世田的长狭等的辅佐下驯化熊袭的隼人。这在地理上大致很明确。但之后的传记却语焉不详。因此，要弄清楚这一时期的九州和朝鲜的形势需要参照汉史。为此，有必要纠正纪年。前面讲过，琼琼杵尊的降诞大致在汉武帝元年，即公元前140年。当高木命给他盖上追衾让其西降时，琼琼杵尊还是成童。之后，在半途中，琼琼杵尊的年龄不断增加。他娶了木花开耶姬，当晚妊娠。这属于早婚早育。之后生下火阑降命。在二十五岁左右生下彦火火出见尊。降临高千穗宫是在公元前

125年至公元前117年。据《汉书》记载，当时汉武帝通使西域，公元前111年征服南越，公元前110年灭东越。由于东越狭多阻、闽越悍且数反复，汉武帝派军吏将两地居民迁徙至江淮之间。闽东之地因此荒芜。公元前108年，朝鲜相杀右渠，攻陷王险城，设置乐浪、真番、临屯和玄菟四郡。这一时代相当于琼琼杵尊在位时期。笠峡崎与朝鲜相对，是"朝日直刺""夕日日照"之国。从拍打过来的常世国的大浪中，人们不可能感觉不到对面东越和闽越的风云变幻。朝鲜的真番郡管辖着貊马韩。临屯郡管辖着秽新罗。玄菟郡管辖着沃沮。秽国王接受汉朝的金印是在汉武帝时期。秽国风云变幻必然影响到对岸的气比、出云和筑紫。然而，在日本古代史的记录中却看不到秽国受到丝毫影响。即便如此，通过时代比较，我们仍然可以借对岸之火，从黑暗中想象日本古代历史的蛛丝马迹。

不过，我并非说东越和闽越就是常世国，只是说常世国以东越和闽越南面的福州、厦门等为据点，在岭南内部设立国县。在两越灭亡后，福建和浙江交界变得空虚。勇悍的诸县会乘机膨胀，而山津见的吾田国也不会太平无事。真番、临屯、玄菟诸郡向近海各国发出邀请。筑紫、出云等诸国县也有必要与它们通使。《汉志》记载："乐浪海中有倭人。"当时与乐浪郡通使的三十余国中为首的必然是筑紫傩县的渡津见氏。外藩之王借汉武帝对外用兵之机狐假虎威，侵略诸藩。为杜绝此弊端，汉武帝设立郡官，进行招抚，征集该地的珍奇异物，以满足他好大喜功的心理。朝鲜和诸越的灭亡反而为外交和贸易往来提供了方便。其证据如下：在右渠被杀之后，汉初逃入马韩的箕准的子孙做了马韩之王。直到西汉结束，月支都维持着统一状态。东面的新罗、加罗也安全无恙。由上述所知，琼琼杵尊和汉武帝处于同一时代。两御子火阑降命和彦火火出见尊发生海幸、山幸之内讧。这是在他们的父亲琼琼杵尊驾崩之后的事情。汉武帝在位五十四年，比琼琼杵尊在位时间长六七年。以此为年代基准参考中国和朝鲜的历史。

《日本书纪》中记载琼琼杵尊"葬于筑紫日向可爱之山陵"。《延喜式》中写道："可爱山陵在日向国。"因此，有人说琼琼杵尊葬在日向臼杵郡北界可爱岳。但该处是悬绝之地。如今，萨摩水引郡的新田八幡宫保存着执印惟宗氏家传七百余年的文书。其中说琼琼杵尊陵就在新田八幡宫。这个证据是可疑的。我曾经参拜新田八幡宫。新田八幡宫位于川内平地以南的小山上，感觉不像山陵，特别是和加世田相隔太远。试想"可爱"就是颖娃。开闻岳上有枚闻神社，原来是一之宫。后来，新田八幡宫与枚闻神社相争，因为神社势弱败诉。按理说，枚闻神社历史也很悠久，但却没有提到上述事实。虽然我不认为这个神社是可爱陵，但颖娃郡形成于位于此山周围的山尾海湖沼，距离吾田很近，因此山陵应该在这附近。

彦火火出见尊在位期间，仅有关于海幸和山幸的传说流传下来。其大致内容如下：兄长火阑降命号海幸彦，弟弟彦火火出见尊号山幸彦。有一天，两人交换捕猎场所，但都未打到猎物。火阑降命还了弓箭，但彦火火出见尊丢了钓钩。火阑降命责怪彦火火出见尊，两人因此发生争执。这个故事中的寓意很难解释，但从地理上看，萨隅及诸县南部环抱海湾，港口众多，山峦近海，沃田不多，而山地险阻，原野广阔。因此，在海滨和山谷中优胜劣汰的竞争不多。然而，海滨人口繁华之处颇多。自古以来，移民偏爱并聚居海滨。琼琼杵尊让两个儿子中的哥哥火阑降命管理海滨，让弟弟彦火火出见尊管理山地。土地本身虽然没有争端，但一旦归为私有，就会发生利害冲突。譬如人们会因为土地交换和交易进行谈判。弓和鱼钩是在山里打猎和海里捕鱼用的工具。《古事记》中写道："取鳍、广物鳍、狭物、取毛物、毛柔物。"如果将该记载作为比喻来理解的话，那么应该是教化渔村、山村和大大小小的枭帅，使他们心悦诚服。弓钩含有兵器之意，可以解释为长于水战或陆战。总而言之，兄弟二人分别管理海滨和山区，驯服隼人及土蕃，逐渐建立功勋。就此需要注意的是将吾田地区称作熊袭，而非所有地方都是隼人群落。吾田郡及长狭占领了萨摩的要地。萨摩主和熊县主都称彦媛。雾岛山之阴有夷守岳，都是天神种族的领地。此外，很可能北方种族的野民侵入其他萨隅山中的各谷地，形成群落。因此，各种民族占据这里更接近事实。熊袭隼人是渡过南洋而来的民族。因此，他们从海滨地区逐渐向山区拓殖。在火阑降命管辖的地区有很多隼人。在彦火火出见命管辖的山地也有很多杂居民族。海幸和山幸不同的原因也在于此。另外，进一步分析可以发现，隼人居住地区未

仲哀天皇

必仅限于萨隅。《风土记》中记载:"住在肥前松浦群岛的值嘉岛上的白水郎状貌类似隼人。"其实,不仅在此岛上,在肥前的各岛海角仍有很多隼人杂居。丰国肯定是隼人的居住地。景行天皇的熊袭征伐从丰前开始进入丰后,向日向挺进。和仲哀天皇作战的熊袭并非是萨隅一族,而是居住在丰后两国之间的袭族主魁。如前所述,在天平年中,即729年到749年,藤原广嗣用隼人之兵在丰筑边境作战,败走松浦,打算渡海去朝鲜。这足以说明很多隼人杂居在丰肥地区。有人认为丰前文司浦的早鞆神社是隼人的神社。早鞆神社的缘起虽然不太明确,但文司浦是海峡要冲之地,或许是占据丰国的曾族所建神祠。这在史书上是有一些蛛丝马迹的,并非空想之谈。要搞古代史研究,在没有记载的情况下抽象推理当时的情况至关重要。我从中还推测出了海盗的存在。就海盗而言,日本国史称:"天平二年①诸国盗贼颇多",还有记载侵夺海船者。仁明天皇永和五年,山阳、南海海贼横行。从日本的贞观时期开始,日本朝廷每每下达通缉令。天庆年间②,藤原纯友叛乱。后来,平正盛追讨南海海盗。海盗开始销声匿迹。到了镰仓幕府时期③,伊豫国忽那岛地头藤原兼平任总追捕使,负责追捕海盗。河野一族在来岛构筑要塞,训练水师,成为海盗的大本营。因此,在武士时期,人们将水师和兵船称作海盗。他们采用海盗式的兵法作战,被称为"海贼大将",和朝鲜来往。各类书籍中明确写着:"海贼是中古时期④海军的凡称。"就其由来而言,并非始于天平时期⑤,也并非由于国司衰怠而产生的。在史前,海滨劫掠在任何国家都是寻常之事。我断言海上警察要圆满完成任务在政治上是最困难的事情。沿海地区海盗猖獗并非日本古代所独有的。今天,中国沿海海盗不断。有一种说法是,香港岛的名称就是出自西班牙语"海盗"一词。温哥华以及美国的偷猎船也是海盗的一种。这样一来,山阳、南海及九州的海盗从很早时期就在首领的率领下横行霸道。日本武尊诛杀的穴渡海的恶神也属于这一类。经过长年累月的演变,海盗式的水师和造船业发展起来。越上溯至中古、上古时期,西国沿海海岸海盗越多。古代的海人部并非是为了缉捕海盗而设的,而是统领海盗、横行海上的部落。政治是随着经验的不断积累而发展起来的,越是古代治理水平越差。室町时代⑥的海盗本营可以说是继承了上古安云速之宰海人部的系统。古代的海盗都做了什么?驾船技术娴熟的土民凑几只船组建舰队,出没于海上,劫掠沿海村邑,威胁停泊的船,小到抢劫财物,大到侵占土地,掳掠人口作为奴婢,一切都以暴力进行。"海盗"是受害者痛斥他们的称呼。因此,史册上就此写道:"便乘船、好寇盗,习战斗,好寇钞。横行海上,抄掠近海。"这就是海盗。在对水师节制乏术的时代,人们因异国他族的这一行径给他们起了这样的名字,甚言之称为盗贼也不足为怪。在海上掳掠人口的行径一直持续到室町

① 730年。
② 938年到947年。
③ 1192年到1333年。
④ 794年到1185年。
⑤ 729年到749年。
⑥ 1336年到1573年。

时代。在南北朝末期①，明朝遣使至征西府或者九州探题，或者朝鲜来使要回掳掠的人口，或者由日本返还掳掠的人口。这种事情屡屡发生。最终，足利义满与海盗媾和，谣曲《唐船》说的就是这回事。因此，在上古时期，南北方种族的野民占据山海，推举枭帅，到处侵略。在统治上不发达的时代，在九州、南海、中国地区等架舟方便的海岸，海贼之徒颇多。掳掠人口的事情经常发生。由奴役掳掠的人口开拓土地和归附豪酋，从而产生国君、县主家族。如果在脑海里想象这一情景，我们就可以找到解释彦火火出见尊丢掉钓钩这一比喻的线索了。譬如他要获得的鳍广物和鳍狭物可以解释为豪酋细民、大舰小船和广土狭地。总而言之，彦火火出见尊本打算以舟船在海滨地区获利，却在与海盗或水师发生冲突时失利，船械或者将帅被掳获。因此，日丰土豫海峡有在上古时期各种异族占据的痕迹。日向臼杵郡以可爱岳为界，和丰后海部郡分界，将岳阴叫作"佐伯港"。佐伯港是筑紫君②的殖民地。佐伯海有槟榔岛，今天属于佐伯，古代属于伊豫。《延喜式》中写道："有伊豫国槟榔枔之贡，在此海中产珊瑚。"槟榔树是南岛热带的植物，是南方种族占据这里移植来的。虽然此树很难作为确证，但因为日向志布海上也有槟榔岛，所以也有可能两岛的槟榔都是隼人种植的。而今这里仅仅生长着蒲葵。大概是槟榔无人栽培，而种子断绝了的缘故吧。伊豫平城有贝冢。人们从中发掘出人骨。因此，此地或许是食虘人或者食人族占据的地方。在伊豫平城北面的宇和岛有宇和津彦神社。内部很早就由产媛贵族管领。由上述古迹可以看出各种民族曾在这一带杂居。

　　从地理上看，伊豫等地也是争夺海上霸权的要冲，在古代是海盗的重要据点。宇和岛西面的日振岛在承平年间是伊豫藤原纯友海盗的巢穴，其网罗了南海贼船千余艘，劫掠官私财物。对岸的佐贺关在天平年间，官人百姓商旅之徒，任意往返。上古地广人稀，虽说如此，彪悍而又善于乘船的各种民族从南洋陆续聚集于此地。与地面相比，海上的盗寇更加猖獗。因此，我推测隼人种族占据岛屿和海角，与筑紫的海部及佐伯等相互争夺海上霸权，于是就发生了彦火火出

---

① 指日本南北朝末期，1336年到1392年。
② 掌管筑紫郡的官员。

见尊失去钓钩这一意外失败情况。火阑降命责问钓钩一事是为了再次进攻以迫使他们返还掠夺的物品，可以推测背后隐藏着火阑降命兼并海、山的野心。此外，火阑降命还要和吾田国合作，但没有达成协议。关于这一点，我在之后的吾田和筑紫的关系中进行讨论。

第4节 筑紫君和邪马台

彦火火出见尊对兄长的责问感到忧虑和痛苦。因此，盐土老翁为他筹谋："海神所乘骏马八寻鳄鱼也，是竖其鳍脊，而在橘之小户，吾当与彼者共策"，将彦火火出见尊放入无目笼，悄悄乘船出了笠峡崎，潜入彼国。就无目笼而言，有的书写道："以无目竖其间为浮木，竖间指令之竹笼也。笺释者乃舟之别名。"舟有高桥、浮桥、乌船、樟船和诸手船等名称，但无目笼这个说法没有听说过。船里大概没有笼子。其实无目笼也还是竹笼，虽然叫作"无目""竖间"，实质上就是很细密的笼子。也就是说将彦火火出见尊藏在其中。有的书上称该竹笼为"大目鹿笼"。接着写道："翁将天孙共往而见之，是时鳄鱼策之曰：'吾者八日以后方致天孙于海宫，唯我王骏马一尊鳄鱼，是当一日之内而奉致焉。'"这是在筑紫傩县的橘小户发生的事情。八寻鳄比喻军舰。这一点在字面上表达得很清楚。盐土老翁是停泊于娜津的海神所乘船的船长。一寻鳄是停靠在海神宫汀的小型舰。一寻鳄用八天从橘小户到海神宫汀。从海神宫汀用小船来迎接，一天就可以到达。我们不能拘泥于"八"和"一"这些数字，但从博多到筑后八九天的船程就可以到达。将海神训读为"渡津见"，将筑后的八女作为本国，是在筑前娜津监督渡海到朝鲜业务的大藩。这一点在前文已经讲过了。筑后的八女与日本开国的历史关系最密切。可供考究的材料不少，但现在众说纷纭、缺乏概括。《古事记》和《日本书纪》中明确记载："底筒南、中筒男、表筒男三柱神者是即住吉大神矣，底津绵津见、中津绵津见、上津绵津见三柱神者是阿云连等所祭神矣。"位于博多前面的志贺岛上有海神社，阿云氏后裔不断供奉它。在天明年间，人们从至贺岛上挖出了汉委奴国王印。博多的住吉神社是海神社的根本。博多与此地关系

汉委奴国王印

密切，此地被称为古代的娜津。阿云乡在糟屋郡的海岸。汉委奴国训读为"汉的倭之奴国"。这是最近以来考定的说法。奴国就是娜国，就是《日本书纪》中所说的傩县。这一点已经有定论。傩县是古代的海神国。这一点也已经很明确了。娜津现在属于那珂郡。傩县的樫日属于糟屋郡。《魏志》中所说的设立郡使及诸国的亭馆的伊都津属于怡土郡。因此，专搞理论研究的人虽然会产生些许疑惑，但如果实地勘察的话，就可以发现从香椎到怡土郡的海岸处处环绕良港，与岛屿相连。可以看出这里是往来于大陆之间的船舶停泊之所。并且此海湾从建国之初就成为对外贸易的大港口。从中古时期开始，基于国防需要，很多地方改变了地形。其中，香椎港有沙嘴突出，与志贺岛相连，很明显这里有人造的痕迹。这一突出的沙嘴因为淤塞了糟屋的港湾，所以形成大片新的土壤。橘之小户等完全化为稻田。西面的志摩郡现在没有形成岛屿。今津现在也不停泊船。因此，古代的伊都津现在也成了稻田。因此，上古的娜国即海神国的地理需要上溯至变形以前并通过想象才能描绘出来。但大体而言，娜津是海神国大监监督外国往来的地方。本国在邪马台。这在汉史上有明确记载。这里研究一下娜国本国的情况。

海神国就是筑紫郡。筑紫这个名称用于九州二岛的泛称，但如果分为四面，就称为筑前、筑后。另外，在狭义上也有称傩县的。通过这一点也可以知道筑紫君在古代势力很大。然而，海神国是阿云连之祖，而筑紫国造是大彦命之后。因家谱是假冒的，后人虽然有所迷茫，但却没有力量改变已有的记录。筑紫国造磐井被诛杀时，其子葛子献上了糟屋屯仓。傩县成为这一家族唯一的领地。获悉这一情况后，在这块献出之地上设立起娜津府，因此太宰府的系统承继了筑紫国造一系。太宰府的系统以前是从奴国即海神国延续而来，这一点毫无疑问。筑紫国造对丰筑肥三国如同自己管辖的领地一般拥有实权。这与《魏志》中记载的奴国的情况吻合。这一家族是阿云连的本宗，是一个古老的豪族，从上古时期开始就监管娜津的渡津，因此也占据其他重要港口，在朝鲜也有领地，独占贸易之利，为之后的太宰府奠定了基础。即便是太宰府的福官，也要争夺大内少二两氏的权力。由此可知，博多的贸易利润很大。这是历史上需要重点研究的问题。海神国首次在此港获利是在伊奘诺尊和伊奘冉尊时期以前。从其着手拓殖的土地之广可以看出，最先迎来天神一族的是这个国家。

然而，海神国分裂为筑紫国造和阿云连则是垂仁天皇以后的事情。《后汉书》中记载道："其大倭王居邪马台国。"《魏志》中写道："南至邪马台国，女王之所都水行十日，陆行一月。"邪马台在奴国南面。迄今为止，研究邪马台的人，因为资料里面有大倭王字样，就认为邪马台是天皇的大倭。这是拘泥于字面的说法。古代的外交是海神山祇的世袭职业。日本朝廷从不参与。这是事实。诸国县对汉朝称王，与汉朝进行外交活动。受此待遇，它们就不会被认为是野蛮国家。这也是事实。汉朝将筑紫君当成国王授予金印也是事实。

没有必要将不负责外交的天皇抬出来混淆事实或搞错地理，以迎合后世的王权论。近来我发现《魏志》写道："南至投马国，水行二十日，南至邪马台。"因此，有将邪马台当作熊袭的说法。这种说法值得称道。在日本国史中，萨摩属于熊袭也被归为上述学说。我在主张这个说法时根本没有这个打算。汉史中在记录外国的方位和里数中大错很多，但我尽量不予纠正，来对此做出解释。这是学者应有的态度。在萨摩南部水行十日的地方并没有国家。因此，我将《魏志》中的句子与地理进行对照，将上下两条分别做出解释。从娜津向南计算舟程，前往萨摩走二十天，前往邪马台走十天，陆行一天到达。因为汉史的记载极其简短，因此不得不费此周折进行解释。人们在娜津的志贺岛发现了汉委奴国王金印，得到了由安云连埋藏的确证。因此，省略其他的末节，我们应该在筑紫地区内部寻找奴国国王的居所。近藤芳树的《征韩起源》中指出邪马台大概位于肥后国菊池郡山门乡。这一见识非常透彻。星野博士的《国号考》写道邪马台应该是筑后国山门郡。因此，可以做出定论。

邪马台的考证时期已经过去，现在应该是研究其地理位置的时期了。人们在上妻郡发现了很多筑紫国造的遗迹。上妻国、下妻国是《景行纪》中的八女国，是八女津媛的领地。这大致成了定论。山门郡是该地西南的低地。据《神功纪》，山门县是土蜘田汕津媛的领地，星野考证说田汕津媛大概就是女王壹与，不免有画蛇添足之嫌。只不过这足以令人质疑卑弥呼是女王壹与的上一代。山门郡位于筑后河的尾部。河水和海潮的淤积非常大。直到西岸的肥前佐贺郡才露出新地。每百年淤积不下三百步。两千年前，柳河城、佐贺城都位于海底。过了柳河东面的濑高，地势才隆起，形成清水山。路从此分叉，向右到肥后南关，向左到上妻郡。这里就是古代的山门乡。清水山北面是山门村。地形天然地类似山门，是形胜之地。筑紫君的邪马台应在此地。近年，人们在筑紫地区的高良山和山门郡女山上发现了神笼石。女山是山门村的山背，位于南关路的清水村。神笼石被认为是城址，但城墙很低。这一观点遭到质疑。但它肯定是上古时期大建筑的遗址。我往年探访九州的史料，从三滩郡到上妻郡待了一段时间，发现矢部的山峰和峡谷左右分布，形成山门高良的山脊，像扇面一样展开，里面包着平原，前面以山岗与三滩相连，形成了八女国，属于形胜之地。我不禁赞美筑紫国造的规模宏大。直到此时，我都没有料到邪马台国竟然在此地。山门之间正位于此，远远地与高良山相望，背靠神笼石。因此，人们一定要对此进行验证，解开神代的秘密。

山门之角前面流淌着矢部川，南面是海滨低地。除了新地，想象一下上古的海岸就会发现，下游的中岛川口是邪马台的海滨。《日本书纪》中记载道："自然有可怜小汀。"《日本书纪》的注释中写道:"海中自有可怜小汀,随其汀而进者必至我王之宫。"所说的正是这个"汀"。更奇怪的是八寻鳄的"吾八日以后至于海宫,一寻鳄当一日之内奉致"这句话与《魏志》中的"水行十日、陆行一日"基本吻合。前面说不必拘泥于两书的数字,"八"和"十"虽然都是大数,但是从博多津绕过肥前海角,如果是顺风,大致是十天的船程就到达筑后海岸,如果是小船的话再用半日就可以登陆。海神宫俗称龙宫,美不胜收。据《日本书纪》记载:"其宫也尽然有序壹宇玲珑。"《后汉书》称:"倭奴女王卑弥呼侍婢千人。"

结合筑紫有这样宏伟的石头建筑遗址这一点来考虑的话,我们可以推测上古时期邪马台的城阙结构就这样壮丽了。彦火火出见尊到了海神宫,徘徊于宫门井旁的杜树下。此时。一个美女在众侍者的簇拥下从里面开门出来,手拿玉壶,里面装着井水。那美女仰见彦火火出见尊,大吃一惊,返回,对父亲说:"门前井边树下有一贵客,骨法非常,若从天降者当有天垢,从地来者当有地垢,实是妙美之虚空彦者。"海神丰玉彦闻之,遣人来问。听客人说是天孙之神,于是拜迎,请入里面,铺了八张海驴皮,请彦火火出见尊坐在上面,设了百桌宴席,极尽主人之礼数。据说海驴是产于北海的腊虎,大概如此吧。这样一来,丰玉彦详细问了彦火火出见尊的来意,留他休息,并将丰玉姬嫁给了他。因此,彦火火出见尊在丰玉彦宫中逗留了三年左右。史学家认为此事是皇室第三次娶亲。丰玉彦召集海鱼,觅得其钩,献于彦火火出见尊。海鱼是比喻丰玉彦所管辖的舰船。不久,彦火火出见尊欲要还乡。因此,丰玉彦进献潮满琼和潮涸琼两种宝物,让诸鳄来送彦火火出见尊和丰玉姬。两琼大概是指军舰的操舵方法。彦火火出见尊还宫,将钩还给哥哥火阑降命,但火阑降命大怒,不接受。因此,彦火火出见尊拿出潮满琼,导致潮水大涨。火阑降命跑到山里,潮水也跟着进了山。火阑降命困窘服罪。于是,彦火火出见尊拿出潮涸琼,潮水退去。这个说法大概是比喻火阑降命一党野心勃勃,挑起海战,被筑紫舰队打败后,想动用山地之兵,但山地群落都响应彦火火出见尊。隼人因阴谋失败而降服。

就火阑降命的服罪,《日本书纪》正文写道:"从今以后,吾将为汝俳优之民。"《日本书纪》的注释写道:"从今以往,吾子孙八十连属,恒当为汝俳人。是以命苗裔诸隼人等，至今不离天皇宫墙之旁，代吠狗而奉事者也。"应在"孙"下面添加"及"字。此时，火阑降命才三十五岁左右，"子孙八十连属"之词是不合适的。《古事记》中写道："稽首白、仆者从今以后为汝命之昼夜守护人而侍奉。故至今其溺时之种种之态，不绝奉仕也。"此外，《日本书纪》的注释中写道："若生活我者，吾生儿八十连属，不离汝之垣边，当为俳优之民也。弟有愠色，不与共言。于是兄弟著犊鼻，以赭涂掌涂面，告其弟曰，吾污身如此，永为汝俳优者。乃足踏行学其溺苦之状，初潮渍足时为足占，至膝时举足，至股时则走回，至腰时，则扪腰，至腋时则置手于胸，至颈时则举手飘掌，自而及今，曾无废绝。"这是后人根据隼人的职业和风俗杜撰的。就俳优而言，很早就有钿女的优美舞姿，后来又作神乐。隼人歌舞作为风俗颇受赏玩，最终用于贵族、庶民各阶层的宴乐。能艺出自隼人系统，因此将他们手舞足蹈形容为溺时之态，但过于虚妄。舞姿和涂红粉的打扮属于南岛曾族的风俗。可参考前面沼田的观点。可以推测隼人的八十连属此时已经存在。火阑降命领导他们，得到他们的臣服，因此后来民部的隼人等将他当作自己的祖先。后世的秦部和藏部都是这样。家谱的假冒总是如此。只不过，曾君有可能真是火阑降命的苗裔。我将此案例与物部侍奉神武天皇的案例等同视之。然而，不是所有的强悍的熊袭八十连属都像物部那样服从火阑降命。上述这些人应该看作萨隅驯化的隼人，即熟熊袭。当筑紫的军舰在护送彦火火出见尊时，吾田国的军民对此持何种态度尚有思考余地。

第5节 丰玉姬及婚姻的古俗

丰玉姬和彦火火出见尊一起到达吾田国。当彦火火出见尊回宫后，她还带着身孕，留在船上，在海滨的产房生下御子。因此，该御子被起名为"彦波潋武鸬鹚草葺不合尊"。丰玉姬让妹妹玉依姬来养育彦波潋武鸬鹚草葺不合尊。再回到筑紫后的神话中。筑紫和吾田的形势似有不协调之处。彦火火出见尊和丰玉姬结婚三年，感情不浅。然而，同船而来，却只有丰玉姬留在船中。说明兄弟之间尚未达成谅解。当时，丰玉姬对天孙彦火火出见尊说："妾已有孕，天孙之胤岂可

丰玉姬与妹妹玉依姬

产于海中乎？故当产时，必就居处，如为我造屋于海边，以相待者，是所望也。"故"彦火火出见尊已还都，以鸬鹚之羽葺为产屋，屋甍未及合，丰玉姬自取大龟将女弟玉依姬光海来到时，孕月已满，产期方急，由此不待葺合，径入居焉"。这是因为要和火阑降命讲和，迁延了时日。另外，就御子之名，《古事记》中记载："即于其海边波限以鹈羽为葺草造产殿。"《日本书纪》的注释中写道："彼海滨产屋全用鸬鹚羽为草葺之。"用鹈羽葺屋不可能是事实。有一种说法是如果产妇接触鸬鹚羽毛的话会顺产。在产屋的葺草上插上鹈羽（鸬鹚草）是古式。大龟是指船。光海形容带着侍卫而来。《日本书纪》及《日本书纪》的注释中写道："妾必以风涛急峻之日，出到海滨。""风涛急峻"一句是指海上情况不稳。筑紫的军舰上发生了示威行动。筑紫与吾田的形势不相上下。彦火火出见尊是吾田的外孙，而今要和筑紫联姻，筑紫国用筑紫舰来送。彦火火出见尊与哥哥火阑降命的内讧已经结束，将筑紫妃迎入宫中。直到逗留海滨馆舍，两国关系尚未出现和解的迹象。君主即便是个人感情很好，但为了国家利益，宁可牺牲个人的好恶和自由，也要做出不得已的事情。个人和社会是两回事。因此，应该用心分析，揣摩这些说法背后的问题实质。

丰玉姬进入产殿，在产期临近之时对天孙彦火火出见尊说："凡他国人者，临产时以本国之形产生。故妾今以本身为产，愿勿见妾。天孙怪其言，私窥之，化为八寻大鳄①匍匐逶迤。"

"以本国之形"是指主要使用筑紫的风俗惯例。从这里可以看出丰玉姬的强硬态度。这样，御子出生后，天孙彦火火出见尊问道："给孩子起什么名字好呢？"丰玉姬回答道："应该叫彦波瀲鸕鶿草葺不合尊。"母亲给孩子起名字的命名仪式是古代的风俗，这不能仅限于筑紫。丰玉姬以被天孙彦火火出见尊窥伺为羞辱，非常怨恨，顺海路原路返回。此事和伊奘诺尊在出云偷窥伊奘冉尊和八雷神商议而导致休妻非常相似。在古代习俗中，被男子看到分娩如同看到死尸，被认为是妇女的一大耻辱。根据这一习俗，人们编造了上面的故事。这其实是一种比喻。应该将这两件事情作为相似的古代的国家习俗来考虑。产房大概在加世田的海滨。日向国那珂郡鹈户崎建有鹈户神社，有鹈户窟。纵横五尺左右，深一町②。人们将此山称作"早日岭"。学者认为这个鹈户窟是丰玉姬产房。虽说如此，那珂郡位于诸县郡的东海岸，三面峻岭环绕，自成一个区域，和其他地方完全隔绝，距离吾田甚远。在该地的洞窟中造产房是意想不到的。称高千穗官在日向并认为高千穗官古迹在日向国这一说法不符合事实。

彦火火出见尊挑选奶妈，筹备诸部，养育御子。丰玉姬十分想念，想回来养孩子。但按照古代习俗，母亲不能喂养孩子。于是，丰玉姬派自己妹妹玉依姬来养孩子。因此缘分，丰玉姬献上和歌一首："明玉之光不可遮，幼君高贵如白玉。"彦火火出见尊回赠一首："瀛津鸟鸭鸣，荒岛吾夜寐，妹情吾难忘。"将此称为"举歌"。这些事情对匹夫匹妇来说是很随意的事情，但玉依姬是大国的贵

---

① 《日本书纪》中记载为"龙"。——原注
② 一百零九米。——原注

女,必定带着奴婢各部从海上风风光光而来,在宫里养育御子,所以这一措施相当可疑。姐姐感情受伤害离异,却将妹妹留下,让她养孩子。其中必然有种种国情。王公贵族的婚姻给国运带来影响,往往搞政治联姻。近代也是如此。前面讲过两产灵家族互为祖先。高千穗下凡之后,被山祇家族和海神家族奉为祖先。而天孙彦火火出见尊在山祇国,会给两国臣民之间埋下争斗的隐患。需要对这一事态进行分析。

如果知道国家间的婚姻关系十分重要的话,那么就不应该轻率地谈论古代的婚俗。中国古代有不娶同姓的风俗。提出这一说法的人的理论根据是"娶同姓则不繁衍"。然而,这是今天的科学仍然在研究的问题。朝鲜的秽句丽有同姓不婚之俗,但繁衍得也不太好。并且在史前经验不足的时期,这一生理学说并不被社会采信。同姓未必有血缘关系,因此上述说法未必有科学道理。我认为中国不娶同姓的目的在于大陆幅员辽阔,杂居异族繁多,为了进行民族融合。这一点尚未得到证明。或者可能是利用殷周外戚间的国家风俗禁忌很多这一点来防止王族之间通婚,由此而形成习俗。日本的风俗与此相反,对婚姻没有限制。同母所生除外。一个人和庶母或异母所生的姊妹结婚是允许的。一夫多妻是东洋国家的风俗。日本尤其盛行。《后汉书》记载道:"国多女子,大人皆有四五妻,其余或两或三女。"但这并非因为女子生得多,只不过是因为贵族重视延续香火后代而开枝散叶。虽说贵贱之别非常严格,但婚姻没有限制。贵族从各国征集采女,娶为妻子。只不过将妻妾分成等级,妻妾的孩子也分贵贱,与奴婢私通生的孩子也是奴婢。只不过对此有限制而已。新罗的骨别也是这样。高句丽婚姻"皆就妇家,生子长大,然后将还"。前面已经讲过,出云大己贵命在各国娶妻,也类似于这一风俗。丰玉姬被从吾田召唤回国,也是因为习惯了这一风俗,不足为怪。婚姻就妇家之风一直盛行到后世。中古以来,国郡的豪族将女儿献给京城权贵而生子,由此来冒其姓。这是上古时期国君县主在天孙所到之处献出女儿的遗风。这样一来,各种族的婚姻习俗各异。为此,人们也进行政治联姻。因此,海神国将丰玉姬召回,将玉依姬留在那里,最终与彦波潋鸬鹚草葺不合尊结婚。其中必然有隐情。只不过将要点埋没在记录中,无缘推测而已。

彦火火出见尊的事迹仅传下来这一条。如前所述，如果进行时代比较，则相当于汉武帝末期。彦瀲尊，即彦波瀲武鸕鹚草葺不合尊长大成人之后和玉依姬结婚，生下了五濑命、稻冰命、三毛野命和狭野尊四御子。狭野尊神是大倭磐余彦天皇。玉依姬比彦波瀲武鸕鹚草葺不合尊年长十四五岁，结婚时已经过了三十岁。从这里可以看出筑紫国有意将天孙彦火火出见尊的祖先归为自家所有。在神武天皇下凡之时，其父尊年龄三十岁左右，玉依姬四十余岁。上古的人虽说长寿，但因为早婚，一代不满三十年。从琼琼杵尊下凡到神武天皇下凡未必超过八十年。假如彦火火出见尊当时已经驾崩的话，那么他的寿命也不足六十岁。数字所示就是这样。据《日本书纪》记载："出见尊①葬于日向高屋山上陵。"《古事记》记载道："在高千穗之西也。"高屋是指位于野间岳以西的竹屋，位于高千穗峰的西南。现在该陵是否存在值得研究②。

彦瀲尊在位期间相当于汉宣帝时期。《古事记》记载："稻冰命者为妣国而入坐海原。"《姓氏录·右京皇别》中写道："新良贵稻饭命之后也，是与新良国即为国王，稻饭命出于新罗国王者，《日本纪》不见。"这是彦瀲尊继位为新罗国王的确证。《韩史》就新罗始祖朴赫记载如下："汉宣帝五凤元年③甲子四月丙辰即位，号居士干，时年十三，国号徐耶伐，三年五月，与倭国结交聘。"该记载与此事吻合。"朴"在方言中是"瓢"，经常比喻船。据说高墟村长苏伐住在杨山麓得赫，但其实是用船从日本的吾田国迎来。以此将其作为朴氏之祖。娜津监管与三韩的往来。因为稻饭命是丰玉彦的外孙，这一定是经过海神国的谋划导致的。新罗和倭国的交流每每出现在《韩史》中。

《古事记》中又记载道："御毛沼命者跳波穗而渡，坐于常世国。"里面没有提到常世国到底在哪里。在消灭三越之后，汉武帝放弃了闽越。南越的儋耳、球崖直到汉昭帝之初六次反叛，在宣帝在位期间也数次反叛。越地是最棘手的地方。公元前48年，贾捐之在建议书中说："骆越之人，父子同川而浴，相习以鼻饮，与禽兽无异，本不足郡县置也，颛颛独居一海之中，雾露气湿，多毒草虫蛇

---

① 即彦火火出见尊。
② 后世人拘泥于日向而认为彦火火出见尊的陵墓在大隅则是缘木求鱼。——原注
③ 公元前57年。

水土之害，人未见房，战士自死，又非独珠崖有珠犀玳瑁也，弃之不足惜。"汉朝遂废珠崖郡。汉史说儋耳、珠崖之风俗与倭颇似。这也是可以作为常世国的一个佐证。汉人认为骆越地区的人们秉性强悍、好战，难以制服，因此将福建和海南都予以放弃，只不过番禺有犀象、玳瑁、珠琼、银铜和果布，是个良港。因此，汉朝在番禺置郡，招揽商船，并不干涉郡下辖的国县的自治事务。此外，将新罗国作为临屯郡的管辖范围并认为倭国位于乐浪郡海中，以此可以类推其他地区。与常世国的往来由吾田国监管。但如同对朝鲜一样，人们将这里作为以天孙贵族为首的诸国兼主的兼领地，如将高皇产灵神之子作为常世国之思兼命，神皇产灵神之子少名彦命到过常世国。上古时期，航海活动非常活跃。日本、朝鲜和闽地三地往来非常频繁。这一活动一直持续到室町时代所谓的倭寇时期。古文书中虽然没有相关记录，但日本和朝鲜、闽地并没有隔绝。此时在常世国的御毛沼命也是筑紫君丰玉彦的外孙。海神不仅要吞并朝鲜港口，还想经略闽地。直到室町时代末期，松浦的平户和萨摩的岛津在海上争夺霸权，成为仇敌。由此可见，上古时期国势多么强盛。也是在这一时期，山祇也开始开拓东国的甲州和骏州，迎来慕华开邪太后。彦潋尊在位期间相当于汉宣帝元年时期，如《汉志》所记载的那样。也是在这个时期，倭人遣使乐浪郡，和乐浪郡进行交流的倭人国家达到三十余个。彦潋尊"崩千西州之宫"要在五濑命出发以前。当时，神武天皇的御子手研耳尊已经成人。由此可以推断彦潋尊的寿命为七十岁左右，相当于汉成帝之初，"葬日向吾平山上陵"。据说吾平位于大隅国蛤罗郡蛤良，但不知此事真假。吾田小椅君的妹妹叫吾平津姬。由此可以证明吾平在吾田国的管辖地。此时正值吾平巡幸海湾对岸并管辖这里的时期。《日本书纪》将直到彦潋尊时期称作神代卷。田口鼎轩的《史海》中将神代称作"上古"，以人事角度来进行研究，非常有趣。我更倾向于称该时代为神话时代。这是因为直到这一时期的事情都是用根据神话编写的传说来填充的，还未形成历史。我们将这一段时期称作史前时期。以此为界限进入有史时期。下面就人皇纪进行论述。

第10章

大倭肇国

第1节 巡行筑紫

从神武天皇纪开始,《日本书纪》形成史体,虽然尚有些许疑问,但总算进入有史时期。这一时期应该存在能够成为史实的史料。因此,《日本书纪》的修史者极力维护体面,而对史料进行添枝加叶。然而,洗去脂粉,这些史料就露出真面目。从日向降诞到平定大倭的记录内容极其简短。此外的史海依然是一片空白。就《神武纪》的史料而言,从筑紫时期开始,随行人员掌握了汉文,用汉文记录要事。记录者应该出自译部。手研耳命被杀后,历史又出现空白。由此可以推断,之后的历史应该出自近习隼人之笔。从这里可以看出文学之光。毋庸赘言,译语译文对外交至关重要。据《汉书》记载,自汉武帝在朝鲜设郡之后,与乐浪郡建立外交关系的达三十余国。这些国的国王受到乐浪郡的礼遇。由此可见,当时有精通汉语和汉文的译部。这些国家的外交活动频繁,因此不会被视作野蛮国家。由此可以推断,汉文学很早就传到筑紫、吾田等地的国县。如前所述,从汉初开始,汉字已经传到日本西部。在神武天皇时期,技艺相当娴熟的译部已经出现,只不过职员属于下级部民。因此,文明之光照射到贵族历史上的力量非常微弱,所以历史依然在黑暗中推移。日本所有的艺术首先在下层发展起来。由于受到种族和等级的限制,贵族不能从事艺术或文学。基于这样的历史,艺术和

五瀨命

学问很晚才渗透到贵族阶层。新罗也是如此。日本和朝鲜属于偏重武力的地方。贵族擅长的只是剑矛，在艺术学问中，只是赏玩文学诗词。他们学习能力较匮乏。很多都是文盲。因此，历史发展并不均衡。艺术等"余事"也发展较晚。直到今天，这一趋势依然没有改变。

《日本书纪》的编纂者将《神武纪》作为日本国史的开卷装点门面。因此，仅存的一点点史料也有诸多疑点。从中"沙里淘金"让史学家们痛苦不堪。譬如《神武纪》开卷中写道："天皇生而明达，意确如也，年十五立为太子。"这类辞藻有的用日语训读，多为虚构之词。接着又突兀地写道："年十五、立太子。"

神武天皇的长兄是五濑命,掌握军权。但在高千穗,这些制度和仪式是怎样创始和举行的?并且只有"立太子",没有"即位"。这种情况很不合情理,应该删去。这一句的下面是共计三百余字的东征诏诰:"及年四十五岁,谓诸兄及子等曰……诸御子对曰……是岁甲寅,其年冬十月丁巳朔、辛酉天,天皇亲率诸御子、水师东征。"该记录是对近年来已经有定论的纬书之说进行牵强附会的纪年之发端,是模拟六朝文章的诰文,属于粉饰之文,应该予以淘汰。然而,文中也有:"抑又闻于盐土老翁曰:'东有美地,青山四周,其中有乘天磐船飞降者,谓是饶速日也。何不就而都之乎。'"在史料内容极少的情况下,作者竟然写出如此华丽的诰文。然而,盐土老翁的话应该作为东征的起因来考证,是弥足珍贵的史料。学者们将东征的起因看作有史之后最初发生的事情。我并非要附和雷同倭文学家们轻视汉典和夸大《古事记》的说法,而是主张将《日本书纪》与《古事记》所记载的事实进行比较,那么我们就会发现更多详尽的事实。然而,我认为《古事记》所记载的《神武纪》的事情是真实可靠的。

《古事记》的开头写道:"神倭伊波礼毘古命与伊吕五濑命二柱坐高千穗宫,而议云,坐何地者,平闻看天下之政,犹思东行,即自日向发向,行幸筑紫。"昆季二柱之议虽然是事实,但议论之词内容空泛。下面将该记录与《日本书纪》中盐土老翁所说的话合一起,我们就可以分析出东行的原因。行幸筑紫是关键的记录。迄今为止,就连对《古事记》推崇备至的学者在看到《日本书纪》的作者误解筑紫的意思,称"行至筑紫菟狭",都会误认为"筑紫"是九州的凡称,是丰国。直到近年,田口鼎轩在《史海》中写道:"行幸筑紫,到达丰国宇沙"。这一观点堪称启发千古之蒙。说起从吾田国出发行幸筑紫国就可以推测东征的起因。如前所述,从出见尊在筑紫结婚到彦潋尊以来,出见尊以筑紫君为祖先,住在吾田的高千穗宫。这是令人难以置信的事情。在彦潋尊驾崩之后,彦潋尊的子孙逐渐前往筑紫,但很晚。其中必然有尤其深刻的原因。盐土老翁以出见尊在筑紫结婚为话头,在解释了大倭的地理情况后,为出见尊的子孙谋划迁都事宜。这件事情应该发生在出见尊在位时期。在之后的年月,出见尊的子孙并未替吾田、筑紫两国人的和解而屈驾劳神。

世运的发展带来历史的变化。为了搞史学研究，每当年代发生变化时，人们要给予充分注意。高千穗宫换了三代人。第一代是天孙，现在发展为八九人。彦潋尊的御子来往于新罗和常世国两地。即便如此，昆季二柱神还在高千穗宫。这是在重复海幸、山幸的历史。另一方面，火阑降命必然在吾田结婚。他的子孙有四五人。因为是地广人稀的时期，所以熊袭国有容纳四五家皇族的余地。虽说如此，天孙下凡的历史到了需要改革时候了——这与盐土老翁的谋划不谋而合。在彦潋尊驾崩后，五濑命调动吾田、筑紫的军兵筹备迁都事宜。吾田国将吾平津姬献给神武天皇，希望以此来将神武天皇奉为大君。总而言之，神武天皇和五濑命将日向委托给火阑降命家族。向高千穗进发一事是吾田和筑紫两外戚国合谋定下来的。神武天皇和五濑命因此率领九州军队东征。迄今为止，学者们按照《日本书纪》的错误记载主张他们是渡过丰后海在宇佐上岸的，但如今将上述行动看作行幸筑紫已经成为定论。他们从加世田港向北航行，渡过苇北八代海，从三角峡出发驻跸筑紫邪马台，在邪马台开始动用筑紫之兵。我们可以推断，神武天皇让吾平津姬所生的手研耳命随行肯定是吾田人的建议。他还让隼人兵作护卫。这件事本来是两国人谋划好的。国家的竞争主要表现在军事上。同样是东征军，筑紫人拥戴五濑命为统帅，而隼人则拥戴神武天皇为统帅。有时，神武天皇和五濑命也会发生争斗。这一点需要予以注意，以后再讲其中原因。

从筑紫前往丰国宇沙的路径如下：首先从筑前的穗波郡出发来到丰前的香春。忍穗耳尊在该地着手进行安抚工作，然后来到宇沙，最后班师。在景行天皇亲征时，住在两丰山中的强悍的异族被征服。这件事令人想起以前的光景。在思考穗波郡的问题时，我们可以参考《魏志·倭人传》中奴国部分以下的记载："东行至不弥国百里，官曰多模，副曰卑奴母离，有千余家。"不弥国和伊都是同等程度的国家。本居宣长认为不弥国就是宇濑八幡宫所在的宇濑。宇濑是位于香椎以南的狭窄的谷地，并非不弥国和伊都两国所在的地区，只不过是糟屋屯仓的一个乡而已。管政友认为穗波郡听起来类似于《和名抄》中所说的"穗波郡穗波"，即不弥。我认为穗波的日语发音类似于不弥，位于从傩县东行百里的地方。嘉麻、穗波和鞍手三郡位于丰前西面的一个平原上。中央的饭冢相当于四通八达的交通要地。后来，人们在饭冢设立穗波屯仓。由此可以断定穗波就是不弥国。在饭冢西南的大分村有八幡宫，在八幡宫北面的高田有座古坟叫四十八冢。穗波县主的旧址大概就是这一带。从饭冢东行，翻越香春来到北面的丰前界。这里有一块垒石叫鹿毛马牧石。迄今为止，人们认为该地是牧场的遗址。近年，探险者说这块垒石与位于山门郡清水山的神龙石是相同的。这块垒石肯定是穗波县主的遗存。

在行幸筑紫部分之后，《古事记》记载道："故到丰国宇沙之时，其土人宇沙都比古、宇沙郡姬二人作足一鹰宫而奉大御飨。"《日本书纪》写道："时有菟狭国造祖，号曰菟狭津彦、菟狭津媛，乃于菟狭川上造一柱鹰宫而奉飨，是时敕以菟狭津媛，赐妻之侍臣天种子命。天种子命乃中臣氏之远祖也。""足一鹰宫"是指高度仅有抬腿程度的矮小的宫殿。现在各社神幸的假宫都是这一高度，没有台阶。这就是古代遗风。《记传》中记载，该宫殿的结构是一半搭在宇沙川岸的山上，一半在水中搭一柱子。毕竟这是着眼于《古事记》和《日本书纪》中的"足一鹰""一柱鹰"的"鹰"字而进行臆测。宇佐川的源头有三个。其中深见川旁有"上市""古市"等地名，这些地方大概就在宇佐氏的旧邑菟狭川上。西面的惠良川的山谷最深。《景行纪》中的菟狭川上的土蜘鼻垂正是住在此山中的生蕃。天种子命娶菟狭津媛为妻一事所根据的是中臣氏的家记。中臣氏一定会继承其遗产，在宇佐拥有兼领地。"赐"是指让"妻之侍臣"附带实际利益。之后没有听说中臣氏和宇佐氏的关系。直到藤原氏一族获得权势之后，才在宇佐出现八幡大菩萨。这件事非常奇怪。朝廷的信仰非同小可。不久，在修建东大寺时，光明皇后将八幡大菩萨奉为伽蓝神。在弘仁年间[1]，由八幡大神宇佐两家担任宇佐官司，直到后世，天照大神一族一直盘踞在丰后的神领。这也成为大友氏兴起的原因。宇佐氏演变为到津氏，直到今天尚存。此外，在大隅有正八幡宫，在吕崎也有八幡宫。这些事实似乎都与藤原氏有关。《日本书纪》中"赐妻之侍臣天种子命"一句不应被忽视。

在关于水师东征的部分中，《日本书纪》记载："至速吸之门，时有一渔人"，讲的是珍彦的事情，"行至筑紫菟狭"，而《古事记》则认为是从吉备到上幸。

---

[1] 810年至824年。

我认为后世将可疑的《日本书纪》的原文"戊午年……皇师遂东下"误抄而传承下来。虽然本居宣长崇信《古事记》，但就这一段而言，其认为"《古事记》逻辑混乱，应该采信《日本书纪》的说法"。《延喜式》记载道："丰后国海部郡有早吸日女神社。"在今天的佐贺关下浦町有座神社，称珍宫，就是该神社。这个神社是将速吸和珍彦合并而成。主张珍宫神社在此地是笺释家的主观臆测。我年轻时到过佐贺关，曾参拜该神社。此地是海部、大分两郡的脊梁，是个狭窄的山角。《风土记》中记载道："速津媛其长。"此地土地狭窄，并不能够设置国县。如果珍彦是丰后的国神，那么应该是硕田或者是臼杵的县主。臼杵是海部的要港，与海盗的巢穴日振岛相对。不将珍彦迎到此地而是迎到大分湾的门户佐贺关，从这里在向导的指引下坐船来到宇佐长洲——这句话到底有什么含义？笺释家只看字面意思，忽略了其中的历史内涵，往往会得出这种经不起推敲的结论，不足采信。佐贺关与土佐的冈田海角相对，是海峡最狭窄之处，称"速吸门"，为早吸姬所占据之地。这与能登有很多产媛的神社的情况相似。赤马关和门司的海上交叉口就是速吸门。人们将门司称作"速鞆濑户"。该地有速鞆神社。有人认为是隼人社，但也有称此为"速门"的。神代卷中写道："伊奘诺尊乃见粟门及速吸名门，然此二门，潮既太急"，说明速吸是指潮流急促的海峡，就是淡路南面的阿波鸣门和北面的明石岔。明石岔就是迎来珍彦的要害之地，但此地有海神的垂水神社，而没有速吸神社。因此，此速吸名门就是佐贺关。神武天皇东征走的航线既然是萨肥的海面，与早吸姬神社没有关系。《日本书纪》中的速吸名门、速吸之门都叫"明石岔"。即便早吸姬神社尚存，历史也无力改变地理。《日本书纪》中的叙事十分混乱。

《古事记》中写道："自其地迁移，而于筑紫冈田宫一年坐。"《日本书纪》记载有"筑紫国冈水门"。冈就是筑前远贺郡。古代有冈县。仲哀天皇行幸筑紫时，冈县主熊鳄用船将其迎至周防："道海路，自山鹿海角回之，入冈浦到水门，皇后别路自洞海入之。"因此，应该研究古代冈水门的情况。山鹿与芦屋相对。《万叶集》中的芦城驿家就是芦屋凑。人们住在一个不太高的山岗上。其浦远浅有致，和山鹿相隔不足百米的水路。"自山鹿海角回之，入冈浦"就是指此地。

筑前《风土记》写道："坞舸县东侧有大江口，名曰坞舸水门，塔容大船，从彼通岛，岛旗澳名曰岬门。"此冈水门是不绕山鹿海角而从东面入海的海口，其南岸称岛旗，西岸称若松。远贺入海之潮水东由此口入，西由山鹿进入。山鹿海角的山峦形成岛屿。神后的船"自洞海入之"，就是东面的岬门。今天的若松港用于出口煤炭，舟船辐辏，但古代的冈田宫建在岛旗的平地上。《古事记》中记载："在冈田宫坐一年"，而《日本书纪》中记载"翌月至安艺"，都不确定。相比之下，"在冈田宫坐一年"合乎情理。

第2节 东征军草香之败

《古事记》记载："其后亦从其国上幸，而于阿岐国之多祁理宫，七年坐。"《日本书纪》则写道在埃宫、远贺、安艺航线上的穴门是海神的兼领地。周防国造是天津彦根神的后裔。大岛是伊奘诺尊和伊奘冉尊在回舰上设大多麻流别之处。云艺交界曾经得到素盏呜尊父子的经营。安艺是安艺津彦之国。此地强悍的异族较少。据《通证》记载，埃宫"或曰安艺郡府中总社所祭素盏呜尊、大己贵命，神武天皇相传是埃宫旧址，社边有川曰埃凑，盖其地"。之所以将这个叫作"多祁理"是因为现在的总社在《延喜式》的安艺郡多家神社。因此，"多祁理"是它的旧名。

安艺是中国至九州的海路上的必经之地。安艺通过海路通往吉备防长，通过陆路通往云石，前面联结岛屿海角，与伊豫相连。因此，要安抚地方就要以安艺为中心。一直到后世都是如此。平清盛占据安艺，在福原、博多的贸易中获利，说明他很有远见。天皇的行宫也应该在濒海之地。府中应该存有行宫遗址。地理上诚然如此。

《古事记》中记载道："亦从其国迁上幸，而于吉备高岛宫八年坐。"《日本书纪》中记载道："入吉备国，起行行宫以居之，是曰高岛宫，积三年间，备舟楫，蓄兵食，将欲以一举而平天下也。"有人认为此地不是高岛而是备中，但恐怕也不在备中，必定是在儿岛湾附近。《古事记》在伊奘诺尊和伊奘冉尊八洲循行条中记载:"还座之时生吉备儿岛,亦名谓建日方别,次生小豆岛,亦名谓大野手姬。"神武天皇将此作为开拓吉备的根据地,在儿岛、小豆岛设"别",与赞岐进行联系。前面讲过的菊纹陶棺也是在儿岛对岸发掘出的。儿岛湾是开拓吉备的入口。因此,高岛必定也在此地。只不过由于淤积、填塞导致古今地形变化很大,考察时需要注意。《日本书纪》和《古事记》中的年月难以令人相信。但据《日本书纪》记载:"帝于甲寅十月从日向出发,翌月到达冈田,四十余日到达安艺,又三月到达备前,在此驻跸三年。"《古事记》中记载"冈一年,安艺七年,吉备八年,合计十六年"。延滞时间很长。《日本书纪》中写道"神武天皇催促筑紫,滞留吉备"。这都与我的想法相反。前往日向时,战备事宜已经办妥。神武天皇首先催促筑紫和隼人之兵,驻扎在安艺、吉备两处,从中国地区、四国征调大伴、久米两部曲的兵,战备很快就绪,紧急东征。没有必要在吉备滞留三年。

安德天皇

足利尊氏

以下举后世的例子说明。在寿永，平氏拥立安德天皇，动用原田、菊池等九州的水师向东进发。此时，源义经征集长州和串崎的水师在壇浦迎击平氏，大获全胜。还有一个例子：足利尊氏下九州催促少贰大友与岛津之军。耗时五十余日后，1336年4月3日，足利尊氏到达长府。在逗留二十余日后，他登上串崎船进发，之后分别在严岛、鞆、尾道、儿岛逗留数日。1336年5月20日，足利尊氏从儿岛出发。虽然风浪很大，但在1336年5月24日，足利尊氏还是于薄暮时分到达大藏谷。1336年5月25日，湊川大战开始。在神武天皇时期，诸国枭帅、土蜘异族众多，虽然不能和源平或者官武纷争相比较，但贻误军机会被对手抢占先机，并且此次东征的目的在于取大倭而迁都，沿路不能迁延时日。然而，为了在筑紫巩固根本，神武天皇需要巡幸丰国。为此或许要花费几年时间。毫无疑问，《日本书纪》和《古事记》中的年月所依据的绝非《东征实录》。

神功皇后

　　从吉备、儿岛至播磨滩需要渡过明石海峡,即速吸门。明石海峡是这一航路上的第一个要害。在神功皇后凯旋时,她也是在该隘口布置兵力防备麛坂忍熊王。足利尊氏在大雨狂涛中渡过的也是这一隘口。读史者会知道此地有多重要的。《古事记》记载:"故从其国上幸之时,乘龟甲为钓,遇于速吸门,而唤归,问之汝者谁也。答曰吾乃国神,名宇豆彦,又问从者。答曰侍奉者也。故而指渡槁机,引入其船,即赐名号槁棋津日子。"以此来确定航程之安危。《姓氏录》中记载:"从日向地向大倭溯到速吸门。"《日本书纪》中记载:"二月丁未,皇师遂东下,至速吸之门,时有一渔人,乘船而至,天皇招之,问曰汝谁也。对曰臣是国神,名曰珍彦,钓鱼于曲浦,闻天神子来,故即奉迎。又问之曰:汝能为我导耶。

对曰：导之矣。天皇敕授渔人椎槁末，令执而牵纳于皇舟，以为海导者。乃特赐名为椎根津彦。此即倭直部始祖也。"后人误解了其中的含义。就曲浦而言，《古事记》中写道："曲浦也写作和田浦，非地名。"

《古事记》中记载："故从其国上行之时，经浪速之渡，而泊青云之白肩津，此时登美之那贺须泥彦，与军待向以战，而取所入御船之盾而下立，故号其地为盾津，于今者云日下之蓼津也。"在白肩津，长髓彦的军队迎战神武天皇。箭如雨下，神武天皇的军队持盾，最终登陆。据《日本书纪》记载："舳舻相继，方到难波之崎，会有奔潮太急，因以名为浪速国。三月丙子溯流而上，径至河内国，草香邑青云，白肩之津。"二月丁未，神武天皇从儿岛出发，于三十日到达白肩津，并在此滞留二十七日。四月甲辰，神武天皇终于拔营启程。可见行军速度迟缓。据河田考证，白肩津今为何地不详。古代时，在河内郡、赞良郡、茨田郡和若江郡四郡的交界处有巨沼，称"日下江"。日下江西流大和川，进入摄津，转西北，到大阪以北，流入淀川。据《古事记》记载，在雄略天皇时，引田部赤猪子的和歌"日下江入江莲"中所说的就是此地。日下江直到后世尚存。正保国绘图中称日下江为"深野池""下流勿入渊"。日下村在池子的东南角。毫无疑问，日下江从难波溯江而上，直达此地。宝永初年①，在疏导新大和川时，日下江枯涸。人们在当地开垦新田，称当地为"深野新田数村"。从中我们可以看出古今沿革的过程。河摄低地是淤积而成的新土壤，面积很大，与肥筑海岸相同。

《日本书纪》记载了发生在当地的草香山之战："四月甲辰，皇师勒兵，步趋龙田，而其路狭险，人不得并行，乃还，更欲东越胆驹山而入中州。时长髓彦问之，曰：夫天神子等所以来者，必将夺我国，则尽起属兵迎战于孔舍衙。坂与之会战，有流矢中五濑命肱胫。"然而，此战有可疑之处。从草香津登陆在草香作战。地名重复。神武天皇向大倭的大门龙田口进军，因关隘太险而退军，想从暗岭进军，非常狼狈。长髓彦也在附近集结西军。从暗岭进军速度迟缓。这些都不合情理。在草香津之战中，五濑命很快就负伤。修史者借此和草香山之险来渲染战况激烈，但该说法不足取。大和川流入龙田山的峡谷，非常险峻。怪石嶙

---

① 保永年号自1704年开始，到1711年结束。

峋。河谷之水深不见底。这里是两国的交界处。《万叶集》记载:"龙田山上白云飘,小仓之岭心胆寒。"因此,"人不得并行"。胆驹山在龙田山北面,山峰秀美,高耸入云,今天称作"暗岭越"。此路是人不能并行的险路。据河田考证,大和川从龙田的峡谷流出,取道西北,向若江郡流去。与龙田口相比,胆驹山的草香坂更接近登陆码头,因此神武天皇没有道理绕到同样险阻的龙田口。如果熟悉地理,我们就能看出孔舍衙坂之战完全是多此一举。

《古事记》在日下之蓼津之后写道:"于是与登美彦战之时,五濑命被登美彦射伤。故诏部下说首战不利,姑且撤军。"也就是说,在日下盾津,神武天皇和五濑命受到登美彦军队的猛烈阻击,登陆困难,而五濑命中箭。这些记录想必是事实。今天无法知道当时的日下入海口是怎样的地形,但将船行驶至胆驹山口附近犯了兵家大忌。《日本书纪》中承接上文写道:"皇师不能进战,天皇忧之,乃运筹神策曰,今我是日神子孙,而向日征虏,此逆天道也。不若退还示弱,背负日神之威,如此则兵不血刃,虏必自败,众曰然。于是令军中曰:且停勿复进,乃引军还,虏亦不敢逼,却至草香津,植盾而雄诰焉,因改号其津曰盾津。""向日""背日"的说法通过神教教义稳定了因战败而沮丧的军心。该方法至关重要。此外,因为视线向着太阳不易看清敌人,所以利害得失一目了然。这一细节不容忽视。关于军机的谕告出自主帅的秘策。神武天皇、五濑命及参谋进行了商议。此时,五濑命是主帅。《古事记》所说的内容应该是真实的。据《日本书纪》记载,"神武天皇当时被立为太子,事实上以他为主帅"。这个记录是天武天皇时期史官的篡改。事实绝非如此。并且文中修饰夸张成分颇多,特别是"蒙盾上岸"一事绝非事实。而在退却之后"植盾而雄诰"则是在牵强附会"盾津"之名。

《古事记》中记载:"到血沼海,洗御手之血,故谓血沼海也。"古代将和泉称作茅渟县,因此出现了牵强附会之谈。据《日本书纪》记载:"军至茅渟山城水门,时五濑命矢创痛甚,不治而亡,慨叹大丈夫被贱夫所伤,不能报仇,死不瞑目。时人因号其处曰雄水门。进到于纪伊国窆山,而五濑命薨于军,因葬窆山。"雄诰中洗血以后的内容接近实情。抄其词而歌咏是后人的修饰和润色,但可以看作英主的遗影。将茅渟海叫作雄水门也是《日本书纪》强于《古事记》的地方。雄水门也叫日根郡呼于乡港，就是今天的男里。自此陆路经过《日本书纪》中所说的名草郡，当然此时要走水路才能经过《日本书纪》中所说的加太峡，然后进入名草港。窖山是位于名草平地东北的山。《延喜式》所说的位于和田村的窖山神社是五濑命陵。窖山由天然的岩石构成，山上树木繁茂。与《日本书纪》相比，《古事记》不拘泥于汉文体例，称五濑命的死为"崩"，与倭健命待遇相同。在皇师东征以前，彦瀲尊大概就驾崩了。五濑命是长子，理应承继大统，因此在高千穗宫被立为第四代日嗣。《日本书纪》不提他是第四代日嗣，而是说"年十五立为太子"。之后，五濑命当了主帅。因此，《古事记》称"五濑命崩"。后世因此议论纷纷，怀疑五濑命不是正统。五濑命是彦瀲尊十七岁时生的御子，比神武天皇年长十岁。我推断神武天皇出生于汉宣帝元康三年，即公元前63年。五濑命出生于汉宣帝本始元年，即公元前73年。神武天皇在吾田娶妻生下手研耳命。父子从军。由此推断，五濑命驾崩时四十七岁或四十八岁。当时，神武天皇三十七岁或三十八岁。手研耳命至少十六七岁，相当于汉成帝河平年间，即公元前26年左右。

　　可以推测由于五濑命驾崩，盐土翁的日向庙谟之遗策会发生变动。如前所述，吾田、筑紫的两外戚国奉两尊东征是一个宏大的计划：五濑命统治大倭，神武天皇坐镇高千穗宫，同时向新罗和闽等地派遣御子统辖出云及其他各地。然而，五濑命驾崩后，神武天皇统率全军，最终在大倭继承帝位。因此，起初的计划完全变了。吾田国由火阑一系管辖。这一变化导致吾田和筑紫之间产生罅隙。奠都大倭之后，物部和大三轮成为外戚国，而筑紫和皇室之间的关系变得疏远，为中部和西部的矛盾埋下隐患。人算不如天算。如果五濑命健在，那么他将联结日本的中部和西部，以及朝鲜和闽地，巩固皇统，列岛的形势会更好一些。但是这只是预测。日本究竟能否幸运地顺应自然力量也未可知。这个时期是史实变化的重要时期。

第3节　熊野和吉野及宇陀的形势

在五濑命驾崩后，神武天皇率军攻占纪伊这一事件并没有出现在《古事记》中。只有《日本书纪》中对此有记载，但也是后人所写，有不少错误并且顺序混乱，需要予以纠正。纪伊与大和的南岭相连，绵亘吉野，极其险峻。地质学家认为纪伊的山脊属于太古时期的地层。伊奘诺尊和伊奘冉尊在此生下木祖句句乃驰。后来，该地由名一个叫纪直的豪族统治。纪伊也有伊奘冉尊的兼领地。据《日本书纪》记载："伊奘冉尊葬于纪伊国熊野之有马村焉，土俗祭此神之魂者，花时亦以花祭，又用鼓吹幡旗歌舞而祭矣。"上述是出云的移民从熊野带来的习俗。后人口口相传予以记录。因素盏鸣尊《真名井誓约》而生的熊野樟日命镇守这一地区，进而吞并纪直。此处还有五十猛命的遗迹。其中的沿革虽然不太详细，但大三轮君和纪直及熊野的关系密切，并且历史悠久。据《古语拾遗》记载，管辖纪伊的手置帆负和彦狭知都属于大玉命率领的斋部。在吉野川峡，大玉命让手置帆负和彦狭知用天御量砍伐大峡与小峡的木材举行磐户神事。最初铸造的神镜被当作日前神社的神体。瑞殿就是纪国修建的神社。纪国的开发虽然很早，但仅在交通便利的要地和土地肥沃的地区建立村邑。从吉野日高到牟娄的大部分山岭绵亘至伊势。其中生蕃占据的地区非常广阔，占很大比例。至今还有人迹罕至之处。名草等纪川两岸沃野颇多。神武天皇的军队到达该地时，这些地方尚被异族占领。其他情况可想而知。

在五濑命驾崩后，"军至名草邑，则诛名草户畔"。"户畔"是指某一种族的酋长。大倭也有这一称呼。《日本书纪》中的文句混乱。自"遂越狭野，到熊野神邑"之后多有错误。"且登天磐盾，仍引军渐进海中，卒遇暴风，皇舟漂荡。"神武天皇乘熊野的军舰从名草到达狭野。这一点是可信的。但从地理上看，绕过名草、熊野之后就有一百二十公里的海滨，根本没有必要到熊野僻邑乘船，前往志摩渡海。时间和地理都不合常理。因此，这些内容就是典型的记叙混乱。此时，天皇已经在名草港上船。名草南北两海角被称作海部郡。该国殖民活动非常频繁。此时水师或许已经靠岸，或许已经在那里休整。由于黑潮导致风大浪急，乘船从名草出发到纪州滩非常危险。即便是今天，翻船事件仍然频发。往年土耳其军舰及诺曼顿船等也是在这一大岛的海面沉没的。皇舟遭遇暴风的地方必然也是在此处。《日本书纪》记录稻饭命、三毛入野命在此时入海完全是不了解常世国此时海浪滔天。《泉海》记载道"五濑命驾崩"。《纪海》中写道："两皇兄薨"，只有神武天皇神运很强。这一观点是错误的。

《纪海》接着写道："天皇独与御子手研耳命率军而进，至熊野荒坂津，诛丹敷户畔。""与御子手研耳命"这几个字很重要。在此之前，五濑命率领筑紫等全军，而神武天皇率领隼人军队。至此，神武天皇成为主帅，而手研耳命成为副帅。因为是吾田君的外孙，所以手研耳命必然成为被隼人等拥戴的主将。荒坂津亦名丹敷浦。迄今为止，在混乱的记叙的误导下，人们认为丹敷浦在熊野以东的志摩国英虞郡二色乡，即今天的东牟娄郡的东端的锦浦。乘船到这样偏远的码头诛杀一个酋长实在没有必要。因此这段记叙实在不足为信。铃木真年是纪伊人。我曾经向他问起此事，他回答道，《神武纪》中有三篇内容有问题，称丹敷浦在熊野神邑以东就是其中一个错误，丹敷浦应该在大岛西面串本村的二色。不知是否果真如此。但称丹敷浦在丹敷的西牟娄在地理上是可疑的。

其次，如果还原前面的错误文句，那么就是："遂越狭野，到熊野神邑，时神吐毒气，人物咸瘁。"狭野是位于三轮崎的南面、与新宫毗邻的海岸。《古事记》中将熊野神邑写作熊野村。这些名字都很宽泛。今天，在距离狭野八公里的新宫地区，有一个地方叫神藏之处。虽然令人难以置信，但这些地方都在新宫地区，位于熊野川下游。《古事记》在五濑命的陵寝之后写道："故神倭伊波礼彦从其地回幸到熊野村之时，大熊发出入即失尔。神倭伊波礼彦命倏忽为远延及御军皆远延而伏。"大熊发声和神吐毒气都是比喻异族酋类进行抵抗。虾夷射出的石弩箭上涂着用毒草煮过的汁液。人们中了这些箭后立刻就会死掉。此处也有可能是说人们接触了此箭之毒。有人怀疑五濑命所中的也是石弩箭。关于当时熊野的高仓下，《旧事记》中记载道："饶速日尊的儿子天香语山命，此命随御祖天孙尊自天降，坐于纪伊国熊野邑。其弟为宇麻志麻迟命。"此处记录的似乎是物部氏的古家谱。在时间上，将高仓下叫作天香语山命差了三代。就算称高仓下是可美真手命之兄也是难以相信的。伪书不足为据。高仓下称自己得到天照大神神谕，将从自己仓中得到的武瓮雷尊的灵剑献上。神武天皇立刻坐起接受了此剑。剑上写着"斩杀熊野山的荒神"。这段记录和前面讲的向日、背日之谕有异曲同工之妙。由于熊野的异族强烈抵抗，神武天皇的军队士气受挫。就在此时，熊野的豪族起兵驰援神武天皇，由此士气大振。这一诵主剑成为皇家的神宝。

关于此后的行军方向，《日本书纪》和《古事记》的记载完全相反。《古事记》记载："于是高木大神之命以觉白之天神之子自此于奥方，莫使入幸。荒神甚多，今自天遣八尺鸟。故八尺鸟引道从其立后，应行幸。故随其八尺鸟之后行幸到吉野河之河尾。""奥方"是指熊野川上的北上川的峡谷。从本宫地区取路十津川，将八尺鸟作为向导军，来到吉野川下——这是大致的路线。《日本书纪》中则写道："皇师欲赴中洲，而山中险绝……夜梦天照大神训于天皇曰'朕今遣头八尺鸟宜以为向导者。'果有头八尺鸟自空翔降……大伴氏之远祖日臣命帅大来目督将元戎，踏山启行，乃尊鸟所向，仰视而追之，遂迷于菟田下县。从新宫上游向右取道北上川，遭遇险阻，在鸟军的向导下，从大峰之东来到吉野川上，到达宇陀突邑。"《古语》记载："加茂县主远祖八尺鸟者，奉导宸驾显瑞，菟田之径。"这处内容和《日本书纪》中的内容相同。如果原封不动阅读《日本书纪》中错误的原文，那么我们就会发现神武天皇是从锦浦跋涉于伊势山岭，西行大和界高见越的捷径到达宇陀郡。迄今为止的说法和前述"负日神之威"吻合，但该说法属于迂腐的牵强附会之说。即便侧面不"负日"，但如果神武天皇从南面进来的话，也会背对着太阳，终日得到有利的视线，未必要冒着风浪到志摩界，又从伊势翻山越岭。这纯属徒劳。学究中真有相信这一愚蠢说法的人，很是可笑。河田引用伊势《风土记》说"神倭磐余彦天皇从那里西征东州之时，天日别名随天皇到纪伊国熊野村，奉敕命向东入侵数百里。该村有神曰伊势津彦"之句来证明天皇率领军队平定伊势时经过伊势山中。这里的确与丹敷锦浦相似，但"到熊野村，东入数百里"证明这里不是丹敷锦浦。究竟是菟田下县和吉野川尻两地中的哪一个笔者很难做出判断，但《井光国栖》的叙事顺序和《古事记》的方法有些类似。与其说天皇进一步巡幸吉野，不如说当地人在天皇从十津川到达这里时来迎接。头八尺鸟是军装的名称。神武天皇的士兵穿黑袍，头上戴八尺鸟以作标志。《姓氏录》中称八尺鸟为神魂命的孙子鸭建津见命。山城《风土记》记载："日向曾之峰，天降坐神贺茂建角神命也。神倭石余彦之御前立坐，而宿坐葛木山之峰"，与《古事记》的吉野川尻的说法相同。据说神倭石余彦是和天日别一起从日向随行天皇的大将，隶属大伴氏。神倭石余彦让隼人之兵着鸟装在山里探路，做向导。据《古事记》记载，"从十津川到吉野河尻，在这里奉迎，向上游的宇陀行进，一路上井冰鹿、国樔等族群来迎接，自其地穿越幸宇陀，故曰'宇陀之穿也'。故而于宇陀有兄宇迦斯、弟宇迦斯二人是土豪"。《日本书纪》中写道："只号其所至之处曰菟田穿邑。""在此，日臣命赐其名为道臣，兄弟的地位确定之后，巡幸吉野，井光国栖迎接，缘水西行，受到奉迎。接着登菟田高仓山，又返回。"叙事顺序混乱。《古事记》的内容也大致如此。从这里可以大概了解占据大倭背击垣山之外的东南之地的土豪的情况。吉野河下游住着赞持族。《古事记》称他们为"作筌有取鱼人，曰：吾乃国神，名谓赞持之子"。赞持族住在宇智郡阿陀乡。《万叶集》中写道："安太人梁持，渡濑轻如燕。"《职员令义解》写道："饲养鸬鹚、拉网捕鱼之江上人。"《集解》中写道："饲养鸬鹚三十五户。"这些人属于杂供户。正仓院文书写道："谨解可雇进越流川道，知人事。"天平宝字六年七月十九日，更启"鲜年鱼类事，又依彼日之间，川水甚湍急，此河鹈甘不住，又不作网"。这是宇治麻吕的解释。赞年鱼的故事一直持续到大倭奠都。上述仅供参考。

井光是占据从阿陀至其上游土地的土豪。《古事记》中记载道："生尾人自井出来，其井有光，曰：吾乃国神，名谓井冰鹿。"①井是竖穴的窟窿。古代穴居中只存有横穴。井光是竖穴之族的典型例子，光是指因身着勾玉、管玉及金环等而灿烂发光。崔鸿在《十六国春秋》中写道："酒泉南山即昆仑之体也，周穆王见西王母，乐而忘归，即在此山也。山上有石室，王母堂，琼玉珠宝饰焕如神宫。"我们将《古事记》中的记载与此文相比就可以理解了。尾是服装的形状，也就是裙摆。《山海经》写道："戴胜虎齿，有豹尾，穴处名曰西王母。"由此可见，井光

---

① 据《日本书纪》记载："出自井中，光而有尾，臣是国神，名为井光，此则吉野首等始祖也。"——原注

或许是西王母一族。《姓氏录》记载道："吉野连加弥比加尼之后也,谥神武天皇行幸吉野,到神瀬,遣人汲水。使者还曰:有井光女,天皇召问之,汝谁人?答曰:臣是自天降来白云别神之女也,名曰丰御富。天皇即名水光姬。今吉野所祭水光神是也。"文中所指应该是吉野水分神社。由此可见,井光是女酋长。

关于吉野国栖,《应神纪》中写道："其土自京东南之隔山而居于吉野河上,峰险谷深,道路狭窄。"《古事记》记载:"即入其山之,亦遇生尾人,此人押分岩而出来,曰:吾乃国神,名谓石押分之子。"可见,地理上也是符合的。吉野国栖是占据吉野河上的种族。在今天的河流的两发源地相汇的南面有南国栖村。从《日本书纪》记载的路程来判断,要到菟田下县,必须经过这里。"更少进,亦有尾而被磐石而出者"据说是指磐排别之子。吉野神瀬水分社并非井光的遗迹,而井光的遗迹似乎是在《大和志》中所说的碰村的井光宅遗址,位于郡东北川上庄,相当于国栖之地。井光应该住在下游。《日本书纪》中的说法在地理上非常混乱。《姓氏录》记载:"国栖出自石穗押别神也。神武天皇行幸吉野时,川上有游人。于时天皇御览,即入穴,须臾又出游。私窥之,唤问答曰:石穗押别子也。尔时诏赐国栖名。"可见,"国栖"由民族称呼演变为姓氏。"仁德天皇御世,始赐名国栖人意世古,次弟世古二人,允公天皇御世乙未年中,七节进御赞侍奉神态,至今不绝。"又"拜见应神天皇,击口鼓,载歌载舞,而后永免课役"。在常陆《风土记》中,也有记载国栖出入洞窟的状态:"昔在国巢,山之佐伯野之佐伯,昔置堀土窟,常居穴,有人来则入窟而窥之。其人去则出郊以游之,狼性枭情,窥机掠盗,无被招抚,弥阻风俗。"这是山中穴居的野民的常态。他们与土蜘、八掬胫等一样,都是异族。

吉野国栖在伊势、伊贺及宇陀郡的交界,是八十枭帅的巢穴。据《古事记》记载,熊野深山中荒神颇多。虾夷占据罅谷的状态和前面的井光国栖占据吉野川上下游的情况类似。在宇陀县宇贺斯邑有一个名叫"兄猾、弟猾"的兄弟豪族。神武天皇遣八尺乌招抚他们。然而,弟猾来了,但兄猾造新宫,在其殿内实施押机①,想要诅咒神武天皇。弟猾将兄猾的阴谋告发。于是,神武天皇派遣道

---

① 即厌胜之术,——原注

道臣命

臣命和大久米命两帅前往诘责兄猾，之后亲自捣毁其老巢。弟猾大摆宴席犒劳神武天皇的军队。大久米命起舞，以大小工具为节，歌声抑扬顿挫。宇陀高城开始鸣锣为宴席助兴。

据《日本书纪》记载："天皇涉彼菟田高仓山之巅，瞻望城中。时国见丘上，则有八十枭帅，又于女坂置女军，男坂置男军，墨坂置木炭。"高仓山跨宇陀郡的守道村至东庄村。国见山属于跨郡的东北交界的伊贺见山脉，可以眺望东北。男坂、女坂和墨坂都位于郡的西边。从宫奥翻越十市郡多武峰的小道叫女坂。女坂北面的宇陀至樱井的道路叫男坂。从男坂北面的荻原到翻越初濑的道路称作墨坂，从地势上可以眺望西北方向。凭借这样的地理分布，高仓山可以眺望很多地方。女军、男军和墨军都是侦探，用以刺探军情。女坂、男坂、墨坂的名字处处都有。关于青垣山内的情况有如下记载："复有兄矶城军，布满于磐余邑，贼虏所据皆要害之地。"弟猾上奏神武天皇："矶城村有矶城八十枭帅。又高尾张邑有赤铜枭帅，此类皆欲与天皇距战。"矶城村并非后世的式上式下郡。式上有三诸山，而此时大三轮氏没有允诺登美彦。兄矶城和矶城八十枭帅一起在宇陀西北界十市的山野布阵。磐余邑就泛指这一地区。兵败后，兄矶城率兵向北逃走。

第4节　大倭背击

通过神武天皇东征的记录，人们才发现异族杂居纪伊大倭这一情况。如前所述，多个种族住在一个郡内或者一个种族建立多个群落，称作八十枭帅。有的民族占据一个地区自立。有的民族与其他民族杂居，从属于一个豪酋。这一光景和今天台湾岛的生蕃各社及土匪相似。其中南方种族的天神及称作国神的产姬的贵种颇受尊敬，成为君长，将下辖居民作为部民。根据这一情况，我们可以推测日本全国和朝鲜的情况。迄今为止，史学家将大倭看作自太古时期以来的帝都。但通过观察橿原奠都以前的情况，我发现事实绝非如此。在虾夷、国栖等种族中，事代主家族①拥戴天孙的饶速日家族，宣扬神教，招抚蛮夷种族。其他兄矶城、弟猾等县主进行割据，依然住在草莽未开之荒山。

神武天皇从高仓山班师，当夜梦见天神训示："以天香山社中②造天平岩瓮，祭祀神祇，进行严咒诅。"此时恰逢弟猾前来禀奏矶城高尾张的情况，并奏

---

① 即大三轮氏。——原注
② 天香山作栂真命神社，原名大麻等乃知神社。——原注

椎根津彦

请以天香山陶土造平瓮,祭祀天社、矶社之神。神武天皇更加高兴,不久便派遣弟猾、椎根津彦二人到天香山。这样一来,二人弊衣蓑笠,椎根津彦扮作老翁,弟猾扮成老妪来到敌区。群房都说二人丑陋,无人怀疑。二人终于取陶土而回,制造平瓮手袂严瓮。又拔取丹生川上的真坂树,敕令道臣命作斋主。神武天皇亲自作显斋,祭典诸神。严翁这一饰物就源于此时。"严咒诅"是指降伏贼徒的诅咒。神武天皇尝了严瓮中的粮食,整备人马开战,首先在国见丘上击败八十枭帅并杀了他们,之后作诗歌:"神风伊势海,大石轰隆响,贼徒纷纷败,斩杀大枭帅。"关于伊势神风,《风土记》记载:"天日别命奉旨东进数百里,让伊势津彦献其国，伊势津彦曰：吾居住此国已久，不听命。天日别发兵欲戮之。伊势津彦畏惧，半夜起风而去。因此，称神风伊势国。"这段话与史实相反。此时天日别奉旨分拨军队平定伊势。

　　《古事记》中没有上述内容。但在关于诛戮兄猾的内容之后，《古事记》中记载："自其地行幸到忍坂大室之时，生尾、土蜘、八十健等待其室内。故而天神御子之命以飨宴赐八十健。于是充八十健，设八十膳夫，每人佩刀，教诲其膳夫等曰：闻歌之者一时共斩。"据《日本书纪》记载，"既而余党犹繁，其情难测，乃敕令道臣命：汝宜帅大来目部，作大室于忍坂邑，大摆宴席，诱虏而取之"。由此可见，《古事记》的内容属实。关于神武天皇尝严瓮粮并向国见岳进发，书中写得很有气势。但观察地理可以发现，国见岳在宇陀郡的东北伊贺界，忍坂在翻越西山的路上，绝对属于与世隔绝之地。如果在国见岳进攻八十枭帅的巢穴的话，那么就要派天日命之类的将领。神武天皇会直接率军到忍坂，在中央造祭坛。因而，有人认为国见山距离高仓山最近。这种说法靠不住。在宴席上诛杀的八十枭帅住在忍坂。神武天皇宴请八十枭帅，歌曰："忍坂大宝屋，出入人物多，久米子槌杀。"歌毕，八十枭帅全部被槌杀。神武天皇仰天大笑。虾夷虽多，无一人反抗。久米歌舞的乐府流传至今，成为皇室之古仪。有人说其舞姿、歌曲与朝鲜风俗相同。大体而言，杂见于《日本书纪》和《古事记》的歌舞都是语部创作的。出云语部中也有几个新罗人。因此，二者必然有相似之处。忍坂位于城上郡忍坂乡。如今的忍坂村位于郡南部的十市郡交界处。从地理上看，这里就是矶城八十枭帅的老巢。八十枭帅共三类，混杂在一起。

　　这样一来，神武天皇就做好了大举进攻矶城的准备。他首先派八尺鸟劝说兄矶城和弟矶城来降。兄矶城将使者赶了回去，而弟矶城则摆酒款待使者，率部下归附神武天皇。弟矶城禀奏神武天皇兄矶城决心一战。神武天皇派弟矶城向他的哥哥兄矶城陈明利害关系，招抚兄矶城及其党羽兄仓下和弟仓下。然而，兄矶城还是不答应。于是，神武天皇采纳椎根津彦的计策，从忍坂道派出女军佯攻。看到大兵压境，兄矶城拼力抵抗。然而，神武天皇的军队取宇陀川之水并将之灌入炭火，突然翻越墨坂，从兄矶城军队背后发起攻击，大败兄矶城军队,并斩杀兄矶城。这一策略与前面的女坂、男坂和墨坂的筹备一气呵成,成为军事佳话,非常有趣。然而,从地理上来说,要想取得成功并非易事。在忍坂的室内斩八十枭帅后,神武天皇的军队已经到达樱井口。兄矶城的大营在鸟见。因此,两军已经距离很近。神武天皇的军队堵住宇陀北流之水浇灭荻原口的炭火,从初濑路迂回,在兄矶城军队背后发动攻击。然而,该说法过于夸张,与事实不符。《古事记》记载:"然后将击登美彦之时歌曰……又击兄师木、弟师木之时,御军暂疲而歌曰。"两战都仅仅记录了久米的和歌。然而,关于神武天皇在大倭背击中诛杀宇陀的兄猾以及从忍坂翻山去登美这部分内容,《日本书纪》和《古事记》的记载是吻合的。只不过在地理位置上,女坂和墨坂疑点颇多。《日本书纪》中所说的"长髓是邑之本号"就是登美。在迄今为止的解释中,以在式上郡外山村有式的城上郡等弥神社位于忍坂至樱井的路上为据,认为登美就是该地。然而,此地是个小村子,绝非豪族的本邑。近年考证得知,登美彦的登美在添下郡的鸟见庄,即倭名抄中所说的鸟贝乡①。这是河田的观点。他认为外山在上古属于忍坂邑。忍坂邑有菟田八十枭帅的余党,并且兄矶城等也盘踞此处。长髓彦也很容易在这里割据。长髓之地在添下郡,横亘平群郡,与河内接壤。因此,当神武天皇的军队从河内进入该地时,兄矶城首先发兵抵挡。这一考证可谓精密,因此成为定论。诛杀兄矶城后,神武天皇的军队平定磐余邑,最后进击登美。据《日本书纪》记载:"皇军击长髓彦,连战不能取胜",记述了金鸱之祥瑞。然而,这一段落称"登美"和"鸱"的发音相似,是对地名进行牵强附会的解释,不足为信。试想,从忍坂前往添下平群的路属于平原,在地形上来说需要出动大军作战。此时,长髓彦是否有进行大决战的勇气还是个未知数。抛去金鸱之祥瑞不谈,对方看到神武天皇整顿军队向登美进发,立即派遣使者问来意,这样才合乎情理,而在抵抗之后谈和是不可能的。《日本书纪》中写道:"时长髓彦乃遣行人言于天皇曰:尝有天神之子乘天磐船自天降止,号曰栉玉饶速日命,是娶吾妹三炊屋媛。遂有儿息,名曰可美真手命。故吾以饶速日命为君而奉焉。夫天神之子岂有两种乎?奈何更称天神子,以夺人地乎?吾心推之,未必信。

---

① "贝"是"见"之误写。——原注

天皇曰：天神子亦多耳。汝所为君是实天神之子者必有表物，可相示之。长髓彦即取饶速日命之天羽羽矢一只及步靫以奉示天皇。天皇览之曰：事不虚也。还以所御天羽羽矢一只及步靫赐示于长髓彦。长髓彦见其天表，益怀疑虑。然而，凶器已坏，其势不得中休。而犹守迷图，无复改意。"在此问答中有修史者的敷衍之处。"天神子亦多"未必能等帝谕而知。修史者误解为皇统了。在古代贵族的思想中明确君臣之名分的时期远远晚于神武天皇的在位时期。到了崇神天皇时期，才由臣连倡导，强调注意君臣名分这一伦理。在这一段文中，"为君"字样有两处，但也不能证明此前已经有了君臣观念。我不认为大己贵命将天日命作为君主来拥戴。同样，长髓彦也没有将饶速日当作君主。都是将他们作为天神之子来对待的。而在这样关键的地方使用"君"这样的字来添枝加叶是《日本书纪》的重要缺陷。《古事记》中写道："故而，迩艺速日命参赴，白于天神御子，闻天神御子天降坐，追参降来，即献天津瑞以侍奉也。迩艺速日命娶登美彦之妹登美夜姬，生子宇麻志麻迟命。"将尊者作为天神御子来奉迎是当时的思想。这就是《古事记》的特色。据《日本书纪》记载："饶速日命本知天神殷勤，唯天孙是与，且见夫长髓彦秉性刚愎，不可教以天人之际，乃杀之归附焉。天皇素闻饶速日命是自天降者，而今果立忠功，则褒而宠之，此物部氏之远祖也。"这段记载内容和《古事记》所说大概相同。这样一来，事情和平解决。

　　下面分析一下青垣山内的民族的情况。在北面的层富县，登美彦和饶速日命占据河内界。东面的矶城山边建有三轮氏三轮神社。南面的十市高市由矶城彦占据，统辖各种虾夷。西南的葛城由武瓮雷神的祖父构筑水城割据一方，虽然叫作高尾张邑，但属于广阔的山谷地。一些地方由虾夷、土蜘占据。青垣山西面的宇陀是与伊贺、伊势相连的䧺谷，是虾夷的巢穴。在平原地区，兄弟彦占据宇贺斯，正在安抚野民。这样一来，神武天皇招抚熊野、吉野和宇陀，向山里进发，剿灭矶城彦，平定南部。之后，饶速日命让整个长髓归附神武天皇。最后，三轮氏的动向成为最终平定这一地区的关键。长髓虽然归附了，但在层富的东边还有强悍的族类。据《日本书纪》记载："是时，层富县波多丘海角有新城户畔者，又和珥坂下有居势祝者，长柄丘海角有猪祝者，此三处土蜘蛛，并恃其勇力，不

虾夷武士

肯来庭。天皇乃分遣偏帅皆诛之。"层富县位于今天的添上、添下郡,《姓氏录》记载:"添县主出自津速魂命武乳别命也",因此与中臣氏是同祖,此时其是否已经成为县主尚不确定。波多丘就是位于添下郡五条村以西的赤肤山,是不毛的赤土丘。新城就是位于五条南部的新木。和珥坂就是尔和,位于郡的南边。此地的添上郡有和尔坐赤坂比古神社。据河田讲,长柄丘就是位于山边郡东南的长柄村,相当于和珥南部,与波多丘呈鼎足之势。神武天皇已经消灭矶城和长髓等。西北角上还有三贼,相互勾结。因此,神武天皇派偏帅先去平定,而将主力用在东西葛城。这是理所当然的安排。和珥长柄的酋首是皆祝,如果是西方译著的话,酋首写作"僧",给人格化了。要驯服蒙昧民族,与武力相比,借助神教的力量让其心服更合适。这一时期，神武天皇要怀柔全国各地割据的异族，建立村落。巫祝术起着重要的作用。因此，天神御子所到之处，受到民众敬仰。承受皇室成员一个笑容或一句问候都让人民颇感荣幸。皇室的权威逐渐形成了。这一点不容忽视。

"高尾张邑有土蜘蛛，其为人也，身短而手足长，与侏儒相类，皇军结葛网而掩杀之，因改称其邑曰葛城。"该记载属于对地名牵强附会的解释，不能当真。葛城的旧名叫"高尾张。"据《古事记》记载，伊都尾羽张神将天安河水反向堵塞，堵住道路，使其他神不能通过，是健御雷的父亲据险把守的"岩邑"险关，成为矮种人的巢穴。据弟猾讲，葛城有赤铜枭帅。此山绵亘吉野，背靠河内的千刃破和金刚山，是个险隘。虾夷杂居之处不少。虽说如此，用葛网掩杀身材矮小的土蜘蛛人种而得名葛城之谈是浅显低劣的无稽之谈。《古事记》记载道："故如此言，向平和荒夫、琉神等、退拨不伏人等而坐宙火之白檮原宫治天下也。"总而言之，在大倭高原上，虾夷和土蜘等其他异类处处喧扰。这是《古事记》和《日本书纪》所记载的共同之处。可以推测这些情况就是此时期前后日本全国居民大致的生活状况。

因为四隅的草贼已经全部平定，所以神武天皇就开始和大倭望族三轮氏进行联姻。《古事记》记载："求为大后之美人之时，大久米命曰：此间有媛女，是谓神御子，姬多多良伊须气余理姬，于是七媛女游行于高佐士野，伊须气余理姬在其中，而大久米命见面以歌白于天皇，尔伊须气余理姬者立其媛女等之前，乃天皇见其媛女等而心知伊须气余理姬立于最前，以歌答曰，而大久米命以天皇之命诏其伊须气余理姬。故其娘子白之侍奉也。于是伊须气余理姬之家在下井河之上天皇奉行其许一宿御寝坐也。"狭井河就是狭井川，流经城上郡狭井坐大神荒魂神社。在《古事记》的原注中有如下记载："谓狭井河由者，于其河边山由理草多在，故取其山由理草之名，号佐韦河也。山由理草之本名云佐韦也。"《大和志》记载："狭井溪自三轮山边狭井寺遗迹至箸中村入经向溪，其河上的房子在靠近三轮山的峡谷中修建，在春日的率川社举行三枝祭。因此，后人将率川称作狭井川，将其社称作神武后的家址的说法是错误的。此时，三轮家族的领地大致到层富县，但其主体是三诸山神那备附近。层富县一经平定就和三轮氏成婚，在橿原建宫殿。"

《日本书纪》就此事记载："天皇当立正妃，故广求华胄，时有人奏之曰：事代主神共三岛沟橛耳神之女玉栉媛所生儿，号曰媛踏备五十铃媛命，是国色之秀，天皇悦之，九月乙巳纳以为正妃。"《古事记》记载："虽然命名美和之大物主神，但事代主以此为善，即称其女为五十铃姬。"该做法与称饶速命为火明类似。直到此时，仍然没有"尸姓"之称。人们都是将祖先之名作为家族名称。因此，虽然时代不同，但父子同名是常有的事情。早在大国主出云避国时期，三轮家族就承诺停止世俗事务，专门从事祭神之事。因此，事代主以来，三轮家族专门从事神事和传教。传教对安抚夷族非常有效。因此，诸国都建神邑、神户。大国魂、大神的神社甚多。因此，之后，长髓彦拥戴饶速日，处理世俗的"显露"之事，与神武天皇对抗。而三轮氏没有参与此事，专门从事神事提高名望。后世，神社、佛寺在兵荒马乱中依然从事传教工作。二者情况相似。譬如在元弘之乱中，熊野、高野和吉野都保卫神佛，严守中立，与此同时，让领地上的豪族支持天皇。我认为长髓彦属于三轮家族中的一族。人们将五十铃媛称作"神子"，后来将大田田根子也称作"神子"，直到后世都将大宫司、大祝家族的姓称作"神"。这样的例子很多。宫崎的田村氏将神事、世俗之事和家事分开，至今尚存的是其神家。诹访氏也是如此。大祝家族称神姓。神领中的众民敬其为生神，更何况在古代，更要将三轮氏的神家子女和神事作为神子、神话来对待。这些习俗广为流传，不足为怪。就神武天皇平定大倭后与三轮家族通婚一事，《古事记》中写道"求为大后之美人"。《日本书纪》记载"广求华胄"。这些记载只是表面之词，其实大久米命等秘密协商要笼络三轮家族，正好其家有女，玉成此事。最终请高佐士野作和歌以纪念。基于这一结果，吾田的吾平津媛未能迎来神武天皇班师回到九州立手研耳命为太子，而手研耳命将来在高千穗宫称帝的期待也成了泡影。不久，隼人拥戴火阑降命的后人为君长。这和最初的预期不同。然而，从此时开始，隼人之兵令人大失所望。这也是神武天皇驾崩后，在五十铃姬后和手研耳命之间发生变故的原因。以后对这一点进行详述。

第5节 橿原肇国

磐余邑的兄矶城灭亡后，大倭所向披靡，以磐余为根据地寻觅良地，在位于亩傍山旁的橿原修建宫殿。《古事记》就此记载："坐亩火之白橿原宫。"因此，神武天皇将尊号定为"磐余彦天皇"。关于磐余，《日本书纪》记载："磐余之地，旧名片居，亦曰片立，逮我皇师之破虏也，大军集而满于其地，因改号为磐余。或曰天皇往尝严瓮粮，出军西征。是时矶城八十枭帅于彼处屯聚居之，果与天皇大战，遂为皇师所灭，故名之曰：磐余邑。"这些都是牵强附会之谈。在神武天皇从高仓山眺望之条中有如下记载："兄矶城军布满于磐余邑。"也有将十市高市地区称为磐余邑的。神武天皇平定大倭是开创国家之举，因此后世的各个贵族家族对这段历史牵强附会，在家谱和地志上叙述其功勋，夸耀其荣誉。这是注重门阀时代的习俗，不必当真。《日本书纪》中记载了修建橿原宫的诏令，与其他记载内容不同，类似于西汉时期的文章，很明显完全属于修史者的杜撰。诏令中的"今运属屯蒙，民心朴素，巢栖穴居，习俗惟常，被拂山林，经营宫室，以镇蒙俗"等都不符合史实。穴居开始于天磐屋，当时各种民族都有这种习俗，不仅限于虾夷和土蜘。建瑞殿、示威严于国民是早在伊奘诺尊和伊奘冉尊以前就有的宣布神教的仪式。淡路的八寻殿也是如此。"天津底根"、"宫柱矗立"和"高天原上冰木高耸"等词汇已经见诸素盏鸣尊给大国主的神诰中。这是自古以来的嘉例，并非始于神武天皇时期。

在政教合一的时期，忌部氏兼管大藏省，因此营造橿原宫是忌部直之祖的职责。《古语拾遗》详述此事："建都橿原，经营帝宅，仍令天富命率手置帆负、彦狭直二神之孙，以斋斧、斋锄始采山材，建立正殿。"其下注："所谓底部都盘根，宫柱布都之利，高天原搏风高之利。皇孙命美豆御殿造奉仕也。"这是忌部氏的世袭之职。采山材是指从纪伊川的大峡小峡采伐木材。"其后裔今在纪伊国名草郡御木麁香二乡，采伐木材忌部所居谓之御木，造殿忌部所居谓之麁香是其征也。"忌部氏住所位于后来的名草郡忌部乡、荒贺乡。附近有大宅乡，大概是办理忌部氏用度的屯仓。山谷中林木繁茂。采伐工技术熟练。木材从小峡到大峡绕过岩石顺流而下。工人如猿猴般穿梭在流木之间。今天，熊野、飞驒和木曾等地都有采伐工。没有采伐工的山林派不上用场。在上述"大峡小峡"这个词中已经看出采伐工的高超技术。手置帆负的后裔后来分化。一部分成为赞岐国忌部。因此，"又令天富命率忌部诸氏制造种种神宝镜、玉、矛、盾、棉麻等。栉明玉命之孙造御祈玉。今其后裔在出云国每年兴调物，贡进其玉，天日鹫命之孙造棉麻并织布。手置帆负之孙造矛杆，今分在赞岐国，每年调庸之外，贡八百竿，是其事等。证也。"[①]《式》说："践祚、大尝会、宫南北门所载八竿，各长一丈八尺，纪伊国部造之。"之所以纪伊忌部也造矛竿，是因为手置帆负家族是从纪伊分出一支移居赞岐国。"仰从皇天二祖之诏，建树神篱，所谓高皇产灵、神皇产灵、魂留产灵、生产灵、足产灵、大宫卖神、事代主神、御膳神、栉磐间户神、丰磐间户神生岛、坐摩。"御巫奉斋的八神后世在神祇官内建八神殿，作为守护圣体神祇。十一月举行镇魂祭。这起源于天孙西降之时的敕令：高皇产灵尊曰为吾孙树立天津神篱、天津磐镜。八神中有事代主神是因为神武天皇从三轮家族中纳了皇后，加上了其祖神。《崇神纪》记载："先是天照大神贺大国魂二神并祭于天皇大殿之内。"这也是一条主要原因。此事没有得到后世人的注意。御门巫奉祀的二神及以下直到后世逐渐增加。橿原肇国是日本的创始，因此诸氏竞相宣扬其家族历史，但很多都是后世添加的。

关于宫外、宫内之仪式，该书记载道："日臣命率来目部护卫宫门，掌其开关。饶速日命率内物部造备矛盾。其物既备，天富命率诸忌部捧持天玺、镜、剑，奉安正殿，并悬琼玉，陈其币物，殿祭祝词，次祭宫门。然后，物部乃立矛盾。大伴来目建仗门，令朝四方之国，以观天位之贵"，详述了在底津盘根布立宫柱，在高天原搏峰峻峙的光景。此文夹杂了后世的思想，有失偏颇。"日臣命率来目部"与《日本书纪》中记载的天皇东征内容相同。大久米命就是日臣命率领的来目部。这里面夹杂了在久米直衰落后，大伴氏独掌靫负衙门以后的思想。《古事记传》也指出了这一点。大伴、久米二将是天孙降临的先锋，在神武天皇东征时统率元戎，诛杀兄猾和八十枭帅。大久米命撮合神武天皇与三轮家族的婚姻，立

---

① 出自《古语拾遗》。

下了与日臣命同等的功勋。这些在《古事记》里都有详尽的记载。但只有"大伴来目建仗门"一句将二将平等对待。《古事记》中的"可美真手制作"等字眼试图说明饶速日命还在,实际上是搞错了年代。这一点应该以《旧事记》的说法为准。此外,久米率领隼人护卫宫墙,从西国随行而来,捧持镜、剑一直持续到后世。琼玉是栉明玉制作的祈玉。这就是八坂琼勾玉的起源。直到此时,人们并未并祭大国魂。并祭大国魂是之后形成的制度。《旧事记》就此事记载如下:"天富命率诸忌部捧天玺、镜、剑奉安正殿。天种子命奏天神寿词,即神世古事类也。"这一说法是可信的。忌部的职责是装饰神殿,供应祭品。在中殿祭神,上奏祝词是中臣的职责。而省略天种子命则是壹部广成的偏执。《神祇令》规定:"凡践祚之日,中臣奏天神之寿词,忌部上神玺之镜剑。"这是神武天皇入住橿原宫之后才开始进行的仪式,一直延续到平安朝。然而,在两个辅佐祭祀的人中省略中臣,这样的记载是不合适的。

《日本书纪》中写道:"辛酉年春正月庚午朔,天皇即位于橿原宫,尊正妃为皇后。"在修史时,天智天皇元年,即662年就是辛酉年,因而与纬书的革命运数相吻合。通过逆推一蔀的年数,我们发现神武天皇在橿原即位之年相当于前一蔀的革命之年。因为这一纪年是杜撰的,所以古史的年序较为混乱。因此,史学研究者将此看作无纪年。说来话长,这个问题就此打住。即位立后一事是否是事实还是个疑问。这个后面再讲。《古语》避开这个问题,继续往下写道:"在亩傍之橿原之底磐根树立宫柱,在高田原上搏峰峻峙,号初肇国天皇。"这一句和上述的《古语拾遗》是吻合的。神武天皇在大倭首次开创皇基,成为人皇之祖,可喜可贺。"冰木"也写作"搏风",是指雄立于神宫大梁左右两端的双尖的木头,直到今天还有。有的学说就其起源做了下述说明:太古时期,建草屋之时,两木交叉,以绳缚之,在上面横架木头为栋。人们将柱子从地面上竖起来,在下面日常起居。为了模仿这一形状,还有人做了冰木装饰。由此可以想象出贱民住在草窝棚里的太古时期的情景。当时人们用斧、锄等工具,竖起柱子,进行装饰。还有将木头交叉装饰包住大梁的做法。神武天皇将这种方式应用于瑞殿的搏风。这是按照神宫的形制建造的,高达数层。一抬脚就能上去的叫作"一足

天智天皇

"鹰"宫。而这个瑞殿则是用茅草铺房顶，周围是木板。其他国县主的住宅不同于神宫，但究竟是什么样子还不清楚。而筑紫国造的宫殿则是雉墙楼阁。当时的城市形制如何尚不清楚。当时没有今天这样的石垒砖壁的建筑，全都是土木结构。九州有一种建筑物叫"神笼石"的，不同于城垣，而是外面围着神篱。房子是用"磐镜石造的"。

神武天皇在位期间，实行的依然是政教合一制度。《古语拾遗》记载道："当此之时，帝之与神，其际未远，同殿其妆，以此为常。故神物官物亦未分别，宫内立藏号斋藏，令忌部氏永任其职。神武天皇又令天富命率供作诸氏造作大币讫。天种子命解除天罪、国罪事。"这是自古以来天神族以神驯化异族而开国的遗风,直到人皇时期还一直在实施。因此,《职原抄神祇官条》中写道:"本官位于诸官之上,是神国之风仪,重天神地祇故也。昔最初人皇神武天皇定都于大和国橿原时,以天照大神玉玺、八尺镜及剑安置大殿,同妆而坐,盖如往古神敕,由此皇居神宫无差别。宫中立库藏,云斋藏,官物、神物亦无分。此时天儿屋根命孙、天种子命专主祭祀。是乃执朝政之仪也。"自上古以来,中臣忌部二氏掌管神事。据《日本书纪》记载天孙降临之时,"高皇产灵尊因敕令曰汝天儿屋命、太玉命宜持天津神篱降于苇原中国,亦为吾孙奉斋焉。二神陪从天忍穗耳尊以降之。乃使太玉命以弱肩头被太手缀而代御手以祭此神者,始起于此。且天儿屋命主神事之宗源者也。故以太占之卜事而奉仕焉。惟尔二神同侍殿内,善为防护"。二人因此随天孙下到高千穗宫,辅佐祭祀之政。他们的子孙天种子命和天富命随军东征,作为辅佐,立于殿内侍奉,执掌朝政。不过,二氏的职务自有分工。中臣奏谆词、祝词,进行祓除,以卜部的太占来听神旨;忌部负责修造瑞殿,供应祭品、币物。由此可见,中臣负责神教,管理精神层面,而忌部负责物质层面。然而事实未必如此。关于磐户前的神事,《日本书纪》注释书中写道:"太玉命执真坂木,天儿屋命广后谆辞祈启。"这是说太玉命也参与祭神。《古语拾遗》中写道:"念殿祭祝词。"忌部也有祭神传教的秘籍。《古语拾遗》认为中臣仅仅负责解除祓词。后世的文学家只注意华辞、语调,罗列天罪、国罪等极其浅显的条件做出判断。天罪、国罪绝非古传的神教。忌部很早就衰落了。神事被中臣氏垄断。因此,虽然正统的《古事记》中写道"天种子命专主祭祀",但在"左右大臣之条"中有"神武天皇东征之后,天下一统,二神之系天种子命、天富命又为左右"的记载。毫无疑问,天种子命和天富命是当时的左右大臣。

当时,政教合一的神祇官在太政官中务、大藏、宫内兼任式部、治部[①]等职。这一点在前文中能够看出来。就兵部事务而言,在天孙西降时,大伴、久米二将随行,在东征时任元帅,立下赫赫战功。《日本书纪》和《古语拾遗》中说元帅只有大伴一人。这是错误的。因为二人率领的军队要使用弓箭利器,弓箭利器

---

① 公务较少。——原注

称靫负或称久米子,并非大伴执掌靫负,而是大久米执掌久米子。久米直后来还统率带剑的膳夫。这是因为他在忍坂中立下了大功。大伴氏专掌靫负。设立衙门则是在雄略天皇以后的事情。据《日本书纪》记载:"天皇论功行赏,赐道臣命宅地,居于筑坂邑以宠异之。亦使大来目居于亩傍山以西川边之地,今号来目邑,此其缘也。"可见大来目即大久米后面加了"命"字。筑坂在橿原官附近。绥靖天皇、桃花岛田的丘上陵也属于筑坂。来目就是来目郡。久米御县神社有久米部的祖高御魂命的神社、味耳命的神社和大来目命的神社三座。《姓氏录》中写道:"久米直乃神御魂命八世孙味耳命之后也。"因此,高千穗以来的大臣及大将家族都是高神两产灵一族。忌部大伴出自高皇产灵一族,而中臣久米出自神皇产灵一族。他们是最高等的贵族。后来忌部久米衰退,中臣又加工其始祖,将其改为津速魂三世孙天儿屋或兴台产灵儿天儿屋。《古语拾遗》中写道:其是"神皇产灵神之子"。我们以这个说法为准。"兴台"是"兴言"之误。毕竟津速、己己都只不过是两产灵的分支。

物部是带刀之兵,自古如此。弓兵久米部也佩戴头椎剑,但主要是卫兵。物部通常是带刀之兵,处理具体事务。《旧事记·天神本纪》中列出的物部的职责不可信。但此部民自古就有。当神武天皇在橿原奠都后,此部民归可美真手命管辖。因此毫无疑问,物部就是物部氏的起源。关于物部氏的起源,《日本书纪》和《古事记》将物部氏作为物部连之祖。《姓氏录·石上朝臣》中称物部氏是"神镜速日命之后也"。然而,《古语拾遗》中写道:"日臣命神来目部护卫宫门,掌其开闭;饶速日命率内物部造备矛盾。"[①]后人以此为据是有道理的。可见,神武天皇以来,大伴、久米二氏成为衙门之将。物部氏统率内外物部,都是带刀之兵,还负责刑部。而古代尚武之风很强,与物部相关的职务很多。后世的守备、逮捕、稽查等都是物部的职责。物部专辖这些事务则是在崇神天皇以后。当时,物部连称部民为"姓尸"。现存诸国的久米郡、物部和兵主等神社是祭祀久米部和带刀武士的遗迹。而今无从考证当时的征兵法了。根据上述内容可以推测当时文武职责的概要。

---

① 《旧事记》中对此事进一步添枝加叶。——原注

《旧事记·宇摩志摩治命条》中写道："天皇宠爱特甚，诏曰：近宿殿内，因号足尼，此号自此而始。""足尼"是新罗词，意思是"宿卫"，即"宿祢"的起源。据《日本书纪》记载："只褒而宠之，此物部氏之远祖也。"《旧事记》中写道："物部连等祖宇摩志麻治命与大神君祖天日方奇日方命并拜为申食国政大夫也。其天日方奇日方命者皇后之兄也。大夫者今之大连、大臣也。"我不相信有申食国政大夫之官职。然而，此后物部、三轮二氏掌握政权是最值得瞩目的事情。可美真手领有物部，而三轮氏则被立为皇后。此后，两家成为第四和第五外戚。殿内并祭大国魂神和天照大神之灵，由此可以看出二氏权势之盛。从这一时期开始，出现了宿祢这一近侍大夫参与机密。也就是说，在神祇官之外还有大臣，相当于后来的太政官中的中务。

第11章

大倭的缺史时代

第1节 大倭的生机和开拓东国

神武天皇从高千穗出发平定大倭，创立国家。这一过程在上述章节已经讲过。这段历史非常简略。在《古事记》和《日本书纪》的记录中，有后世修史者的误解、添枝加叶和粉饰，也有不少错乱之处。如果进行筛选的话，真正的史实所剩无几。我认为将这段时期定为有史时期有些牵强。在上古的神话中，我们也依稀能看到筑紫、安艺、吉备、浪花和草香这些地方的情况。它们似乎是暗夜中的灯塔。当时纪、倭两国异教、异族杂居。这绝非仅仅是口口相传。这时汉字已经传到西国，并留下了一些文字记录。因此，以简略的史实为根据，尽量寻求证据来佐证，并以此来推测当时日本列岛的实际情况是读古史者的任务。我们首先从纪、倭两国讲起。

十九年前在考察日本国史、地理时，我对畿内和纪伊的总面积、耕地面积及人口数量进行了统计。详情如下：就总面积而言，畿内为七十万町[①]，纪伊五十九万町，共计一百二十九万町；耕地面积分别为十四万六千三百町和五万一千町，共计十九万七千三百町；人口分别为二百四十四万和七十万。

这样一来，能够耕种的土地面积仅占总面积的六分之一。其余六分之五在熊

[①] 1町=998平方米。

野、吉野和高野等地区，占过半数。纪伊是森林之国，从上古时期就树木繁茂，山地的一半适合树木生长。上古时期，上述地区地广人稀。大倭的三分之二在吉野郡。就平地而言，只有青垣山的平原和宇陀的平原。当时，农耕民族还很少，不会有理想中的富饶的瑞穗国。巢栖穴居的野蛮人隔着山谷到处建立群落。萤火点点，草木盘根。与古代中国相比较可以理解这种情形。《史记·西南夷列传》记载："自滇以北君长以什数……此皆魋结，耕田，有邑聚……随畜迁徙，毋常处，毋君长，地方可数千里。自嵩以东北，君长以什数。"在其他地方，濮地有百濮，越有百越，和在今天四川、云南的山岭的深林、峡谷之间形成的野民部落的情景相似。以此推之，直到一千多年前，日本和中国的沃土还是一片荒芜，人口非常稀少，颇似殖民开拓的初期。只不过与中国相比，日本国土狭窄，邑落很小。宇陀有八十枭帅，以国见山为巢窟。十市郡有矶城的八十枭帅。葛城山有八十枭帅。这些都是虾夷种族，是残暴的野民。但占据吉野山谷的赘持、井光、国栖等都是北方种族，是与上述不同的种族。以宇陀的兄猾、青垣山内的事代主一族为首，兄矶城、户畔、土蜘等都属于南方种族，以神教或者异教怀柔北方种族的枭帅，让他们出兵、出力来进行开拓。占据纪国海岸的户畔的酋长也是南方种族的一类。在熊野腹地的荒振神也是他的同族。地广人稀时期国主最渴望人口。俄罗斯帝国废除死刑和美国犹他州弘扬摩尔蒙教都是出于这个原因。因此，当时管理粗放，竞争不够激烈。在狭小区域，豪族聚集，占据草叶茂盛、树木繁茂、便利之地而居住。首长枭帅奴役贱民，实力较强。大倭纪伊的民族史大致如此，并且可以成为推测日本列岛内总体情况的一个标准。以下推测一下拓殖的顺序。

　　在橿原肇国时，神武天皇对如何经略大倭做了考虑。在可美真手归附之后，神武天皇占有从长髓彦占据的鸟见庄到河内鳝峰附近的地区。也就是说这片地方是物部的原有领地。三轮氏以御诸山的神域为中心，在狭井河上建城堡，将附近的山野作为领地。这就是五十铃媛命皇后的本国。剿灭兄矶城之后，神武天皇收回磐余邑，奠都橿原，因此被称作"磐余彦天皇"。如前所述，磐余包括十市郡、高市郡和葛城郡。神武天皇将这一地区的筑坂邑赐给道臣命作宅地，建立大伴一族的本部；将亩傍山西的川边赐给大久米命，设立久米家族的本部，即久米郡,在这里让久米部开拓稷田。道臣命和大久米命都是古代的卫门督。因为他们属于皇宫御林军,所以将距离皇宫很近的地方作为宅地。《日本书纪》称"以珍彦为倭国造"。倭国就是位于山边城下两郡交界的大和乡"给弟猾猛田邑,因为猛田县主,是菟田主水部远祖也"。《旧说》认为猛田邑位于十市郡竹田。这是错误的,其实应该在宇陀郡。猾在高仓山以西的宇贺志村。一般认为宇贺志村就是下县的穿邑。因加赐多气乡,猛田成为猛田县。多气就是后来的宇陀驿,或称荻原。这点仍需进一步考证。主水是后世的主水司的水部,归猛田县主管辖。"弟矶城名黑速为矶城县主"是说获赐兄矶城的旧邑。其他族群位于忍坂口以南,北面距离御诸山很近,不属于磐余,大概是吞并了十市郡山原的矶城八十枭帅的杂居地,设立矶城县,将忍坂窖屋也包括在内。就矶城而言,有很多容易混淆的事情,后面再讲。"以剑根者为葛城国造"见诸《姓氏录》,"葛城直高魂命五世孙剑根之命之后也"。如前所述,葛城就是高尾张。《神代纪》中写道:"天石窟所住神灵威走雄神之子甕速日神,甕速日神之子熯速日神,熯速日神之子武甕槌神。"在伊奘诺尊斩火神为三段一条中,《神代纪》记载道:"剑刺

武甕槌神

文德天皇

垂血,激越为神,号曰甕速日神,是武甕槌命之祖也。"《古事记》记载道:"坐天安河上之天石屋,伊都之尾羽张神,逆塞上天安河之水,而塞道居",说的就是这个人。因此,剑根命就是武甕槌命的后裔。因为葛城是严邑,所以剑根是与三轮物部匹敌的大族。"又头八尺乌亦入赏例,即葛野县主主殿部是也。"该记载和山城《风土记》中的"贺茂建角身命宿坐葛木之峰"的内容吻合。剑根命也在葛城山内获赐了邑。《姓氏录》记载道:"鸭县主、贺茂县主同祖……神魂命孙鸭建津见命,化如大鸟,翔飞奉导。"后来鸭建津见命成为山城鸭县主,即葛野县主。文德天皇以前,主殿寮的殿部从日置、子部、车持、笠取和贺茂五姓中补任。文德天皇时期[①],在宇陀郡建头八尺乌社。这是以《日本书纪》的说法为根据而

---

① 827年到858年。——原注

模仿坐落于葛木峰的八尺鸟社建的。天日别命征服伊势津彦之后成为伊势国造也是在这个时候。《姓氏录》记载"伊势朝臣,天底立命六世孙天日别命之后也"说的就是这个意思。天日别命的居所不太详细。在北伊势居住着山背凡河内忌寸一族天津彦根命之后。《姓氏录》记载道:"桑名首、天津彦根命男天久之比乃命之后也",说的正是此事。

　　以上是橿原肇国之时在大倭平原上君长分布的大概情况。以此能够推断当时人民的生活情况。概观两千多年前的人种分布状况,可以分为三类:甲,土著农耕静态民族;乙,随意迁徙的动态民族;丙,山猎、海渔荒芜土地的野民。就各国的开化程度而言,甲类同化乙类,或者乙类归附甲类,建州邑。其中,乙类和丙类野民奴役甲类的情况也不少见。要弄清楚大倭肇国之前的情况,需要对称"产媛"的南部即甲类驯服虾夷、土蜘等①的情况进行研究。朝廷在已经驯服的虾夷、土蜘聚居地设立国、县、邑落,即便是在肇国之后,也还延续这一管理方法。正如久米和歌中所唱的那样:"虾夷一人当百人。"南方种族和北方种族都勇猛强悍。要驱使具有这些资质的种族开荒、农耕,除了用武力压服之外,还需要使用让他们忘掉生死、心服口服的方法。针对蒙昧的夷族使用迂阔的仁德没有效果。用神教来教化他们移风易俗是主要方法。镜和德远远胜过剑的武威。在肇国以前,三轮君建御诸的神篱,在当地受到敬仰。此外,猾、矶、城、仓下和户畔等豪族将枭帅、土蜘等用作爪牙也是依靠的神教。居势祝、猪祝等穴居种族有酋长。其他各地也有与之类似的巫君。其中,饶速日命是天神之子,特别受到敬仰。当神武天皇照临之后,饶速日命的家族也归附了。在橿原瞻仰冰木高峻的宫殿,隶属于枭帅、土蜘的夷民如同在黑暗中看到了光明。神教在平定大倭中发挥了重要作用。

　　这样一来,论功行赏告一段落。《日本书纪》记载道"诏曰:我皇祖之灵也,自天降鉴,光助朕躬。立灵时于鸟见山中,用祭皇祖天神焉。"此诏书也是修饰之文,但鸟见山中的灵时是史实。《古语拾遗》中写道:"令天种子命解除天罪、国罪事,尔乃立灵时于鸟见山中,天富命陈币祝词,祭祀皇天。"《日本书纪》记载

---

①　乙类、丙类多为北方种族。——原注

乌见山乃金鸱之瑞，在今天登弥神社所在的外山村。长髓的登美则是在其他地方。据《日本书纪》记载："兄矶城军布满于磐余邑"，应该属于该邑。"灵时"是没有前后文的汉译。《说文》记载道："时，所基址祭地也。"《汉志》注中写道："必于高山之下时，命曰时，是则凡土高处皆曰时也。"《日本书纪》填译了这个"时"。在神教中规定设立灵址，祭祀天神。《神代纪》中写道："高皇产灵尊敕令曰：树起天津神篱及天津磐境"，将"磐境"或古语中的"神奈备"写作"时"，用石头砌成神址的院墙，在其中竖起神篱，建造宫殿。"矶城"并非音译而属于意译，将石头摆成城的形状。《崇神纪》记载道："也写作矶坚城"，即磐境。筑紫的神笼石也是将石头摆列为城垒。这就是矶城。磐境、神奈备、灵时都是如此。在筑紫，人们发现了数处神笼石。神奈备在诸国用于地名、神社名。很多位于山口。因此，在大倭大兴土木之地，石头都被取出加以利用。其余国家的石头也遭此厄运。现存的地方石头很少。

矶城这一地名在日本各地有很多。在讲肇国时期的畿内的历史时，矶城县，城上、城下的矶城，河内的矶城县容易混淆。为此，我们应该对它们加以区别。黑速获赐的矶城县在十市郡，还包括少许城上的地界，名为兄矶城、弟矶城。这是因为这一族很早就建了矶城，祭祀祖神，以此来怀柔附近的夷族。乌见山的灵时也对矶城筑石加固，将黑速作为祭主。"城上矶城""城下矶城"是后来起的名字。在距离十市很近的山上有三诸神社。不应将黑速矶城和城上矶城混淆。三诸山兴盛之时，曾经将大国魂神祭祀于大殿中。人们在此山上建大矶坚城，神篱兴盛。因此，出现矶城郡名称。绥靖天皇以后，矶城县主家族出了皇后，故称安宁天皇为矶城津彦。然而，笺释家称矶城县主是黑速之后大错特错。《天武纪》记载道："矶城县主赐姓曰连。"《姓氏录》记载道："志贵连神，饶速日命孙，日子汤支命之后也。"河内的志纪涩川郡等地都是物部家族的领地。成为皇后家族的矶城县主是物部氏，并非黑速家族。志纪郡是平地。河道、地名在后世变化很大，无法查证。矶城所在之处必然是山地。志纪郡以东为大县郡。《姓氏录》记载道："大县主天津彦根命之后也。"天津彦根命的矶城在此山上，因此得矶城之名。其后饶速日命降临的哮峰与北面的赞良郡生驹山相连。因此，饶速

绥靖天皇

日命突然受到登美迎击。诛杀登美之后，饶速日命开发矶城地区，设县，因而称此县为大县。

当时大倭情况如上所述，还是异族杂处的荒山。根据盐土翁的策略离开交通便利的笠狭崎还巡幸此山不免让人感到疑惑不解。近来的史学家很难对此做出解释，颇有误解之说。我考虑良久，得出的结论是：原来的大和川，出了龙田口，在河内平地分成数支，流到赞良，在草香入海口，注入难波住吉。知道古代地理之后，"凡河内"这一地名的含义也理解了。神武天皇的军队从草香江进入登美。大倭也称浦安国。从地形上看，大倭的龙田口、生驹口走水路的话都不远，与瑞穗的沃野相连。青垣山构成天然的矶城，中间环抱的平原"东有美地，青山环绕"，是天然的奠都之地。因此，大国主迁徙此地，神武天皇也迁都此地。而后，随着河内稻田的开拓，填埋入海口，形成一条大和川，流入大海。青山环绕的美地和浦安国都不是神武天皇东征的主要原因，而地理才是主要原因。

进一步进行推论可以发现，开拓东国的虾夷地也是迁都的一个重要原因。九州和奥羽属于内陆国，与世隔绝。虽说如此，从其与大陆的关系来看又十分重要。因此，从坂东羽越到筑紫、任那赴任的例子在此后的历史中有很多。神武天皇时期，朝鲜的形势十分动荡，但东国的情况在历史上一片空白。在尾张平原上，天香语山命的子孙继承了国造。另外，建夷鸟命的子孙成为无邪志国、上菟上、下菟上、伊自牟及远江的国造，或者在此以前已经如此。骏河、甲斐的浅间社祭祀大山祇、木花开耶姬。此时，山祇氏以伊豆三岛为根据地进行殖民。如果这一推测是正确的话，那么他借其母后的光环，从彦火火尊时期就开始尝试向东方拓殖。因此，随着地理风土的逐渐明确，神武天皇在其本国开始讨论东迁事宜。这一点在《古语拾遗》中可以找到线索："天富命率日鹫命之孙，求肥饶地，遣阿波国植谷麻种，其后裔今在彼国。当大尝之年，贡木棉、麻布及种种物，所以郡名为麻殖缘也。"称阿波忌部开拓并占据麻殖郡是橿原朝的事情，与神代《日本书纪》的传说相抵触。因此，我认为是发生在此前。"天富命更求沃壤，分阿波忌部，率往东土，播种麻谷，好麻所生，故谓之总国。谷木所生，故谓之结城郡。阿波忌部所居便名安房郡。天富命即于其地立太玉命社，今谓之安房社。故其神户有忌部氏。"这个传说需要研究。《日本书纪》所记载的内容是对地名的牵强附会的解释，令人怀疑。总之，岬角是安房国。此地有安房神社，现存神户忌部氏的村庄。该地生谷楮，适合麻纻生长。这些都是事实。因此，阿波忌部迁徙至此，开拓此国。这一点毫无疑问。手置帆负和彦狭知二氏在纪之御木麁香伐木、天日鹫和咋见二氏在阿波种麻谷的时间更早。在地理上，纪伊、淡路和阿波呈品字形，在伊奘诺尊、伊奘冉尊以前忌部就已经着手开发。由于那里是阿波忌部的分部，因而命名为安房。这一说法是可信的。但以总为麻，以结为木棉应该是牵强附会的解释。两总的地域很广。在拓殖上，忌部岂能一手遮天？鹿岛、楫取两社是中臣氏的祖神。安房有中臣部的村子。这一点历史上有明确记载。忌部开拓房总之时，中臣氏同样将部民派遣到那里。这一点毫无疑问。因此，开拓出云和总武或许是同时进行的，而总武那里情况复杂，开拓工作较迟缓。大概在神武天皇东征前后，有实力的贵族竞相攘除东国虾夷，占有当地的土地。如果中臣氏、出云氏等有"家记"保留下来的话，就会和忌部氏一样宣扬自家的功劳。很久以来，我怀疑"总"由"麻"字而得名。之前，我去安房，发现长狭郡加茂川写作"贝渚"，读音为"kaizusa"。"渚"是"冢"的讹音。因此，"总"在该地方言中称"滨渚"。从上总的夷隅到九十九里滨的渔场与海上的铫子相连，因此"总国"①是古代的名称。

在日本列岛上，与大陆相似的平原唯有关八洲平原。日本原住民开拓这样广袤的土地是相当困难的。长期以来，该地作为茫茫荒原而被遗弃，因此被称作"武藏野"，一直到近二三百年都是如此。《古语拾遗》中写道："求肥饶地或者更求沃壤。"在延历、大同年间②，这是相当有见地的想法。然而，在蒙昧时期，在选择拓殖地之际，比起肥饶沃壤，人们更重视海滨、港口、道路、居住之便等，还有山谷、河道、风土之要等等。只要符合这些条件，草木茂盛之地都属于沃壤。我观察了安房神社的位置后发现，忌部等从相模国航海，没有选择后世北条氏的平原沃土，而是将布良港作为险要之地，由此沿河上溯，将隔着冈峦的安房神社之处作为本部和根据地居住下来，选择适合于麻谷生长的山谷、原野种植。如果结城之名果真来自木棉的话，那么结城不在下总这一平沃之地，而安房有"结城"这个地名，原因也在于此。另外，蒙昧时期开拓的主要目的是得到耕丁农汉，因此"殖民"这个词的最主要的内涵是得到能够奴役的奴婢。学者们如果注意到这个要点的话就会得出正确的结论。即便是今天，可供开拓的沃壤仍然很多。如果要着手开拓，资金、器械不难得到，技术人员也能雇到，但得到耕作的男女是最困难的。即便是今天，除北海道外，日本列岛移民缺乏肥沃的荒地仍有很多，更何况在蒙昧时期。人口稀少对开拓速度影响很大。此时，君长能够通过武力不顾贱民死活、任意驱使，但人口本来就少，为此累死、打死贱民，无异于自毁长城。并且驱使不善耕作的虾夷、国栖等种族干农活也是很困难的。在驯

---

① 读作"Tsusa"。——原注
② 782年到810年。

仁德天皇

化野民过程中，起主要作用的还是神教人员。在收买野民人心、让他们吃苦耐劳方面，忌部中臣及出云氏是最佳人选。在忌部手下做工的纺织技师人数众多。因此，在房总的山区麻纻产量较大。然而，开拓的利润主要来自五谷的种植。中臣氏的鹿岛、香取最适合水田作物生长。出云氏的武藏原也是如此。夷隅冈原等地交通便利，位置重要。神武天皇以后，朝廷和贵族都开拓荒原，让人口繁殖，以此来增加财富来源。子孙和臣民一道开拓，巩固国家和家族的经济基础。因此，如前所述，在这一时期，海盗、土匪甚嚣尘上，甚至兵戎相见，掠夺财物和奴婢，甚至将奴婢称为"大御宝"。仁德天皇时期[1]，秦氏之民受到贵族掠夺。在这前

---

[1] 313年到399年。

后的外交活动中盛行献生口，即人口。这也证明了当时人们对女婢的掠夺。在海上、陆地劫掠、买卖人口大行其道。直到最近，这一遗风尚存。在史前时期的拓殖中，人口稀少对拓殖活动产生了消极影响。这一点在"拓殖"这个词中得到充分体现。

第2节　西国及朝鲜的变迁

当神武天皇向高千穗宫进发时，熊袭、筑紫等西国的史实依然是一片空白。然而，在汉史和朝鲜史中，我们还是能够找到稻冰命前往统治的海原方面的相关记录。因此，筑紫一带的情况依稀可辨。在琼琼杵尊在位期间，汉武帝灭了朝鲜，但如何统治那里还是个棘手的问题。汉武帝在朝鲜设立四郡，实际上和闽中郡的情况大致类似。不久，汉武帝感觉到朝鲜属于鸡肋。在彦火火出见尊在位时期，中国将真番、临屯并入乐浪郡，让秽、沃沮等臣服，将玄菟迁徙到辽河上游的平州，让乌桓、鲜卑、夫余、句丽、貊等臣服。这样一来，乐浪管辖地区非常广阔。于是中国在不耐设立东部都尉，管辖秽沃、沮，称秽沃沮为东乐浪。虽然朝鲜卫氏灭亡，乐浪发生变动，但乐浪以南的马韩箕氏因为是名门望族，所以定都金马渚，让东面的辰韩臣服，并以广大领土为后盾威胁弁韩、新良贵，自称"辰王"，号称一统马韩。据《后汉书》记载，辰韩人是秦朝移民。马韩给他们东界一块领地，因此该地被称作"秦韩"。这段记载大概说的就是这一段时期的事情。这件事情与后来秦氏人口迁徙到秦韩有关。据汉《地理志》记载，在汉武帝设立乐浪郡以后，倭人与汉交往者达三十余国，以岁时进献，皆称王，世世如此。他们以筑紫邪马台国，即奴国为首，包括九州、山阴、山阳、南海的国君、县主们。在后汉初，奴国使者自称大夫。在汉平帝王莽掌政时期，他们获此殊荣。

就新罗而言，稻冰命君临新良贵的时期相当于该国的鼻祖朴赫居世居西干之时。据《新罗史》记载，朴赫居世居西干与倭人交好，互相聘请。一个叫瓠公的倭人来到新罗辅佐国政，并曾出使马韩。马韩王诘责瓠公：辰、弁二韩是属国，然而长年不进贡，缺乏"事大"的诚意。瓠公回答说："我国对辰韩、弁韩、乐浪倭人都怀恐惧之心，最终没有所属。"上文中的"倭"是倭奴国，指的是筑紫君，并非指整个日本列岛。"瓠"指"舟"。人们将跨海而来的贵卿叫作"瓠公"。此后这个名字经常出现。马韩王仍然是箕氏。辰韩介于弁韩、马韩两强国之间，不得已臣服于两个国家。乐浪是指东乐浪。新良贵的居西干就是辰言王，或号曰居瑟邯，是同名异字。国称作"徐罗伐"，就是"京"。这个似乎是新良贵的讹音。从那时开始金山加里即庆州被称作"徐罗伐"。庆州《地志》记载道："赫所建筑的土城周长为两千四百零七尺。"朴赫的下一代是南解次次雄。在方言里，"次次雄"是"巫"的意思，从下一代开始称作"尼师今"。马韩的箕氏不久灭亡，马韩人又拥立马韩的后人为辰王，定都月支，成为三韩领地之王。因为其他小国国王都是马韩人，所以此次事件被称为辰国一统，但新良贵不包含在内，而弁韩也没有拥立马韩的后代为君。只不过辰韩的某一部分人是秦的遗民，在马韩人的拥护下建立国家。因此，辰国一统声势浩大。月支，即辰国一统的范围仅为马、辰两韩而已。号称三韩之王只不过是虚张声势。新罗、弁辰被马韩秽阻隔。汉史上对此记载很少。当时，国家的统一非常松散。朝鲜南部海滨、峡谷群雄割据，小国县——东面的新良贵除外——分成七十八个国家，其中五十四个与马韩联合，十二个与辰韩联合，但必定推举马韩人作君长。剩余的十二个与弁辰联合，一开始就不隶属于马韩，就是所谓的加耶、大加耶国等，与筑紫隔海相望，渊源很深。它们就是后来的任那。这些国县大都被自然的山脉分割，形成部落。大的有万余户，小的有数千户。这些小国联合在一起形成国家，但在管理上是松散的。朝鲜北部地势逐渐平缓、宽阔，分散成诸多国邑。虽然长白山阴面旷野上的乌桓、鲜卑、夫余等地幅员辽阔，但村落的人口很少。因此，当时的邦交采用了联合方法。因为各国国力悬殊，所以让小国成为大国的属国，否则不与小国进行和平外交。中国针对各外国以及日本针对新罗、任那的态度都属于这一类。马韩联邦达到六十六国时让弁韩、新良贵以"事大"态度从属即此种情况。因此，才有上文中的瓠公问答。

新罗、马韩北面是貊族人，分为句丽、秽、沃沮三种人。他们分别建立国家。这一点前面已经讲过。新罗的朴氏兴起后，向北开疆拓土。貊族人中句丽人最强悍，向辽东用兵，最后开启夫余的南迁之旅，最终导致高丽、百济建国。对日本国史来说，高丽和百济是与日本关系最密切的国家，而且和作为倭国与中国交往的窗口乐浪的关系也很密切。因此，非常有必要论述高丽和百济的沿革。特别是就百济、高丽的兴起众说纷纭。其端绪始于这一时期，因而有必要对其源头进行梳理。句丽是真番国。《后汉书·东夷列传》记载道："句丽一名貊耳，有别种，依小水为居，因名曰小水貊。"注中写道："《魏志·春秋》曰：辽东郡西安平县北，有小水南流入海，句丽别种，因名之小水貊"。西安平位于鸭绿江口的西海岸。貊是杂居于朝鲜平安道至辽东东南的种族。《魏志·春秋》又写道："高句丽，在辽东之东千里，南与朝鲜、秽貊，东与沃沮，北与夫余相连。地方二千里，多大山深谷。""朝鲜、秽貊"是指乐浪、东乐浪及真番、句丽。《汉志》记载："在玄菟郡下，高句丽，辽山辽水所出，西南至辽队入大辽水。"因此，《后汉书》中写道："高句丽……东夷相传，以为夫余别种。"高句丽与貊族的句丽是不同的种族。此时，鸭绿江上游一带是句丽的属地，而高句丽在小辽水的源头，和夫余毗邻。《后汉书》记载："夫余国在玄菟北千里，南与高句丽，东与挹娄，西与鲜卑相接，北有弱水，地方二千里。于东夷之域，京为平敞。高句丽以北的平原广泽。"高句丽、夫余是今天的吉林盛京，自古以来就是人种迁徙无常之地。后来，金人从此地兴起南迁，以盛京为根据地进取中原，然而清朝遗迹依然是荒野。在古代，貊族秽人占据此地，但又抛弃此地南迁，在朝鲜北部建国。夫余来到此地取而代之，又在汉代逐渐南迁。其别种在小辽水的源头建立高句丽国，和句丽相争。这就是汉代的情况。句丽及夫余、高句丽的分布地理情况大概如此。直到汉代结束，夫余都没有进入鸭绿江谷的南壑。

如此看来，句丽和高句丽在人种上是有区别的。他们的属地南北不同。虽说如此，令人容易混淆的是在辽源有高句丽县。另外，貊也有高句丽王。出现这种情况是因为《后汉书》将这两件事并列记载。然而，《后汉书》中对此进行了区别。《句丽传》中对高句丽王进行了叙述。就高句丽县而言，在《句丽传》中有记载："武帝灭朝鲜，以高句丽为县，属于夫余别种之地。夫余别种从高句丽县南进，占领句丽之地，建立高立国。"剽窃《后汉书》的《句丽传》将夫余别种补到国王谱系里，进而从西汉末年开始侵略乐浪之地，并捏造历史。因此，句丽没有余地容纳其历史。于是，乐浪、辽东的历史就混乱了。因此，要弄清楚在神武天皇前后，乐浪通过三韩与汉进行外交活动的情况，有必要搞清楚高丽、百济的源头。据说前些年，在写《古朝鲜三国鼎立考》时，坪井九马三因为百济、新罗、高句丽的历史混乱而烦恼。近年研究这些国家的史学家没有不困惑的。坪井九马三也不能避免这一错误。令人困惑的原因是《后汉书》是《汉书》的继续。范晔仅仅修订而已，没有深究里面的内容，并且成书于《三国志》以后，剽窃了《三国志》。为了研究高丽、百济的起源，我们要使用后汉以前的史料，不要夹杂《三国志》，要正本清源。

汉武帝设立高句丽县。汉昭帝将临屯、真番合并到乐浪，在秽设立东部都尉，将玄菟迁徙到辽地管辖高句丽。这就是西汉时期上述三国的情况。然而，在《高丽史》中，高丽的始祖郑牟兴起的时代比神武天皇稍早，但《后汉书》中仅以"东明"二字记录其事。根据王充《论衡》中最古老的传闻："北夷索离，国王侍婢有娠……令其母收取奴畜之，名东明，令牧牛马。东明善射。王恐夺其国也，欲杀之。东明走，南至掩淲水，以弓击水，鱼鳖浮为桥，东明得渡，鱼鳖解散。追兵不得渡，因都王夫余。故北夷有夫余国焉。"《后汉书》引用这一内容，在夫余一条中称"因至夫余而王之焉"。这就是夫余王始祖的故事。《魏志》记载"夫余邑落有豪民，名下户皆为奴仆"，实行奴隶制。《后汉书》中写道："高句丽凡有五族，有消奴部、绝奴部、顺奴部、灌奴部、桂娄部。本消奴部为王，稍微弱，后桂娄部代之"，皆以奴为部名。此五部一直到唐初还存在。在李贤注中有"今高丽五部，一曰内部，一名黄部，即桂娄部也；二曰北部，一名后部，即绝奴部也；三曰东部，一名左部，即顺奴部也；四曰南部，一名前部，即灌奴部也；五曰西部，一名右部，即消奴部也。"按照方位来看地理位置，位于辽源的高句丽相当于西部的消奴部。此地设县，其后衰微，内部的桂娄部取而代之，这在地理上相当于鸭绿江上所谓的卒本夫余。高丽的始祖是桂娄部的主要成员，但具体时代尚不清楚，姑且定为郑牟时期。高句丽的十月祭天大会被称作东盟。"东明"是夫余语中的"天"。因为母亲妊娠时的神异，所以东明被怀疑是天子，最终被奉祀为东明王。在方言中，"掩淲水"是"大水"的意思。流经夫余的大河都可称为掩淲水。东明的传说说的是夫余王的始祖，直到汉魏时期只不过是北夷的神话而已。将东明称作郑牟并以他为高丽、百济之祖是东晋以后的事情。19世纪末，在盛京省怀仁县的高丽遗址上，人们发掘出好大王碑的碑文中写道："惟昔始祖雏牟王之创基也，出自北夫余天帝之子，母河伯女，即剖卵降出，生子有圣命，驾巡车南下，路由夫余奄利大水，王临津曰：然后造渡于沸谷，忽本西城山上而建都焉。"

汉史中已经将东明当作雏牟，将他定都之处称作"沸流谷的忽本"。沸流谷的忽本相当于桂娄部所在地，即出土古碑的地方，但有汉一朝，桂娄部的卒本夫余没有出现在史书中。大概是因为还很微弱，本国的夫余王势力尚大。到了北魏时将东明称作朱蒙，并添枝加叶，称他为"朱蒙者善射也"之天子，也叫"善射人"。这些都是基于神话的绰号，指代一个没有固定名字的人。古碑中将此人称作"好大王十七世之祖"。"世"是否表明父子相传尚不明确，但东明和应神天皇十五世之祖神武天皇所处年代大致相当。高丽的王统非常不确定。直到西汉末期，秽貊扩张到了乐浪、辽东。无论是属于消奴还是桂娄，高句丽都尚未露出端倪。百济的兴起是在魏晋之交时期。关于三韩，《后汉书》中写道："凡七十八国，伯济是其一国焉。"可以看出修史者范晔是南朝宋人，因为要进行时代比较，所以用了这一句。《魏志》列举了国名，称在马韩五十四国中有伯济。然而，百济自称夫余，称百济祖是朱蒙之子温祚，当时百济占据慰礼城。这比高丽王统的杜撰成分还要多，是房上建房，都属于虚妄之说。

因此，在西汉末期即日本神武天皇、绥靖天皇时期，朝鲜的大致情况如下：乐浪郡的治所在王险城，真番、句丽是其属国。马韩、加耶以及倭的三十余国在乐浪郡设立亭馆进行外交活动。东部都尉管辖东乐浪，秽、沃沮是乐浪属国。经过王莽时期，该政局一直存在。这一点通过《后汉书》中记载的"光武帝时更以沃沮为县，属乐浪东部都尉"可以得到佐证。关于这一点，不要被《高丽史》迷惑。在箕氏衰落后，马韩独立。新良贵秽向沃沮开疆拓土。句丽最强盛，在乐浪、玄菟、辽东之间掀起波澜，和鲜卑、乌桓若即若离。夫余雌伏于句丽东北面。这就是缺史时期朝鲜的概况。如前文所述，貊族的秽、句丽、沃沮都是战斗力很强的北夷。平壤是燕、齐、秦、赵的遗民们聚集起来建立的原朝鲜国。在朝鲜灭亡之后，他们利用中原的文明技术，或者投靠乐浪郡，或者投靠句丽各国，在朝鲜兴风作浪。后汉一代是貊族人的强盛时期。在貊族灭亡后，百济兴起。

第3节　手研耳之变

在五濑命离世时，神武天皇的年龄是三十七八岁。这一点前文讲过。通过这个来推算以下史实可以得知在橿原肇国的第二年，神武天皇娶了五十铃媛命皇后。五十铃媛命皇后第一胎生下神八井耳命，接着生下绥靖天皇。到了绥靖天皇成年，神武天皇驾崩。因此，神武天皇在位时间为二十四五年，寿命为六十二三岁。这属于推算，但大体数字不会有错。因此，如果进行时代比较的话，那么神武天皇驾崩于汉哀帝末年或者汉平帝初年，即公元1年前后，相当于耶稣纪年左右。该内容以后详述。

在高千穗宫时，神武天皇纳吾田吾平津媛为后，生下手研耳命、岐须耳命两位皇子。手研耳命跟随神武天皇东征，在五濑命离世后当上元帅。年龄在四十岁左右。神武天皇驾崩时，正后五十铃媛命生有两位皇子。两位皇子中须选出一位继承大统[①]。因此，大倭最初的皇位继承上出现了丑闻。关于此事，《古事记》和《日本书纪》的记载稍有不同。《日本书纪》写道："庶兄手研耳命行年已长，久历朝机。故以委事而亲之。然其王立操厝怀，本乖仁义，遂以谅闻之际，威福自由。包藏祸心，图害二弟，神渟名川耳与兄神八井耳命，阴知其志，善防之，至于山陵事毕，乃使弓部稚彦造弓，倭锻部天津真浦矢部作箭及弓矢既成，神渟名川耳尊欲以射杀手研耳命。"《古事记》记载道："故天皇崩后，其庶兄当艺志美美命娶嫡后伊须气余理姬之时，将杀其三弟。面谋之间，其御祖伊须气余理姬患苦，而以歌令知其御弟等，歌曰：'佐韦河兮云将起，亩傍树叶风吹动。'于是，其御子闻之而惊。"将两书进行对照，我们大概能知道变故的原因。在前文中，在五

[①] 《日本书纪》中写道神渟名川耳尊被立太子纯属虚饰，与神八井耳命佩服其勇武而推举相矛盾。这印证了其说法不实。——原注

濑命离世后，神武天皇和手研耳命率军时，我曾说因为这一变化，吾田、筑紫的计划发生问题。在神武天皇驾崩后，吾田一系的皇子和三轮一系的皇子之间发生变故不足为怪。然而，事变的发生与双方皇子的背后党派相争是分不开的。并非所有贵人的争斗都是由自己的意志来决定的。贵人间的变故必然与臣属的利害息息相关，并且会因为贵人的性格不同而导致不同的结果。这是历史上的规律。

　　仁德天皇驾崩后，日本发生了住吉仲皇子之变。可以说，手研耳命的变故与住吉仲皇子之变有相似之处。住吉仲皇子是履中天皇的同胞弟弟。当时的履中天皇已经被立为太子。即便如此还是发生了变故。住吉社是娜津的分社。阿云氏要拥立自己奉为领主的皇子。由阿云滨子出谋划策，近习隼人实施刺杀行动。因为他们都是筑紫人，所以会发生这样的变故。有鉴于此，手研耳命的近习卫兵必定是熊袭隼人。五濑命离世后，筑紫国人一直将希望寄托在手研耳命身上。手研耳命年富力强，见多识广，而太子还没有立。因此，吾田、筑紫的两个旧外戚想要拥立手研耳命。此外，三轮物部的新外戚想拥立正后五十铃媛命生的皇子。可以说新旧外戚之间发生争执是必然的。总结一下《古事记》和《日本书纪》对这次事变记载的要点可以发现，手研耳命要娶前皇后五十铃媛命，谋害两皇子而自立。两皇子先发制人杀了他。皇子自相残杀在历史上虽然是第一次，但因为这是继海幸山幸之争之后发生的事情，可以说是时代的必然。《日本书纪》的文章对此讳莫如深，曲笔回避。其一，没有提太后再嫁之事；其二，没有记载大丧中的杀戮之事；其三，没有提杀兄自立一事。修史者对皇室回护有加，但这都是后世的儒家思想的做法，是无益的曲笔。正如《古事记》中所述，即便要娶前皇后，也未必属于道德败坏。古代习俗中对婚姻没有限制。除了母子同胞，都可以随意结婚。直到后世，皇室中还有很多这样的例子。开化天皇将孝元天皇的妃子册立为皇后。手研耳命和五十铃媛命年龄相仿，即便要娶太后五十铃媛命也不犯忌讳。据太后的和歌所述，此时太后五十铃媛命正在佐苇河的家中，而手研耳命正在片丘，所在地是偏僻的大分，只不过在要娶太后的时候，发生了政变，因此这场政变丝毫没有连累太后。下面的问题是事件发生在大丧期间。斩衰、谅暗是中国的古俗，在儒学中非常重视，但和日本的风俗不同。古代殡丧之俗见诸《神代纪》的《天稚彦条》记载:"八日八夜啼哭悲歌。"《日本书纪》注释书记载了参加葬礼者所作的两首夷曲歌词。《后汉书》记载倭俗道:"其死停丧十余日,家人哭泣,不进酒食,而等类就歌舞为乐。""歌舞为乐"客观地叙述了参加葬礼者载歌载舞的样子。"停丧十余日,不进酒食"可以说是深情厚谊的风俗。并且此事变未必是在殡殓中发生的。此后,天皇驾崩之后,皇子同室操戈的现象司空见惯。就此拘泥于儒家的期丧、谅暗则是愚蠢之极。杀立之事就是事实。此时,皇储之位未定。手研耳命年长,即便娶前皇后而立,也未必属于篡位。虽说如此,在要巧妙地谋杀两个弟弟时,两个弟弟的母后告密,导致两个弟弟先发制人杀了哥哥。作为当时的事情来讲,此举可以认为是正当防卫。继承法比婚姻更不受限制。祸乱每每因此而生。这是本朝贵族的病根。手研耳命被杀一事在《古事记》中有记载:"乃为将杀,当艺志美美之时,神沼河耳命曰其兄神八井耳命,汝命将兵入而杀当艺志美美,故将兵入,以将杀之,手足颤抖,不得杀。故而其弟神沼河耳命乞取其兄所持之兵,入杀当艺志美美。故亦称其御名,谓建沼河耳命。"兵是指剑矛等,不是弓箭。《日本书纪》记载道:"会有手研耳命于片丘大窖中,独卧于大妆时,神渟名川耳命谓神八井耳曰:'吾当先开窖户,尔其射之。'因相进入。神渟名川耳尊突开其户。神八井耳命则手脚战栗,不能放矢,神渟名川耳尊掣取其所持弓矢,而射手研耳命,一发中胸,再背,遂杀之。"根据尚武的国俗,古史极尽描写之能事描写这一行为来表现神渟名川耳尊的勇武。因此,或许有言过其实之处。要杀死在洞窟中独卧的人,矛剑是最合适的。但如果手脚战栗,不能够杀死对方,那么使用弓箭就很有效了。试想,此事必然是由三轮氏出谋划策的。而两皇子勇敢决断,做成此事,手研耳命受到突然袭击。事变之后的结果是吾田、筑紫的人们以失败而终,皇室的姻亲最终转移到三轮物部。大倭和西国的关系自然变得疏远。后来,奴国之乱、熊袭的叛乱等都与此有关。只不过如今已经无从考证。因此,《古事记》中记载道:"神八井耳命让弟神沼河耳命曰:'吾不能杀仇,汝命既得杀仇,故吾虽兄,不可为上,是以汝命治天下。吾扶汝命为忌人而侍奉也。'"因此,神沼河耳尊即位,史称"绥靖天皇"。根据其母后年龄推算,绥靖天皇当时只不过二十岁左右。

神八井耳命是多臣即大和国意富。《古事记》中记载道："日子八井命者乃神八井命。"这个"八井命"大概有误。据《姓氏录》记载，彦八井命是神八井耳命之子。列在多臣之下的姓尸中混杂了这位皇子的后裔。此皇子管辖河内茨田，大概是皇室的旁支。在"多"这个地方有多神社、弥志理都比古神社。多臣得知神八井的身世后让位。神八井子孙繁衍，因此，起了上述名字，在神社中被祭祀。此外，据说，志贵县主也是彦八井命之后。臣、连、直和新罗的"骨"是同名异义词。一直到绥靖以后的缺史时期，臣、连、直这一现象是没有的，大概是在垂仁天皇以后才开始的。在神代，人们都将君主、君长泛称天神、国神，称他们是神、命、彦、姬，称某神之子以"家"。神的后裔受到崇敬，而君臣之别强调不够。从神武肇国之后，皇室尊严得到加强。原因是中国的政治制度随着汉字传到日本。所以，将天种子命的部族称作中臣，将皇族、贵族称作臣、连、直、首，将参与朝政的贵卿称作宿祢，这些都始自垂仁天皇时期。《古事记》的注中所提到的多臣的子孙们被东西诸国迎来作君长。这一点特别值得关注。这是因为通过之后的史料进行佐证的可能性较小。当上科野、石城、常陆及长狭等的国造者与虾夷打交道，开发坂东国，设立白河、菊多两个关隘。这些举措属于保护伊甚港等要地的措施。后来，崇神天皇东征、垂仁天皇都督东山等都与此关系密切。被称为西国的伊豫、大分及火国、三家、阿苏等国的君长是皇室贵族们，在地理上和筑紫、熊袭之间形成一道障碍。这个是主要原因之一。

　　关于绥靖天皇以后七八代的皇统的记载非常简略。相关史料非常缺乏。研究这一段历史非常困难。然而，这一时期形成的某些传说、习俗还是保留了下来。其一，从天照大神时候起，天神御子开始降临日本东西各地，被推举为国县主，实行政教合一制度，驯服夷民。各神别贵姓国家非常繁荣。在大倭奠都以后，根据这一惯例，各国将皇族迎来作君长，导致皇室的势力不断加强。前面所说的多臣子孙繁衍就是其中一个例子。其二，皇后家族由筑紫、吾田转变为三轮、物部家族。随着皇室的繁荣，皇后开始从皇族中选出。大臣、大连开始掌握朝政。下面的资料可以说明这一点。其三，从大倭奠都开始，日本逐渐确定了君臣之名分。神裔贵族被认为是姓尸的源头，和皇族一起繁荣，形成氏名阶层。其四，京师贵族不断繁衍，他们逐渐扩大由京师到周边的领地，锐意拓殖，征服远方的虾夷、熊袭、朝鲜。通过《日本书纪》和《古事记》中记载的皇室系谱和《姓氏录》，我们可以对这些情况进行梳理。

首先看一下建国以来皇后家族的情况。如前文所述，建国之初，三柱别天神显灵，形成两产灵家族，和天中主系统联姻，促进了最高等级贵族的繁荣。神皇产灵成为出云一系的御祖命，而高皇产灵成为忍穗耳尊的舅戚。这是皇室最初的皇后家族。拱卫皇室的其他贵族都是皇统和两产灵家族的宗支或旁支。日本实行家天下统治。因而，直到后世，皇室和臣连都是一个家族，关系密切，共同分配官员、卫兵及采女。这一制度形成惯例，长期存在，具有法律效力。其中最主要的是皇后家族。

从建国初期以来，御天天中主神和产灵神的通婚截至忍穗耳尊。在琼琼杵尊降临日向之后，皇后家族转变为国神吾田、筑紫家族。由于大倭奠都，皇后家族又转变为三轮家族，直到手研耳命祸起萧墙。绥靖天皇以后，每代皇后都出自矶城县主家族，其中只有孝安天皇的皇后押姬是皇孙女，开启了皇族联姻的先河。之后的孝昭后皇世袭足姬出自尾张连家族，和矶城县主同族。物部氏成为大连之后掌握朝政。皇后家族的系谱在《日本书纪》和《古事记》中的记载有所不同。《日本书纪》中有很多不同说法。比如一种说法是绥靖皇后是太后的妹妹，但在年龄和辈分描述上非常混乱。不仅如此，就连安宁天皇的名字也称"矶城彦"，说明他是矶城县主的外孙。这种说法是正确的。安宁天皇的皇后是三轮家族鸭王之女。《日本书纪》注释书和《古事记》说法相同，因此这一说法可信。称懿德皇后是兄息石耳之女恐怕是误传，因为孝安天皇立了侄女为后。关于此事，《日本书纪》注释书与《古事记》记载相同。孝元后的家族穗积臣和物部连同族，之所以仅将此家族从臣定为尸是因为其是最后两代孝灵、孝元皇后家族。从此时开始，皇室的尊荣日益加强。

人们将多臣之后的诸多旁支看作天足彦国押人之后裔。《日本书纪》中记载道："此和珥臣等始祖也。"《古事记》只是记载道："天押带日子命者。"《姓氏录》中记载了二十姓。这一家族兴旺发达则是在彦国茸以后。多臣家族一直兴

安宁天皇

旺发达到缺史时期以后。从孝安、孝灵时期开始，又看到了但马、吉备的名字。此外，安宁天皇的名字矶城津彦让给了最小的皇子之后，这一家族便成为猪使连之祖。伊贺的须知、那婆理和三野就是稻置。《姓氏录》记载道志纪县主及首是彦八井命之后。矶城在都城附近，分为城上、城下，河内有志纪郡，都是交通便利的富饶之地。矶城县主之名一直持续到孝灵天皇时期。物部氏管辖志纪郡周边地区，直到守屋一代，志纪郡周边地区都是靠近京师的良田，随着开荒拓殖的进展不断被分割、流转。就皇室而言，在孝安天皇以后，皇室不断向山阴、山阳地区扩充皇子的领地。

第4节 筑紫和朝鲜的动静

绥靖天皇以后的大约二百四五十年时间内属于缺史时期。但这一时期,历史仍然不断向前发展。因此,史学研究人员应想尽一切办法了解从第一次肇国到第二次肇国之间的缺史时期的情况。关于这一时期的历史变化,我在《史学杂志》第二号上进行了阐述。下面再次就其理由进行阐述。

神武天皇迁都之后开始经略东方,并且和西方的朝鲜、常世国的外交关系也很密切。应该有相应的史实。然而,由于其间七八代的历史缺失,这段历史而今已经无从得知。日本、朝鲜和闽地联合的终结也是这一时期的末期。从历史经验看,父子相传的家天下九世就会发生变化。下面举些近世的例子来说明:德川氏父子相传十世二百六十年而亡,足利氏九世二百四十年而亡。中国也是如此:后汉历经八世二百年,西汉十世二百一十年,唐朝历经十一世二百九十年,宋朝历经十一世三百一十年,明朝历经十二世二百七十年,孔子的《春秋》记载了十二君历时二百四十年,父子相传九世。按照春秋学的说法,其间贯穿了盛衰兴亡之理。孟子说:"五百年必有王者兴,其间必有名世者。""其间"是指二百至三百年间。我想就此讲一下其理由。就迄今为止的东洋的君主政治而言,第一代君主将威德施以臣民,连其子孙功臣都得到国人的敬爱,以"亲亲尊贤"的统治理念奠定了国家基础。"王者""命世者"说的就是这个道理。亲亲之道始于父子兄弟,即父、己、子三代。加上祖孙,在旁支加上叔侄从兄弟,即祖父、父、己、子、孙五代。人们将此作为近亲。再加上祖父的祖父和孙子的孙子,旁支涉及四从兄弟,即高曾祖父、己、子孙、曾玄九代。人们将此称作九族,也就是说从自己算起上下五代。因此"五世而亲尽",就断掉了亲情恩爱之情。《公羊传》就尊贤之义说:"所见异辞,所闻异辞,所传闻异辞。"或将十二君二百四十年三分。后七十年是孔子亲眼所见的时期。中间时期是从亲眼所见的人那里听来的。前面的时期是从传记、传说中听来的。虽然这一说法较为牵强,但有一定道理。亲眼看见第一代君主威德的人敬爱的感情很强烈。经过三世八十年后,没有目击只有耳闻,感情就会大大减弱。尽管有机会与亲眼所见者接近,但过了三世八十年,只能在传说、传闻中听到这些，感情就会薄得如同影子。再过三世八十年，敬爱祖德之情完全消失。因此，大概经过八九世，国家必然发生变故。在时过境迁中，这种现象是不可避免的。十三年前，人们讲旧的春秋学说，但人世会变迁，社会会发生变化，这是不可避免的定数。个中道理值得玩味。

因此，在研究日本国史时，我首先抹掉《日本书纪》的纪年，和《古事记》一样改成非纪年叙事，另采用其他方法确定正确的年代，给史实按照正确年代排序。以前制作了天皇皇位继承表，从推古天皇驾崩到先帝[①]驾崩共计一千二百八十四年，父子相传四十六代，平均每代约为二十八年。我将该年表放在日本国史卷首。在那珂通世的纪年考证中，他指出从继体帝驾崩到当时天皇出生共计一千三百六十年，父子相传四十九代，一代二十八年。以此类推古代，神武天皇出生于公元前，橿原奠都是在公元元年左右。有代数没有年数的时代就只能依靠平均代率推算时间。然而二十八年这个数并非是历代寿命的平均数，是由两代天皇出生年份之差产生的，并且这个数字并非是只有长子继承的年份之差，是混杂了末子、仲子继承的年份的平均数。末子比长孙晚出生的情况也很多。因此，天皇的代数多出六代。如果算上仲子继承的情况，那么代数应该翻倍。所以，要求出年代差，将四十六代分别加上十代半和九代，除以积年数，得到平均数为22.5年至二十三年，这就是长子继承的平均代数。如前所述，仲哀天皇驾崩之年为晋永和二年，即346年。由此进行逆推，直到孝元天皇出生七代之间，史实颇为详尽。对此进行详细考证，得到总年数为二百一十年。将此与用平均代率得到的一百九十六年相比较，就会增加十四年。相信这一年数不会有大误。下一节对此进行详细论述。通过能够确定的年数，我们推算出孝元天皇出生于后汉顺帝永和二年丁丑，即137年。从此上溯七代，通过平均代率得出神武天皇出生在一百九十六年前。用长子继承率得出六代为一百三十八年。懿德、孝安、孝灵为第二皇子，加上这十二年的差，进而加上神武、绥靖之差的四十五年，得到一百九十五年。因此，神武天皇出生于汉宣帝神爵年间，即公元前60年左右。以此为基础比较年代。这只是以平均代率推算得出的时间。七代中不免

---

① 此处指明治天皇。——原注

孝元天皇

会有十年左右的伸缩。稻冰命任新良贵王一事在日本系传上是有的。新罗王朴赫在汉宣帝五凤元年，即公元前57年即位，当时十三岁。这一点在汉史中有所记录，证明他就是稻冰命。因为稻冰命是第二皇子，比神武天皇年长七八岁。因此，神武天皇并非出生于神爵年间，而是元康三年或元康四年，即公元前63年或公元前62年。以此为基准，可以断定神武天皇驾崩，绥靖天皇即位是在汉平帝元年，即公元元年。这一点不会有大的出入。①

因此，通过人类的婚期和分娩期，我们可以大致计算得出从出生到出生的代差。早晚的习惯也可以推测得知。在位年数和寿命长短可以推算得知。从绥

---

① 此段中由于作者考据时代所限，数字似有误。——编者注

靖天皇到孝元天皇是父子相传。政权安全交接,因此在比较时代时要使用长子继承代率,加减次子继承,以求得在位年数的平均数。这样结果是可信的。因而,我认为神武天皇驾崩时间为汉哀帝元寿二年,即公元前1年,活了六十二岁。绥靖元年为汉平帝元始元年,即公元元年。然后对七代的在位年数进行平均,如下表所示:

日本	中国	朝鲜	西历
绥靖天皇,辛酉元年,在位二十八年	汉平帝元始元年	新罗始祖三年	公元1年
安宁天皇,己丑元年,在位二十四年	后汉光武帝建武五年	新罗儒历建武十二年立	公元29年
懿德(次子),癸丑元年,在位二十八年	汉明帝十八年	新罗脱解中元二年立	公元74年
孝昭(次子),辛巳元年,在位二十八年	汉章帝建初六年	新罗婆娑前年立	公元81年
孝安天皇,己酉元年,在位二十四年	汉安帝永初三年	祇摩永初六年立	公元109年
孝灵天皇,癸酉元年,在位二十四年	汉顺帝阳嘉二年	逸圣翌年立	公元133年
孝元天皇,丁酉元年,在位三十二年	汉桓帝永寿三年	阿达罗前年立	公元157年

这是将七代的总年数乘以平均代率,再将长子、次子的因素考虑进去,均分得到的。事实上,历代的天寿并非如此,是参差不齐的。然而,如果与朝鲜和中国的时代进行比较,那么其中的数字必然在此范围内,不会有太大的出入。该结论总比没有年代、一片茫然而只是看外国历史要好得多。《新罗史》的纪年虽然也不准确,但根据结论来比较的话,大致年代是吻合的。下面根据这一假定纪年来讲一下绥靖天皇以后的历史。

绥靖天皇九年,即公元9年,王莽篡汉。王莽初年,乐浪辽东发生叛乱。该事件给日本和朝鲜带来巨大影响。《汉书》中记载:"(始建国四年)莽发高句丽兵,当伐胡,不欲行,郡强迫之,皆亡出塞。因犯法为寇,辽西大尹田谭追击之,为所杀。州郡归咎于高句丽侯驺。严尤奏言……秽貊遂反，诏尤击之。尤诱高句丽侯驺至而斩焉，传首长安。莽大悦……其更名高句丽为天下句丽，布告天下，令咸知焉。于是，貊人愈犯边。"《后汉书·东夷列传》将此收在《句丽传》中，称"秽貊遂反""貊人犯边"。很明显，这个高句丽是貊族，并非是在辽源的高句丽县的夫余种族。下句丽是指"下地的句丽"之意，与辽源的高句丽县不同。就该县的夫余种族而言，消奴部衰落，有王为称号的桂娄部强盛起来。这一时期未必是前汉时期。然而，晋末出现了胡乱编造的《高丽史》，称在汉宣帝时期，首祖朱蒙在沸流谷兴起卒于本夫余。这纯属编造。也有人怀疑上述高丽侯就是朱蒙。《高丽史》本来就不能信。据《高丽史》记载，王莽所处时代相当于朱蒙之孙大武神王如栗的年代。为了彰显高丽武神的功勋，《高丽史》称早在王莽以前，朱蒙已经攻陷乐浪、东乐浪，占领了平安道地区。这些都与事实不符。当时正值秽句丽在这一地区最强盛的时期。这一点两汉书记载得明明白白。此事关系到乐浪郡的对外交流与高丽、百济的起源，因此需要仔细甄别。

在王莽初年，即公元10年前后，新罗的朴赫崩殂，南解次次雄即位。在日本安宁天皇时期，南解崩殂，儒理尼师今立。朴氏三代，王号不同，分别叫居士干、次次雄和尼师今。王位是否父子相传令人生疑。与忍穗耳尊成为日嗣的案例相比，这种相传方式更类似于稻冰命的谱系。《新罗史》记载道："南解次次雄之时，北溟人耕田得秽王之印，献之。"意思是说南解次次雄在北面收了秽地，占有其核心部分。其中疑点颇多。秽王之印是指"汉武帝元朔元年[①]，秽君南闾等叛卫右渠，率二十八万口诣辽东内属"。该事件成为朝鲜灭亡的主要原因。因此，汉授予其印。从北溟的田里挖出印来一事不足信。《魏志》记载道："夫余库……传世以为宝，耆老言先代之所赐也。其印文言秽王之印'。"这是后汉时夫余入侵秽而俘获之物。因此，上述大概是以此事为基础添枝加叶编造而成。王莽篡汉后二十年间，中原地区大乱，但是在朝鲜仍然存在着乐浪郡、东乐浪郡，和倭国的外交关系依然维持着。《后汉书》记载道："建武六年[②]，省都尉官，遂弃岭

---

① 公元前128年。
② 30年。

东地,悉封其渠帅为县侯,皆岁时朝贺",同时也封沃沮"后皆以封其渠帅,为沃沮侯。其土迫小,介于大国之间,遂臣属句丽"。《魏志》记载:"不耐、华丽、沃沮诸县皆为侯国……惟不耐秽侯至今"。因此,到了光武帝时期,他废东乐浪,封三县侯。当时,新罗北界仅到江原道以南。

光武帝

沃沮国就是今天的永兴以北咸镜道地区。"介于大国"是指西面有秽、句丽，北面有夫余。最终臣属句丽是指在朝鲜北面的盖马山地，句丽最强大，自然会合并同族的秽、沃沮。《后汉书》就此记载道："无大君长，其官有侯、邑君、三者，耆旧自谓与句丽同种，言语法俗大抵相类。"是一个缺乏国家凝聚力的民族。因此，不能独立自主。之所以直到曹魏时期，仅存不耐丽侯是因为"其人性愿悫，少嗜欲，有廉耻"。沃沮臣服句丽后，"句丽复置其中大人遂为使者，以相监领，责其租税，貂布鱼盐、海中食物，发美女为婢妾焉……又送其美女为婢妾，千里担负致之，遇之如奴仆"。这类似于此后从日本派国宰到朝鲜，设置屯仓，征集采女。可以看出这种方式是当时大国对待小国县的惯例。总而言之，直到后汉时期，就朝鲜北部而言，在咸镜道有沃沮；在江原有秽；平安道上有乐浪、句丽；在长白山脉北侧有夫余、高句丽、鲜卑、乌桓。星罗棋布。

安宁天皇即位时期相当于废除东乐浪郡县制时期。建武十二年①，新罗的儒理尼师今立。《后汉书》记载道："建武八年，高句丽遣使朝贡，光武复其王号。"这是说汉光武帝恢复了下句丽侯，这与参与句丽事务的卒本夫余及玄菟的高句丽县完全是两回事，和以后的高丽也没有关系。这是需要注意的。

这一时期，南越发生叛乱。因为这与常世国有关，下面略做说明。交趾有两个英勇的姊妹，分别叫征侧和征贰。交趾太守苏定要将征侧绳之以法。征侧十分愤怒，聚众反叛，攻下郡县。九真、日南、合浦，诸蛮闻之纷纷响应，攻陷六十五城。交趾刺史、诸太守仅能勉强自守。形势危急。光武帝下诏进行备战。建武十八年，即42年，光武帝派伏波将军马援率大军讨伐。马援用了一年多时间破了交趾，将两女子斩首，将渠帅三百余口迁徙零陵，从而平定岭表。之后，汉朝再未对岭表用兵。常世县邑虽然平静无声，但依然存在。

《后汉书》记载："建武二十年，韩人廉斯人苏马缇等诣乐浪贡献，光武帝封苏马缇为汉廉斯邑君，使属乐浪郡，四时朝谒。""四时朝谒"颇烦琐。除马韩之外，是否有廉斯这个国家值得考虑。于是，光武帝看重蔡彤的才能，任命他为辽东太守。蔡彤首先击败鲜卑，并穷追猛打鲜卑人，让他们胆寒。于是，鲜卑、乌

---

① 36年。

桓和句丽联合起来进行抵抗。然而，建武二十三年，即47年，句丽的营之落大加戴升等万余口归附乐浪郡。句丽出现分裂的苗头。49年，句丽在乌桓的诱导下寇掠辽东的右北平、渔阳、太原。蔡彤以财利招抚鲜卑。鲜卑大都护偏何邑落诸豪及异种的满离都来归附。其他势力都信服蔡彤的威信，纷纷回到原来的地方。辽东这才平静下来。49年，夫余王也遣使朝贡。光武帝厚待夫余王使臣，赏赐大量财物。自此夫余年年遣使朝贡。这是夫余的本国，并非高丽或百济的始祖。之后，夫余和高丽在辽东乐浪采取了反对中央政权的态度。这一点后面会讲到。百济、高丽的旧史①中有诸多可疑之处，在阅读时需要注意。

假定懿德天皇是在建武二十九年，即53年即位，那么他在位初期相当于在傩县领受了埋在筑前志贺岛的金印的时期。《后汉书》记载道"建武中元二年②，倭奴国奉贡朝贺，使人自称大夫，倭国之极南界也。光武赐以印绶"。倭奴国是倭的奴国，即傩县。就"倭国之极南界"而言，汉人认为倭国在乐浪海的极南，奴国还在遥远的南面，因此这样写，表示对其遥远非常重视，并非是根据地理的实录。迄今为止，读者们将"自称大夫"浅显地理解为自大称自己为大夫，这样的理解是非常错误的。该行为并非是倨傲的举动。这是前代被封为大夫，所以尽管朝代变了，但还以原来的称呼自称。其他例子在《宋书》中也能找到。譬如："倭国王赞死，弟珍立，遣使贡献，自称使持节、都督倭、百济、新罗、任那、秦韩、慕韩六国诸军事、安东大将军、倭国王，表求除正。诏除安东将军、倭国王。珍又求除正倭隋等十三人平西征、虏、冠军、辅国将军号，诏并听。"应该参照"自求除正"几个字。因此，奴国在前汉末期已经朝贡，使者被授予大夫称号。这应该被视作几次遣使之后的事情。赐印绶比上述的夫余王的待遇要高。《魏志》记载道："奴国三万户，邪马台可七万户。"共计十万户的国家即便是在汉朝的王国中也是少有的大国。因此，富强程度可见一斑。《魏志》是距当时二百年后的史书，但鉴于海神家族以两筑为根据地占领各国的重要港口，一直拓殖到信越山中，《魏志》所说并非夸张。由此可以推测当时日本的人口繁殖程度很高。

---

① 实际上是编造的。——原注
② 57年。——原注

当时，新罗开始由昔氏政权过渡到脱解尼师今政权。昔氏也是倭人。《新罗史》记载神话道："脱解本多波那国所生也，其国在倭国东北一千里，初其国王娶女国王女为妻。有虾至辰韩阿珍浦……取养之，及壮身长九尺。以其为之素姓。"之后，文中所述之人成为南解次次雄的女婿，是昔氏之祖。这一代国号称"鸡林"，任倭人瓠公为大辅，与倭国修好。多婆那在倭国东北千里处。倭国就是奴国，在其东北千里处相当于但马。这一说法已经发表于《纪年私按》。我思之良久，"多波那"和"多迟麻"发音相同，而方位、里程都吻合。不仅如此，但马与新罗、奴国渊源很深。筑前《风土记》记载道："怡土县主高丽国①意吕山自天降来，天日绊之苗裔五十迹手。"意吕山就是新罗的蔚山。"自天降来"是指舍弃王位，来到这里。这虽然是后来的事情，但从上古时期开始，但马和伊睹县就是新罗的殖民地，很早就有君长，由于后来形势变化，才迎立昔氏太子。稻冰命取代朴氏，而但马君以昔氏为君长。新罗王室与日本渊源很深。据《新罗史》记载，从脱解时期开始，新罗王室向百济开疆拓土，频频犯边。然而，这些都记载不是事实。此时，新罗和秽貊、马韩接壤，而百济还没有建国，夫余则离得很远。这种事情是不可能发生的。

第5节 筑紫衰乱和句丽强盛

假定孝昭天皇是在81年即位，新罗的昔脱解死和朴氏儒理之子婆娑尼师今立是在前一年，即80年。《后汉书》记载了这一时期的筑紫傩国的事情。公元107年，倭国王帅升等献生口一百六十人，恳请召见。在年代上，帅升相当于丰玉彦七世孙。到当时为止，日本是男子继承王位，维持国势。献生口是指让有技能的臣民为该国服务。仁德天皇从百济要来博士王仁。继体天皇时期，百济献上五经博士段杨尔等。这些史实可做参考。拓殖时期，人口匮乏，因此有才能的生口比财货还要珍贵，因此会有贡献生口的事情。土地和人民归君主所有是一种政治制度，一直延续到近世。然而在过去，在这一政治制度下，阶级、种族等级越低，

---

① 此处是"新罗"之误。——原注

受到的虐待越厉害，与奴隶无异。夫余的下户皆为奴隶。如前所述，沃沮被句丽征发美女为婢妾，遇之如奴。在日本，平民都是奴婢。良家男女被京师征发，却以此为荣。据周官讲，统治者将人和牛马关在同一栏里，禁止买卖。这是东方的风俗，只不过程度有所不同而已。前面讲过海盗掳掠之事，下面以室町时期的史实为例进行说明。据1420年朝鲜使者记录的《老松堂日本纪行》记载，"正月十六日到梁湾……因泊待风，有小舟捉鱼来卖，中有僧跪乞食，言我江南台州小旗，去年被虏来此，削发为奴，不胜辛苦，愿随官去，潸然泣下。倭曰给米则当卖此僧也。问其居地，僧曰吾来转卖，随此人二年矣。浮海而居，不知地名也。望见崖上有屋，曰此尼舍。尼归，曰为本国回礼来。喜曰，然则太平使也。吾辈乃生矣，又有空寺，谓主僧归朝鲜，被虏不还。十九日至对马岛东面，泊愁美。"这是海上的掳掠。一直到近代，陆上也有人口买卖的事情发生。上溯至古代，贱民受奴役，情况悲惨。然而，称献生口属于习俗，与虏民转卖有所不同，和贡博士一样，接受汉室俸禄，入士籍，与日本的秦部、汉部的做法一样。

　　假定孝安天皇即位是在109年。在112年，新罗朴氏开始由祗摩尼师今掌权。此时，句丽走出王宫，向邻国用兵。前面讲过句丽属于貊族。在日本，"貊"和"高丽"都训读为"koma"，句丽也应读作"koma"。《后汉书》记载道："秽有果下马。"因此，日本和朝鲜的古史因为此种产物读"koma"而将该读法作为国名。秽族是貊族的别种。因此，这个说法是正确的。高丽是夫余的别种，不是貊族。高句丽读"kokuri"，"高丽"是其略称①。貊族和高丽的混杂开始于曹魏时期，源于高丽人剽窃了句丽王室的系谱。其实高丽人和句丽王室是完全不同的民族。从前朝末期开始，句丽王宫开始向辽东用兵。《后汉书》记载道："宫生而开目能视，国人怀之，及长勇壮，数犯边境。和帝永兴元年②春，复入辽东，寇略六县，太守耿夔击破之，斩其渠帅。"这时，北境兴起夫余。"永初五年③，夫余王始将菟步骑七八千人，寇钞乐浪，杀伤吏民，后复归附。又句丽王宫遣使贡献，求属玄菟。"句丽以附属于北面的玄菟郡为便，而夫余南下入侵乐浪郡。这在历史、

---

① 此处有误。高句丽和高丽并无关系，不是同一民族和国家，完全没有继承关系。——编者注
② 105年。——原注
③ 111年。

地理上是应该注意的事件。这是因为秽、貊、朝鲜都是乐浪郡的属国。玄菟郡治在高句丽县。然而，从新莽时期开始，句丽和鲜卑、乌桓联合，在辽东开疆拓土，而乐浪郡在它们南面。夫余本国在玄菟以北。郡治附近的高句丽县的人又是夫余人的别种。消奴部衰落后，桂娄部取而代之，在南迁之后吞并该地，因而鸭绿江上的沸流谷、卒本山等也纳入桂娄部版图。于是，桂娄部开始寇掠乐浪。

以上是高丽、百济两国兴起的远因。因此，在118年，句丽王又催促秽貊之兵攻打玄菟郡的华丽城。120年，夫余王将世子尉仇台派到洛阳进贡。汉安帝赐予尉仇台印绶、金彩，厚待尉仇台。华丽城属于"秽"地，一直到前汉时期属于东乐都尉。光武帝撤掉东乐浪之后，封华丽侯。这一点前面已经讲过。因为华丽城属于玄菟，所以应该在盖马山之阳。幽州刺史冯焕称句丽王宫与鲜卑勾结，频频扰乱边境。因此，公元前140年春，冯焕率玄菟、辽东二郡太守征讨高句丽、秽貊。句丽王宫派遣嗣子遂成逆战，遂成诈降，让军队守险要之地以阻断大军前进道路，暗中派兵三千攻打玄菟、辽东二郡，焚烧城郭，杀伤千余人。公元前140年夏天，遂成又和辽东的鲜卑进攻辽队。辽队是大辽水、小辽水汇合的要地。太守蔡讽军败、战死。鲜卑又入寇云中、居庸关等地。到了公元前140年冬天，句丽王宫催促马韩、秽貊之兵包围玄菟城。夫余王让世子率军两万助力幽州、玄菟郡。公元前139年2月，夫余王世子击溃句丽之军，遣使向汉朝进贡。此役为句丽王宫的最后一战。不久，句丽王宫病死。嗣子遂成即位。公元前138年，一直到玄菟郡降伏，幽州地区暂时无事。句丽与夫余相抗衡的情形与后来的高丽、百济的情况相似。毫无疑问，高丽和百济分别是由前者演变而来的。尽管句丽、夫余位于辽东，处于偏僻之处，但不能忽视。朝鲜北部的变动必然影响到日本。沃沮屈服于句丽是在王宫时代。沃沮在越洲的对岸，与高志、虾夷关系密切，必然影响到日本的东部，需要予以平定。句丽胁迫马韩、新罗、筑紫也必然受到其余波的影响。此时，奴国日趋衰落。因此，此后日本西国的衰落会进一步加剧。

假定孝灵天皇是在133年即位，134年则是新罗的逸圣尼师今元年。此时，句丽王遂成也已离世，子伯固即位。汉朝在玄菟郡设立屯田兵六部，以备不测。而后秽、貊率服，东陲开始安静下来。136年，夫余王朝觐洛阳。汉顺帝在黄门上

孝灵天皇

演鼓吹角觝戏,盛情款待,送他回国。146年左右,句丽王伯固又入侵辽东的西安平,掳掠了乐浪太守的妻小。以上都是《后汉书》对句丽、夫余两国情况的记载。《高丽史》将句丽王编入高丽王统,但王宫、遂成、伯固并非朱蒙后裔。这一点毫无疑问。只不过句丽的版籍后来成为高丽的版籍而已。土地、人民没有问题,只是王统有问题而已。读者应注意不要混淆。

  自从神武天皇在白檀原竖立宫柱,奉祀镜、剑,建国之后,诸国都仰望屹立于高天原的冰木,尊称神武天皇为御肇国天皇。自那时起已经经过了七代,一百七八十年。起初,神武天皇将河内山背之地分给了诸皇子,进而将势力扩展至伊势、伊贺、近江等地区,从此不再有东降、西降至偏僻地方的事例,历代皇后出自矶城县主家族。其他家族没有兴起的迹象。这样一来，皇基大体奠定。经过二百年的岁月，大陆形势发生了变化。筑紫陷入衰落，动荡不安。于是，孝安天皇将第一皇子任命为大吉备诸进。从这时起，将皇子派到吉备开启了由朝廷管辖自大己贵命以来拓殖的地方的先河。另外，懿德天皇的皇子武石彦的子孙成为多迟摩之竹别，开始统治曾经是新罗殖民地的地区。

《古事记》记载道："到了孝灵天皇时期，大吉备津日子命与若建吉备津日子命二柱相副面于针间冰河之前，居忌瓮面针间为道，口言向和吉备国也。故此大吉备日子命者次若日子建吉备津彦命者。"冰川是指加古川。"日间坐天伊佐佐比古神社"是摆上五十狭芹彦的斋瓮进行祭祀的遗址。御诸别命领有印南野，后来获赐笠朝臣之姓。牛鹿是否是饰磨的古名有待考证。针间以西山岭很多。上古时期设立须磨关是为了防御虾夷。播东的夷浮乡是为了将夷族迁徙至此。原来夷民居住之地聚集了同类。之后，夷民开拓关西原野。新罗也在此殖民。这是因为在饰磨的白国山有新罗训神社，大概是从但马翻山来到了这里。播西是山险之地，通往云伯，乘船可以去吉备，往来方便。吉备津彦、稚武彦来到这里后，以针间为道口，通过赤穗、和气的山路来安抚吉备的群落。据说和气关是神功皇后时期设立的，关隘也是从这一时期开始设立的。吉备津彦、稚武彦和这两位皇子的子孙后来称作吉备臣，成为西国的雄藩。播磨家族后来成为日本武尊的外祖父。《古事记》称他为："日子刺肩别命者。"另外，天皇还将皇族派到了高志、骏河。孝安天皇以来，皇子、皇族被派到了偏远的地方。这时候草昧的开拓时期已经过去，开始建立村邑和国县。

假定孝元天皇即位是在157年。这一年新罗王朴祇摩的女婿阿达罗尼师今代逸圣而立。逸圣在位时就和倭国媾和，但具体时间难以确定。在金城东海之滨住着一对夫妇，丈夫叫延乌，妻子叫细乌。有一天，延乌采海藻的时候，被风吹到日本的小岛，成为那里的国王。妻子细乌去寻夫，也被风吹到了那个岛上，当了王妃。时人称此为日月精。阿达罗二年，延乌、细乌夫妇住所设立迎日县，位于今天的庆州以东。日本山阴、九州岛屿众多。自古以来，日本和朝鲜相互拥有殖民地，因此会出现小岛称王的传说。现在无从查证到底是哪个岛。

据汉史记载，倭国的风俗以男子为主。因此，在汉桓帝、汉灵帝时期，日本大乱，各国互相攻伐。七八十年间没有盟主。汉孝昭帝时期，倭王帅升向汉朝贡，之后国势衰微。西国的衰落越来越严重，大倭派吉备及皇子远征，而新罗也谋求开疆拓土，争乱不休。自筑紫的丰玉彦、穗高见父子成为皇家之舅，称霸西国已经过了九代二百四十五年，形势发生了巨变。丰玉彦、穗高见统治的国县也发生了变化。这就是历史的定数。

据《日本书纪》记载，新罗的天日枪在崇神天皇时期归化日本。显而易见，这一时间过晚。某种说法认为天日枪归化日本的时间与大己贵命是同时，但又过早。我认为应该是孝元天皇时期，原因有二：一是记录在《日本书纪》《古事记》中的但马的谱系。在孝元天皇时期，但马毛理和景行天皇年龄相仿。其二，查阅新罗王谱系可知，到了阿达罗尼师今时，朴氏将王位让给了昔氏脱解之孙伐休尼师今①。

据《日本书纪》记载："天日枪对曰：吾新罗国王之子也。闻日本国有圣皇，则以己国授弟知古而归化。"可以看出，天日枪是昔氏的长子，相当于朴氏之嗣。因为天日枪归化日本，所以朴氏立了知古之子伐休尼师今。伐休尼师今所处时期相当于开化天皇之时。孝元天皇时正值倭国大乱，天日枪做了但马及伊睹之主。这是因为伊睹县紧邻傩县。早在女王卑弥呼时期，中国和朝鲜就在伊都津设立亭馆。伊都津是个交通便利的重要港口。因此，占据与之毗邻的地方守住伊睹县，易守难攻。这是天日枪归化的原因。

此时，国县划分大致定了下来。在这一时代背景下，日本开始从新良贵向筑紫、但马殖民。伊睹筑前雷山中的神笼石大概是殖民者修建的古坟，在该神笼石南面的肥前山中有很多墓冢石窟，也能证明该地是古老的殖民地。想必但马也是如此。昔氏之祖出身于多婆那国，因为是女王的外孙，所以与傩和伊睹都有很深的渊源。这时，天日枪来到此地。如果不是两地的君长迎接来的，那么就是天日枪听到倭国大乱，前来稳定属地的。因此，天日枪首先占有新罗、筑紫往来的要津伊睹，本人在但马根据地坐镇，振兴了但马家族和伊睹家族。但马家族

---

① 从年代上讲，伐休尼师今实际上是脱解的玄孙。——原注

的领地不仅仅是这两个地方，在诸多国家都有。《日本书纪》的注中写道："天日枪乘艇泊于播磨国，在宍粟邑天皇遣三轮君祖大友主与倭直祖长尾市，仍诏曰：播磨宍粟邑、淡路出浅邑，是二邑汝任意居之。天日枪曰：听臣情愿者，臣亲历视诸国，合于臣心，欲被给，乃听之。于是天日枪自菟道河泝，北入近江国吾名邑暂住，复更自近江，经若狭国，西到但马国，则定住处也。是以近江国，镜谷陶人，则天日枪之从人也。"这些内容虽然稍有不实之处，但可以说是结合各国都有但马的兼领地这一事实而编出的一段话。

此外，在丰前的香春神社祭祀着辛国的息长大姬大目命，说明这里是新罗的殖民地。后来，伊睹县主、冈县主迎来仲哀天皇，说明他们都是新罗的豪族。此地南界的穗波称作不弥国。周围的山谷、海滨都是新罗开拓的。"息长"大概是新罗语。《古事记》记载道："日子坐王又娶近淡海之御上祝，以伊都久天御影神之息长水依姬生子丹波彦。"据《日本书纪》记载，天日枪住在近江吾名，在镜谷有从人邑，意思是与御上祝有缘。丹波主家到了息长宿祢这一代娶了但马日高之女高额姬，息长带姬生下息长彦，亲征新罗，这些都是有联系的。但马氏、息长氏和丹波主家的关系都不浅，和新罗气脉相通。另外，据《日本书纪》记载："天日枪娶但马出岛人大耳女麻多鸟，生但马诸助。"大耳是指以前就有的县主。他迎来了天日枪。

根据汉史参考《韩史》可以对绥靖天皇以来的缺史时期的西国的情况进行推测。但百济、高丽的历史好似海市蜃楼，有如同无。只不过，《新罗史》虽然有些粗糙且简短，但里面还是存在有价值的史实的，和日本的古代记录有吻合之处。素盏呜尊和曾尸茂梨属于遥远的上古时期的事情，无法查证，而朴氏的兴起和稻冰命相吻合。昔氏的本国和但马多有吻合之处。新罗和日本的建国之初的情况如同发生在一个国家。总而言之，日本和朝鲜的古史中有诸多相似之处。《韩史》的古代提到的倭就是指筑紫。与大倭直接开展外交是后来的事情。瓠公这一宰辅也是筑紫人或是多迟摩人。新罗起于一隅，最终统一朝鲜。强悍的气质可与日本匹敌，因此存有独立自主之气质，屡次与倭国抗争。新罗和日本也有和睦的时候，但最终走上敌对的道路。因此，《神皇正统记》记载道："以前有人说日本与三韩同种，但在桓武天皇在位期间烧毁三韩的书籍。天地开辟之后，素盏呜尊到了韩地，因此那些国家也许是神的苗裔。"然而，在新罗统一朝鲜以后，双方争强好胜，互相厌恶。此前，由于被高丽离间，日本和新罗反目成仇。而在古代，新罗和日本有兄弟之情。新罗人和筑紫人属于同种。

在缺史时代，大倭不仅是对新罗、加罗，就是对日本的东国和西国的统辖能力也很低。以筑紫为首的各国县主很多是所谓的国神家族，都是独立的王国。但是从孝灵天皇时期开始，它们逐渐服从大倭的统治。汉史记录了这一时期的史实，称当时句丽在辽东、乐浪不断掀起风浪，朝廷只有望之兴叹而已。马韩、新罗对筑紫的情况也只是略知二三而已，对日本东国的情况更无从得知。夫余在句丽背后不断扩张势力。它的史实也很粗略。但鉴于沃沮、东秽等从属于句丽或者高句丽，因此惊涛骇浪必然影响到日本东国地区。首次记载在古史上也不能说明这就是该事情的起源。崇神天皇将征夷将军、征狄将军派到东北并非是虾夷、越狄首次叛乱。这一点十分明确。多臣家族身兼科野国造、道奥石城国造、常陆仲国造、安房长狭国造等。这些都说明孝安天皇、孝灵天皇时期征讨、平定东国的事迹。以此类推，天津彦根家族被任命为周防国造，天穗日家族被任命为津岛县主，多臣家族被任命为火君、阿苏君、筑紫三家连，彦刺肩别家族被任命为丰国国崎臣都是基于平定筑紫之乱的需要而任命的，并且都是发生在这一时期。

绥靖天皇以后的五代皇统系谱极其粗略，连皇后家族都有不同说法。《日本书纪》中的名称也不确定，也没有记载皇子的后代。这大概是因为名字已经散佚的缘故。孝灵天皇以后，后妃皇女的名字记载得也稍微详细了。孝灵天皇的皇后是选自矶城县主家族①。孝元天皇就是她腹中子。另外，孝灵天皇将春日千千速真媛和矶城津彦之孙女絚某弟纳为妃。春日千千速真媛生下千千速媛。春日千千速真媛是天足彦押人的子孙。矶城津彦之孙女絚某弟中的姐姐生下了吉备津彦、彦肩别两皇子，妹妹生下了稚武彦、彦寐间两皇子。孝元天皇立穗积臣之祖郁色谜命的妹妹为皇后，生下大彦命、开化天皇、少彦男，还封河内青玉繋之

---

① 有的说法称十市县主，其实相同。——原注

女埴①安媛为妃，生下武埴安彦。有的书将"穗积臣"写作"物部连"。直到这一代，物部家族一直是皇后家族。河内应该是天津彦根的后裔河内直。孝元天皇又封郁色谜命之女伊香色谜媛为妃，晚年生下彦太忍信命。不久，孝元天皇驾崩。开化天皇立孝元天皇之妃为皇后。

  孝元天皇为何没有立嫡长子大彦命为太子？此皇子直到崇神天皇朝都作为朝廷元老东征西讨，战功卓著。他的子孙是阿倍臣，在内为伊贺国造、狭狭城山君，是群乡之首；在外为筑紫国造、越国造，是东西雄藩，防御北狄入侵。此时，倭国大乱，西国战事频仍。因此，大彦命专门负责征讨平定，将天皇之位让给了弟弟。末子彦太忍信命的曾孙武内宿祢也立下赫赫战功，成为大臣家族。

---

① 汉字中无"埴"，"埴"为日语所特有。

第 12 章

大倭的第二次肇国

第1节 筑紫的再兴

在孝元天皇之后，皇室家谱变得非常详尽。我们可以借此推算历代的代率。孝元天皇是长子。他的皇后生出了长子大彦命、次子开化天皇少彦男。在女统中，大彦命是垂仁天皇的外祖父。开化天皇的春日家族的妃子生下彦坐王，后来又将先帝孝元天皇之妃立为皇后，生下崇神天皇。这应该是在先帝驾崩之后。在女统中，彦坐王是景行天皇的外曾祖父。崇神天皇的长子是丰城入彦。后来，崇神天皇立大彦命之女为皇后，生下垂仁天皇。垂仁天皇的前皇后狭穗姬在兄长狭穗彦谋反时一起死于稻城中。杀死他们的是丰城入彦之子八纲田。当时，根据前皇后狭穗姬的遗言，垂仁天皇纳彦坐王之孙女为皇后，生下景行天皇。在女统中，垂仁天皇是仲哀天皇的外祖父。景行天皇的长子日本武尊生下仲哀天皇，三十岁而薨。次子成务天皇和孝元天皇的季子彦太忍信的曾孙武内宿祢同一天出生。仲哀天皇驾崩时，武内宿祢是大臣。到了应神天皇时期，武内宿祢是宿老。根据以上要点，我制作了七代的男统、女统家谱。一直到应神天皇，男统为七代，女统甲为六代，女统乙为八代，旁支仅为五代。共计一百九十六年。为了将参差不齐的代次进行年代排序，计算其差分如下：

以前章所述的长子继承代率及平均代率为基准，进行加减来求年数。首先将孝元天皇和大彦命的差看作长子率二十三年，则开化天皇年少四岁，应该是二十七年。将开化天皇和彦坐王的差定为长子率二十三年，而崇神天皇年少五岁，应该是二十八年。将彦坐王和丹波主的差定为长子率二十三年，右行的大彦命六十七八岁时，就是丹波主丁年。他在同时被任命为将军。这和事实是吻合的。假定御真津皇后是大彦命四十一岁时生的女儿，第一胎生下了垂仁天皇。这时大彦命六十岁左右，也是比较合理的。崇神天皇、垂仁天皇之差已经定为三十年。垂仁天皇纳狭穗姬为皇后。垂仁天皇三年，狭穗彦谋反。当时去平叛的八纲田至少二十岁左右，父亲丰城入彦四十多岁。如果根据前皇后狭穗姬的遗言而纳的日叶酸皇后和八纲田同岁的话，那么丹波主和丰城入彦年龄相仿，比垂仁天皇年长十岁左右。景行天皇是次子，和垂仁天皇相差三十五岁。如果垂仁天皇出生较晚的话，那么大彦命就会迎来晚年，而丰城入彦、丹波家族成员的年龄也会产生混乱。但如果出生早的话，那么日本武尊的年龄也会产生混乱。这里存在着不可动摇的定数。假定景行天皇与日本武尊的差为长子率二十三年，那么当时垂仁天皇已经五十八岁，而两道入姬已经出生。如果减少垂仁天皇的年数，那么他就是晚婚，而景行天皇就是早婚，失去平衡。基于这一原因，日本武尊必定是早婚，从熊袭回京之后不久就结婚了，和仲哀天皇的年龄差减少一年长子率，为二十二年。成务天皇是在景行天皇即位三四年后出生的，因而比日本武尊年少八岁。武内宿祢在同一年视察东夷时在二十岁左右。仲哀天皇初婚生下麛坂、忍熊二皇子，纳神功皇后应该是在即位之后，第一胎生下应神天皇，还京时，谋反的忍熊已经接近丁年。可以确定仲哀天皇的寿命为四十六岁。因此，当时武内宿祢六十岁左右。

　　基于上述理由，给上述男统、女统加每代的差的话，共计二百一十年，比平均率的合计年数增加十四年。这一算法应该是合理的。百里荒野相差一里，千里远洋相差十里。由于缺乏精密仪器的测量，这种程度的误差是可以接受的。当然还需要进一步精确。

　　我将这一年数分摊到各代的在位年数中。按道理是无法得到精确年数的。然而，可以肯定地说，当时立后必然是在继位之后，即先帝驾崩的第二年或者第三年，以此为基准可以大致算出七代的在位时间：

日本武尊

孝元天皇在位三十二年，寿命五十一岁，戊辰年驾崩，相当于188年。开化天皇在位三十年，寿命五十四岁，戊戌年驾崩，相当于218年。崇神天皇在位三十二年，寿命五十八岁，己巳年驾崩，相当于249年。垂仁天皇在位三十五年，寿命六十二岁，癸卯年驾崩，相当于282年。景行天皇大约在位三十三年，寿命六十岁，丙子年驾崩，相当于316年。成务天皇大约在位二十五年，寿命五十五岁，壬寅年驾崩，相当于342年。仲哀天皇在位四年，寿命四十六岁，丙午年驾崩，相当于346年。

景行天皇驾崩之年没有基准，是日本武尊薨之后七年。当时西晋王朝灭亡。因此，姑且以此为基准，以成务元年为东晋元帝建武元年，即317年。这样一来容易进行比较。然而，成务天皇驾崩还在二十几年以后。成务天皇在位年数只不过二十几年。

根据上述比较，孝元天皇一代相当于《后汉书》中："桓、灵间，倭国大乱，更相攻伐"之时。卑弥呼立于开化天皇初年。开化天皇即位是在189年。190年汉献帝立，进入三国混乱时期，相当于新罗的伐休尼师今六年。奴国卑弥呼做女王的时代不甚明了。据《新罗史》记载："阿达罗尼师今二十年五月，倭女王卑弥呼遣使来聘。"因此可以认为此时是卑弥呼初立之时。然而，《新罗史》的纪年难以确信。卑弥呼死于丁卯年，距开化元年五十八年。然而，《后汉书》记载道："有一女子名曰卑弥呼，年长不嫁，事鬼神道，能以妖惑众，于是共立为王。""年长不嫁"应该是三十岁左右。假如卑弥呼在开化元年即位，那么死时接近九十岁。历史上说她活了百余岁则过于长寿。卑弥呼是姬子，不是名字。据《日本书纪》记载，她是八女国之八女津媛。八女国是邪马台所在地。当时八女国大乱，历年没有定主。八女津媛遵奉神道，获得众心。因此，国人拥立她为国主。当时，邪马台的情况是卑弥呼有侍婢千人，其中男子只有一人。侍婢负责供给衣食，传达辞语。居处、宫室、楼观、城栅都有士兵守卫，法俗森严。有男子一人沟通内外，类似于后世的中务。《魏志》记载道："有男弟佐治国。"世俗朝政由八女津媛的弟弟执掌。就筑紫的管理及贸易之事而言，"国国有市"，互通有无，受到大倭的监督。大倭在女王国以北设立大帅监察诸国。诸国畏惧。大帅治所在伊都国，国内有刺史。伊都大帅就是大宰帅的起源。此时已经有怡土城。伊都大帅以此作为镇府。伊都国等是受到监督的小国。如果朝鲜诸国郡向倭国遣使，"皆临津搜露，传送文书赐遗之物诣女王，不得有差错"①。临津检查是渡津见的惯例。朝鲜各港口也施行此法。长期以来，奴国专门负责与外国的外交，类似于古代的海关。上官对士民很有威严。下户在路上遇见大人时，逡巡入草。传辞说事，或蹲或跪，两手触地，表示恭敬。应对时称"噫""诺"。直到近世，在诸国，士仍然对国老下跪，而平民对士要下跪。当时已经有了这一礼仪。

---

① 出自《三国志》。

各国的风土产物习俗对本国人来说习以为常，但对外国人来说则十分奇异，将它们记录下来。参考外国历史的客观记录很重要。《汉书》、《后汉书》和《魏志》中记录了倭国的法俗。这些法俗是通过与乐浪、带方与傩津交流中的见闻而获得的信息，说的都是九州北部的情形，属于南方种族的习俗。我们以此能够类推其他地区。直到汉书以前都没有关于风俗的记述，但"儋耳、珠崖郡。民皆服布如单被，穿中央为贯头。男子耕农，种禾稻、纻麻，女子桑蚕绩织，亡马与虎。民有五畜，山多尘麈。兵则矛、盾、刀、木弓弩、竹矢，或骨为镞"这些风俗见诸常世国。《后汉书》中记载："其（倭国）地大较在会稽东冶之东，与珠崖、儋耳相近，故其法俗多同。"说明中国南海岸与日本风俗习惯相同。据《魏志》记载，土地适合于禾稻、纻麻、桑蚕，将它们纺织为细纻、棉布等。土地温暖，冬夏生菜茹，没有牛、马、虎、豹、羊。其兵使用矛、盾、木弓。木弓下短上长，用竹箭或者铁镞或者骨镞。男子不论大小，皆黥面文身，诸国各异，或左或右，或大，或小，以分尊卑。男子衣服都是横幅扎束相连，简单缝制。妇女披发屈结衣服像单被，穿过其中央，贯头而着，同时以丹朱扮身，用的似乎是中国的丹朱粉。《魏志》记载："会稽有断发文身之古俗，以避蛛龙之害。今倭之水人，好沉没，捕鱼蛤。文身亦是为避大鱼水禽。后来稍以为饰。"古代吴越地区的所有海岸都有黥面文身的风俗。本来这只是南洋种族的风俗。男女服装也是如此。就扎束横幅，连在一起而言，菅政友指出，在法隆寺天寿国曼荼罗站着一个男子，他衣服下面很宽，颇似筑后国人形原的石人。横向画丹青称作横幅。另外，《风土记》写道："其所织服，自成衣裳，更无裁缝，谓之内幡。"可见，当时的一般常穿的服装都是经过裁缝而成。当然，女性服装如单被也算是一种裁缝。横幅扎束的服装已经废止了。而单被贯头在后世经过些许演变被保留下来。天武诏中规定改为"男女悉结发"。木弓是梓弓、槻弓之类。骨镞在正仓院御物账上能够看到。涂丹见诸"火阑降命之条"。称无牛马是错误的。

《风土记》接着写道："有城栅屋室，父子兄弟异处，惟会同无男女之别，饮食用笾豆盛，用手吃。俗皆徒跣，以蹲踞表恭敬，人性嗜酒，很多人长寿，活到百余岁者甚众。国中女子很多。大人皆四、五妻。其余或两或三，女人不淫而不妒，无盗窃之风,争讼少。犯法者没收妻儿,重罪者没其门族。"城栅不同于中国的城郭。城郭以砖石造内城,外围是土墙。县邑都是这种结构。人居住于其中。城栅是由木头制成。篷豆是指碗具。文中虽有"徒跣"二字,其实与马韩的草履同俗。不淫不妬并非指缺乏恋爱本能,是指已经适应了多妻同居之俗的状态。中国当时盗窃情况严重,因此不盗窃是指这里盗窃现象较少。

之后记录了宗教之俗:"其死有棺无椁,封土作冢。其死停丧十余日,家人不食酒肉,丧主哭泣,而等类就此歌舞,饮酒行乐,已葬,举家到水中澡浴,以如练沐。灼骨以卜,决吉凶。其行来渡海,诣中国,无人栉浴,不去虮虱,衣服污垢,不食肉,不近女色,使其如丧人,名曰持衰。若行者吉利时,雇生口财物。若有疾病、遇暴害时,便共欲杀之。所谓其持衰不慎。""殡葬时歌舞饮乐"这种葬仪每每见诸《日本书纪》,在中国也有。澡浴就是日本的修禊。持衰主要见于奴国等以海外交流为主的国县。

三韩是盟国。《风土记》记载:"马韩人知田蚕,织棉布;产大栗如梨,有长尾鸡,尾长五尺,邑落杂居,亦无城郭。作土室,其形如冢,开门在上。不知跪拜,无男女长幼之别。不以金宝丽服为贵,不知骑乘牛马,惟重璎珠,作为衣饰,悬于颈部,垂于耳下。大率皆魁头①露紒,布袍草履,其南界与倭接近,亦有文身者。"辰韩"有城栅屋室,土地肥美,五谷丰产,知桑蚕,善织布,乘驾牛马,以礼嫁娶,行者让路。国中产铁,秽倭、马韩与之互市,凡诸贸易皆以铁为货。俗喜歌舞,饮酒鼓瑟。弁韩与辰韩杂居,城郭衣服皆同,但是语言风俗不同。其人形皆长大,美发、衣服洁净,而刑法严峻,该国与倭国接近,因此,颇多文身者"。三韩风俗大同小异。马韩不知用牛马,而辰韩却用牛马。令人难以置信。三韩其他与日本古俗相同的地方颇多,因此两地人当然属于同种异族。

第2节 神宫和皇居的分离

开化天皇和汉献帝是同一时期的人。此前,汉朝在平壤设置乐浪郡,负责

---

① 指结发。——原注

董卓

与朝鲜和日本的外交事宜。从汉桓帝和汉灵帝年间开始，韩、秽强盛，州郡不能节制，居民流徙至朝鲜。汉灵帝中平六年，即189年，董卓执政，任公孙度为辽东太守。192年，董卓死于京师大乱中。公孙度招抚句丽、夫余，剿灭富山贼寇，夺取东莱半岛，在海东成为雄长。公孙度死后，其子公孙康继承家业。势力越来越大。从此时起，公孙康废除乐浪，向南方挺进，将郡卫迁至带水荒地。自此，乐浪郡变成带方郡。带水就是今天的临津江。当时，马韩联邦尚存，而百济尚未兴起。弁韩的加耶①和新罗争夺疆土。新罗的伐休尼师今死，其孙婿奈解尼师今立。后来，加耶和新罗讲和。董卓之乱后，汉朝江山分裂。中国大陆进入三国鼎立的初期阶段。西蜀诸葛亮征云南，而东吴孙权开拓岭南之地，那么常世地区必定受到影响。这样一来，在开化天皇时期，中国大陆发生了重大变化，而日本国史依然属于缺史时期。无论何事都无从查证。

---

① 即大加罗国，在任那平原。——原注

孝灵天皇时期，他遣皇子去招抚吉备。孝元天皇时期，天日枪来到但马归化日本，谒见孝元天皇。开化天皇之所以纳丹波大县主由碁理之女竹野媛为妃是为了更好地管理这一地区。另外，开化天皇的一个妃子姥津媛是天足国押人皇子之后春日臣之女。迄今为止，皇居被选址到倭的北部，从这一时期开始，皇居迁到北郡的春日率川。开化天皇纳葛城国造的女儿鹰媛为妃。这些措施都是有缘故的。此后，竹野媛成为彦汤产隅命之母。姥津媛成为彦坐王之母。鹰媛成为波豆罗别命之母。彦坐王是丹波主之祖。波豆罗别是稻羽之忍海部、丹波之竹野别、依网之阿毘古等之祖。春日生出彦国葺①。葛城加深了与丹波家族的关系。此时诸国开荒的高潮已经过去。社会进一步发展。这一点通过前文所述的筑紫、风俗物产可以推测得知。另外，生齿不断繁衍，而邪马台的课户达到十万。与《汉志》进行比较如下：东莱郡，即今山东半岛户十万余，人口五十万余。鲁国户十一万八千，人口六十万七千。这些还是汉极盛时期的数字。丰筑肥有国家与汉朝当时这些地区匹敌足以说明其繁庶程度。只不过日本的文明程度还很低，而中国大陆古帝王的儒教已经相当发达。中国已经进入三国鼎立时期，而日本列岛还处于史前状态，依然停留在政教合一的时代。在社会发展态势上，从海北开始出现难以抑制的进取之气势。

通过政教合一的神道，高皇产灵尊辅佐天照大神统一国家，建立神篱磐境。大己贵命不再处理政事，在三诸神奈备专门从事传教事业。社会不断改良、发展，很快三百多年过去了。人口繁殖，生产得到发展，生存竞争不断加剧。在这一背景下，日本需要改革政治和教化。这是时运之定数。邪马台的男主失去统治力，国内长年争乱不休。结果，邪马台人民拥立女主负责神事，让男弟负责政务。这样一来，战乱渐渐平息。这酷似天照大神、高皇产灵尊的情况。吉备津彦、丹波道主平定山阴也与忍穗耳尊、天穗日命西降十分相似。这本来只不过是政教合一政体的延续而已。社会的进步促进了神道的改革。这一点在户口增加中表现得特别明显。据《新罗史》记载，伐休尼师今十年，倭人大饥，来求食者千余人。这相当于开化天皇之初。在开化天皇驾崩后，崇神天皇继位，不得不进行神祇改革。

---

① 和珥臣之祖。——原注

崇神天皇迁都东山矶城，称新皇宫为瑞篱宫。该地位于三诸山西麓，志贵御县坐神社以西。该地被选为改革政教制度之地。然而，《古事记》中记载，"初年疫病多起，人民死为尽，百姓流离，或有背叛，请罪神祇"。于是，崇神天皇决定将神宫、皇居分离。据《日本书纪》记载："先是天照大神、倭大国魂二神并祭于天皇大殿之内，然畏其神势，共住不安。"崇神天皇让忌部率石凝姥神之后裔、天目一个神之后裔二氏进一步铸镜、造剑，以作护身之御灵。这些就是今天即位之日敬献神灵的镜、剑。这样一来，崇神天皇将神镜和草薙剑托付于皇女丰锹入姬，在倭之笠缝邑祭祀天照大神，按照旧式建矶坚城神篱，接着又委托渟名城入姬祭祀日本大国魂神。笠缝邑在浅茅原。然而，渟名城入姬体弱多病，不能祭祀。崇神天皇巡幸浅茅原，当夜大物主神托梦说："让我见大田田根子祭祀，就不会起神气，方得国中平安。"倭迹迹日百袭媛命、大水口宿祢、伊势麻绩君三人也上奏说做了同样的梦。于是，崇神天皇让大田田根子祭祀，任命市矶的长尾市为倭大国魂神祭主。天下太平。崇神天皇大悦，在茅渟县陶邑寻得大田田根子，又亲临浅茅原，会王卿八十诸部。崇神天皇召大田田根子问："汝谁子也？"大田田根子答道："父乃大物主，母乃活玉依姬。"崇神天皇说"朕将富荣"，命伊香色雄分发物部制作的祭神币物，任命大田田根子为大物主大神祭主，任命长尾市为倭大国魂神的祭主。

《日本书纪》称以上就是三轮的大物主神社、大和的大国魂神社的起源。大田田根子成为三轮君和大神的姓尸。在此之前，姓尸是事代主之子。长尾市开始是倭直的姓尸。姓尸制度就是开始于这一时期。崇神天皇又任命高桥邑人活日为大神的掌酒。活日乃奉神酒，在神宫的宴会上唱道，此酒并非我的酒，是大倭大物主酿造的酒。和歌歌曰"几久几久"，公卿和之，天皇也和之。之后又问卜，让另外祭祀八十万神，之后定下天社、国社及神地、神户。天社是自古以来由天神的子孙祭祀、传教的神社。国社是国神即国县祭祀的神社。譬如出云大社、纪伊日前社等属于天社，而筑紫海神社、但马出石社等属于国社。神地是神领的土地。神户是神领的部民，与皇室的名代、子代部相同。今天有叫神户的乡村，说的就是这个地方。一般来讲，神社要建矶坚城神篱，在此祭神，处理民间诉讼，是政教合一的治所。皇室都在矶坚城中造宫殿，受到管内士民的瞻仰。在神社之下，必然准备祭品，进行祭祀。必须有供给祭主神家的领地、领民。因此，神教时期，统治阶级依托其信仰，占有土地、人民，以此来保存神灵。虽说如此，随着生齿的不断繁衍，人们会产生不满情绪。这也是历史发展的必然性。各国不断进行拓殖，导致邑落逐渐相连。这样一来，就出现了人神混杂的情形。因此，改革迫在眉睫。据《日本书纪》记载："于是，疫病始息，国内渐谧，五谷既成，百姓饶之。"当然，这里加上了模仿汉史的溢美之词，但认为能够平稳地完成这样的改革是大错特错。虽说疫病一两年就会停息，凶年也不会永远持续，但当时皇族叛乱接二连三，而平叛并非易事。记录中加了这么多浮夸且不实之词，可见修史者的学识多么稚嫩和浅薄。这些行为反而会误导读者，认为改革实行起来非常容易。这一点需要引起注意。从定神地、神户的句中，我看出了相关人员的动摇。

古神道以镜、剑象征神灵的和魂、荒魂。这如同左手拿经文，右手拿剑来传教。无论哪个国家要驯化野民，流血都是不可避免的。更有甚者在各宗教之间还流传着"以血赎罪"这一残忍的语句。然而，垂拱文治就能完成这项大规模的改革是令人难以置信的。坚决实施这一改革的顺序是很早就定下的。在崇神天皇一朝，时机已经成熟。另一方面，崇神天皇也要加强军备，宣扬武力。这也是毋庸置疑的事实。据《古事记》和《日本书纪》记载，在给大神奉上神酒之后，鉴于天皇梦见神的教诲，人们以赤盾八面、赤矛八杆祭祀墨坂之神，以黑盾八面、黑矛八杆祭祀大坂之神。就墨坂而言，《雄略纪三诸岳神》注中记载道："或曰兔田墨坂神也。"大坂是指位于葛下郡的大坂山口神社，位于今天二上山以北的穴虫越的口上。今天仍存关屋之名，是要塞之地。崇神天皇又召集八十伴绪咨询此事。这时，中臣上奏香岛①神托之事。因而崇神天皇让人奉纳大刀十口、矛、铁弓、铁箭各二，许吕四口、牧铁一连、马、鞍、镜、五色旗等币物及神户八烟。这些记载在《风土记》中。在其他的各个大神社中也有与之类似的奉纳。

对于石上神宫的起源，历史上没有明文记载。石上神宫在翻越初濑的山口处的布留，收藏着师主剑，被作为武库。从地理位置来看，石上神宫一定是在建

---

① 即鹿岛。——原注

矶坚城瑞篱宫时修建的。据《旧事记》记载："伊香色雄命建布都大神社于大倭国山边郡石上邑。"这一说法似乎可信。当时的改革由伊香色雄专门负责。因此,物部家族的势力越来越大。将此和武库联系起来考虑的话,石上神官应该是筑后的高良神社。关于高良玉垂,《崇神纪》中记载："号其脱甲处曰诃和罗。"《通证》中引用《仁德纪》的"考罗济",引用《古事记》中的"到诃和罗前,而沉入以钩,探其沉处者,连其衣中甲,而诃和罗鸣,故号其地为诃和罗"。史学家将其解释为脱甲之音。但古代将甲胄称作"诃和罗"。新井白石已经指出这一点。日本和朝鲜是一样的叫法。高良玉垂是指缀玉而饰的甲胄。高良玉垂神社和布都神社用处相同,是收纳甲胄的武库。将该神社建于神笼石之中说明这里是筑紫国造的武库。该神社也是和石上神官在同一时期由邪马台的卑弥呼建的。

　　臣民依然对崇神天皇实行人神分离颇感不安。反对改革的保守势力根深蒂固。《垂仁纪》就倭大神三轮神大水口宿祢记载,"先皇虽祭祀神祇,未探其根源,以粗留于枝叶,故短命也。今汝御孙尊,悔先皇之不及,而慎祭则寿命延长"云云。从文体来看,该段描述似乎是后来编写的,不可深信。但当时对笠缝村神官颇有微词这一点与事实相符。到了垂仁天皇一朝,他委托皇妹倭姬命寻觅镇座之地。倭姬命来到菟田①的篠幡,进而经过近江、美浓,来到伊势,得到"神风伊势国,则常世之浪,重浪归国也,旁国可怜国也,欲居是国"这一神的教诲。她在五十铃川上建斋宫。至此,事态稳定下来。人们将此斋宫称作礒宫。也就是说这是天照大神首次自天而降之处。《日本书纪》记载了此事,首次将此称作"伊势大神宫"。礒宫在饭野郡。自那时起,人们开始在今天的会郡五十铃川上的宇治进行祭祀。仪式账上记录的文字也是如此。在数国择地应该属于事实。据《倭姬命世纪》记载,倭姬命在各国到处寻觅建大宫的地方,在丹波国吉佐宫四年奉斋。丰受神从天而降。因此,倭姬命更求好国,以此作为外宫的起源。《倭姬命世纪》和《旧事记》一样都是可信度不高的书。所记载内容不足为信。据传,丰受神迁居外宫是在雄略天皇时期,但除了《神宫五部书》,并无

---

① 即宇陀郡。——原注

确信的书籍记载此事。《古事记》中天孙降临一条记载道:"此二柱神①者拜祭佐久久斯侣伊须受能官,次登由宇气神者坐外宫之虔相神者也。"这应该是雄略天皇以后的补充记录。据《日本书纪》记载,垂仁天皇又让祠官将兵器作为神币来占卜,结果都是"吉",于是将弓箭、横刀都纳于各神社,进而确定神地、神户,时时祭祀。用兵器祭祀神祇这一做法开始于这一时期。在扩建武库的同时,垂仁天皇还在久米村设立屯仓。这是最初的屯仓,本来是储存军粮的仓库②。后来大倭称之为屯仓。应神天皇驾崩之后发生过纷争。这一点后面再讲。垂仁天皇长子五十琼敷命请求垂仁天皇给予弓箭。为了满足他的愿望,垂仁天皇让他在茅渟③兔砥、川上官造剑。因而有川上部④。五十琼敷命将其千把宝剑献纳石上神宫。今天,在日根郡兔砥河上尚存其神宫遗址。深日锻冶谷遗址尚存。垂仁天皇因此将盾缝、倭文、弓削、矢作、穴矶、泊橿、玉作、刑部、日置、刀佩十部的民赐予五十琼敷命,任命五十琼敷命为石上神宫之主。垂仁天皇让春日臣一族市河来治理。五十琼敷命年老后,将神宫主让与其妹大中姬。大中姬称自己体弱不能登天之神库,坚辞不受。因此,五十琼敷命说:"神库虽高,吾造天梯可登矣",于是将此职务授予其妹大中姬。因此有"天之神库,造梯而登"的谚语。大中姬之后将此职位让与物部十千根。物部氏管辖石上神宫也是源于此时。石上神宫背山面野,在正殿后面的石崖上有"禁足地",不知是哪个时代建造的。相传在平安初年,石上神宫内的兵器被运往京师,但因为发生神托梦等种种怪异事件,所以石上神宫还如当初那样纳宝。之后又发生了火灾。朝廷于是将师灵、数把内反刀等埋在当地,禁止人们践踏。1874年日本成立教部省后,相关人员申请发掘此地,结果从石室中挖出数把铁刀。观其刀的设计发现大都是单刃刀,而且直刀居多,其中还挖掘出神体师灵。人们将这些古董严密封存之后捐献给神宫。由此可以断定,古史中所说的石上藏神剑这一说法是真实可信的。

---

① 指手力男神、石门别神。——原注
② 称官仓或屯仓。——原注
③ 今和泉。——原注
④ 一说称裸伴。——原注

按照古代风俗，在埋葬贵人时，会将已逝贵人的心腹作为殉葬者活埋，与贵人葬在一起。在皇子倭彦命薨逝后，垂仁天皇和殉葬者昼夜哭泣。殉葬者死后，尸体腐烂。大乌鸦聚而食之。目睹此状，垂仁天皇悲痛不已，于是召集群臣商议中止殉葬制度。不久，日叶酸皇后薨逝。天皇已经痛感殉葬不可行，召集群臣商议葬礼该如何举行。野见宿祢进谏道："活埋活人是不良风俗，不应传给后世。"于是，经过讨论，群臣拟订方案，上奏垂仁天皇。群臣传唤出云的土师亲自监督用陶土做成各种形状的人马献给朝廷。此后，葬礼以此土做的人偶和动物代替活人。这成为后世葬礼遵循的制度。垂仁天皇大喜，将这些土偶等立于日叶酸皇后墓中，称这些土偶为埴轮，并以这种方式作为后世遵循的制度。因野见宿祢在此事上立下大功，垂仁天皇予以厚赏，赏给他锻冶用地，赐他土师职。此后，土师连姓代代负责天皇的丧葬。陶器和铁剑不同。日本湿气很重，陶器埋在土里可以永久保存。因此，时至今日，发掘出埴轮的情况很多。并且在比此更早时期的坟冢里也出土了陶偶。该记载是埴轮首次在历史中出现，但是说它是日本所创还不能定论。此前在国县层面就有使用陶偶的民族，但将陶偶用于皇室大葬中则是在野见宿祢禀奏垂仁天皇之后。此外，在日叶酸皇后的葬礼中，建真利根命的后裔献上了石棺，因而获赐石作连的姓①。石棺也并非此时所创。一般来讲，在日本和朝鲜，物质文明要比精神文明发展得早，早在遥远的古代已经有较高水平。此外，认为从此时起已经有了后世那种全国统一的标准是不符合事实的。废除殉葬习俗是大倭皇室浓墨重彩的一笔。而在国县层面，陶偶殉葬制度并不普遍。据《魏志》记载："卑弥呼死时，殉葬者百余人。"当时相当于崇神天皇末期。

此外，天皇还对出云大社的神宝采取检校措施。该举措也是伴随着神祇改革的大事件。检校内容与对神地、神户的处置有关。崇神天皇遣使出云国，取回神宫②的神宝。恰逢此时神宝主人出云振根前往筑紫，不在出云。出云振根的弟弟饭入根答应了此事，让弟弟甘美韩日狭、儿子鸕濡淳二人拿出神宝贡上。出云

---

① 出自《姓氏录》。——原注
② 此处指杵筑宫。——原注

振根回来后杀了饭入根。崇神天皇派吉备武彦、武渟河别二将去诛杀出云振根。自此以后，出云臣等畏惧朝廷，对大神的祭祀中断。丹波冰上人、冰香户边得到神的托梦，通过当时还是皇太子的垂仁天皇禀奏崇神天皇。自此以后，出云神宫奉旨祭祀。之后，天皇每年派遣使者视察神宝，但这项制度尚不明确。因此，垂仁天皇继位后，派遣物部十千根去视察检校神宝，之后又令十千根主管出云神宝①。在神祇改革之初，伊香色雄就以历代皇后家族的身份专门负责这件事情。到了十千根这一代，石上出云神宝事务也就被该家族垄断。于是物部连的权势越来越大。中臣、斋部两辅政转而成为大臣大连。

据《日本书纪》记载，天皇又让但马清助献出天日枪带来的神宝，将该神宝收藏于石上。其中只有出石刀子自然而然地流落到了淡路岛。该岛上建有生石神社。生石训读伊豆志。此事非常奇怪。天日枪来日本之时，很早就开始在淡路岛从事一系列活动，加之该地属于但马的领地，因此在该地建了这个神社，后来祭祀神灵，聆听神灵的教诲。《古事记》中将出石神社祭祀大神称作伊豆志八前之大神，记载了八种神宝。"八前"和《式》中所说的"八座"意思相同，不算在神宝之内。据《日本书纪》记载，清彦是清助之孙，是天日枪的曾孙，而《古事记》则认为他是田道间守的弟弟，天日枪的玄孙。收缴这一神宝也是为了限制但马氏的神权。这与丹波道主镇抚这一地区是有密切关系的。

第3节　镇压畿内和征服荒夷

国家是通过政教合一而形成的。到了崇神天皇时期，由于时代发生了变化，他不得已将神官和皇居分离。虽说如此，但宗教习惯根深蒂固，在精神上和信念上对公众影响很深，并且在物质上涉及土地和人民的所有权。进行变革绝非易事。人心开始动摇。到了垂仁天皇时期局势才渐渐稳定下来。因此，在此期间，不论距离首都远近，不少人为稳定国家形势劳神出力。在史学研究中，我们要通过合理推测来深入研究这一时期的实际情况。

---

① 出自《日本书纪》。——原注

崇神天皇已经对神祇祭祀做出了改革，但蛮荒之地的人们尚不习王化，因此人心浮动。因此，据《日本书纪》记载，崇神天皇将皇族中的朝廷元老，伯父大彦命派到北陆的高志，将大彦命的儿子武订川别派到东海十二道，将丹波道主派到丹波，将吉备津彦①派到西道，让没有信仰的人们受到教化，心平气和。上述人等被称作"四道将军"。皇族不断亲征北陆、东海、山阴与山阳地区。这意味着开拓野民部落的时期已经结束，而今的工作是绥靖安抚豪酋，为实施国县制打下坚实基础。在到和珥坂上任时，大彦命路遇一少女。少女歌曰："大城门处有杀机"，歌毕就无影无踪了。大彦命甚感奇怪，返回来禀奏这一情况。倭迹迹日百袭媛命说这是武埴安彦谋反的征兆。此时，武埴安彦的妻子吾田媛秘密来到这里取香山之土，裹在领布中进行祈祷，称这是倭国之物而返，可见早有准备。于是，崇神天皇命大彦命的伯父率军前去平叛，以彦国葺②为副将，前往山背，将吉备真彦派往大坂口。武埴安彦果然起兵造反，将人马分成两路，一路由自己亲自领兵从山背赶往那罗口。吾田媛从河内前往大坂口。吉备武彦逆袭吾田媛，杀吾田媛。大彦命将忌瓮放在和珥坂，实施镇祭，之后翻过那罗坂，到达轮韩川，隔河与武埴安彦对峙。武埴安彦用箭射彦国葺不中，而彦国葺则射伤了武埴安彦。于是，武埴安彦的余众都溃败而走。接着，彦国葺在楠叶渡伏击武埴安彦的败军并大败他们。事情终于平息。武埴安彦的母亲是河内青玉的女儿。因此，河内青玉家族拥戴吾田媛从西面发起进攻。从河内翻越大坂口的山路路途遥远。吾田媛就是在山路上被杀的。轮韩川又称泉川，将瓮原一分为二，从中间流过，今天叫木津川。大彦命在木津川列阵，而武埴安彦在瓮原列阵。两军在此地一决胜负。

　　因为崇神天皇违背祖训将神镜从大殿移出，所以拥立反对这一措施的皇子而起事者颇多。这一点不足为怪。背后一定有很多贵族为皇子出谋划策。史书中只列举了主谋者。而今已经无从知晓其中的详情了。吾田位于宇智郡的阿陀，是赘持的住地。这一点以前也讲过。阿多比卖神社中供奉的是鹈养部的祖神。鹈养部是个小家族。阿陀兵会从南面发起进攻，目标直指重坂口，而重坂口地理位

---

① 五十狭芹彦命之子孙，也是其家族名称。——原注
② 和珥臣即春日臣一族之祖。——原注

置重要。吾田媛的吾田并非指这里。我认为吾田媛是日向吾田君之女,率领的是熊袭隼人之兵。当然,在大倭内部也有保守派贵族。他们为反叛势力做内应。然而,崇神天皇一战定乾坤,平息反叛,主要靠大彦命德高望重和彦国葺的英勇。改革势力、保守势力的斗争是典型的历史现象。

这样一来,平息了内部的反对势力之后,人心开始稳定下来。大彦命率军经过高志国。武渟川别率军经过东海。两军在相津会师,之后班师。相津就是现在的会津。大彦命及其后人被任命为越国国造以防御北狄就是从这个时候开始的。武渟川别率领东海军进入会津,并被任命为多臣家族的磐城及常陆那贺国造大致也是这个时期。据《风土记》记载,那贺国造之祖建借间命率军荡平贼寇,来到安婆岛之浦,望见烟后得知贼寇位置,吃完早饭,率军渡河。此处有两人分别叫国栖夜尺斯和底筑斯。他们掘穴造堡而居,观察官军的动向。因为官军除掉了这二人,贼寇逃到土堡坚守。于是,建借间命一边挑选敢死队隐藏在山里,制造破贼的器械,一边在海滨泛舟,七日七夜游乐歌舞。于是,男女贼寇都来到海滨大声欢呼。海滨震动。建借间命趁机派骑兵封锁土堡,从背后袭击掩杀贼寇。建借间命大概是多臣一族。采女臣,即伊香色雄家族的旁支被任命为筑波国造、毗奈良珠命被任命为新治国造也是这个时候。据《古事记》记载,丹波将军将彦坐王派到丹波,让他杀掉玖贺耳之御笠。这个说法是可信的。玖贺耳御笠是何许人不太清楚。丹波主是彦坐王之子,是景行天皇的外祖父。后面会列出家谱。只不过,丹波主、吉备津彦都是家族名。这些家族代代称此姓。因为直到此时筑紫还是卑弥呼的时代,所以吉备津彦率军所去的西海应该仅限于吉备、安艺一带。

不久,四道将军还朝,上奏了平定戎夷的情况。因为异俗多归化王朝。在确定了民籍后,朝廷首次征收男弓珥调、女手末调,此后就有了皮、角、布等调。迄今为止,人们将此误解为租税的起源,早在《古事记传》中就指出了这一点。认为直到拥有土地、部民并确定神地及神户时期还不存在租役是非常愚蠢的。这个是首次确定新旧良民的户籍之后才开始征收的调贡,首次形成了租庸调制度。《日本书纪》的编者对此缺乏理解,捏造诏书:"更校人民,令知长幼之次第。"这是怎样的见解呢?而且长幼之序属于儒家思想,在日本的政治习俗中是看不到长幼之序的。因为没有长子继承的规定，所以皇室、贵族的兄弟间、叔侄间争斗不息，最终导致南北朝的大乱。特别是征调怎么会有长幼之序？大体而言，在各个国家的政治风俗中，伦理德教虽然各有不同，但读史时一字一句需要注意分辨。接着，崇神天皇让各国造船舶，停止海边的徒步运输，在河内开凿依纲、刈坂、反折三池，灌溉水田。这样一来，人民开始富裕起来。人们将这个时期称作第二御肇国天皇时期——神武天皇时期是肇国时期。

崇神天皇最初纳木国造荒河户畔之女远津年鱼眼眼妙媛为妃，生下丰城入彦命，后来立大彦命之女御津媛为后，生下活目入彦五十狭茅尊。至此，崇神天皇命令两皇子沐浴，禀奏当夜之梦。丰城入彦命做的梦是登上御诸山，将绳子伸到四方，追逐吃栗子的雀。崇神天皇占卜此梦，命令大皇子丰城入彦命治理东国，立活目入彦五十狭茅尊为皇太子。丰城入彦命被任命为东山都督。这就是上毛野君和下毛野君兴起的原因。二荒山宇都宫就是丰城入彦命的祠堂。不过，占梦一事是后人的杜撰。正如以前讲过的那样，丰城入彦命要比垂仁天皇年长十岁左右。虽然丰城入彦命是长子，但垂仁天皇是皇后所生，是大彦命的外孙，本来就应被立为储君。因此不需要占梦。这一时期，皇族将皇威扬于四方，皇基得到巩固。诸皇子遵循上古的习俗，亲临诸国，驯化异种异族，不辞辛劳。没有人愿意留在京师饱食终日，无所事事。我相信这也是事实。大彦命是同胞兄长，但让他弟弟继承帝位，在国家多事之秋出将入相，改革政体，平定叛乱，尽管皓首还率军到会津山中征战。此外，他还开拓虾夷之地，并使该地初具规模。他的后人世世代代负责防御北狄，功勋卓著，彪炳史册，演变为阿倍一族，拥有京背的伊贺，成为国家柱石。以此类推，神八井耳命的后人演变为多臣家族。天足彦押人命的后人演变为和珥臣家族。这些都是大彦命开启的先例。可惜的是，由于处于缺史时期，这些内容无从查证。五十琼敷命成为石上之主。丰城入彦命的梦中之辞也是受到大彦命的雄心的鼓舞。他建立武库，镇抚东国。我参考各类资料发现，多臣家族被任命为常陆、磐城等地的国造可以说是东山都督的前兆。这一带很早就驱逐了虾夷。当时的磐城、岩代地区已经纳入皇族领土。这一点可以通过相津会师和被任命为东山都督等史实得到印证。自此至坂东都是由上毛野君和下毛野君家族所管辖。另外，吉备地区兴起了两吉备家族。丹波地区兴起了丹波主家族。而大彦命家族人被任命为筑紫国造。海神氏分离出来且家族中人被任命为筑紫国造、安云连则是在垂仁天皇、武渟川别命以后的事情。之所以这样说是因为卑弥呼死于崇神天皇末期。直到立女王伊豫，该国还是一个统一的国家。从崇神天皇、垂仁天皇两朝开始，皇族被派到各国，国运强盛。

　　下面看一下后妃的情况。开化天皇和崇神天皇的皇后所属家族分别是物部、阿倍两大家族，而妃子则出自和珥①、丹波、河内、纪伊、葛城、尾张、山背等大藩，都是名门望族。她们的皇子、皇女都依靠外祖一方的亲情，得到采邑。皇族在各国县的势力有所扩张。在上古时期，天神之子下凡时，各国神纷纷向天神之子进献其女。这样一来各国神就在该地拥有贵种。这已经成为风俗，一直延续到后世。其中彦坐王家族突然繁盛特别值得瞩目。该家族女子生出王子多达十五人。其中天神之子娶了近江国御上祝祭祀的天御影神之女息长水依姬，生了丹波彦。息长是新罗语。息长大姬被祭祀在丰前的香春神社。近江三上的息长姬生的孩子被封在近江安美浓本巢。另外，山背某的孙子叫息长宿祢。息长宿祢和但马日高之女结婚，生下征新罗的息长带姬命，即神功皇后。此外，日高之兄但马太守曾经担任垂仁天皇的常世国使者，这个家族与日本、朝鲜和常世国三地都有很深的渊源。因此，丹波被列为四道之一，并且拥有很多高贵的大族。垂仁天皇的两个皇后都是从彦坐王的子孙中选立的，并且颇受重视。然而，狭穗彦反叛被诛杀震撼了当时的朝廷，说明丹波也有根深蒂固的反朝廷势力。垂仁天皇将狭穗姬立为皇后应该是崇神天皇驾崩之后。到了重爱三年，狭穗姬皇后有了身孕时，发生了上述大的变故。有一天，狭穗姬皇后的兄长狭穗彦问狭穗姬皇后："哥哥我和你丈夫，你更爱哪个？"狭穗姬皇后回答说："更爱哥哥你。如果夫君死了的话，我和哥哥你共治天下。"狭穗彦想让她找机会杀掉垂仁天皇，并将刀子给她。狭穗姬皇后发现兄长心意已决，很难规劝。她虽然接过刀子，但犹豫该如何处置，便将刀子藏了起来。恰逢垂仁天皇来到久米高宫睡午觉，而狭穗姬皇后正好在垂仁天皇旁边。她认为完成兄长所托之事就在此时，但眼泪

---

① 也称大春日。——原注

落到了垂仁天皇脸上。垂仁天皇睁开眼睛说道："刚才的梦很奇怪。梦见锦色的小蛇卷在自己脖子上，大雨从狭穗姬那里下了过来，打湿了我的脸。于是就醒了。"狭穗姬皇后非常害怕，坦白道："我兄长有异心，我不知如何是好。"垂仁天皇听后大吃一惊道："朕险些被骗，这并非汝之罪"，下令丰城入彦之子八纲田带领军队讨伐狭穗。狭穗彦一方也做好了准备，集结军队，建稻城，进行抵抗。短时期内，城堡不可能陷落。狭穗姬皇后也进入稻城中。由于考虑到狭穗姬皇后怀有身孕，垂仁天皇约束军队不要急着攻城。在两军僵持期间，皇子出生。因此，狭穗姬皇后将皇子送到城外，让人传话道："此子乃天皇之子，希望将其抚养成人。"垂仁天皇也有意救出狭穗姬皇后，命令强壮而敏捷的士兵在接过皇子时务必要将狭穗姬皇后抢回来，无论头发、手还是衣服，抓住就往回抢。狭穗姬皇后预料到会有此计划，因而剃发、披上假发并且没有戴手镯，虽然穿着衣服但一抓扯就断。因此，当士兵抢夺狭穗姬皇后时，狭穗姬皇后头发落地、衣袖被扯断。士兵因此未能抢回狭穗姬皇后。垂仁天皇虽然愤愤不平，但毫无办法，纵火焚烧稻城。垂仁天皇给狭穗姬皇后带信说道："孩子的名字一定要由母亲来起，请为孩子取名。"狭穗姬皇后回复说孩子名字叫"誉津别"。因此，垂仁天皇问道："汝心冷如冰，谁能消融？"狭穗姬皇后回答说："丹波彦之女、兄姬、弟姬是清白的公民，请收留她们。"狭穗姬皇后与兄狭穗彦赴火而死。八纲目立下大功，受到垂仁天皇赏赐，被赐名为倭日向武日向彦。此事成为古代史中的美谈。《古事记》和《日本书纪》对此浓墨重彩地进行描述。《日本书纪》中夹杂了汉史的思想。《古事记》中也有诸多编造之处。我认为故事中包含诸多日本的古俗。因此，大体而言书中内容是真实的。

可以说狭穗彦之乱也是在反对变革的守旧派的煽动下爆发的。将笠缝神宫迁到伊势就是狭穗彦叛乱造成的。埴安位于矶城郡，距离皇居很近。武埴安彦之母埴安媛拥有埴安。埴安媛家族河内青玉是上古土神埴安的后裔，是河内的古老的豪族。因此，吾田媛的军队很轻易地就进入大坂口。狭穗位于今天的奈良，和缠向皇宫稍微有一段距离。这也是狭穗彦的母亲的领地。在开化天皇和丹波大县主家族通婚后，仅过了三代，丹波大县主家族就成为豪族，并且拥有一位阴

狭穗姬皇后赴火而死

谋篡夺帝位的大县主。由此可见，由于变革导致人心不稳的情况依然存在。葛城国造是神武天皇以前就存在的旧豪族，占据西南山险。他的家族中占有当麻者与丹波结为姻亲关系。当麻蹶速自负强勇，经常在大庭广众之下放狂言："四方要有比我强悍者愿与其拼死较量。"垂仁天皇闻之大惊，命群臣寻找能够打倒当麻蹶速的力士。有人禀奏说出云国野见有一个这样的人。垂仁天皇于是派倭长尾市将该人召来，让他与当麻蹶速对决。二人对峙，举足相蹴。力士踢折当麻蹶速肋骨，又踏折当麻蹶速的腰而杀死了他。垂仁天皇威信陡增，没收了当麻蹶速的领地，赐予那个力士，让他留在身边侍奉。这个力士就是创始埴轮的野见宿祢。经过这些事情后，京师的人心终于稳定下来。

垂仁天皇听从狭穗皇后的遗言，立丹波的日叶酸为皇后，立日叶酸的妹妹渟叶田琼入姬、蓟琼入姬为妃。此时，执掌朝廷政务的公卿是大彦命之子武渟川别、天足彦国押人之后裔彦国葺这两个皇族和中臣大鹿岛、物部十千根、大伴武日等三连。史学家称此为五大夫，大臣、大连滥觞于此。当时，陪侍天皇左右并处理国事者被称为宿祢。他们负责选任皇族、贵卿及士大夫等有才干者，但尚无固定的官职。日叶酸皇后生下五十琼敷命、大足彦尊等。垂仁天皇将五十琼敷命派到河内开拓高石、茅渟之池，又在倭之狭城、迹见等其他各国开凿沟池八百余处，从事农业生产。另外，垂仁天皇准许五十琼敷命拥有川上部的武器，任命他为石上神宫之主。大足彦尊成人之后身高一丈二寸，胫长四尺一寸，被立为皇太子，就是后来的景行天皇。

第4节 筑紫之乱及任那开府

日本、朝鲜和常世国的联合有很长历史，随着大陆形势的变化而变化。古代这些国家幅员辽阔，中央统治难以覆盖。在日本列岛内部，直到崇神天皇时期，奥羽之地还属于虾夷国，而西国穴门以西还属于兼管地，此地还有朝鲜的殖民。这一点在但马、伊睹的案例中可以得到印证。敦贺有新露贵彦神社。能登有美麻奈彦姬神社。当时，对酋长部落的开拓不断发展。从孝安天皇时期开始，皇子在远国的领地不断扩大。人口也增加了，县邑管理方法在不断改进。常世国也发生了变化。近处的西国、筑紫和熊袭也发生了变化。

在立卑弥呼为女王后，筑紫的奴国恢复了原来的强盛，并在崇神天皇时期达到鼎盛。据《魏志》记载，238年，按照惯例，奴国派难升米为正使、都市牛利为副史到达带方郡，要求朝觐魏国皇帝。太守刘夏遣吏护送他们至邺都。二使向魏国献上男女生口十人，斑布二匹二丈。魏明帝下诏："嘉奖汝之忠孝。"因此，魏明帝装封"亲魏倭王"金印交付带方太守，封难升米为率善中郎将，封都市牛利为校尉，赏赐银印、绢五尺、刀二把、铜镜百枚。239年，难升米和都市牛利回国。240年，带方太守弓遵、建中校尉梯儁等来到筑紫。除了诏印之外，他们还赠与奴国金、帛、锦、刀、镜、彩物，赠礼颇优厚。卑弥呼上表答谢。242年，卑弥呼又派伊声耆、掖邪狗等八人献上生口、倭锦、绛青、绢丝、衣帛、丹水、弓箭等。据《魏志》记载，当时，奴国和南方的狗奴国发生矛盾，最终兵戎相见。247年，卑弥呼派戴斯乌越等到带方郡，请求魏国夹击狗奴国。太守王倾到邺都详细禀奏此事。魏国派塞曹掾三、张政等带去诏书、宝幢，借给难升米等，让其写檄文，发告谕。此时，卑弥呼死，奴国立男主。国人不服，相互倾轧，杀千余人。于是，奴国立卑弥呼十三岁的宗女壹与为女王。事态终于平息。魏国使者因此以檄文形式劝告壹与和狗奴国讲和。这是崇神天皇末年的事情。据《后汉书》记载，"自女王国东渡海千余里至狗奴国，虽皆倭种，而不属女王。"狗奴国位于傩津向东船行四百公里之处。据《魏志》记载，狗奴国在女王国边境处，"其南有狗奴国，男子为王，其官有狗古智卑狗，不属女王"。从博多往东航海约四百公里，到达大隅湾。在八女国之南能够和奴国对抗的强国只有熊袭。"狗奴"并非音译，大概是与隼人的狗有关系的名称，或者是由奴国给该国起的名字。据《魏志》记载，"投马国官曰弥弥，副曰弥弥那利可五万户"。投马是仅次于邪马台的大国，相当于萨摩。因此，毫无疑问，狗奴国是位于其间的熊袭。当时狗奴国男主的名字叫卑弥弓呼。

在新罗奈解尼师今时期，伊飡于老任将军，侵略召文国、甘文国，和加罗讲和。在崇神天皇初年，即230年，奈解尼师今死后，他的女婿，伐休尼师今之孙助贲尼师今立。伊飡于老又向加罗用兵。新罗的官以亲属为上，将家族分为第一骨、第二骨。兄弟之女、姑姨、从姊妹都作为妻子。以第一骨为妻的话，其子也属于第一骨。骨等同于衾尸。姓尸制度起源于崇神天皇以后，是与新罗在同一时期开始形成的划分贵族的等级制度。另外，新罗的上官称作"飡"或"干"。大官称作"伊伐飡"或"伊罚干"，属于辅相。官职以角干或舒弗邯为极。在伊伐飡下有伊尺飡、匝飡、波真飡、大阿飡，大体上这五等都称真骨。州邑设州主、军主，选任而为之。伊飡于老一说是太子，被任命为奈勘助贲执权，向各方用兵。另外，加罗又称加耶、驾洛、金官国。弁辰的十三国在后汉初期分裂，形成六加耶国。朝鲜的古代史由于佛僧的编造而不可信之处颇多。但后汉末期有加罗之称是确实的。

《神后纪》中的任那七国是指比自本、南加罗、喙国、安罗、多罗、卓淳和加罗。弁辰联邦位于朝鲜半岛有中部脊梁之称的山脉的东面，以南流的干川为界，呈三角形，向南海岸展开。在对马对岸，从西山山脉落下的水东流，与干川交汇，形成黄山江，南流注入金海湾。金海府就是加罗。将东流之水交汇处的咸安称作安罗。位于干川上游的星川称作半跛。接埕古资与海滨相连。甘露古陀在东流水以北。据《韩史》记载，后汉初年，金氏的六加耶兴起。这一说法虽然不确定，但辰韩各国有加耶或加罗之称确实是从这一时期开始的。《日本书纪》中记载道："崇神天皇末期，苏那曷叱知朝贡，去筑紫国二千里余，北阻海，在鸡林之西南。"此地应当就是加耶。就叱智而言，《后汉书》记载："辰韩诸小别邑，各有渠帅，大者名臣智，次有俭侧，次有樊袛，次有杀奚，次有邑借。"臣智是叱智，是王及王子的爵位。《垂仁纪》记载："一云，御间城天皇①之世，额有角人乘一船，泊于越前笥饭浦。问之曰：何国人也。对曰：意富加罗国王之子，名都怒我阿罗斯，亦名曰于斯岐阿利叱智干岐，传闻日本国有圣皇，以归化之。到于穴门时，其国有人名伊都都彦，谓臣曰，吾则是国王也，除吾复无二王，然究见其人，必知非王也。即更自北海回之。经出云国至于此间也。遇天皇崩，便留仕于活目天皇。""都怒我"和"苏那曷"读音相似，说的正是此事。伊都都彦是筑紫伊都津的大帅。自古以来，朝鲜的对外交流和交通就由渡津见专门负责。渡津见设有大帅，在港口驻扎，进行严格检查。这一点前面已经讲过。当时，大加罗，即驾洛的大使要直接朝谒大倭天皇，前往穴门，在该港口被拦住，按照惯例被引见给伊都大帅。伊都大帅拒绝大使直接朝谒天皇。苏那曷认为这是国家大事，不希望伊都都彦夹在中间，因此返回，请求出云予以引荐，来到气比浦。因此耗费时日，

---

① 指崇神天皇。——原注

恰逢天皇驾崩①。此加耶王子的名字是于斯岐,被命名为角额或者苏那曷,号称兜样。《日韩古史断》中引用《延喜式》中的能登国羽咋郡久麻布加都阿罗加志神社、能登郡加布都彦神社、阿罗加志彦神社,将久麻布加都叫作熊兜,与加布都对照解释,非常有趣。关于于斯岐来的事由,《姓氏录》中的"吉田连下"做了如下解释:"昔日矶城瑞篱宫御宇御间入彦天皇在位时,任那国奏曰:臣国东北有三巴汝地,上巴汝、中巴汝、下巴汝。地方三百里,土地、人民亦富饶,与新罗相争,彼此不能摄治,兵戈相寻,民不聊生。臣请将军令治此地,即为贵国之部也。天皇大悦,敕令群卿令奏应遣之人。卿的奏曰:彦国葺命孙、盐乘津彦命头上有赘三岐如松树②,其长五尺,力过众人,性亦勇悍也。天皇令盐乘命孙,盐乘津彦命奉旨而镇守。彼俗称宰为吉,故谓其苗裔姓为吉氏。"对于"巴汝"一词,《日韩古史断》解释道:"汝是跛的音讹,意为半跛。"虽然"汝"和"跛"的草体相似,但从地理位置上来看,昆川在河西,和"东北"字样不吻合。巴汝应该是位于河东斯罗界之地。因为有"治此地"三个字,所以任那太宰府一开始设在了巴汝。选任盐乘津彦是在垂仁天皇初年。《日本书纪》中记载道:"都怒我阿罗斯仕于活目天皇,逮于三年,天皇问曰:欲归汝国耶。对曰:'甚望也'天皇诏曰:'汝不迷道,必速诣遇先皇而仕,是以改汝本国名,追负御间城天皇御名便为汝国名,仍以赤织绢给阿罗斯等。'返于本土,故号其国谓弥摩那国。"将加耶府的治所称作任那是在《魏志》以后才出现的,因此上述关于地名的论述应该是事实。《日本书纪》中接着写道:"于是阿罗斯等以所给赤绢藏于己国郡府。新罗人闻之,起兵至之,皆夺其赤绢。"任那府的建置是后来的事。彦国葺被崇神天皇任命为大将,和武渟川别共同列为垂仁天皇的五大夫,当时已是年过六旬的耆老。盐乘津彦是他的孙子,应该已经超过丁年。因为当时有尚武之风,所以即便尚是丁年,因勇武而扬名者还是有很多。盐乘津彦也是如此。头上三岐大概是头盔样物。和珥家族在加耶拥有殖民地。很多有威名的军士都将有当地特色的有角帽作为头盔。因此,他入选了。

---

① 进行比较,我们发现该事应当发生在魏嘉平初年,即250年左右,正是奴国卑弥呼死的时候。——原注
② 因此称松树君。——原注

加耶直接朝谒大倭，设立任那府，来统治该国。从这时起，大倭收回渡津见的外交权，由朝廷直接行使外交权。此时，奴国立壹与为女主，虽然平定了国内叛乱，但和南边的熊袭结了仇，也和新罗不和[③]。当时加耶内属朝鲜说明渡津见氏衰相毕现。《魏志》中记载的直到晋武帝泰始初年的女王国的使者朝觐应该说的是壹与派来的使者。之后海神氏被任命为安云连。筑紫国造演变为武渟川别的阿倍家族，并且这一家族中有男儿过继给壹与当养子，继承壹与王位。早在伊奘诺尊大禊之前，海神氏的地盘就作为日本的西方重镇，唯朝廷马首是瞻，把持外交特权，以此富强起来。邪马台势力逐渐在筑紫称霸，在内外拥有殖民地，以至于与熊袭兵戎相见。此外，邪马台也和加罗一样向大倭奉献领地，拥立有势力的皇族做国主来保全国家，谋划征服熊袭。于是熊袭的反叛直接出现在日本国史中。

朝鲜北方的夫余、句丽也开始发生变迁。公孙度在辽东兴起是在开化天皇初年。《魏志》对夫余之事做了类似的记载。这样一来，整个后汉时期，夫余一直采取"事大主义"的外交政策，对汉朝非常恭顺。而句丽则与夫余相反，仍然采取侵略主义政策，和鲜卑、乌桓勾结，征服了秽、貊、沃沮及马韩。句丽势力到达王伯固，收拢了败兵。《魏志》记载道："公孙度之雄海东也，伯固遣犬加优居，主簿然人等助度击富山贼，伯固死，长子拔奇，少子伊夷模。拔奇不肖，国人便共立伊夷模为王。自伯固时，数寇辽东，又受亡胡五百余家。建安中，公孙康出军击之，破其国，焚烧邑落。"直到汉朝结束，句丽一直采取侵略主义立场。《魏志》明确称句丽、鲜卑强，夫余居其间。直到后汉末年甚至三国初年，朝鲜的东北部没有百济、高丽的立锥之地。秽、沃沮人和高丽人同种，此时被句丽合并，演变为句丽、高丽也正是这个时期。《魏志》记载道："拔奇怨为兄而不得立，与消奴加方将下方三万余口诣康降，还往沸流水。"消奴部位于辽水源的高句丽县，最初当上五部之王。沸流水在高句丽县北面的西辽河，但在地理位置上也可以认为是在东方的鸭绿江西源。"降胡亦叛伊夷模，伊夷模更作新国，今日所在是也。"新国就是位于鸭绿江两源相汇之处的南面的丸都城，相当于高句丽

---

③　奈解尼师今之时，倭国进攻金城，被干老打败。——原注

桂婆部之地。此地就是高丽的起源。"拔奇遂往辽东，有子留句丽国，今罗加驳位居是也。其后，复击玄菟。玄菟与辽东合击，大破之。"这是沸流水的句丽，而兄长国萎靡不振。弟弟新建的国家"伊夷模无子，淫灌奴部，生子名位官。伊夷模死，立以为王，今句丽王宫是也"。这是丸都句丽。位宫是高句丽灌奴部所生。因此，新国从这一代开始称高句丽，奴役夫余之民，与句丽分离。"位官的曾祖名宫生能开目视，今王生落地，亦能开目视人。"高丽将位宫称作山上王。因此，对于高丽王室，男统是句丽王，而女统是高句丽的灌奴部，属于夫余族。高丽王称自己祖先是夫余，窃取了句丽王统，也是因为这个缘故。

在崇神天皇时期，曹魏取代汉朝。公孙渊在辽东和朝鲜建立燕国，因而位官只是在高句丽称雄。高丽侵略韩地、占领平壤城，大概是在景行天皇或成务天皇时期。

《后汉书》中没有"百济"这一名字，而是出现"伯济"这一字样。到《魏志》时，百济还是马韩联邦中的一个国家，属于汉族统治区域中的一个国家。据晋初的记载，百济和句丽、马韩一样朝觐晋朝。当时，夫余也像句丽那样分崩离析。其中一部分人马南下占据百济。《晋书》对此的记载不详，无从查证。百济之所以占据马韩、带方也是和高丽一样受到鲜卑慕容氏的扰乱。此后百济和高丽都称自己是夫余东明的后裔，争夺朝鲜北部。百济和高丽如同仇敌另有原因。

坪井九马三的《古代朝鲜三国鼎立考》称，要搞清楚夫余在马韩、辰韩割据一事非常困难。大元以前，《百济纪》的记载多有虚妄不实之处。《新罗纪》也破绽颇多。据《魏志》记载，句丽的伊夷模死后，位宫继位。"伊夷模无子，淫灌奴部，生子名位宫。"可以说这是当时的实录，是很有可信度的。

新罗的助贲尼师今死于247年，即卑弥呼死的前一年。弟弟沾解尼师今继位，在位十五年暴死。味邹尼师今继位，在位二十二年死。助贲尼师今之子儒礼尼师今即位。金氏是昔氏之祖脱解在阿珍浦得一小儿收为养子的后裔，味邹尼师今是他的七世孙。这是金氏取代昔氏的开端。任那国府应当是在沾解尼师今时期建立的。味邹尼师今大致和垂仁天皇死于同一时期。新罗和加罗结仇也是在沾解尼师今和味邹尼师今这两代之间。《新罗史》要比《百济史》和《高丽

司马懿

史》成书晚，模仿这两本史书进行编造的痕迹很多。书中称新罗很早就开始和百济交往便是明证。其中还记录了新罗和倭国交往的神话。这些都是古老的传说。其中如朴氏、昔氏的起源等神话可以和日本的古传记互相参考。史前的情况大致如此。

  在崇神天皇末期，曹魏的宿将司马懿讨伐公孙渊。240年，司马懿消灭燕国，声势浩大。由于句丽新国王位宫侵略辽东，司马懿任命毋丘俭为幽州刺史。245年，毋丘俭从玄菟进兵，在沸流水上破位宫军队，挥师向东屠丸都城。246年，位宫又被挫败，逃遁至买沟。毋丘俭因此在沃沮、肃慎阅兵，最终将朝鲜分割为八部分，划给乐浪郡。因此，诸韩的臣智对此极其愤怒，纷纷起来反叛。248年，位官趁虚袭击乐浪郡，诸韩进攻带方郡，太守弓遵战死。毋丘俭的东征无功而终。这可以看作是日本对岸的大陆的一个大变化。

　　直到垂仁天皇初期，中国正处于三国鼎立时期①。日本和朝鲜隔海与吴国形成品字形，相互依存。常世国在吴国南面。吴国对百越之地采取了招抚措施。此时，筑紫和熊袭相互攻伐。这与常世国关系密切。据《日本书纪》记载，"垂仁天皇命田道间太守求非时香果，今谓橘是也"。通过年代比较可以发现，这件事发生在晋灭吴之前，算得上日本朝廷的一件大事。据《橘谱》记载，柑橘是温州的名产。《古事记》中称田道间太守为多迟摩毛理。但马家族是新罗王子之后，与丹波家族有姻亲关系。这一点在前文讲过。据《古事记》记载，"多迟摩母吕须九，此之子多迟摩比那良岐，此之子多迟摩毛理，这就是田道间太守。后为多迟摩比多诃，后为清日子，此清日子娶当麻之咩斐"。咩斐来自葛城国造家族，是力士蹶速一族。"比多诃娶其侄女由良登美，生子葛城之高额比卖姬。"高额比卖姬是神功皇后之母。高额比卖姬的父亲息长宿祢是丹波道主之弟山代真王之孙，她的母亲为丹波远津臣之女。因此，但马、丹波与新罗有姻亲关系。当时要到吴地需要经过朝鲜。但马毛理等通过新罗任那等的介绍通过海路到常世国。常世国是西面大陆的代称。到了大倭时期，从和吴地的交流史中可以看到这个名字。之后，到了但马毛理回国时，垂仁天皇已经驾崩。但马毛理悲叹生存何益，到菅原伏见陵自杀。该事件将自古以来的常世国的名字一起埋葬。日本、朝鲜和闽地的联合自此终结。

---

① 垂仁天皇313年1月3日即位，399年1月16日薨；三国220年至280年。本文说法有误。

第13章

设置国县

第1节 景行天皇西巡

经过改革,崇神天皇收缴了各国大神社的神宝,并且因为这个原因向出云出动大军,目的是削弱他们在地方上的政教合一的统治,将权力集中到中央。即位之初,景行天皇巡幸纪伊并祭祀众神祇。然而,在进行占卜时,结果是"不吉"。于是他中止了这次巡幸,派孝元天皇的曾孙[①]武雄心命继续祭祀神祇。武雄心命因而留在阿倍的柏原,娶了当地国造菟道彦之女影媛[②]。她就是武内宿祢之母,其子孙称纪氏。子孙繁衍。前文中讲过,伊奘诺尊和伊奘冉尊生的海、川、山、木、草、土、火诸神都是伴造、国造。火神迦具土和葛木国造有渊源。他的家族是大倭的豪族。土神埴安是武埴安彦的母亲埴安媛。她的家族是河内豪族。木祖句句乃驰是木国造。他的后裔菟道的子女称菟道宿祢。川神秋津彦是津国造。草神萱野媛之后裔尚不知其详情,但应该是此前拓殖大倭附近的萱野、占领山野一族。大倭逐渐收拢这些势力,化为皇族。武内宿祢的后代称内臣,即菟道臣,以葛城为根据地,领有纪国,称八腹之族。子孙繁衍。上述这些可以看成火、土、木、川诸神之后。海神渡津见在筑紫的奴国。山神山祇在吾田国,一面控制

[①] 史书记载武雄心命是孝元天皇的孙子,但与年代不吻合,此处更正为曾孙。——原注
[②] 《古事记》记载影媛为宇亘比古之妹。——原注

着熊袭隼人，一面在东国的伊豆、甲斐、骏河留下足迹。如何处理筑紫和熊袭的关系是这一时期最重要的问题。

大加罗国归附大倭。建任那府是对国运产生重大影响的大事。眼前有三件事情需要注意：其一，开辟气比港①一事。虽然此港并非建于当时，但港口西面的丹波尚属蛮荒之地。在这一时期，高志人和虾夷人依靠山险经常出没大倭地区。这一港口十分偏僻。自开化天皇以来，大倭招抚了丹波、但马及近江的国县。气比港逐渐成为与大陆交流的要津。大加罗使者的船也来到此地。因此，朝廷在此开设任那府，加强爱发关的守备，保障安全。自此以后，日本可以直接和朝鲜往来。此地交通便利，是大倭天然的北大门。举一个近代的例子来说明这一点：好比美国使者船来到下田港，要求开放港口。其二，筑紫的伊都津负责管理与大陆的外交事宜。渡津见氏垄断了外交权。长门以西都是他的属国。而今大倭却绕过九州，在任那设立太宰府，通过气比港直接和任那往来。因此，此举必然给筑紫带来重大影响。这种情况可以与近代开设下田港之后的长门的情况进行比较。其三，尽管阿倍臣成为五大夫家族之一，就连和珥家族都占有任那太宰府，但唯独阿倍臣家族似乎无所事事。其中必有隐情。大彦命和武渟川别命父子立下赫赫战功，是皇室的柱石。在京师有势力的是阿倍臣、膳臣、阿闭臣。近江有狭狭城山君，东面有伊贺国造，北面有越国造，西边有筑紫国造。他们作为七个家族之祖势力滔天。其中，越国造的家族因父子东征而起家，负责北狄事务。筑紫国造的任命应该是在任那开府时期。在垂仁天皇初年，奴国正值壹与在位时期。直到晋泰始年间②，大倭一直与奴国通好。大倭正是在此时与熊袭结了仇。不久，任那太宰府建成，由于形势所迫，迎来朝廷柱石阿倍家族，并拥戴其做筑紫国造。狭狭城山君就位于近江蒲生郡，主要负责气比海的防御工作，领有伊贺国来拱卫中央政府。狭狭城山君属于皇族，是国家柱石。到了景行天皇时期，熊袭发生动乱。这件事记录在了日本国史上。

熊袭与吾田国有所不同。隼人和天神种族也有所不同。这一点前文已经讲

---

① 即敦贺。——原注
② 265年到274年。

过。自从神武天皇离开高千穗宫之后已经过去三百年。后来留在高千穗宫的火阑降命的子孙繁衍生息。《日本书纪》称火阑降命"吾田小桥君之本祖也"。这就是说将小桥的家谱移到火阑降命的家谱中。火阑降命最终演变为隼人阿多君之祖。吾田隼人、大角隼人等同样假冒火阑降命后裔。然而，我们不应将熊袭隼人与皇族混淆。据《魏志》记载，设马国和狗奴国有所不同。在景行天皇时期发动叛乱的熊袭并非住在吾田国。吾田国虽然循服了隼人，开拓萨隅，虽然隼人暗中与熊袭也有联系，但熊袭叛乱是因为以大隅赠于为根据地的隼人种族的动摇。这必定是由奴国和狗奴国的攻击引起的。自从崇神朝以来，奴国和狗奴国持续攻击熊袭。最终，筑紫请求景行天皇亲征。景行天皇巡幸美浓之后回京，迁到缠向日向宫，不久出发巡幸筑紫。这些事发生在景行天皇继位四五年后。

　　景行天皇到达周防娑磨，派多臣武诸木、国前臣兔名手、物部君①夏花三人到丰国。娑磨就是今天的佐波浦，是天津彦根的后裔周防国造的首府，在丰前对岸。据《日本书纪》记载："天皇南望……于南方烟气多起，必贼将在，则留之。"景行天皇决定首先让人侦察当地情况后再平定丰国，因此暂时驻跸娑磨。娑磨距丰国较远，因此事实上是看不到烟气的。多臣武诸木、国前臣兔名手、物部君夏花到达丰国。丰国豪族的神夏矶媛徒众甚多，取来矶津山的贤木，将剑挂到上枝，将镜挂到中枝，将琼挂到下枝，在舢板上竖起素幡，伪装成船向佐波进发。虽然没有动兵，但如果是自己的属类，就绝对不会背叛自己。神夏矶媛应该就是长狭县主。"仲津郡"与"夏矶"的音讹相似。矶津山就是今天的芝津山②，是跨企救郡和京都郡的山峰。这座山距离船渠很近。长狭县以今天的田津边为港，占领企救、京都、仲津三郡之野，是和冈县、穗波县鼎立的大县。

　　神夏矶媛又上奏贼情道："尚有残贼，一是鼻垂，屯结于菟狭川上；二是耳垂，在御木川上；三是麻剥，在高羽川上；四是土折，隐匿于缘野川上。这些残贼凭借山川之险掳掠人民。其根据地位于要害之处，控制着各眷属，是一处之长。应及早讨伐，勿失良机。"这些都是在山区割据的北方种族。丰前的海滨肥沃，

---

① 物部有连，但无君。史书中说的大概是连。——原注
② 一说贯山。——原注

山脊颇深。菟狭川的三源已经在前文讲过。此段话中所说的地方应该在惠良川上。御木就是美毛，也就是后来的上毛郡和下毛郡。御木川就是仲津川。此河谷比较宽阔，享有山国之名，文中所说之地应该不是这个地方。上毛郡的岩岳川也是一条相当大的河流，流到三毛门村入海。有人认为神夏矶媛说的就是这条河。该河上游的求菩提山后来成为修炼僧的巢窟。高羽就是田川，在前文的香春社已经讲过。西流至筑前的彦山川就是高羽川。河田引用《太宰管内志》考证，称神夏矶媛所说之地应该在落合村，称作今缘川。自称彦山人的土折猪住在此地。缘野上窟位于距离彦山坊中十六里以南的山中姥怀，据说叫作大窟。这个说法可信度较高。彦山川的本源应该就是这条溪流。如果此处就是缘野的话，那么高羽川就应该是其左右的溪流。石窟与其说是住宅，不如说是墓穴。在香春以西的夏吉有很多石窟，人们从中发掘出人骨及朝鲜陶器、忌部陶器、勾玉及管玉。这些石窟应该是以香春社为祖神的息长氏的遗迹。如果不分析姥怀洞窟的话，就不可能搞清楚息长氏酋长的性质。丰前的山岭以彦山为基轴，东面层峦叠嶂，有求菩提、山国、宇佐谷等。和高羽一样，缘野也位于彦山之阴。

于是，武诸木等首先引诱麻剥之徒，赐予他们赤衣、兜裆裤等种种奇物，同时派人去引诱鼻垂、而垂和土折。于是，余者都率众前来。这些残贼全部被捕获并诛杀。大倭因此平定丰前。景行天皇巡幸长狭县，兴建行宫，因此称长狭县为京，即京都。长狭县就是京都郡，位于后来的丰前国府丰津附近，也就是仲津乡。神夏矶媛的首邑距离西马岳最近，在北麓的稗田有御所谷。据《丰前志》记载，"其宫地是绝顶的平地，南北长一丁，东西长二十间①，础石有二十个，周长东西五间，南北四间半，还有中间的御门、东边的御门、西边的御门。中间的御门的石墙东面长五间，高三间，西边长九间，高三间左右。此处悬挂石管，引来山水。山的周围有四方的石墙，每边长四公里左右，有的已经崩塌，有的形状尚存"云云，与筑前雷山，即怡土郡的神笼石相似，只不过规模更大，应该是长狭县主建的神址。行宫是临时的住处而已，但为何这样大兴土木则不得而知。在室町时期，长野城在芝津山以东，城井城在丰津的上游，西面有马岳城。这三处都是长

---

① 一间为十八米。——原注

狭县的要害之地。多臣①家族被任命为火君、大分君、阿苏君、筑紫三家"连"、伊余国造；国前臣是彦刺间别皇子②之后，领有高志之利波臣角鹿海直，由于此时立下战功，在九州获得采邑。三人因为可以作为九州的向导，所以被任命为将军。三人所属家族都是京师贵族中的大族。

　　景行天皇从长狭出发，巡幸硕田国，抵达速见邑。该处的长速津媛前去迎接。硕田是武诸木的领邑丰国③的大分。对于从长狭到大分的具体行程，《日本书纪》的记载非常粗略。要搞清楚这一点并非易事。然而，我们可以推测，景行天皇是从长狭港，即田津坐船经过国前，即杵筑之鼻到达大分的。陆路从宇佐先到速见，然后到大分。这一行程似乎有问题。速津媛汇报了贼情："此山有青白二土蜘，住在名叫鼠石窟的大窟。在直入县祢疑野住着打猿、八田、国摩侣三土蜘，且强悍而徒众多，如果施以强压则兴兵抗拒。"因此，景行天皇巡幸来田见邑，建行宫，驻跸此地。速津媛是速见县主，领地跨今天的速见、直入两郡。鼠石窟也在直入。速见郡朝见④的墓窟与此相似，但是不同。据《风土记》记载，来田间是在球覃建立的。朽网乡那里有久住山。久住山横亘于九珠阿苏，形成六千尺的火山。以东溪为朽网川⑤之源头。《风土记》记载："大分川，此川之源出直入郡朽网之峰，称之为东下流。救覃峰，此峰顶火恒燎之，基有数川，名曰神河，亦有二汤河，流会神河"，说的就是这条河。在这条河西面的都野村，有个地方叫宫处野。此地有行宫遗址。山中喷出碳酸温泉，成为中川氏的时萤所。此地设有别墅，属于山溪的名胜。景行天皇从速见行幸都野之路上溯至朽野川，渡过险要之处。后世的驿站从东面的野津原登山经过今市来到汤原。我曾经经过此地，发现此处颇险峻。从汤原向北来到都野大概有四公里。古时一直在走这条路。

　　景行天皇与群臣商议，得出结论："如果兴师动众，他们会畏惧皇师，藏匿山野。"于是，景行天皇建海石榴椎，授予其勇猛的军士，袭击住在石窟里的土

---

① 神人井耳之后。——原注
② 孝灵天皇之子。——原注
③ 即丰后。——原注
④ 别府地区。——原注
⑤ 位于今大分川上。——原注

蜘，破土蜘于稻叶、川上，将他们一网打尽。在稻叶、川上之战中，大倭军队斩杀石窟的二土蜘。稻叶、川从久住川的西壑流出，流向东南，演变为飞田川，流经竹田①。川上位于阿苏界，和速见隔绝。据《日本书纪》记载，"作椎之处曰海石榴市，亦血流之处，曰血田也"。这个记载其实是对地名进行了牵强附会的解释。其实，连这个地名也是不存在的。《风土记》称此地为大野郡，"并在郡南"。大野之南是稻叶川的下游。大倭军队应该是在这里诛杀的国摩侣②。国摩侣传记非常粗略，无从考证。官军要讨伐打猿的话，需要直接穿过祢疑野，但贼众向官军射箭，箭如雨发。景行天皇退回城原，在水上占卜后，整顿军士先进攻八田，大破之。之后，打猿看到无法取胜，想投降官军，遭到拒绝后都投入洞谷而死。祢疑野之战发生在柏原乡菅生的山野。往年，我翻越阿苏的坂梨前往竹田时，路过小冢菅生，观察直入大野的地势。这一边的山似乎折裂一般，忽然下陷，形成十几丈的洞谷。城原位于竹田西北五十余丁的山麓③。此战场区域涉及十六至二十公里范围。据《丰后国志》记载："在柏原乡池部有鬼岳窟，悬崖绝壁高百余丈④。前有溪流，岩穴很大，可容百人，是所谓的祢疑野三贼之巢穴。在菅生西小冢有古冢，乃埋葬土蜘之处。"后面的话不足信，但前面的大窟的情况需要验证。

　　起初，景行天皇行将讨贼，到达柏峡大野⑤。祭祀的神是志我神、直入物部神、直入中臣神三神。志我位于大野以东的大野川北畔的冈原。在后来成为志贺氏的领地的主人有物部、中臣二神。可以看出二氏贵族在丰国拓殖时间很久。五土蜘之类是栖息于丰肥界山中的酋长，与今天的台湾生蕃类似。直入速见山横亘在从九珠到彦山的崇山峻岭中。五土蜘所在地域广泛，互通气脉，为害一方时间很久了。忍穗二尊在降临香春之际，感到非常棘手，半途折返。神武天皇率军来到菟狭以示皇威。在而后的三百年间，诸县主及京师贵族纷纷开展拓殖活

---

① 即冈藩治所。——原注
② 《式》中有因幡八上郡波只知上神社，在该地甚至有城原柏峡，可谓奇也。——原注
③ 即汤原东北的山上。——原注
④ 此处"丈"应该是"尺"。——原注
⑤ 这里流传着柏叶石的事迹，令人难以置信。——原注

动，五土蜘因此逃避山中，最后景行天皇出兵进剿。直入山岳从日向与熊袭相连。在这些土蜘中，有的和隼人气脉相通。

一经平定丰国，景行天皇到达日向国，坐镇高屋行宫。高屋宫的地点不详。有人认为在宫崎郡大宫乡。有人认为在大隅国赠于郡鹰屋。有人认为在儿汤郡于乡的黑贯寺内有行宫遗址。有人认为在宫崎附近。宫崎就是神武天皇的宫殿遗址。这些说法都是很旧的说法，都是无稽之谈。而我认为宫崎这一地名的由来在于这里有景行天皇的行宫遗址。这里需要搞清楚的一个主要问题是景行天皇巡幸走的是海路还是陆路？如果走的是陆路的话，那么要从志贺出发走山路，来到臼杵。如果走海路的话，也要先到臼杵的延冈，经过儿汤，再到诸县。因此，高屋必定在儿汤的北面。我认为和从长狭到硕田巡幸时一样，景行天皇走的是海路。日向的港口仅有延冈、细岛及宫崎。今天的宫崎距离海边很远，但在一千几百年前，宫崎还是港口。要从日向向熊袭国用兵的话，最方便的战略要地就是宫崎以及高冈①。需要从地理上对该地进行考察。

熊袭有厚鹿文、迮鹿文两个渠帅。部下喽啰甚多，锋芒毕露。如果景行天皇动用大兵的话，会危及百姓。因此，景行天皇没有贸然着手战备工作。为了表示和平的诚意，他重重赏赐渠帅，宣来渠帅的二女市乾鹿文、市鹿文，予以宠幸。市乾鹿文说道："不要担心熊袭不服王化，妾有良策，请借给妾护兵。"景行天皇答应这一请求，让她回国，劝其父饮酒。酒醉睡觉之际，市乾鹿文断其父弓弦，让护兵杀了父亲。景行天皇对市乾鹿文这一暴行十分震怒，立刻诛杀市乾鹿文，将其妹市鹿文赐给火国造。景行天皇征集采女是国君、县主的荣耀。这一点从素盏鸣尊以来的记录可以得到印证。景行天皇这样做是为了让熊袭枭帅麻痹大意，趁机除之。而市乾鹿文恃宠贪赏，顿生兽心，做出弑父的逆行。对"赐火国造"一句的理解事实上是有分歧的。字面上的意思是赐给火国造，而火国造也称火君，属于多臣家族。《风土记》称健绪组为肥君，大概是武诸木的音讹。火国造认为这属于滥赏，又将市鹿文赐给了武诸木。

---

① 今诸县郡。——原注

之后，景行天皇又在高屋宫逗留了一段时间，在行幸子汤县①之时，在丹裳想起了京师："我家桥水清，云儿飘东方，青垣山麓旁，大和国风光，平郡白橿旁，青树叶盍然，此子可无恙。"从这首和歌中可以看出浓浓的思乡之情。大丸川上游的西岭层峦叠嶂，树木繁茂。河两岸是广阔的平原。此处就是儿汤野，地势雄丽，颇似大倭的青垣山。因此，景行天皇思乡之情油然而生。

在回京师之际，景行天皇巡幸筑紫各国。为此，要从诸县的北界到日向的夷守。这时人们聚集到石濑川边。景行天皇大惊，怀疑是贼人，让夷守兄弟前去打探，结果发现是诸县君泉媛召集家族成员向天皇献上食物。夷守是县主的副手。雾岛岳的北峰称作夷守山，耸立于小林村的西南。石濑川流经其东面，在宫崎的大淀川汇合。从佐土原宫崎来的路及从诸县都城来的路都要经过石濑川。这两条路在小林交汇，从这里翻越球摩。虽然小林在山坳里，但人烟稠密。泉媛在此献上大宴。从这一事实推测，诸县的首府应该在今天的都城附近。这一点将在后面的日本武尊西征中来讲述。

到达熊县后，景行天皇下诏宣熊津彦兄弟。兄熊和使者一起来参见景行天皇，但弟熊没有来，景行天皇因而派兵将其诛杀。诸县和熊县之间崇山峻岭阻隔，形成日隅肥边界。越过崇山峻岭，球摩川向西流去，左右两岸是平原，名为球麻人吉。自此乘轻舟顺流而下，过急滩，大约七十公里就可到达八代海岸。景行天皇从海路而来，停泊在苇北的小岛，然后又往前行，沿着小左冷水前行。这个泉水仍然在今天的水岛崖上。这和海路在地理上是不吻合的。从球麻的深山没有走海路，走的应该是河川，所以此处记载有误。据《肥后风土记》记载："球磨乾七里海中有岛，稍可七十里，名曰水岛，出寒水，逐潮高下。"这句话虽然也有问题，但古代的球磨川口属于苇北，入海口依然很深，现在埋在淤沙中，属于八代郡，水岛在植柳海边，与陆地相连，依然从石缝中出甜水。

天皇从苇北乘船出发。由于夜里黑暗，不知岸边在哪里。远远望见火光，往前走，到达八代县丰村，最终不知火的主人，因此命名该地为火国，乃"是不知火"之起源。很明显，这些记载纯属无稽之谈。从苇北到八代县只有海路，即便

---

① 即儿岛县。——原注

是黑夜，也没有不识岸边的船夫。并且夜晚行船，不可能不带着向导盲进，过于危险。如果丰村是丰原的话，那么距离水岛太近。也不可能是益城郡丰福。毕竟从球磨川口到八代之间海岸距离不远，与"不知火"没有关系。

这一故事是数人以火国为题编造出来的。据《风土记》记载："肥后国者，本与肥前合为一国，即火国。昔者崇神天皇之世，益城郡朝来名峰有土蜘蛛，名曰打猿、颈猿……天皇敕令肥君等祖建绪祖遣诛彼贼众，建绪组奉敕令到来，皆悉诛夷，便巡国里，兼察消息，乃到八代郡白发山。日晚止宿，其夜虚空有火，自然而燎，稍稍降下，着烧此土。建绪组见之，大怀惊怪。行事既毕，参上朝廷。陈行状，奏言。天皇诏可名火国。"这就是山火。"又曰，景行天皇诛球磨赠与，兼巡诸国。幸于火国渡海之间，日没夜暗，不知所在。忽有火光，遥视行前，天皇敕令棹人曰：行前火见，果得着岸，土人奏言：此是八代郡火邑，但未审火由。于时诏群臣曰：火国之由知所以然。"后面所说比较符合逻辑，毕竟是以火国为题进行编造的故事，不必当真。

之后，景行天皇从高来县到玉杵名邑，诛杀土蜘津颊，到达阿苏国。原野辽阔，不见人烟。阿苏津彦、阿苏津媛前来拜谒。高来在肥前高来郡，位于温泉火山的半岛之角。玉杵名就是肥后御名郡。这条海路从八代出发，过了今天的三角港，到达高来，从高来又到御名。这一海峡潮水很急，有"早吸门"之称，能够看到夜晚潮水闪光。"不知火"的故事如果是着眼于这一点的话，会很有趣。从玉名进入阿苏的话稍微有点绕路。阿苏火山东北三面环山，中间是一片原野，峻峰突起。其山麓的霜野至今还是一派空旷的光景。因此，上述记载符合实际情况。

此后，景行天皇到达筑紫国御木，住在高田行宫。然而，当时筑紫尚未分为筑前、筑后。御木在三池郡。行宫遗址所在尚不清楚。就御木所编的故事最令人喷饭，曰："铁树长九百七十余丈。"景行天皇问："这是什么树？"老翁对答曰："此乃历木。长得不够茂盛的树梢朝着朝阳方向，遮住了杵岛山①，在夕阳中遮住了阿苏山。"景行天皇称此为神木，因此命名该地为御木国。接近万尺的树，

---

① 指肥前杵岛郡。——原注

即便是上古时期会有吗？即便有，其影子也不能越过大海，遮住肥前的杵岛山或越过大山遮住肥后的阿苏山。即便富士山高一万四千尺，也不能遮住朝晖、昔日。《肥前风土记》的佐嘉郡也有同样的牵强附会之说。古书中的牵强附会大概都属于这一情况。

此后，景行天皇到达八女县，翻过前山，望见南面的粟岬。层峦叠嶂，美不胜收。景行天皇问："此山中是否有神？"水沼县主猿大海回答说："山中有女神，名叫八女津媛，经常在山中。"这一点和前一章讲到的奴国卑弥呼的事情吻合。八女又写作"羊咩"，后来改成"上妻郡下妻郡"。据《日本书纪》记载："八女之名由此而起也。"其实正好相反：是因为该国有八女，才将其君称作八女津媛。这是一般的看法。有人认为前山就是藤山，"粟"应为"栗"，但这一说法尚未得到证实。我曾经去过三池，又从南关来到下妻，其后又住在上妻的福岛，瞭望该国的山野。矢部的山峰向左右延伸。北面是高良山，也叫屏风山。南面是清水山，即邪马台，像扇子一样展开。西面是名叫三波的冈峦。西南是开阔的平原，与海相连，景色优美，和《日本书纪》中描写的一般无二。前山是指将三池隔断的山脉。粟岬应该在清水山一带。水沼县主是宗像三神之后，据《日本书纪》注释书记载："今在海北道中，号曰道主贵，此筑紫水沼君等祭神是也。"水沼就是三潴。水沼县主或者是水沼国君的下属。在《古记》中，"君"和"主"没有区别，水沼县主应该是宗像一族。

此后，天皇到达的邑。因为膳夫忘记了"盏"，所以起名为"的"。盏也称作"浮羽"，这大概是筑紫语。事实上也是牵强附会的编造。生叶郡位于筑后川的南岸，与筑前上座郡相对，东面与日田郡相交。河水很深，在涧底流淌着。峡谷狭窄，水流湍急，穿过隧道，仅能容一人通行。据《丰后风土记》记载，日田郡是"大足彦天皇征伐九摩赠，凯旋之时，从筑后国生叶出发，幸于此有神，名曰久津媛，参迎神国消息"。由此可以断定，景行天皇从此经过，由日田县来到山国溪，即所谓的耶马溪，从今天的中津走海路，没有经过筑紫。

第2节　日本武尊小碓命征讨熊袭

在景行天皇巡狩之时，筑紫等各国表面上都很顺服，形势平稳。但平时各县之间潜藏着种种问题。此时，中国大陆正值晋惠帝时期，五胡之乱这一"低气压"已经开始酝酿，乌云压顶。东北的燕辽开始出现"风暴"。鲜卑的慕容涉、慕容瘣父子进攻句丽、夫余，这时秽、貊、沃沮、马韩都已经衰落。丸都的新句丽入侵平安道，建立高丽国。夫余入侵朝鲜中北部，建立百济国，和新罗形成三国鼎立的局面。这些都发生在这一时期。但《晋书》中关于这些的记录非常简略。现在已经无从查证。直到两汉结束，繁衍在朝鲜北部的秽、沃沮种族并非和国家一起灭亡了，必定向东面的长白山及肃慎的原野迁徙，或者渡海来到日本。这都是情理之中的事情。因此，到了景行天皇时期，西面的熊袭、新罗动荡不安。东面兴起了虾夷讪庞。日本东西两面发生动乱。但从中国大陆角度来看，这些都属于气脉相通的五胡之乱。因此，虾夷、熊袭的情况只能靠推测得知。

景行天皇即位之初，行幸美浓，逗留八坂入彦皇子①的泳官。泳位于美浓可儿郡，在木曾路和飞驒路交会的山口。在德川时期，附近有木曾族千村氏、久久利，统治着搏木改。如果熟悉这一地理情况，就会知道该地是与虾夷、高志关系密切的战略要地，从而引起足够的重视。八坂入彦纳崇神天皇尾张连之女为妃，生有一子。此地的山谷是他的领地。因此，景行天皇行幸八坂入彦宫殿。后来美浓弟公被任命为征伐熊袭的副将军。尾张公在征伐虾夷之际被任命为山道将军。由此可以看出这并非一般的巡幸。据《日本书纪》记载，"天皇居于泳官，鲤鱼浮池，朝夕临视而游戏。"这一内容与当地的物产是有关系的。我前些年路过此山中的中津川②，看到家家有养鲤鱼的池塘。就其方法而言，是在院子里凿池引来溪水，每年养育鲤鱼的幼苗，到了夏初，放到稻田。田肥，鱼苗也肥。到了秋季，将水抽干时，将鲤鱼又放回池子。三年能长到二尺，获利颇丰。这是两千年前住在这山谷里的民族留下的方法。在久久利山中，石窟很多，曾经发掘出铜

---

① 景行天皇的叔父。——原注
② 位于今嘉奈郡。——原注

武内宿祢

铎^①，其状类似于从若狭出土的铜钟。本来这里是从朝鲜迁来的民族的住地。景行天皇在泳宫纳了八坂入姬，在还朝之后生下了成务天皇。武内宿祢也是同一天出生。成务天皇比日本武尊小八岁左右。行幸泳宫应该是日本武尊六七岁时的事情。起初景行天皇纳了播磨的稻日大郎姬，生下大碓、小碓二皇子。据《古事记》记载，稻日大郎姬是吉备臣之祖吉备津彦之女。稻日应该是印南。大碓命软弱，而小碓命比常人雄悍强大，受到景行天皇的钟爱。在景行天皇从筑紫还朝后，熊袭又发动叛乱，不断犯边。小碓命已经十六岁了。因此，景行天皇此番派他去熊袭，以美浓的弟彦公为副手，征讨熊袭。小碓命欲得善射者，让弟彦公

---

① 藏于名古屋总见寺。——原注

选美浓人石占横立、尾张田子稻置、乳近稻置三人随军出征，又从倭姬那里获赐女装及怀剑，率军出发。小碓命到达熊袭国，刺探熊袭国军情、地形是否险要。这件事发生在景行天皇之前巡幸时。景行天皇受到诸县君酒宴款待。之后，因为从这些地方进入熊袭比较方便，所以景行天皇在诸县设立大本营。据探马报告，当时的熊袭酋魁名叫石鹿文，称川上枭帅，在住宅外面驻扎了三层军士，建窟室而居，在居室中大摆筵宴，歌舞取乐。因此，小碓命等待酒宴歌舞取乐之日，自己梳成女人发型，穿上从姨妈那里得到的女装，混在女人堆里进入窟室内。枭

女装小碓命

帅见他姿容很美,让他坐在自己席位上,举杯劝酒、嬉闹。在夜深人静时,枭帅醉卧在床。小碓命从怀中拔剑,一手拽着枭帅的衣襟一手用剑刺穿其胸。枭帅尚未断气,问道:"汝何人耶?"小碓命回答说:"吾乃大足彦天皇的儿子日本童男是也。汝熊袭不伏无礼,天皇下诏令我擒而杀之。"枭帅此时回答说:"此言不假,在西国除我之外并无强悍之人,然而,大倭竟有胜我的健儿,但愿今后汝称日本武皇子。"言罢,被刺死。此后,小碓命被称为日本武尊。据《古事记》记载,枭帅有兄弟二人,弟弟健儿看到兄长被杀,赶快逃跑,小碓命提剑就追。健儿逃到窟室的椅子处,被小碓命抓住椅背,用剑从屁股之处刺穿而死。小碓命就是当时获此称号。但实际川上枭帅只有一人。小碓命遣弟彦等将枭帅一党斩尽杀绝。在大隅国赠与郡国府附近,有小川村。据说此地是隼人的城址,数代君主曾在这里居住。当地有大洞,称作长袋,就是川上枭帅被杀的窟室。在长袋东北十余町有座柏子桥,据说是弟枭帅被杀之处。如不经过实地考察很难判断这一说法可信与否。但熊袭枭帅住处应该在国府附近。相传到达曾君领地一事应该是事实。

小碓命男扮女装在窟室中刺杀川上枭帅一事和素盏鸣尊斩杀八岐大蛇一样,似乎是神话。因此,这些传说只是在根据人名牵强附会地编造故事,应该带着怀疑的眼光予以否认。这样做虽然容易,但对已经是日本历史的闪光点的这一美谈做出圆满的解释,成就其美才是史学家应该做的工作。下面我做一下尝试。就这一段而言,《古事记》和《日本书纪》的记载略有不同。就在窟室刺杀枭帅一事,上述两书都主张是从大和出发时就谋划好了。据《日本书纪》记载,小碓命让弟彦选拔善射之人随军。据《古事记》记载,倭姬授予小碓命女装,同样都是为刺杀做准备。善射的三士和小碓命一样都应该是童男。《日本书纪》的编者没有考虑到这一点,没有像《古事记》那样进行前后文照应,抹杀了善射人的作用。大体而言,皇子西征是仅次于天皇巡幸的大事,必然从贵族中选拔出副将来做参谋,总督军事。小碓命进入熊袭国之后,扎下大营。子汤、熊、诸县等前来在帷幄之中商量战略,秘密策划。正因为如此,川上枭帅汲取前代松懈的教训,在住宅周围驻扎了三层军队,警备严密,外围也有充分的准备。这样一来,对内部的防务就松懈了。他本来自恃强悍，给对手留下了可乘之机。高千穗宫以来，归化朝廷的隼人本来就多。小碓命和弟彦谋划，要使枭帅内部空虚，开始采取隐秘措施。隼人是情欲旺盛的民族，又自恃勇敢强悍，将美女带进窟室，大摆筵宴，歌舞取乐，以示骁勇。因此，用女色进行引诱，让川上枭帅将男子集结在洞外，而洞内只剩下纤弱的女子，使窟室防备空虚。为此，小碓命各方征集美女，筹备酒宴歌舞，或是嘱咐隼人心腹将小碓命扮作其采女，穿上大倭的美服、京都的盛装，让三个善射童男扮作侍女进入窟室。这时奇计已经告成。窟室之中必然有枭帅自用的强弓和箭，就连一般的士兵都难以拉开这张弓，女子更是不可能了。枭帅的前代由于懈怠，弓弦被切断，枭帅因此早有防备。于是，当时机成熟时，小碓命用怀剑刺枭帅的胸口。此时，扮作三侍女的善射者已经夺了枭帅的弓箭。迄今为止，弱小的女子突然拿着弓箭站在那里，吓得洞内的妇女们花容失色，哭泣着逃出洞外。这等于是通知外面的暗号。弟彦率军杀向三重卫兵。内外大乱的情景可以想象得到。枭帅无异于在无人之地被诛杀了。小碓命和三名善射者毫发无伤。可以说这场行动是在大倭时已经谋划好了，堪称奇计。那么为何要用险计？这一点意义重大，必须搞清楚。川上枭帅临终时，献上日本武尊这一尊号，以此作为这个故事的结尾。这和根据名字进行牵强附会的编造这一常见的套路没有什么不同。一般来讲，详细记录人在被杀时所说的话是小说中爱用的手法，因此这段话的内容的真实性颇值得怀疑。然而，即便枭帅口头没有明确说出这句话来，在被皇子剑刺倒下时，终于明白皇子是名扬海内的日本武尊这一事实是明明白白的，嘴里说出来也好不说出来也好并没有什么实质性的区别。这里面有着深层的原因。窟室刺杀是大倭向西国宣示神武而精心策划的。景行天皇西巡时召来二女，兵不血刃让隼人屈服。这堪称妙计。这一点前面已经讲过。然而，由于市乾鹿文疏忽大意坏了大谋。日本人有尚武气质，讨厌阴谋诡计，崇尚胆勇膂力。这是自古以来的习俗。而市乾鹿文的做法让熊袭认为大倭狡诈，善施阴谋，没有勇力，看轻大倭。因此，毫无疑问，川上枭帅自恃强勇，开启祸心。景行天皇体格伟岸，而小碓命，即日本武尊，虽然体格不像父亲，但也有非常的胆勇和膂力。为了向海内宣示神勇，小碓命定下一条计策，入虎穴，杀猛

小碓命镇服枭帅

虎。计策周密,堪称奇策,小碓命本人也具有大无畏精神,行动果敢,在窟室中报上名号说:"吾乃大足彦天皇之子日本童男。"这个声音震撼了西国,向海内宣示天神之子具有神的膂力,是凡夫俗子不可企及的,让他们抖衣而颤。因此,倒在剑锋下鲜血迸流的枭帅即便嘴里不说,也会给皇子献上日本武尊这一尊号的。在文中描述这一事实时说得不清楚则属于画龙点睛法。

因为熊袭慑服，小碓命从海路班师，到达吉备，渡过穴海，诛杀了那里的恶神。这个记载非常简短，从地理上来看，这也绝非小事。穴海就是备后安那郡之海，在芦田川口有蓑岛。因此，此前此岛与陆相连成穴。这只是一种说法，其实是根据字眼编造的说法。穴海是安那湾的总称。赖山阳诗中说："白石洋头还却回"，是对此的很好的写照。这里是濑户内海两个海潮的分界处，淤泥填埋海滨露出新壤。721年，朝廷将安那郡分割，设立深津郡，国府位于深津郡西面芦田郡的高地，经过千年的岁月，形成了深津的沃田。元和年间①此处建了福山城。在小碓命时期，穴县的深津平原大体上在穴海。安那的名字字义就是"穴"，因此才这样称呼。如果这种说法属实的话，那么其"穴"并非海，而应该是山。《式》中的备中国下道郡穴门山神社在穴田乡高山。据说该神社背部仍存穴门。此地如今属于川上郡，但距离安那郡山很近。古代这些地方都属于穴山。社背之穴虽然可信度不高，但毫无疑问，"穴"之名与穴门山神社有着密切关系。就吉备地区而言，在上古时期，素盏呜尊斩了八岐大蛇。自从那时起，备后山谷得到开拓。伯耆、针间之间往来方便，美作山中也得到了开垦。孝灵天皇皇子前往吉备、上道、即备前和下道、即备中逐渐平定。然而，土地面积很大，开垦年限还浅，在背后地区仍有不归附朝廷的豪族。朝廷将穴县的海岸便利要地作为要塞，尚有余威让熊袭畏惧，趁势诛杀这些豪族，之后开通吉备的海路。据《日本书纪》记载，小碓命之妃是吉备武彦之女吉备穴户武媛②，由此可见并非穴门全县都陷于恶神之手。

小碓命率军到达难波后，诛杀了柏济恶神。水户神速秋津彦领有津国。他的家族是大族。之后，津国历史出现断层。柏济恶神是这一族中的凶顽者，霸占津国。据《仁德纪》记载，八田皇后在难波济投了柏叶。此地因此得名柏济。这也是根据地名进行的牵强附会的编造，但根据其文中内容可以推断柏济位于难波堀江下游。据《摄津志》记载，"长柄川渡有五，柏济在野里村"。野里在中津川岸边。在长柄川③和中津川之间的低地有加岛，是"柏"的音讹。难波津是淤

---

① 1615年到1624年。
② 赞岐绫君王之母。——原注
③ 也称神崎川。——原注

积形成的新地。自古以来，河流不断改道。奠都之后，地名也发生了诸多变化，而今很难证实这些地名的由来，但柏济应该位于这一低地。

小碓命回到大倭，上奏了平定熊袭的情况后，又顺便禀奏了以下事情："在吉备的穴济、难波的柏济有二神，施放毒气，路人苦不堪言，危害一方，因此将其诛杀，开通水陆道路。"从上古时期开始，各国纷纷占据要港，掌握水陆要隘，以此为基础向内地开疆拓土。在这些地区，南方人种占据优势。直到坂东、北陆的要港大体上都被南方种族占据。虾夷、佐伯等种族多在山中活动，因此，穴济、柏济等恶神也应该是南方种族的君长。此时，筑紫的渡津见氏已经转化为皇族，穴门海路也归国家所有。然而，此两县主①依然牢牢掌握着海港权，对抗王命，盘剥行旅。因此，朝廷必须诛杀他们，以便开辟水陆交通。尽管上述文字简略，但不应小觑。

垂仁天皇晚年行幸山背，听说大国君不迟的妹妹及其女容色绝佳，便纳为妃，生下数个皇子、皇女。再道入皇女的妹妹是刈羽田刀辨所生。小碓命纳其为妃，生下仲足彦命。可以断定小碓命在京师住了十余年。之后，又开始征伐东国虾夷。

第3节　日本武尊小碓命征讨虾夷

征讨熊袭之后过了十年，景行天皇派武内宿祢察看北陆及东方各国的地形和百姓的情况。武内宿祢回朝后，奏禀如下："东夷中有日高见国，其国人男女都结椎文身，为人勇悍，总称为虾夷。土地肥沃，幅员辽阔，应征伐而取之地。"这是景行天皇行幸泳宫之后发生的事情。武内宿祢从山路来到北陆，绕到东国，完成了视察工作。百姓是指有姓的良家，是指居住在斋部中臣、总房等地的部民。这一记载中有编者的误解。对事实的记录的真实性有所欠缺，但事实大体如此。只不过认为这件事发生在景行天皇西巡之后、熊袭再次叛乱之前则大错而特错。武内宿祢和成务天皇同一天出生。在熊袭再次发动叛乱之前，小碓命

---

① 即小碓命所称二神。——原注

还不到十五岁，而武内宿祢还不到十岁。看不出这一点说明修史者对数字有所疏漏。很明显，视察东北应该在日本武尊东征以前。

因东夷骚扰边境，按理说，景行天皇应派大碓命前去平叛，但大碓命不堪此任，而被分封在美浓。这就是大碓命子孙成为美浓的身津君的原因。因此，景行天皇又改派小碓命，诏曰："东夷暴虐、强悍，以欺凌、侵略为宗旨，村邑无长，贪图疆土，盗掠成性，邪神奸鬼塞满街衢，人民苦不堪言。最是强悍，男女杂居，父子无别，冬宿穴，夏宿巢，茹毛饮血，登山如飞禽，行草如走兽，有恩易忘，有怨必报。藏箭于发髻，佩刀于衣中，偷农业果实，抢掠人民，击之则隐于草中，追之，则进入山里，尚未服从王化。今汝长大，膂力过人。汝既是我子，又是神人。上天怜惜我国不平静，助我等巩固天业。天下是我的位子，也是汝之位。望汝深谋远虑，发挥尚武精神，攘除暴神奸鬼。"授予小碓命比比罗木之八寻木，以平定东方十二道，任命吉备武彦、大伴武日两将为副将，让久米七掬胫率领膳夫从行。

小碓命率军出征，首先前往伊势，参拜大神宫。倭姬命授予他草薙剑，又给他燧囊。之后，小碓命经过尾津^①，抵达尾张国，进入健稻种公的宅邸，纳其女宫簧媛，在当地逗留一段时间，然后议定之后的进军方向。商议决定小碓命走海路，尾张公^②前往山道，两军在坂东会合，然后从大手、摺手进军。进军方向与崇神天皇时期大彦命父子的东征相同。小碓命逗留尾张是为了坐镇指挥。编写《古事记》的人都是编造神话的高手，称小碓命与宫簧媛恋爱，颇似极富人情味的小说。此外还说，在伊势，小碓命曾向倭姬哭诉。这同样是不符合实际情况的"妄造"，最让千古的读史者感到困惑。在上古时期，忍穗耳尊前往西国，天穗日前往山阴，天津根彦前往畿内^③，火明前往尾张。他们统辖政教，受到各地方君长臣民的景仰。自那以来，直到大倭日本国史末期，两吉备津彦兄弟前往山阴，丹波道主前往三丹，不断扩大规模，成为皇室的藩屏。直到这一战役，吉备武彦率领山阴军，和靫负将大伴氏一道被任命为副将军。尾张公率领东国军队前往摺手。可以想象军容整洁，声势浩大。此前，景行天皇在行幸泳宫之际，在

---

① 即桑名郡。——原注
② 火明之后。——原注
③ 当时无此称呼。——原注

小碓命趁火势诛杀贼众

此处选择宝地，和尾张公一道经略东国。身为副将再征熊袭时的美浓弟彦公是尾张公的弟弟，继承了美浓的领地的正是他，应该是景行天皇行幸泳宫时的东道主人。日本武尊小碓命西伐东征历史上的伏脉应该这样解读。

当小碓命抵达骏河以后，国造前来迎接，说道："此野中有大沼，道速振神住在那里。"小碓命相信他说的话，住在野地里。然而，国造放火烧野地。小碓命这才知道被骗了，拔剑割草，打开燧囊，点着火，顺势放火，火势却向对手方向蔓延。小碓命趁势掩杀，全诛杀部贼众。自此以后，天丛云剑改称草薙剑。在此之前，草薙剑的由来是由神道衰落之后的神话作者误解了其思想而编造出来的。镜和剑作为天神的和魂、荒魂历代相传，是天照大神的象征"御魂代"。倭姬取出这把剑授予小碓命是国家大事。因此，显而易见，神官的荒魂被迁至本营并非小碓命的想法。在举行授受典礼时，倭姬必定召集将士，举行庄严的祭典之后，才将荒魂迁授给日本武尊。之后，中臣忌部等将此拿到本营。重要的军事会议要在询问神的想法之后才能裁决。神授之剑非常尊贵的原因也在于此。然而带着这把剑来割草无异于玷污神器，而小碓命做梦也没有想到这一点。不过，文人重点讲个人事迹是为了让愚蒙者容易理解，这也属于一种说教方式。如同画师为了节省笔墨，将其宗旨抽象到个人身上的做法。这本来就不是史实。凡士以上必然有护兵、从者，这是古今通行的做法。更何况代替天皇出征的皇子。卫兵前呼后拥，副将军也随军前行，绝非小碓命一个人前行。就骏河的火攻而言，在军营近处放火，趁士兵救火、乱得不可开交之际进行袭击是一种战术。军营警戒火灾是兵家之习惯，更何况此时对野外大营实施火攻。士兵们必然会混乱不堪，而对手会料到这一点。然而，小碓命非常神武，从容不迫，号令军士割草、引火，反而导致贼众的败亡。着火时，小碓命必然坐在神剑一侧。总督官本人岂会亲自割草？将剑改称草薙剑的原因也不难理解。平定异族的大规模的惊扰要比一般人想象得难度要大很多。在生死灾难之际，对宗教的依赖程度会很高。值此之际，神教才能显灵。据《日本书纪》记载，"剑丛云自抽之，薙攘王之旁草。"

就燧囊一事，据《古事记》记载，倭姬说："若有急事，则解兹囊"，然后将它赐予小碓命。此举足以镇定众心，鼓舞士气，也就是说人们渴望神剑的灵验。神武天皇时期，在熊野兵败，遂拔出韴灵剑。剑显灵，鼓舞了士气。二者有异曲同工之妙。

将草薙，即割草之处称作烧津，《式》中有益津郡烧津神社。《热田缘起》记载道："名其处曰烧津，今谓益津郡，讹也。"据说，书中记载的就是现在的烧津。烧津是从远江进入骏河之处的一片原野。此处之贼属于国造，并非东夷。我怀疑此处的国造是在熊袭隼人的教唆下谋反的，这样说是因为在伊豆的三岛社奉祀大山祇，在骏甲的浅间社合祀着木花开耶姬。这些都是吾田君的殖民地，这一点以前讲过。吾田君驯服隼人，将他们变为自己的部民。骏河应该有由隼人种族任国造的县邑。所以，熊袭本国和此处阴谋串通，企图为川上枭帅复仇。因为此处是吾田统治的地区，所以吉备武彦、大伴武日放松警惕，这才遭此难。《古事记》称事情是在"相武"发生的，但没有佐证。

小碓命路过相武。从驰水到上总时，小碓命望着海说："海这么小，可以跳过去"①，仓促登舟。海中暴风突起，坐船漂荡，非常危险。人们认为这种情况是渡神发怒，因此战战兢兢。此时，小碓命的妃子妹橘媛②自告奋勇请命以自己的性命来替代小碓命，投身入海。好不容易船才达到对岸。七日后，妃子妹橘媛的梳子漂到海边。因此，小碓命修墓安葬此梳子③。这就是《式》中所说的长柄郡橘神社。古代的东海道从骏河野④翻越足柄，下木贺溪，经过镰仓三浦，从走水，即富津对岸渡海到房总。可以认为妹橘媛替小碓命死和《魏志》中记载的持衰都是古代神教的风俗。据《古事记》记载，妹橘媛坐海上歌曰："相武小沼起风波，大火熊熊烟幕笼，问君妾可分忧否。"这一点足以证明草薙一事就是发生在相武。海面上铺上草垫，坐在上面歌咏。这首和歌一定是语部根据想象编造的。临终之和歌大都是别人作的。

小碓命在上总整顿水师，渡海去陆奥，将大镜悬挂在旗舰上，大概是和草薙剑一起悬挂的。在旗舰上悬挂镜、剑、玉的做法早在景行天皇西征时就已经有了。小碓命从海路绕过苇浦，横渡玉浦。据《日本书纪》记载，"尾张健稻种公来会，汇报山道的情况，共同前往虾夷边境"。苇浦是指苇子丛生的淤泥地，应该是指利根河口。《风土记》记载道，在"常陆、下总、二国之界，安是湖之所有"，就是指这个地方。霞浦潮来沼等是蒲苇丛生的淤积之处。千余年前和现在的地形有很大的不同。就"横渡玉浦"而言，而今已经无从查证了。记载称尾张公来会也是此处。就此，冢本明毅引用《风土记》中的"倭武天皇将手中玉落在

---

① 这应该是神前举行的仪式。——原注
② 穗积忍山之女。——原注
③ 七日以后的事情见诸《热田缘起》。——原注
④ 今御殿场。——原注

的地方就是行方郡玉清井"一句话,称玉浦这个地方应该在行方郡。对这一说法我表示赞同。《风土记》中的"大橘比卖命从行方郡大生里的鹿丘前宫来遇"这一句也与"尾张公的来会"吻合。

虾夷的贼首岛津神、国津神等驻屯在竹水门,与小碓命的军队对阵。他们从远处望见皇师船威风凛凛、声势浩大,非常恐惧,知道不能取胜,扔掉弓箭,拜迎皇师,纷纷高喊:"神兵天降。"小碓命回答道:"我乃现人神之子。"虾夷等悉数战栗,解衣披浪,推船上岸,都表示服罪。小碓命俘获其酋帅,令其随军。竹水门是常陆多珂郡的港口。虾夷的酋帅等入侵至此,想抵抗皇师,未曾退却,但看到皇师威猛无比,极其惊骇,投降皇师。因此,小碓命准降,收留他们,率领大军继续向北挺进。

这样一来,小碓命向所有虾夷等发动宣传攻势,所向披靡,平定了山河的荒神等。据《古事记》记载,小碓命从日高见国班师,经过西南常陆的新治筑波,朝着相武进发,接着回京。日高见国在这里是指虾夷的本国,但本来并非国名。山里的平原都称日高见。《公望私记》称《风土记》中所说的信太郡是本日高见国,但未必在该地。多臣家族被任命为道奥石城国造。武渟河别行军至会津,在很早时期就开疆拓土,势力扩张至磐城岩代,而虾夷又来犯边。因此,景行天皇决定东征。此时,外敌已经进犯至道奥边境。《式》中有桃生郡日高见神社,将这一带的平原称日高见国。可见,从此时起,宫城郡已经创建了国府。在古代记录文中,地名多用华丽辞藻,因此埋没了历史事实,这是令人遗憾之处。

小碓命率军到达足柄坂本,饭罢登上山坡,叹了三声,称"阿豆麻波夜"。就此事,《日本书纪》记载:"向北转经过武藏、上野,向西到达碓日坂时,日本武尊每有顾妹橘媛之情,故登碓日岭,而东南望之,三叹曰吾嬬者邪。故因号山东诸国曰吾嬬国也。"该记载完全是修史者不熟悉地理而犯的错误,最终成为千古之谜。小碓命从常陆到甲斐,再长途跋涉,来到北面的武藏、上野。这一路线并不合理。从碓日坂向东南方向看能够望见筑波,但望不到三浦的走水。我断定吾嬬者邪之处就是《古事记》中所说的足柄坂。十几年前,我委托地质学家勘探箱根山,看看此处是否有个地方叫"碓日岭"。我得到报告说从宫城野翻山到御殿场,当地的山岭就叫碓日岭,于是疑团完全冰释。这个碓日岭距离木贺并不太远。攀登这个山岭期间发现早川山谷向东南拓展,可以俯瞰相房海,堪称胜景。翻过山岭就会被峰峦叠嶂挡住视线,再也看不到美景。这条路一直通向富士山脚下的原野。因此,小碓命目睹眼前景色,想起与妹橘媛悲伤离别的场景,思恋之情油然而生。他听说登上山岭就可以看到整个东国,因此三呼吾嬬者邪的短歌,提到东国,无限怀念,内心激动万分。小碓命的身边护卫们或许都能看见他潸然泪下,打湿铠衣。如果看到现场,此情此景会一览无余。对读史者来说,游览箱根是探寻史迹的必修课。《古事记》和《日本书纪》中称此为将东国称作"吾嬬"的起源。这也属于就地名进行牵强附会编造的惯用手法,与事实不符。今天将东国称作"吾妻",而古语是"吾嬬",二者有相通之处。因此,这首短歌的感兴颇深。如果只是露骨地将妹橘媛称作吾嬬的话,就会变成小儿之泣言。《古事记》记录了在足柄坂小碓命用蒜杀死了白鹿神一事。《日本书纪》认为这个地方是指信浓御坂。我认为此观点是对的。足柄是指来时通行的海路,很难相信贼酋会突然袭来。

　　小碓命从足柄翻山越岭来到甲斐,驻跸酒折宫。当夜,小碓命问侍者:"过了新治筑波,睡了几夜?"老人秉烛答曰:"夜有九夜,日有十日。"小碓命非常羡慕,赏赐了他。这就是连歌的起源。在酒折宫商定回程的安排后,小碓命从信浓走山路,而大伴武日率领軶部相随。吉备武彦来到越国,察看地形的险易以及人民是否归附朝廷。尾张健稻种从海路回京。就江户开拓以前的常野武相路而言,要从武藏府中翻越关户山,来到相模,形成足柄越,也就是今天的汤本宫下宫城野之路。小碓命时期也是如此。从御殿场原野翻越须走山,再从御坂进入甲斐的酒折宫就到达山梨。山梨的山麓存有遗址。这段路就是小碓命十日的行程。

　　当小碓命克服信浓之险阻,翻过大山,来到岭上吃饭时,山神化作白鹿现身。小碓命以蒜弹之。白鹿被打中眼睛倒地。之后,行军途中来只白狗领路,小碓命因而来到美浓。据说,小碓命走这条路时要翻越岐苏古道。要从甲斐到美浓有伊那、木曾两条路,都能到达阿知驿站。虽然《日本书纪》的文字浮夸,内容空泛,但有"山高、谷幽、严险、磴纡"等句。这一点与岐苏栈道吻合。"大山"应

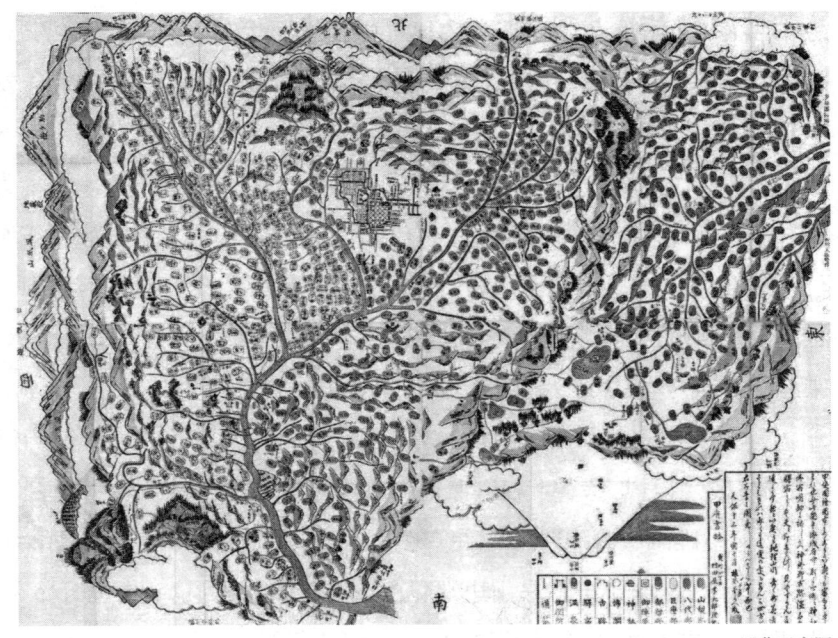

甲斐示意图

该是指惠那岳。从御坂路经过阿知的园原、雾原，来到汤舟泽。此处是惠那郡的边界。古道走这条路。岐苏路本来也由此来到妻笼。我再次经过木曾路时，从妻笼走在崎岖不平的险路上。在马笼岭，木曾的俊峰就到了尽头，东面惠那岳层峦叠嶂，其西北就是汤舟泽。从岭上沿着陡坡走四公里左右，就会看到落合川，回望可以发现信浓山脉的走势如同横垣，峥嵘巍峨，直干云霄。此处就是信浓、美浓的古代疆界。新路、旧路都交汇于这一带。白鹿、白狗都是比喻。阿知的山野东与远江，即秋叶山重叠，北与越中飞騨相连。就此处的地理而言，有可能受到夷酋的袭击，也可能得到顺民的向导。阿知山中有蛭神社。有人称该地就是"蒜嚼"。这属于牵强附会的说法。此处是信浓木贼的产地。

小碓命一来到美浓，吉备武彦就从越国来此相会。小碓命来到尾张在筱城村吃饭时，尾张公骑着慊从久米八腹快马来参见小碓命。健稻种公在渡过骏河海时，暴风大作。有人报告说其船翻人亡。小碓命闻听这一噩耗，顿时悲伤、惋惜不已，连叹"痛哉！人生无常"。此后，小碓命回到尾张的宫簧媛的宅邸，逗留在当地。吉备武彦来会的地点应该是惠那坂本。越中飞騨路一直延伸，在惠那坂本西面的苗木越过木曾川,与中津川交汇。《三代格》记载道:"美浓国惠那郡坂本驿与信浓国阿知驿相去七十四里。云山、重垒,路远坂高,戴星早发,深夜迟到。"据说今天的中津川以南千驮林周围就是古驿站旧址。吉备武彦一面在越后、越中的中山诛杀夷酋,一面赶来见小碓命。两军会师向尾张进发。为此,要路过土岐郡,就是所谓的美浓路。古代要先来到郡泳,之后翻山来到筱城。筱城位于尾张、春日井郡的美浓边界。内津驿站和"现哉"的"现"发音类似。内津神社的由来不算古老。宫簀媛宅邸是来时的行营。古记录中经常假托女人的恋爱来编造神话。这已经成为一种俗套,是不可取的。

  为了讨伐近江胆吹山的荒神,小碓命将神剑托付于宫簀媛,徒行行军。据《日本书纪》记载,大伴武日进谏道:"如果没有剑气,如何除去毒害",想予以阻止。但小碓命慷慨陈词:"纵使有暴神,我也要抬脚踢死他",于是继续前进,前去登山。此时,小碓命在山边遇见白色野猪。他认为这头白色野猪是神的使者,即便现在不杀,回程也要杀之,于是继续行军。突然天降大冰雨,小碓命因此狼狈不堪,撤军来到玉仓部泉,逐渐镇定下来。井就在此处[①]。《日本书经》中将白色野猪写作大蛇,是在比喻伊吹山夷贼之兵。冰雨是比喻弩箭如雨。从加越界白山之背到江浓界的山谷属于险邑。古代当虾夷占据直到大倭伊贺的山里时,必定从胆吹和铃鹿取得联系,近江也被他们占领。伊奘诺尊及天津彦根逐渐将犬上、铃鹿之间的道路打通,中断了虾夷在胆吹和铃鹿间的联系。在大倭奠都之际,该处的虾夷已经归附大倭,而今虽然只不过偏居于胆吹山中,但地跨越国和美浓,土地面积甚是广阔。小碓命平定了越信美之后,将此地作为囊中之物,甚是轻敌,遭遇伏兵截杀而兵败。"徒行"是指将神剑奉祀于本营,不堂堂正正地行军,而是轻装进发。神武天皇曾经在熊野兵败,士气低沉,军心涣散,小碓命此次也是如此。今天的井并非此处,而应该是在不破郡。至此,小碓命才重新整顿军队,鼓舞士气。总而言之,小碓命此次遭受大挫。出现这种情况与该地有灵泉无关。胆吹山之贼和信浓大山之贼都是北方种族,自古以来占据山谷,在山阴、山阳交界处,气脉相通。一直到小碓命征伐时,他们还与南方种族竞争。这

[①] 近江坂田郡。——原注

一点应从地理上进行验证。即便到了后世，日本南朝一方大体上占据山地，江浓越的山中由新田义贞、胁屋义助相继占据。北方种族和南方种族相互争斗。也就是说，江浓越的山中是当时胆吹山贼酋的驻地。

此后，小碓命开始生病。据《日本书纪》记载，小碓命在到达当艺的野上时，心情"如翱翔虚空"。于是，他即刻取道伊势路，从尾津来到熊褒野①。然而由于病情加重，他将俘虏献于神宫，派吉备武彦向景行天皇奏明情况，终于薨逝，享年三十岁。如果是中了肃慎的毒弩的话，那么他即刻就会死去。因此，小碓命大概是受了箭伤，中毒而死的。据《古事记》记载，在向尾津进发、快到熊褒野时，小碓命"身勾三重"。据《热田缘起》记载，小碓命渡过铃鹿川，薨于能知②。这些都是根据地名进行牵强附会的编造。尾津后来称作"户津"。直到镰仓时期，津岛的船只到达户津，而今户津尚存舟置、马场、碇冢等。西面有多度山四千尺的高峰。多度神社是天津彦根的祠堂。古代海潮可以到达多度山麓，小碓命之子种武彦王被任命为尾津君。尾津神社是种武彦王的祠堂。

尾张的宫簧神闻听此讣告后还为小碓命祈命、祭祀神剑并确定建神社的地址。这就是热田大神宫的起源。《热田缘起》就此做了详细记述。天智天皇七年，即668年，新罗沙门道行盗窃神器草薙剑，遇到风雨，因畏惧而自首，之后被暂时羁押京师。朱鸟元年，日本武尊小碓命被奉祀在热田神宫。尾张连的后裔世世代代任宫司。据《源平盛衰记》记载，自从道行盗窃以来，朝廷仿造四剑，收藏在神社里。神官用五指口授真假，因此他人不能分辨。或曰"和铜元年造八剑，奉祀于神宫之南，称八剑殿，因此难辨"。

第4节　景行天皇东巡

小碓命薨于熊褒野的噩耗传到朝廷。景行天皇悲痛，慨叹不已：熊袭叛乱之时，小碓命是个"尚不及总角"的少年，担当征伐重任；因这次无人"替朕"扫

---

① 即铃鹿郡。——原注
② 命终之意。——原注

平东方骚乱,而忍痛割爱将小碓命派往"贼境";自那以后无一日不惦念小碓命;而今痛失爱儿,今后和谁人一起治理鸿业?景行天皇寝食难安。事已至此,景行天皇召集群卿商议后,下诏将小碓命葬于熊褒野陵①,将其"御名代"即谥号定为"武部"。据《姓氏录》记载,景行天皇又任命吉备武彦为庐原国造,并赐予大伴武日赞岐宅地。其他立功者也各有赏赐。规定子代、名代的部民一事始自垂仁天皇为誉津别皇子制定鸟取部。此后才见诸史书。就此解说尚不能确定其正确与否。在没有国民权利概念的时代,"普天之下莫非王土,率土之滨莫非王臣"的思想根深蒂固。而今已经无法弄清当时的真相。古代盛行物物交换,仅以民和地为财产,是个奴婢买卖盛行的阶级社会。观察这一现象可以发现大倭奠都以来过了二百余年,当时已经进入了神人分立的时期,适合于增置部民。究其原因,处于国民阶层中下层的所有贱民都是奴婢,而普通的奴婢接近良民。其中也有掳掠的奴婢,或者人口买卖而来的奴婢。在国土荒芜、生齿稀少的时代,要开荒需要使用奴婢,否则不能成功。南方种族和北方种族竞争,优胜劣汰,败者被作为胜者的奴婢来使唤,这一点毫无疑问。在征伐东夷过程中可以看到"夷俘"这个词。"夷俘"是指夷狄的酋长、士民。其下面的多数夷民都是家人、奴婢。古代建立国家也是同样。首长部分得到良民待遇,一般的士民就沦为奴婢。因此,在各县邑早就有划定部民的情况。在缺史末期,归朝廷直辖的县邑逐代扩展。很多村邑奴婢成为士。因此,每当皇室有庆典等事宜时,就会划定部民。史书上频繁出现子代、名代部等。部民如同后世的封户。掌权者向村邑土著人民颁授田地,课以薄租轻庸,将他们作为公民。他们的收入作为领主的所得。如果以土地为主的话则与领地同义,但租税稍有不同,成为朝廷的部民是一种荣誉。各国县主也以此法养士,称所养之士为"家人"。对朝廷来说,家人也属于奴婢,但在他们的土地上是有俸禄的"士"。到了后世,人们将源平诸氏的各国的地头也称作家人。二者有相似之处。

献于伊势神宫的虾夷的俘虏不得接近倭姬命神宫,因此被献给了朝廷,暂时安置在御诸山旁。邻里都抱怨俘虏们大声叫喊。因此,朝廷很难在畿内安置他

---

① 小碓命化为白鸟,在大倭河内建陵,这就是白鸟三陵之缘起。——原注

们。因此，朝廷根据他们个人的愿望将他们分别安置在播磨、赞岐、伊豫、安艺、阿波五国。这说明虾夷酋长等做了俘虏，被畿内人轻看。畿内人讨厌外族人这一习惯根深蒂固。这也并非不可思议。据《释纪》记载："公望私记曰，屡录曰其毛人等旦夕叫嚷，其声严厉，故倭姬号为佐祁岐。"这也属于牵强附会之说。正如《风土记》记载的"山之佐伯、野之佐伯"那样，佐伯是对人种的称呼，从很早时候就有。安艺有佐伯郡。《仁德纪》中可以看到"淳田佐伯部"字样。佐伯部是大伴氏勒部的别族。大伴武日管辖虾夷的俘虏，对他们进行调教、训练，组建弓箭队，使他们成为自己的兵。播磨现存夷俘乡。据《三代实录》记载："近江国言播磨、贺古、美囊二郡，夷俘长、宇贺古秋尺、汉公平等五人，妄出越境来住此国，下官符称，凡夷俘之性野，心无悔，放纵如此云云。"上述二郡在平安时期以后是让虾夷俘虏居住之地。其他三国尚未发现虾夷俘虏居住地遗址。直到雄略天皇时期，住在吉备郡的虾夷依然作为别种保持着旧俗，有明显的痕迹。本书将在后面对该条进行论述。

　　景行天皇要巡视爱子平定的国家，行幸伊势之后，转而前往东国，来到了上总。从海路渡淡水门时，安倍氏将磐鹿六雁白蛤做成脍献给景行天皇。景行天皇为了褒奖其功，赐安倍氏膳夫伴部。从东国回来后，景行天皇坐伊势绮宫，之后回到缠向宫。这一记载内容粗略，也没有足以证实其真伪的旁证。但如果假定清水门就是安房港的话，那么景行天皇和小碓命一样取海道，从三浦来到上总。这就是前往东海的路线。白蛤是今天的武总海滨的特产，而这个海岸是贝冢保存最多的地方。脍是烹调蛤贝而做成的。就因为做一道脍就被封为膳夫伴部令人觉得可疑。大概是他们驯服了武总海滨的食蛤人，并将食蛤人贡献的白蛤用合适的方法进行了烹调，进而献给了景行天皇，因此立了功。据《姓氏录》记载，膳夫伴部是"大彦命孙、磐鹿六雁命之后也"，应该是此时的将军。"渡过淡水门"是指景行天皇从安房出发巡幸东海岸，到达常陆后，回驾还都。应该将重点放在"小碓命平定的国家"这句话上进行思考。

　　在景行天皇回到京师之后，丰城入彦命之孙彦狭岛王被任命为东山道十五道都督，来到春日穴咋村，染病而薨。东国百姓往往不能到这里。彦狭岛王尸体葬于上野国。于是，彦狭岛王子御诸别王领有东国。彦狭岛王是八纲田之子。就东山道十五国而言，《往年史海》上刊登了我的观点。《古事记》记载道"建沼河别命遣东方十二道，又诏倭建命曰：言向和平东方十二道"。此处所说的"十五国"是指小碓命征服东国之后又增加了三道。十二道是指坂东九国之外又增加了三道。坂东九国见诸《续日本书纪》，在神龟元年、天平宝字三年时为八国。《公式令义解》对坂东的解释是："骏河与相模界之坂也。"又在"山东之下"条中写道："信浓与上野界山也。"《吾妻镜》中将甲斐波加利①庄称作坂东山之下，可见信浓没有加进去。由此可知，将相、武、房、两总、两野称作八国②，加上伊豆，称九国。因此，加上甲斐、信浓、和诹访或者骏河就是十二道。这一说法说得通。现如今没有比这更合理的说法。当时，吉田东伍氏就毛野府谈了以下看法：他曾经到日光游玩，怀疑日光就是古镇府的所在地。二荒祠祭祀着丰城入彦命、彦狭岛王的荒魂，将他们作为二现神敬仰。彦狭岛王的儿子御诸别在三轮的部兵③簇拥下来到宇都宫，进而被拥戴为虾夷首帅，在宇都宫设置镇所。我认为这一观点可信。《吾妻镜》又写道："吾妻路上虾夷多，武尊平夷刀霍霍，虾夷永世不敢叛，宇都宫名从此说。"这段话不能简单理解为华丽辞藻，其中另有深意。这段话在当年的史学界成为佳话，颇受同行好评。上野的岛野有座将军冢，据说就是彦狭岛王的墓。此说法有可疑之处，《日本书纪》中提到了上野，因此彦狭岛王的墓本来就不在宇都宫。

　　御诸别王既奉王命，也想成就父亲的事业，遂前往东国从政，恰逢虾夷又骚动起来，于是率兵破之。虾夷酋帅足振边、大羽振边、辽律男边等叩头来请罪，将土地全部献上。因此，降伏者免罪，不服者被诛杀。此后东国获得长久太平。御诸别王的子孙称上毛野臣、下毛野臣，分散到池田、佐味、大野、韩矢田部④等各地，不断繁衍生息，成为东方的强藩，镇住了虾夷。小碓命的东征以御诸别王赴任东山都督结束。景行天皇起初只是命令丰城入彦命治理东国。此

---

① 今靱狩。——原注
② 即后世的八州。——原注
③ 三轮来自御诸别的名字。——原注
④ 出自《姓氏录》。——原注

前，在武渟别循服东方后，由于任所遥远，武渟别只是总督坂东而已，并不到任。这种情况和后世亲王担任国守的做法类似。这说明武渟别父子二人都没有去赴任，因为狭穗彦的仇人派来了东国之兵，所以武渟别的儿子八纲田需要应对东国之兵。上下毛野氏在东国，负责对付虾夷。大彦命的子孙称越国造，负责防御北狄。在景行天皇时期，这两个藩镇已经确定下来。

　　西征、东伐在此时迎来结局。日本的中国地区越来越鼓励开垦。朝廷在矶城①开凿坂手池，在堤坝上植竹子，又令诸国设立田部、兴建屯仓。田部也称田所。后世在庄园设立的庄司就是模仿了田所。古代将某地称某部，让部曲之民住在那里，班田、开垦，将由其君长征缴的有限的租税来充实屯仓。经常通过命令形式来使用屯仓。这些情况说明，在乡村任命村长统治当地民众的制度正是开始于这一时期。

　　通过中国和朝鲜的历史可以了解中国大陆的争乱和朝鲜半岛的变迁。参考这些信息可以推测日本的情况。景行天皇末年相当于晋怀帝五胡之乱的开始时期。中国大陆的政治风云变幻莫测，非常险恶。在朝鲜，百济入侵高丽，新罗屈从于百济，加之马韩破灭，弁辰唇亡齿寒。在这种情况下，任那大宰府绝不能平安无事。熊袭、虾夷的动荡也是受此影响而发生的。日本古史上说"西国平定、东国无事"。这纯属套话，并未反映当时的形势，不必当真。据《新罗史》记载，"基临尼师今三年②，与倭国交聘"。该记载中的时间相当于征服熊袭之后。在讫解尼师今三年③，"倭国三遣使为子求婚，以阿飡急利女送之"。该事应发生于景行天皇晚年。新罗西面臣服任那府，东北与百济相接，正是"畏首畏尾"的形势，受夹板气。由此可知，景行天皇正当有为之时。因此，他为控制虾夷、熊袭、任那和新罗殚精竭虑，又巡幸近江湖岸的志贺，逗留高穴穗④宫，最终在此宫中驾崩。

　　由于小碓命已经薨逝，所以景行天皇立八坂入姬所生之子稚足彦命为太子。稚足彦命与武内宿祢同一年出生，和睦相处，非常友爱。在一年的节会上，

---

① 今城下郡。——原注
② 即晋惠帝永康元年，即300年。——原注
③ 312年。
④ 今通贺郡坂本穴太。——原注

景行天皇宴请群卿数日，而唯独这两人不参加。景行天皇觉得奇怪，问他们为何不参加？稚足彦命回答说："百僚皆沉溺于游戏，性情易变，如果里边有狂人，图谋不轨就非常危险。商量过后，我二人决定加强警备。"①景行天皇大喜，之后对稚足彦命宠爱有加，最终将他定为日嗣，而武内宿祢成为栋梁之臣。为节会警备之事发生在东巡之前②。立太子和封栋梁之臣应该是在东巡之后。景行天皇驾崩之后，太子稚足彦命在高穴穗宫登基，史称成务天皇。成务天皇任武内宿祢为大臣。大臣一职始于此时。从第二肇国时期开始，大倭设立五大夫，将大臣列为群卿之首。当时，大彦命父子是国家的柱石，自然而然大彦命父子也是群卿之长，是大臣。这一习惯一直延续至今，后来栋梁又改称大臣。

第5节　设置国县

伊奘诺尊和伊奘冉尊循行八洲，占领了日本列岛的海岸线，异族被驱赶至山中。这就是当时的基本形势。大倭从肇国时起就不断开拓坂东。第二次肇国以后，大倭在各地开通了山路，切断了异族之间的联系。异族仅在山里形成一个个小的部落而已。南方种族和北方种族之间的优胜劣汰的竞争已经接近尾声。除了奥羽之外，日本基本上实现了统一。制定国县制度的时机已经成熟。在志贺的高穴穗宫即位之后，成务天皇一直没有回到大倭，就在高穴穗宫里驾崩。究其原因，无外乎在位时间太短，一共十年左右。在位期间，成务天皇就是做了一些有关设置国县的事情。设置国县是景行天皇西征东伐的结果。换言之，国县制就起源于此。因此，虽然关于这件事情的记载非常简略，但在日本国史上，设置国县是最值得研究的大课题。

与国县制度相关的大事就是景行天皇时期分封皇子一事。据《日本书纪》记载："天皇之男女八十子，除日本武尊、稚足彦天皇、五百城入彦皇子之外，七十余子皆封国，各如其国，故当今时谓诸国别者，即其别王之苗裔焉。"据《古

---

① 这一点应该参照熊袭枭帅之事。——原注
② 稚足彦命比小碓命小八岁。此事应该发生在稚足彦命二十三四岁之时。——原注

事记》记载："天皇之御子等，所录二十一王①，不入记五十九王，并八十王之中，若带日子命与倭建命，亦五百木之入日子命，此三王负太子之名，自其余七十七王者，悉别赐国之国造，亦和气及稻置、县主也。"因为冠有五百成入彦之太子之名，所以其情况不详。二十一王是真正的皇子。其余的五十九王中有日本武尊小碓命的六个王子以及其他皇族的子嗣，因此要安置宗室，分封国县。上面所说的国造、和气、稻置、县主容易和后来的国县制置混淆，《国造本纪》中就直接混淆了。其实属于误解。该记载是指住在京师的皇子宗室在各国领有封邑。要将其和后世的亲王封户或者封国等要区别看待。此外，成务天皇的国县制置是国司、郡司之始，属于吏务。二者有本质的不同。

　　成务天皇继承了前朝的余烈，制定了国县制。《日本书纪》记载道"有其诏书"，但这属于一种文饰，其文内容空泛，可以省去。其次，"令诸国以国郡立，造长，县邑置稻置，并赐盾矛以为表，则隔山河而分国县，隔阡陌以定邑里。因以东西为日纵，南北为日横，山阳为影面，山阴为背面"。这些记载虽然也是华而不实之文，但矛、盾等和斧、钺一样必须是很庄重的字。这也是事实。天智天皇赐予氏上大刀、小刀、干盾、弓箭，以任其职，属于一种象征物。此处出现了"山河阡陌"等骈俪文。当时被分割的国县的疆界就是现存在的郡界。如果进行实地考察的话，那么就会发现分界都会与实际的地理情况吻合。可以看出当时各地的领主逐渐占据地盘的痕迹，也可以看出当时国县制置执行起来并不容易。关于日纵、日横、影面、背面，村濑先生作的《集解》中引用《万叶集》藤原宫御井歌中的"清香具山者日经乃大御门"，称它们就是经纬背影，即"东西北南也"。该观点就七道做出了相应的解释，是修史者根据当时的歌词中的山的四方进行解释而成的，或者将成务天皇时期使用的内容进行了阐释而已。其实，这些内容对划定国界并无太大用处。"国郡立造长，县邑置稻置"也是用骈文表达"国造县主"之意，属于文饰。在郡设长、在县邑设稻置是实施"阶级统属"统治的明证。《景行纪》记载道："火国八代县丰村"，是说分为国、县、村三级。县就是邑，如"自高来县渡玉杵名邑到阿苏国。筑紫后国御木宜号御木国，

---

① 书中记载着其母及其本人的名字。——原注

到八女县，故有八女国之名云云"。从中能够看到"到的邑"等字样。县、邑不仅是互称，甚至也没有国、县之别。如果对名称原意进行推敲可以发现，村邑训读为"mura"，与韩语中的"牟罗"是同一个词，是指"人民群居之地"。将"县"训读为"agata"是根据"吾田"之义而来，指主长的住所。就郡而言，《类聚日本国史》的"国造"条写道："难波朝廷始置诸郡"，是县的改称，和韩语中的"巳富利"是同一个词。将"国"训读为"kuni"，是"凝泥"之义，本来凡称土地，后来用于区分，并无"县的集合体"称作国这层含义；抑或称"道"，如东方十二道、东山十五国等，又将"道奥常道"称作"陆奥常陆"。"道"也是凝泥之义。将"道口、道后"换称"前国、后国"也可以指道路。古代常将区分之地称作"县"，换称"国"或"道"。"国"是统称县的大区。要说最终定称为国郡是在什么时候？成务天皇国县制置时期是断定这一时期的一个重要参考。具体来说，首先要考察领有土地者的名称。

　　正如"县"是区分地的定称，县主是其领有者的名称。这几乎是自古以来的自然称呼。伊奘诺尊和伊奘冉尊派到各地的神称作"和气"。该地区，即国的诸县拥戴京师贵族为祭主，将自己的一部分土地分出来供奉京师贵族。京师贵族领有这一土地，由此而得名。这种情况与后来的官家、领家的情况相似。国造、伴造的"造"是"官司"的意思。旧说解释为"造国之人"，其实应该是"司"的意思。国造是有关地的称呼，其中的典型例子就是"官家"。伴造是关于民的称呼，如"封户"。二者都是领有其地其民，收缴课租的贵族，因此又称"君""公""臣""首""直"。从第二次肇国时期开始出现了"稻置"这一称呼。课租之稻就是置所之义。这和将官家也写作"屯仓"类似。所有的领家都是皇族、贵族，并非住在地方的豪族、地头。之所以认为稻置就是村主是受《古事记》的文章的误导所致，是一种错误观点。从上古时期开始，县主就属于国神家族。他们是当地的豪族、地头。国造、伴造及"别"都是天神家族。他们或是由当地的县主迎来的，或者是住在京师，领有其地其民，或是领家，派部下管理天神家族土地的人民，给予人民部曲的荣誉和待遇，设置部长，让部下进行统治，收纳土地上的收入。天神家族通过部曲编制来循服最初占据列岛的民族，将他们纳入自己的统治范围，以此来形成国家。上述制度是这一国家形成方法的佐证。某些人认为，日本建国之初就任命国造，管辖为数众多的县主，制定了国、县、邑三级的统治制度。这样想是荒诞无稽的。譬如，出云国造、三野本巢国造、火君、阿苏君、伊贺臣、尾张连、木直、美浓公、火国别、许吕母之别、丹波道主、三野稻置、苇井稻置等都是以领地而有此称呼。中臣连、大伴连、忌部首、久米直、猿女君等和武部君①同样都是伴造，称呼自己土地上的人民为领民，但其实际内容是相同的。除了旧贵族也有很多人被赐予皇族身份，并且在景行天皇的皇子中，"君"和"别"也有很多。以上就是《日本书纪》和《古事记》中将天皇的子孙称作"造别""稻置"的原因。

　　对于国县改为国郡的沿革，迄今为止，学者们认为是通过大化新令确定了国郡的界限、设立了国守和郡领，并且公然这样主张。这属于迂腐之见。本来，这样大规模的改革是不可能两三年间就顺利完成的。在讨论政治问题时，我们需要具备这样的常识。大化属于律令制度的初期，只不过对文书、账簿等进行了整理而已。国司、国造明确写在了《宪法十一条》中。此前雄略天皇的遗诏中写着"臣、连、伴造每日朝参，国司、郡司随时朝集"等词句是剽窃了隋文帝的遗诏，是对"王公卿士，每日阙庭，刺史以下，三时朝集"的篡改。此前确实有任那国司，日本国内也未必没有。《仁德纪》中有"远江国司奏上言"。此处为"国司"二字首次出现，而此前写着"遣纪角宿祢于百济，始分国郡、疆界"。就此，《类聚日本国史》中写道："难波朝始置国郡。"参考这句话，毫无疑问，国司、郡司始于成务天皇时期。据《继体纪》记载，百济的国郡在任那哆唎，哆唎的国司穗积押山要将四县给百济。这时物部麁鹿火的妻子说道："太后气长足姬与大臣武内宿祢，每国初置官家，为海表之藩屏"，大兄皇子也说道："自胎中之天皇置官家之国"，即其官家之国被分为国郡。成务天皇、仲哀天皇在位时间短，而神功皇后在朝鲜置官家是在成务天皇国县制置之后仅二三十年后实施的。另外，官家就是屯仓，是征纳国领地的租稻的正仓的卫所。屯仓始于垂仁天皇时期的久米屯仓，到了景行天皇时期，向各地扩展。在日本内地也设置官家之国的时期也

---

① 日本武尊小碓命之后。——原注

正是成务天皇时期。神功皇后接着在朝鲜也实施了这一制度。因此，此处所谓的国县是指在官家之国，即国领地设立国司。仁德天皇时期的国司、郡司制度也是起源于此时，和皇族、贵族的领地、封户完全不同。世人对《旧事记》的错误还未完全觉醒。今天只有《国造本纪》仍被史学界采用，因而史学家对成务天皇的制度产生了误解，这一点是断然应该舍去的。

　　古代，国司也称国宰，训读为"御事持"。《古事记》中的大国造、小国造就是国宰。此时才开始确定国界。国的区分由大县、小县之县主来确定。国宰类似于屯仓之长，根据土地也有大小之差，和自古以来的国造、县主有着本质的区别。名称容易混淆。到了仁德天皇时期，国宰改称国司、郡司。在而后的时期，国分为大、上、中、下四等，将郡分为大郡、小郡二等，并使之成为制度。在《日本书纪》中，修史者似乎还不理解成务天皇的国县造主的意思，而后的读史者更是如此。旧时，人们的研究历史的能力薄弱往往也属于此类。迄今为止，学者们过分拘泥于大化改新这一约定俗成的说法，认为以前的国司、国宰是通过临时诏命的形式前往该国作观察使，因此主观地认为"御事持"并非是大化改新之后的国守那样的常置的官员。这属于无稽之谈。后来的国司中有守介掾目。根据诸司的长官、次官、判官、佐官的阶层而使用不同的字，仅此而已。"守"和卿头伯尹正督等一样，也都训读为"上"（kami），即"御事持"。就以前的御事持而言，在朝鲜，国宰没有年限，长期在该地任职。日本内地的国司也是如此。而今无法对该问题进行考证，但古代的国司住在任地最终反而成为土著，这种情况很多①。之后国司的任期反而很短，并且多属于名义上的，多委托当地的"在厅官吏"进行管理、处理政务。偶尔国守介也会到自己被任命的国去，但只不过是监督治理而已，在郡乡层面，连郡目一职务都委托"目代"，让目代处理具体事务。政治只有通过经验才能获得发展。因此，垂仁天皇时的官家在成务天皇时期成为国县，在仁德天皇时期成为国郡，而后国司、国造并存。法令定下来后统一归到国司、郡司。国造根据其祭祀的旧格，个别存留下来，仅此而已。国司的任期有年限，郡司的任期是终身制，最终国司将国厅作为镇守的地方，被委任

---

① 因为利益、土地很多。——原注

为在厅官吏。郡领以谱代而终，可以世袭。最终兴起了大小名。应该遵循这一沿革的顺序进行研究。

如上所述，从沿革角度来考虑问题的话，成务天皇时期的国县大致可以划分为六十余州，为县郡的设立打下了基础。设置在每个国的国造就是"御事持"，在各国拥有领地。被称为姓尸的皇族的家族与国造有所不同，由京师贵族担任在各国的国领地的总管，前去赴任，或是让该地的县主或者豪族掌管国领地，以管理公民，征收其课租，缴纳到国造的屯仓。这是其主要职责。这是作为郡领掌管土地的起源。此后，不到百年就改为国司、郡司。因此，这属于一种过渡性的制度。加之古史记录非常简略，越发无从考证。《国造本纪》大致成书于平安初期，编入了假冒圣德太子名字编纂的《旧事本纪》之一，因为记载的内容与《日本书纪》、《古事记》和《风土记》等是吻合的，所以可以弥补古书匮乏之缺憾，有一定的可信度。由于知道成务天皇时期的国造、县主属于姓尸，并非是世袭性的，所以后人的谬论、伪书的观点会不攻自破。

此处援用《日本书纪》和《古事记》等其他可信的古记录替代《国造本纪》，将从上古时期国家统一到大倭肇国及第二次肇国时期的称为各国的领主的造别县主的情况罗列如下：

就中央方面而言，天津彦根下凡，事代主更迭，之后在橿原宫任命国造县主，而后随着皇族的繁衍生息，分配封邑，这在前面已经讲过。

一、大倭

由天津彦根开创，高市县主[①]、田中直[②]、淹知造在其后面。三轮君、鸭王是事代主家族。

就鸟见[③]等神武天皇的县主们而言，在倭国造之后有大和直，在矶城县主之后有十市县主、猛田县主、葛城县主、添县主、吉野首、阿陀鹈养。神武天皇以后有多臣、春日县主、春日臣、和珥臣、阿倍臣、穗积臣、山边别、阿太别、春日山君、当麻勾君。

---

① 神武天皇以后九代的宫地。——原注
② 高市郡。——原注
③ 添郡。——原注

二、凡河内

由天津彦根开创,凡河内国造[①]、大县主是其后人。饶速日降临生驹岳,矶城县主是其后人。平冈连(河内郡)是中臣之邑[②]。神武天皇以后,有茨田连、日下部连、茨田下连。河内青玉繋之女埴安媛是土神埴安之后。

三、和泉

血沼别珍县主川上部高志池君。

四、山背

由天津彦根开创,山代国造、山背连是其后人。神武天皇时期有葛野县主、贺茂县主。其后有粟田臣、葛野别、大国内臣。

五、津

由天津彦根开创,津国造是其后人。水户神速秋津彦是此国之县主。事代主所娶的三岛沟㰀姬大概是其后人。日本武尊小碓命诛杀了柏济的恶神难波忌寸。

位于大倭背后的近江、伊贺、伊势木濑临畿甸。山中被虾夷占领,但因为伊奘诺尊的日之若宫在近江,所以很早就打通了到铃鹿路的道路。

六、近淡海

近淡海归天津彦根的后裔蒲生稻置。近淡海国造有安那臣、车邪臣、真野臣、狭狭城山君、安国造、蚊野别、安直、犬上君、息长公。

七. 伊贺

伊贺臣是大彦命之后,又称敢国臣。另外还有须知稻置、名婆利稻置、三野稻置。

八、伊势

伊势津彦所居的猿田彦的后裔号宇治土公。天津彦根的祠堂在多度。桑名首额田部连是其后裔。神武天皇遣天日别避开伊势津彦的土地。伊势臣是天日别之后裔。另外还有船木直、饭高君、壹志君、品迟部君、佐那造、麻绩君、伊势别。

---

① 《日本书纪》中为"直"。——原注
② 枚冈神社是其祖庙。——原注

九、志摩

志摩国造见诸《持统纪》，起源不详，或说岛津国。

十、木

木祖句句乃迟是木直之祖，据说是天道魂之后。木有出云的兼领地。据《古语拾遗》记载，名草郡御木麁①香二乡是忌部的住地。武雄心命和木直婚后，其领地逐渐转到武内家族。

位于茅渟海的对岸的淡路阿波与畿甸关系密切，从上古时期开始，作为伴造的拓殖地就发展起来。以下简单讲一下南海五国的情况。

十一、淡路

淡路是伊奘诺尊、伊奘冉尊二尊循行的起点，设立了淡道穗之狭别，后来此地修建了伊奘诺尊的幽宫。淡路虽然有倭文物部等伴部的土地，但似乎是海神氏的拓殖地。《姓氏录》称海神氏后裔是凡海直，国造也出自海神氏家族。此地还有天日枪的邑。

十二、阿波

阿波也写作"粟"，是大宜都媛之国，是忌部的土地。据吉田的地名词典记载："山野凿洞，忌部之民繁衍，在海滨之地，海部栖息。"山中应该住着虾夷。

十三、赞岐

赞岐是饭依彦之国，属于忌部之地，山中住着虾夷。小豆岛住着大野手媛。赞岐国有赞岐公、赞岐绫君。

十四、伊豫

爱媛之国。当地有大山祇氏拓殖的遗址。西面住着宇和津彦。还有伊豫部、俘穴直、伊豫国造、伊豫别、御村别。

十五、土佐

此地是建依别之国，有忍穗耳尊的遗址，还有都佐神社，祭祀着一言主尊。东国称作东方八道，是大倭的郊甸，开拓时间较早，传记不详。贺势江以前已经讲过，此处略微补充说明。

---

① 汉字中无"麁"，"麁"为日语所特有。

十六、尾张

此地是火明命开创的，尾张连是其后裔。另外还有丹羽臣、知多臣、三野别、田子稻置。

十七、三野

此地大概是火明命开创的。蓝见川是天种彦的丧山。三野公属于尾张连的旁支家族。有三野国造、本巢国造、宇泥须别、牟宜都君。

十八、三河

有三河穗别、三河衣别。

十九、骏河

庵原公。山阴大致分为丹波、多迟摩及出云三个地方。

二十、丹波

此处是由出云及海神氏拓殖的地区。大县主由棋理之女竹野媛成为开化天皇的妃子，生下产汤彦隅。其弟彦坐之孙成为丹波道主。此外，还有竹野别、冰上、河上、远津臣。

二十一、多迟摩

此地是新罗的殖民地。天日枪与出岛人前津见结婚，多迟摩氏开始起家。有多迟摩竹别、多迟摩国造。

二十二、稻羽

八上媛是大县主，和大己贵命结婚后，此地成为出云的拓殖地、忍海部。

二十三、伯岐、出云

稻羽、伯岐、出云既有出云家族的领地，也有伴造的领地，犬牙交错。在簸川上岸住着大山祇，还有海神氏、胸形氏，从一开始就与天朝之地有着密切关系。因此，天穗日统治此地，创始出云、国造家庭。

二十四、石见

没有相关记录，但在东部有出云和海神氏的遗迹。

二十五、隐岐

在伊奘诺尊之时，天之忍许吕别住在此地。

山阳分为吉备、阿岐、周防、穴门。阿岐是出云胸形的拓殖地。周防是天津彦根氏开创的。穴门是海神氏的兼领地。吉备山中栖息着虾夷、高志人。

二十六、针间

此处有出云多迟摩拓殖的遗址。在孝灵天皇时期，此地称作吉备道口，即备前，后来吉备道口从此地分离出去。有针间牛鹿臣、针间印南、播磨别、阿宗君。

二十七、备前

此地也称上道，吉备津彦之后被任命为吉备上道臣。还有吉备子岛、石无别、品迟君。

二十八、备中

此地也称下道，吉备雅武彦之后裔任吉备下道臣。

二十九、备后

备后也称道后，是高志、虾夷杂居之地。日本武尊小碓命诛杀穴海的豪酋，纳穴户武媛为妃。此地有安那臣。

三十、阿岐

此地是出云、海神、胸形的拓殖地，也是神武天皇驻跸之地。山中住着夷族。

三十一、周防

天津彦根之后被任命为周防的国造，大岛上住着大多麻流别。

三十二、穴门

在崇神天皇时期，穴门住着伊都津彦，也是海神的兼领地。高志以能登为碇泊地。天神族和辰族在此处拓殖，北狄住在山中。

三十三、越前

此处是道口。笥饭海岸住着伊奢沙别。敦贺供奉着信露贵彦。其他的海滨有海部族的土地。大野以东的山谷依然被虾夷占据。有越国造、角鹿海直、佐佐君。

三十四、若狭

若狭住着若狭彦，还有若狭耳别、若樱部。

三十五、能登

位于半岛之角，有能登国造、羽咋君。

三十六、越中

越中山中直到飞驒住着夷族。有利波臣。

三十七、越后

以高志郡为中点和北狄相争。西部的沼河媛与大己贵命成婚，生下健御名方。东面住着弥彦。

三十八、佐度

伊奘诺尊和伊奘冉尊尊停船的岛。东山十五国是指坂东九国加上坂西数国及道奥数国，是小碓命平定之国。

三十九、甲斐

甲斐是由大山祇拓殖的，由甲斐国造统治。

四十、科野

洲羽形成元一国。麻绩和安云分别属于忌部、海神拓殖之地。科野国造①统治此地。

四十一、伊豆

半岛角之地，也是大山祇拓殖之地。后来此地设造船所。

四十二、相武

以下为坂东之地。很久以来，海岸线归天神族统治，还有镰仓别。

四十三、无邪志

无邪志国造。

四十四、安房

在神武天皇时期，忌部开拓此地。

四十五、总国

与开拓安房同时。此地也有中臣忌部来开拓。有上菟上国造、下菟上国造、伊自牟国造、马来田国造。

---

① 神武天皇的皇子。——原注

四十六、毛野

坂东之野从沿海地区开始开拓，一直到达毛野。自崇神天皇将此地赐予丰城入彦以来，史书上有相关记载。上毛野臣、下毛野臣是其后裔。

四十七、常道

此地是继总国之后开发的土地。有常道仲国造、纪国国造、新治国造、多珂国造。

四十八、道奥

石城国造。从伊奘诺尊和伊奘冉尊时期开始，筑紫的四面及伊岐津岛就被海神、山祇占据，作为朝鲜和闽地的门户，是皇室的藩屏。山中住着很多隼人、土蜘人。

四十九、筑紫

筑紫的海神氏势力最大。伊奘诺尊在此处设立白日别。开化天皇的皇子大彦命之后成为筑紫国造，以邪马台为根据地，以傩县为港口。有傩县、伊睹县主[①]、冈县主、穗波县主、胸肩君。

五十、后国

又称八女国。有水沼君、山门县、御木国。

五十一、伊岐

又称天之一柱国。

五十二、津岛

又称天之狭手依媛之国，有津岛县直。

五十三、丰国

又称丰日别之国，有菟狭国造、长峡县主、国前臣、高日、硕田国、速见邑、直入县。

五十四、火国

又称建向日丰久士比泥别之国，有火国造、火国别、松浦县、高来县、阿苏国造、八代县、苇北国、熊县。

---

① 天日枪之后裔。——原注

五十五、日向

也称熊袭，属于云建日别之国。山祇氏住在日向。有日向国造、子汤县、诸县君、吾田君、曾君、笠狭县。

就任那七国而言，直到此时其疆界划分并不详细。在本书的第十二章中，我已经讲过弁辰联邦。任那府由和珥家族的盐乘津彦创设。

以上根据可信度较高的史书将截止到成务天皇时期的各国的造别、县主等进行了梳理。景行天皇的七十七子的后裔多淹没在历史长河中，没有留下相关记录。如果根据忌部、物部、中臣、倭文、埴部、玉作、鸟取、武部等伴绪、子代、名代的地名、神社名做一个表的话，就会更加详细、严密。国造、别君、县主等京师的领主和伴造无异，只不过有以地名而称和以民而称的区别而已。在国造县主中，国神的旧家族依然很多。伪书《国造本纪》中将成务天皇的国造、县主与此类混淆了。这本来就属于误解。

第14章

倭国扩张版图

第1节 仲哀天皇西巡和神功皇后征朝鲜

景行天皇留下遗诏要传位给日本武尊小碓命,成务天皇因而遵照这一遗诏,没有让自己的儿子稚奴气王继承皇位,而是将小碓命的嫡子仲足彦命立为皇储。之后,成务天皇驾崩于志贺的穴穗宫,仲足彦命继位,史称仲哀天皇。在当太子时,仲足彦命曾册封丹波主家的息长宿祢王之女息长足媛为正妃,住在穴穗宫。不久,仲哀天皇巡幸角鹿,住在笥饭行宫,在气比海建设淡路屯仓。此处和朝鲜隔海相望。大加罗大使来这里时停泊在气比海港。此时,皇族中大彦命的后裔[①]被任命为筑紫国造,天足彦的后裔坐镇任那府。筑紫国是强藩。丹波家族的主家也是与大彦命的后裔匹敌的大家族。息长足媛出身于辛国,与新罗渊源很深。她的父亲息长宿祢是山背的好男儿,母亲高额姬出身于但马家族,是新罗王族的近支。此时,国县制置大致完成,平定任那、新罗的时机已经成熟。因此,仲哀天皇立息长足媛为皇后,史称"神功皇后"。接着,仲哀天皇又行幸角鹿。

此时在中国大陆,晋迁都建业。北部五胡割据争霸。333年,辽东的鲜卑慕容疣死,其子慕容皝继承王位。慕容皝是一个毫不逊色于其父的雄主,创建燕

[①] 阿备氏。——原注

国。东面的高丽从斯由王这一代起和百济争斗。两国敌对。慕容皝趁此机会破高丽，毁其首都丸都。当朝鲜北部战事正酣时，南部也不安静。新罗、任那及马韩都在磨刀霍霍，准备开战。《韩史》对此记录很少，没有参考价值。据《新罗史》记载，讫解尼师今三十五年甲辰，即燕国毁丸都的第三年，"倭王遣使请婚，辞以女已出嫁"。经过年代比较可以发现，这时相当于仲哀天皇初年，具体来说是在仲哀天皇行幸角鹿期间。此时，筑紫报告说熊袭发生叛乱，仲哀天皇赶紧将神功皇后与百官留在笥饭，仅带两三个卿大夫及官人数百轻装而行，巡幸南国，来到纪伊国德勒津宫。德勒津紧邻雄水门，在日御崎附近，由于被淤泥堵塞，现在已经变成水田。

在德勒津宫，仲哀天皇决定御驾亲征熊袭，即日遣使至角鹿，传信与神功皇后在穴门汇合。当仲哀天皇的船抵达周防的沙麻吕浦时，筑紫的冈县主在木杆上挂上镜、剑、琼玉，立于九尊的船头迎驾，献上鱼盐之地。当仲哀天皇来到穴门丰浦津时，神功皇后经过渟田门来与他汇合。《伊豫风土记》引用《释纪》道："景行天皇带着八坂入姬皇后，仲哀天皇带着神功皇后，都曾行幸伊豫温泉，而且都是在巡幸筑紫到达周防以前。"也就是说，从一开始，仲哀天皇就是和神功皇后同行的。到底哪个是事实不得而知。仲哀天皇在丰浦修建行宫，暂时住在那里。穴门直献上了践立水田。不久，仲哀天皇以熊鳄为向导离开丰浦宫，乘船出发。筑紫的伊睹县主五十迹手也在贤木上挂上琼玉、镜和剑，到引岛①迎接仲哀天皇。他上奏道："像勾玉一样巧妙地处理事情，观察山海像镜子一样分明，提剑平天下。"②仲哀天皇乘船继续前行，绕过山鹿岬。神功皇后的船进入洞海，同样停泊在冈水门。从此处经过胸形到橿日不足一天的舟程。这样一来，仲哀天皇行幸傩县，住在橿日宫。傩县本来是海神氏的奴国，此时归阿倍臣一族的筑紫国造管辖。傩县的港口娜津应该是今天的香椎社香椎港。《日本书纪》记载道："阿淡诸国海部族颇多。"在仲哀天皇西征时，阿倍臣一族是主力，以水师迎接仲哀天皇。

---

① 今彦岛。——原注
② 《神皇正统记》将此话解释为三种神器之德，事实上是错误的。——原注

另外，角鹿与丹波相邻，而仲哀天皇并未先行幸该地。要和新罗开启交涉，丹波主是主力。因为仲哀天皇将行程转变为西巡，所以丹波主率本部人马护卫神功皇后。跟随仲哀天皇的群卿有以大臣武内宿祢为首的中臣乌贼津连、大三轮大友主君、物部胆咋连、大伴武以连四大夫。和珥臣属于任那镇台家族，也参与了此事。在橿日宫，仲哀天皇召开军事会议，商议先征讨新罗还是先征讨熊袭。仲哀天皇抚琴，武内宿祢站在沙庭询问神命。之后，神让神功皇后传话，称熊袭是"膂之空国，不足伐也。有强于此等的'实'国。向津如美女之眉，眼睛光耀，金银彩色颇多，名为考衾新罗国。如祭祀我的话，兵不血刃来，对手就会归降，而熊袭也会降服"。仲哀天皇表示怀疑，登高丘上遥望。大海辽阔，一望无际，但不见该国。于是，仲哀天皇对神说："汝是欺诈之神。"神又让神功皇后带话："天水如影，汝怎能见到我所见到的国家？"因此，仲哀天皇终未征伐新罗。于是，神又传话说："皇后胎内必有子。"神说的就是以后的胎中天皇。

就仲哀天皇西巡一事，《日本书纪》和《古事记》仅仅记述到此处。神谕是以谆词诗的形式出现的，为后人留下千古的遐想。本来，从地理上看，巡幸角鹿就是为了经略朝鲜，而南巡纪伊是因为熊袭叛乱。当时，仲哀天皇突然又要西征，目的是征伐熊袭。然而，仲哀天皇不从穴门向南进军，而是巡幸筑紫，尚未决定先征伐熊袭还是先征伐新罗。之所以犹豫不决是因为地理上的原因。据《新罗史》记载，在讫解尼师今拒绝婚事的翌年乙巳，"倭王遣使绝交"。无论年代和事情都与仲哀天皇西巡吻合。由此可见，拒婚一事一定是主要原因。因此，征伐新罗是从一开始就计划好的。最近，在研究日本古代史时，田口卯吉考证了该次征伐朝鲜的原因，认为古史记载中搞错了时代。《韩史》记载道，在新罗沾解尼师今三年己巳，"初倭使葛耶古聘新罗王使干老摈之干老戏言，早晚以汝王为盐奴王妃为寿婢，倭王闻之，遣将军于道朱君来侵。王出居于柚村干老曰，今日之寇，臣言致之，臣请当之。遂抵倭军曰：前日之言，戏之耳，岂意与师至此耶。倭人执之，积薪烧杀之，乃去。后倭使来聘，干老之妻请于王，私飨之。及其醉，使人执而焚之。倭怒来功金城，不克，引去"。此"倭使葛耶古"就是葛城袭津彦。据《韩史》记载，以上正是大倭讨伐朝鲜的原因。然而，沾解三年相当于

《魏志》中所说的倭奴国王壹与继承王位三年后。当时倭国还是奴国，并且很多事情有不吻合之处。因此，田口卯吉认为对朝鲜的讨伐是九十余年后发生的，而当时的使者应该是葛城袭津彦。这一观点有不妥之处。

仲哀天皇时期，倭国和任那太宰府的来往应该很频繁。正如沙庭之神谕所说的那样，"向津如美女之眉"，比喻近在咫尺，并且很容易渡海过去。这是问题的关键。群卿中主张讨伐朝鲜者正是持这种看法。然而，考虑到傩津和朝鲜的距离，仲哀天皇从高山上是看不到其黛绿之岑的。直到近世，人们还将此间称作"九十八里滩"。因而，仲哀天皇慨叹"旷远"，决定先征熊袭。据《日本书纪》记载，"天皇容姿端正，身长十尺"，伟岸雄武。因此，仲哀天皇想一战而让熊袭"小丑"屈服，扫除后顾之忧，进而登陆朝鲜，徐徐征服这片土地。仲哀天皇的构想可谓宏图大志，因而他绝非畏惧征伐朝鲜。然而，由于过于轻敌，仲哀天皇在征伐熊袭时受挫，不能施展宏图，令人扼腕叹息。

仲哀天皇最终决定征伐熊袭，不能获胜，班师回朝时，感觉身痛，翌年驾崩。一种说法认为他是身中贼箭而驾崩。"身痛"大概是"中箭而亡"的隐语。于是，神功皇后和武内宿祢商议，秘不发丧，命四大夫率领百官把守宫中，让武内宿祢走海路，悄悄将仲哀天皇的灵柩迁至穴门丰浦宫"无火殡殓"。武内宿祢复命后，神功皇后在小山田邑建斋宫，成为神主。她让武内宿祢抚琴，任命中臣乌贼津作审神者，在琴头放千幡高幡，作大祓，请前几日的神。过了七日七夜，终于有了"神谕"，这是天照大神、稚日女尊、事代主命的愿望。另外，表筒男、中筒男、底筒男三神的名字也是此时首次出现。于是，神功皇后遵照神谕进行祭祀，之后派吉备臣鸭别进攻熊袭国。不久，熊袭归附。神功皇后迁至松峡宫，在层层岐野消灭了荷持田村的羽白熊鹫，进而来到山门县，诛杀土蜘田油津媛。田油津媛之兄夏羽引军逃窜。神功皇后向北经过松浦县，回到橿日浦，集结船舶准备渡海。她建造大三轮神社，即夜须郡大名贵神社。神功皇后女扮男装，遵循神的教诲，将和魂作为玉船的压舱石，将荒魂作为军队的先锋，开船前进。出了和珥津，顺风大作。大倭军队浩浩荡荡直奔新罗国而去。新罗国主惶恐不安，奏曰："自今以后，惟天皇马首是瞻"，因而被任命为马饲部。他发誓道：

"每年晾晒船舵，天长地久，侍奉天皇。"神功皇后将玉杖立在新罗王大门，将墨江大神的荒魂祭祀惟守国神，留下和珥臣大矢田宿祢作镇守府将军，班师回朝。神功皇后亲征新罗的事迹作为史实记录入史册，但内容仅此而已。除此之外，还有种种记载，但很多是不可信的。如果排除这些说法，就需要从年代考证着手。

之前，在橿日宫召开军事会议时，神功皇后已经怀孕。从新罗班师回来后，她生下来纱别尊，即后来的应神天皇①。因此，这段时间不过五六个月。从傩县行军至熊袭需要十天。神功皇后前往新罗不到十日就班师了。虽然距离很近，但因为事情很多，所以延误了时日。因此，仲哀天皇在班师途中遭到熊鹭夏羽之徒的突然袭击，被击中要害，到了年末或年初驾崩，而神功皇后渡海到朝鲜应该是四月份。《古事记》记录了在松浦县玉岛里钓年鱼的遗俗，钓年鱼是四月上旬神功皇后回到军阵之后的事情。而《日本书纪》认为是在此之前。冬季的玄海风高浪急，仲哀天皇即便是渡海也要等到四月份。因此，经过分析发现，仲哀天皇征伐熊袭的时期并不差，只不过征伐熊袭根本不需要天皇亲征。因此，由于过于轻敌，仲哀天皇自取祸端。熊袭一事或许是人们根据地名牵强附会编造而成。层层岐野大概是脊振山谷。与地理对照，我们可以发现此地仅能容下"小丑"而已。田油津媛属于邪马台一族，是不服筑紫国造管辖的一支。或许射中仲哀天皇的正是他们。因此，神功皇后才不辞劳苦远征新罗。审神者与前面所说的沙庭相同，是古神道中征求神的意见的一种仪式。在《政事略》的《年中行事贺茂临事祭》中有记载："审察神明詑宣之语也，在私记。"《释纪》中的《公望私记》记载道："今代号抚琴人，为沙庭者少有意，依相兼号耳。兼方按之，审神者分明请知所案之神之人也。"《略式》认为"抚琴人兼审神"。《日本书纪》和《古事记》中只是说神功皇后到达的高口是"新罗国"。然而，新罗首都金城距离海岸很远。《日本书纪》所说的"新罗王波沙寐锦"就是伐殓尼师今。"波沙寐锦"是位号而非人名。有的书上写作"宇流助富利智干"。"宇流"应该是"干老"，而"助富利智干"应该是新

---

① 来纱别尊后改称誉田别尊，以皇太子身份与神功皇后共同执政。神功皇后离世后第二年，誉田别尊登基，史称"应神天皇"。以下皆称应神天皇。

征伐朝鲜的神功皇后

罗历史上的"舒弗邯",也是位号。干老是讫解尼师今的父亲,时间有误。至于关于百济、高丽等内容则纯属牵强附会的无稽之谈,混淆事实,不可采信。

　　回到筑紫后,神功皇后在蚊田生下纱别尊。起初,在仲哀天皇驾崩时,就有神谕称神功皇后胎内的御子当统治这个国家。因此,来纱别尊被称作胎中天皇。渡海到朝鲜时,神功皇后将石头插在腰上,事情结束之日,神功皇后在该地①产下婴儿,以示祝贺,该石在伊都县。《万叶集》中记载道:"筑前国怡土郡

---

① 指朝鲜。——译者注

深江村子负原临海丘上有二石。大者长一尺二寸六分，围一尺八寸六分，重十八斤五两；小者长一尺一寸，围一尺八寸，重十六斤十两。并皆椭圆状，如鸡子。其美好者不可胜论，所谓径石壁也。"这一说法可信度不高。从万叶时期开始，在这个村子里就有两块美石，以此石假托神功皇后，因此，这个说法肯定是编造的。古书中的地名牵强附会者颇多，而这个也不例外。《日本书纪》将神功皇后产子处称作"宇濑"。《应神纪》记载有"生于蚊田"。因此，人们将"蚊田"作为宇濑的一个名字，但"产处"应该在橿日附近。我曾经参拜过宇濑的宇濑八幡宫。宇濑八幡宫距离香椎很远，绝对不是神功皇后产子处。此外，怡土郡长野庄有一个古神社叫作宇濑八幡宫，都属于不能确定真伪的神社。神功皇后从橿日浦发船，班师时自然也在橿日浦靠岸。今天，从橿日以北到志贺岛的沙岬确实是"筑地"。自从出现这个障碍后，海潮淤塞。古代的傩津就不用说了，之后的很多海滨也变成了稻田，现在已经无法知道原来的地形地貌。不过，现在海潮依然能够到达香椎，因而尚存香椎浦之名。上古海神氏的船渠及傩津并非今天的浦。附近的稻田古代也许是港湾。怡土郡和志摩郡陆地相连，可以说明淤塞的程度。虽然失去了古代的伊都津，但在伊都津，我们可以找到神功皇后远征朝鲜的蛛丝马迹。

从产月来算，神功皇后远征朝鲜的时间应该不长。她没有巡视任那府就回到了筑紫的产房，据《新罗史》记载，346年，即新罗与倭国绝交的第二年，"倭兵猝至，风岛抄掠边户，又进围金城，王欲出兵相战，伊飧康世曰：贼远至，其锋不可挡，不若缓之，待师老。王然之，闭门不出。贼食盛将退，命康世率劲师追走之"。以上记录发生在首次与倭国同好的百济的近肖古王元年。近肖古王借路卓淳要与倭通好发生在甲子年，正好是十八年前，因此相当于仲哀天皇驾崩，神功皇后远征朝鲜的那一年。新罗忌讳战败才这样写的。国都被围，赶走退军，显然是一种窘促之态。因此，我认为仲哀天皇就是在这一年驾崩的。日本国史也记录说神功皇后让新罗王发下誓言，不让新罗王在朝贡上有所怠惰，之后班师。新罗朝贡本来就并非始于此时。当时，大倭设立马饲部，让马饲部长官留驻新罗。马饲部应该是当时新设的。《日本书纪》记载道："入其国中，封重宝府库，收国籍文书。"这些文字是对汉高祖进入秦都后等待诸侯军队时的记录的模仿。内容的真实性可疑。在《日本书纪》中，这些文饰颇多。就此事也有不同的说法。《日本书纪》中是另一个版本："擒获新罗王，诣于海边，拔王髌肋，令匍匐石上，俄而斩之，埋沙中，则留一人为新罗宰而还之。"这是一种残酷的行径，但在尚武之世，很难说没有这样的事情。然而，对国王施加如此残酷的刑罚，如果没有其他旁证，那么可信度不高。"然后，新罗王妻不知埋夫尸之地，独有诱宰之情，乃誂宰曰：汝当令识埋王尸之处，必笃报之，且吾为汝妻。于是，宰信诱言，密告埋尸之处。则王妻与国人共议之，杀宰，更出王尸，葬于他处。"这种诱惑过于浅薄。宰应该是大矢田宿祢。据《姓氏录》记载，新罗宰"娶彼国王之女，生佐久命武义命"，并且必定是率领兵众的实权人物，能够如此容易地被杀掉吗？《姓氏录》中接着写道："时取宰尸，埋于王墓土底，以举王其上，曰：尊卑次第，固当如此。于是，天皇闻之，重发震怒，大起军众，欲灭新罗，是以军船满海而诣之。是时，新罗国人悉惧不知所如。则相集共议之，杀王妻以谢罪。""军船满海"之征讨以杀王妻而止。这在道理上说不通。新罗是一个国家，虽然知识程度较低，但不会做出这种浅薄的举动。这种复仇方式是街头巷尾流传的一种复仇式的行为，并非国际间的惯例。这些记录都是蹩脚的故事，接近于上古的评书演义。神话时期终于结束，过渡到类似于此等拙劣的编造故事时期。如果要将这些记录作为史料采用的话，我们需要持慎重态度。

第2节　忍熊王之乱

并非是在仲哀天皇驾崩后神功皇后才想征伐新罗。知道这一点就会明白橿日神谕的主旨，即不将宝国赐予仲哀天皇，而是赐予皇后胎内的御子。并无其他得失。关于《日本书纪》中小山田斋宫的审神，《古事记》记载如下："坐殡宫，更取国之大奴佐，而……为国之大袚，而亦建内宿祢居于沙庭，请神之命，于是教觉之状，具如先日。凡此国者坐汝命御腹之御子所知国也。尔建内宿祢白：恐我大神坐其神腹之御子何子钦。答谓男子也。尔具请之，今如此言教之大神者，欲知其御名，即答诏：天照大神之御心者，亦底筒男、中筒男、上筒男三柱大神者也。"根据此神谕，神功皇后胎内的御子越过麛坂、忍熊诸王被定为继体天皇，称作胎中天皇。征伐新罗就是胎中天皇的武威。神功皇后在蚊田生下天皇。因此，橿日神谕的结果是将仲哀天皇的宝国赐予胎内的御子，不仅如此，还将日本国赐予该御子，因而出现了胎中天皇这一空前绝后的案例。虽然日本是神国，但这也是一次不可思议的皇位继承。祭主是丹波家族的皇后。抚琴者是两朝大臣武内宿祢。审神者是中臣连。在座的有大三轮、物部、大伴三卿。因为三筒男神是傩县的神，所以阿倍臣也列席。朝鲜之宰和珥臣与讨伐熊袭的吉备臣也列席听了神谕。因此可以说，臣连的大家族都参加了这次会议①。在京的臣连会对此惊愕吧。说到底，在通过这样新式的神谕来决定天皇的继承人时，如果在京和在西国的皇族贵族没有反对的话，那么不得不说这样的国家未免太不靠谱了。由于京师发生变故，因此征朝鲜的军队仓皇乘船回国。

　　神功皇后首先对从军人员论功行赏。她任命穴门直践立、津守连田裳见为宿祢启，将表筒男、中筒男、底筒男三神祭祀于穴门田三邑，任命践立为荒神祭主——这就是丰浦住吉神社的起源②。这样一来，在征伐新罗的第二年，神功皇后率领群卿百官迁至丰浦宫，扶着先帝的灵柩向京师进发。在京师方面，听说神功皇后西征并产下皇子后，麛坂王和忍熊王密谋"群卿必然立幼主，吾等为何身为兄长而听从弟弟的"，因此假托建皇陵，在播磨的赤石组织船来到淡路岛，将淡路岛的石头作赤石陵地，封锁海峡，让每个人都手持兵器等待神功皇后到来，又以犬上君仓见别、吉师部五十狭茅宿祢为将军，起东国之兵。麛坂王和忍熊王一起到达津国菟饿野，举行了祈狩仪式。突然，红色野猪跃起，爬了上来，咋杀了麛坂王。忍熊王毫无惧色，大呼怪事，命令仓见别引军在住吉屯营③。在西成郡和武库郡都有菟饿野。史书记载的菟饿野应该是武库郡的菟饿野。住吉位于菟原。"咋杀"是指狙杀。因为是古代，所以可能是士兵披着野猪皮。

　　在还京之际，神功皇后怀疑大和人心不稳。她备好丧船，让御子上船，并让人宣扬御子已经薨，让武内宿祢护驾，从南海出发，住在纪伊的水门。神功皇后的船直接向东。她派弟彦王在针间和吉备的交界处建造关隘，以防备忍熊王赤石界的军队。这处关隘就是所谓的和气关。最终，神功皇后的船抵达务古水门。务古就是今天的摄津国武库。

　　在务古水门，神功皇后遵照神谕，将天照大神的荒魂奉祀于广田国，这就是广田神社；将稚日女尊供奉于活田狭国，这就是生田神社；将事代主神供奉于长田国，这就是长天神社。神功皇后任命山背根子之女叶山媛为广田祭主，任命弟

---

① 虽然还有其他的大族，但经过一系列沿革，失去势力的家族也很多。——原注
② 筑前那珂郡的住吉神社祭祀的是最初就有的海神家族的祖神。穴门直津守连必定属于海神家族。——原注
③ 据《古事记》记载，香坂王座麛木上，野猪怒而扑倒他并将他咬死。——原注

长媛为长田祭主,任命海上五十狭弟为活田祭主。在大津的长峡,三筒男神的和魂监督往来的船。这些都是按照神谕的指示安排任命的。傩津的三座神至此镇座于新罗金城、丰浦、菟原等四处。后来迁至墨江,才有住吉之名,津守连是祭主。这就是今天的菟原郡住吉神社。因此,只有菟原的神社没有载入《式》中。住吉神社祭祀的是海神家族的祖神。海神家族占领了与朝鲜进行贸易的所有大港。由此可以推知筑紫国造和安云连是多么富强。

忍熊王之军后退,在菟道列阵。神功皇后从难波海南进,来到纪伊。武内宿祢护卫着御子,在日高与神功皇后会师。据《古事记》记载,"忍熊王起兵答,待向之时,赴丧船将攻空船,而自其丧船下军相战,此时忍熊王以难波吉师之祖伊佐比宿祢为将军。太子御方者以丸迩臣之祖建振熊命为将军。故追退到山代之时"。此时,大倭以东属于京师军队一方。京师军队先头部队已经抵达针间,西军已经攻破赤石的船,向务古进军。西军要战胜难波的海船、将京师军队打退至菟道必然有数次血战。神功皇后运用智谋,做出要攻打难波的姿态,却前往纪伊。武内宿祢将御子护送至日高的腹地。神功皇后以此暂避京师军队的锋芒。由此可见,神功皇后处变不惊。神功皇后用心良苦。西军兵力超过征朝鲜时数倍,因此要想实现关于胎中天皇的神谕并非易事。

群臣在日高召开军事会议,要向忍熊王发起进攻。神功皇后又迁至小竹宫。据说和泉国府尾井仍然保存着小竹宫古迹。武内宿祢与和珥臣武振熊率数万之众向忍熊王发动攻击。武内宿祢挑选精兵从山背出发,屯扎在菟道河以北。忍熊王正要出营骂战。他的先锋熊之凝葛野城守写了军歌:"我方气势壮,渡海到松原。槻弓丸箭猛,人仰马也翻。同辈齐心战,玉城张内臣。河原地上沙,我们冲上前。高声勉兄弟,气势敌难当。天下安危战,一战决雌雄。"

武内宿祢在军中发号施令。部下士兵皆束椎发——发髻中藏着备用弓弦,佩戴木刀。武内宿祢假托神功皇后的懿旨向忍熊王下书:"我等绝无贪国之念,只是想拥戴幼主做君主。为何抗拒朝廷,兵戎相见?希望绝弦弃兵,联合为一家。君主只有通晓天业,日理万机,才能长治久安。"[①]因此,武内宿祢号

---

① 《古事记》记载道:"建振熊命掌权,息长带日卖命已经驾崩,故不能再战。"——原注

令军中皆断弓弦,解刀投入河水。忍熊王信以为真,也号令全军解刀投入河水断了弓弦。武内宿祢看到后,立刻下令全军从发髻中拿出备用弓弦,张弓搭箭,佩戴真刀,渡河发动总攻。忍熊王虽然知道上当了,但已经束手无策。他对仓见别和五十狭茅宿祢说道:"我已经被骗,没有预备部队,无法战斗,只能率军撤退。"在崇神天皇时期,出云臣振熊诱杀弟饭入彦。上述战术和这一故伎与出云臣振熊诱杀弟饭入彦有很多相似之处。这就说明是语部根据它进行了些许编造。虽说如此,但自打从筑紫出发以来,神功皇后一方用了权谋、计策也是不争的事实。

武内宿祢挑选精兵良将追赶忍熊王,一直追到逢坂。这时,忍熊王的军队又稳定下来与武内宿祢的军队战斗,但不能取胜,又开始后退。武内宿祢的军队接着追赶。当逃到狭狭浪栗林时,忍熊王的败军悉数被斩杀。鲜血横流,染红了栗林。因此,直到后世,人们都对这个地方非常忌讳。因此,近江国没有将栗子这个地方当作御所。由此可见战斗多么激烈和残酷。忍熊王和五十狭茅宿祢一起乘船行驶在湖面上,由于伤势很重,有感而发,歌道:"两军开战声震天,五十狭茅宿祢君,玉城张内朝臣君,纷纷恶战受重伤,鹫鸟哀鸣好凄惨,吾等来世再相见。"歌毕,忍熊王和五十狭茅宿祢一起投入濑田济自杀身亡①。听说这一消息后,武内宿祢作歌一首抒发情怀:"淡海濑田深莫测,投身其中多可惜。但愿生还再相见,莫非还要等来生。"歌罢,他派人打捞忍熊王和五十狭茅宿祢的尸首,无果。数日后,武内宿祢向菟道的残敌发动进攻,又吟诗一首:"淡海濑田济,乌鸦潜水中。田名上面过,菟道捉残敌。"但依我看来,这些都是语部等编造的。如果没有橿日的神谕,那么忍熊王本应该继承天皇之位。虽然是为了国本,但这场皇位争夺引发手足相残,最终逼得忍熊王跳海自杀。当时的大臣是不会做出这种类似于戏言的诗歌的。《古事记》中以武振熊为中心记录了这场战争,其中的说法大致与事实相符。

迄今为止,研究神功皇后的人都对神功皇后远征朝鲜赞不绝口,认为这场远征是伟业。然而,从自古以来倭国和新罗的关系来看,设置任那府的始末缘由

---

① 《古事记》记载有"战阵喊杀声,振雄负重伤。悲叹命不济,投身淡海亡"。——原注

已经非常明确。神功皇后只是以贵妇人的身份前往向津国巡狩,仅此而已。在仲哀天皇驾崩后,大倭由神谕而拥立胎中天皇。这是一个值得注目的历史事件。很明显,神功皇后和武内大臣为了此事处心积虑,绞尽脑汁。从丰浦的无火殡殓到菟道的诈和,处处用谋,堪称秘策。这一时期,在留守大倭的皇族贵卿中,拥护忍熊王的人必然有很多。如果神功皇后一方的西军稍有差池,那么大倭就会出现两帝相争的局面。形势堪忧。先是在菟饿野突然冒出野猪杀死了长皇子麛坂王,之后又通过菟道断弦这一计谋逼迫二皇子忍熊王跳海自杀。毫无疑问,这些事情是武内宿祢根据擒贼先擒王的指导思想采取的一系列措施。只要除掉了两个皇子,大倭的反对者就没有皇子可以推举,自然就会土崩瓦解。从这些事件中可以看出,武内宿祢极富权变,绝非等闲之辈。在神武天皇以后的历史中,远的有多臣、和珥臣,近的有阿倍臣、毛野臣。他们都避开祖先的皇位,作为国家、朝廷的柱石,甘当东国、西国的藩屏。对此我表示敬佩。此外,在这次政变中,吉备臣和异姓的大伴连都立下赫赫战功。这种情形是一种国家兴旺的气象。从大倭的第二次肇国开始,历代外戚物部连以及大三轮君掌握很大的权势。从垂仁天皇时期开始,丹波主成为强宗。这时还发生了狭穗彦的叛乱。自成务天皇以来,武内家族掌握了全部权力。皇室逐渐掌握实权,枝繁叶茂,繁衍生息。而此胎中天皇的地位巩固后,从第二次肇国之前开始逐渐培植起来的皇族、贵族的权势盛极而衰。权势逐渐转移到武内宿祢的子孙手里。仁德天皇纳物部之女为皇后,最终物部氏大臣大连恢复权势。这一时期属于过渡期。观察日本国史者需要搞清楚前后的逻辑关系,需要运用逻辑推理能力。

之后,神功皇后带着御子回到大倭,将先帝葬于河内国长野所,定都磐余,称作稚樱宫,以母后身份开始摄政。大臣武内宿祢作为元勋予以辅佐。武内宿祢是与政局关系最密切的皇族。因此,此处有必要对武内宿祢家谱简单介绍一下。本来,这一家族可能很早就失去了家谱。其中多有疏漏、欠缺之处。武内宿祢先祖是孝元天皇的季子彦太忍信,但中间脱落了一代。这一点以前已经讲过。在应神天皇初年,武内宿祢应该六十岁左右。据《古事记》记载:"比古布都押之信命,娶尾张连等之祖意富那毗之妹葛城之高千那毗卖,生子味师内宿祢。又娶木国造之祖宇豆比古之妹山下影日卖，生子建内宿祢。"据《景行纪》记载，"屋主忍男武雄心命娶纪直远祖菟道彦之女影媛，生武内宿祢"。大致情况如此。其中，彦太忍信是武雄心之误。"内宿祢"是指内臣的宿祢，主要领地在山背的宇治。从内宿祢的气质而言，味建的意思是"温良""勇悍"。根据《古事记》排定的顺序，尾张连的女葛城媛生出的味宇治臣应该是哥哥。虽然长子继承制并非国造的习俗，但在这个家族，武雄心应该是嫡统。就此，后面也会讲到。就内臣而言，将纪直的名字称作菟道彦，从内臣是武内宿祢的外祖父这一点来考虑，武内宿祢继承了内臣遗迹，称武内宿祢姓尸。武内家族的原籍葛城县是内臣的遗迹。此外，武内宿祢的母亲是葛城的高千那媛。武内家族的原籍葛城县是其遗迹。事实是否正好相反还是个疑问。据《古事记》记载："又此建内宿祢之子并丸、波多八代宿祢者、次许势小柄宿祢者、次苏贺石河宿祢者、次平详都久宿祢者、次木角宿祢者、次久米能摩伊刀比卖、次能伊吕比卖、次葛城长江曾都毘古者。又若子宿祢。"这八个家族之祖都是子辈，里面也夹杂着孙辈，而且顺序有些紊乱。据《日本书纪》记载，最初出现的是葛城袭津彦，因为以本居为氏。嫡统就是这个家族，以此为最后的嫡统。《日本书纪》之所以这样写是由雄略天皇以后的形势造成的。

　　葛城国造家族是两国的旧大族。尾张连家族也是东国的大族。因此，据《倭河山纪》记载，从武雄心时代开始，尾张连家族就取得了很多领邑。武内宿祢继承了宇治臣，在被任命为大臣后，将其本居给了兄长，与葛城县相交换，从附近的平群到河内，不断扩展领邑。另外，八代波美是八代逸美之祖，直到后世，八代波美和阿倍家族的竹田臣相同，作为豪族而存在。八代波美成为甲斐的源氏。因为这是竹田臣被贬为武淳河别的东海道将军时领有的土地，所以八代波美也通过武内宿祢的东国观察使身份领有土地。

　　从上古时期开始，天神的子孙下凡到诸国，因此，在下凡处设立县邑成为惯例。一直到中古时期，这种惯例依然存在。在应神天皇时期，武内宿祢父子往返于筑紫与朝鲜，在筑紫占领的领土必然很广阔。因此，武内宿祢的子孙在京师贵族中属于第一大强宗，历代交替掌握国家政权。

因为应神天皇逐渐成人①，所以武内宿祢要协助应神天皇举行修祓仪式，巡幸淡海及若狭国，在越前的角鹿建临时宫殿，巡回祭祀前朝的旧都。在祭拜筍饭大神时，遵照神谕，筍饭大神和应神天皇变换名字。此后，筍饭大神称作伊奢沙和气大神，而应神天皇的名称更为誉田别尊。据《日本书纪》记载，在出生时，应神天皇腕上起的肉的形状像鞆，仿效神功皇后武装负鞆。因此，应神天皇被起名字为誉田别尊。但正确的应当是前一种说法。在还京后，神功皇后在大殿大摆筵宴，举起酒杯歌道："此酒非吾酒，奇神在常世。岩立少名神，丰祝欲求祝。神祝皆来祝，来祭要饮酒。"于是，武内宿祢代应神天皇答歌道："此酒人来酿，酒糟臼中戳。边歌边酿酒，美酒使人乐"，以示祝贺。于是，人们称此歌为酒乐之歌，流传后世。据此和歌所唱，酿酒方法是从常世国传来的。另外，为了舂米，人们将鼓立于臼边，一边敲鼓，一边唱着杵歌，一边舂米。这是古代新春的风俗。以后还会讲到这一点。

第3节 百济归附

百济、高丽确确实实出现在历史上则是开始于这一时期。就王统而言，百济和高丽都称自己是夫余王朱蒙之后。然而，如果按照地理来分析百济和高丽的人种的话，那么就百济而言，夫余南迁，吞并秽、马韩及辰韩的土地。比流王以前的历史很不确定。我断定近肖古王②元年丙午就是仲哀天皇驾崩之年。《古事记》中写作"照古"或者"速古"。《晋书》写作"余句"。这些都是"夫余肖古"之略。彼称"余氏"。高丽人源于夫余人别种高句丽人，吞并句丽，也称自己王统是朱蒙之后。然而，这些记录是尔后以汉史《句丽传》的王统为基础进行改编而成。当时称"句丽"。虽然这两个国家人都自称是夫余族，但实际上都是从夫余句丽演变而来。二者经常不和。高丽从辽东鸭绿江谷略取朝鲜北部平安道，而百济从长白山阴占据朝鲜中部，与马韩的南部及新罗、弁辰等朝鲜半岛的

---

① 根据《日本书纪》记载，应神天皇已经十三岁。——原注
② 比流王之子。——原注

南海岸以山岭为分界线。朝鲜逐渐出现三足鼎立的形势。任那府其实就处于朝鲜南部的中枢位置。对国势比较可以发现，百济的版籍只不过比日本原来的奴国稍微大一些而已。高丽虽然领土广阔，但很多都是荒山漠野，实力和百济相匹敌。这时，华北地区五胡分立，互相争霸。各国实力未必比得上百济、高丽之和。晋迁都建业，只不过占领了大江两岸的平地。大陆虽然是帝国，但如果统一了北部才算正统。因此，北部各国相互之间远交近攻，以图称霸。因此，"事大"一词长久以来成为国际流行词。日本逐渐统一了列岛，还在朝鲜南部开府，比较国势，仅次于晋。起初，慕容氏与晋勾结，让高丽吃尽了苦头。高丽采取事大主义，经常要求和华北地区的强国保持友好关系。而百济虽然也采取事大主义，但与高丽不同的是，它渡海与晋通好，又要求和日本通好，打算通过两大国的强有力的支持来战胜高丽。以上就是在当时的大陆进行合纵连横之术的大概情况。

　　起初，仲哀天皇也有意招抚百济。到了近肖古王时期，百济听说南方有"日本贵国"，想要和日本通好，但被弁韩、辰韩等各国阻隔，因此在近肖古王十九年派遣久氐、弥州流、莫古三人到卓淳国，寻求与"日本贵国"通好的途径。卓淳国王末锦旱岐答道："本来我听说东面有日本贵国，尚未得交好，不知其路径，但海远浪险，只有乘大船才能到达。虽然有港口，但还是不放心。"听完这番话，久氐等进而准备船，要求与卓淳国通好。然后，他们恳请卓淳国王末锦旱岐："如果日本贵国有使者来的话一定要告知吾国。"正好这时日本遣使斯摩宿祢^①到卓淳国。卓淳国王末锦旱岐详细讲了上述情况。于是，斯摩宿祢让卓淳人过古陪着倭国从士尔波移出使百济国，参见百济王近肖古王。近肖古王大喜，厚待来使，将五色彩绢各一匹、角弓箭及铁铤四十枚作为币物赐予尔波移，又打开宝藏，示以各种珍宝，说道："我国有这么多珍宝，想贡献贵国，但不知道路。是故未曾如愿。今向贵使者说起此事，想很快给贵国进献珍宝。"尔波移完成使命，回复斯摩宿祢。斯摩宿祢便从卓淳国回国。

　　之后，近肖古王又派此前的久氐、弥州流、莫古三人到倭国朝贡。当时，新罗国的贡使也一起来到倭国。神功皇后和应神天皇都非常高兴，说道："先帝早就

---

①　大概属于志摩豪族。——原注

希望和百济国通好，而今贵国有使来，真是令人欣慰之至。"听完此话，群臣不禁潸然泪下。神功皇后和应神天皇比较百济和新罗的贡品，发现新罗的珍奇异物更多，而百济的贡品数量少并且贡品质量也不好，因此问久氏等这是何故。久氏等答道："臣等迷路，到达沙比①，被新罗人抓住，关押了三个月，还要杀我们。于是，我们向天诅咒。他们非常害怕，没有杀我们，但调包了贡品。他们让我们隐瞒此事，否则在回来时还要杀我们。我们深感恐惧，只得按照他们的意思才能来到天朝。"神功皇后和应神天皇让人责问新罗使者，并祈请天神该派谁出使百济，调查事情的真相，到新罗问罪。根据神的教诲，神功皇后和应神天皇让武内宿祢召开会议，商定此事的人选。会议决定派千熊长彦为使者责问新罗。千熊长彦是武藏国额田部槻本首之祖。

征询意见后，神功皇后和应神天皇任命上野臣菟田别②、鹿我别为和久氏等一起出兵渡海，到达卓淳，商议袭击新罗。然而，由于兵力悬殊，他们无法击败新罗，于是请求卓淳派沙白盖庐率军增援。即命木罗斤资、沙沙奴贵③率领精兵在卓淳集结，破新罗，接着兵平定比自体、南加罗、条国、安罗、多罗、卓淳、加罗，之后，移兵来到西面，屠戮南蛮忱弥多礼土地上的人，将忱弥多礼赐予百济。关于任那七国，比自体又称比斯伐，就位于今天的昌宁县。南加罗和南蛮相同，也称"阿里系西加罗"，大概是指金海之南的诸岛。之所以将忱弥多礼赐予百济是因为将它当作百济与倭国交往的港口。条国是指庆山县安罗，就是咸安县。多罗是指陕川郡。卓淳是对马的一个港口，相当于东莱府的金山浦。加罗位于卓淳西面的海府，是任那宰府的治所。

此时，近肖古王、太子贵须④也率领军队来参战。比利、辟中、布弥支和半古四邑自然望风降服。近肖古王父子和荒田别、木罗斤资在意流村会师，相互道贺，厚礼遣返。只有千熊长彦和近肖古王父子一起回到百济国。登上古沙山，近肖古王在磐石上坐下，盟誓道："若铺草而坐，恐怕被火烧着，取木而坐，恐怕被

---

① 对马锄浦。——原注
② 丰城入彦命四世孙。——原注
③ 二人都是百济人。——原注
④ 也称"仇首"。——原注

水冲走,因此在磐石上盟誓,以示长久不朽之意。自今往后,千秋万岁不会断绝,不会穷尽。常称西藩,春秋朝贡。"盟誓完毕,近肖古王陪千熊长彦到郡下,隆重招待千熊长彦,又让久氐等人护送千熊长彦回国。"意礼村"下注有:"今云州流须祗",与"周留""州柔"相同,位于今天的全罗道西岬的唐津县。随着四夷降服,沿海往西都属于此地。百济的首都位于光州的北漠山,距此百里左右,或者可以走便路、走海路往来。

千熊长彦又和久氐等从百济到倭国复命。神功皇后大喜,对久氐说:"海西的朝鲜已经赐予汝国,又有何事频繁往来。"久氐答道:"天朝之恩泽深远,无以回报,吾王欢喜无比。是故陪贵国使者回国,以示至诚。对贵国的衷心会万世不变。岂止一朝一夕。"听完此奏,神功皇后气色很好,兴奋不已,说:"善哉汝言,这也是我之所思",于是发出敕令,将多沙城作为往来的驿站赐予百济,是位于今天的庆尚道、全罗道交界处的河东县的嘉陵江口的港口。据《古事记》记载,"百济国定渡官家"。这样一来,神功皇后将前面的忱弥多礼和多沙等赐予百济,设置屯仓,收缴租税。第二年,近肖古王遣久氐等人来倭国朝贡。神功皇后对应神天皇和武内宿祢说:"百济国是上天赐给我们的,并非人为。迄今为止,百济国的珍奇玩物是我们尚未见过的。而百济年年来朝贡,堪称至诚,甚合吾意,深感欣慰。我在世期间,要厚加恩惠",随即让千熊长彦陪着久氐回到百济国,宣恩旨道:"我根据神的指示开辟道路,平定海西,赐予百济。今复结好,永世宠赏。"近肖古王父子稽首伏地,说:"贵国的鸿恩,比天地还重,不敢忘掉朝贡日期。圣上在上,如日月明辉。臣等在下固若山岳,永远是天朝的西藩,终无二心",又让久氐等陪着千熊长彦来朝,献上七枝刀一口、七子镜一面及种种宝物,启奏道:"臣国以西有水,源头自谷那铁山而出,其远行七日也不及。当饮此水,取此山之铁,以永远来奉圣朝。我亦言于吾孙枕流:今吾通好之日本贵国是天所开辟之处,垂天恩,割海西赐予我。由此,国基永固,汝善修和好,收集土物,不断朝贡,死而无憾。"自此,百济年年纳贡,年年来朝。七枝刀出自石上神宝的禁足地。石上神宝里的六叉鉾应该是此物。刀身有金象眼的隶书铭,一面有"泰亻四□□月十一日正造"之字,可以断定是魏的泰初四年所造之物。详细情况可参考《史学杂志》第三十七期。上面有星野的考证和图。谷那铁山位于全罗道、忠清道及庆尚道三道的交界处的山岭。"国以西有水"中的"西"应该是"东"。然而，濮江、锦江的长度都不到七日路程，并非长河，令人不可思议。辰韩产铁这一点前面已经讲过。

  关于百济归附倭国一事，需要考虑当时的中国大陆、辽和朝鲜的大势。当时，秦国苻坚方兴未艾。燕国慕容氏势力正盛。高丽王钊受到燕国的侵略后，依然和百济有罅隙，还一直坚持侵略政策。因此，正如《韩史》所说："金富轼故国原王，值慕容之变，奔败篡伏……几不保社稷，至屈膝称臣，纳质修好，是卧薪尝胆之时也。乃忘仇敌噬我唇齿。"丸都被破，高丽迁到朝鲜北部平安道的平壤，和百济争夺土地。近肖古王派久氐等至卓淳国是在甲子年。这一年是百济王十九年①。百济与日本首次通好是在百济王二十四年己巳以前。据《百济史》记载，其年九月，"高句丽王斯由率步骑二万，来屯雉壤，分兵侵夺民户。王遣太子，以兵径至雉壤，急破之"。这是百济与日本首次通好以前的事情。百济迎接倭国使者要求增援，由此可知事情紧迫。当年年末，倭国向新罗发兵问罪。近肖古王父子率兵到卓淳会师，和千熊长彦一起回到百济国都。再遣久氐等朝贡则是翌年庚午。《百济史》记载道："二十六年，高句丽举兵来攻，王闻之，伏兵于浿河上。俟其至，急击之，高句丽兵败北。其冬，与太子率精兵三万，侵高句丽，攻平壤城。高丽王斯由力战拒之，中流矢死，王引军退，移都汉山。"《北魏书·百济传》中记载了百济王余庆之表："臣与高句丽源出夫余，先世之时，笃崇旧款。其祖钊轻废邻好，亲率士众，陵践臣境。臣祖须率领军队，应机驰击，矢石暂交，枭斩钊首"，说的就是这件事。此表中为太子贵须王表功说明百济对倭国表示至诚。国力悬殊，应该善表事大之礼，也是为报复高丽做准备，或许是在祈求倭国派兵战胜新罗。据《晋书》记载，翌年，百济向晋朝贡。据《简文纪》记载，"咸安二年②正月，百济、林邑国、各遣使贡方物。六月，遣使拜百济王余句为镇东将军领乐浪太子"。这个记录是百济与东晋通好的最早记录。其后三年，近

---

① 丸都陷落于百济王二十二年。——原注
② 近肖古王二十七年。——原注（译者按：即372年）

肖古王薨。百济进入贵须王执政时期。此外，高丽王钊比近肖古王早立十五年，于四十一年战死。新罗的讫解尼师今在近肖古王十一年死。昔氏的王统就此断绝。金氏立，称奈勿尼师今。新罗抢夺百济的贡品应该发生在奈勿尼师今时期。其后，《晋书》记载道："天元五年，前秦苻洛谋反之时，分遣使者征兵于鲜卑、乌丸、高句丽、百济及薛罗诸国，皆不从。"因此，当时中国大陆你方唱罢我登场，各国兴替。在这一背景下，朝鲜也出现了各国纵横驰骋纷纷争霸的局面。然而，纵观整个前后过程，高丽与北朝结盟，百济与东晋结盟，彼此争斗不休。不久，倭国也遣使与吴地通好。

神功皇后薨时间大概是在百济王近肖古王薨之后。之所以这样说是因为《日本书纪》引用了《百济记》记录："壬午年①，新罗不贡贵国，贵国遣沙至比跪令讨之，新罗人装饰美女二人，迎诱于津②。沙至比跪受其美女，反伐加罗国，加罗国王己本旱岐、及儿百久、阿首至、国沙利、伊罗麻酒、尔汝至等将其人民来奔百济，百济厚遇之。加罗国王妹既殿至向大倭，启曰：天皇遣沙至比跪以讨新罗，而纳新罗美女，舍而不讨，反灭我国，兄弟人民，皆为流离，不任忧思，故以来启。天皇大怒，即遣木罗斥资③领兵众来集加罗，复其社稷。"文中称"天皇"说明这是应神天皇亲政以后的事情。此时，百济、高丽的国王已老，换了新国王。神功皇后也是如此。接着，沙至比跪已经被抓到，拜托在皇宫受宠的妹妹打听应神天皇是否息怒，听说应神天皇大怒后，就进入石穴而死。《日本书纪》称："摄政六十二年，新罗不朝，即年遣袭津彦击新罗。"大概沙至比跪就是袭津彦，但认为他是葛城袭津彦则大错特错了，应该是一个名叫"幸彦"的人。葛城袭津彦是仁德皇后的父亲，是当时的当权派，不可能有这样的事情。

甲申年百济的贵须王薨。王子枕流继位，翌年又薨。其子阿花尚幼，因此，叔父辰斯篡立，史称辰斯王。由于辰斯王对倭国失礼，所以倭国遣角宿祢、羽田矢代宿祢、石川宿祢、木菟宿祢责问其无状④。百济国杀辰斯王以谢罪。角宿祢

---

① 应神三十六年。——原注
② 此处指釜山浦。——原注
③ 百济人。——原注
④ 出自《日本书纪》。——原注

等便立阿花，回朝①。让四将渡海兴师问罪百济是一个重大事件。然而，大概是因为《百济史》忌讳"国恶"的缘故吧，只是记载道："辰斯王八年，王田于狗原经旬不返，十一月薨于狗原行宫。"只不过对辰斯王死得蹊跷表示怀疑。近年来在盛京省怀仁县的洞沟发现了高丽好太王碑，能够证明当时的事实真相。碑文写道："百残新罗，旧是属民。由来朝贡，而倭以辛卯年来，渡海破百残□□，新罗以为臣民。""百残"就是百济。百济杀了新罗的先王钊，两国是仇国。新罗是与世隔绝的国家，并非高丽的属国。这一点毫无疑问。这些记录是将和平的馈赠看作是属国，属于一种言过其实的"夸饰之词"。这种事情很普遍，不足为怪。碑文中的"倭以辛卯年来渡海"数句非常关键。这个"辛"类似于原碑的字形"来"，但很明显这是隶书中的"辛"字。迄今为止，《日本书纪》和《百济史》都认为辰斯死于壬辰年，但在这一句中，四将的渡海是在前一年，即晋武帝大元十六年②，也就是391年。可知是开战后过了年。据菅政友推测，辰斯王与新罗协谋，欲反叛倭国。这就是"失礼"的内容③。这一说法很有道理。"百残"下面的二字缺失，可以补上"加罗""安罗"等国名。这一碑文不仅证实了"百济问罪师"一事，而且还证实了应神天皇和晋、百济、高句丽的年代比较的正确性。一时间也有人将这一碑文作为证明神功皇后远征朝鲜的根据。"辛卯"是高丽好太王所立的永乐元年。百济辰斯王死、阿花立是在翌年的壬辰。据《新罗史》记载，"奈勿尼师今三十七年壬辰春正月，高句丽遣使来聘，王以高句丽强盛，送伊飡大西知子宝圣为质"。这说明好太王以日本的大军在百济为契机，规劝新罗归附高丽。这一点可以参看以前的分析。新罗与百济的篡主勾结背叛日本。百济看到自己处境危险，通过归附高丽使辰斯王孤立，在国都待不下去，逃往狗原被杀。据《日本书纪》记载，角宿祢等立阿花后班师回朝。这一"济罗济"④的离合是朝鲜三国鼎立局面形成的开端。任那介于百济、新罗之间，形成了将百济作为藩屏来牵制新罗的态势。

---

① 出自《日本书纪》。——原注
② 此处系作者笔误。应为晋孝武帝太元十六年。
③ 引自《史学杂志》第22期。——原注
④ 百济—新罗—百济。——原注

据《日本书纪》记载，"八年春三月，百济人来朝"，接着引用《百济记》："阿花王立，无礼于贵国。故夺救我枕弥多礼及岘南、支侵、谷那、东韩之地。是以遗王子直支于天朝，以修先王之好也。"《日本书纪》中的纪年虽然不足为据，但"阿花无礼"之事也在高丽王碑中得到了印证。前文之下写着："以六年丙申，王躬率水军讨科残国军□□首攻取□□国城，诚不服气，敢出交战，王威赫奴渡阿被水，遣剑破城，横□□□□便国、城，百残王困逼，献□男女生白一千人，细布千玉，归王自誓，自今以后永为奴客。太王恩赫□迷之征，录其后顺之诚，于是□五十八城，村七百，将残王弟并大臣十人，旋师还都。"与《韩史》比较可以发现，壬辰以来，高丽、百济之战年年进行。前一年乙未在汉水的青木岭下遭遇大雪。士卒冻死，返回汉山城。这一年终于订立城下之盟。古隶书字体磨损，有的难以辨认，但大体上能够识别出来。立阿花为王、倭军撤军之后，高丽为了报先王钊之仇挥师攻打百济。百济正处于窘境之中，因此，不仅无法向倭国朝贡，还在与高丽交战之后降服，而且还被倭国责问"无礼"。于是，王子直支来倭国。正如《日本书纪》所记载的那样，这些是翌年丁酉年发生的事情。

在百济王子直支来到倭国后，倭国朝廷决定救援百济。据《日本书纪》记载，"九年①，派武内宿祢到筑紫，去观察百姓"。古碑上写道："九年己亥，百残违反誓言，合倭和通，巡下平壤，而新罗遣使白王云：倭人满其国境，溃破城池，以奴客为民，归王请命。""合倭和通"证明王子直支来倭国的事情是真实的。"倭人满其国"是与武内宿祢监督筑紫事务相照应的。古碑又写道："十年庚子，教遣步骑五万，往救新罗，从男居城至新罗城，倭满其中，官兵方至，倭贼退。来背息追至任那、加罗，从拔城，城即归服。安罗人戍兵，昔新罗安锦未有身来朝贡□□□□开土境好太王□□□至。"翌年，高丽军队来救新罗，和倭军大战。战火波及任那和加罗。高丽与新罗合兵一处，共同战斗。这一点在古记录上首次看到。此后，新罗、百济、高句丽三国鼎立局面形成。相互之间纵横捭阖。任那面临多事之秋。关于其后的事情，古碑上写道："十四年甲辰，而倭不服，侵入带方界，相遇，倭寇溃败，斩杀无数。"带方是位于汉江、大同江之间的一块土

---

① 戊戌年。——原注

地,是魇清的边界。倭国由筑紫援助百济,率水师前往带方。据古碑记载,武内宿祢做了筑紫监督之后,派大军征讨新罗,搭救百济。高丽援助新罗,迎战倭国军队。战火波及任那。倭兵船抵达带方。结果互有胜败。兵连祸结长达三年之久。然而,筑紫方面有事要处理,并且战事与朝廷关系不大。日本国史上没有相关记载[1]。但这件事在日本国史上是一件大事。

据《日本书纪》记载,武内宿祢之弟甘美内宿祢要废兄自立,向应神天皇进谗言:"武内宿祢常对天下有奢望,密谋分疆裂土,将筑紫分割出去,招抚三韩,服从自己,最终取得天下。"应神天皇相信这一谗言,欲遣使杀掉武内宿祢。壹岐直真根子认为武内宿祢大臣无罪,死掉可惜,而自己容貌和武内宿祢酷似。因此,他对武内宿祢说:"世人皆知大臣并无黑心,我代替大臣去死。但愿大臣秘密逃离这里。壹岐直真根子回到朝廷,亲自向天皇说明自己无罪,然后去死",说完伏刃自杀。武内宿祢悲惋不已,按照壹岐直真根子所说秘密从南海到纪之水门,再回到朝廷进行申辩。应神天皇命二人祈请神祇,在矶城川原上探汤[2]。武内宿祢获胜,便横刀殴打甘美内宿祢,要杀死他。应神天皇敕令放了武内宿祢,赐予纪伊直。很早之前,我就发现此事是《古事记》编造的故事,指明这故事发生在甘美内宿祢和武内宿祢争夺嫡统且武内宿祢任筑紫监督时。而今高丽古碑明明白白记载着武内宿祢负责监督筑紫的军事。看到这里可以断定,渡海到朝鲜作战的倭国军队的战事很不顺利。旷日持久,长达三年。对于胜败,谁都说不好。军心已经倦怠,因此才出现了谗言。应神天皇被蒙蔽视听,终于相信了谗言。

关于此事,有必要考虑武内宿祢的家世。传闻武内宿祢长寿,活了三百八十余岁。这是千古疑团。之前,我作了仲哀天皇以前的纪年考。武内宿祢和成务天皇同日出生。由此推算,神功皇后征朝鲜时,武内宿祢应该是六十岁左右。应神天皇四十年时,武内宿祢应该在一百岁左右。仁德天皇在生下雁皇子时歌道:"世有远人兮,国有长寿人。"如果将仁德天皇看作应神天皇之误,就可以证明这是在说武内宿祢长寿。此外,即便本人长寿,即便有误也没有什么破绽,但是

---

[1] 大体而言,诸国方面的事情不记录在《日本国史》中,很多情况都是如此。——原注
[2] 将手伸进开水里向神发誓。

子孙那里必然会出现破绽。纪、羽、田、苏我、平群四子渡海到朝鲜一事参考高丽碑和《百济史》可以发现。辛卯年武内宿祢一百四十五岁，长子八十岁，长孙五六十岁。也就是说，白发老将率军前往百济，而百余岁的大臣就任筑紫监军。当武内宿祢弟弟却在京师进谗言后，此时有个长得酷似武内宿祢的壹岐直真根子代替百余岁的老叟去死。想一想就觉着滑稽可笑。武内宿祢家族的家谱从一开始就有遗落和错误。正如以前讲过的那样，武内味内并非名字，而是家族名称，即家号。菟道是武内宿祢的外祖木直的名字，内臣是武内宿祢的领地。从这一点来推理的话，应神天皇时期探汤的兄弟并非成务天皇时期的大臣即第一代武内宿祢，而是第二代或者第三代子孙。作为仲哀天皇的大臣西下并讨伐忍熊王的是第一代武内宿祢。这一点毫无疑问。护送幼小的天皇前往角鹿参拜的也是他。在新罗使者将百济的贡品调包时，神功皇后根据神的教诲，"令武内宿祢行议"的并非是三朝元老八十余岁的大臣，必定是群臣根据神的教诲经过商议推举的第二代武内宿祢。第二代武内宿祢已经是五十多岁的老臣了。之后经过二十余年，就是第三代武内宿祢了。味内宿祢是第三代武内宿祢的兄弟。葛城、羽田、纪、苏我、平群等八心腹臣是从第一代、第二代武内宿祢那里分出来的子孙的家族。经过这样的推算，在仁德天皇的和歌中所说的"世有远人兮，国有长寿人"是指第三代武内宿祢。当时第三代武内宿祢也应该在八十岁以上了。总而言之，内臣是姓氏，而"武""味"并不是名字。在简略的家谱中类似于这种情况的很多，不足为怪。

据《日本书纪》记载，"七年秋九月，高丽人、百济人、任那人、新罗人并来朝，时命武内宿祢领诸韩人等作池，因以名池号韩人池"。纪年虽然不足取，但七年是丙申年。此时，正是在新罗、百济及高丽用兵的时候。很多县主从这些国家来降，归化大倭。因此，倭国对他们课以租税徭役，开垦新田。韩人池在城下郡唐古村。"来"并非指国使来朝，而是指降服和归化的人来朝。他们被赐予武内宿祢作领民。据菅政友讲，这些人应该是俘虏。"领作"意思是不仅限于使用劳动力。德川氏让各地诸侯修建城堡之类的就是"课"。朝廷向国县征"课"，或者摊派劳役、修建工程等，还有负责调度的，未必都要使用俘虏。

第4节 吸收大陆的学问艺术

应神天皇、仁德天皇两朝是日本国运极度发展的时期，但文明进步程度在历史上还没有表现出来。因此，迄今为止，人们还是认为这一时期在知识文化上依然处于蒙昧时期。这样想就大错特错了。本来，文明并非君主下赐给臣民的。伴绪之长并非发明家，有织布帛的部民，有忌部首，有制作玉的部民，有玉作连。文学也是如此，有语部、译部，而后确定了首长。所有的学问、艺术都不断发展。它们的必要性得到认可。之后才设置了伴部。神道等是皇神用来驯化野民的教义。这才有了中臣、卜部等，形成了中臣连。此处就教学问、艺术、宗教之本的文字的发展过程，上溯到古代进行论述。

就文字的起源而言，《斋部广成》记载道："上古之世未有文字，贵贱老幼口口相传，前言往行存而不足。书契以来不好谈古。"大江匡房说："我朝书文字代结绳之政，创应神天皇之朝。"在应神天皇一朝，从百济传来书契。这是古来的常谈。认为在历史上首次看到才是创始的想法是很幼稚的。我在前面讲过，汉武帝在朝鲜设立郡，来统治东方各国。从那时起，必然在有交流的诸县传习汉语汉字。如果进一步进行推理的话，可以推测素盏鸣尊从新罗引进了汉字，教授给了语部。此处从汉字三变时期开始论述。三变是指古篆、秦篆、汉隶。要了解汉字的起源就有必要了解这三变的时期。古篆是周宣王规定的官府文字。其后春秋战国时期，诸侯割据。各国人种、方言、字形各异。学者使用古文进行统一。在楚国国内有苗人的字[①]。人们将这一时期总称为古篆时期。秦篆是秦始皇统一天下后以本国的文字为基准，主要让全国的官府来使用，即所谓的小篆。汉朝原封不动地继承了这一点。因此，篆书就是指小篆。隶书开始于秦朝末期。到了汉代，因为这种文字非常方便，主要用于官府和学问，因此称作汉隶，又称作"金文"，也就是现在的楷书。日本古代也有使用篆书的痕迹，如藤原贞干著的《好古目录》中讲道："古竹简用曲尺，长八寸许，广五分余，上下有穿韦的孔。这属于镌所的篆奇古，毫无疑问，这是汉朝以前的东西。直到享保初年，村民作为覆

[①] 大概是古代的马来字。——原注

酱来保存着，外祖的手录中也能见到。"这些话有一读的价值，但所说的东西不知道是怎么流传下来的。东西本身如果不存在的话，就很难作为证据。在该书中又讲道："抄录四十七字，原本乃鹿岛神祠所传，抄写传世，是神代的文字。仔细观察这些字发现和记录在《八弦绎史》中的苗人的字酷似。"在出云的《文字岛》中称尚存镌刻的少彦名命的字也是同体字。平田笃胤收集这些古文字，编写了《日文传》，称这些是神代文字。这一说法不可信。少彦名命是常世国即闽越人。苗人的字与他用的字相近。即便有肥人书、萨人书，这些书中的古文字也不是秦篆，都是华南地区的古文字。秦楚属于不同的人种。文字也必然不同。为了统一文字，在汉字发展的三个时期中，在主要使用古篆的时期，中国东海岸都是蛮夷，没有和古篆国人直接交往的机缘。秦国远在西北，山河阻隔。篆字一统的时间很短，在很短时间内又过渡到汉隶时代。因此，可以肯定地说汉字是在汉隶时代传入日本的。

在古代，文明从中国大陆传入日本的路径大抵要经由朝鲜。因此，在研究文明问题时，一定要结合朝鲜思考。就高丽的文化、学问而言，据《韩史》记载："小兽林二年，秦王苻坚遣使及浮屠顺道，送佛像、经文。王遣使回谢，以贡方物，立大学、教育子弟，三年始颁律令。"百济比此晚了四年，在近肖古王三十年。《古记》记载道："百济开国以来，未有以文字记事，至是得博士高兴，始有书记。然高兴未尝显于他书，不知其何许人也。"直到此时，文学史实上还看不到新罗。据《梁书·新罗传》记载，"吾文字刻木为信。"《南史·倭国传》称"无文字，唯刻木结绳"，同样也是如此。两本史书的编者都对日本和朝鲜的情况知之太少。据晋人李石的《续博物志》记载，"倭辰余①或横书或左书或结绳或锲木。惟高丽摹写颍法，取正中华"。毫无疑问，这种观点是南朝宋人赝造的胡乱的说法。如前所述，高丽、百济兴起学问大致是同一时期。博士王仁从百济来到倭国是在二十余年后，都是在应神天皇时期，是为了设置博士，建立大学，编修历史，制定律令。认为这就是书契之始是大错而特错的。中国文化传到朝鲜早在殷商的箕子被分封在朝鲜之时已经开始了。据《汉书·地理志》记载，"箕子去之朝

---

① 夫余即百济。——原注

鲜，教其民以礼仪、耕田、织作。乐浪朝鲜民犯禁八条……民终不相盗，无门户之闭……郡初，取史于辽东，吏见民无闭藏，及贾人往者，夜则为盗，俗稍益薄，今以犯禁多，至六十余条"。此文中出现了"教学""律令"。很明显当时已经开始汉字的传授、教育。到了汉代，燕国、齐国、赵国的逃亡人士推举卫满为头目，夺取朝鲜的平壤。箕否从海上进入马韩称王。朝鲜有学问、有才能者都来到马韩。因此，可以断定汉字已经在朝鲜普及。这一时期，中国的豪杰之士不受官府重视者，逃往北狄、东胡诸国，宣扬中华文明，兴起了不少强国。有匈奴、乌桓、鲜卑等，不胜枚举。朝鲜的句丽、秽等也属于此类。这样一来，这一时期中国文化向四境溢出。特别是平壤是乐浪郡的治所，直到两汉结束时一直是朝鲜的中心城市。到了曹魏时期，中心移到了带方。因此，平安、黄海两道居住着很多中国人。这种状态一直持续了四五百年。此间半岛地区，结绳、刻木古俗依然保持不变是不可能的。从汉初开始，汉字渐渐传到加耶、新罗、日本，逐渐扩展到日本的诸县。这一点正如在大倭肇国那一章中讲的那样，汉武帝灭朝鲜，倭的三十几个国家皆称王，互通使者和驿站。这说明已经脱离了蛮俗。

　　应神天皇时期正好是日本和朝鲜文化学问兴起的时期。然而，后人将此误解为书契开始的时期。这一事实如下。《日本书纪》中记载道："十五年，百济王遣阿直支贡良马二匹，即养于轻坂上厩，因以阿直支令掌词，故号其养马之处曰厩坂也。阿直支亦能读经典，时太子菟道稚郎子师焉。于是天皇问阿直支曰：如胜汝博士亦有耶。对曰：有王仁者大才也。时遣上毛野君祖荒田别巫别于百济，仍征王仁也。阿直支者阿直支史之祖也。十六年，王仁来之。则太子菟道稚郎子师之，习诸典籍于王仁，莫不通达。故所谓王仁者是书首等始祖也。"《古事记》的说法与《日本书纪》稍有不同："亦百济国王照古王以牡马一匹、牝马一匹付阿直吉师以贡上。亦贡上横刀及大镜。又科赐百济国，若有贤人者贡上。故受命贡上，人名和迩吉师及《论语》十卷，《千字文》一卷，并十一卷，付是人，即贡进。"就照古而言，首次和倭国通好的是近肖古王。在近肖古王三十年"博士高兴开始书记"。这些事情都发生在神功皇后摄政时期。时代是错位的。阿直支来倭国应该是阿花王时代。《日本书纪》中写作"阿直支"，而《古事记》中写作

"阿知"。"阿直支""阿知"两种写法很容易混淆。就阿直支而言，据《日本书纪》记载，"是岁阿花王薨，天皇召直支。王谓之曰汝返于国以嗣位，仍且赐东韩之地"。《百济史》中写道"阿莘①王十四年薨，太子腆支质倭不还，太子仲弟训解摄国政以待还，季弟碟礼杀训解自立。腆支在倭闻讣告，哭泣请归。倭王以兵士八百人卫送，既至国界……国人杀碟礼，迎太子即位"。腆支就是直支。虽然阿直支和直支同样都在京师，但却是不同的两个人。阿直支是吉师，并非太子。此外，阿知不同于阿知使主。阿直支是史氏之祖。阿知使主是汉的文直之祖。据《百济史》记载，"阿花王薨于十四年。直支王十六年薨"。以干支来推年代的话，太子直支来倭国做人质是丁酉年，归国继承王位是在乙巳年。在这九年里，阿直支和王仁都来到倭国。稚郎子正处于学龄，因此这些属于应神天皇晚年的事情。可以通过比较应神天皇、仁德天皇两朝来确定事情的先后顺序。

《神功纪》和《应神纪》摘录了《百济记》，配以纪年的干支，对百济王的年代进行了比较。这是养老大宝年间编纂之时而形成的。因为对考定当时的年代大有裨益，所以列举如下：

  神功皇后摄政五十五年，乙亥，百济背古②王薨。晋孝武帝宁康三年，百济近肖古王三十三年，375年，仁德天皇六十三年。

  神功皇后摄政五十六年，丙子，百济王子贵须立为王。

  神功皇后摄政六十四年，甲申，百济国贵须王薨。王子枕流王立为王。晋孝武帝太元九年。

  神功皇后摄政六十五年，乙丙，百济枕流王薨。子阿花年少，叔父辰斯夺立为王。晋太元十年。

  应神三年，壬辰，百济国杀辰斯王以谢之。纪角宿祢等便立阿花为王而归。晋太元十七年。

  应神十六年，乙巳，当年，百济阿花王薨。天皇召直支王嗣位。《韩史》晋安帝义熙元年，阿花王十四年秋九月，王薨。

---

① "花"之误。——原注
② 肖古。——原注

应神二十五年,庚申,百济王直支薨。子久尔辛立为王。《韩史》南朝宋武帝永初元年。

据《晋书·简文帝纪》记载,咸安二年①六月,"遣使拜百济王余句为镇东将军,兼领乐浪太守"。余句这一句是夫余肖古一句的省略。据《梁书·诸夷传·百济》记载,"晋太元中,王须、义熙中王余映、宋元嘉中王余毗并遣使献生口"。其中,"须"是"贵须"的省略。"映"在《通典》中写作"腆",是"腆支"的省略,进而误写为"映"。"毗"则是"毗有"之省略。"句""须""腆"时期都和《韩史》吻合。这证明《韩史》的纪年并非编造。这样一来,肖古相当于仲哀天皇在位时期,贵须、枕流相当于应神天皇在位时期,阿花、直支相当于仁德天皇在位时期。在纪年上,《日本书纪》只是配了干支。神功皇后、应神天皇两朝竟然长达一百二十年。此外,在纪年的干支顺序上,阿花立为王则是在应神三年。辰斯王和新罗结盟、倭国四将出兵朝鲜则是在应神天皇亲政初年。因此,神功皇后的离世应该是在贵须王在位期间。《百济史》在纪年上也有错误,称直支②是近肖古王的玄孙,枕流之孙。然而,从近肖古王薨到直支立为王③仅有三十年。直支不可能是近肖古王的玄孙。此外,直支回去的时候,季弟碟礼已经杀了仲兄训解,自立为王。因此,长兄直支的年龄应该接近三十岁了。其祖父枕流薨时,其父亲阿花还年少。因此,叔父辰斯王篡立。如果当时阿花已经生出直支的话,就很难说是"年少"了。这样一来,可以断定直支并非阿花的亲生儿子,而是从王族那里领养的养子,让他继承了王位。应该是这样一个顺序。阿直支、王仁归化倭国,开创了史氏、文氏。这些事应该发生在阿花那一代。直支王应该和仁德天皇年龄、辈分相仿。应神天皇驾崩之年应该是在直支王的初年,直支、久尔莘二代应该是从晋的义熙到南朝宋的初年,也就是相当于仁德天皇朝。

《日本书纪》和《古事记》都称王仁就是稚郎子之师。《论语》和《千字文》是王仁作为教授太子的教材而献给应神天皇的。迄今为止,读了这一记载的人也这么认为。其实该观点是很大的误解。直到应神天皇时期,日本并非连《论

---

① 372年。
② 腆支。——原注
③ 从乙亥到乙巳。——原注

语》都读不懂的蛮荒社会。这一点毋庸置疑。应神天皇看到养马家族的阿直支能够读经典，就问他"有能够胜出你的博士吗"？从这一句话可以看出应神天皇是具备听讲经典的素质的。经典是指《易经》《诗经》《书经》《礼记》《春秋》这五经。如果再细分为三礼、三春秋①的话，就是九经。这些经典是后汉以来儒学的基本经典。此外，小经是指《论语》《尔雅》。初学者首先要读这些，但《尔雅》这本字典颇为古奥。晋代选了一千个普通的字，作成韵文，在小学中教授。该韵文逐渐流行起来。人们称此为《千字文》。流传到今天的《千字文》是南朝梁的周典嗣所作，而从百济献给倭国的《千字文》则是周典嗣以前的晋人所作。从晋代到齐、梁时期的经学主要用的是郑玄的注。百济献给倭国的经学大概就是郑氏《论语》。王仁被人称作王经博士，但百济王用心良苦，主要为初学者提供方便，因此以《千字文》来代替《论语》和《尔雅》献给倭国。"征博士"是指设置大学博士。只说"博士"二字大体是指明经博士。这成为后世的常识。此时，高丽建大学，修律令。百济开启了使用文字的"书记"时代。王仁来到倭国也是如此，设立了大学。因此，律令促进了历史的编纂，并且开始了"书记"，给政治带来了巨大变化。阿直支是修史者史氏之祖，王仁则是书氏之祖。后世的史官内外记也起源于此。到了履中天皇时期，诸国开始修日本国史，记录"言事"。史氏的职权有所扩大。据《古语拾遗》记载，"更建内藏，分收官物，仍令阿知使主与百济博士王仁记其出纳"。也就是说，书氏的职责还兼任后世的藏人、大藏，属于要职。将阿直支、王仁看作是《论语》《千字文》的讲师属于迂阔之见。

　　与阿直支、王仁相前后，秦氏、汉氏及携带种种技艺的人们纷纷归化倭国，促进了倭国文化和物质文明的进步和改良。下面就此进行论述。据《日本书纪》记载，"十四年，百济王贡缝衣工女，曰真毛津，今来目衣缝之祖"。随着大兴学问、制定法律，倭国越来越有必要实施"衣冠改制"了。"是岁，弓月君自百济来归，因以奏之曰：臣领己国之人夫百二十县，而归化。然因新罗人拒之，皆留加罗国。故遣葛城袭津彦而召弓月之人夫于加罗，然经三年，而袭津彦不来。"这是阿直支来倭国前一年的事情。其后，十八年，百济立直支王时，"遣平群木菟宿祢、

---

① 《左传》《公羊传》《穀梁传》。——原注

的户田宿祢①于加罗,仍授精兵,诏之曰:袭津彦久之不还,必由新罗人拒而滞之,汝等急往之击,新罗披其道路。于是,木菟宿祢等进精兵,莅新罗之境。新罗王愕之,服其罪。乃率弓月之人夫,与袭津彦共来焉"。据《姓氏录》记载,"大秦宿祢乃秦始皇十三世孙孝武王之后。男功满王仲哀八年来朝。男融通王应神天皇十四年来朝,率百二十县百姓归化,献金银玉帛等物。仁德天皇在位期间,以秦民分置诸郡,即使养蚕织绢贡之。天皇诏曰:秦王所献丝绵绢帛,朕服用柔软温暖,有益肌肤,赐姓波多公"。将"秦"训读为"hata"就是这个原因。这里的"县"应该是"村"的意思。"一百二十七余"说明数量很多,又称是秦始皇之后,并且是在五百年后来到倭国,让人难以置信。据《后汉书》记载,辰韩的父老相传是秦的遗民,又称"秦韩",大概是辰韩中的王族。辰韩联邦位于全罗道、庆尚道的山间。中间被新罗隔开。西北与百济"分疆"。当时被百济吞并,苦于新罗、百济的兵连祸结而归化倭国,但道路被新罗阻隔。其后,秦氏的后人归化倭国者也在路上被打劫。当时,倭国的诸国县都竞相开垦荒地,积累财富,蓄养兵力,争夺地盘。不仅如此,诸国县还争夺人口。

另外,据《日本书纪》记载,"二十年,倭汉直祖、阿知使主、其子都加使主并率己之党类十七县而来归焉"。阿知使主、都加使主属于姓尸,并非名字。据《续日本书纪》记载,"在坂上刘田麻吕的上表中说后汉灵帝之曾孙②,是阿智王之后,汉祚迁魏,阿智王因神牛教出行带方"。从这段记载可以看出,最初迁徙带方的是阿智王,因此称阿知使主之姓。在丹波氏家谱上写着:"后汉灵帝正王、石秋王、阿智王、高贵王,高贵王号都贺使主。""都加"和"阿知"属于其他家族,并非阿智王之子。刘田麻吕的上表中又写道:"即揣女弟迁兴德及七姓氏,归化来朝,于是阿智王③奏请曰:臣旧居在于带方,人民男女皆有才艺,近者寓于百济、高丽之间,心怀犹豫,未知去就,伏愿天恩遣使追召之,乃敕令遣臣八腹氏分类发遣,其人男女,举落随使尽来,永为公民。"带方位于黄海道,介于高丽的平壤和百济的汉山之间,正处于两国交兵的地带,苦不堪言,因此才投奔、

---

① 葛城之子。——原注
② 《三代实录》称四世孙。——原注
③ 这个阿智王比前面的阿智王年代要晚很多。——原注

归化倭国。这些都是汉末的遗民，从晋初就向带方迁徙，都是大族。从很早以前开始，带方就是中国移民众多的地区。八腹氏是指武内一族。汉氏来投奔、归化倭国，倭国也要派将军过去收容移民。阿智、都贺是倭汉直之祖，又是东汉的文部。其后，因为其居住在朝鲜或者晋的归化姓氏所在的河内，因此称西汉或者西汉文部。汉有东西文氏，之后来的称作新汉，现在来的称作汉。

据《古事记》记载，"百济又赏上手人、韩锻名卓素、亦吴服西素二人也，又秦造之祖，汉直之祖及知酿酒人名仁番，亦名须须许理等参渡来也"。吴服是指吴地的纺织工，和前面的织女身津有所不同。倭锻师在《绥靖纪》中也有提及，用鹿皮作"羽鞴"风箱，用于冶金、锻铁、制造剑矛，自神代时期就有了。朝鲜的锻冶师从百济来到倭国，是因为谷那山及其他地方铁矿资源丰富。这样一来，冶金技术发展起来。据说，酿酒方法是由少名彦命从常世国传来的，但事实上早在素盏呜尊时期就已经有了酿酒法。《神武纪》记载着"以平瓮无水造饴"。用米曲酿酒和将麦秸弄成粥来造糖道理是一样的，都是从南方传来的技术，在日本和朝鲜流行日久。大概仁番就是酿造术改良者。据《古事记》记载，"又故须须许理，酿大御酒以献，于是天皇宇罗宜是所献之大御酒，而御歌曰：须须许理酿御酒，一杯饮下有醉意，即便酒醉不伤身，唯有快意留心间"。由此可见，美酒风味独特，令人难以忘怀。据《古事记》记载，"于吉野之白梼上作横臼，而于其横臼，酿大御酒，献其大御酒之时，击口鼓为伎而歌①。此歌者国主等献大赞之时，时恒至于今咏之歌者也"。就此，《日本书纪》中写道："天皇幸吉野宫时，国樔人来朝之，因以醴酒献于天皇，而歌之。既讫则大口以仰笑，今国樔献土毛之日，歌讫即击口以仰笑者，盖上古之遗则也。"醴酒是五斋之第二酒，又训读为"一日一宿酒"，就是所谓的甜酒。古时将此用于赏玩。据右京皇训《姓氏录》记载，"酒部公乃景行皇子之后。在大鹪鹩天皇②在位期间，从韩国来人，天皇问兄曾曾保利、弟曾曾保利二人有何才能？二人答道：有造酒之才。天皇令造御酒"。此处大概讲的就是须须许理的事情。正如我在前文所讲，须须许理属于

---

① 歌略。——原注
② 指仁德天皇。

穴居民族，是不同于虾夷的土蜘，属于南方种族。用米酿酒是种稻民族的习俗。《应神纪》记录了该地的风俗，称"夫国樔者，其为人甚淳朴也。每取山果实，亦煮虾蟆为上味，名曰毛尔。其土自京东南之隔山，而居于吉野河上。峰险谷深，道路狭窄。故虽不远于京，本稀朝来。然自此之后，屡屡参赴，以献土毛。其土毛者栗菌及年鱼之类焉"。食山果并非常食，是和虾蟆之类混着吃的。《陶注名医别录》中写道，"蛙，一种黑色虫类，南人名为蛤子，食之至美"。《集解》引用五朝小说，称"百越人以虾蟆为上味"，记录了"抱竿羹"的煮法。这些饮食都是华南地区的风俗。据《陶注》记载，"虾蟆腹大，皮上多痱磊者"。现在在畿内的山中，人们捡来而食，或在京都的市面上来卖。但尚未听说过黑色的蛤子。在神武天皇时期，贽持曾经在吉野川捕年鱼。一直到后世，捕年鱼成为习俗，因而称作国栖鱼，成为大倭京城人人想吃的美味。

早在神代，日本已经开始造船。在第二肇国时期，造船术进一步得到发展。到了应神天皇时期，倭国已经开始派水师征讨高丽。这时，朝廷命伊豆国打造长十丈的船。竣工后下海试水，船能够漂浮起来，行驶快捷，得名"枯野"①。在上古时期，海神的船称作"八寻鳄"。此前航行远海的船还很小。而造的船即便长达十丈还行驶得飞快，说明造船技术取得了长足的进步。在应神天皇晚年，"枯野"船已经朽烂，不堪使用。为了纪念"枯野"船，应神天皇将船材当柴薪来烧盐，获得了五百"笼"的盐，将这些盐赐给为此出力的各国，鼓励它们造船。一时间，各国贡上五百条船。这些都存放在武库水门。恰巧此时，新罗贡使也将船停泊在武库。由于新罗使者停泊的船着了火，火势蔓延到倭国存船处。新罗王因此大惊，贡上能工巧匠谢罪。日本国史称此为猪名部之始祖。官员的"杂给"②是按照级别支付米和盐。法令的规定也是如此。这种情况是物物交换时期的遗风。因此，应神天皇用造船材料来煮盐，赐予各国。这件事情想得非常周到，也非常实惠。这大概是应神天皇从汉学中学到的政治智慧。"猪名"位于河边郡。应神天皇让船舶工匠们住在那里，从事造船工作。此时，百济仍然向高丽用兵，

---

① 据说，"枯"是"轻"的意思。——原注
② 即俸禄。——原注

想恢复失地。然而，高丽王谈德，即好太王善于用兵。百济王阿花末年，在倭军的帮助下，百济军队进入带方境内。第二年乙巳年，百济王阿花薨。丁未年，倭军又帮助直支王在平壤作战，但最终没有收复失地。汉氏，即汉代的遗民来归附倭国大概也是在这个时期。倭国军队援助百济与高丽作战这件事情记录在好太王的古碑中："十四年甲辰，而倭不轨①。相遇王恸，要截盪夹，倭寇溃败，斩杀无数。十七年丁未，教步骑五万②。平壤合战，斩杀汤尽，所得铠甲一万余领，军资器械不可胜数。"字里行间显示似乎倭军大败。这或许是一面之词，但战争规模很大这一点是确定无疑的。倭国军队攻打高丽似乎只有平壤大战这一次。当时，大概双方是通过讲和才收场的。高丽王派遣使者来倭国朝贡，上表文中写道："高丽国教日本国。"因为高丽"表状"无礼，所以稚郎子读罢大怒，诘问、谴责高丽使者，将上表撕毁。以上就是倭国和高丽首次通好的过程。据《日本书纪》记载，这件事发生在应神天皇二十八年，也就是丁未年。带方一战虽然没有取胜，但由此开启了倭国和高丽的通好历程。汉氏投奔、归附倭国，由此倭国开始与晋交往。可以说应神天皇在位期间收获颇丰。

　　倭国与晋的交往最初开始于与乐浪郡。当时，奴国专掌外交事务，从任那国府开始奴国由筑紫国造来统治。从景行天皇时期末到成务天皇时期初，一直到晋迁都建业，大倭都没有机会和晋直接通好。在日本和高丽通好后，应神天皇才派阿知使主和都加使主到吴地，去找"缝工女"，即女裁缝。于是，阿知使主等人来到高丽国，问他们如何才能到达吴地，恳请熟悉道路者带路。高丽派出久礼波、久礼志二人给倭国阿知使主等人做向导。倭国因而才能与吴地通好。吴王赐予阿知使主等工女兄媛、弟媛、吴织、穴织四女。阿知使主等回国来到筑紫。胸形大神向阿知使主等讨要工女。因此，阿知使主将兄媛给了他。胸形大神就是筑紫的御使君之祖。阿知使主等人带着剩下的三女到了津国武库。这时恰巧应神天皇驾崩，于是阿知使主做主将剩下的三女献给了大鹪鹩尊，即后来的仁德天皇。三女就是此后的吴衣缝蚊屋衣缝之祖。由此可见，倭国向晋派

---

① 以下缺失二十五个字。——原注
② 以下缺失八个字。——原注

遣使者是在与高丽通好之后，应该是在安帝义熙四十五年①，戊申己酉。据高丽古碑所录，"好太王②谈德是辛卯岁十八年继承王位的，三十九岁晏驾，壬子"。而应神天皇的驾崩要比此早四五年。应神天皇出生于丙午年，寿命是六十三四岁。当时，仁德天皇还不到四十岁，稚郎子还不到三十岁。这样的推理比较接近事实。《宋书》中所说的倭王赞相当于仁德天皇。某些人认为赞就是鹪鹩③。这种说法比较可信。在《晋书》上，应神天皇的遣晋使没有相关记录。只能说这属于《晋书》的疏忽。

在应神天皇时期，日本从中国大陆引进中华文明。学问、艺术得到一定的发展。在历史上，这些都有所体现。这一点在前面已经讲过。然而，我们还需要仔细推敲隐藏在历史背后的事情。在这一时期，朝鲜的高丽、百济、新罗形成三国鼎立局面，互相争斗。为了守卫任那府，倭国帮助百济，责备新罗，不断派大将渡海作战。往来频繁。因此，归化倭国的人接踵而至，传来了各种各样的文化。也是在这一时期，佛教开始在朝鲜传播。百余年后，佛教又传到日本。某些人认为这是佛教成为国教的开端，而佛教在日本西国民间的传播应该比这更早。

第5节 扩张版图和迁都难波

百济的辰斯王不断骚扰新罗，搞得朝鲜鸡犬不宁。筑紫更是如此。东北的虾夷也动荡不安。据《日本书纪》记载，"应神三年东虾夷悉朝贡，即役虾夷而作厩坂道"。由此可知，毛野臣平定了东虾夷，立下了大功。《姓氏录》就治田连记载道："彦坐命四世孙征北夷有功，因割近江国浅井郡，赐之为垦田地。"由此可见，彦坐命四世孙是从越前口出兵征讨的。时间正好是应神天皇在位时。在越国造方面，也有征讨北狄的迹象。对虾夷和朝鲜的防御是密切联系的。上毛野臣虽然是东夷的镇台，但从与百济通好之初，征讨新罗将军就是荒田别、鹿我别。另外，去百济征王仁博士的也是荒田别、巫别。在仁德天皇一朝，荒田别之子

---

① 此处应系作者笔误。东晋晋安帝在位二十一年，使用义熙年号仅至义熙十四年。
② 也称好大王。——原注
③ 指大鹪鹩尊，即仁德天皇。

田道从新罗还朝，在虾夷战死。这一点我们以后再讲。《宋书》倭武王的上表中如下写道："远作藩于外，自昔祖祢，躬披甲胄，跋涉山川，不遑事处，东征毛人五十五国。西服众夷六十六国，渡平海北九十五国，王道融泰，廓土遐几，累叶朝宗，不愆于岁"，说的是截至应神天皇时的版图扩张的统计。断言景行天皇分别对毛人、西夷进行东征、西伐不免过分拘泥于史书的记录。大倭朝廷向晋直接通使则是在应神天皇时期。"祖称"或是"honda"的音节省略，或是"祖祢"的误写。因为倭王武就是雄略天皇。因此应神天皇是雄略天皇曾祖父。仁德天皇是雄略天皇祖辈。在此二代，倭国和东晋、刘宋进行了使者往来，因此才有"作藩祖祢"这个说法，只不过在国家数目中加上景行天皇时平定的国家，但从字面上应该解读为是在应神天皇以后。"身披甲胄，跋涉山川"虽然符合景行天皇的情况，但应神天皇也"不遑事处"。下面对这一史实进行论述。

《古事记》中将应神天皇称作"坐轻岛之明宫①治天下也"。《日本书纪》中写道"崩于明宫"，又称"天皇幸难波，居于大隅宫，登高台而远望"。在西成郡西大道村尚存大隅宫的遗址。就"服西夷"而言，《日本书纪》讲了应神天皇御狩淡路一事，因淡路麋鹿、大雁很多，所以应神天皇屡屡来淡路游猎。应神天皇从淡路经吉备的小豆岛，行幸叶田的苇守宫②，割吉备国，将川岛县赐予御友别的长子到速别，封到速别为下道臣，封到速别次子仲彦为上道臣香屋臣，将三野县赐予应神天皇之弟彦，将波区艺县③赐予弟鸭别，封为笠臣，将苑县④赐予兄浦凝别。浦凝别成为苑直，将织部赐予兄媛。右京皇别《姓氏录》《笠朝臣下》记载道"应神天皇巡幸吉备国，登加佐米山之时，飘风吹放御笠，天皇怪之。鸭别命言：神祇欲奉天皇，故其状尔。天皇欲知其真伪，令猎其山，所得甚多，天皇大悦，赐名贺佐"。这件事正是当时发生的。另外，《佐伯直下》中写道："景行天皇皇子稻背入彦命之后也。男御诸别命在稚足彦天皇在位时，中分针间国给之。

---

① 今高市郡。——原注
② 备前上道郡。——原注
③ 今和气郡。——原注
④ 今下道郡。——原注

男阿良都①命誉田定国界，车驾巡幸，到针间国神崎郡瓦村东岗上。于时，青菜自冈边川流下，天皇诏，应川上有人也。仍差伊许自别命往间，即答曰：己等是日本武尊平东夷时所俘虾夷之后也。散遣于针间、阿艺、阿波、赞岐、伊预等仍居此为氏也。伊许自别命以状复奏，天皇诏曰：宜汝为君治之，即赐氏针间君佐伯直也"。应神天皇屡屡游猎淡路说明，他巡视播备诸国，设立了国县。长门以西本来就是筑紫兼属之地。到了应神天皇在位时期，通过任那府与百济通好。阿倍一族任筑紫国造。武内宿祢任筑紫监军。武内宿祢一族渡海到朝鲜，征服西国众夷。设立国县的地方应该很多。

　　日向诸县是大县。在景行天皇西巡时，县主献上大县。日向县主的后裔牛诸井侍奉景行天皇，年老退归乡里。应神天皇听说日向县主女儿发长媛国色天香，遣专使征召入宫。之后，应神天皇去淡路游猎，看到群鹿浮在海面，幼鹿想要进入水门，深感怪异，派人去问究竟。侍从回禀道长角的鹿是披着鹿皮的人。应神天皇问："他们是何人？"回答说："诸县君来送发长媛的。"应神天皇大悦，让他们跟着御船前行。因此，人们将着岸之处称作鹿子。将水手称作鹿子也是从这一时期开始的。这个故事也同样是根据地名牵强附会地编造的。发长媛成为大鹪鹩尊，即仁德天皇的妃子，生下了大草香皇子和幡梭皇女。这个故事将此作为应神天皇循服"西国"的一个事例来对待。征讨毛人一事虽然找不到相关历史纪录，但虾夷人来朝、两毛野和阿倍诸氏在各地平定了五十五国是不争的事实。

　　渡海、平定海北一事已经在倭国、百济通好部分讲过了。这里对遗漏部分略做补充。据《神后纪》《日本书纪》注释书记载，"五年，新罗王遣汙礼斯伐、毛麻利叱智、富罗母智等朝贡，仍有返先质微叱许智伐旱之情……副葛城袭津彦而遣之，共到对马，宿于锄海水门。时新罗使者窃分船载微叱旱岐，令逃……袭津彦知欺，捉新罗使者三人，纳监中，以火焚而杀。乃诣新罗，次于蹈备津，拔草罗城，还。是时，俘人等今桑原、佐縻、高宫、忍海，凡四邑汉人之始祖也"。这些内容是神功皇后渡海征朝鲜之后攻克新罗城池的第一步。其中有误传的部分。之所以这样说是因为葛城袭津彦是仁德皇后的父亲。这一年应神天皇刚五岁，而

---

① 一名伊许自别。——原注

葛城袭津彦也年少。新罗讷祇王二年杀了朴堤上。此处恐怕是将这两件事情混淆了。《韩史》中记载了讷祇王的弟弟未斯欣从倭国来这件事情："初卜好既还，王语堤上曰：吾念二弟如左右臂，今得一臂如何。堤上曰：臣以身许国，有何敢辞。及臣既行，请囚臣家属，乃自己必死，遂入倭国。若叛者先是百济人入倭国绐言，新罗与高句丽将谋伐。倭王以为实，及闻新罗王囚未斯欣、堤上家属，谓实叛者，出师将袭新罗，仍以未斯欣、堤上为向导，行至海岛①。堤上与未斯欣日乘舟，若游玩，劝未斯欣潜还。堤上独寝舟中，倭人知未斯欣之亡，缚堤上，追不及。倭主怒鞠堤上。堤上曰：臣是鸡林之臣，欲成吾君之志耳。倭主怒曰：若称倭国之臣，赏与重禄，堤上曰：誓为鸡林之犬，不受倭国之爵禄。倭主知不可屈，乃烧杀木岛中。"由此可见，所述之事相似。通过时代比较可以发现，这个所谓的倭主大概就是葛城袭津彦。蹈备就是多多罗。草罗就是《韩史》中的歃良，即今天的梁山郡。就未斯欣来倭国做人质一事，《韩史》记载道："新罗的奈勿尼师今癸巳年，倭人来围金城……乃闭门，贼无功而返。"当时，新罗跟随高丽和倭国对抗。402年，宝圣尼师今立，与倭国交好，将奈勿尼师今之子送到倭国做人质。讷祇杀宝圣尼师今自立为王，将未斯欣从倭国偷偷接回来。此事发生在应神天皇晚年。另外，403年，百济王久尔辛立。据《应神纪》记载："王年幼，大倭木满致执掌国政，与王母相淫，多行无礼，天皇闻而召之。"据《百济记》记载，"木满致者，是木罗斤资讨伐新罗时，娶其国妇而所生也。以其父功专于任那，来入我国，往返贵国，承制天朝，执掌我国政，权重当世。然天皇闻其暴，召之"。如果考证年代的话，木罗斤资时期相当于倭国和百济刚刚通好的时期。直到庚申经过了五十余年，因此木满致也年近五旬，相当于仁德天皇之时。自从倭国和百济通好以来，倭国征服了朝鲜的南海岸，将便利的港口给了百济，进而让马韩、辰韩的许多国县臣服，向带方用兵。在立直支王的时候，倭国将朝鲜东部的甘罗、高难、尔林三城给了百济。此外，秦氏、汉氏归化倭国。在应神天皇一朝所平定的庆尚道、全罗道、忠清道的土地上分布着大小九十五个国家。这些国君、县主在合适的地方设置官家，将贡租征收到屯仓里，让国宰来支配。这是垂仁天皇

---

① 指对马。——原注

以来的制度，是由神功皇后和武内宿祢制定的。"每国置官家，为海表之藩屏。"自从神功皇后征朝鲜之后，倭国就在任那府的管辖范围内设立屯仓，而后在应神天皇一代所增加的官家很多，将版图扩张至朝鲜半岛，向百济、新罗称霸，最终让高丽臣服，又和中国吴地通好。日本国运的兴隆在这一时期达到顶点。

应神天皇在难波大隅宫建高台，眺望船舶的往来。也是在这一时期，朝鲜的屯仓开始向倭国缴纳贡租，和百济、新罗的调贡船一起，经由筑紫娜津聚集到武库津，将物资运送到难波津，以此保障了中央首都的繁荣富庶。因此，接见诸国，即日本各地的朝贡使和外国使者以及办理"百物吐纳"等事情非常繁杂。在大倭，这些事情比举行典礼仪式还要重要、繁杂。应神天皇迁都难波、在墨江开港都是这一时期发生的大事件。此外。应神天皇仍然因循旧习，在大倭京终其一生。应神天皇的后宫有后妃、嫔妾数十人，子女颇多。最尊贵的妃子是五百城入彦皇子①的孙姊仲弟的三个女儿及和珥臣日触使主的姐姐和妹妹，共计五姬。和珥臣日触使主的姐姐高城入彦姬生下了额田大中彦和大山守两皇子。这两位皇子是年龄最长的皇子。仲姬生下了大鹪鹩皇子，后来被立为皇后。和珥氏的姊宫主宅媛生下了稚郎子和矢田稚郎姬。其他的嫔妾有数人选自诸臣诸国。在倭国立百济之后，直支王的妹妹新齐都媛率领七个妇女来到倭国侍奉应神天皇。就应神天皇所有的御子而言，男十一人，女十五人，共计二十六人。后宫人丁如此兴旺，可见当时大倭京城贵族是如何的奢华。应神天皇初年划定了海部、山部、山守部、伊势部②等。应神天皇将大山部赐给大山守皇子。应神天皇晚年，稚郎子长大，稚郎子精通文学，能够挑出高丽国书的毛病，并予以谴责。应神天皇并非搞文学之君，因此应神天皇很难有文治武功。有过这样的经验后，应神天皇非常崇拜文学，爱惜稚郎子的才能，想立他为太子，曾经试探过大山守对此持何意见，但看到大山守没有赞成的意思。于是，应神天皇又就此试探大鹪鹩。结果大鹪鹩察言观色，按照应神天皇的意图回答。应神天皇大悦，最终立稚郎子为太子，任命大鹪鹩皇子为辅臣，处理国事。不久，应神天皇驾崩于明宫，享年六十余岁。

---

① 景行天皇的皇子。——原注
② 部规定了直属各县邑的部民，这与在国县设立官家相同，租税要缴纳给仓库。——原注

应神天皇是通过神谕而在其母后的腹中就被立为天皇的。此后开启了群卿拥立天位、执掌国权的风气。不久，大臣大连专权。应神天皇驾崩后，太子稚郎子辞让，不继承皇位。大山守想要领受倭国的屯田屯仓，向屯田司出云臣淤宇宿祢说："这本来是山守的土地，还给我！"稚郎子让淤宇宿祢将此事告知难波的大鹪鹩皇子。大鹪鹩想让倭直之弟吾子笼知道此事，派人去了朝鲜。因此，大鹪鹩让淤宇宿祢乘快船从速前往闻询。吾子笼来说让缠向官皇太子决定倭国屯田的事情。这时，圣旨里规定"御宇天皇之屯田"，规定如果不是御宇①，就不能执掌屯田。也就是说，倭国的屯田屯仓并非大山守之地。因此，吾子笼将这一情况如实告诉了大山守。大山守无话可说，此事只好作罢。大山守怨恨先帝没有立自己做太子，要杀稚郎子，私下准备兵马，磨刀霍霍。大鹪鹩获悉这一情况，密告稚郎子，让稚郎子做好准备。他将兵马埋伏在菟道旁边，在山上建围墙，立起帷幕，让舍人扮成稚郎子坐在吴床上，让百官如同尊重稚郎子一样像往常一样处理公务。大鹪鹩在河里摆上船，在篙椅上涂上佐那葛的滑汁。稚郎子穿上布作的衣服，扮作贱人，执桨立在船头等待。其兄长大山守根本不知道这些情况，半夜出发，黎明到达河边，将士兵藏起来，衣服里穿着铠甲，想要登船看一下山上的吴床。听船老大说山里有大野猪后，大山守问，能否抓住。船老大答："抓不住。"在一问一答的过程中，船到了河中央。船一歪斜，大山守脚下一滑入，落入河中，时而沉入水中，时而浮出水面，顺流而下。此时，伏兵四起。大山守终于溺水而毙。士兵将大山守尸体打捞上来，埋在那罗山②。据说，今天的奈良猿泽池东的鬼园山鬼冢就是大山守之墓。大山守的后裔是土形君、榛原君、岐君。土形、榛原在远江。太子稚郎子在菟道兴建宫殿，居住在那里，因此人称菟道皇子。大鹪鹩因为在难波，所以人称难波皇子。他们仍然相让地位。此时，海人向菟道献上鲜鱼簧③。稚郎子让献给难波，即大鹪鹩。当海人转而将鲜鱼簧献给大鹪鹩时，大鹪鹩又说请献给菟道，即稚郎子。渔夫非常为难，于是拿出其他的鲜鱼来献，往来奔波，异常疲劳，欲哭无泪。有一个谚语形容这一情况：倭使海

---

① 即当今天皇。——原注
② 出自《日本书纪》和《古事记》。——原注
③ 养鱼池。——原注

人，水不缺，眼泪也不缺①。这个故事属于无稽之谈，但成为自古以来的美谈。稚郎子留下遗言，表达其欲让王兄继承皇位之志非常坚决，认为治理天下非常烦琐，希望继承皇位者将他的妹妹八田皇女纳入宫掖，之后自绝性命而薨。《古事记》认为稚郎子只是早崩而已。闻此噩耗，大鹪鹩从难波驰奔京师，但为时已晚，毫无办法，将稚郎子葬于菟道山上。稚郎子墓位于今天的朝日山兴隆寺。大鹪鹩尊终于继承皇位，定都难波，史称仁德天皇。都城建成之前，仁德天皇暂时住在茅茨的行宫，称高津宫。在今天的东成郡安国寺坂之北有高津宫遗址。

皇子死于非命之祸早在神武天皇驾崩之前就发生过。虽然缺史时期的这些事情无从查证，但随着孝元天皇以后皇室子孙的繁衍，这种灾祸就没有停息过。这种情况是皇位继承比较随意、没有一定之规的习俗造成的，但不能说没有其他的原因。在孝元天皇以后，就皇子的皇位继承问题而言，不少皇子、皇孙尽管是长子但未继承皇位、死于非命。

将此从嫡长继承法角度来论的话，除了崇神天皇、垂仁天皇以外，都没有按照此法进行。有人怀疑武埴安彦或许是兄长。小碓命虽然是成务天皇的兄长，但他是大碓命的弟弟。如果严格按照长子继承法来实施的话，帝统每一代就会发生变化。因此，皇位继承容易受到很多因素的影响。另外，血族国家，即家天下是通过阶级制的家族政治而形成的。随着皇室的繁荣昌盛，皇族也繁荣昌盛。一代一代关系逐渐疏远，亲情逐渐磨灭，而演变成家族内的弱肉强食。这也是必然之趋势。皇子皇孙为了实现非分之想而死于非命。这并非仅仅出于自己的意愿，背后一定潜伏着唆使他们的力量。在本书第十一章，在手研耳命之变中就此进行了论述。大山守想继承皇位的非分之想和稚郎子的辞让属于善恶相反的案例，但在太平盛世，身为皇子却溺死、缢死，都属于死于非命。背后必然有皇族、强臣争权夺势，拉帮结派，导致稚郎子不能立为天皇。仁德天皇也不得不让位。这是因为互相牵制的势力暗中活动之故。此事生死攸关，关系重大，以至于海人往返，疲劳不堪，而太子稚郎子本来不至于缢死。历史记录中关键的部分脱落了，很难找到依据。然而，在应神天皇舍弃明宫之后，稚郎子住在菟道宫，

---

① 出自《日本书纪》和《古事记》。——原注

而仁德天皇住在难波宫。这种情况不仅导致皇位空置，而且大倭的京师也非常空虚。当时，大山守似乎在大倭。因此，在地理上，三皇子分居三处，呈鼎足相争之势。这种情形给势力强大的皇族和诸臣带来了争权夺势的契机。这一点在历史上有所记录。阿知、都加等在武库听说大丧，将吴地使命交给大鹪鹩。倭屯田的事宜也由大鹪鹩来处置。这些都是基于地利之便来处理海外事务。之所以这样，也是因为应神天皇曾经下旨让他辅佐稚郎子处理国事，在难波处理各种政务。难道真是如此吗？我对此表示怀疑。大鹪鹩和武内宿祢的宗家葛城氏通婚。磐之媛是个悍妇，嫉妒心很强，加之葛城家族专横跋扈，其中暗含着大鹪鹩与稚郎子之间不得已进行推让的风险。坊间都将菟道、难波之间的即位谦让传为美谈，但如果对事实进行深究的话，就有很多令人费解之处。

仁德天皇在难波的高津宫即位，登上高台①瞭望，看到这一地区炊烟很少，想到百姓生活贫困，因此免除国中三年课役。之后，即使行宫大殿毁坏也不修缮。雨漏则用东西堵住，让雨水流向别处。就这样凑凑合合熬过了三年的时光。之后，风调雨顺，百姓富裕宽绰。仁德天皇又登上高台瞭望，但见炊烟袅袅，生机勃勃。他对葛城皇后说：“朕富有天下。"葛城皇后诧异地说："宫殿破败。衣服、被褥被打湿了，还说什么富有？"仁德天皇闻听此言说道："炊烟袅袅说明百姓生活富裕，而百姓富裕就是朕的财富。"于是，仁德天皇这才开始征收赋税和课以徭役，兴建难波宫。因此，百姓都高高兴兴，不分昼夜运送材料，并组织能工巧匠开始营建。不过几日光景，宫殿全部竣工。仁德天皇之所以谥号为"仁德"就是根据这些传说。应神天皇曾经将废船板等用作烧盐的燃料，成为脍炙人口的佳话。仁德天皇的仁政同样获得好评。究其原因，从中国大陆传来的文教在日本推广普及，由此治国理念和政治手段大幅度提高。

难波是大倭、山背、河内、伊贺河水交汇、入海之处，要将此地作为首都需要大兴土木。因此，仁德天皇下诏群臣："该国处于郊野，旷远荒凉，稻田缺乏，而且河水横流、泛滥。河尾水流不畅。如果遇到淫雨霏霏的天气，海水倒灌，浸入闾巷。只有乘船才能避之，而且道路泥泞不堪。因此，群臣都要认真巡视堤

---

① 《日本书纪》中写作高山。——原注

坝,决涨满之'横水'疏通到大海,堵塞倒灌的海水,保全田宅。"于是,仁德天皇开凿位于宫殿北面的荒郊野外,将南方的水引来,注入西海,称这条河为堀江。另外,为了防止北河发生涝灾,他筑造堤坝,称作茨田堤。然而,一有洪水泛滥,堤坝就会崩溃,难以堵塞。因此,武藏人强颈、河内人茨田连衫子二人不懈努力,终于获得成功。因此有强颈断间、衫子断间。仁德天皇将此土木工程以徭役的形式交给秦人来做。此时,新罗人来朝贡,仁德天皇让他们也参与这项工程的建设。此外,吴王孙皓的后代富加牟枳君也归化倭国,参加到这项工程的建设当中。因此,仁德天皇赐给他茨田邑,让他成为茨田胜家族的创始人①。在这项工程竣工后,仁德天皇建了茨田屯仓,设立舂米部,在猪甘津架设桥梁,开凿小桥江。在京城的中央,他修建大街,从南门直接到达丹比邑②,在咸久开凿大沟,引石河③之水灌溉铃鹿丰浦之郊,开垦了四万余代的稻田④。此时的大和川就是位于难波以北的落合,由于北河发生涝灾,直到草香山边都是入海口。这一点不应忘记。

《古事记》中所记载的"定墨江之津"讲的也是此时的事情。在今天的住吉建设港口,人们将住吉神社从武库水门迁到这里。本来,表筒男、中筒男、下筒男三神现身伊奘诺尊橘小门的祓,将该地作为原社。神功皇后征朝鲜时,将他们作为新罗的镇守之神,并且在丰浦和武库的大津进行奉祀。直到将住吉神社迁到此地,才因"墨江"这个名字称作住吉神社⑤。据《摄津风土记》记载,"所以称住吉者,昔息长足比卖天皇在世期间,住吉大神现出。而巡行天下,觅可住地,到于沼名椋之长冈之前,乃谓斯实可住之国,遂赞称之曰:吾和魂宜居大津渟中仓之长峡,便因着往来之船,于是随神教以镇座焉"。也就是说,该神社位于武库津渟中仓的长峡。而今,该神社与生田神社相连。如果在墨江神宫以南有此名的话,那么这也是将地名换成此名而已。须美之睿大概就是隅江。迁移武库的

---

① 出自《姓氏录》。——原注
② 今河北丹比郡。——原注
③ 今石河郡。——原注
④ 一代等于七步。以此计算,约有百町左右的稻田。——原注
⑤ "墨江"和"住吉"发音相似。——原注

大津即大港口时，同时也迁移了神社。这样一来，由神功皇后建造的四座神社中，只有住吉神社没有记录在《式》里。之所以记录了住吉郡的四座神社大概是因为和武库是同一神社的缘故。因此，神社的祠官津守连也是田裳见宿祢的子孙。所谓的"津守"是指侍奉此神，监督像在神海中往来的船只的津守之义。墨江武库的神地都是安云氏的领地，由安云氏统治。后来，人们寻找仲皇子并拥戴其为领主，称之为墨江皇子。对此后面会讲到。

仁德天皇末年，在远江国司大井河得到十围大树。这棵大树两头尖。倭直派吾子笼造船，将这棵树从南海运到难波津，用于造天皇乘坐的御船。

从这一时期起，成务天皇①开始改革国县，首次设立国宰、郡司②，寻访纪角宿祢，派他到百济划分国郡的疆界，并让他详细记录土地上的产物。于是，全国都实施国郡制。此外，还是在同一时期，天皇还派纪角宿祢让百济国王苛责百济的酒君的无礼。百济国王惶恐不安，尽速将酒君用铁链绑缚，交给葛城袭津彦，来到河内后予以赦免。后来，依纲抓住屯仓阿弥古异鸟，献给天皇。天皇召来酒君，就此事问他。酒君答道："这种鸟在百济有很多，驯服的话，会跟着主人，飞得很快，抓其他的鸟。俗称'俱智'。"因此，天皇委托酒君来驯养此鸟。过了不久，鸟已经驯养好了。酒君将韦缁绑在鸟的脚上，系上铃铛，拿在手上，献给天皇。天皇到河内大岛郡的百舌野去打猎。河内大岛郡雌雉很多，飞来飞去。于是，天皇放出俱智鸟去抓，不一会儿抓住了数十只雉鸡。因此，天皇设立鹰甘部。设立鹰甘部就是养鹰的起源。在今天的住吉鹰合村尚存鹰甘部遗址。

壬子年，高丽好太王驾薨。长寿王高琏执政时期开始。长寿王向倭国献上铁盾铁靶子。因此，天皇赐酒食厚待高丽使者，召集百官，让他们来射盾和靶子。盾人宿祢③将铁靶子射穿一个洞。高丽的客人畏惧盾人宿祢箭术高超，起而朝拜天皇。第二天，天皇赐名盾人宿祢为的户田宿祢，盾人宿祢又获赐小泊濑造宿祢④的"贤遗"之名。之后，新罗讷祇王又不朝贡。因此，天皇遣二人去责问。新

---

① 此处应有误。成务天皇在仁德天皇之前。
② 出自《类聚日本国史》。——原注
③ 葛城罗津彦之子。——原注
④ 多臣一族。——原注

罗国王畏惧，贡献天皇调绢一千四百六十匹及其他种种物品，足足装了八十艘船。八十艘是神功皇后征朝鲜时新罗承诺的贡船数目。《日本书纪》中记载道："吴国①、高丽并朝贡。"这次是倭国首次与晋朝通好。《南史》记载道："晋安帝时，倭王赞遣使朝贡。"赞就是仁德天皇。这次朝贡是对晋使的答谢。之后，《宋书》记载道："武帝永初二年②，诏曰：倭赞万里修贡，远诚可嘉，赐除授。文帝元嘉二年③，赞又遣司马曹达奉表献方物，赞死弟珍立，遣使贡献，自称使持节都督倭、百济、新罗、任那、秦韩、慕韩六国军事、安东大将军倭国王求除正。诏除安东大将军倭国王。"如果假定仁德天皇元年为巳酉年，即409年，那么425年相当于仁德天皇十七年。不久"赞死弟珍立"是指履中天皇的在位时间很短，没有与南朝刘宋通好，因此这一段记录缺失。某些说法认为"珍"是瑞齿别的省略。我认为这一说法是正确的。虽然没有记录"珍"遣使的年份，但也应该在元嘉年期间。因此，仁德天皇在位时间为二十七年或二十八年。寿命为六十五岁左右。"自称"和"除正"相对应。由于晋朝授予"倭国王"此官，因此，在中国改朝换代后，倭国依然沿袭这一官位，因而说"自称"。因此，倭国希望被中国新的王朝正式任命此官，是故称"除正"。应神天皇在位时，对外用武，将倭国的版图扩张至百济、新罗、任那、辰韩，在朝鲜称霸。这一点前面已经讲过。上述六国的军事职衔也能从一个侧面说明这个问题。由此可以看出倭国人并未言过其实。秦韩就是辰韩，慕韩就是马韩。

  仁德天皇一朝也和高丽恢复通好，与晋朝往来。外交上平安无事。倭国本土堪称"安康"。然而，国县之间不免产生些许动摇。这种情况无异于空气密度的不均匀。据《日本书纪》记载，"飞騨国宿傩一体，有两面，不随皇命，掠夺人民为乐。于是遣和珥臣、难波根子、武振雄而诛之。又吉备中国川岛河派有大虬苦人，笠臣县守勇悍而强力，即入水斩虬，更求虬之党类，乃诸虬之党类，渊底之岫穴，悉斩之，号其水曰县守渊也。当此时，妖气稍动，叛者一二始起。"在地方土豪中甚至有阻挡朝廷大兵者。

---

① 指晋朝时地方性封国。
② 南朝宋武帝永初二年，即421年。
③ 425年。

由于新罗又未朝贡，所以上毛野君派遣竹叶濑责问新罗国王，又遣弟田道赴新罗问责，并授以精兵，如果新罗拒绝的话就讨伐它。新罗果然起兵进行挑衅。田道谨守关隘并不出战。田道派人抓来新罗军卒，问询消息。军卒答道："一个叫百卫的力气很大，勇冠三军，任军右先锋。因此，攻击新罗军队左侧，新罗必败。"也就是说，当时新罗军队左侧空虚，右侧防守严密。于是，田道率领精锐骑兵攻击新罗军队左侧。新罗军队溃败。田道纵兵杀死新罗军数百人，劫掠四邑人民之后班师回国。竹叶濑、田道是荒田别的儿子。之后，当田道率军回到东山时，虾夷叛乱。田道率军击虾夷，最后战死于伊寺水门。之后，虾夷再次袭来，抢掠人民，掘开田道之墓，发现大蛇瞋目而出。大蛇吞噬虾夷，释放蛇毒，死者颇众，幸而得免者不过一二人。当时的人们说田道死后也要报仇。人死之后焉知身后之事？伊寺水门之事尚有不少疑点。或许就是指上总的夷隅港，即胜浦。当虾夷水师袭来时，上毛野君大概击败了虾夷水师，而大蛇是比喻军队。

第15章

京师贵族相互倾轧

第1节 难波宫的繁荣

从大倭肇国到缺史时代，倭国皇室不断养精蓄锐，加之时运有利，因而发展迅速。第二次肇国以来，倭国皇室平定四方，将皇族分封到各地。与此同时，贵族也在倭国内外开垦荒田，不断扩张势力。难波作为首都出现繁华景象原因如下：从河内到草香入江实施漕运。或者绕过山背河到大倭首都往来运输，异常繁忙。在两京①，贵族的宅邸鳞次栉比。民户繁庶，竞相攀比富贵。奢华程度可以想象。皇宫的光景更是富贵的代表，堪称"高枝之花"。下面就此进行论述。

仁德天皇和葛城袭津彦之女磐之媛命生下长子去来穗别、次子墨江及瑞齿别、雄朝津间稚子宿祢四皇子，与日向诸县君之女发长姬生下大草香皇子、草香幡梭姬皇女。共计五王一女。葛城是武内宿祢的嫡统，居住在葛城七区，堪称权势熏天的"强宗"。仁德天皇出生之时，有木菟进入产房。应神天皇将此事告诉武内宿祢②。武内宿祢说："这属于吉祥之兆。昨日臣妻也生了孩子，当时鹪鹩飞入，也非常奇异。"应神天皇听到他这样说，说道："朕和大臣同日产子，而且发生这样的祥瑞之兆，为了以后君臣一心，分别用对方的祥瑞之物起名字吧。"

---

① 难波京和大倭京师。——原注
② 应该是第二代武内宿祢。——原注

于是，应神天皇将皇子命名为大鹪鹩，将武内宿祢之子命名为木菟。后来，木菟以平群①为正式居所，称平群木菟宿祢，辅佐仁德天皇。在八腹氏中，葛城平群成为肺腑之臣，大权在握。稚郎子的舅舅和珥臣②是与阿倍臣势力不相上下的强宗，但和珥臣的权势远远不及平群内臣。因此，稚郎子的地位并非固若金汤。在自缢而亡时，太子稚郎子的同胞妹妹八田皇女尚是妙龄，因此选入后宫。对此事进行分析可以发现，稚郎子当时不足三十岁，而仁德天皇还不到四十岁。仁德天皇即位之后立磐之媛命为皇后，即葛城皇后。磐之媛命相当于孝元天皇七八代的远孙。在近代的皇后中，磐之媛命家族属于血缘关系较为疏远的皇族。后来，圣武天皇册封藤原皇后也是遵循了这一先例。一个属于皇别，一个属于神别，很难说二者情形完全相同。仁德天皇为皇后磐之媛命设立葛城部，为长皇子去来穗别设立壬生部。自神武天皇以来，皇族势力从畿内向之外的诸国扩展采邑、垦田，成为强宗。经过世世代代，血缘关系越来越疏远。皇室繁荣，子孙繁衍，经略四方，获赐县邑或者部民。虽然土地仍有剩余，但一代一代对富贵的奢望越来越膨胀。与天皇在位时期相比，出现了诸多大连、大臣等权势家族。

　　磐之媛命使其家族权势膨胀，并且生性嫉妒，不许仁德天皇宠幸的嫔妾进入宫中。"嫉妒之深空前绝后，无人匹敌。"仁德天皇听说吉备海部直之女墨媛十分貌美，召来宠幸，但墨媛畏惧磐之媛命嫉妒心太强，逃回了本国。仁德天皇从高台上望见墨媛乘船离去，惋惜不已，咏歌一首，阐述当时的心情。磐之媛命听说此事后大怒，派人到大津，步步跟随仁德天皇，监视仁德天皇的举动。仁德天皇十分想念墨媛，欺骗磐之媛命说想去游览淡路，之后从淡路出发行幸吉备。因此，墨媛在吉备国的山方地③设御座，让女子摘来松菜给仁德天皇看，之后大排筵宴款待仁德天皇。仁德天皇又将宫人桑田玖贺媛④给近习舍人看，想宠幸此女。然而，磐之媛命嫉妒心颇重。岁月蹉跎，桑田玖贺媛过了好时候。仁德天皇作和歌慨叹此事。播磨国造速待作和歌一首以示作答，仁德天皇称即日将桑田

---

① 葛城的北平群。——原注
② 又称大春日臣。——原注
③ 今山县郡。——原注
④ 丹波桑田之女。——原注

玖贺媛赐予速待。第二天傍晚，速待来到桑田玖贺媛家，强行接近帷内。桑田玖贺媛表示不从，态度坚决，称："妾愿寡居一生，绝不做君之妻。"仁德天皇听说此事后，想成全速待的美事，命人将桑田玖贺媛送到速待之处。然而，桑田玖贺媛在中途病死。据《古事记》记载，桑田玖贺媛之墓一直留到后世。由此可以看出磐之媛命的嫉妒心有多重了。因此，仁德天皇子女很少，

仁德天皇想将八田皇女纳为妃子，但磐之媛命不答应。仁德天皇用和歌与磐之媛命交流此事，但磐之媛命始终保持沉默，没有用和歌答复。之后，磐之媛命游幸纪国熊野岬，为神奏丰乐，采了御纲叶①回到京城。在磐之媛命不在时，仁德天皇将八田皇女纳入宫中。此时磐之媛命已经到了难波。出使水取司的吉备儿岛的仕丁返回途中经过大津，遇到仓人女的船，说仁德天皇和八田皇女昼夜嬉闹。仓人女到了磐之媛命船上禀奏了上述情况。磐之媛命非常愤怒，将御纲叶投入海中，也不泊船，沿着堀江溯江而上，前往山背。仁德天皇不知道这些情况，行幸大津，等着磐之媛命。他派舍人鸟山劝磐之媛命还宫，但磐之媛命不听，从山背河②翻越那罗山眺望葛城，又来到筒木冈，在朝鲜人奴理能美的家里逗留了一段时间。仁德天皇又派的臣口持谒见磐之媛命，但磐之媛命默不作声。口持淋着雨，跪在殿前也不避雨。侍奉磐之媛命的妹妹国依媛感到磐之媛命做得实在过分，哭着向磐之媛命禀明此事。磐之媛命听后说道："快点告诉哥哥，让他回去，我坚决不回宫。"于是，口持回来复奏此事。仁德天皇泛舟河上，行幸山背，来劝磐之媛命。磐之媛命命人传话："我不愿与八田皇女一起做皇后"，不见仁德天皇。仁德天皇无奈只好一个人回宫。仁德天皇虽然心中憎恨磐之媛命，但对她还有几分爱意，因此立长皇子为太子。不久，磐之媛命在筒木驾薨，葬于那罗山，即《枕草子》中所说的莺陵。

于是，仁德天皇立八田皇女为皇后，赐予八田部在八田皇女名下。当时，人们每天晚上可以听到莬饿野的鹿鸣。仁德天皇和八田皇女一起听鹿鸣，甚感悲凉。然而，鹿鸣忽而又听不到了。第二天，猪名县佐伯部献上牡鹿的苞苴。仁德

---

① 又称三角柏，采女以此盛酒。——原注
② 今木津川。——原注

天皇说你们猎杀了朕所疼爱的鸣鹿，虽然这是不得已的事情，但不希望佐伯部接近皇宫，将他们迁徙至安艺的淳田。仁德天皇想纳皇后的妹妹雌鸟皇女为妃，托皇弟隼别王为媒进行撮合，却听说隼别王已经和雌鸟皇女私通，仁德天皇虽然十分憎恨，但并未治罪隼别王，而是装作不知，听之任之。隼别王以雌鸟皇女的膝盖为枕躺着问道："隼和鹪鹩哪个下手更快？"雌鸟皇女回答道："隼捷足先登。"隼别王说："那么说，你就归我了。"仁德天皇听说这件事情后，又恨又怒，起了杀心。听到这个消息后，隼别王和雌鸟皇女想要逃到伊势神宫。仁德天皇派吉备的品迟部雄鲫、播磨佐伯直阿俄能胡去追杀二人，下命令"如果追上二人都杀掉"。之前，因为自己身上没有像样的饰品，觉着没有面子，雌鸟皇女就再三央求仁德天皇让人取下他的足玉、手玉。当隼别王和雌鸟皇女从仓梯山逃到宇陀的素珥山时，雄鲫等追上并杀了二人①。在隼别王和雌鸟皇女被杀当年的新尝祭的宴会上，赐给内外命妇酒喝时，皇后八田皇女看到近江山君稚守山的妻子和采女磐坂媛二人手上戴的玉和雌鸟皇女的玉相似，就问从哪里得到此玉。近江山君稚守山的妻子和采女磐坂媛回答道："这是阿俄能胡妻子的玉。"因此，八田皇女质问阿俄能胡是怎么回事。阿俄能胡只好实话实说，是在诛杀雌鸟皇女时从雌鸟皇女身上取下来的。因为此事，按照法律本来应该将阿俄能胡处以死刑，但阿俄能胡纳上私有土地得到赦免②。从阿俄能胡那里没收来的玉被称作"玉代"。

　　以上事情令人毛骨悚然。史书的记载中还夹杂着和歌，类似于收集罗列了和歌的序言的人情小说。牵强附会之处颇多，不能全信，但磐之媛命的嫉妒、八田皇女的入宫及隼别王和雌鸟皇女的死于非命的确是史实。由此可知，在难波宫时期，王公贵族阶层男女关系相当复杂。人们争风吃醋。从难波津沿河直到宇治和奈良一带的繁荣景象、泛舟海上、从淡路到吉备游猎的情景等等都是可

---

① 据《古事记》记载，二人藏在草中暂时躲过追杀，但最终在伊势的蒔代野被杀死，尸体被埋在崖城河边。——原注
② 《日本书纪》中写道将军山部大盾连取了玉钏，给自己妻子戴上，太后石之日看见后问山部大盾连的妻子。山部大盾连的妻子说是从皇女身上剥下来的。结果山部大盾连被处以死刑。大盾是"雄鲫"之音讹。太后磐之媛命是误传。——原注

以想象得出的。荣耀、荣华是富贵的表现，其中权势的冷热、经济的繁荣与萧条以及其他种种不断膨胀的欲望等背后都隐藏着阴谋诡计。皇子、皇女死于非命。表面原因虽然是情感问题，但实际上背后也能看到谋反的蛛丝马迹。虽说如此，关乎生死的大事绝非是一两件事情的失误而造成的。大概是随着皇室的人丁兴旺，祸端也就不断增加了。

  关于出现在这一时期的史书中的大臣、大连的家门，在以前是五大夫群卿之首的皇叔、皇舅的家族中，在第二次肇国之时进行的神祇改革中将神权掌握在自己家族手中的物部连以及通过拥立胎中天皇而掌握国权的武内宿祢的子孙这两个家族权势不断膨胀。日本国家是建立在人种、阶级之上的家天下。最高等的贵族享有皇室及其一个家族的尊荣，分配和使用一切贡租、臣民和差役等，以此带来京师的繁华。贵族们在京师竞相攀比富贵。然而，仅如此说不免过于抽象。下面通过上述记载的史实中的舍人、命妇、采女及名代、子代等的情况进行说明。

  虽然在这一时期首次看到"舍人"二字，但舍人应该在此以前早就出现了。他们是在皇室、贵族家里做事的最初级的官吏。在天皇身边做事的被称作近习舍人。侍奉皇族的被称作舍人。侍奉贵族的被称作资人。后来的军防令中记载得更详尽，分为内舍人、大舍人、舍人、帐内、资人或兵卫、使丁等等级。总而言之，次等贵族①以下的子弟的仕途都是从舍人起步的。内舍人、大舍人、舍人都是从诸大夫的子弟中选拔的。士的子弟根据才能被选拔为大舍人、兵卫、帐内、使丁。初位以下被选拔为所谓的贵族家族的资人。如果贵族身居显职的话，那么天皇就会赐予他舍人身份，也称"随身"。《徒然草》中提到了天皇赐予贵族舍人一事。

  "命妇"是指贵族的妻子。《古事记》中则写作"氏氏之女等"。不过直到这一时期以前并没有命妇这一称呼。从推古天皇时期开始有了这一称呼。《大资令》中称作"内命妇""外命妇"，分为内位、外位。就内外之别而言，大体来讲都是称畿内为内国，称其他为外国。因此，籍贯在畿内的家族的子弟具有成为皇室的"直臣"的资格。后世也沿袭了这一惯例。如果追本溯源的话，那么上古时

---

① 后来的诸大夫或者四五位之家族。——原注

期的天神、国神也有内外之别。称作"臣连"和"国造、伴造"也是表示有内外之别。但上溯家族谱系的话，天神皇族的后裔很多，因此在很大程度上也可以称为内国人。经过一代一代分散居住在诸国，家族血缘越来越远。与此相比，某些家族如果居住在位于首都周围的"倭""山""河""津"等地区，开拓、开垦田野并成为那里的领主，与皇室关系亲密，在首都建造宅邸，聚集"烟户"，形成畿内圈的话，就自然而然就会成为天皇的直臣。到了大宝时期，虽然仍然存在内外位的区别，但《养老令》最终废除了这种制度。如果与近世的情况做比较的话，那么当时的内国、外国的区别和德川家族的大名中分为"谱代""外样"一样。将内位诸大夫以上的妻子称为内命妇。她们上朝参政，在官中任职。外位之妻称作外命妇，上朝参加宴会，出席各种重大典礼等。有这一资格的就称为"氏氏之女等"。

　　就采女而言，在女性的仕途中，"氏氏""国造""伴造"以上的阶层都有资格将女儿献给天皇。有的还像男舍人那样分配给皇族、贵族，今后有可能晋升至妃嫔。从院官到诸王贵族家里有称作"女房"的。这些女房都是从采女中选拔出来的。因此，无论是采女还是舍人，在人选上首先重视的是相貌，而才能、技艺、书写、计算等项目要通过个别考试来分出优劣。当然，对妇女来说，容貌是优先考虑的内容。就在京师的皇族、贵族家里做事的舍人、采女而言，就连"使部"等奴婢也都是从内外国选拔出来的仪容好的，以此来为家庭装点门面。这些内容是在"荣耀、荣华"上进行攀比的首要内容之一，可以说这是家天下的"血族国家"的一个特色。

　　作为攀比"荣耀、荣华"的财源，朝廷为皇子、后妃们在诸国的县邑划定了封户部民，分配给他们田地，称他们为"名代""部子""代部"。他们与后世的"给人"相似。"名代""部子""代部"和屯田都源自垂仁天皇时期。不过，仁德天皇以来频繁制定、实施这一制度。这样做的原因也不难推测。前文讲过"景行天皇的七十余子皆封国，各如其国"。由此可知，直到设置县以前，朝廷给皇子、皇族分封了诸国县邑，足以应付他们的用度。随着应神天皇平定海北，皇族、贵族在该国占有的领地也不少。至此内外国郡也定了下来。土地越来越多，管理不过来，因而有必要设置子代、名代。我在第十章讲过世运的发展导致历史的变化。自天孙降临高千穗以来已经过了三代，天神的御子繁衍为十多人。从大倭肇国至此时已经经过十六代。随着国县的开拓不断进展，皇族也不断繁衍，因此，难波京的发展达到了鼎盛时期。社会竞争是自然之数。奢侈会发生在经济发展之前。开拓土地赶不上消费的膨胀。因此，人们在京师竞相攀比荣华富贵，而这种势头愈演愈烈。在倭国全境星罗棋布的诸国别、县邑之主不断发生更替。因此，从崇神天皇朝开始，国内不断发生叛乱。皇子之祸逐代增加。国家已经没有分封的余地，只能设置子代、名代的部民。这些状况都是因为穷奢极欲开始出现富贵的财源枯竭的迹象。以上是一种需要具备的重要的历史观。

一方面，由于皇室人丁兴旺，势力越来越大，在神道的布道和武力威慑上都功效卓然。结果，皇室获得尊荣，受到内外景仰，给历史带来重大影响。另一方面，提高工艺生产水平、开启并扩大贸易才是富贵的重要来源。然而，日本在蚕织、纺织、武器的发展上进步幅度不大，而港口市场直到后世才成为物品交换的重要场所。经济发展的历史依然是一片空白。因此，尽管难波的繁荣富庶像满月一样，而京城贵族极尽荣华富贵，但饮食器具的生产工艺等还停留在赏玩"天然之美"的落后阶段，尚未到达"咀嚼"欣赏人工制造之美的境地。当时，贵族最主要的娱乐方式就是游猎山野。下面简单讲一下皇子在游猎时发现冰室一事，对这一时期的大致情况做一总结。额田大中彦皇子游猎斗鸡野，从山上瞭望原野，发现原野上有一物形似茅庐，于是让人打听这是何物。下人问清楚后回禀说是"窟"。于是，额田大中彦皇子叫来园鸡稻置大山主①来问。园鸡稻置大山主回答说："那是冰室。掘地丈余，铺上厚厚的茅草，取冰放于其上，上面再盖上草。夏天经过数月也不融化。在暑热之际，将冰放在水酒中饮用，妙不可言。"额田大中彦皇子让人取来冰块，回到京师后献给在御所的天皇。天皇大悦，此后每年冬季让人大量造冰，存放于冰室中，以待夏季使用。这就是冰室之始。

前一章末粗略讲了仁德天皇在世的施政情况，下面进行详述。按照《日本书纪》的纪年，仁德天皇驾崩于八十七年。《古事记》称仁德天皇享年八十三岁。这两本史书的说法都与事实不符。如上所述，应神天皇立了百济直支王，遣阿知

---

① 此时是国造。——原注

使主出使吴国。阿知使主让高丽人做向导，不辱使命。仁德天皇在回到武库时驾崩。将此事与《宋书》《百济史》及高丽古碑对比可以断定，仁德天皇驾崩之年不会早于己酉年。最近，田口卯吉写了有关日本古代史研究的专著，称这一时间为庚戌年，即410年。考证非常精确。然而，田口卯吉对仁德天皇的考证仍然有所欠缺，具体来讲缺点有二：其一，就博士王仁"来朝"而言，田口卯吉认为其目的是传授稚郎子《千字文》和《论语》，认为应神天皇驾崩时，稚郎子二十多岁，将仁德天皇的岁数减了五六岁；其二，依据《宋书》中所记载的"（倭王）赞死，弟珍立"一句，田口卯吉认定仁德天皇驾崩于庚申年，在位时间为十年。因此，仁德天皇的寿命也有所减少。这样一来，前后缩减几岁，仁德天皇四十余岁而驾崩。在履中天皇在位的未丁年，发生仲皇子之乱。历史事实非常混乱。要想对仁德天皇时期的功绩进行总结的话，绝非在短时期内能够完成的。《日本书纪》中记录了"吴使来朝"一事，与应神天皇遣使之后相承接。由此可以断定与吴国的使者往来必然是在这一朝。履中天皇在位时间很短。倭国与晋朝正是在这一朝开始使者往来。因此，"赞死弟立"意味着正好略过了仲哀天皇[①]。正如笔者的前辈田口卯吉所说，如果"赞"不是仁德天皇的话，就不符合事实。《宋书》称倭王赞曾于文帝元嘉二年乙丑，即425年再次派出使者。其后"赞死弟珍立"，又遣使一次[②]，记录了433年倭王"济"遣使一事。在此十九年中，仁德天皇、履中天皇、反正天皇三朝更迭。仁德天皇在位二十二年或二十三年，寿命为五十有半。因此，可以认为再次遣使发生在履中天皇初年。

另外，需要补充说明的是，在《古事记》和《日本书纪》中，一直到仁德天皇时期，纪年、年寿都延长了很多。而在履中天皇以后，纪年和年寿突然又有所减短。就此应该和《宋书》《韩史》进行年代比较。《日本书纪》所记录的年月直到《推古纪》时期，可以发现很多谬误。有人将推古时期以前的时代称作无年历的时期，引用《魏略》中的"（倭）其俗不知正岁四节，但计春耕秋收为年纪"这句话，称说的就是应神天皇、仁德天皇时期的情况。虽说如此，但这一说法属于谬误。从百

[①] 此处似作者笔误。应为履中天皇。
[②] 没有记录年份。——原注

济传来的南朝刘宋的元嘉历是仁德天皇、允恭时期的历法,而高丽古碑上的好太王还创设了永乐这一年号。本来,当时中国、日本和朝鲜因为和平、战争等事宜频繁交涉,称不知道"年历"十分迂阔。大体而言,建历、改历意味着制定适合于本国的立法,并非不知历法。经度距离较远的国家之间的历法产生了月朔节气之差,因而有必要制定以本国的天文台为主的历法。因为不精于历术,容易出错,所以日本和朝鲜很长时间没有建历法,只有依照中国历法来行事。如果对这一案例进行推论的话,就能知道,在实施天保历法之前,日本对历法的研究很不充分。而今,西方有航海历,风行全球。日本开始使用这一历法,不必设立天文台来推算本国的历法。即便如此也不能说日本不知历法。古代也是如此。中国的历法很早就发展起来,因而周边国家都使用其历法。应神天皇、仁德天皇时期也开始痛感建立本国历法的必要,但在实际应用过程中即便稍有误差也不会有太大影响,因此在历学的准备上花费了大量时间,就这样拖拖拉拉,直到推古朝、持统朝才决定参考南朝刘宋的元嘉历建立本国的历法,这才开始实行日本历法。

第2节 墨江御子之变

早在当皇子的时期,仁德天皇就纳了日向的发长姬,生下大草香皇子、草香幡梭姬皇女,之后在东宫太子时期,又从葛城家族纳了磐之媛命,生下去来穗别、墨江及瑞齿别、雄朝津间稚子宿祢。另外,在托孤稚郎子的时候,八田皇女还不到及笄年龄,其妹雌鸟皇女尚幼。这样一来,在仁德天皇即位立后之后,八田皇女也到了出嫁年龄。然而,由于磐之媛命嫉妒心很强,纳妃采女一事一再迁延。八田皇女在墨江津建成后才得入宫。磐之媛命嫉妒心很强,与仁德天皇生下四个皇子。仁德天皇和发长姬生下两个一个皇子和一个皇女,和八田皇女没有孩子。然而,在仁德天皇驾崩后不久,同胞皇子间发生了变乱。

《日本书纪》认为二皇子墨江的叛逆阴谋是出于爱情。这与隼别王的情况类似,颇似歌人的情史。其实事实并非如此。两次变乱都是由贵族之间的倾轧造成的。墨江的情况便是明证。阿云连滨子与墨江共同谋划了此事。本来,因为渡津见、住吉二神都出席了伊奘诺尊檍原祓褉,所以海神丰玉彦便成为高千穗二代的外戚。其后奴国遣使汉朝,作为西国的雄藩。直到女主卑弥呼时期,邪马台国的势力十分雄厚。然而到了壹与时期,国家发生大乱。此筑紫国造转到大彦命系统。这一点前面已经讲过。我感到奇怪的是长期以来盘踞九州的邪马台国在冒充皇别系统之后,国内形势非常平稳,并没有发生变乱。这与史实不符。就海神氏的兴衰而言,《古事记》和《日本书纪》仅仅记载了在神代,三筒男就是住吉大神、三度津见是阿云连祭祀的祖神一事。阿云连的子孙世世代代是筑紫那珂郡志贺岛海神社的神主,直到近代,连绵不绝。另外,汉委奴国王金印也是从此处出土的。因此,在垂仁天皇和景行天皇时期,奴国将大彦命的子孙奉为国造之时,将神与人分开,让海神氏继承了神领、神地,称其子孙为阿云连。到了仲哀天皇时期,住吉大神成为神功皇后渡海征朝鲜的元勋,占据了新罗、丰浦、武库等外交的交通"要津",监视往来船只,终于镇守墨江大津。这正是渡津见的古代案例。不久,墨江被拥立为领主,称作墨江皇子。由此可以证明墨江和阿云氏属于主仆关系。

统治邪马台的家族在演化为筑紫的国造家族之后,不服从者分离、独立。这一点可以从神功皇后征伐田由津媛这一点得到印证。这一类的大藩一旦以养子的身份移至"衽席"之上,就无望再维持平安无事的形势。因此,在应神天皇三年冬十一月,"处处海人,讪讹之,不从命,则遣阿云连大滨宿祢平其讪讹,因为海人之宰。"《日本书纪》的注中写道"讪讹此云佐麼芰玖"。意思是叛乱。这句话虽然简短,但不能不让人觉着这场叛乱十分严重。海人是指占据沿海要地的水师,好比是后世的海盗大将、海盗屯营,存在于纪伊以西的诸国。起源与海犬养、凡海连等相同。他们是在独占海上权益的海神氏的领地上生活的部民。在其部曲中有首长,有部民水师,有船漕、造船工匠,拥有在附近开垦的田地,在滨海地区有舸子、渔民的村落。《魏志》记载道:"如今倭国的水人好下海捕鱼蛤。"据《肥前风土记》记载,"松浦郡值嘉岛的白水郎貌似隼人"。水人、白水郎都是海部的贱民。据《允恭纪》记载,"阿波国长邑的海人优于诸海人,腰上系着绳子,进入海底。捕捉蝮"。这些内容是谣曲中创作赞州志气度浦的海人形象的绝好材料。在筑前国宗像地区也有以潜水捕鱼为业之民。一般来讲，海人指的就是这些人。虽说如此，就古代的海部而言，其实是指首长和部民，是称呼沿海水师的名称。自从海神氏的国造和神家分离后，海部在各地有伴绪，在其下形成部曲。自从神功皇后渡海征朝鲜以来，朝廷经常使用渡朝鲜的水师。因此，二者终于联手发动叛乱。日本史书上将此称为"讪牻"，但其实是相当严重的叛乱。后世的熊野海盗、海中国海盗与九州勾结在一起发动叛乱。"讪牻"也用于比喻这些叛乱。于是，朝廷命令海神的后裔阿云大滨宿祢去镇压这些叛乱。叛乱终于被平息下来。因为这一功劳，阿云大滨宿祢后来被任命为海人宰。像太宰帅或任那国司一样，海人宰是个权力颇大的职位。于是，除了神领外，阿云氏还管理沿海海部，收回了奴国旧领地的一部分。仁德天皇将住吉神社迁到难波附近，将该地赐予墨江，对墨江宠爱有加。因此，海人宰阿云连滨子将墨江奉为主人，觊觎废立之事，野心勃勃。有此类想法的权贵必然不在少数。当仁德天皇驾崩后，太子去来穗别在继位前承诺要立羽田矢代宿祢①之女为后，遣墨江告诉对方吉日。羽田矢代宿祢按照东官的规格接待墨江。不料墨江侵犯了羽田矢代宿祢之女。墨江不小心将手铃留在了那里，担心事情的败露，于是打算在月黑之夜暗杀去来穗别。《古事记》称这就是变乱的发端。然而，事实上墨江与大倭直等勾结，进行了密谋。因此，这场叛乱绝非仓促起事。当夜，平群木菟宿祢、物部大前宿祢、汉阿知使主三人探知此事，密告去来穗别。然而，去来穗别宴饮醉卧未起。因此，大前宿祢将他抱起放到马上，朝着河内的丹比疾驰。之后，墨江火烧东官。大火一夜不灭，可知去来穗别当时是多么危险！到达埴生野后，去来穗别酒醒，望见难波火光冲天，大吃一惊，疾驰要越过大坂口。在飞鸟山②口，他遇见一个少女，向她问路。少女回答说："山里面都是手持兵器者，请走当麻小路。"因此，去来穗别返回，发现当县③之兵，只好只身越过龙田山逃命。当时，数十名士兵追了上来。去来穗别发现他们步伐急促，大概是山贼，于是藏在山里面。去来穗别派一个人打听这些人是什么人，要前往何处。结果获悉这些人是淡路野

---

① 武内一族。——原注
② 今河内古市郡。——原注
③ 今石阿郡。——原注

岛的海人，是阿云连滨子①替墨江派人来追去来穗别的。因此，去来穗别派出伏兵，将这些人全部抓获。从地理上来看，去来穗别和三大臣一起奔驰在丹比的大路上，从大坂口朝着轻明宫行进，登上飞鸟山。飞鸟山位于前往当麻的小路上。因为听了少女之言，他们改变路线，从龙田口朝着石上逃去。

　　去来穗别出了龙田山，接着往前奔逃，又遇到士兵拦路。倭直吾子笼②支持墨江，调集精兵数百集结于搅食栗林，打算挡住去来穗别的去路。去来穗别遣使者问："这是谁的士兵？"回答说"是倭直吾子笼。"倭直吾子笼听说是去来穗别的使者，担心士兵很多，就说："传闻太子出现紧急情况，准备人马前来护驾。"去来穗别怀疑他的忠心，要杀他。倭直吾子笼大惊，匆忙将妹妹日之媛献上作采女，请求赦免。于是，去来穗别就饶恕了他。之后，去来穗别进入石上振神宫。皇弟瑞齿别听说去来穗别不在，追到石上振神宫。去来穗别派人对瑞齿别说："我为了躲避二皇子的逆谋才来到这里，并非怀疑你。如果二皇子在的话，我不得安宁。如果你对我没有二心的话，就回到难波，杀掉二皇子。"瑞齿别诚惶诚恐地回答道："皇兄为何如此担忧此事？群臣百姓都怨恨二皇子。因此，二皇子反叛，没有人与他共同谋划。我虽然知道他叛逆，但您没有下令，我无计可施。现在，既然得到您的这一命令，杀掉二皇子易如反掌。但事成之后，我担心您会对我有疑心。但愿您遇到忠直之人，证明我并未欺骗太子。"因此，去来穗别遣木菟宿祢为使，跟着瑞齿别前往。瑞齿别叹息道："太子和二皇子虽都是我的兄长，杀无道从有道，有谁会怀疑我？"于是直接前往难波。

　　由于去来穗别逃亡，难波方面防备松懈。瑞齿别返回难波，听到这个消息后，暗中叫来墨江的近习隼人刺领巾说："如果你听我的话的话，我要上位，封你做大臣。你意下如何？"刺领巾说："愿以您马首是瞻。"瑞齿别说："那么你就给我杀了你的主子。"接着，瑞齿别脱下锦衣赐予刺领巾。正如其言，当墨江去厕所时，隼人刺领巾用矛刺杀了他。木菟宿祢对瑞齿别说："刺领巾为了其他人而杀自己的主子，心狠手辣，此行为断不可饶恕"，恳请瑞齿别杀掉刺领巾。瑞齿别当

---

① 一说是墨友。——原注
② 麻吕之弟。——原注

日前往大倭，来到石上，说明了事情经过。去来穗别大喜，厚待瑞齿别，赐予他村合屯仓。当天，阿云连滨子也被抓捕。去来穗别继位后，叫来阿云连滨子说："与二皇子共同谋叛，其罪当死，但赦免死罪，科以墨刑。"阿云连滨子被处以黥刑。野岛海人被迫成为大倭的蒋代屯仓的部民。这样事情才算平息。阿云连滨子大概是大滨宿弥之子。这一变乱很明显属于皇位之争。虽然是仓促之间发生的事情，但在那天晚上，在两京调兵遣将，为了举行新尝会而封锁道路，这些安排绝非两三个同谋所能办到的。墨江奸淫太子去来穗别看上的人，并留下手铃，这些仅仅是导火索而已。随着京师贵族势力越来越强大，皇子之间一代一代灾祸不断增加，斗争越来越激烈。竞争荣华富贵和权力导致倾轧加剧。在这次变乱中虽然有数个同谋者，但在事件平息之后，因为种种原因，二皇子墨江死于非命，仅此而已。强宗都免于一死。其中的缘由需要搞清楚。

去来穗别在磐余宫继位，史称履中天皇。履中天皇立羽田的黑媛为皇妃，立瑞齿别为储君，由平群木菟宿弥、苏我满智宿弥、物部伊莒弗大连、圆大使主四人执掌国政。大臣、大连始于此时。据《古事记》记载，黑媛是葛城袭津彦之子苇田宿弥之女。苇田宿弥是羽田八代之祖，葛城袭津彦之次子。黑媛之所以未被立为皇后是因为她出身于葛城家族的旁支，资格稍差。储君是履中天皇的弟弟。在皇位继承上实行兄终弟及制度即始于此时。这大概是因为瑞齿别诛杀了二皇子墨江，在靖难中立下大功之故，也是因为瑞齿别出身于葛城家族。履中天皇和黑媛生下了市边押羽皇子、御马皇子等。木菟宿弥和仁德天皇生于同一天，是年近六旬的元老，在靖难中立下首功，是履中天皇能够推心置腹、委以重任的人物。苏我满智宿弥与木菟宿弥同族，首次参与国政。葛城家族的主支是外戚，属于天皇的外祖。履中天皇从羽田氏纳妃。在皇别中，权势集中于这一家族。葛城家族成为大臣家族。圆大使主的家谱不太详尽，大概是物部的别族。大前宿弥和木菟宿弥共同立了大功。大前宿弥大概是伊莒弗之子。起初，大连家族只是物部的一个氏族而已。难波之变平定后，得到权势的以此物部家族和葛城家族为首。以阿云连、倭直为首的家族规格被降格。其他的家族应该也有地位兴替。继位后，履中天皇将稚樱部划给御名代。稚樱是指天皇、皇妃在磐余的市矶池上泛舟。天皇和皇妃分乘两只船游宴，由膳臣余矶献酒。时间是十一月份。樱花飘来落在御盏中。履中天皇觉得奇怪，此时并非樱花季节，从哪里飘来的樱花？于是命物部连长真膳来调查这个问题。结果发现樱花是从掖上的室山上飘来的。因此，履中天皇给官命名，称为名代，赐予长真膳稚樱部造之姓，赐予余矶稚樱部臣之姓。虽说如此，因为稚樱已经成为神功皇后的官殿名称，所以可以断定这也属于根据地名望文生义、牵强附会的杜撰。余矶是阿倍臣的同族。

履中天皇四年，"始于诸国置日本国史，记言事，达四方志"。地方志是特别值得研究的重要题目。从此时开始，日本在各国设立史部，让其记录日本国史的材料。在中央朝廷，早就做好了修史的准备并开始编辑史料。这一点非常明确。大体来讲，前朝设立国郡，每日记录乡土所出，日积月累，而今已经是设立日本国史的时候了。就大史而言，前文已经作了概述。阿直岐在日本开创史氏。参照《韩史》可以发现，高丽建了大学史馆，而百济也已经开始记录史实。日本只不过在年份上稍微有些滞后。可见文运的发展程度。

就此而言，需要讲一下文明程度很高的中国的情况。直到西汉时期，尚书还是皇帝身边的小官。到了东汉时期，政府规定了大臣序列。政令的中枢就是尚书这个官，分为左右。也就是说"东汉之政归于台阁"。魏晋之后，"尚书"终于成为大臣的名称。另外，皇帝身边设立门下官。尚书成为处理对外文书的政府部门，将门下定位为出纳皇帝命令的书记官。此后，中枢逐渐集中在门下。门下官成为要职。因此，又从门下分出中书，成为出纳皇帝命令的书记官。唐代以后，称尚书为则阙官，将中书、门下、同平章称作宰相。掌管起草文案的书记一职在门阀专治的政治中位列贵卿以下，负责机要文书工作，可见其职务至关重要，从汉代到唐代，尚书经历了多次沿革。由此也可见其重要程度之一斑。与中国相比，日本和朝鲜的文明程度要滞后很多。在应神天皇时期，设立书记官的时机已经成熟。然而，按照当时晋朝的制度，已经将尚书作为宰相来看待，后来开始分割门下的权力。阿直岐在日本所任的史氏就是尚书。王仁所担任的书氏一职就相当于门下。就编纂史书的职务之别而言，史要总辖集中于政府的诸司诸国的文书，掌管庶务。后来将此称作官务。编修日本国史的材料集中在这个局。草拟大小公事的敕奏，编纂官位记等，将草案留在局中。后来称此为局务。这些都是在中国文明的启发下而在政治上取得的进步。因此，不久，诏书、敕令都要由中务内记来起草。也就是说，从门下省分出中书省。因此，将内外记合并称为内外史，和史官并称士官①。史官隶属于辨官。外史隶属少纳言。均以大夫②为长官。虽然这些都是小官，但其于帷幄之中掌握政务，有"清要之职"之称。

一般来讲，贵族门阀政治的实权掌握在第二流、第三流手中。日本的贵族作为神种，和皇室联姻，称作"云上人"，亦称作"公卿""公达"。第二流以下作为"地下人"，分掌诸司及各种政务，称作"诸大夫"。第三流是指所有的"学艺人"，即知识分子。这些称作"诸侍"，掌握着"起作"、起草的实权。因此，阿直岐、王仁作为归化人，掌握"史书"职权。资格虽然属于"诸侍"，但让他们自己培养的文学之士掌管其职权。这样自然而然，史氏、书氏就成为其长官，而官务、局务就成为其世袭的家职，而后由晋、朝鲜的归化姓氏掌握文职。当时，称这些家族为"忌寸"。因此，履中天皇设立诸日本国史实际上意味着史官职权的扩大。换句话说，这意味着阿直岐扩大了家族势力，在诸国广集财富。

另外，在履中天皇六年，"始建藏职，因定藏部"。《古语拾遗》中记载道："至于磐余稚樱朝，三韩贡献，奕世无绝。斋藏之旁更建内藏，分收官物。仍令阿知使主与百济博士王仁记其出纳，始更定藏部"，记载比较详细。由此可见，自神与人分离之后，崇神天皇废除了在大殿上供奉神器的做法。虽说如此，日本还在遵循政教合一的传统。天皇的主要职责是祭祀。本来官中仅有斋藏，由忌部掌管。诸官司的日常用度由屯仓来供给。这已经成为制度。由于三韩的贡献品越来越多，天皇的赏赐也相应增加。此外，历朝的文书堆积很多，一代一代公务越来越繁杂。因此，有必要修建内藏。主管者是阿知使主，是靖难时的功臣，并且还曾经当过外交官，出使高丽、吴国。另外，博士王仁是天皇的书记官。此二人当上内藏长官。这一点类似于后世的"藏人头"。即便是财物，如果没有学问，也

---

① 六位以下。——原注
② 五位以上。——原注

是没有资格来管理的。因此，履中天皇将这一工作委任归化姓氏的人来做。"内藏是保管并出纳天皇物品的地方。"内藏工作人员同时还管理书库，起草、拟定文书，拟定诏令。中务官大致就源于此。直到此时还没有大藏。所有的官物、公物都由政府通过官符、解山指令远近的屯仓支给、搬运，以此来解决日常用度问题。因此，直到此时还没有设立"大藏"的必要。此后，局务成为书氏、汉氏的"家职"，而王仁、阿知使主也扩张家族势力，将书直称为东汉书直、西汉书直等，以至于政权被这一家族左右着。这情形是这一制度的开端。

直到此时，中国大陆文明仅仅在倭国的"地下人"阶层中盛行起来。实际从政者是归化姓氏家族。"云上"的贵族男女崇拜笃信祖先的神道，在政务、诉讼过程中出现疑义的话，就通过"神谕""卜兆"来做出判定。可见当时依然处于蒙昧社会。一些落后的习俗仍然根深蒂固。当时还给御厩的饲部实施黥法，要刺字。这是一种古习俗[①]。有一年，履中天皇游猎淡路岛，发现手牵御马的饲部身上还有刺的"黥痕"，有股腥臭味儿，所以伊奘诺尊在祝词中讲了神谕。履中天皇对此进行占卜，发现伊奘诺尊讨厌腥臭，因而此后废除了对饲部实施黥刑的习俗。另外，履中在天皇到淡路岛游猎之前，筑紫三神在宫中显灵，留下神谕："为何夺走我的臣民？"听到这个消息后，履中天皇闻进行祈祷，但尚未来得及祭祀就继续行幸。他耳中听到有呼呼风声，而风声中隐约有"剑道储君"，又听到"鸟儿展翅过羽田，狭羽汝妹葬此处"，因此颇感诧异。正在此时，突然有快马来报："墨媛皇妃薨。"履中天皇大吃一惊，起驾回京。在追究此事的责任时，履中天皇发现车持君去筑紫发动车持部，夺取了天皇的百姓及神户。东窗事发。在审问时，车持君对此供认不讳，表示服罪，因此被课以"恶解除、善解除"。在长渚崎[②]，履中天皇举行祓禊仪式，褫夺筑紫的车持部，全部用于奉祀三神。

翌年，履中天皇立异母妹妹草香幡梭姬皇女为皇后。不久，履中天皇因水土不服驾崩。《日本书纪》认为履中天皇在位六年。这个数字大致吻合。起初，由于

[①] 据《续日本书纪》的天平十六年的敕令记载，饲马杂户的姓为人所不齿，加以赦免，与平民相同。当时，轻视饲养牲口的人的风气很盛。——原注
[②] 摄津河边郡长洲。——原注

发生二皇子墨江的变乱，墨媛的婚期被推迟。因为这个原因，墨媛皇妃生下二男一女后薨。因为是在立草香幡梭姬为皇后后履中天皇才驾崩的，所以其间应该经过了六年时间。因此，如前所述，将乙丑至癸未的十九年一分为二，其中的前八九年可以认为是仁德天皇的在位时间，而剩余的十年则是履中天皇和反正天皇的在位时间。而剩余的反正天皇的在位时间则只不过三四年。

于是，储君瑞齿别继位，迁都河内的丹比，起名柴篱宫，位于大倭至难波路途的中点。史称这位天皇为反正天皇。反正天皇身高九尺二寸半。牙齿长一寸，宽二分，上下长度相同，似宝珠一般，容姿美丽，因此叫瑞齿别。在他出生时，人们从井中汲水来洗，由于井中落有多迟花①，因而他也被称作多迟比瑞齿别。这个说法令人难以置信。虎杖草是野草，并非能够飘落的花。因为反正天皇住在丹比，所以被称作多迟比。这一点非常明确。反正天皇封大宅臣木事②之女津野媛为"皇夫人"，生有皇女，没有皇子。大宅臣是和珥家族中的一族。津野媛之所以没有被立为皇后是因为长期以来的惯例是立皇女为皇后。除了葛城氏之外，其他女子是不允许被立为皇后的。日本国史上没有记载反正天皇在位期间的事情。《宋书》中记载道："倭王赞死，弟珍立，遣使贡献。""珍"就是指反正天皇。古代的邦交如果没有"别约"，大体上每五年至十年使者往来一次。这是当时的外交尝试。因为对邦交双方来说，遣使一事都花费不菲。因此，在仁德天皇遣使之后，有一段时间两国使者往来中断。这期间错过了履中天皇。因为天皇更迭，所以有必要遣使告知此事。正是因为这个原因，《宋书》中短缺履中天皇这一代。从应神天皇、仁德天皇时期起，京城贵族之间渐渐险象环生。在履中天皇之后，天皇很早就驾崩的情况频发。其中可疑之处颇多。允恭天皇表示坚决不接受皇位。到了后来，甚至发生惨杀皇子之祸。对这前后的历史进行比较可以发现，履中天皇、反正天皇的驾崩果真是寿终正寝吗？尚有诸多可疑之处。

---

① 即虎杖草。——原注
② 天足彦国押人七世孙、米饼捣大使主之子。《姓氏录》中称之为木事命。——原注

第3节　允恭天皇之英迈

反正天皇驾崩后，仁德天皇的皇子只剩下雄朝津间稚子宿祢和大草香皇子①。群卿讨论由谁来继承皇位，认为雄朝津间稚子宿祢是妥当的人选，遂将玉玺②献给雄朝津间稚子宿祢。然而，雄朝津间稚子宿祢身患重病，久治不愈，步行不便，再加上奏折、公事过繁，最终身体撑不住，只好接受治疗。这也属于神道中的讲究或忌讳。先帝③在日，他经常被谴责不孝，并且病情一直不见好转。因此，雄朝津间稚子宿祢坚辞不受皇位。岁月荏苒，当年快到年末了。群卿非常不安。雄朝津间稚子宿祢的妃子忍坂大中姬是个女亲王，是应神天皇的皇子稚野毛二派皇子的母弟④娶了百矶城伊吕辨而生下的。这件事情事关重大，因此大中姬每日打水，照顾雄朝津间稚子宿祢洗漱，劝说雄朝津间稚子宿祢继承皇位。然而，雄朝津间稚子宿祢背过身去，不做答复。于是，大中姬拿着碗一直等着。此时正值寒冬腊月，天冷水凉，大中姬冻得昏了过去。雄朝津间稚子宿祢大惊，将她扶起，说道："天位乃国家大事，我不能接受。但既然你这么希望我继位，我只能接受。"于是，大中姬欢喜异常，向群卿讲了这一经过。最后，雄朝津间稚子宿祢终于继位，史称允恭天皇。

允恭天皇立大中姬为皇后，轻太子、穴穗、大泊濑幼武等都是她所生。早在大中姬在娘家忍坂居住时，有人骑马路过斗鸡国造旁的小路，朝着篱笆偷窥，嘲笑大中姬："你会作能园吗？这位女士给我一株兰花。"大中姬给了他一株兰花，问道："用兰花做什么？"他回答说："走在山间需要驱赶蠓虫。"说完扬长而去。大中姬觉着他甚是无礼，心中不快，说："你的长相我不会忘的。"而今，大中姬被立为皇后，将那人唤来，责备他以前的无礼之罪，想要杀掉他。他跪在大中姬面前，以头触地，赔罪道："当日，小的不知道您就是贵妇人。"大中姬闻言赦免

---

① 履中天皇的皇子尚幼。——原注
② 这里的玉玺大概是指三种神器。——原注
③ 似乎指仁德天皇。
④ 同母异父。——原注

允恭天皇

了他的罪过,将他的姓贬为稻置。允恭天皇将刑部①划归皇后的御名代②。允恭天皇坚决不接受皇位不仅仅因为有足疾,他是担心帝位越来越凶险。虽然《日本书纪》称允恭天皇仁孝,但事实上他并非温良之君,而是刚毅的英主。结合反正天皇的柴篱宫及大中姬在忍坂宅邸给男子兰花一事可以发现,当时贵人的宫邸是建在围着篱笆的花园中的,风景优美。

据《宋书》记载,"元嘉二十年癸未,倭国王济遣使奉献,复以为安东将军倭国王。二十八年,加使持节都督、倭、新罗、任那、加罗、秦韩、慕韩六国诸军事、安东将军如故。除所上二十三人职",相当于允恭天皇时期。癸未应该是允恭天皇继位之初。之所以将加罗加到六国中而省去百济是因为晋义熙丙辰年余映被封为百济王③。经过"久尔辛"时期,现在已是毗有十七年。就新罗而言,在讷祇

---

① 忍坂。——原注
② 封地。——译者注
③ 史称腆支王。——原注

麻立干窃取未斯欣为王之后，新罗不向日本履行朝贡义务。《新罗史》中记载了辛未庚辰新罗被倭兵入侵之事。甲申①就是讷祇麻立干二十八年。"倭兵围金城十日，粮尽乃归。率数千余骑追及于独山之东，合战为贼所败，将士死者过半"，说明发生了围困国都的大战。新罗可能因为这次战败而向倭国屈服了。据《古事记》记载，"新罗国王贡进御调八十一艘，而御调之大使名曰金波镇汉纪武。此人深知药方，故治帝皇之病"。《日本书纪》认为这件事情发生在"三年"。"正月遣使求良医于新罗，秋八月医至自新罗。则令治天皇病，未经几时，病已差也。天皇欢之，厚赏医以归于国。"上面两本史书的记载稍有差异。但新罗医生给允恭天皇治好足疾这一点是事实。这应该是允恭天皇继位之初的事情。因此，辛巳之初先帝反正天皇驾崩，壬午年允恭皇继位，癸未派遣使者到刘宋，翌年围困新罗国都，八月新罗请求讲和。因为允恭天皇有宿疾，所以新罗选真骨②中精通医术的金纪武为大使来朝贡，并治疗允恭天皇的足疾，以求得允恭天皇的欢心，尔后对允恭天皇效忠。应神天皇在百济征召博士时，命将领率兵前往。因为有这个先例，所以金城之围也可以看作是为征召医生而出的兵。由于中国大陆文化逐渐在朝鲜半岛上渗透，日本也因此开始设置博士。然而，新罗医生为允恭天皇治病这一点足以证明神道尚有不足之处，在学问上尚不发达，还不及偏好武力的新罗。

在内政方面，允恭天皇进行了一项大的改革。据《日本书纪》记载，"朕践祚于兹四年，上下相争，百姓不安。或误失己姓，或故认高氏，其不至于治者盖由是也"。允恭天皇让群臣对此进行讨论之后下诏："群臣百僚及诸国造等各言或帝皇之后裔，或异之天降，显分以来多历万岁。一氏蕃息，更为万姓，难知其实。故诸氏姓人等沐浴斋戒，各为盟神探汤。"允恭天皇在味橿丘的辞祸户岬放置探汤瓮，率领众人前往，"得实则全，伪者必害"。这样一来，众人各着棉布手缀，前往大釜探汤。欺诈者愕然，犹豫后退，逡巡不前，姓氏自然而定。据《古事记》记载，"天皇愁天下氏氏名名人等之姓氏忤过。而于味白橿之言八十祸津日前居玖诃瓮，定赐天下之八十伴绪姓氏也"。应神天皇时期在武内味内的诉讼中实施过

---

① 刘宋元嘉二十一年，即444年。——原注
② 王族。——原注

探汤。《日本书纪》的原注中写道："盟神、探汤此云区诃佗智"，还记录了具体做法："或泥纳釜煮沸，攘手探汤泥，或烧斧火，色置于掌。"天皇让相关人等在神前宣誓，让双方陈述没有欺诈的详细情况。如果还是不能决定的话，就通过探汤，等待神的判决。在贵族的家族规格和领地的诉讼中，这种方法属于最后的裁决。后世的"汤起请、火起请"大概都是这一方法的遗俗。

此探汤法应用于贵族阶层的重大民事诉讼，也有众人"参坐"，是一种很严肃的仪式。然而，从侧面来看则带有拷问的性质，非常残酷，弊端很多。《北史》中记录了倭国风俗，内容如下："每讯冤狱，不承引者以木压膝，或张强弓，以弦锯其颈。或小石以沸汤中，令所竞者探之。云理曲者即手烂。或置蛇瓮中，令取之，云曲者即螫。"这些内容是北魏人的传闻，并非亲眼所见的实录。古代将狱讼委托领地之主。在这样的时代，根据地方的习俗实行一些残酷的刑罚，这一点直到明治时期时有耳闻。因此，在上古时期这种残酷的习俗可能是有的。大体而言，古代实行政教合一，在审判中重视用"猛威"，所作所为惨不忍睹。在文明的起步阶段，这种方法是万国必由之路。排除这一障碍，使得智力、知识进步需要漫长的时间，其间必然要经历很多灾祸。自从任那开府以来，日本经由朝鲜吸收大量中国文化。从应神天皇时期开始，日本的古神道的教义就与中国文化发生冲突，被阻挡着前进的道路，而印度佛教从背后施压。履中天皇以来，神道政治的残余影响又卷土重来。允恭天皇、雄略天皇时期，神道、儒学发生冲突。日本处于国运消长之交。

当然，通过在味白橿冈举行探汤仪式来确定姓氏的这一做法并非是让所有贵族探汤。当错失姓氏，或者冒认高贵姓氏，诉讼双方各持己见，曲直难断时，允恭天皇才通过此敕令来进行决断。因此，闻之和解者也不在少数。实际上真正实施探汤的也只不过是其中的十分之一或百分之一而已。很难相信通过这一方法就能够自然确定姓氏。但在以出身"品种"、门阀为主的政治中，由于历时已久，姓氏发生混乱也是必然的事情，古来有之。早在春秋时期，中国姓氏的功效已经消失，而日本政治处于起步阶段，还很落后。然而，从伊奘诺尊以来历经二十二世。诏书中说："一氏繁息更为万姓。"这绝非夸大之词。果断地实施一系列改革的时机早已经成熟。允恭天皇固辞天位不受，坚定了群臣的意志，然后继位，这样做是为了进行上述改革。这样说也不为过。此处对其中的道理进行论述。

大凡造化发展不息，人类通过繁殖的功能生生不息。一夫一妇生下两个孩子算不得繁殖，但在家谱中就会出现以一变为二的倍数累计增加，可以得到下述繁息的数字：一→1；二→2；三→4；四→8；五→16；六→32；七→64；八→128；九→256；十→512；十一→1024；十二→2048；十三→4096；十四→8192；十五→16384；十六→32768；十七→65536；十八→1310172；十九→262144；二十→524288；二十一→1048576；二十二→2097152……

经过二十三次倍加，得到4194304这个数字。如果将一看作伊奘诺尊，那么伊奘诺尊的1变为日神素盏鸣尊的2。从二神誓约的五子，存有有子孙的四人，到了琼琼杵尊时分为高千穗、出云、无邪志、河内、山背、津、熊野、尾张及登美等。到了神武肇国时，天神之子繁殖到六十四人。这绝非夸大其词。而后假定在缺史时期没有发生重大变动，那么在开化时期"一氏繁息"16284个姓。于是，崇神天皇才实行改革，因而出现了武埴安彦、狭穗彦的叛乱。这一点历史上有记载。这一时期从万余姓中进行降级、淘汰的家族必然不在少数。在制置国县时，景行天皇、成务天皇将皇族分封到全国各地。到了应神天皇、仁德天皇时期，在朝鲜开设国郡。虽说如此，由于皇族繁殖很快，随着时代的发展，已经超过二百万姓氏。正是因为如此，皇子、贵族之祸才逐代增加。

在此期间，有的皇族成员因为过错而被褫夺姓氏，有的皇族成员因为冒充姓氏而滋生家族领地和部民的诉讼。这一点在仁德天皇之后臣连掠夺秦氏之民中得到体现。虽然史书中没有记载，但在国郡层面，劫掠、押领、骚乱、纷争等事态出现，流贼、盗贼盛行。谋反等引发兵连祸结。此外，上下相争，百姓流离失所，国家政治混乱。这些都是姓氏混乱造成的。诏书中所说的这些内容绝非浮泛之说。《大学》中论述了生财之道，称"生之者众，食之者寡，为之者疾，用之者舒，财财恒足矣"。其实这是极平庸的理论。社会上的生财之道希望需求大于供给，更何况造化之力不断发展，生生不息，而生物以繁殖为常态。由于这一功能起作用，所以国家的用度只增不减。因此，强调通过财政平衡来维持国家的长治久安是一种理想而已。人为地追求生者多、用者少及防患于未然这种方法究竟妥当与否需要慎重考虑。

允恭天皇的定姓措施不仅直接影响到贵族的家族领地，而且还开启了制定律令的端绪。因此，基于国民阶层、"品种"建立了家天下式的"血族国家"。这是朝廷秩序的根本。从阶层上而言，当时的贵族分为臣、连、伴连、国造等。除姓尸之外没有其他阶层。当时，中国大陆和朝鲜半岛虽然处于乱世，割据战争不断，但从政治、法律到宗教信仰、心理都得到了深入研究。高丽、百济很早就有律令官等。当时新罗制定了十七等官制。然而，日本作为大国，却文献不足。从应神天皇时期开始，史、书、汉、秦等归化姓氏等逐渐增多。臣连下面形成门地。虽说如此，姓尸还是称作首、直、造或者君、使主、村主、民使等。朝廷的第二流贵族掌管实际职权，那么他们的品位及秩序如何？修改姓氏必然有其必要性。自此以后，官名逐渐见诸史书。但阶层制度尚无从查证。到了推古天皇时期才制定冠位制度。这是官位令的起源。进一步追本溯源就可以弄清楚姓氏改革的来龙去脉。

这一时期，随着皇室的强盛，贵族也强盛起来，在朝野相互倾轧，明争暗斗，十分激烈。特别是武内宿祢拥立胎中天皇，在征朝鲜过程中立下汗马功劳，权势不断膨胀。权威集中在他这一家族。武内一门掌握国家权柄。自仁德天皇纳皇后以来，葛城氏成为自履中天皇以来的外戚，作为武内一门的嫡宗，最有权势，做事嚣张。好在允恭天皇英迈，能够控制住这一家族。反正天皇突然驾崩，因此还没有来得及修建山陵，迁延了国葬时间。在确定姓氏制度的第二年，日本发生了地震。因此，允恭天皇派遣尾张连吾袭探听殡官的消息。殡主是葛城袭津彦之孙玉田宿祢[①]。众人都来了，没有什么异常，却唯独看不到玉田宿祢。因此，吾袭派人到葛城查看情况，发现玉田宿祢聚集一帮男女正在大摆筵宴。吾袭打算回京如实禀奏详细情况。玉田宿祢十分恐惧，要在半路上杀掉吾袭。吾袭逃到武内宿祢的墓地。听到这个消息后，允恭天皇召来玉田宿祢。由于心里有鬼，玉田宿祢衣服内穿着甲胄来到宫里，却不小心将甲胄一端露了出来。允恭天皇让采女赐酒给玉田宿祢。采女看到玉田宿祢的衣甲，如实禀奏允恭天皇。允

---

① 苇田宿祢的侄子。——原注

恭天皇要安排人杀玉田宿祢，不料玉田宿祢偷偷逃回，藏在家里。因此，允恭天皇派兵围住玉田宿祢府邸，终于抓住玉田宿祢，将他诛杀。允恭天皇将反正天皇葬于河内的耳原陵①。于是，在允恭天皇的打压下，葛城氏势力受损。虽说如此，由于京师贵族相互倾轧已经撼动国家根基，所以在短时间内无法安定下来。不管怎么说，允恭天皇在位期间总算平安无事。

　　在允恭天皇迁都大倭的远飞鸟宫之时发生了下面一件事：皇后大中姬的妹妹住在近江坂田的母亲家里，容姿绝美，艳色透衣，光彩照人，时人称之"衣通姬"。允恭天皇对她早有耳闻，逼大中姬献出衣通姬。允恭天皇七次遣使召衣通姬入宫，但衣通姬拒不遵旨。因此，舍人中臣乌贼津使主在院中潜伏七日，恳切邀请。衣通姬终于答应入宫。允恭天皇在藤原修建宫殿，让衣通姬住在里面。允恭天皇下诏大伴室屋向诸国造征税，将衣通姬的名代定为藤原部。之后，允恭天皇迁至河内的茅渟宫②，住在那里。《古事记》中称衣通姬为轻大郎女，也叫衣通郎女。在注中写道："御名所以负衣通王者，其身之光自衣通出也。"《日本书纪》就此事写道："立木梨轻皇子为太子，容姿佳丽，轻大娘皇女③亦艳妙也，太子恒念合大娘皇女，畏有罪，然感情既盛，殆将至死。遂窃通，乃悒怀少息。二十六年④夏六月，御膳羹汁凝以作冰。天皇异之，卜者曰：有内乱。盖亲亲相奸乎。有人曰：木梨轻太子奸同母妹轻大娘。推问辞实，储君不得罪，则流轻大娘于伊豫。"然而，《日本书纪》认为这事发生在允恭天皇驾崩之后⑤。就衣通姬的事情而言，《古事记》和《日本书纪》都是以夷振、天田振、读歌等为材料杜撰的故事。很多内容令人难以置信。而今，藤原部仍然保留着，因此并不能完全否定这些故事。只不过情史中误传颇多而已，后面对此进行说明。

　　允恭天皇九年再次派出遣宋使。前一年百济毗有王也遣使向刘宋进贡。当时，百济、新罗都向允恭天皇表示恭顺。海北貌似平静。然而，据《姓氏录》记

---

① 位于今大鸟郡。——原注
② 位于今和泉的日根郡乡中村。——原注
③ 允恭天皇之女，亦名衣通姬，注意与允恭天皇皇妃衣通姬区分。
④ 此处纪年被延长。——原注
⑤ 此处应系作者笔误，与前文似有矛盾。

载,"允恭天皇御世,彼遣萨摩国平隼人,复奏之曰:献御马匹,额有町形回毛,天皇嘉之,赐姓额田部。"由此可以断定熊袭发生叛乱,出动了征隼人之师。允恭天皇又因高丽之事劳神。起初,百济在夫余至朝鲜中西部建国。高丽迁至平壤。它们相互争斗。因此,百济寻求日本的保护。高丽好太王雄才伟略,不断侵扰百济北部边境。在日本援兵退出带方之后,两国言归于好。子琏立,与晋互通使者。仁德天皇在位期间,朝鲜平安无事。但在履中天皇初年,燕国慕容氏灭亡,高丽收拢燕国余众,逐渐强盛起来。于是,高丽又开始入侵百济。允恭天皇十二年①,百济毗有王薨。子盖卤立。允恭天皇征伐高丽,欲惩罚高丽,却无果而终,驾崩②。新罗王讷祗麻立干听说允恭天皇驾崩,命人带着贡船八十艘及种种乐人八十人停泊在对马大哭,又在筑紫大哭,到了难波津皆穿素服,奉上贡品、奏乐,一直到京师的路上或哭泣或歌舞,来到殡宫。允恭天皇葬于河内长野原陵③,其在位时间共计十六年或十七年。他对内镇压强族,对外获得朝鲜的支持,延续了仁德天皇以来的强盛国运,被追谥为允恭天皇。综合史实来看,允恭天皇十分强势,善用武力,颇有英主之风采。

第4节 眉轮王之变

在允恭天皇驾崩后,又重复了两个皇子的变乱。这次以轻太子的失败而告终。贵族之间相互倾轧不断加剧,最终酿成皇子的惨祸。这些事件开始出现在历史纪录中。有关这一事件,《古事记》和《日本书纪》中的记录大同小异。据《日本书纪》记载,"礼仪毕是时,太子行暴虐,淫于妇女,国人谤之。群臣不从,悉隶属穴穗皇子。"据《古事记》记载,"天皇崩之后,定木梨轻太子,所知日继,未即位之间,好其伊吕美轻大郎女,是以百官及天下人等,背轻太子而归穴穗皇子"。《日本书纪》将允恭天皇在世时之事说成允恭天皇驾崩后之事。这样一来,轻太子的暴虐淫荡之事就没有人能够阻止。当时,京师贵族骄奢淫逸,结果因为淫荡

---

① 乙未,宋孝武帝孝建二年,455年。——原注
② 参考《宋书》《韩史》。——原注
③ 位于今志纪郡。——原注

行为失去百官、国人的信任和爱戴。这样的说法有可疑之处。自古以来，日本的婚姻习俗是不受限制的，只不过没有同胞相娶的先例而已，因此即便同胞相娶也不至于获罪。据《古事记》记载，"稚野毛二派皇子娶其母弟百师木伊吕辨①"。伊吕辨并非皇女。"母弟"应该是指异父妹妹。因此，在当时，同胞相奸虽然属于禁忌，但《日本书纪》认为允恭天皇在世时"太子则不得罪"，只有轻大娘皇女被流放伊豫。所以这件事情也并非多么严重。《古事记》认为："所知日继"是指已经定下轻太子继位一事。然而，百官不从其命必然另有隐情。和轻大娘皇女通奸一事是以和歌为依据捏造的事实，因此不足以成为地位变更的主要原因。

《日本书纪》又记载道："太子欲袭穴穗皇子而设兵，穴穗皇子复兴兵将战，故穴穗括箭、轻括箭始于此时也。时太子知群臣不从，百姓乖违，乃出之，匿物部大前宿袮之家。"《古事记》记载道："而轻太子侵而逃入大前、小前宿袮之家，而备作兵器。穴穗皇子亦作兵器②。"二者记录的内容大同小异，但轻太子党和穴穗党分别打造武器，积极备战，兵戎相见，这也是不争的事实。然而，百官也并非悉数背叛轻太子，只不过多数贵族支持二皇子穴穗，与轻太子争夺皇位而已。其中的相互倾轧之状跃然纸上。在前次皇子变乱中，物部大前宿弥站在太子一边，将太子去来穗别扶上皇位，可谓忠臣。在此次变乱中，他还是拥戴太子，将轻太子藏于家中。大前宿弥的性情如何无法在史书中找到相关记录。他总是忠于太子，不得不说是一个持正之人。应神天皇驾崩后，仁德天皇帮助太子杀了兄长大山守。在仁德天皇驾崩后，反正天皇帮助太子杀了二皇子墨江。而这次大前宿弥帮助太子，反而成了叛党。这是因成败而论是非。

据《日本书纪》记载，"穴穗皇子闻则围之，大前宿袮出门而迎之，乃启禀皇子曰：愿勿害太子，臣将议。由是太子自死于大前宿袮之家。"据《古事记》记载，"于是穴穗皇子兴军围大前小前宿袮之家。而到其门时，零大冰雨，大前小前宿袮白之：倭天皇之御子与伊吕兄王无及兵，若及兵者必人笑，吾捕以贡进，而解兵退坐。故捕其轻太子，率参出以贡进。故轻太子者流于伊余汤也"。可以看

---

① 允恭天皇之母。——原注
② 此皇子所作之矢者即今时之矢者也，是谓穴穗箭也。——原注

出，太子党势单力孤，孤掌难鸣。大前宿祢所说的"于兄王无及兵，及兵必人笑"之语简短在理，抓住太子而废之，左迁于伊豫的温泉官。这一传闻接近史实。据《日本书纪》记载，"一云流伊豫国"，而《古事记》记载有"衣通姬后亦不堪恋慕，而追往，即共自死"。众说纷纭，莫衷一是。但都归着于"在伊豫自杀"这一点上。一奶同胞通奸一事如果是事实的话，那么早在允恭天皇在世之时就会流言四起，动摇轻太子储君之位，结果没有成功，而在允恭天皇驾崩后，又以此为口实，终于成功地废了太子。说白了就是这么一回事。然而，对模棱两可的事情说三道四，并以此为依据来废黜太子，可以说是牵强附会。轻太子在伊豫自杀一事也应进行深思。性命攸关不可小觑。匹夫匹妇殉情而死，要走到这一步必然有各种各样不得已的原因。允恭天皇驾崩后引起皇位争夺。太子被废后，在大前宿祢的救助下被贬至偏僻的地方。对于敌对一方的人来说，这种情况无异于留下祸根，堪称心腹之患。在险地，太子被迫自杀，境遇悲惨，令人心生怜悯。危险还殃及其他皇子，最终酿成惨祸。

于是，穴穗在石上穴穗宫即位，史称安康天皇。《宋书》记载道："孝武帝大明四年庚子[①]，倭王济死，世子兴遣使。六年诏曰：倭王世子兴奕世载忠，作藩外海，嘉化宁境，恭修贡职，兹授爵号安东将军倭国王。"济相当于允恭天皇，而兴相当于轻太子。允恭天皇驾崩前正在筹备大举征讨高丽。当时，允恭天皇已经委任遣宋使，但遣宋使尚未出发。因此，《古事记》中所说的"崩后……轻太子，所知日继，未即位之间"，将国书改为世子兴而发出。然而，变乱发生在使者船出发之后。允恭天皇于己亥年驾崩，轻太子尚未继位，呈上写着"世子兴"的表的庚子就是第二年。其后发生变乱，太子被废。然而，刘宋朝廷并不知道这一点。在第三年的壬寅下诏，不久就派出使者。据《雄略纪》记载，"六年夏四月，吴国遣使贡献"。六年就是壬寅年，和刘宋的干支吻合。其实，雄略三年就是大明三年。允恭天皇驾崩的第四年庚子，轻太子被废黜，安康天皇即位。"壬寅吴使来"相当于安康天皇被弑杀之年[②]。

---

① 460年。——原注
② 此处似作者笔误，可能是轻太子被杀之年。

安康天皇

　　皇弟大泊濑幼武有过人之处,为人强暴。在允恭天皇下葬之日,新罗派来使者吊丧。使者非常喜欢京师旁边的耳成山、亩旁山,再回国之时,从琴引坂回望,用蹩脚的日语重复这两座山的名字。倭饲部闻听此言,怀疑他和采女私通,告诉了大泊濑幼武。大泊濑幼武闻言立刻监禁了新罗使者,后来得知这是子虚乌有之事才赦免了使者。新罗人因此非常恨大泊濑幼武,减少了贡船的数量。百济也对大泊濑幼武表示不满。究其原因,据《百济新撰》记载,"己巳年[①],盖卤王立,天皇遣阿礼奴跪来索女郎,百济装饰慕尼夫人女曰:适稽女郎贡进于天

---

① 此处应该是乙未年。——原注

皇"。据《雄略记》记载，"二年秋七月，百济池津媛违天皇将幸，淫于石河盾，天皇大怒，诏大伴室屋大连，使来目部，张夫妇四肢于木制床上，以火烧死"。年份上稍微不吻合。两本书在年份上都有误，因此怀疑书中说的是适稽女郎的事情。"其后五年夏四月，百济加须利君飞闻池津媛之所焚杀，议曰：昔贡采女而失我国名，自今以后不合贡女。乃告弟军君曰：汝往日本以事天皇。军君对曰：愿赐君妇。乃以孕妇嫁与曰：既当产月，若于路产，速令送国，果于筑紫各罗岛①产儿，名曰岛君。以船送之于国，是为武宁王也。秋七月，军君入京。"据《百济新撰》记载，"辛丑年，盖卤王遣弟琨支君向大倭侍天皇，以修先王之好也"。辛丑相当于安康天皇元年。"先王之好"是指允恭天皇时期的事情。因此，杀死池津媛的是大泊濑幼武，是他童年时期做下的事情。自此百济不再贡女，而是改为让王族为日本天皇做事。因此，允恭天皇时期再次派人到百济要求贡女。此时，在高丽逼迫下，百济岌岌可危，不得已请求倭国予以庇护，不敢违背倭国的意愿。然而，皇子大泊濑幼武的暴行伤了百济等国的朝鲜人的感情，征伐高丽之举因而受挫。

  在贵族的强有力的支持下，穴穗排除轻太子易如反掌，最终登基。轻太子在伊豫自杀。虽说如此，京师贵族的各党派依然在暗地里争权夺势，于是，在"云井"，即朝廷里，猜疑气氛浓厚。皇子流血的惨祸陆续出现。当时皇子中的宿老是大草香皇子，是仁德天皇的发长媛所生，是履中天皇的庶兄，而今已经年过六旬。然而，纪角宿祢家族向安康天皇进谗言，导致大草香皇子惨死。这件事情出自神话，被人情小说进行了演绎，有很多添枝加叶之处，真实性十分可疑。以下对其更改进行简述。据《日本书纪》记载，"大泊濑幼武皇子欲聘瑞齿别天皇之女等。皇女等对曰：君王恒暴强，倏忽忿起，朝见者昔被杀，昔见者朝被杀②。妾等颜色不秀，性情、威仪言语毫不似王意，是以不得奉命，遂遁不听，其婚事告吹。于是，天皇为大泊濑幼武皇子欲聘大草香皇子妹草香幡梭姬皇女，遣坂本臣祖根使主请大草香皇子，对曰：吾顷刻患重病，不得愈，死命

---

① 今志摩郡韩良。——原注
② 此语类似雄略天皇的品性。——原注

也。何足惜。但以妹之孤，不能易死耳。陛下将满荇菜之数，大恩何辞。捧押木珠鬘，纳为信契，根使臣见其丽美，盗为己妾。乃诈奏曰：大草香皇子不奉命，曰其虽同族，岂得以吾妹为妻乎。于是，天皇大怒，驱兵围大草香皇子之家杀之。是时难波吉师日香蚊伤其君无罪，父子三人自刎，死于皇子之侧，军众悉流涕。可见这是一出悲剧。然后，天皇将大草香皇子之嫡妻中蒂姬纳入宫中，立为皇后，甚宠爱，唤草香幡梭姬皇女嫁给大泊濑幼武皇子"。这段话漏洞颇多，与事实不符。大草香皇子之妹草香幡梭姬皇女是履中天皇后来的皇后，在履中天皇驾崩之后寡居。而今自仁德天皇驾崩以来已经过了二十七年，当然还是履中太后。即便是大草香皇子之妹，年龄也很大了。更何况大草香皇子是发长姬所生，是在磐之媛命皇后入宫前，至少已经五十多岁了。因此，此处所谓的大草香皇子之妹草香幡梭姬皇女不是履中后的妹妹，而应该是大草香皇子的孙女。此时，在入宫的路上磐之媛命后经过了大县。《履中纪》中就中蒂姬如下写道："次妃草香幡梭姬皇女生中矶皇女。"《雄略纪》的注中写道："去来穗别天皇女曰：中蒂姬皇女更名长田大娘皇女也。大鹪鹩天皇之子大草香王娶长天皇女，生眉轮王也。"《古事记》认为允恭天皇的长女名形大娘皇女就是长田大娘皇女。皇子女的名字是根据采地来称呼的，容易被古代的水平低的读史者所误解。中蒂姬和幡梭姬都不是皇女，是具有皇族血统的天皇的子侄。中蒂姬是大草香皇子的嫡子之妻。大草香皇子以其妹幡梭后之女为妻属于乱伦。就坂本臣而言，据《姓氏录》记载，"纪朝臣同祖、建内宿祢男、纪角宿祢男、白城宿祢三世孙建日臣因居赐姓坂本臣"。根使主就是白城宿祢之子。大概陷害大草香皇子的就是纪角家族的阴谋。起初，衣通姬被冤枉、太子被废黜造成人心惶惶。趁此之际有人进而除掉心头大患的皇子，来提防敌对势力。根使主之子叫小根使主。在雄略天皇时期，皇后发现小根使主的珠鬘。官军在日根①攻打根使主而杀之，将根使主子孙分赐给大草香部及茅渟县主。小根使主也被诛杀。他的后人成为坂本臣即建日臣。贵族的相互倾轧导致了皇室之祸，这一现象在这时开启了端绪。《古事记》和《日本书纪》都认为轻太子有淫荡行为，因此百官国人才背叛了

---

① 即和泉。——原注

他。事实上，所谓淫荡行为只不过是借口而已。背后必定有人煽风点火，因此才生出这等变乱。这一点毫无疑问。

祸端进一步发展为弑杀天皇。据《日本书纪》记载，"起初，中蒂姬生眉轮王于大草香皇子，乃依母免罪，当养官中。三年八月，天皇幸山宫，命酒肆宴。顾谓皇后曰：汝虽亲昵，朕畏眉轮王。眉轮王幼年游戏楼下，悉闻所谈。既而穴穗天皇①枕皇后膝，昼醉眠卧。于是，眉轮王伺其熟睡，而刺弑之"。就眉轮王而言，《古事记》记载道"其大后之子，目弱王，是年七岁"。假定中蒂姬是履中天皇后来的皇后幡棱姬所生的话，那么这一年只不过二十余岁。她的儿子眉轮王只不过才七岁，但七岁小儿并不能砍杀人的脖颈。中蒂姬尚为妙龄，因此眉轮王断不会是她所生。大草香皇子年事已高，而眉轮王子也应该是二三十岁的壮年。情史所说不能全信。

这样一来，大舍人驰奔禀告大泊濑幼武所发生的变乱。正如前面所讲的反正天皇的皇女所说的那样，以及《雄略纪》中所记录的那样，"天皇以心为师，误杀人众，天下诽谤，言大恶天皇也"。可见大泊濑幼武的秉性是任性杀人，性情暴虐。当时，大泊濑幼武尚是童男，血气方刚，直奔宫中，斩杀诸皇子。血雨腥风吹遍皇宫。这是一场令人震惊的大变乱。皇室虽然人丁兴旺、势力鼎盛，但经过这一变故终于衰落下去。

对于这件事情的记载，《古事记》和《日本书纪》大同小异，需要加以取舍甄别。据《古事记》记载，"目弱王逃入都夫良意富美之家也。而大长谷王子当时童男，闻此事，以慷慨愤怒，乃到其兄黑日子王之许，曰：人取天皇为那何。其黑日子王不惊，而有怠缓之心。于是大长谷王詈其兄言，一为天皇，一为兄弟，何无忮心，闻杀其兄不惊而怠乎？即握其衿而控出，拔刀打杀"，接着又来到皇兄白日子王面前。这些话只不过是言过其实的形容，不能相信。据《日本书纪》记载，"更逼坂合黑彦皇子。皇子亦知将害，默坐不语，天皇愤怒弥盛，乃复为欲杀眉轮王，按剑所由。眉轮王曰：臣原不欲天位，为报父仇而已。坂合黑彦皇子深恐所疑，窃语眉轮王，遂共得间而出，逃入圆大臣宅"。这到底是怎么回事？如《古事记》所说，在弑杀皇子后，眉轮王直接逃到葛城家。黑彦皇子也逃到了

---

① 指安康天皇。——译者注

葛城家。黑彦皇子是安康天皇的兄长。白彦皇子是黑彦皇子的弟弟。就两个皇子的举动分析可知，他们是和葛城圆密谋之后想登天位。正当要将这样的阴谋付诸实施之际，大泊濑幼武做事果敢，大肆杀戮，以迅雷不及掩耳之势挫败了一切阴谋。自轻太子到当时，已经有五位皇子殒命。皇室灾祸可谓极其惨烈。虽说如此，在当时京师的氛围异常险恶的情况下，大泊濑幼武的暴行反而斩斫了皇室的旁枝，保住并蓄养了主干，得到一个好结果。这样说也不为过。

据《日本书纪》记载，"天皇遣使乞之，大臣报曰：闻人臣有事逃入王室，未见君王，隐臣舍，谁忍送之？由是天皇又出兵围大臣宅，大臣穿戴好盔甲进军门，跪拜曰：臣虽被戮，莫敢听命，臣愿向大王奉献臣女韩媛及葛城宅七区，请以赎罪。天皇不许，纵火烧宅。于是大臣与黑彦皇子眉轮王俱烧死。葛城圆重义气，和黑彦、眉轮一起死去"。据《古事记》记载，"亦兴军围都夫良意富美之家，而兴军待战，射出之矢如苇来散。于是，大长谷王以矛为杖临其内诏，我所相言之娘子者，若有此家乎？都夫良意富美闻此诏命，自参出，解说佩兵，而八度拜白：先日所问赐之女子诃良比卖者侍亦副五处之屯宅以献。然其正身所以不参向者自往古至今时，闻臣连隐于王宫，未闻王子隐于臣之家，是以思贱奴意富美者虽竭力战，更无可胜。然恃己入坐于随家之王子者，死而不弃。如此说，亦取其兵，还入以战。而力穷矢尽，告其王子：吾手悉伤，矢亦尽，今不得战，如何？其王子答诏：然者更无可为，今杀吾。故以刀刺杀其王子。乃切己颈以死"。虽然讲述的是同一件事情，但看这段话就可以想象当时的情景。尚未染上中国大陆武士风气之前的日本必然以此事为任侠。尽管如此，人们闻听两皇子被杀戮也不吃惊。凶犯逃入葛城家中。箭发如苇，战斗激烈。关于允恭天皇驾崩后所发生的变乱，究其根本原因就在于葛城家族。这样说也不为过。葛城圆是在反正天皇出殡之际被诛杀的玉田宿弥的儿子或兄弟。据《日本书纪》记载，在黑彦皇子死时，坂合部连赞宿祢抱着黑彦皇子的尸体被烧死，因此很难分辨出二人的骨头。人们只好将二人的尸体装殓在一个棺材里，葬于新汉椵本的南丘。今天俗称天狗之森，这是说的其南墓。

安康天皇本打算将国家传给履中天皇的皇子市边押磐，但大泊濑幼武对此恨恨不平。当时，淡海的佐佐纪山君韩岱对市边押磐说，"在来田绵蚊屋野，野猪和鹿出没。数目很多。其立足如荻原，其鹿角如枯树"，盛情邀请市边押磐去淡海。他们在原野上建临时住所，在那里过夜。第二天早晨太阳还未出来，市边押磐来到大长谷王住处，漫不经心地对侍奉大长谷王的御伴人说："为何还不睡觉？回报他'天已经亮了，到猎场来'。"说完后，骑马离去。大长谷王的侍卫们告诉大长谷王："这个皇子说话好生无礼！您一定要小心谨慎，保护好自己。"于是，大长谷王在衣服里穿上甲胄，带上弓箭，骑马疾驰，很快追上市边押磐。在与市边押磐并马而行时，大长谷王喊道"用箭射野猪"，结果射死了市边押磐。在市边押磐的幔内，佐伯部卖输抱着市边押磐的尸体不知如何是好，呼号往返。于是，大长谷王命人将他也杀掉。市边押磐的弟弟御马皇子和三轮君身狭过从甚密，打算将这一变故通知他，不料在路上遇到来迎接他的军队。然而，三轮磐井叛变，抓住并杀死了御马皇子。临死之前，御马皇子指着井水诅咒："此水百姓可饮，而王者不可饮。"果如其言。自仁德天皇以来，虽然国势强盛，但诸皇子皆因饮此井水而亡，唯独各代天皇活了下来。

第5节 雄略天皇改良工艺

于是，大泊濑幼武在泊濑的朝仓①上筑坛继位。史称雄略天皇。泊濑大概是大泊濑幼武的名代。雄略天皇立大草香的幡棱姬为皇后，确定了三妃。元妃是葛城圆大臣的女儿韩媛，次妃是吉备上道臣之女稚媛，少妃为和珥臣深目之女童女君。皇后是大草香皇子之孙女，这一点前面已经讲过。童女君本来是采女，被雄略天皇宠幸一夜后，生下女儿。雄略天皇怀疑不是自己的血脉，不认这个女儿。一天，在侍奉雄略天皇时，物部目大连对雄略天皇讲了下面一段话："一日陛下看到此娘子清纯，对她有意，最后共度良宵。如今却为何怀疑人家的清白？我听说对于容易怀孕的女人，只要男子的兜裆裤接触她身体就能受孕，更何况

---

① 城上郡岩坂谷。——原注

陛下与此娘子共度一夜良宵。请陛下切勿多疑。"雄略天皇闻言，命物部目大连封童女君生女为皇女，封童女君为皇妃。此皇女就是春日大娘皇女。因为春日大娘皇女是仁贤天皇的皇后，所以雄略天皇宠幸童女君应该是继位后数年的事情。起初，中蒂姬大后从草香直越道来到河内时，眺望国内，爬上坚鱼木，看到那里有一处人家，让人问是谁家？回答说是矶城大县主之家。雄略天皇知道后大怒道："奴才焉有建造皇宫之理"，之后派人将矶城大县主家烧掉。矶城大县主惶恐不安，身为奴才，不留神却建了僭越的建筑，因而诚惶诚恐，献上"御币物"。他准备了一只白狗，在白狗身上披布，腰间拴上绳子，让人牵着献给雄略天皇。雄略天皇终于息怒。在前往行幸若草王的领地时，雄略天皇在今日道上得到奇物，作为访妻①之物而赐之。然而，由于雄略天皇未能按照规定的日子来行幸，若草王感到恐惧，于是直接前往见驾，想向雄略天皇问安。雄略天皇得知后，赋了一首和歌让使者带给若草王。大县是位于龙田口以北的郡。雄略天皇虽然任着性子胡为，但怒气容易消散。这个例子便是明证。在雄略天皇继位后，多亏两位皇后做贤内助，国政处理还算得体。

其时，前朝大臣苏我满智宿弥仍然在职。雄略天皇又任平群臣真鸟为大臣，任命大伴室屋、物部连目为大连。雄略天皇非常信任大伴室屋。这是大伴氏首次被任命为大连。据《姓氏录》记载，"以天勒负赐大连公。奏曰：卫门开合之务，于职已重。若有一身难堪，望告诉与息。相伴奉卫左右，敕依奏，是大伴、佐伯二氏掌左右开合之缘也"。左右卫门府的设立始于此时。大概是由于平定变乱中的血雨腥风，雄略天皇颇受启发，对宫门的警卫非常重视，将此重任委托给自己信任的大伴氏。这应该是雄略天皇继位之初的事情。继位几年后，雄略天皇在新罗战死。靫负本来是大伴、久米两个家族掌管的弓箭兵。在神武天皇在位时，靫负称作久米部。靫负后裔大伴武日作为倭健尊的副将征讨虾夷，神武天皇将俘虏分别安置在各国。这时以佐伯部为首接受大伴部的管辖。因此，此时靫负被神武天皇一起任命为管理宫门的职务，隶属于卫门府。之所以将卫门称作靫负就是这个原因。正如前文所述，雄略天皇继位是在癸卯年，即463年。卯年相当于

---

① 走婚。——原注

雄略天皇十七年或十八年。起初，雄略天皇纵猎无度。一天，雄略天皇在御马濑猎场问群臣："在猎场上的快乐在于膳夫割猎物的鲜肉还是割人？"群臣无一人回答。于是，雄略天皇大怒，拔刀杀了御者大津马饲，还幸京师。众人吓得体如筛糠。之后，群臣计议让倭采女日媛进酒，雄略天皇的脸色才好了很多。令人意外的是，雄略天皇又说："想看到你的艳笑。"接着，他拉着日媛的手进入后宫。之后，雄略天皇向太后讲了猎场发生的令他沮丧的事情。太后安慰雄略天皇道："因为群臣没有明白陛下在猎场设宍人部的用意，所以他们沉默不语也是情有可原的。但就这件事情而言，也并非为时已晚。现在，从你自己做起。让膳臣长野认真做肉脍献上。"雄略天皇一直跪着听完这些话。太后看到雄略天皇面露喜色，又命令增加了菟田和御户部真锋田高田两名厨子进一步改善雄略天皇伙食，将膳食部改称肉人部。因此，倭国造吾子笼贡献狭穗子鸟别。臣连、伴造、国造都陆续来进贡。宍人部终于建了起来。此外，还设立舍人部。一天，当雄略天皇在葛城山游猎时，一头野猪突然咆哮着从草丛中冲了出来。猎徒们惊恐万分，爬上树逃命。看到这一情形，雄略天皇命令舍人道："猛兽遇到人会止步的，逆向刺杀、射杀之，必然奏效。"然而，舍人大惊失色，人心惶惶。野猪直奔过来，要咬雄略天皇。此时，雄略天皇拉弓放箭射中野猪，又用脚踢死野猪。在游猎结束后，雄略天皇要杀掉所有舍人。雄略天皇的皇后劝阻。雄略天皇埋怨说："皇后为何不站在朕一边，反而替舍人们说话？"雄略天皇的皇后回答道："国人都说陛下沉溺游猎、喜好野兽，这样下去可不好。更何况，因为凶猛的野猪要斩杀所有的舍人，这种做法与豺狼无异。"听完这番话，雄略天皇和皇后一起上车，高喊"万岁！快哉！别人都猎获了禽兽而归，而朕得到了很多善言，也满载而归"，之后高高兴兴踏上归程。又有一次，当雄略天皇在葛城山游猎时，一个高大的巨人"长人"从对面的山脚身轻如燕地爬到山上。他装束粗野，很是怪诞。其后面的一干人众相貌与他相似。看到这一情形，雄略天皇问道："这个国家除了朕，没有王，你是何人？"长人也问了相同的问题。雄略天皇大怒，令百官一起用箭射长人。长人也让他的部下回射。雄略天皇这才醒悟长人是神，于是又问他

雄略天皇杀死野猪

是何地的什么公。长人回答道："现人神①先报上名来。"雄略天皇答道："朕乃幼武尊是也。"长人答道："吾虽恶事而一言，虽善事而一言，言离之神，葛城之一言主神。"雄略天皇大吃一惊，从马上下来，和百官一起向长人跪拜。他们扔下御刀、弓箭，脱掉衣服奉献给长人。长人拍手而受，与雄略天皇一起游猎。彼此言辞谦卑。直到天晚游猎方休。当雄略天皇还幸时，长人一直送到长谷山口，才依依惜别。听说这件事情后，百姓纷纷称赞雄略天皇是有德天皇。"一言主神"正式名称为"葛上郡葛木坐"，是事代主神的一个名字。《释纪》引用《土佐风土记》就此事进行说明："土佐郡家西去四里，有高贺茂大神社，其神名为一言主尊。"高贺茂大神社相当于郡佐神社。关于在葛城祭祀一事，《风土记》做了如下说明："或说云神与天皇相竞，有不逊之言，天皇大怒，奉移土佐，初至贺茂之地，后迁于此社。而高野天皇宝字八年，从五位上高贺茂朝臣田守等奏，奉

---

① 下凡的神。

迎镇于葛城山东、下高官冈上,其和魂者犹留彼国,于今祭祀"。大倭葛城神社于奈良朝末期。

从任那开府到百济服属,倭国在秦韩、马韩开疆拓土,设置官家,将朝鲜半岛的西海岸纳入版图,开辟了与吴国交流的便利港口。随着时间推移,难波都城逐渐繁华起来。因此,一方面,皇族贵族骄奢淫逸,同时相互倾轧,争权夺势。另一方面,人们在衣食住上追求华美。从中国大陆传来各种技术、艺术,促进了倭国的改革和进步。这是时代的要求。在应神天皇、仁德天皇时期,出现了大量的纺织工和裁缝。在继承了这些成果的基础上,雄略天皇兴起蚕织业,让后妃从事蚕桑业。雄略天皇命蝈蠃聚集蚕宝宝,赐其姓名为小子部连雷。这项事业也是在两位皇后的协助下完成的。据《姓氏录》记载,"秦忌寸、普洞王男秦公酒、雄略天皇在位期间,在普洞王时,秦民总被劫掠,今见在者十不存一。请遣敕使,挑拣、召集。天皇遣小子部连雷率大隅阿多隼人等搜刮纠集,得秦民九十二部,一万八千六百七十人,遂赐予酒。爰率秦民养蚕织绢,诣阙贡进,如丘如山,积蓄朝廷,天皇嘉之,特降龙命,赐号曰禹都万佐"。在仁德天皇一朝,秦氏被赐姓"波陀",也是"秦"这个汉字的训读。其实"波陀"应该是"机"的意思。然而,秦氏被臣连等掠夺其民,导致产业凋零。因此,雄略天皇重振蚕织业。当时,京畿贵族堪称豪强,越来越跋扈,不断扩张领地领民,以此攀比富贵,穷奢极欲。他们的开拓地从畿甸到一直到朝鲜,占领的疆土颇多。此时,雄略天皇回收臣连所占领的部民,将贡品缴纳公府,因此将"秦"训读为"禹都麻佐",以示嘉奖。禹都麻佐是个美称。《古语拾遗》中写道:"自此而后,诸国贡调年年盈溢,更立大藏。令苏我满智宿祢检校三藏,秦氏出纳其物。东西文氏勘录其簿。是以汉氏赐姓为内藏、大藏。令秦汉二氏为内藏、大藏主簿。此乃藏部之缘也。"藏部始于履中天皇一朝。苏我满智宿弥是当时的大臣。当时,已经过去三十余年。因此,苏我满智宿弥成为雄略天皇在位时的第一元老。秦汉二氏将苏我满智宿弥奉为三藏检校。苏我满智宿弥掌握着国家的财源。与此同时,他还执掌苏我氏的家政。这些都是从这时开始的。苏我氏的威势也是从此时开始积累的。

直到此时，贵族还是被神道政治支配着，墨守旧习，非常害怕神灵。他们的知识尚处于蒙昧阶段。自应神天皇以来，从大陆引进文书、学术、政治、国际视野、工艺等。文明事宜被委托给第二阶层的人们。他们中大部分是归化人。京畿有诸藩的忌寸①，相当烦琐。这也是开始于这个时期。在《雄略纪》的二年冬十月，"是月置史部，天皇以心为师。唯所爱宠史部身狭村主青、桧隈民使博德等也"。据《姓氏录》记载，"牟佐村主出自吴孙权男高也。桧前村主出自汉高祖男齐王肥"。据《宋书》记载，"有倭王赞之使司马曹达"。这是来自晋的归化姓。史部是天皇的内史，是出纳敕令之处。在《姓氏录》的藩别中，此时兴起的家族较多。"又十六年秋七月，诏宜桑国县植桑，又散迁秦氏，使献庸调"。雄略天皇将往年征集的民进一步分配给诸国县。"十月诏聚汉部，定其伴造者赐姓曰直。"汉部有直守两姓。《义解》中将《神祇令》的东西文部称作东汉文直，西汉文守②，将王仁之后的书氏称为汉氏。"西"是指位于河内的人，或称河内汉直。将住在大倭的人称作东汉直，是指阿知、都加等的后裔。但此外还有"文直"。晋宋的归化姓都被编入汉部。

当时，吉备上道臣田狭是任那国国司。雄略天皇派遣田狭子弟君和吉备海部直赤尾二人责问新罗为何不来朝贡大倭。当时，西汉才伎欢因知利在倭国，奏说被称作"巧伎者"的艺人在朝鲜有很多，应该召来。因此，雄略天皇让欢因知利和弟君等一起前往，取道百济，带着敕令书让他们献上"巧伎者"。因为新罗路途遥远，所以弟君没有征伐新罗而回国，将百济进贡的当时走红的才伎集中在大岛，等待顺风回国。任那国司田狭的密使来到大岛说："听说天皇宠幸吾妻，已经生有一子，而今恐怕大祸临头，汝速回百济，吾把守任那，日后不要与日本来往。"弟君之妻樟媛恼恨弟君谋叛，将他杀死埋在室内，然后若无其事地与赤尾住在大岛。雄略天皇派遣日鹰吉士坚磐固安钱来到大岛。雄略天皇又命使者将才伎置于吾砺广津邑。其后，病死者颇多。因此，雄略天皇让大伴大连室屋下诏命东汉直掬将新汉陶部高贵、鞍部坚贵、昼部因斯罗我、锦部定安那、译语

---

① 姓氏。
② 据《续日本书纪》记载，延历十年，东文称直，西文称守。——原注

卯安那等迁居至桃原真神原。有的书上说吉备臣、弟君从百济回国，献上汉手人部、缝衣部、肉人部，因而弟君并未被杀。对京师贵族来说，陶器、马鞍、书图是炫耀富贵的最主要的工具。"译语"是国际交流频繁的产物。"新"也称"今来"是新从刘宋和朝鲜归化来的姓新汉的姓。自此出现了"东、西、新"三汉。今来是指所有新的名称。

　　书和文字同时发展起来，而史书记载的内容皆出于此。斯罗我大概是朝鲜人。此外，吴书也是这一时期传入倭国的。据《姓氏录》记载，"大冈忌寸出自魏文帝之后安贵公也。雄略天皇在位时率四部众归化，男龙善绘工。河内画师陈思王植之后也"。"陈思王植"是指曹植，是魏文帝的弟弟。他的后人是四部众之一。率领部众而来者都是豪族。倭画师以此家族为祖。唐朝杜甫作《丹青引赠曹将军霸》，诗中写道："将军魏武之子孙，于今为庶为清门。英雄割据虽已矣，文采风流今尚存。"进而叙述了改写凌烟阁功臣之事。倭唐之书都是由曹魏王孙才得到发扬，可谓奇事。房屋建筑及室内装饰都是伴随着画的工艺而发展。此时木工也取得长足的进步。据《古事记》记载，"木工猪名部真根以石为质，挥斧斩材，终日不会误伤二人。命斗鸡御田首次建造楼阁"。前文讲过允恭皇后娘家的花园一事。结合起来考虑就会发现，上古瑞篱内的搏风建筑方式至此进一步发展，在占地广阔的花园上建造楼阁。据《姓氏录》记载，"爪工连乃神魂命男多久忍人命之后也。雄略天皇在位期间，造紫盖爪，奉饰御座"。可见在御座上罩了紫盖。又写道："扫部首乃振魏命四世后天忍人命也。雄略天皇在位时掌扫除事。"这是主殿官之始。器材制作也随之得到发展。陶土就是神代的埴安，起源很早。《神武纪》中提到了"严瓮"。其工艺由来已久。到了雄略天皇时期，下诏土师连使进应盛御膳清器者。于是，土师连祖吾笥仍进摄津狭狭村、山背、伊势、丹波、但马、因幡私民部，名曰贽土师部。这与埴轮工一样，都是将陶土制成土坯，进行烧制，形成不上彩釉的土器，作为御膳的清器。大体而言，在日本，直到三百年前，土器都还用于御膳。每次用完之后扔掉，替换方便，非常卫生，很受欢迎。宽永年以后，从朝鲜迁来陶瓷工后，皇室开始使用白瓷。直到近年来日本还在使用土器。漆器之类因为洗了可以再用，所以被认为是不清洁的。据《日本书纪》记载，斗鸡御田盖起楼阁，四面疾驰时，秦酒君侍坐，横琴而弹。这一琴歌被记录下来。古乐器中有琴，始于神代。在雄略天皇时期，琴也是从吴地和朝鲜传来的乐器。据《韩史》记载，"伽耶国嘉悉王制十二弦琴，命于勒造曲奏之，名伽耶"。嘉悉王遣使南齐，被授予"辅国将军加罗国王"称号。由此可知，雄略天皇也是同一时期的人。

第6节 百济重建

新罗慈悲王很久未向倭国进贡。据《韩史》记载，"慈悲六年二月，倭侵歃良城，不克而去。王命伐智德智伏兵于归路，要击大败之。以倭履侵疆土，筑沿边二城"。此事发生在遣宋使的翌年，是先帝时期的事。据《日本书纪》记载，"自天皇继位，新罗背约不进贡，于今八年而大惧中国之心，修好于高丽"。此时，高丽国王琏当国王已经五十年了。高丽国势大振，遣精兵百人卫戍。高丽国军士之一在回国时，对新罗人典马说："汝国不久会被吾所破。"典马闻之逃回，告知新罗国王高丽的卫兵是奸细。于是，新罗人捕杀了新罗国内的高丽兵。一个士兵逃回去讲了事情经过。于是，高丽国王将军队集结在筑足流城，要进攻新罗。新罗危急，向任那王求援。任那王劝膳臣斑鸠、吉备臣小梨、难波吉士赤目子救援新罗。斑鸠等人和高丽兵对阵十余日，掘地道，用奇兵，大破高丽军队，之后对新罗王说："汝至弱，与至强作战，倭国官军如不救汝，新罗将成为高丽的领土，从今往后不得背叛天朝。"之后班师。新罗地处偏僻，却总在国际交往中冥顽不化。

此时，高丽形势越来越堪忧。允恭天皇要征讨高丽，未成行就驾崩了。之后，高丽又觊觎百济领土。对于高丽情况，坪井九马三的《古朝鲜三国鼎立考》最得要领。坪井九马三认为："句丽长寿王臣琏元年，即东晋义熙九年[①]，中国南朝二十三年、拓跋魏太武帝大延元年乙亥和中国北朝首次通使。"由此可知，高

---

① 413年。

丽采取了拓地通商的国策，和北魏勾结，建立鞑靼同盟削弱百济，袭击新罗。几乎年年如此。此外，高丽和刘宋开展贸易，达到富国强兵的目的。盖卤王的上表中写道："藩卑之辞，内怀凶祸，豕突之行或南通刘氏，北约蠕蠕，共相唇齿。"说的就是这个事情，讲的是"贡献"一事。中国历朝唯我独尊，在交往时绝不与他国同等同格。因此，要与中国通商需要奉其为正朔，上表、贡方物、乞求封爵。这样一来，中国才嘉奖慕义诚欵，作为报赐下赐同等价值的国产品，并封给一定的爵位。据《南齐书·东夷传》记载，中国当时封日本天皇为"使持节都督倭、新罗、任那、加罗、秦韩、慕韩、六国诸军事、镇东大将军"。据《明史》记载，明代曾封"日本国王"。大同小异，不拘泥于文字的表面意思，单就其实际意义而言，"方物"是指货物。"朝贡"是指交货。"报赐"是指等价交换。"封爵"是指通商执照之意。只要进贡方物，什么事情都好说，这是当时中国王朝的规则。这一做法一直延续到清朝初年。在伊霍夫的《荷兰东印度公司中国纪行》也记录了相同的事情，还说被问及方物的实际价值。当时正是因为方物的实际价值不详才被询问的，因此做了解释。据坪井九马三讲，高丽国王琏历经六十余年的努力积蓄国力。当时已经有了国际惯例，而高丽和百济两国之间有宿仇。这一点和前一章的论述大致相同。到了雄略天皇时期，高丽派出奸细蛊惑百济王。《百济史》上记录了这件事情。大概内容如下：百济盖卤王喜欢下围棋。浮屠道琳因为获罪逃到百济。盖卤王封他为国手。二人关系很近。道琳瞅准时机劝说盖卤王：百济国有天险作屏障，国家富有。然而，城郭、宫殿过于简陋，不能给人以威严之感。盖卤王听信其言，征收税赋，让国人修筑城池。这样一来，府库钱粮耗尽，国民疲敝，民不聊生。达到目的后，道琳逃回高丽国，一五一十禀奏高丽国王。于是，高丽国王开始着手准备消失百济。在高丽做准备期间，两国之间暂时平安无事。因此，倭国也比较懈怠。

　　如上所述，高丽与北魏结盟，而百济与南朝刘宋通好。然而，这些国际关系并非基于为了对付仇敌国家而结成的战争同盟。只不过高丽和北魏接壤，而百济和吴，即刘宋隔岸相望，在地理上、习惯上以及通商往来上非常方便而已。高丽也与刘宋互通使者。据《魏书·百济传》记载，在道琳逃回高丽后，在献文帝五年^①,百济王余庆上表说:"臣和高句丽都源于夫余,彼祖钊废弃邻国友谊,凌践边境,是故臣祖须整顿人马斩了贼首。"接着写了前面讲过的《古朝鲜三国鼎立考》中的文句。百济王余庆又说:"恳请百济讨伐高句丽,进而与靺鞨结盟促进此事。北魏派遣使者,下了诏谕。"想必百济也将此事奏禀了倭国。劝阻战争是大国对盟国应尽的情谊。之后,即便开战,也不会助战,也不会绝交,保持中立即可。这是一贯的套路。据《古事记》记载,"二十年冬,高丽王大发军兵,讨伐百济"。"二十年"就是丙辰年。据《百济纪》记载,"盖卤王乙卯年冬,貊大军来攻大城,七日七夜,王城降陷,遂失尉礼,国王及大后、王子等皆没敌手"。因此应该是十九年的事情。尉礼就是今天的忠清道稷山,当时百济被高丽大兵所逼,舍弃汉山,迁都至此。据《韩史》记载,百济王子对文周^②说:"吾愚钝,信用奸人,以至如此,谁肯力战?为国而死正当此时。汝暂躲避,以存宗祀。二人诀别。文周与木力满致、祖弥荣等向南奔去。王关闭城门不战,高丽兵三万围城七日,顺风纵火。王无奈出王城往西逃走。高丽兵捕获王而杀之,虏获男女八千而归。"

据《日本书纪》记载,"爰有少许遗众,聚居仓下,兵粮既尽,忧泣兹深。高丽诸将言于王曰:百济心许,非常恐更蔓生,请遂除之。王曰:不可矣。百济者日本国之官家所由来远久矣,又王入仕天皇,四邻所共识也,遂止之"。高丽虽然灭了百济,但非常畏惮倭国。因此,"翌年三月,天皇闻百济为高丽所破,以久麻那利赐汶洲王,救兴其国。时人皆云:百济国虽属既亡,聚忧仓下,实赖于天皇,更造其国"。又引《日本旧记》注道:"云以久麻那利,赐末多王,盖是误也。久麻那利者任那国下哆呼利县之别邑也。"久麻那利就是熊津,位于今天的忠清道公州,在锦江的上游。"仓下"是屯仓下之意。任那府的管辖之地即官家。因此,自从应神天皇时百济降服以来,日本将马韩之地收于全罗道、忠清道两道,设置官家,开疆拓土。在《古朝鲜三国鼎立考》中,坪井九马三讲指出:"百济为了向海外各国寻求邦交关系而不遗余力。"据《北史》记载,"魏延兴二年^③上表……自通晋宋,据江左,亦遣使上表受封爵,亦与魏不绝"。这几句话简单扼要,颇得要

---

① 乙酉宋明帝景和五年。——原注
② 应该是王弟。——原注
③ 472年。

领。仅凭"百济者日本之官家,所由来源久"这几句不能断定百济就是倭国的附庸国,仅说明百济对倭国尽忠节而已。这样认为就大错特错了。我起初也这样认为,但经过仔细思考发现,正如坪井九马三讲所论述,朝贡、封爵是国际上的惯例,其实相当于通商条约。百济和吴魏通好也是基于地理位置便利的考虑。允恭天皇以后,根据"六国诸军事"这个官衔对百济有统治权,但允许百济有独立外交权。这样做是为了给百济带来利益。为了与吴,即刘宋往来,日本需要从百济的港口沿着山东的南岸到达吴的江口。这一点可以从下面倭国上的表文中得到印证,也可以从倭国经由百济输入中国的文化这一点得到印证。然而,由于百济"变诈反复",倭国并未将百济的甜言蜜语信以为真,认为它忠诚可靠。据《韩史》记载:"文周求救于新罗,得兵一万,比还城破王死,高丽兵已退,遂即位,性柔少断,然亦爱民,冬十月,百济移都熊津。"《日本书纪》记载了仓下忧泣之事,称"熊津忘记倭官家所赐再建百济之恩"。假定尉礼城陷为冬天,那么文周大概是在月末到的熊津。天皇赐任那哆呼利应该是在翌年丙辰春,是之后的事情。

《日本书纪》以文饰为主。年月经常混乱。这堪称恨事。雄略天皇于九年春二月派凡河内直香赐和采女祭祀胸方神。九年三月雄略天皇想御驾亲征新罗,但神告诫说"不可前往"。因此,此事未能成行。雄略天皇转而派纪小弓、苏我韩子、大伴谈、纪小鹿火四将讨伐新罗。特别是将吉备上道的采女赐予纪小弓,让她随行侍奉。四将进入新罗,屠戮旁郡。新罗王军溃夜逃。新罗属地全部平定,但余众不降。大伴谈及纪冈、前来目连等力战而死,大将军纪小弓也病薨,故其子大磐驰奔新罗。这样一来,大磐与纪小鹿火产生罅隙,又与苏我韩子不和。百济王听说诸将因小事不和,派人到苏我韩子那里对他说希望他视察边界。于是,苏我韩子和大磐一起前往边界。在到河边时,两人互射。大磐在河中流射落苏我韩子,还不到百济便退了回去。苏我韩子是苏我满智宿弥之子。采女大海扶着纪小弓的灵柩回国。雄略天皇命令大伴室屋将纪小弓葬于田身轮。采女大海派韩六口到室屋那里,这就是蚊岛田邑家人部。纪小鹿火因为给纪小弓治丧而留在角国①,以倭子连为使将八尺镜献给室屋,祈请道:"吾不堪与纪卿共事天朝,

---

① 今周防郡。——原注

请室屋奏请天皇允许我住在角国。"角臣始于此时。《新罗史》称"慈悲二十一年丁巳夏五月,倭人举兵,五道来侵,竟无功而还",指的正是这支军队。因此,赐予百济熊川城、重建百济是纪小弓征讨新罗前一年的事情。《韩史》中写道:"文周求救于新罗,得兵一万,比还城破王死,高丽兵已经退去,性柔少断,然亦爱民,冬十月,百济移都熊津。"在"仓下忧泣"一事属于文饰。翌年大倭赐予其熊津官家,不久就讨论天皇亲征一事,结果决定由纪小弓等人渡朝鲜征讨。这才是正确的时间顺序。

《宋书》记载道:"昇明三年戊午[①],倭王武上表。"这又是其翌年的事情。《日本书纪》记载道:"八年春二月,遣身狭、村主青、桧隈民使博德使于吴国。十年秋九月,身狭、村主青等将吴所献二鹅送于筑紫。"《日本书纪》中的年月不可信。这个使者应该是昇明三年的使者。其表记录在《宋书》中,是日本所存最早的文书。内容如下:"封国偏远作藩于外,自昔祖祢躬擐甲胄,跋涉山川,不遑宁处,东征毛人五十五国,西服众夷六十六国,渡平海北九十五国,王道融泰,廓土遐畿,累叶朝宗,不衍于岁。臣虽下愚,忝胤先绪,驱率所统,归崇天极,道遥百济,装治船舫,而句丽无道,图欲见吞掠抄边隶,虔刘不已,每致滞留,以失良风,虽曰进路,或通或不,臣亡考济实忿寇雠壅滞天路,控弦百万,义声感激,方欲大举,奄丧父兄,使垂成之功不获一篑。居在谅暗,不动兵甲,是以偃息,未捷至今,欲练甲治兵,申父兄之志,义士虎贲,文武效功,白刃交前亦所不顾,若以帝德覆载,摧此疆敌,克靖方难,无替前功,窃自假开府仪,同三司,其余咸假授,以劝忠节。"

刘宋得到此表,下诏封"武"为"使持节都督倭、新罗、任那、加罗、秦韩、慕韩、六国诸军事、安东大将军倭王",与元嘉封爵相比加了一个"大"字。此表文没有冗字浮辞。沈约等撰《宋书》时,大概对表文有所削减修改。即便如此,句子结构仍然甚美。"王道融泰,廓土遐畿"等其他几句是在自夸国威。有关国际形势只不过是后面聊聊数句,而以句丽妨碍进贡道路为由而说事情可谓名正言顺。这肯定出自使者,也是允恭天皇所宠信的史部青博德等人之笔。此表明

---

① 479年。——原注

确表达了允恭天皇征讨高丽的志向，还阐明了百济是与吴往来的港口等事。"自假假授"是出师之后所写的文章。前一年丁巳纪小弓等人渡朝鲜保存了百济，征发新罗，征讨高丽。在这一战中，纪小弓病死，诸将不和，最终班师回国。事情已经结束。派遣宋使应该是前一年丁巳或者再前一年的丙辰。使者经过朝鲜到吴地，于戊午年的春天回国。

据《日本书纪》记载，"十二年夏四月，身狭村主青、桧隈民使搏德出使于吴，十四年春正月，身狭村主青等和吴国使将吴所献手末才伎汉织、吴织及缝衣兄媛弟媛等泊于住吉津，是月为吴客道通矶齿津路，名吴坂。三月，命臣连迎吴使，即安置于桧隈野，因名吴原"。据《南齐书》记载，"高帝建元元年己未，进新除使持节都督倭、新罗、任那、加罗、秦韩、慕韩、六国诸军事、安东大将军倭王武号为镇东大将军"。在前使回朝之后，萧道成接受宋的禅让，称齐帝。故天皇又遣二人到齐。天皇从安东大将军升任镇东大将军。齐派封爵使于庚申年和倭国二使一起来到倭国，受到厚待。然而，当时并非是十四年。就矶齿津而言，《万叶集》的《游览住吉滨还宫歌》中有"四八津之泉郎"一句。住吉浦又称"矶齿津"。据《日本书纪》记载，就南齐献来的伎女而言，"以衣缝兄媛奉大三轮神，以弟媛为汉衣缝部也。汉织、吴织、缝衣是飞鸟缝衣部缝部伊势缝衣部之先也"。后来在飞鸟缝衣的宅地上建了法隆寺。《日本书纪》记载道："四月，天皇要见吴客，选根使主与其共食，在石上高拔原宴请吴客。"此时，大草香皇子身着珠鬘，旧恶显露，这件事在前一章讲过了。

百济王汝周在丁巳年被解仇弑杀。太子文斤即位，抓住解仇，将他诛杀。己未年，文斤又薨。据《日本书纪》记载，"二十三年，天皇以昆支王五子中第二末多王幼年聪明，敕唤大内，亲抚头面，戒敕殷勤，使王其国，仍赐兵器，并遣筑紫国军士五百人卫送于国，是为东城王，是岁百济调赋益于常例"。这是遣使南齐的那一年。从百济重建开始已经更替了三个王。据《钦明纪》记载，"天皇大泊濑幼武在位期间，百济被高丽所逼，势如累卵。天皇命神祇伯敬献策于神祇，神祇传话，屈请建邦之神，往救将亡之国。此处指百济也。进行祭祀。不久彼辍而不祭"，说的应该是这一时期的事情。佛教开始全面在中国大陆传播。

其潮流已经浸润朝鲜。从先帝之时开始，新罗、加罗都信仰佛教，进而传播至整个朝鲜半岛。此时，只有大倭还在实施神道政治。神谕频繁降临。朝廷以此来决定大事。尽管儒学传入倭国，但收效不大。当时，文书、财务账本及国际要务都委托给宋和朝鲜的归化人。可想而知海北藩国的统治很不牢固。任那离叛也是发生在这一时期，值得注意。《日本书纪》的纪年造成史实紊乱，事到如今也无法更正。但通过与汉史、《韩史》比较，我们可以对此进行梳理。据《日本书纪》记载，"在立百济东城王的那一年，天皇命筑紫的安致臣、马饲臣等率领船帅进攻高丽。同年八月，天皇驾崩"。然而，天皇驾崩是后来的事情，时隔多年。据《韩史》记载，辛酉年，高丽吞并靺鞨，袭击新罗，拔七城。新罗的炤智王集合百济、任那之兵征伐高丽，在泥河以西大败高丽。甲子年，高丽又袭击新罗，破之。百济兵在每山城下破高丽。这件事情与安致臣、马饲臣诸将进攻高丽关系密切。据《日本书纪》记载，显宗帝三年，纪生磐①据守任那，与高丽勾结，修筑带山城，断了运粮之水路。百济王大怒，发兵来攻。纪生磐兵力衰竭，从任那逃回。《日本书纪》中讲的"显宗帝三年"相当于丁卯年。虽然无法确信，但纪大磐为奔父丧来到朝鲜并在任那专权是丁巳年十一年后的事情。因此，上述事件大体上是发生在丁巳年。贵族之跋扈强暴由此可见一斑。任那形势越来越混乱。

　　丁卯年，高丽国王迁都平壤，将丸都和国内城作为别都，辛未年驾崩，在位长达七十九年之久，号长寿王。其孙云继位。国势衰落。百济东城王末多在位二十二年，辛巳年被弑杀。立乌为王，史称武宁王。此时相当于雄略天皇末年。前一年，新罗王炤智王薨。智证王继位，进一步吸收中国文化，振兴国政，甚至用兵任那。

　　雄略天皇驾崩最早也不会到壬午年，在位时间长达四十年。据《梁书》记载，"梁武帝天监元年②壬午，进倭王武，号征东大将军"。从南齐武帝建元元年③己未到天监壬午年的二十三年里没有记录其使者来往之事，但是都是雄略

---

① 纪小弓之子。——原注
② 502年。
③ 479年。

显宗天皇

天皇一代的事情。可以断定雄略天皇驾崩于壬午年左右。自此，经过清宁天皇、显宗天皇、仁贤天皇、武烈天皇、继体天皇、安闲天皇，直到宣化天皇于辛亥年驾崩，仅仅不过三十年。《日本书纪》中将在此期间直到武烈天皇的事情都说成是雄略天皇一朝发生的。此外还有许多史实需要整理。

第7节 日本内地各国的动静

在成童时期，雄略天皇遇到先帝之变乱，血气方刚，很任性地惨杀五个皇子，这才登基。之后，再也没有觊觎京师的皇子。回想这段历史，麛坂、忍熊二王被杀，胎中天皇这才继位。武内一族权势熏天。而今经过三世，在七八个皇子被杀后，天皇的皇位才巩固。平群、苏我、大伴、物部四族权势不断增强。皇统凋零，强臣却尾大不掉。形势岌岌可危。正当此时，远近国郡有何动静？虽然史书上没有记载，但我们可以根据原来皇室藩屏的大致框架断定，从神功皇后起，丹波主家的家族分为多个旁支，势力逐渐衰落，而后杳无音信。

筑紫的统治权从奴国系统转移到伊贺阿倍家族，成为筑紫国造，而今逐渐演化为筑丰肥等分支，和奴国的阿云连合并。阿云连也在大倭建宅邸，成为一个贵族，仍然有一定的势力。山神吾田国的后裔已经无从查找。阿多大角隼人竭尽全力召集秦民，但熊袭隼人依然是化外之民，在清宁天皇在位期间归化倭国。当和珥氏的任那府被吉备臣取代之后，武内诸族每每渡朝鲜领兵。筑紫对朝鲜树立了威严。此三大家族本身与新罗、加罗的离合有着藕断丝连的联系。在历史上，关于东北的边国的记录最少，几乎是空白。但可以肯定的是镇压东夷的应该是毛野臣一族，是东山都督府之后裔。镇压北狄的应该是越国造阿倍氏。百济和高丽都与鞑鞨结盟，相互争斗。因此，其波动必然影响到倭国东北。毛野家族和越家族分别负责予以应对。日本逐渐进入多事之秋。下面对国郡之间发生的事情、变动进行论述。

在雄略天皇初年，舍人吉备的弓削部空虚，请求回家，但回到家后却被吉备下道臣前津屋挽留，数月不能上京。雄略天皇派遣身毛君丈夫召他回京。身毛君丈夫归京后禀奏道："前津屋将小女儿扮作天皇的人，将大女儿扮作自己的人，让二人竞争，看到小女儿获胜，拔刀斩杀了她。又叫过来小雄鸡，假定是天皇的鸡，拔毛、剪掉翅膀。又叫来大雄鸡，将其作为自己的鸡，起名铃和金矩，让它们争斗。小鸡胜利了，也被杀掉了。"听说这件事情后，雄略天皇派物部士兵诛杀前津屋及其族人七十人。此外，吉备上道臣田狭被任命为任那国司，在该地有一些不臣的举动。播磨国御井隈的人文石小麻吕实力雄厚，并且很要强，行径暴虐，在路上抢劫，阻止人们通行，还在水上拦截商旅，劫掠其财物，违反国法，不纳租税。因此，雄略天皇派春日小野臣大树率敢死之士手拿火炬包围人文石小麻吕住宅，放火烧杀。在火光中，像白狗马一样的东西上蹿下跳，十分凶猛，冲春日小野臣大树扑来。春日小野臣大树毫无惧色，拔刀斩杀此物。结果白狗马竟然化作人文石小麻吕。

在京畿，狭穗彦的后裔齿田根强奸采女，被抓了起来。物部目大连责问他的罪过。齿田根用八匹马、八口大刀贿赂物部目大连，企图逃避罪责。然而，这些物品被物部目大连当众在河内饵香市展示。因此，雄略天皇将饵香长野邑赐予物部目大连。由于根使主的旧恶败露，不仅他子孙的士籍被褫夺，而且他本人也要被处斩。因此，根使主逃到日根，修筑稻城备战，最终被官军杀死。根使主的领地被一分为二。一部分分给皇后的大草香部，一部分分给茅渟县主，成为"负袋者"。天皇将大草香部吉士的姓赐给难波吉士香香的子孙。事情告一段落后，其子小根使主说："天皇的城池并不坚固，我父亲的城池很坚固。"听到这些话，雄略天皇让人去查看，果如其言，因此又将小根使主收监并杀死，将小根使主一族改姓为坂本臣。由此可见，强族是如何难以制服。

就东国而言，雄略天皇派物部兔代宿祢到东国，征伐伊势的朝日郎。朝日郎在伊贺、青墓进行抵抗，自恃善射，称"我发的箭能穿透双层甲胄，谁人能挡？"兔代宿祢听到这番话非常恐惧，不敢进攻。双方相持两天一夜。物部目忍不住，让筑紫闻的大斧手手持盾牌，然后喝令军中一起冲向敌阵。朝日郎远远地看到这些，射穿大斧手的盾牌。其箭穿透双重甲胄，深入肌肉一寸多深。然而，大斧手依然用盾牌遮住物部目。最后，物部目终于抓住朝日郎，将他斩首。兔代宿祢自愧不能取胜，一连七日没有向雄略天皇复命。雄略天皇怪之。侍臣赞岐田虫别向雄略天皇讲了事情的经过。闻听此言，雄略天皇剥夺了兔代宿祢的猪名部，赏赐给物部目。朝日与朝明相同。伊贺青墓也写作阿保家。古代将阿保家称作敢国。敢国神社位于府中，是阿倍家族的领地。据说在敢国神社近有青墓，但尚不确定。猪名部就是员辨郡，本来是朝日部的领地，没收后赏赐给兔代宿祢。因为鸟官失职，家禽被兔田人的狗咬死，所以雄略天皇非常震怒，处以鸟官黥面之刑，将他贬到鸟养部。在侍宿时，信浓、武藏两国的直丁聊天说："有人说我国的小鸟聚集起来就会成为高高的坟冢，结果被天皇听到，被处以黥面之刑。这样的天皇堪称暴君。"诽谤雄略天皇这件事传到雄略天皇耳朵里。于是，雄略天皇命令直丁收集小鸟。因为短时间内不能找到这么多，所以直丁也被贬到鸟养部。要刑罚木工猪名部真名时，传达赦免令的使者乘甲斐国的黑驹来到现场。这些都可以作为研究当时东国情况的史实来利用。

这一时期，高丽和靺鞨出现了合并的倾向。这一点前面已经讲过。这一形势必然会对日本东北产生影响。毛野臣、越国造方面必定会竭尽全力予以镇抚。然而，在日本国史上无法对其详细情况进行考察。雄略天皇驾崩后发生了虾夷发生动乱这件事情。吉备臣尾代任征新罗将军前去赴任。当他到达吉备国路过家门时，所率的五百虾夷人密谋："统治吾国的天皇已经驾崩，机不可失"，于是召集虾夷人侵寇旁郡。于是，吉备臣尾代从家里骑马奔来，和虾夷在娑婆水门相遇，打了起来。吉备臣尾代想要用箭射死虾夷，但众虾夷或跳或伏，巧妙地避开箭，没有被射到。于是，吉备臣尾代弓弦向着海滨空弹，射杀了跳伏的两队虾夷，进而让士兵追赶，追到丹波国浦挂水门，全部歼灭了他们。吉备不熟悉娑婆、丹波国浦挂水门及这些地方的地理情况，而且地理上南北隔离，战况不明，指挥难以统一。有和歌记载了这一情况，但多为牵强附会的捏造。不过可以推测，征新罗的虾夷兵到了吉备，发生叛乱，然后被歼灭了。这一点应该是史实。前文讲过，中国地区从上古以来就有虾夷、高志人的聚落。这些都是导火线，相互影响而生变。另外，关东筑紫经常换防的情况也有。毛野臣、阿倍臣被任命为征朝鲜的将军的案例前后也有。虽然《日本书纪》的文字记录不太确切，但综合考虑，里面必有很深的缘故。这样一来，到了清宁天皇三年，"海表的诸藩遣使进贡，翌四年八月，虾夷隼人归附大倭"。虽然记录的文字相当粗略，但可以得知这一时期新罗、任那及靺鞨等动荡不安。随着这一形势的发展，东面的虾夷、西面的熊袭也不安分。日本形势不容乐观。

继位时，雄略天皇十七岁或十八岁。从庚子年到壬午年有四十三年。雄略天皇在位约四十年，寿命不到六十岁。草香皇后没有皇子，因此立元妃葛城韩媛所生的白发皇子为太子。次妃吉备稚媛生有磐城、星川二皇子。雄略天皇认为星川皇子资质暴虐，在临终之际将太子托付于大伴室屋大连、东汉掬二氏。《古事记》中没有这两个皇子①的记录。室屋掬时代稍晚，是氏而非名。这一点毋庸置疑。然而，雄略天皇向二臣托孤之诏完全剽窃了《隋书》的高祖仁寿四年七月的遗诏，只是改动了一些数字而已。这一点颇令人生疑。《日本书纪》以文辞来文饰史实，剽窃的例子不少，但并非完全无中生有、虚构故事。《古事记》的记录在允恭天皇之后逐渐倾向于劣质，因而很难断定没有这两个皇子。雄略天皇驾崩之后反复发生争位之变乱也是不争的事实。

变乱发生在雄略天皇驾崩之后。吉备稚媛暗地里希望少子星川皇子登上天位，就教唆他首先要拿下大藏官。星川皇子的兄长磐城皇子听说母亲的这一阴谋之后劝阻道："太子是我弟弟，怎能欺负他？这种事情做不得。"然而，星川皇子不听，按照母亲的教唆取了大藏，关闭外门，任意弄权，挥霍公物，网络党羽。大伴室屋对东汉掬说："正如先帝遗诏所说，汝宜根据圣旨拥戴太子"，乃令军士围住大藏，封锁外边，关住大门，开始纵火。星川皇子、吉备稚媛及磐城皇子、兄君②、城丘前来目都被烧死在里面。唯独三野县主小根避火逃出。草香部吉士拜托汉彦向室屋乞求饶命才得到恩赦。因此，作为报答，草香部吉士将难波来目邑大井户之田十町赠给室屋，也给汉彦赠了田地。据《姓氏录》记载，"在河内神别中，美努连是角碍魂命四世孙、天汤川田奈命之后"。小根大概是其后裔。作为恩赦的回报赠送田地开始于此时，不免有行贿、受贿之嫌。吉备上道臣听说作乱，要援助其女儿腹中所生皇子，率兵船四十艘从海路而来，遮天蔽日，但听说叛贼都烧死后又原路折返。朝廷遣使问责吉备上道臣，没收了他的山部。此时，强藩生不轨之事的苗头有增多之势。

第二年正月，太子在磐余的甕栗宫继位，史称清宁天皇，尊葛城韩媛为皇太夫人。大伴室屋大连和平群真岛大臣官职如旧。清宁天皇生下来就是白发，故称白发大倭根子尊。清宁天皇的皇后、皇子都已不在世。清宁天皇在名代，即机构上设置白发部舍人、膳夫、靭负。在继位的第二年，清宁天皇举行大尝会。设置御名代部是履中天皇以来的惯例。从天照大神时期开始，每年都举行新尝祭，

---

① 指磐城、星川二皇子。
② 异父兄。——原注

其起源更早，但天皇继位后的新尝祭以此为始。在清宁天皇继位第二年，海表诸藩都遣使进贡，故第二年正月在朝堂上举行宴会，赏赐物品。那一年有虾夷隼人来归附。史书记录非常简略，无从仔细考证。《南史》中说梁武帝遣使，这应该是在清宁天皇初年，这项内容也是一系列仪式中的一个。清宁天皇身体较弱，故《日本书纪》称"五年崩"。就其年龄而言，据《神皇正统记》记载是三十九岁。该以哪本史书为准让人举棋不定。雄略天皇的长子是磐城皇子。清宁天皇虽然是磐之媛命所生，却是次子，是雄略天皇继位四到五年后所生。这样算来，清宁天皇应该是三十五岁或三十六岁时驾崩的。

干支纪年	倭国	中国	朝鲜	西历
丙午	仲哀天皇崩应神天皇生	晋穆帝永和二年	近肖古王元年	346年
甲子	百济遣使卓淳	晋哀帝兴宁二年		364年
己巳	百济首次来使，诸将征新罗	晋废帝太和四年		369年
辛未		晋简文帝咸安元年	伐高丽，杀王钊	371年
乙亥	百济背古薨子贵须立，神功皇后薨	晋孝武帝宁康三年	近肖古王薨子仇首立	375年
壬午	沙至彦伐新罗，百济贵须薨子枕流立	晋孝武帝太元一年		376年
甲申	百济贵须薨子枕流立	晋孝武帝太元九年	百济仇首殂子枕流立	384年
乙酉	枕流薨辰斯夺立	晋孝武帝太元十年	枕流薨辰斯夺立	385年
辛卯	纪角等伐百济	晋孝武帝太元十六年	谈德立	391年
壬辰	百济立阿花	晋孝武帝太元十七年	杀辰斯，阿花立	392年
丙申	韩人作池	晋孝武帝太元二十一年	高丽入百济	396年
丁酉	百济人来倭	晋安帝隆安元年		397年
乙亥	诸将伐新罗	晋安帝隆安三年		399年
壬寅	新罗未斯欣来做人质	晋安帝元兴元年	奈勿殂实圣立	402年
甲辰	水师进入带方	晋安帝元兴三年	倭入带方界	404年
乙巳	百济阿花薨子直	晋安帝义熙元年	枕流殂子腆支立	405年

己酉	高丽入质	晋安帝义熙五年		409年
壬子	修难波宫	晋安帝义熙八年	谈德殂子琏立	412年
甲寅		晋安帝义熙十年	直支殂久尔立	414年
丁巳		晋安帝义熙十三年	讷祇弑实圣自立	417年
辛酉	倭瓒上表宋	宋武帝永初二年		421年
乙丑	倭瓒上表	宋文帝元嘉二年	百济王毗有立	425年
庚午	吴使入贡	宋文帝元嘉七年		430年
癸未	倭济通宋	宋文帝元嘉二十年		443年
辛卯	倭济又通宋	宋文帝元嘉二十八年		451年
己亥	允恭天皇崩	宋孝武帝大明三年	新罗讷祇殂子慈悲立	459年
庚子	倭世子兴通宋	宋孝武帝大明四年		460年
壬寅	安康天皇被弑杀，吴使来	宋孝武帝大明六年	倭攻歃良城	462年
癸卯		宋孝武帝大明七年		463年
乙卯	高丽百济杀盖卤	宋后废帝元徽三年	高丽灭百济，文周立	475年
丙辰	百济国再兴于熊川	宋后废帝元徽四年		476年
丁巳	纪小弓等伐新罗	宋顺帝昇明元年	倭五道来攻新罗，百济文周被杀	477年
戊午	身狭青桧前博德出使吴	宋顺帝昇明二年	文斤立	478年
己未	身狭青桧前博德出使齐	齐高帝建元元年	文斤殂子末多立	479年
庚申	齐遣使	齐高帝建元二年		480年
辛酉		齐高帝建元三年	高丽与靺鞨伐新罗	481年
丁卯	武帝永明	齐高帝建元五年	高丽迁都平壤	483年
辛未		齐高帝建元九年	高丽王琏殂孙云立	487年
辛巳		齐和帝中兴元年	百济末多被弑，斯麻立	501年
壬午	雄略天皇崩	梁武帝天监元年		502年
癸未		梁武帝天监二年		503年
丁亥	清宁天皇崩	梁武帝天监六年		507年

从应神天皇降生到历代天皇的年次有的是可以断定的，列举如上，以便检索。之后二十五年经历了显宗天皇、仁贤天皇、武烈天皇、继体天皇、安闲天皇和宣化天皇。壬子年钦明天皇继位。关于帝王世代更替的实录下一章详述。

第 16 章

任那、筑紫之变动

第1节　皇统衰微和继体天皇继位

　　清宁天皇之后三十年里更迭了七位天皇。一方面，这是由皇统衰微、皇位继承更迭过于剧烈造成的。另一方面，在钦明天皇之前的七十年里，按照父子相传的方法继承皇位的只有三个天皇。平均每个天皇的在位时间并不算短，算不上"异变"。

　　从应神天皇诞生到雄略天皇驾崩共出现四位天皇，共计一百五十七年。而之后的三位天皇在位时间共计七十年。在皇位父子相传的情况下，七位天皇历经二百二十七年。算上末子继承的一位天皇，共计八位天皇。

　　在星川皇子之变中，雄略天皇的皇子也死于非命，堪称是孽果的轮回。清宁天皇羸弱，膝下无子，时间不长就驾崩了。本来枝繁叶茂的皇统而今也奄奄一息了。据《古事记》记载，"天皇崩后无可治天下之王也。天皇问哪个皇子能继承皇位。市边忍齿别王之妹忍海郎女亦名饭丰王，坐葛城忍海之角刺宫也。而山部连小盾任针间国之宰时，假宫而贡上驿使，于是其饭丰王闻，欢而令上于宫，故将治天下之问"，记录了仁贤天皇、显宗天皇到针间的事情。记载应该属实。就两位天皇及饭丰青皇女的事情而言，《日本书纪》和《古事记》中的记录不同之处颇多。显而易见，不少地方加了虚构的成分。就缩见高野宫的遗址而言，针间国的国司很早就在当地建造宫殿,并住在那里,还和春日大娘结婚。在生下武烈天皇之后,针间国司谋求继承清宁天皇的皇位,跟角刺宫的饭丰王讲了这件事情。此事颇为复杂,容易混淆,下面以《日本书纪》和《古事记》中的记载为据,对此进行辨析。

起初,市边押磐在猎场被雄略天皇杀害了。市边押磐的两个皇子逃难。《日本书纪》中记载有此事,写道:"帐内日下部和使主子吾田彦一起拥立亿计弘计二皇子,逃到丹波国余社郡,更名为田疾来。仍然害怕被诛杀,遁入播磨国缩见,最终在山中的石屋上吊自杀。"据《古事记》记载,"二皇子遇难逃亡,在山代刈羽井进食时,黥面老人来夺其食物,因而王子说:我虽不吝惜食物,尔是何人?回答说:我乃山代之猪甘"。之后,两位皇子渡过玖须婆诃,进入针间国,藏身于国人志自牟的家中,被马甘、牛甘所役使。这貌似是将猪甘与马甘、牛甘相对应杜撰出的故事。但两位皇子从大倭逃难这一点是事实。正如《日本书纪》所说,两位皇子要去丹波,但走错了路。如《古事记》所说,两位皇子本来应该从山代去针间,但因为年幼,只能依靠帐内日下部使主的庇护。《日本书纪》的这一说法应该是正确的。据《日本书纪》记载,与护卫他们的使主失散后,两位皇子更名"丹波小子",在屯仓首的家里做事,经过了很长的岁月。在此期间,吾田彦不离不弃,严守臣礼。此事也是事实,弥补了《古事记》的不足。

就山部小盾结识两位皇子一事,《日本书纪》记载如下:"清宁天皇为了征收大尝祭所需的供奉品,将伊豫的来目部小盾派到播磨国。小盾巡行郡县,到达赤石郡缩见屯仓,在那里筹集供品,其首忍海部造细目在新室举行宴会,招待小盾。"据《古事记》记载,"在任针间国宰时,该国将人民名简略称为志自牟新室,与其说是大尝祭供品采办使不如说是针间国宰"。《日本书纪》接着记载道:"弘计王对兄长亿计王说:趁此机会,说出真实身份以求富贵,今宵是最后机会。亿计王叹息说:说出真实姓名会被人加害,不说会保全性命。到底该如何是好?二人相抱悲叹说:吾等生来是皇孙,而今却为人饲养牛马,与其这样终其一生不如通报姓名被杀。弟弟聪明伶俐,约好在酒席上自报姓名,在室外下风口等着,细目命皇子在灶旁左右秉烛。酒宴正酣,坐中有人开始起舞,细目对小盾说:

秉烛者的举动很不寻常,应该是有缘者。小盾闻言,亲自抚琴,命秉烛者起舞。二人相让后就开始起舞。小盾咋舌,让皇子速起。因而兄皇子首先舞毕,弟弟接着作室寿,起舞。小盾看罢,兴起,要皇子再舞一曲。于是,皇子再舞一曲,一边报上姓名称:'石上振神椙,是在市边宫治天下的天万国万押磐尊的后裔。'小盾闻言大惊,离席再拜,和属下一起拜服于地,征调郡民造宫殿"。这就是高野宫。据《古事记》记载,"于是盛乐酒酣,皆起舞。烧火小子在二口灶旁。让其小子等起舞。其一小子曰:汝兄先舞。其兄亦说汝弟先舞。值此相让之时,其会人等笑其相让之状,兄遂舞罢,弟行将舞时,歌曰:'物部我夫子,取佩有大刀,手上丹书著,其绪立赤幡,人见赤幡立,五十隐山中,刈割三尾竹,末押靡鱼池,八弦琴来弹。吾祖治天下,伊邪本和气,天皇之御子,市边押齿王,此乃吾身份。'小盾闻言大惊,从床上堕下,将室人等赶出,拉住二皇子悲泣,召集人民营造假宫"。虽然和歌的词句不同,但所叙述的事情大致相同。二者都属于虚构的"敷衍"之谈。首先应该考虑的是:从市边押磐皇子之难到清宁天皇有四十多年。起初两位皇子尚年幼,但而今已经接近五十岁了。将其作为少子来虚构故事属于对史实的无知。《古事记》和《日本书纪》的叙事中夹杂的和歌内容不同足以说明虚构成分颇多。来目部小盾任播磨国司及在缩见屯仓首家的宴会上结识两位皇子是雄略天皇时期的事情。他在高野建造临时宫殿,让两位皇子住在那里。而今京师已经没有皇位继承人了,因此他让饭丰王来到大倭。《日本书纪》认为这事情发生在清宁天皇大尝祭的时候,因此是不可信的。

据《日本书纪》记载,在清宁天皇驾崩后,太子亿计尊让位于弟弟弘计尊,导致皇位虚空。因此,姐姐饭丰青皇女忍海在角刺宫听政。经过数月,饭丰青皇女忍海离世。弘计尊终于继位,史称"显宗天皇"。这一说法其实是错误的。饭丰青皇女名为忍海部皇女,忍海角刺宫是其"本居"。在清宁天皇驾崩后,没有人继承皇位。官员们遵照饭丰青皇女的命令寻找皇位继承人,这才迎回二皇子弘计。《古事记》的这一说法是正确的。本书采纳这一说法。饭丰青皇女并非显宗天皇的姐姐。《古事记》中写作"姨"。《履中纪》中也称饭丰青皇女是清宁天皇之女。但《显宗纪》的注里引用谱第称其是市边押磐的第四女,是显宗天皇的妹妹，排列在亿计尊之上。然而，《钦明纪》的注中写道："帝王本《日本书纪》中古字颇多，以至舛讹，前后失序。"因此，史书所记载的内容很难全信。大概履中天皇的皇女年事已高，居住在忍海，因此群卿商议将其定为皇位继承人"日继"，但不久又驾崩。这一点也是事实，称其摄位是错误的。

显宗天皇继位后，立磐城王之女难波小野王为皇后，进而又寻找父王的遗骨。近江老妪熟知清宁天皇牙齿，在蚊屋野中找到。显宗天皇因而赐予老妪置目之号，让她居住在皇陵近处。显宗天皇将猪甘老人斩于飞鸟河原，赐予来目部小盾山部连姓，以吉备臣为副，赦免了狭狭山君韩岱以充陵户，削去其籍。此外，对日下部吾田彦、忍海部细目等也各有赏罚。《古事记》中遗漏了这些内容。显宗天皇想毁掉雄略天皇的陵墓，但在亿计尊的劝说下打消了这个念头。

继位三年后，显宗天皇就驾崩了。兄长亿计尊继位，史称仁贤天皇，立妃春日大娘为皇后，住在石上广高宫，设置石上部舍人。就天皇的宫殿而言，《日本书纪》的原注里写道："或本云有二所，一宫于川村，一宫于缩见高野，其殿柱至今不朽。"川村即广高宫。因为称"缩见宫殿柱至今不休"，所以可见并非一时暂住的"假宫"。仁贤天皇的在位不过十年左右。皇后春日大娘生下一男六女。太子是第六子，继位时已经成人，无法确定是春日大娘做皇后还是作妃子时所生。因此，我认为，在雄略天皇在位时，国司来目部小盾修建高野宫，雄略天皇让皇子居住，皇子纳庶出的皇女为妃，生下了五六个孩子，因此此事并非是清宁天皇时发生的，否则年龄顺序就会混乱。

在仁显天皇驾崩、太子小泊濑稚鹪鹩尊尚未继位时，大臣平群真鸟久为大臣，专断国政，处事傲慢，称要为小泊濑稚鹪鹩尊修建宫殿，却自己住了进去。其子平群鲔和小泊濑稚鹪鹩尊在歌垣场争夺物部氏之女影媛，引诱影媛住在其家里。小泊濑稚鹪鹩尊大怒，到了大伴金村的家里，让大伴金村率兵在乃乐山伏击并诛杀了平群鲔①。大伴金村进而说应该杀死平群真鸟这个老贼。小泊濑稚鹪鹩尊自己带兵包围平群真鸟的住宅，纵火焚烧。平群真鸟计穷，指着盐诅咒，终于被诛戮。此后，小泊濑稚鹪鹩尊一直食用角鹿盐，而忌讳食用其他在海里产的

---

① 也有说在影媛的家中。——原注

仁贤天皇

盐，以避开平群真鸟的诅咒。这样一来，小泊濑稚鹪鹩尊继位，史称武烈天皇。武烈天皇居住伯濑的列城宫，立春日娘子为皇后，设置小长谷部舍人。大伴金村升任大连，执掌国政。武烈天皇在位不过数年。《日本书纪》中认为鸡毛蒜皮的情场闹剧和个人品行是上述变乱的主要原因。这些内容不足采信，没有任何意义。试想：从雄略天皇时期开始，大臣、大连专横跋扈，导致政治统治混乱不堪。武烈天皇继位后，为了整顿朝政，实行严刑峻法，被称为暴君。武烈天皇驾崩后，膝下无子。仁德天皇一脉的皇统断绝。这里假定清宁元年为壬午年，那么到宣化天皇驾崩的辛亥年为三十年。将其平分为两个十五年，以武烈天皇在位期间为上十五年。武烈天皇驾崩于丁酉年，相当于梁武帝天监十六年，即517年。以此为计算基准的话不会有太大的误差。

自从应神天皇引进中国大陆的文化以来，已经过了一百二十年。然而，至于其具体进度如何，在日本国史上并看不到相关记录。高丽、百济很早就着手修史事业。两国都剽窃了汉史的内容，无中生有地捏造历史来填补缺史时期的空白。这是这一时期他们所竭力做的事情。倭国也沾染了这一习惯。这一时期也无中生有地虚构历史。大概是因为履中天皇以后的修史思想还很幼稚的缘故，导致这些虚构的历史漏洞百出，简直是徒劳。明经博士在其后都销声匿迹。京师的文学若有若无。内政、外交事务繁多，令人担忧。之后，人们开始对法律问题表示关注，在政治上和法治上实行严刑峻法。

从朝鲜和吴地运来的贡品、货物聚集难波都，给难波都带来了繁荣。倭国京师也随之逐代繁华起来。为了炫耀荣华富贵，王公贵族驾鹰走狗，在山野游猎。与此同时，随着蚕织业兴起，人们竞相攀比绫罗绸缎，男女幽会、欢歌艳舞、琴声不断、游山玩水、吟诗作赋。人们以此方式进行娱乐、享受富贵。显宗天皇之时引进吴地风俗，三月开始举办上巳之宴，行幸后苑，曲水流觞。一年到头召集公卿国造举办盛会。群臣频频山呼万岁。上巳的曲水流觞宴是指在季春上巳之日在东流的水上举行祓禊，饮曲水流觞酒。从曹魏时期开始，每年三月三日举行这一盛会。日本已经引进这一风俗。直到后世，三月三日都举行这一盛会。大倭的海柘榴市是当时进行物品交易的大市场。在这里又设立歌场。男女相会，比赛和歌，称作"歌垣"。自古以来，日本男女相会以和歌来表达情意，结为伉俪。举行这一活动的场所就叫作"歌垣"。日本列岛各个小国都有歌垣。据《摄津风土记》记载，"此国西有歌垣山，昔者男女皆集登此山，常为歌垣"。按照常陆的风俗，在筑波山的歌会上，无才者不算女子。平群鲔和武烈天皇争夺影媛也是在歌场上进行的。允恭天皇还在新室的宴席上弹琴，让皇后跳舞，让妹妹衣通姬陪跳。这是当时的风俗。在宴会上跳舞者舞毕要向宴会主人奉上娘子，这是一种习俗。在上古时期，国县主迎接天神皇子，给女子化妆，以供挑选。这种习俗一直延续到这一时期。通过这一形式，男女合欢结婚。这一风俗仅在贵族阶层流行。

虽然中国大陆文明传入倭国，但佛教未能得到传播。这颇令人不解。与高丽、百济相比，倭国在精神上不算不颖敏，但直到此时倭国人信仰和倚重的只是古神道而已。对神道追本溯源，其大致情况如下：上古时期崇敬产灵神，后来改为崇敬大国魂。橿原以后的宫中将天照大神、大国魂神供奉在中殿。由于实行了人神分离，诸神越来越多，出现了住吉神。仲哀天皇被杀后，人们拥立胎中天皇。接着出现了胸形神。履中皇后被杀。雄略天皇征朝鲜的企图受阻。这一系列事件使大倭贵族愈发畏惧神灵。在显宗天皇时期，阿闭臣事代奉命出使任那，当时接到月神的神谕："我祖高皇产灵有镕造天地之功，要善待土地、人民。"阿闭臣事代一五一十将此事禀奏显宗天皇。因此，显宗天皇决定供奉山背歌荒巢田，让壹岐县主押见宿祢专门负责在祠堂中祭祀。其后，日神又有神谕："用磐余田来奉祀高皇产灵。"事代①又将此事禀奏显宗天皇。显宗天皇按照神的意愿奉上水田四十町，让对马下县直专门负责祭祀。这两件事情的动机是趁着崇神天皇末期崇敬神的风气还未完全衰落，复古对神的信仰。然而，上述两祠主都是往来韩地的壹岐、对马县主。这样看来，这与加强当地的统治有一定的关系。当雄略天皇在保留百济之时，神祇官接到神谕："希望在该国祭祀建邦神。"这些事例都是值得注意的。在海北的藩国，儒学、佛教流行正盛，只有倭国还依靠神道实行政治统治。这一点毫无疑问。

作为宗教而言，很明显，佛教优于神道。在佛教信仰如火如荼的情况下，儒学、道教的传播则逡巡不前。佛教的传播可谓一泻千里，一直影响到朝鲜的西部。只有位于朝鲜东隅的新罗尚未受到佛教感染。新罗从一开始就是倭国的属国，因此在宗教风俗上相似。然而，《新罗史》中记录了下面一件事情：炤智麻立干十年，佛僧偷偷与宫主私通被诛杀。因此，在雄略天皇时期，佛教已经传播到新罗。宗教对国人的知识影响很大。从那时起，新罗逐渐整顿国政，503年定国号为新罗，自此才开始称王号，称智政王。到了智政王子法兴王时期，制定了律令制度，国势越来越兴盛。这相当于武烈天皇时期。新罗虽然是个羸弱的小国，但和高丽勾结，侵略任那各国。朝鲜的离叛逐年增加，动荡不安。

---

① 指当时地方官。——原注

武烈天皇很早就驾崩了，导致皇胤断绝。大连大伴金村和群卿商议，决定迎在丹波的仲哀天皇五世孙倭彦王为天皇。于是，大伴金村准备兵仗乘舆前往丹波。倭彦王远远望到兵容严整，顿生疑惧，即刻逃匿。结果，一行人空手回京。据《卜部兼方案》记载，"倭彦王是仲哀天皇皇子誉屋别皇子之后，祖宗未详"。据《仲哀纪》记载，"次娶来熊田造之祖大酒主之女帝媛，生誉屋别皇子"，倭彦王是誉屋别皇子玄孙。

于是，大伴金村进一步与群卿商议到越前国三国坂井迎接应神天皇五世孙大迹王。大迹王也怀疑他们的用意，不肯就皇位。河内马饲首荒笼和大迹王关系亲密，秘密遣使告诉了大迹王大臣、大连们的本意。大迹王终于下定决心，前往京师。之后，大迹王对荒笼说："若非汝遣使送信，吾会贻笑大方"，因此非常宠信荒笼。大迹王的父祖是应神天皇的妃子河派中彦之女弟姬所生的稚野毛二派皇子之后裔。稚野毛二派皇子的儿子是大郎子，又名太大迹王。他的孙子是私斐王，曾孙是彦主人王，即大迹王的父亲。大迹王的母亲是振媛，是景行天皇后裔余奴臣之女。余奴臣住在近江国高岛郡三尾的别业。就"三国"而言，在坂井郡有三国神社。因此，大迹王在近江越前之间长大成人。因为仁德天皇一支断了香烟后代，所以大迹王才能够入京继承大统。

大迹王到达樟叶宫。大伴金村奉上天玺，大迹王继承皇位，史称继体天皇。继体天皇任命大伴金村、物部麁鹿火二人为大连，让二人执掌国政，任命许势男人为大臣。继体天皇妃子很多，在越前娶了尾张连草香之女目子媛，生下勾大兄、桧隈高田皇子，继体天皇称勾大兄为广国排武金日尊，称桧隈高田为武小广国押盾命。其他的诸妃也生了很多子女。继位之后，继体天皇立仁贤手白香皇女为皇后。起初，继体天皇住在山背国筒木宫，后来迁至磐余玉穗宫。手白香皇女生下天国排开广庭尊。因为天国排开广庭尊年幼，所以勾大兄虽然是庶子，但还是被立为太子。

在继体天皇时期，日本的文明程度高于朝鲜。以武力压服野民部落的时代已经过去了。要以郡县为单位管理公民的话，不发达的政治是不可能实现的，特别是统治藩国越来越困难。于是，继体天皇只能沿用应神天皇时期聘请博士的老办法,让百济进贡五经博士断杨尔,之后又让百济派遣汉高安茂来替换断杨尔,复兴了明经学。此时,佛法已经进入倭国京师。佛舍也已经修建起来了。

第2节 任那之纷扰

雄略天皇时期用哆利屯仓收留了亡国的百济。为了膺惩吞噬百济的高丽,雄略天皇打算亲征。然而,在神谕的阻止下,雄略天皇打消了这个念头,但还是派大将军纪小弓等渡朝鲜,结果受挫。由于纪小弓之子纪生磐生性狂暴,使局面更加糟糕。据《日本书纪》记载,"显宗天皇三年,纪生磐据有任那,交通高丽,将王三韩,整修官府,自称神圣,用任那佐鲁那奇、陀甲肖等计杀百济,适莫而解于尔林,筑带山城,拒守东道,断运粮津,令军饥困。百济王大怒,遣领军古尔解、内头莫古解等赴带山攻生磐,进军逆击,俄而力竭,知事不济,自任那逃归。百济杀佐鲁那奇、陀甲肖等三百余人"。这件事情在前面已经大致讲过。带山城是百济的运粮港,其实是面向海港的山。据《韩史》记载,"古四州领县有带山,本百济大尸山",大概是面向全罗道西北海湾的泰仁县的山,当时归任那哆利国管辖。这件事发生在百济东城王末多时期,相当于雄略天皇末期。

据《武烈纪》记载,"四年壬午,百济末多王无道,暴虐百姓,国人遂除,而立岛王"。在前一年辛巳年,那一年南齐灭亡。壬午就是梁武帝天监元年,大概是雄略天皇驾崩那一年。 除了"末多"一句之外都是《百济新撰》的文字。据《东国通鉴》记载,末多芍加被刺客刺伤,一个多月后死亡。岛王一事在前一章已经讲过。据《百济新撰》记载,"武宁王立,讳斯麻王,是混支王子之子则莫多王之异母兄也。混支向倭时,至筑紫岛。生斯麻王,自岛还送。不在于京,产于岛。故固名岛。今各罗海中有王岛王所产岛,故百济人号为王岛"。其内容大致与《雄略纪》吻合。《百济新撰》的意思是说:岛的母亲在盖卤宫中,怀孕后,赐予军君。因为出生在岛上,"今案岛王是盖卤王之子也,末多王是混支王之子也。此曰异母兄,未详"[①],意思是说盖卤王与混支王是同母异父兄弟。岛位于筑前

---

① 引自《日本书纪》。——原注

国志麻郡，郡中有一处叫韩良。"各罗海"就是指此处。就此郡而言，在怡土郡之北有一个叫筑紫富士的地方，峻岭突起，本来形成了岛屿，而今南面之地淤浅，失去岛的形状。"各罗海"大概是指四周的海的意思。此时，高丽长寿王驾崩，其孙云在位。在前一年，新罗毗处王炤智殂，智大路麻立干继位，在这一代才称新罗国王。中国的文明已经传播到整个朝鲜。第二年梁代齐，而大倭已经是清宁天皇在位时期，也是"气运一转"的时期。

甲申年①，百济国派麻那君来倭国进贡，因为百济历年没有履行进贡义务，所以倭国扣住使臣不放。第二年，百济又遣斯我君进贡，在别表中说"前使麻那并非王的骨族，故遣斯我来侍奉天皇"。斯我遂留在大倭，生子法师君。据《姓氏录》记载，"武宁王之后和朝臣"大概就是其后裔。据《百济本纪》记载，"己丑岁，久罗麻致支弥，从日本来"。据《日本书纪》记载，这一年倭国遣使百济，在任那官家的县邑的百济百姓浮逃，有绝贯三四世者，予以清理，将其改为百济籍贯。辛卯年，大倭以穗积押山为使者，赐筑紫马四十匹给百济，任命穗积押山为哆利国守。这些事情大概发生在仁贤天皇在位期间。

继体天皇初年，百济进贡，在别表中请求倭国赐予其任那的上哆利、下哆利、娑陀、牟娄四县。当时，百济都城在哆利的熊川城，而四县在百济都城附近，位于全罗道的北部。国守穗积押山上奏："此四县与百济邻接，远离倭国官府，赐予百济，使之成为一国，此乃最佳之固存之策。如果是飞地的话能守几年？"大连大伴金村本来就与百济勾结，采取了保存任那之策，对穗积押山的建议表示认可。就此，大伴金村、押山同时上奏。继体天皇准许，派物部鹿鹿火任宣敕使。当物部鹿鹿火从难波馆出发时，他的妻子强烈要求和气长足姬大后、武内宿祢一起在每个国设置官家，以官家作为海表的藩屏。此事至关重要。即便赐予他国，实际上还掌握在自己手里，因此最好称病不要去传达敕令。物部鹿鹿火听从了妻子的建议。因此，继体天皇改命宣敕使，向百济宣告答应其请求，赐予百济任那四县。勾大兄有事，没有参与这次会议，晚上听说了宣敕之事，大吃一惊，后悔不迭。将胎中天皇设置的官家之国轻易地按照藩国的请求赐给别国过于轻

---

① 武烈天皇六年。——原注

弥生古坟时代 | 424

率。于是,勾大兄派日鹰吉士改宣敕令。百济使者答启:"父天皇之赐业已宣布,汝皇子岂能妄自改宣,这必是虚言。纵使以杖打头,打大头、打小头孰痛,事情已经结束。"于是,流言四起,称大伴金村接受了国守押山和百济的贿赂。诽谤四起。此后,倭国朝廷在任那问题上分为新罗派和百济派。

翌年,百济遣姐弥文贵、洲利即尔二将军陪着穗积押山来进贡五经博士,另奏道:"伴跛国夺了臣的己汶之地,希望您做主还给本属。"当年冬天,倭国将百济的姐弥文贵、新罗的汶得至、安罗的辛己奚、伴跛的既殿奚等宣到朝堂,宣布诏书,将己汶带沙赐予百济国。伴跛遣戢支献上珍宝,乞求赐予己汶,终于没有如愿,回国去了。伴跛在子吞带沙修筑城堡,在溪谷中建烽火台,以防倭国入侵,又在尔列比、麻须比筑城,将麻且奚、推封连在一起,集结兵力,进逼新罗,掠夺村邑,气焰嚣张。第二年,百济的文贵将军罢归,因而陪着物部连出使朝鲜,来到沙郡岛。听说伴跛的一系列举动,物部连率水师五百直接前往带沙江。文贵将军离开新罗。物部连在带沙逗留六日。伴跛兴师来伐,逼脱军装,劫掠身上财物,火烧帷帐。物部连惶恐万分,只身逃走,在汶慕罗歇脚。第二年,百济遣前部木刀不麻甲背来到己汶犒劳物部连等人,将他们引入城中,带来了衣裳、斧、铁、布帛等慰问品,赏与俸禄,感谢倭国将将军洲利即尔及己汶之地赐予百济,替换五经博士。另外,将军灼莫古、日本的斯那奴、阿比多陪着高丽使者安定等来朝交好。

"己汶"在日语中读"komon",不同于垂仁天皇时献上的三巴汶。带沙不同于多沙。多沙是指神功皇后所赐河东县的嘉陵江,与此没有什么关系。己汶和带沙都是相互依存的地区,应该位于金海附近的海岸。深思熟虑就可以发现,在垂仁天皇时期,大伽罗献上的三巴汶也不是巴跛,应该是己汶。最初在此地建任那府时,选址须是往来于筑紫的便便港口,在地理上应该位于金海府黄山津附近。应该说将带沙己汶赐给百济是大伴金村的失策。任那府的原地应该在金海府附近。但之后加罗振兴,与百济呼应,与新罗、高丽相抗衡。这一战况在高丽古碑中有所体现。据《南齐书》记载,齐高帝建元元年①加封加罗王荷知辅

---

① 479年。——原注

国将军本国王。在倭国的封爵中列举了新罗、任那、加罗、秦韩、慕韩等,可见任那在各小国中属于大国。因此,即便任那府将己汶分割出去,也没有远迁。任那、筑紫隔海相望。加罗坐大正如筑紫国造坐大一样。任那府的迁移正如宰府从那津迁至御笠。伴跛就是弁辰伴跛国,就在今天的庆尚道星州,前文已经讲过。据《与地便览》记载,"本新罗、本彼县,景德王改新安属景山郡,后改碧珍郡"。星山位于星州的东八里,即伽耶州的西南四十八里处。"加耶山城石筑,周一万五千九百三十五尺,今半颓落。"伴跛在子吞代沙筑城,以防大倭,从尔列比、麻须比进逼新罗,南面在海滨设防,北面与黄浦江东上游相连。这就是伴跛大概的地理情况。

　　此时的新罗是法兴王在位,进一步振兴国力。朝鲜逐渐形成鼎足之势。任那的各国遭到侵略。物部连败退之后,朝廷特选近江臣毛野率众六万前往任那府,收复了新罗侵占的南加罗睐己吞,光复任那。新罗与筑紫勾结,试图阻止这一举措。于是,大倭兴师讨伐筑紫。百济又通过穗积押山派出朝贡使。当使者在岛曲躲避风浪时,货物被海水打湿、坏掉了,向加罗国的多沙津求助。因此,加罗王派物部、伊势连父根、吉土老等赏赐百济使者。加罗王对使者说:"在此津设置官家以来,这里成为臣朝贡的港口,为何动辄赐予邻国",表示拒绝。父根等眼见不能完成使命,退至大岛,派遣录使让夫余完成这项使命。于是,加罗和新罗勾结与大倭生怨、作对。多沙是神功皇后赐给的,而今又赐多沙,显然这是重复的,令人不可思议。或许是任那辖地发生变化,管辖从加罗到西津造成的。否则,要从遥远的加罗争夺百济和大倭往来的港口是不可能的。朝鲜的古地名现在很难弄清楚,也无法了解当时的具体情况。这一点仍需要认真研究。就光复南加罗睐己吞的问题而言,而后在不断交涉过程中,搞得朝鲜沸沸扬扬,终于导致任那的灭亡。

　　起初,加罗王娶新罗王之女,让新罗派一百个女从,让这些女人穿新罗的衣冠散置诸县。加罗的阿利斯等十分愤怒,暗地里归还了这些女人。于是,新罗感到耻辱、羞愧,让加罗归还女人。然而,新罗女已经有儿女,因而新罗对加罗的己富利知伽说:"新罗女已经结婚,还生有儿女,如何能够离开?"之后,新罗女在回新罗的时候，攻占了其所经过的刀伽、布跛、布那牟罗三城，又攻克北部边境的五城 。牟罗是个村庄，据《梁书·新罗传》记载，"其俗呼城曰健牟罗，其邑在内曰㖨平，在外曰邑勒"。

　　任那诸国不和。大倭朝廷绥靖、安抚无方，于是派近江毛野去安罗，宣读天皇敕令，规劝新罗，让其建南加罗、㖨己吞。毛野去召诸国王，百济遣将军君尹贵麻那前往。新罗害怕藩国打破官家，不遣大人，而遣夫智奈麻礼、奚奈麻礼等。奈麻礼是新罗的第十一等官。安罗新起高堂，升敕使。诸国王随其后而升。国之大人得到升迁的只不过一二。百济的将军君尹贵麻那等在堂下，然而堂上之议数日不决。庭上的两国使者对此愤恨不已。其后，任那王派己能末多于岐向大伴金村讲新罗不顾胎中天皇的封疆越界入侵，请求救援。于是，近江毛野到达熊川①，又召集新罗、百济二王。两国派贵族来参会。近江毛野怒冲冲地斥责他们说："大木之端续大木，小木之端续小木，两国王为何不亲自来？难道是轻慢本钦差吗？今后即便汝王来，我也不肯宣旨。"使者惶恐不安地回去了。新罗再次派上臣伊叱夫礼于岐率众三千来听宣旨。近江毛野从熊川进入任那的己叱夫礼城。新罗的上臣来到多多罗原，等了三个月也没有等到宣旨。士卒乞食。在毛野经过兼人河内马饲御守时，御守扬起手来，远远地做了一个要打他们的手势，加之，乞者也令听宣旨的使者烦恼，导致迁延时日。因此，听宣旨者一五一十禀报上臣。上臣听到这些，将金官、背伐、安多、委陀②洗劫一空，将所有的人、财运回本国。当时的人都诽谤说四村被洗劫是近江毛野的过失所致。近江毛野就这样原封不动地逗留在久斯牟罗营造官邸，驻扎在那里，只管仗着威权胡作非为，疏忽政务。当时，日本人和任那人通婚，生了很多儿女，争讼滋生。然而，近江毛野并不认真审理，好用探汤之法，称如果无罪将会滴水不沾，将人投到开水中。被烫死者颇多。吉备韩子③那多利、斯布利等被杀。民不聊生。两国终于不能和解。任那使者向继体天皇详细禀奏实际情况。继体天皇派兼人马饲御狩将近江毛野召来，但近江毛野不遵皇命。然而，使者觉着无颜空手而回，奏请继体天皇

---

① 一说任那、久斯牟罗。——原注
② 还有一种说法是多多罗、须那罗、知多、费智四村。——原注
③ 日本人娶藩女所生为韩子。——原注

再给自己一点时间，以完成使命后再谢罪。其后，继体天皇让调吉士回国，调吉士不敢如实禀奏。于是，调吉士让人率众把守伊斯枳牟罗城。任那的阿利斯等知道近江毛野不会做烦琐细腻的事情，不断劝他回朝，但近江毛野就是不听。阿利斯谋反之心越发暴露无遗。阿利斯等又生叛逆之心，派久礼斯己母到新罗，派奴须久利到百济，乞求援兵。近江毛野听说百济兵要来，在背评①迎击，结果兵败，死伤者有半。百济给任那使者上了枷锁，和新罗合兵一处围住城堡，逼迫阿利斯等交出近江毛野。近江毛野龟缩在城中不出，盘踞在两国便要之地，赖着不走。因此，百济军修筑久礼牟罗城，班师回国，途中拔掉沿路的三城。调吉士从任那回国，详细禀奏近江毛野傲慢、狠毒、不习礼节和治理之术、扰乱加罗、任意妄为及不考虑后患的情况。因此，继体天皇派目颊子召还近江毛野。近江毛野到达对马之后病死。

纪生磐扰乱哆利，兵败回国之后，受到百济的侮辱。大伴金村对哆利处置失当，失去任那人心。物部连在伴跛失败。近江毛野因为傲慢狠毒使藩国越来越陷入混乱之中。这些事情都发生在继体天皇时期。建设任那府应该是应神天皇朝的事情。百济成为大倭的属国，进而开拓马韩、秦韩之地。任那所辖官家不断膨胀。虽说如此，由于高丽振兴，新罗反复无常，为了应对自允恭天皇以来高丽对朝鲜的吞噬，继体天皇百般操劳。中国大陆和日本列岛情形各异。朝鲜北部分而合，合而分，界限模糊。高丽虽然是小国，但其形势影响到鲜卑、夫余、靺鞨，自然也导致虾夷隼人的动摇。在日本列岛，近江毛野负责东夷方面的安全防务，越国造负责北狄方面的防务，筑紫国造负责隼人方面的防务。因此，大倭直接受到影响。清宁天皇时期，虾夷隼人归顺大倭朝廷。可见，朝鲜的波动影响到东西两边。这一趋势非常明显。如果将新罗、百济、高丽和日本列岛相比较，新罗将山脊一分为二，拥有朝鲜半岛的东岸，这相当于长访石三州；百济拥有朝鲜半岛的西岸，相当于吉备、安艺；高丽虽然领土辽阔，但不及筑紫国造。大致情况便是如此。允恭天皇、雄略天皇虽然雄武，但是能膺惩高丽，导致新罗与高丽勾结，与倭国对抗，虽然数次换将仍然不能挫败新罗和高丽。大伴金村宠爱百济，反

---

① 一说熊背己富利。——原注

而被对方揶揄为统治乏术。于是，任那的兴国问题逐代复杂起来，由此出现种种复杂情况。这一点不得不查。

试想，如果日本吞并整个朝鲜，必然国势大振，领土翻倍。本来凭借武力，朝鲜不堪一击，轻视它们也是可以的。日本列岛周围是安全的。土地肥沃，气候温和，山清水秀，人口繁庶。难波奠都以来，倭国在朝鲜扩大了官家，以此作为财源。臣连财富进一步增加。然而，倭国并未增加碾压其他国家的竞争力，习惯安于现状。所谓的岛国自大心逐渐膨胀，对知识的研磨有所怠惰。这一点不言而喻。然而，就当时的形势而言，草创时期已经结束。这时，各国都设立郡县。因为勘定疆界讲究管理方法，所以当时是尝试巧智的时期。海北的藩国已经不能通过武力压服来统治了。然而，在朝廷对藩国、官府对任那方面，还是经常以尊大和威力来对待，却不以政治权术来制服它们，依然停滞在拓殖时期的神道政治。大致而言，臣连希望用朝鲜官家的收入来补给自己家的富贵之用。官增私损，私增官减。因此，诸臣的利益和朝廷有所不同。他们彼此勾结，产生诸多滋扰。新罗、百济、加罗、安罗都知道其自身的利弊，得过且过，难得糊涂。因此，收受贿赂之事不绝。

就文明知识的进步而言，高丽、百济比日本先进。在三十余年前，倭国设立大学制定律令，信仰佛教，编修日本国史，促进了政治的进步。相比之下，而后一百几十年间看不到日本的进步。当时，甚至连位于朝鲜东隅、地理闭塞、富有尚武精神的新罗也正国号、王号，制定律令，引进佛教，振兴国运。这些国家虽然兵少，但在兵法智谋上超过倭国诸将。更何况倭国在研究政治统治艺术、德育和智育方面更加落后。到了继体天皇时期，又从百济征集五经博士，开启了应神天皇之端绪。总而言之，就当时大倭朝廷在任那采取的措施而言，并非在武力上占劣势，而是智力不足。诸臣的情况并不一致。近江毛野不能断争讼，而是通过古时的探汤法做出判决。这便是典型案例，并且足以证明日本贵族进步缓慢。

第3节 平定筑紫，设立太宰府

虽然应神天皇引进了大陆文明，但日本社会发展依然缓慢，直到此时开始在朝鲜半岛诸国面前受辱。任那太宰府的根基逐渐削弱。新罗不断在各小国之间搬弄是非。形势越来越混乱，其裂痕会自然而然地波及筑紫。第二次肇国之前的邪马台逐渐演化为筑紫国造安云连。这一沿革已经在前文讲过。而后，筑紫国造兼安云氏，管辖着奴国的旧地，割据丰肥，独占渡津见的旧权，长年以来在暗地里图谋叛乱，但担心事情很难成功，偷偷地在等待机会。这时，恰巧物部连在带沙大败而回，朝廷将近江毛野派往任那收复新罗侵占的地区以复兴任那。新罗为了阻止这一事态的发生，探听到筑紫国造磐井有野心，因而秘密行贿，劝说磐井阻挡近江毛野军。于是，磐井割据筑丰肥，不履行职责，对外切断海路，将高丽、百济、新罗、任那等的年贡、职贡引到娜津，截住了应该派往任那的近江毛野军队，并扬言"现在当使者的过去都是我等的伙伴，摩肩接踵，同桌吃饭的。焉能俄顷为使者，让我等拜伏其前"，不接受使者。因此，近江毛野在中途被阻挡，滞留在那里，不能前进。

当近江毛野将这一情况禀奏继体天皇后，继体天皇叫来大伴金村、物部鹿鹿火两大连及许势男人大臣等问道："磐井反叛，占据西戎之地，派谁为大将征讨呢？"大伴大连等举荐鹿鹿火，称鹿鹿火正直、仁勇、精通兵法，无出其右者。继体天皇诏准。于是，鹿鹿火带着皇命赶赴筑紫，征讨磐井。这个是关乎国家存亡的大事，因此继体天皇再次委任鹿鹿火全权，召曰："穴门以东由朕来管辖，汝专管筑紫之事，可以行使赏罚权，不必一一禀奏。"筑紫的太宰帅属于封疆大吏级别，一直到后世，管辖区内各国的事情听其专断，实行特殊的统治方式。这由来已久。

筑紫磐井的本国位于筑后，即邪马台的旧国。据《筑后风土记》记载："上妻县南二里有筑紫君磐井之墓坟，高七丈，周六丈，墓田南北各六十丈，东西各三十丈，石人石盾各六十枚，交陈成列，周匝四面。当东北角有一别区，号曰卫头。其山有一石人，假容立地，号曰解部。前有一人，裸形伏地，号曰偷人。侧有

大伴金村

石猪四头，号曰盗物。彼处亦有石马三匹，石殿三间，石藏二间。古老传云当雄大迹天皇之时，筑紫君磐井豪强暴虐，不从皇风，生平之时，预造此墓。"从奴国卑弥呼时期起，筑紫县主有厚葬之风，殉死百余人。这一点广为人知。而后废除殉葬，立起石人石马，代替埴轮。从这一点可以看出，筑紫国造继承了古代海神的衣钵，占据筑丰肥，国运大振，凌驾于海北的新罗、百济之上。此事是阴谋策划已久才爆发的，其渊源很深。石人、石马这些遗物近来在世上相当有名气。《集解》中引用了《古雅集录》石人图的说法，称"朝着今上妻郡一条村向南十一部有长岭。山中有石人。向东走二十步有石室，即《风土记》中所说的石藏，长三尺五寸，宽七尺五寸，高二尺八寸，口宽一尺三寸余"。我往年从久留米宫本村到福岛时，从上妻郡界开始，零星出现冈峦，穿过一条村。到了吉田，发现山有异状，登山一看，在太神宫一侧有扁平石人一个。本来有两个，一个送到了东京

物部鹿鹿火

博物馆。在前冈上有石窟，在平面地中央。建筑结构虽然很大，但并非磐井的府邸。到了福岛，我向博古家樋口真幸打听，在上妻郡中类似的石窟很多，处处出现残缺的石马。原冢究竟是哪一个无从知晓。

大将军物部鹿鹿火整军在筑紫御井郡作战，旗鼓相当，终于斩杀磐井。御井郡在高良山下，是筑后府所在地。西北面向广袤的原野，在九州时这里应该发生过大战。往返上妻郡经由这里。磐井之所以在这里进行激战是打算将官军吸引到国内。《日本书纪》中仅记录了最后的一场大战。《筑后风土记》中写道："俄而官军动发，欲袭之间，知势不胜，独自遁于丰前国上膳县，终南山峻岭之曲，于是官军追寻失踪，士怒未泄，击折石人之手，打堕石马之头。古老传云上妻县多有笃疾，盖由是。"因此，残废的石人、石马从这时就有了。时代很久远。

《日本书纪》称磐井被斩，但《风土记》说磐井逃入上膳山中。在御井兵败之后，磐井潜行翻越筑丰的崇山峻岭，寻觅藏身之地。上毛郡的峻岭中有座求菩提山，后来成为修行者的寺庙。

筑紫君葛子害怕受到父亲连累被诛杀，献上糟屋屯仓，请求赎罪，因而得免一死。糟屋屯仓是指今天的糟屋之地，包括海神的橘小门、神社所在的志贺岛以及橿日神宫所在的傩县，是往来朝鲜的要港。献上此地意味着离开了自己的根据地，使之成为官家的屯仓。从继体天皇时候起逐渐不再设立子代、名代部民，频频设立屯仓。此背后必有深刻的原因。在弑杀安康天皇的叛逆中，葛城圆献上葛城七区，免于被诛杀。这是献地免罪的典型案例，最初见诸史书。另外，河内三野县主小根为了免于受到星川皇子的连坐，将田地赠予了大伴室屋及草香部汉彦，也是以领地换得法律豁免，实际上属于贿赂行为。究其原因，贵族奢靡，而且畿内已经没有多余田地，因此只能在诸国寻求财富来源，兼并已经开垦的土地。由于任那形势混乱，朝鲜屯仓减少，因此收入也会随之减少。正值此时，在日本列岛内部频频设立屯仓是为了弥补朝鲜所失去的屯仓。当时，靺鞨的形势已经影响到东国，每每有虾夷人归附大倭。这样一来，本来虾夷蜷缩在西北，当时开始逐渐开拓东北。从此时起，虾夷的历史记载逐世丰富起来。究其原因，此前的大倭尚处于开拓时期，人口稀少，竞相殖民，而今生齿越来越多，开始在这里拥有垦田。这是一种趋势。在被称作内国的畿内，肥沃便利之处已经得到开垦，烟户也逐世增加，繁华起来。然而，诸国尚未结束荒地很多、人口稀少的时期。大体而言，田地这个词经常在奈良朝的古文书中使用。"田"是指已经开拓的登记在册的班授田。"地"是指未开垦的土地，又称垦田。多余的领田没有了，开始转而占有垦地。这样就兴起了庄园。这是古代史向中古史过渡的最有标志性的事件。

继体天皇在位时期，近江毛野复兴任那、物部大连征讨筑紫等已经结束。继体天皇驾崩于磐余的玉穗宫。太子勾大兄在金桥宫继位。史称安闲天皇。安闲天皇立仁贤天皇的春日山田皇女为皇后，从许势物部纳了三个妃子。内膳卿膳大麻吕奉诏向伊甚求珠，但伊甚国造等逾时不进。大麻吕大怒，要将国造稚子直等收监拷问。稚子直恐惧万分，逃到后官内寝。皇后春日山田皇女吃惊，甚感羞耻。稚子直因此被判为"阑入罪"，该当重罪。稚子直将伊甚屯仓献于春日山田皇女赎罪。伊甚屯仓后来分化成为郡，属上总国管辖，就是今天夷隅郡。春日山田皇女与安闲天皇是一家人，要将稚子直的屯仓充椒庭，留给后代，因此派敕使选择肥沃的良田，又让大伴大连为三妃选择屯仓。大伴金村奏请将小垦田屯仓和每国田部划拨给许势妙手媛，将樱井屯仓和每国田部划拨给妹香香有媛，将茅渟山屯仓、难波屯仓和每部蔓丁赐给物部宅媛。当时，安闲天皇下诏大河内直味张，将雄雄田划拨为皇后春日山田皇女的屯仓。味张对此不满，欺骗敕使说："此田干旱时难以灌溉，雨多时容易形成涝灾，费时费力收获甚少。"敕使将其原话复命。不久，安闲天皇行幸三岛，大伴金村跟随，向县主饭粒询问良田的事情。饭粒很乐意将御野、桑原、竹村的地共计四十町献上。于是，大伴金村宣旨责备味张，不再让味张担任郡司。饭粒又高兴又后怕，将其子鸟树献给大连亿坚。味张甚感恐惧，向大连谢罪，将每郡的银锭春秋各五百锭献给安闲天皇，以此来求得活命，发誓永远以此为鉴戒。另外，用狭井田六町贿赂大伴金村。三岛竹村的屯仓以河内县的部曲为田部也是开始于此时。安闲天皇又在御名代上设置勾舍人部、勾靫部。

安闲天皇此时所设置的部颇多。伊势的庐城部连枳莒喻之女幡媛窃取了物部连尾兴的璎珞献给春日山田皇女，结果东窗事发，连枳莒喻将其女幡媛献给了采女丁，接着又献上安艺、过户庐城部屯仓，以此来赎女儿之罪。尾兴本人也忐忑不安，将十市部、伊势的来狭狭、登伊、赘土师部、筑紫的胆狭山部献上。庐城部连是火明命之后裔。武藏国造笠原直使主、小杵二人争国造，双方争执不下。小杵秘密向上毛野君小熊求援，谋划杀掉笠原直使主。笠原直使主觉察这一阴谋，逃到京师告状。朝廷做出决定，任命笠原直使主为国造，诛杀小杵。笠原直使主惊喜万分，将横渟、橘花、多冰、仓巢四处屯仓献出。横渟大概就是横山野，橘花就是橘树郡，多冰就是大井。这一点尚需研究。设置在其他诸国的屯仓如下：播磨、越部、牛鹿；备后、后城、多祢、来履、叶稚、河音；婀娜国、胆殖、胆年部；阿波、春日部、丹波、苏斯岐；纪国、经湍、河边、近江、苇浦；尾张、间敷、入鹿；上毛野、绿野、骏河。在筑紫设置的屯仓除了前面的糟屋屯仓之外，还有下述屯仓：筑紫、穗波、镰；丰国、胜崎、桑原、肝等、大拔、我鹿；火国、春日部。另外，在各国设置犬养部，让其主掌樱井田部连、县犬养连、难造吉士等的屯仓之税，让他们在难波的大隅岛及媛岛的松原放牛。安闲天皇在继位第二年驾崩。群臣将剑、镜奉给皇弟武小广国押盾命，让他继位。武小广国押盾命住在桧前的庐入野宫，史称宣化天皇。宣化天皇立仁贤天皇的橘仲皇女为皇后。大伴金村、物部鹿鹿火作为大连辅政，一切如故。苏我稻目被任命为大臣。阿倍大麻吕任大夫。诏曰："筑紫国是遐迩朝贡来去之关口，是故自胎中天皇以来，储备粮食以备歉收之年，以此可厚待良客，安国之路莫过于此"，于是让阿苏仍君运河内茨田郡屯仓之谷。苏我稻目让尾张连运尾张屯仓之谷。物部鹿鹿火让新家连运新家屯仓之谷。阿倍大麻吕让伊贺臣运伊贺屯仓之谷。宣化天皇又在那津口修造官家。另外，筑丰火零星分布在偏僻之地，很难凑齐运输军粮的军卒。于是，宣化天皇命令诸郡分移那津口，以备不时之需。这是那津官家的起源。那津泛指今天的博多至香椎浦一带的地区。这一海滨之地由于淤填，形成很多新的土壤，和古代的地形大相径庭。那津官家位于今天的那珂郡三宅村。据《筑前旧志略》记载，在三宅村西北的山际百堂以西有小松山，这里是屯仓的旧址。山民称这里为"饭仓"。北边残留着很多础石。近年来人们将础石挪用来建神祠佛堂。现在只留下了一块，暴露在小松下。古瓦破碎，散乱在水稻田里。观其制作工艺，与都府楼的古迹观音寺等的古瓦无异。

三宅村有若八幡宫，供奉产土神。神社前有石制的盥洗盆，直径四尺六寸五分，高二尺五寸多，水窖其直径为二尺八寸。这本来是屯仓遗址上的古代的础石，据说是近世移到这里来的，而今变成了一个顶部是盥洗盆，下面是柱子的石头。三宅村位于距离今天的博多津八公里左右的南面。中间有个村子叫仲村，也就是那珂乡。住吉神社就在三宅村。古代船能够上溯到三宅村。官家建于其上游的高爽的山边。另外，三宅村里还存有"高宫"这两个字。这说明这里是齐明天皇的磐濑行宫遗址。1893年，在将沿着小松山的地方开发成桑圃时，发掘出两面古镜。此处应该是古代大宅院的遗址，出土了很多瓦。开发商带着这些古镜和古瓦到宫内省，当时也给我看了。一面镜子已经破碎，但铜质很好，有用小篆写的十二支的文字；另外一面镜子上有完整的衣冠人物纹样，从中能够辨认出"癸未"这两个篆字。古瓦和在太宰府遗址上出土的东西相同。看一下出土之处的图，长着小松树的同一形状的三个山丘，都应该是墓冢。那津官家因为是筑丰肥的总屯仓，其长官的资格也很尊贵，代代居住在这一长者大宅院里，成为豪族，死后起冢埋葬，而今成为小松山。在物部鹿鹿火剿灭筑紫磐井、葛子献上糟屋屯仓之后，那津港全部成为官有。藩国朝贡必须有迎送接待的馆舍。天皇、大连、大臣及大夫都将资粮运到这里，在这里兴起官家。正如任那官家一样，官家是指官衙，也可以称作官府，和此处所说的屯仓有所不同。也就是说，官家是太宰府的雏形。而后朝鲜的形势发生了变化。倭国将力量主要用在了防御上，将太宰府移到御笠郡，设置水域。原来的官家只不过作为屯仓接受诸国运来的粮食，并进行出纳。

物部大连鹿鹿火在宣化天皇时期殁。在当大连的十余年里，他平定筑紫。西部能够安定下来都仰仗此卿的德高望重。这样一来，筑紫虽然稳定了，但新罗法兴王不停地侵略任那。安闲天皇下令大伴金村派其子磐、狭手彦二人救助任那。此后，磐留在筑紫处理政务，以防备三韩。狭手彦渡海平定任那，同时救助百济。史书上虽然没有记载磐的驻扎地点，但应该位于那津或者那屯仓的附近。磐因为是大连的嫡子，所以任太宰帅。狭手彦所镇守的任那太宰府大概是近江毛野营造的久斯牟罗，但这些都缺少记载，无从查证。大伴金村的二子出仕，分别坐镇筑紫、任那两太宰府。这对朝廷来说是最好的压舱石。处理任那问题关乎大倭朝廷的在朝鲜半岛属地存亡，事关重大。然而，史书上对此记载非常简略。学者们对此也没有给予足够的重视。这堪称千古的遗憾。《万叶集》中记载了天平二年筑前国司山上亿良的关于狭手彦之妻松浦佐用姬的领巾麾领和歌及其序。据《肥前风土记》记载，狭手彦乘船去任那时，弟日姬子登褶振峰表达了对他的思念。两首诗的内容各不相同。狭手彦乘船去任那是距狭手彦一百五十年后的事情，或许有人说这不是事实。毕竟这是诗人在中国的忘夫石的故事基础上进行的想象，是不足采信的杜撰。

第4节 任那复兴问题

关于订正《日本书纪》的纪年,到了钦明天皇继位那年才能弄清楚确切的年份。钦明天皇元年是在《日本书纪》纪年的九年以前。就此而言,在抄录了《法隆寺旧记》的上宫圣德法王旧说中有如下年代表:志归岛①治天下三十一年,王代云三十二年辛卯年四月崩,陵寝在桧前坂合冈。他田天皇②治天下十四年乙巳年八月崩,陵寝在志奈。池边天皇③治天下三年丁未年崩,秋七月奉葬,或云川内

钦明天皇

---

① 指钦明天皇。——原注
② 指敏达天皇。——原注
③ 指用明天皇。——原注

志奈我中尾陵。仓桥①治天下四年壬子年十一月崩，实为岛大臣所灭也，陵寝在仓梯间。少治田天皇治天下三十六年戊子年三月崩，寝陵在大野冈，或云川内志奈山田村。

这是流传下来的《日本书纪》尚未出来以前的年份。《旧记》是一份很珍贵的资料。其中志归岛天皇三十一年，后人怀疑为三十二年，旁注中添加有天皇是第几代。池边天皇三年、仓桥天皇四年在下面的注里推测直到丁未翌年戊申可以数到用命天皇。这也是符合逻辑的。钦明天皇在位四十一年和在位三十二年哪个更正确？在考虑这一问题时，法王帝称："又志归岛天皇御世戊午年十月十二日，百济国主明王始奉虔佛像经教并像等。"戊午是《日本书纪》的宣化三年。这一点确定无疑。因此，钦明天皇元年就是壬子，而宣化天皇驾崩于辛亥年。仔细查阅《日本书纪》，我发现有两条证据。其一是在"将宣化天皇葬于桃花岛坂上陵"下面写道："以皇后橘皇女及其孺子合葬于是陵。"又在注中称"皇后崩年传记无载，孺子者盖未成年而薨欤"。也就是说，宣化天皇和皇子同年去世。其二，宣化天皇和皇子于辛亥年同年去世。这一点《百济史》中也有记载。《日本书纪》称继体天皇葬于蓝野陵。在这一条中引用《百济本纪》注："大岁辛亥，又闻日本天皇及太子皇子俱崩薨"。《日本书纪》误将继体天皇之崩写作辛亥年。《百济本纪》也称太子、皇子都是宣化天皇的孺子。作为继体天皇的皇子，安闲天皇、宣化天皇、钦明天皇相继继位。此外难道还有太子、皇子吗？由于纪年出现错误，导致史实发生紊乱。通过上述史证可以发现，宣化天皇和孺子一起崩薨应该是辛亥年。钦明元年是壬子年。这一点十分确凿。因此，钦明天皇在位时间长达四十一年，与后面的天皇的年表成为一体。以后就没有必要订正纪年了。只不过《日本书纪》的纪年多有疏漏且极其杂乱，因此往往需要对错误之处进行订正。

宣化天皇和皇后、皇子一起去世，继体天皇的嫡子天国排开广庭尊下令群臣："吾尚年幼，不谙政事，请让山田皇后决断。"然而，春日山田皇女是女流，如何能梳理万机？春日山田皇女对群臣说："要尽早让皇子继位"，坚决拒绝主政。

---

① 指崇峻天皇。——原注

于是，天国排开广庭尊继承皇位，史称钦明天皇。清宁天皇驾崩后，由饭丰青决定皇统的继承。宣化天皇驾崩后，由春日山田皇女决定皇位的归属。后来，推古女天皇也是在这一背景下继位的。于是，钦明天皇尊春日山田皇女为皇太后。大伴金村、物部尾兴、大臣苏我稻目依然如故。物部尾兴接替鹿鹿火任大连一职，但物部尾兴并非鹿鹿火之子。在补任的公卿中有大连目之孙，其父亲是荒山连，是其他一族。钦明天皇元年立宣化天皇皇女石姬为皇后，迁至矶城岛的金刺宫。高丽、百济、新罗、任那都来进贡。虾夷、隼人率众归附。钦明天皇又将秦人、汉人等的诸藩归化人安置在国郡，编制户籍。秦人共计七千五十三户。钦明天皇拜秦大津户为大藏掾，成为秦伴造，对他们信任有加。矶城岛位于城上郡初濑川的南金屋。歌人将大倭称作矶城岛大概是钦明天皇在世时，但这一点还不确定。

钦明天皇时期复兴任那、传播佛教。这两件事情貌似是不同的事件，但却有着密切的联系。文明影响着国运的兴替。中国大陆将朝鲜半岛之角作为属国，因此如果落后于朝鲜半岛发展就必然带来分裂。应神天皇在引进中国大陆文明时漏掉了佛教。这是因为畏惧神祇。再者在知识的发展上尚未进步到接受佛教的程度。从之后的经过来看，明经、明法制度、学问等进步缓慢，但当时就连偏远的新罗也制定了律令制度，振兴了佛教，于是才爆发了任那问题。之所以解决不了这个问题不能说与宗教没有关系。宗教是德智的元素。德智如果不进步，国家的管理也不会成功。朝鲜各国制定律令制度，管理小国，而大倭则是依照古神道习惯管理大国，进而引起了海外属地的骚乱。这不足为怪。下面讲一下任那复兴问题的历史。

在继体天皇之时，近江毛野在光复南加罗、喙已吞时不见功效，终于导致百济、新罗出兵，抓住使者，围困近江毛野，然后才撤军。此后，新罗变本加厉，侵略任那。大伴狭手彦前往镇压。元年壬子，钦明天皇行幸难波的祝津宫，带着大伴金村、许势稻持、物部尾兴等同往。钦明天皇问诸臣："讨伐新罗需要有多少军队？"尾兴禀奏："军队少的话，不易讨伐。在男大迹天皇①之时，百济请求赐予任那四县。大伴金村奏请天皇赐予百济任那四县，因此与新罗结怨，不能轻易

---

① 指继体天皇。

讨伐。"听到这些，大伴金村退到住吉宅中，称病不朝。钦明天皇派青海夫勾子前去慰问。大伴金村称谢，说："群臣说我丢了任那，因此惶恐不安，不敢上朝"，并讲了其中的隐情。钦明天皇下诏不治大伴金村之罪，并愈发对他宠信有加。自此，大连中分为百济党和新罗党。

钦明天皇下诏百济明王，责问任那重建之事。百济明王说："被高丽欺骗，触怒天皇，被任那忌恨，现在颇感后悔。"之后，百济明王召来任那的旱岐、任那官府宰吉备臣，让他们听完诏书，就此事向他们咨询。旱岐等都说："建任那是大王的意思，谁敢说不？然而，百济和新罗接壤，恐怕会给卓淳等地带来祸端。"百济明王说："将新罗使者召到任那边境，看其是否肯听。如若使者不还，并且新罗侵略任那的话，我当前去救助。此事不足虑。汝等担心会给卓淳等带来祸端，这并非新罗所擅长的。睩己吞在加罗、新罗的边界上连年受到进攻，但任那袖手旁观，导致其灭亡。南加罗是蕞尔小国，仓促无备，而且不知依靠哪个，最终亡国。卓淳上下二心，其中有为新罗做内应的，是故亡国。三国败灭都有其自身的原因。昔日，新罗向高丽乞求援助。让高丽进攻任那、百济，然而并未攻克。新罗焉能独自灭亡任那。如果齐心协力而战，仰仗天皇的庇护，任那必兴。"之后，百济明王重赏旱岐等人。众人皆高兴而回。一般来讲，东西先腐朽后生蠹虫。正如这个比喻一样，大倭的海北属地腐朽已久。百济和高丽的结怨一代深似一代，势不两立。百济和任那结盟，依仗倭国天皇命令为靠山；而高丽唆使新罗扰乱百济。这就是应神天皇以来的形势。大伴金村将任那诸县赐予百济使百济成为任那的藩屏。这一策略早在当初就在朝廷内部有意见分歧。在驻朝鲜的诸臣中一定有反对者。因此，任那诸国内部乱纷纷的，意见不合，只顾眼前利益，而不顾远忧。由于睩己吞、南加罗、卓淳已经灭亡，任那诸国疑惧之心越来越强，因而在新罗的挑拨离间下越发腐朽。在安罗，官府由河内直、移那斯、麻都把持政务。他们和新罗通谋，在各官府之间进行蛊惑。探听到这些情况后，百济明王将奈率、鼻利莫古、宣文、木力昧淳、纪臣弥麻沙派到安罗，叫来新罗的任那执事，谋划重建任那的问题。此外，他还责骂河内直，晓谕任那："新罗以甜言蜜语诓骗任那，这是人所共知的。汝等轻易相信，陷于其圈套之中。任那与新罗接壤，宜早日建立常备力量提防之，否则有亡国的危险。然而听说汝等和新罗过从甚密，图谋不轨。大祸临头之后，后悔也来不及了。奉天皇之敕令，重建任那，何患不成。"之后，百济明王又告诉任那官府的吉备臣："苟依诏帮助任那，会受到天皇褒奖，会得到封赏。日本的卿等久在任那国，想必知道任那与新罗相邻。新罗欲毒害任那，抗拒日本。而今，彼之所以不敢轻举妄动，近顾忌百济，远恐惧天皇。而今阳奉阴违，表面上尊奉大倭朝廷，与任那保持和平，暗地里却贪得无厌，伺机而动。大倭朝廷想立南加罗、喙己吞之诏已经下达数十年，却充耳不闻，这是卿等所熟知的。如相信新罗的甜言蜜语和胡言乱语的话，就会使天皇受辱。切记莫忘。"

翌年，百济派遣纪臣弥麻沙等禀奏下韩的政务，又让奈牟真牟贵文、施德物部麻加牟等献上扶南的财物和奴隶二口。扶南是南洋群岛中的一个，大概是将贸易所得作为远方的珍奇物件而献上。倭国朝廷派遣津守连下诏百济，让位于任那下韩的百济郡令城主归附官府，另下敕令称："尔虽具表称重建任那，然而十余年过去，依然没有按照表奏的那样完成重建。任那是尔国的栋梁，栋梁折焉能成屋宇？速建任那。河内直等宜尽早止退。"百济明王就这一敕令问佐平内头等。佐平内头等回答说："不应调走位于下韩的郡令城主，建国事宜应该听圣敕。"百济明王又和群臣商议。群臣回禀道："建任那一事应及早召集执事及旱岐来商议。虽说如此，假如河内直移那斯、麻都等在安罗和任那的话，事情绝不会顺利。奏请天皇应撤换他们。"百济明王采纳这一建议，派施得高分召集任那执事和官府执事，但他们都不来。百济明王只有遣使者和他们商议，但商议无果而终。分析百济的内情可以发现，就任那复兴而言，也有利己主义的企图。朝廷、官府之间有互相欺骗的嫌疑。

当时的任那官府卿应该是大伴狭手彦。百济明王最终未能与他们达成协议，于是遣使到任那官府及旱岐等。倭国使者纪臣弥麻沙等从日本回来，宣读以下敕命："和在韩的官府一起早做良图以遂朕愿。"另外，津守连又来宣旨："从速议定任那之政。"因此，为了商议此事，百济明王一连派了三次使者召集执事，但执事不来，故敕命得不到执行。而今百济明王只好留下津守连，遣快使禀奏这里的情形，官府卿旱岐等也派来使者，一起前往听命。百济明王又责问河内直道:"汝之先祖①因年幼作歌可君,不为国难分忧,因而予以驱逐。汝等又来,住在任那,胡作非为。任那日损,汝虽为征者,终日不能让海西官家奉皇命。今禀奏天皇将汝等迁至本地,汝亦前往听旨。"接着,百济明王又向官府卿宣旨:"从速商议助我任那运粮之数及储藏地禀奏上来。三番两次召集执事,但执事不来。是故不能进行协商。"对此,官府卿回答说:"吾不听汝差遣,吾派出禀奏天皇的使者回来说:'天皇曰:朕要遣印歌臣到新罗,派津守连到百济。汝等其来,不劳自往。'"敕令中说道:"朕让印歌臣前往新罗之后问问情况。"印歌臣答道:"官府之臣、任那执事应该就新罗一事听命大倭朝廷。"津守连来后说:"陛下之所以派我到百济来是要召集在下韩的郡令城主。但我没有接到关于百济的命令,因此没有遣使者",于是没有接受敕令。

　　百济遣使上表具奏其事道:"这是阿贤移那斯、佐鲁麻都的奸计。任那以安罗为兄,以官府为父。惟顺从其意。的臣、吉备臣、河内直应委托移那斯、麻都来管理。二人虽然都是小家族的出征者,但独断官府之政,妨碍任那。是故不能共商政务。"因此,百济将己麻奴跪留下,遣使禀奏大倭朝廷:"如果二人在安罗的话,那么就很难建任那。海西诸国就不能顺从大倭朝廷,希望将二人换防到此地。"敕书就此说道:"的臣等往来新罗并非朕意,然曩者阿卤斯旱岐在印支弥之时,为新罗所迫,不得耕种,苟重建任那,移那斯、麻都等应自行退出。"因此,百济明王上表抗议:"新罗夺取㖨淳,逐出我久礼山戍,在接近安罗之处,由安罗耕种,在接近久礼之处,由新罗耕种。"移那斯、麻都在他界耕种,但六个月就逃到印岐弥。当许势臣来时,新罗又停止侵略。百济明王曾经设想在安罗荷山将新罗军队聚而歼之,或袭击加罗,但加罗得知这一消息,遣将士据守,毫不懈怠。因此,任那在耕种结束后会遭到新罗侵略,但当时百济禀奏说因距离遥远不能救急。很明显,这是在欺骗倭国朝廷,纯属奸佞之徒所为。此外,尚有诸多虚妄之词。如果的臣等在安罗的话,就很难再建任那。的臣宜早日退去。佐鲁麻都虽有朝鲜人血统,但身居大连高位,穿梭于日本执事之间,位于荣班之列,地

---

① 据《百济本纪》记载有汝先那、干他甲背、加廉直岐甲背亦云那歌陀甲背、鹰歌岐弥。河内臣一族在朝鲜者大概并非一人。——原注

位显赫，反而毫不忌惮地戴新罗冠，往返于新罗。纵观诸国败亡之祸，都是因为有内应和心怀二心造成的。当时，佐鲁麻都等是新罗的心腹，暗中干一些见不得人的勾当。大概是因为这个原因任那才灭亡，作为大倭的臣国，孤立危险。因此，应从速将佐鲁麻都等从任那调走，安定任那局势。这些就是上奏内容。就此事，《百济本纪》记载道："使者从日本回来所奏，河内直、移那斯、麻都等的事情并没有得到答复。"

等使者返回后，百济又召集官府臣、任那执事，让他们听天皇敕命，同时讨论了任那事宜。吉备臣及安罗旱岐等都说："要建任那全依仗大王之力。"百济明王因此陈述其策略，称："而今官府的印岐弥和新罗私通，乐意听新罗的胡言乱语。将印岐弥派到任那岂非为了侵害该国。新罗食言，背信弃义，灭掉了卓淳的股肱。应该就此进行反省，将任那复旧如初，结为兄弟国之好。这是孤之所愿。在新罗、安罗的边境上有大江，属于要害之地。吾等在 此修筑六城，向天皇借三千兵，每城由五百士兵把守，与我国士兵合在一起。如果不让地方耕田的话，久礼山的五城自然归降，卓淳也会光复。这是其中一个策略。在南韩设郡令城主岂非是想违背敕命，切断进贡之路？唯有北敌强大，我国需要征讨新罗。如果不设这些城的话，就无法抵御强敌，制服新罗。是故要禀奏天皇。这是第二个策略。如果吉备臣、河内直、移那斯、麻都还在任那的话，即便天皇下诏也不能重建任那。因此，奏请天皇将此四人调回本邑。这是第三个策略。"官府臣、任那守将、旱岐等闻言，称应一起遣使奏请天皇。吉备臣、旱岐等也同意。官府大臣、安罗王、加罗王都决定遣使。翌年，钦明天皇遣膳臣巴提便到百济。百济也遣奈率己连等为使上表，将护德菩提等派到任那，又差人将吴财送到官府臣及诸旱岐等。复兴任那一事就此止步，没有下文。当时，百济明王已经战死新罗，而任那官家也灭亡了。

以上以百济明王的言论为材料。虽然不免有失偏颇，但与任那当地的诸臣的想法差距不大。当然，其中必有隐情。大体而言，新罗和高丽勾结在一起，百济则以任那为后盾。倭国要保障任那的安全需要利用百济。这几乎是大政方针。之所以协商不够充分是因为倭国当朝的百官意见不合。因此，有迹象表明，有的官员通过给百济输送利益而获取好处。官府大臣大伴狭手彦居于其间。倭国朝廷功能瘫痪。事情追本溯源的话，是物部尾兴指出了大伴金村的失策，而大伴金村引咎辞职。事情起源于大倭责成百济明王复兴任那。就之后的经过而言，移那斯、麻都等往来新罗，似乎是按照物部尾兴的意愿在做事，并未报告百济明王的劾奏。在此期间，大伴物部两派争斗不已。狭手彦也发挥不了作用。这也是实情。总而言之，复兴任那会损害新罗的利益。如果给予百济好处，则对高丽不利。因此，在此期间，如果任那官府不能够牢牢控制新罗、百济，起到中流砥柱的作用的话，就没有成功的希望。然而，诸臣都被新罗欺骗，被百济牵着鼻子走，丧失大国的气度。从倭国朝廷到在朝鲜的官员，都存在着党派之争。这是倭国失去任那的病根所在。

就任那问题而言，《日本书纪》的年序中写道，始于钦明天皇继位之初，终于百济向大倭献上佛经。如果将钦明天皇元年提早九年的话，那么这件事情的时间也需要相应提前。据《韩史》记载，新罗法兴王与加罗王今仇亥几乎同时结婚。直到壬子年，仇亥及诸子来降，大倭以王礼遇之，以本国作为食邑。据《继体纪》记载，"新罗上臣伊叱夫礼怨恨近江毛野。" 在劫掠的四村中有金官。伊叱夫是新罗的谋臣异斯夫。此事发生的年份应在己酉年。加罗暗地里附属于新罗很久了。移那斯、麻都等和新罗往来，莫不如说投降了新罗。经过三年，从钦明元年壬子开始，又经过了五年，在丙辰年，新罗才开始称年号为建元而自立，在戊午年灭了阿尸罗国，也就是安罗国。这一年，百济向大倭献了佛像。在庚申年，法兴王薨，真兴王立。当年，百济请求任那官军来击，拔五城。新罗王服罪，返还金官、南加罗、阿罗等六城，诸将退兵。之后，城邑又归新罗。综合来看可以发现，新罗表面上奉倭国为上国，却暗地里将加罗、安罗作为属国，领有自己的新罗国，和任那府大臣、百济王采取协调行动。如果倭国来攻，就假装返还土地，实际上仍然控制着那些土地。究其原因，倭国贵族落后于中国大陆文明，在政治上不发达，缺乏管理属国的智谋。

第5节 新罗破百济和任那

百济明王初立就能裁断大事，因而得到国人的推崇和服从，被称作圣明王，威名远扬。高丽甲子年鹄香冈上王薨。世子是虫群妃所生。因此，细群要立细群妃所生。两群相争导致国中大乱。死者达两千余人。最终虫群获胜，立世子，史称阳原王。国定三年丁卯年，高丽入侵百济，以秽兵六千攻占汉北的独山城。新罗真兴王命将军朱珍带甲兵三千援助百济，和高丽兵在城下大战，大败高丽兵，史称马津之役。在这一战役中，百济遣使向倭国朝廷请求援兵，得到敕命许可，战胜之后，遣使谢恩奏道："据俘虏讲，安罗国和官府相谋，暗中叫来高丽兵。但愿高丽准时出兵。高丽听到准信后出兵。"钦明天皇敕命说："大倭朝廷唆使高丽出兵这一点不可信，放心和新罗齐心合力防御北敌，应该派若干人充实安罗逃亡后的空地"，接着遣民众若干到百济，帮助修筑得尔莘城。第二年，百济使回国时，钦明天皇嘱咐道："听说移那斯、麻都与高丽私通，一定要调查此事的虚实，为此汝等请求之兵会满足的。"之后，百济明王称王仁回来后会按照敕命调查移那斯、麻都一事，献上高丽的奴隶六口及貊房十口。

庚午年，百济明王遣使倭国，称"高丽来寇，请发援兵"。于是，钦明天皇任大伴狭手彦为将军领兵数万前往征伐高丽。百济明王召集人马。新罗、任那两国出兵会合，进入高丽，攻陷道萨城，逼近汉城，终于收复汉城之地，进而讨伐平壤。狭手彦用百济明王之计大破高丽军队。高丽阳香王越墙逃窜至比津留都。狭手彦乘胜进入王宫，虏获珍宝财物而归。于是，百济恢复六郡被侵占之地。第二年三月，钦明天皇赐百济明王麦种千斛。狭手彦回国，将高丽王在内寝使用的七织帐献给钦明天皇，将高丽西高楼上的铁屋及甲二领、金饰刀二口、铜镂钟三口、五色幡二竿、美女媛并从女吾田子赠予苏我稻目大臣，纳苏我稻目大臣二女为妻，住轻之曲殿。据《日本书纪》记载，铁屋又称长安寺，不知在何国。《阿阇梨皇圆略记》的注中写道："长安寺在近江国栗太郡多佗郎寺。"这个说法不大可信。

百济明王打算联合新罗合力侵略高丽，但新罗真兴王变心，私通高丽。第二年壬申，百济终于舍弃汉城、平壤之地。于是新罗占据汉城。汉城在今天的新罗牛头方。尼弥方就是平壤。百济明王和加罗王、安罗王一道遣德率木力今敦、河内部阿斯比多等向倭国请求援兵,以攻新罗不备。倭国朝廷晓谕使者:"要和任那合作,共享天福"。翌年百济又遣使来倭国,报告道:"据说新罗与貊国通谋。其理由是百济、任那频频来到大倭,请求援军征伐新罗。是故新罗在大倭出兵以前先取安罗,截断大倭的路。但愿前军、后军续发,至秋节巩固海表的弥移居。事情如果迟延的话,后悔莫及。衣粮之资由臣来补给。海表诸国弓马甚缺乏,古来仰仗天皇赏赐,才能抵御强敌,但愿多赐弓马。又的臣来,安抚臣藩,海表诸国皆服,而今已经灭亡。但愿派遣其他人坐镇任那。"到了十月,百济王子余昌悉发国中兵马前往高丽,筑百合野塞,望着平原宿营。忽然听到鼓声,百济军迎战,通夜固守。黎明时分,往外一看,但见原野上旌旗密布,有五骑连衔而来。余昌询问五骑。五骑答道:"少见等。野中有客,为何不迎入礼遇?"余昌问道:"客人是谁?"对方答道:"姓为同姓,等级为扞率,今年二十九岁。"问答结束后,双方立标而战。百济军刺落高丽勇士,将头颅举在矛尖示众。高丽军愤慨惋惜,而百济军欢声雷动,鼓声震天,喊杀声震耳欲聋,将高丽王追到东圣山上。百济快马遣使到筑紫秉奏:"此役比前一次更加危险,但愿派出援军,正月赶到。"倭国朝廷问所需兵数,内臣佐伯连等答道:"兵一千,马匹百匹,船四十艘。"甲戌年五月,内臣佐伯连率水师到达百济。百济明王大喜。甲戌年十二月,百济明王派东方领物部莫哥武连伐新罗,攻函山城。内臣佐伯连部下筑紫物部莫奇委沙奇善射火箭,以此焚城,终于攻陷函山城。百济明王乘船来报:"新罗无道,不惧天威,与貊同心,要歼灭海北的弥移居。臣等共议,遣有至臣等,仰乞军士,征伐新罗,蒙天皇之威灵,纵火箭,拔函山城。但如果仅是新罗的话,有至臣所率的军士足矣。而今,新罗和貊沆瀣一气,这一点兵马料难成功,希望竹斯岛上的诸军从速来援。臣也另遣万人,共助任那。因为仓促,仅献上好锦二匹,毛毡一领,斧三百口,及所获二男五女。"

百济王子余昌谋划要伐新罗。耆老劝阻,余昌不听,说道:"为何生怯?我依赖大国,有何惧哉。"于是,余昌进入新罗筑久陀牟罗塞。此时余昌父亲百济明王已立三十一年。余昌长期行军打仗,戎马劳顿。百济明王亲自去劳军。新罗真兴王听说百济明王亲自来，悉发国中之兵，以金武力为军主，拦路而击，大破百济军队，斩佐平四人，杀士卒两万九千。金武力是加罗王仇亥的季子。于是，新罗佐知村的饲马奴谷智捕获百济明王，谷智再拜百济明王，要斩百济明王之首。百济明王说："王之颈不受奴手。"谷智说："我国法曰背盟者，虽是国王应受奴手。"百济明王长叹，回到胡床，解下佩刀，授予谷智，让他斩首。新罗埋葬百济明王头。余骨以礼送还百济。百济明王的颈骨埋于新罗北庭阶下。新罗因而称此庭为都堂。余昌被围，不得出。士卒惶骇，不知所措。筑紫国造能射，射死新罗骑兵中的第一勇士，箭穿过鞍前后桥，直至甲之领会处而落地。之后箭如雨发。在射包围的军士时，余昌从小道逃回。百济因此褒奖筑紫国造，称他为鞍桥君。新罗将领想要趁此机会灭亡百济，不留后患。一将说道："不可。大倭天皇因百济之事数次责备我国，如果消灭了百济官家，必然后患无穷。"新罗终于打消了灭亡百济的念头。该事件发生在钦明天皇二十三年，即554年。

翌年乙亥，余昌遣王子惠来倭国朝廷。钦明天皇伤悼，遣使到码头迎接，进行慰问。许势稻持问："欲留此间否？"惠答道："仰仗天皇之德，多派兵革，才能雪耻复仇。倘若如此，去留悉听尊便。"之后，大臣苏我稻目吊唁道："圣王精通天道地理，名扬四海，永保安宁，统领海西藩国，将千、万年侍奉天皇，岂料俄顷不安玄室，有何等过错遭此横祸？又以何术镇国？"惠答道："臣如何知祸福所依、知国家存亡？"因此，苏我稻目劝道："昔日，天皇大伯濑在位时，汝国为高丽所逼，形势危急。天皇命神祇伯恭恭敬敬接受神祇之策。在祝词中听到神谕，恳请建国之神拯救将亡之主，以期国泰民安。是故请神前往救助。听说顷者汝国怠惰祭祀。今应痛改前非，祭祀神宫。这样的话国家就会昌盛。汝切勿忘记。"

在百济，王子余昌与群臣商议，想出家修行，以纪念亡父。群臣皆说："高丽、新罗都在争百济。百济岌岌可危。将百济交付何人？以前若用耆老之言，不致如此。但愿痛改前非，切莫出家。若想完成誓愿，那么超度百姓、使国泰民安则是最好的修行。"余昌答应请求，超度百人，做了幡盖种种功德。第二年，惠从朝鲜回国，获赐兵仗良马。钦明天皇遣阿倍臣、佐伯臣连、播磨直率筑紫国的水师护送惠回国，另让筑紫火君率勇士千人护送弥氏，进而把守津路要害之处。丁丑年，余昌立，史称威德王。这一年，梁和西魏灭亡，分别被陈和宇文的周所取代。中国大陆的列国不断更迭。

庚辰年，新罗献调赋。倭国朝廷招待赏赐来使，盛情超过往常。使者奈末弥至巳知大悦，回国时说："调赋使为国家所重视，但私下里很轻视。对百姓来说，行李使者性命攸关，但选用时使用身份卑贱者。国政之弊未尝不源于此。今后应差良家子作使者，不应使用身份卑贱者。"第二年，新罗又进调赋。司宾的待遇比往常有所降低。使者愤恨回国。之后，大舍奴氏出使倭国，献上调赋。倭国在难波大郡排列诸藩顺序，掌客额田郡连、葛城直等将大舍奴氏列于百济之下。大舍奴氏大怒，不进馆舍，乘船回国，来到穴门，看到在此修建穴门馆。大舍奴氏问："这是在为谁人修建馆舍？"工匠河内马饲守押胜回答说："这是谴责西方无理的使者的停泊之处。"大舍奴氏回国，汇报了这些情况。于是，新罗在阿罗波斯山筑城，防备倭国的进攻。翌年壬午年，新罗真兴王称加罗反叛，命伊飡伊斯夫为将伐加罗。王族斯多舍年方十六，请求从军。真兴王认为斯多舍年少，不许，但斯多舍坚决要求从军，终于成为副将。斯多舍率领麾下五千人抢先登城，进入栴檀门，竖起白旗。城中惊惧。伊斯夫引兵乘机而入。一时间，加罗军队皆降。新罗终于灭了加罗国，改名大伽耶郡。

加罗就是金官国的加耶。加罗王是金武力之父仇亥王时代的人。据《日本书纪》记载，"钦明二十三年春正月，新罗打灭任那官家"，说的就是这件事情。据《驾洛国记》记载，"仇未治四十二年，保定二年壬午，新罗第二十四君真兴王兴兵薄伐，王使观军卒。敌众我寡，不堪对战也。仍遣同气脱知尔叱今留在于国，王子上孙率支公等降入新罗"。二者内容吻合。据《开皇录》记载，"梁中大同四年壬子降于新罗"。服属的时间太早。在金武力任新罗将军时，加罗反叛，因此被灭。据《日本国史记》记载，"高灵郡本大加耶国。自始祖伊珍阿鼓王至道投智王，凡十六世，五百二十年。真兴大王侵灭之"。从加罗的先祖首露王继位到周保定二年，有五百二十一年。二者大致相同。或许是将金官的加耶与高灵的大加耶混淆了。据《日本书纪》记载，"一本云二十一年，任那灭焉。总言任那，别言加罗国、安罗国、斯二岐国、多罗国、卒麻国、古嵯国、子他国、散半下国、乞飡国、稔礼国，合十国"。朝鲜之名音讹颇多。无法通过研究古今地名沿革知其存灭。据《日本书纪》记载，任那灭亡后六个月的诏书中写道："《梁书王僧辨传》的陈霸先原封不动地剽窃其誓文，应予以删除。"七月，新罗献调赋。使者说："灭任那有悖国恩，以此为耻，不敢请归，留在这里"，成为河内更荒郡鹈鹕野的百姓。同月，倭国以纪男麻吕为大将军，以河边琼缶为副将，率兵问罪新罗："为何攻灭任那？"纪男麻吕从哆利出发，琼缶从居曾山出发。新罗王闻言，速起大兵迎战，大败请降，归附大倭。纪男麻吕于是班师回朝，进入百济营地，下令军中"战胜不忘败是善教，今在疆畔和豺狼交界，不可轻易忘掉变乱，要高度警惕"，严格管束士卒。琼缶进战，所向披靡。新罗举白旗投降。琼缶不知兵法，又举白旗进战。新罗的宿将说："河边臣要降"，出动所有精锐速攻，破琼缶前锋，伤者颇众。倭国造手彦弃军而逃。新罗的斗将钩戟在手追至护城河边，鞭打骏马越沟而逃，仅以身免。于是，琼缶引军撤退，仓促在野外扎营。士卒相叹，无人遵命。新罗斗将直冲大营活捉琼缶及其妇。琼缶献出妇人，才得以免死，逃回。调吉士伊企傩也被活捉。新罗斗将逼伊企傩脱去内裤，将臀部向着大倭大呼"大倭将领咬我的髋部"。伊企傩大呼道"新罗王咬我髋部"，虽然被苦苦逼迫，还是依旧如前，终于被杀。伊企傩子舅子也抱父而亡。

十一月，新罗遣使贡调赋。新罗使者也知道大倭对新罗灭任那十分愤怒，如果请求回国的话，担心会受刑罚，于是在摄津国三岛的埴庐住了下来。后经过八年，在辛卯年三月，倭国遣坂上耳子郎君到新罗问罪灭任那一事。钦明天皇卧病在床，翌年四月，用驿马将在外的皇太子召回，引入卧内，抓住皇太子手说："汝伐新罗，重建任那如旧。倘若如此，虽死无憾"，说完驾崩。因而任那再兴问题是敏达天皇继位之后所考虑的事情。

任那官家灭亡换言之就是加罗国的灭亡。详言之，从继体天皇时起就想光复已经灭亡的南加罗、喙己吞、卓淳。然而，迁延日久。本来委托百济做此事，然而不仅百济衰微了，连加罗也被灭了。是故再兴任那意味着从新罗手中夺回灭亡的国家，像原来那样形成联邦，让官家缴纳贡租。然而，事实并非这样简单。百济明王和官府诸臣协商以图复兴。此时，官府诸臣中有人与新罗私通，妨碍任那复兴计划。因此,百济明王禀奏钦明天皇此事,请求罢黜官府诸臣。朝廷会议上对此意见分为两类,其间必然夹杂着利害关系。本来任那府的创设经过如下:在垂仁天皇初年,加罗国献上三巴汝之地,以预防新罗的侵略。这是问题的起因。这一点在第十二章已经论述过了。其后,直到应神天皇之前,倭国在朝鲜半岛角上开疆拓土,达九十五国之多。在地图上来看,倭国的国势发展相当喜人。然而,在遥远的地方拥有一块土地事实上得不偿失。雄略天皇将下哆利给了百济。继体天皇也认为地理上过于遥远难以统治,又将上哆利及其他四县给了百济,将从今天的忠清道到全罗道的西北割让给了百济。而后庆尚道中部、西部及全罗道的南部的各小国是否置于任那的管辖和保护之下?这是一个主要问题。从大倭方面来看,大体而言,任那距离太远、防守困难的这一考虑还是存在的。

有必要将此事的利害得失分五条进行考虑。第一条,大倭朝廷即皇室的收入;第二条,与群卿即在朝廷的大官的利害相关;第三条,与往来于朝鲜官府的臣连们的利害相关;第四条,在朝鲜拥有领地的臣连的得失;第五条,居住在朝鲜的人们的得失。在后世日本列岛的国领庄园上,国郡司、领家、地头也发生争讼。下面将上述五条与此对比进行说明,这也是值得研究的问题。大体而言,只要高丽、新罗、百济进调赋的话,对皇室而言,在得失上并无大碍。当时,贿赂成风,弄钱的路子很多。对群卿来说利害得失并不太大。就第三条、第四条而言,如果失去朝鲜的财富来源的话,往来于朝鲜官府的臣连们及在朝鲜拥有领地的臣连逐渐会受到打击。并且该地的归属反复无常,经常发生战争。筑紫各国负责军队和军需,因此不堪重负者应该很多。在这一点上,利害得失必然是互存的,而感到不利者占多数。就第五条而言,此时的臣民可以分为内国、外国和藩国三类。藩国的臣民从血统上被特殊对待。朝鲜人生的孩子是藩民,日本人生的孩子是国民。以此来裁定其领地的继承。因此,没有任那府的话感觉更方便的人很多。总而言之,任那复兴问题和后世的国领庄园问题是进行比较研究的大课题,并非是能够从一个侧面讲清楚的。通过在任那开府,日本在大陆的一角一度扩张了属地。从允恭天皇时期开始,费用庞大,不堪忍受,逐渐出现了各种纷扰。任那联邦的命运出现了盛衰沿革。一代一代积累起来,变得非常棘手。可以看出,这一情况在史书上也有清楚的记载。论述清楚这一问题并非易事。

第17章

国教国政改革

第1节 佛教的传播

　　应神天皇时期,倭国在北海拥有新罗、任那、百济、辰韩、马韩五个属国。它们成为大倭的藩国。从那时起,中国大陆人种不断移居,文明不断竞争、进步,对大倭还是有直接影响的。虽然日本列岛四面环海,但岛国式的昏睡还是会被惊醒,接受外国带来的影响。文明是社会、人民的心智发展的光辉,并非一下子就磨光的。在日本列岛的黑暗中,天神一族以神道创立国家。从那时起,开拓荒野,驯化野民。在这一时期,其他国家已经有了高度的学问、教育,而要吸收、接受这些需要等到日本社会的进化、心智的进步。汉字能够启迪人的智慧,从朝鲜传播到日本列岛是一个循序渐进的过程。这一点前面已经讲过。高丽的貊种人在古代朝鲜乐浪的故地是汉字最早发展起来的地方。百济是箕氏的马韩及带方的故地,即便在被夫余占领后,智力的发展也较早。新罗、任那位于东南,比较偏僻。在古代,这一代受中国的影响相对薄弱。这一地区汉字的发展也较晚。这样一来,接受中国大陆文明的程度参差不齐。在懿德天皇时期,后汉明帝从印度引进了佛教、佛经,对通过儒学而磨炼的心智产生了潜移默化的影响。在景行天皇、成务天皇时期,佛教传播到整个大陆。在应神天皇时期,佛教传播到了高丽、百济,只有任那、新罗不够敏感。尽管日本当时也从中国大陆引进了学问艺术,但佛教尚未传入日本。而后在日本儒学发展比较迟缓,尚未制定政治制度和律令。时光荏苒，过了百年，佛教传到了新罗、加罗。由于新罗的振兴，产生了任那问题。到了继体天皇时期，倭国重新聘请五经博士。当时已经到了改革宗教的时候，可以说刻不容缓。

在钦明天皇初期，百济明王和任那官府的大臣及旱岐等商议重建任那问题时，商定了三个策略。之后，百济造了丈六佛像，祈祷弥移居国的福祉。就丈六佛像而言，后汉明帝梦见金人，梦醒后听说西方有一个叫做佛的神，其形长一丈六尺，于是去迎接这个金人。从晋时起，在铜里掺杂金铸成此像开始流行起来。铸佛像一事成为颇为重大的誓愿。任那的佛像铸造应该是在钦明天皇六年丁巳年。不久，百济明王派西部姬氏达率、怒利斯致契为使者献给大倭朝廷释迦佛金铜像一尊、幡盖若干、经论若干卷，并且具称此法在诸佛法中是最特殊、最难解的，是周公、孔子所不知的，非常深远。且是从天竺到三韩原汁原味地引进的，无不崇敬。因此，佛教传播到大倭，首先在畿内传播，实现了佛法东渐。《日本书纪》中的天皇十三年记录了此事。在记录了上宫圣德法王帝说的法隆寺的《古记》中有记载："志癸岛天皇御世，戊午年十月十二日，百济国主明王始奉度佛像经教敕授苏我稻目宿祢大臣，令兴隆也。"戊午就是《日本书纪》中的宣化天皇三年，但是根据法王帝说的在位年数，相当于钦明天皇七年，也就是任那造丈六像的第二年。百济僧观勒给推古天皇上表说："佛法自西国至于汉三百岁，乃传之至于百济，而仅一百年矣，然我王闻日本天皇之贤哲而贡上。"这就是说从后汉明帝到百济枕流约有三百年，从百济枕流到这时有一百五十五年。这里所说的百年要比实际年数要少，也就是说落后的时间还要久。

钦明天皇接受百济所献，欢呼雀跃，对使者说："朕尚未见过如此精微的大法。"估计佛教在畿内流行时，在朝廷上议论纷纷。而钦明天皇皈依佛教也并非是自己决定的，而是咨询群臣："西藩所献佛像，相貌端严，以前未曾见过，是否应该礼拜？"苏我稻目大臣禀奏说："西藩诸国皆礼拜此像，唯独丰秋日本岂能背焉。"物部大连尾兴、中臣连镰子异口同声地提出异议："我国家之所以在天下称王是因为四时专一祭拜天地一百八十神，而今再礼拜藩神，会导致国神发怒。"在变更宗教信仰之际，朝廷的认识不一致是必然的。物部大连尾兴、中臣连镰子抗议不足为怪，但苏我稻目劝钦明天皇礼拜佛像的逻辑甚是令人费解。然而，与当时朝鲜的历史进行比较就可以发现，在一百五十年间，佛教从高丽、百济传到新罗、任那，启发当地人心智，导致新罗逐渐进化，进而吞并了任那。而倭国的政治、宗教学问进步缓慢。回顾这一事实可以发现，当时中国大陆佛法传播，唯独日本墨守古教，在国际交往中产生了诸多不便。"唯独日本岂能背焉"一句具有振聋发聩的力量。试想，此时钦明天皇二十四五岁。中臣氏是神道的本家，而物部尾兴在任那问题上和大伴金村持相反意见。百济献给大倭天皇佛像的时期和大伴狭手彦坐镇任那的时期吻合。在前一年，百济举行丈六佛开光仪式。因此，百济将其介绍给苏我稻目，才引进了佛教。因此，物部大连尾兴和中臣连镰子才一起作为反对派进行抗争。就文明进化的进程而言，观察现在发生的社会现象，来预测将来的趋势者就是进化派，而维护秩序，尽可能地压制导致社会混乱的新事物者就是保守派。这在政治上是必然的现象，即便日本宗教比大陆晚了一百五十年，但希望不出现保守、进步党派之争是不现实的。必然会有一番争论。

　　钦明天皇不顾上述二人的抗议，命令对佛教的引进很积极的苏我稻目尝试礼拜、信仰佛教。因此，苏我大臣下跪受命，欣欣然将佛像安置在小垦田的家中，虔诚地修行出世的孽因，捐献向原的家宅，改建佛寺。这是在得到敕命的基础上设立的个人寺院的起源，是后来的樱井寺①的开基。佛法在任那流行已快一百年了。因为往来朝鲜频繁，在筑紫或难波的港口必然建有佛寺精舍。可见信仰佛教的民众逐渐增多。据《扶桑略记》记载，在继体天皇时期，大唐汉人鞍部村主司马达等在大和国高市郡坂田原修草堂，安置本尊，皈依礼拜。举世都说这是大唐之神。早在钦明天皇以前，唐人就带来了佛像，看起来当时并没有流行。在继体天皇时期，佛教渗透到了京师附近。只不过司马氏是吴的归化姓，应该是允恭天皇时出使吴地的司马曹达一族，并非是继体天皇朝来归化的。司马达等是钦明天皇、敏达天皇时期的人，致力于佛法的传播，子孙因为这个原因而显达。

---

① 或称丰浦寺。——原注

据《日本书纪》称，之后国家瘟疫流行，民众多有夭折残废者。物部大连尾兴、中臣连镰子异口同声奏请钦明天皇："因不用臣昔日的计策致使瘟疫肆虐，应该早日投弃以求后福。"钦明天皇下诏说："依奏。"有司将佛像扔进难波的堀江中，在伽蓝纵火，使伽蓝化为灰烬。于是，天上没有风云，忽然大殿上发生火灾，烧掉大倭所有的寺庙。将佛像扔进难波江这一说法极不可信。而且，在敏达天皇末年也发生过同样的事情。到底哪一件是真实的？据《法王帝说》记载，"庚寅年烧灭佛殿，流却于难波堀江"。庚寅是指钦明天皇驾崩的前一年，也是苏我稻目殁的那一年。当时，物部大连还是弓削守屋，而苏我马子还未当大臣。钦明天皇让苏我稻目尝试信仰佛教。这说明他害怕在大内礼拜佛像。本来钦明天皇还是信佛的。据《日本书纪》记载，在河内茅渟海捞到樟木献上。钦明天皇令画工雕两尊佛像。在今天吉野寺有尊放光樟木像，据说是池田庄毗曾寺的佛。这样一来，就雕了佛像。难波是外客云集的地方。政府为这些人建造了寺庙。在苏我稻目死后，守屋上奏天皇，将寺庙烧毁，仅此而已。此外，苏我氏势力很强，再有纪、巨势、平群等都出自这一门，有很多旁支。因此，苏我稻目家族所建的寺庙即便有圣旨，物部氏也不能够随心所欲地将其烧毁，而且烧毁寺庙也未必得到了钦明天皇的敕许。到了敏达天皇时期，佛教也没有被禁止的迹象。佛者往往对法敌针小棒大，因而物部氏仅仅烧毁难波的一个伽蓝，只是佛者将其夸张而已。

物部大连尾兴、中臣连镰子之所以拒绝佛教的信仰是因为害怕神祇发怒。古代宗教没有文字，没有教义，凭借的只是对神祇的畏怖之心而形成的一套信仰体系。这套体系在诉讼审判中发挥了威力，而在预知未来、治疗疾病、预测气候、解除困惑、安定民心等方面还是无能为力的。当时的神道也属于此类。在筑紫内臣帮助百济进攻新罗那一年，倭国敕令百济进贡卜、易、历三博士，并实行轮换制，同时要提供卜书、历本、药物等。翌年，从百济送来五经博士王柳贵，替换马丁安，让僧道惠等九人替换僧道深等七人，送来易博士王道良、历博士王保孙、医博士王有凌陀、采药师潘量昱、丁有陀及乐人三斤、己麻次进陀。《姓氏录》就医药如下讲道："吴国王照渊之后和药使主在钦明天皇时期，跟着使者大伴狭手彦带着内外典、药书、明堂图等一百六十四卷、佛像一尊、佐药调度一具来大倭朝廷。"狭手彦是否也出使过梁？这些都是佛教传播的前驱，有引进知识的必要。引进方术开始于推古朝时期。这一点在第七章已经概述。中国的信众、方士所称道的与禁厌拘忌有关的阴阳五行之类很早就在倭国传播。在神代之初的神话中已经夹杂了其学说。由此可知，这必定在钦明天皇以前就已经存在了。

利用神道断案一事在前一章已经讲过。近江毛野在任那实施探汤，将倭国人和朝鲜人通婚所生的孩子投入开水中烫死。在朝鲜，佛法已经得到传播，已经制定了律令。因此，在这一时代背景下，近江毛野的做法是不合时宜的。这大概是新罗灭任那时发生的事情。有人状告马饲首歌依之妻乘皇后的御鞍，于是朝廷将歌依下狱，严刑审问。歌依指天发誓说："这都是不实之词，如果此事是真的话，必然会有天灾"，之后伏地被杀。未过多久，大殿上就发生火灾。在朝廷命人绑缚廷尉之子守石和中濑冰、要将他投入火中时，守石和中濑冰念完"并非吾手投其火中"的咒语。他的母亲祈求道，如果将她的儿子投入火中，真的会有大灾，希望让他跟着祝人做工赎罪。守石和中濑冰因此得到赦免，成为神社的奴隶。据说，投火之刑是古制。由此可见，直到那时还存在的古宗教的断案审判是相当残酷的。

神裔和皇胤相同，都是社会的最高等级。籍贯分为内国、外国、藩国。品级、家族等级极其严格。法理还不够明了。在允恭天皇更定姓氏之后，政务逐代变得烦琐。钦明天皇非常信任大藏掾秦大津父。在易经、历学、医学博士来大倭朝廷时，苏我稻目奉敕命令百济贵须王后裔王辰尔数录船赋。王辰尔被任命为船长，被赐船史之姓。在百济王子惠回去那年，苏我稻目等去吉备，在儿岛郡设立屯仓，任命葛城山田直瑞子为田令，又在大倭高市郡设立韩人大身狭屯仓、高丽人小身狭屯仓，在纪国设立海部屯仓。有人认为将各地的韩人作为大身狭屯仓的田部，以高丽人为小身狭屯仓的田部，也就是说以韩人、高丽人为田部。因此，冠之以屯仓之号。田令在注中也叫田司，是田部之长。葛城直是剑根命的后裔。其后，新罗的调贡使留住河摄，而高丽的头雾利耶陛等留住山背的亩原奈罗山村等，都成为百姓。直到乙丑年，量置田部。又过了十余年，脱籍免课税者很多。因此，王辰尔派外甥胆津检查白猪田部的丁籍，定籍成田户。为了褒奖胆津，王辰尔赐予胆津白猪史之姓，后来又拜胆津为田令，让他成为瑞子的副手。归化人在史书上被称为秦韩氏。自从大倭政要创设家职以来，直到现在，归化人凭着政绩赐姓尸者很多。这也说明神裔凭着门阀不思进取，在文明进步上较为迟缓。

虽然如此，神祇还是存在于自然力中。文明的进步被要求人类智慧发展的自然力所推动。失去发展的腐朽物全部为神所弃。而今，从应神天皇算起天皇已经经历五世。无论文明进步如何迟缓，也接近了黎明时期。五经、医学、历学等学问是官立的。就佛教而言，如果是大臣家族则允许私立。在发展了三四十年后，保守论者遇到瘟疫，畏怖神灵，将佛像扔到难波江。这只不过是一种腐朽的惯性。自然力量的发展是不可阻止的。到了敏达天皇时期，佛教传播的盛况逐渐显现在史书中。

敏达天皇在钦明天皇驾崩的四月继位，住在河内大津宫，任苏我稻目之子苏我马子为大臣。当时苏我马子二十三岁，与物部大连、弓削守屋一起执掌国政。敏达天皇立息长真手王之女广姬为皇后，生下押坂彦人大兄皇子。敏达天皇四年，广姬离世。当年，经过占卜，海部、丝井二王决定在自家土地译语田营建幸玉宫。敏达天皇迁到那里。立异母妹丰御食吹屋姬为皇后，生下竹田皇子、尾张皇子，设立日奉部、私部。丰御食吹屋姬是大臣苏我马子的姐姐苏我坚盬媛所生。据《日本书纪》记载，敏达天皇不信佛法，爱文史，宠信大三轮君逆，委托内外大事。文史是指汉学的文章、纪传，以历史诗文为表，以五经为里，是一门系统的学问。直到敏达天皇成长的时期，佛教渗透程度还不太深，因此天皇倾心汉学。大三轮君逆也是因为文学而受到宠信。

敏达天皇六年丁酉，大别王与小黑吉士被百济国任命为宰。回国时，百济威德王给他们经论若干卷、律师①、比丘尼、咒禁师、造佛工、造寺工六人，让他们献给敏达天皇。敏达天皇将这些人安置在难波的大别王寺。往年，百济进贡乐人。而今，佛师寺工来到这里，使得声律工巧。比丘尼来到这里，教化妇女。佛法越来越完善。敏达天皇八年癸亥，新罗进调使也送来佛像。这就是后来安放在

---

① 指研究佛经的人。

兴福寺的东金堂的释迦像。敏达天皇十三年癸卯，从百济来的鹿深臣有弥勒石像，佐伯连有佛像。苏我马子将他们都请来。另外，敏达天皇将鞍部村主司马达等、池边直冰田派到四方，搜寻修行者。在播磨得到高丽的还俗僧慧便。据《元亨释书》记载，在播州找到了貌似比丘尼的人来问。她答道："此方不敬沙门，因此混迹世俗，以图方便。"苏我马子将她请来为师。达等之女名字叫岛，十一岁。貌似比丘尼的人给岛剃度。岛的弟子有汉夜菩的女丰、锦织壶的女石，并剃度了二人。称岛为善信尼，称丰为禅藏尼，称石为惠善尼。苏我马子依法崇敬之，赏给她们达等冰田，供给衣食，在家宅的东面营造佛殿，安置弥勒石像，礼贤下士，请来三尼，召开大会，进行斋戒。

司马达等又得到佛舍利，献给苏我马子。苏我马子将佛舍利置于铁质上以铁锤击之，佛舍利不碎；将佛舍利投入水中，佛舍利如心所想上下浮沉。苏我马子在石川宅中修建佛殿，在大野丘之北起佛塔，举行法会，将舍利藏于塔的柱头。自此苏我马子、司马达等和池边直冰田等笃信佛法，修行不懈。佛法自此兴起。《魏书·释老志》中记载道："佛既谢世，香木焚尸，灵骨分碎，大小如粒，击之不坏，焚亦不焦，或有光明神验。胡言谓之为舍利。"据《释民要览》记载，"此物戒定慧、忍行、功德薰成。梵语称设利罗，略称舍利，骨身之所谓也。不释者凡夫之骨身滥也。又称驮都，不坏之意。全身碎身有两种，碎身有三，其一，骨舍利，白色；其二，肉舍利，红色；其三，发舍利，黑色。唯佛舍利为五色，有神变，一切物不坏"。石川位于亩旁的百橿村。苏我氏的祖先称石川宿祢，以河内国石川为本居，后住在这里，因此而命名。

百橿村现存废弃的精舍遗址。在今天的本明寺有高丈余的石浮屠。这里的水田称作"八讲田"。山林里有花严寺、大乐寺、威道寺等名字，在和田村现存大野丘之塔的础石。《大和志》对此有所记载。这个石浮屠并非弥勒石像，而是建在苏我马子冢上。此寺是何时所建？根据八讲田这一线索思考，可以推测这个寺兴旺了很长时间。《日本书纪》的正文提到了该寺的缘起。在向原寺尝试传播佛教以来已经过了四十八年，因此当然不是此时建的。

第2节 肃慎、虾夷之动摇

研究历史要结合社会现状，要用思想概括周围的状况。邻国的形势对社会有着重要的影响。从敏达天皇时期起，在国内受到文明发展的推动，在国外，百济正在尝试复兴任那。在这种形势下，倭国社会的变化加大了力度。这都是从日本列岛西北的中国大陆跨过茫茫大海吹来的风所导致的。虽说如此，进一步观察中国大陆，其发生变动的范围涉及东北，影响到日本列岛的北越、虾夷边境，风云际会。在日本国史上开始发现其征兆。具体而言，直到清宁天皇时期，众多虾夷归附大倭朝廷。究其原因，毛野臣、越国造在东征时与他们交涉，取得卓越功勋。当时这些都是属于彪炳大倭史册的事件，却被忽视了。直到钦明天皇时期，肃慎人才来到佐渡岛。东北开始出现动荡。

钦明天皇初年，虾夷隼人率众归附。钦明天皇五年十二月，佐渡岛称在岛北御名部崎的岸边有肃慎人，乘一船舶滞留于此，春夏捕鱼充饥。该岛人称他们不是人是鬼魅，不敢接近他们。这并非是钦明天皇五年发生的事情。肃慎人此前就滞留在这里。御名部崎的情况不详。因为说在岛北，所以似乎在岛的最北边海角鹫崎，姑且按照这一说法。但这里是否能够容纳很多移民令人怀疑。然而，如果不较真的话也说得过去。到了钦明天皇五年，岛东边的禹武邑的居民采来椎子正要用食，灰里炸响，穿皮甲的两个人在火上飞腾一尺多，争斗了很长时间。邑人颇感奇怪，来到院子里，两人又如前跳起争斗不已。有人占卜说，这个邑人必然中邪了。不久，正如其言，邑里的人遭到肃慎人的劫掠。至此，肃慎人要移居濑河浦一事确定无疑。恰逢在浦神大祭上，居民非常恐惧，不敢接近他们。肃慎人口渴要喝神水，因而死者达半数。肃慎人将死者骨头堆积在岩岫上逃回，俗称肃慎隈。据《佐渡志》记载，御名部崎就是今天的片部村。濑河浦就是今天的鹿浦。禹武转为羽茂，现在读"hamoti"。这一带有虾夷冢，直到近世还挖出巨人的骸骨。这大概就是所谓的肃慎隈吧。这一带流传着古代童谣："片部鹿浦中，水中含有流毒，每日流三次。"因此，夷人所饮的应该是这条河里的水。从地理上看，岛东就是今天的东浦贺茂湖以北的三濑河村。这里就是濑河浦。禹武也应该在附近。西南岸的羽茂是不正确的。据吉田东伍的《地名词典》所述,梅津就是禹武津之音讹。在长江村里的贺茂郡阿久都志彦神社供的就是浦神。这一考证一言中的。佐渡岛由露出的南北两峰脊构成。从位于中间的东岸的贺茂浦到西岸的杂太浦一带的平地在古代很早就得到了开垦。肃慎人起初来到北岬,从事渔业,侦察岛内的情况,之后移居东岸的禹武邑,开始劫掠,最后因水土不服而逃了回去。记载在史书上的是从北端到东岸的事情。在逗留期间,肃慎人转到了西南岸。这种情况还是有的。上述"椎食爆飞"的怪谈是将移居北岬的外国人看作了鬼魅,可以说是由此引起的占梦。这样一来,更加刺激了人们的恐怖心理。趁此机会,肃慎人开始劫掠。这正好与浦神的严忌吻合。肃慎人因中毒导致失败逃回。从这一件事情上可以看出,当时的肃慎人是从东岸的虾夷地区往来于南岸的越国,时不时地和国造、郡司发生交涉而已。由于没有报告给京师,因此在日本国史上没有记载。

肃慎训读为"mishihase"或者"mishimumase",当时应该是这样称呼的。在古代,肃慎是指吉林地区。肃慎又称"息慎",或者包括今天的北海道、奥羽一带。这是与古代史关系密切的地区。本书第二章、第三章讲了其大概情况。在后汉时期,挹娄人住在这里。在越国对岸的咸镜道住着沃沮人,沃沮和秽貊同种,虾夷(ezo)是沃沮的音讹。生虾夷就是挹娄人。这在第六章已经讲过。其后沃沮服属于貊句丽。第十章讲过夫余是从北面迁来的。缺史时代过去后,而后的沃沮的故地咸镜道地区在史书上断了消息。从在西北的向津设立任那府时候起,就朝鲜半岛的变迁而言,在句丽兴起了高丽,在马韩兴起了百济,住在长白山南北面的夫余也在应神天皇的时候灭绝。百济称是夫余的正统,称余姓。然而,百济疆界不到咸镜道。从夫余的故地到肃慎、挹娄的原野其历史是一片空白。到了雄略天皇时期,高丽和靺鞨结盟,企图灭掉百济。靺鞨与北魏使者往来一事见诸《北史》。靺鞨就是肃慎,原因如下:北魏的正史中,高丽王的使者芮悉弗进曰:"黄金出夫余,珂则涉罗所出。今夫余为勿吉所逐,涉罗为百济所并。"勿吉就是挹娄,也称肃慎、靺鞨。据《释纪》记载,"《后汉书》曰:'挹娄古肃慎之国也。在夫余东北千余里。'《鬼谷子注》云:'周成王时,肃慎民献白雉,还,恐迷。周公作指南车,以送之。'"因此,概观古今可弄清楚上面的问题。又据《北史》记载,"靺鞨就是肃慎国",当时分为七部。粟末部和高丽接壤,在今天的吉林,占据松花江源头。粟末江就是指松花江。粟末部东南是白山部,即长白山的南北,到达咸镜道。粟末部以北是伯咄部,相当于今天的哈尔滨地区。伯咄部东北是安车骨部,东面是沸涅部。安车骨部以东是黑水部,即黑龙江的古野。沸涅部以东是号室部,即咸镜道西海岸一带的地区,就是今天的浦盐港、尼科利斯克地区。在此七部中,粟末部最劲健,被邻国所忌惮,有"黑水靺鞨"之名。大概伯咄部、安车骨部、黑水部、沸涅部等都与粟末部联合。这就是兴起于夫余故地的肃慎族。后来合并白山部,建立渤海国的就是粟末部。出没日本的肃慎文就来自对岸的白山部、号室部等。这样一来,北大陆的形势变化对日本东北部也产生了影响。钦明天皇元年,虾夷归附。不久,肃慎人就骚扰佐渡。北越地区自古以来就与沃沮有关系,在地方上产生了与此相关的种种利害关系。这一点可以推测得知。

就这样经过三十余年,在钦明天皇三十九年,高丽的使者遇到风浪,在港口迷路,漂流到北越。然而,郡司隐匿不报。钦明天皇三十九年四月,越人江渟臣裙代上京禀奏此事,于是钦明天皇敕令有司在山城国相乐郡建造馆舍,厚加资养。当月,钦明天皇从乘舆伯濑的柴篱宫到达这里,命令东汉糠尔、葛城直在难波迎接高丽使者。钦明天皇三十九年五月,派膳臣倾子到越款待高丽使者。高丽大使遇到膳臣,知道这就是钦明天皇的使者,就向越郡司说:"汝果真如我怀疑的那样不是天皇,从汝拜伏膳臣就可以看出汝是百姓。以前,汝欺诈我取调贡据为己有。从速归还。请勿多言"。于是,膳臣让郡司交出调物,和高丽使者一起上京。钦明天皇三十九年七月,高丽使者到达近江。如果说高丽使者所到的越国是江渟的话,那么就是今天的加贺国。据记载,此前从靺鞨地区到越的海岸仅仅由其地方国司、郡司接待而打发回使者的情况有好多次。这样一来,膳臣进行复命后,京师派来许势臣猿和吉士赤鸠一起从难波津出发,乘船来到狭狭波山,将船装饰一新,到近江国的山背去迎接使者,将使者请进山背的高梳馆,让东汉坂上子麻吕锦部首大石作守护,进而在相乐馆招待使者。当时已经是年末。

翌年，高丽献上贡品和表章。在迁延之间，钦明天皇病重驾崩。此次来大倭的才是高丽使者。高丽使者到达之处是越国江沼海岸。这里是靺鞨来的使者所到的地方，也就是粟末、靺鞨的使者。这是日本与渤海使者往来的滥觞。

敏达天皇继位之后。五月，敏达天皇问高丽使者在哪里。大臣回答高丽使者在相乐馆。敏达天皇怅然说道："此使者的名字已经奏闻先考。"他派群臣到相乐馆，检录高丽所献调物运往京师。敏达天皇手拿高丽使者表疏授予大臣，召集诸史官解读，但经过三日，诸史官仍不能解读。船史王辰尔仔细奉读才解读出此表意思。高丽将表疏写在鸟羽上。文字如羽毛颜色一样，是黑色。王辰尔将羽毛在米饭蒸气上蒸，然后以帛覆在羽毛上，直到将字全部印上去后才进行解读。满朝大臣都颇感奇怪。敏达天皇责问诸史官："汝等所习之业何故不成？"之后，敏达天皇将王辰尔召至殿中，任命王辰尔为近侍。诸史官不能解读表疏说明是对靺鞨的情况不熟。大体而言，写在鸟羽上是靺鞨秘密传递音信之法。肃慎人想直接与大倭通好，但被滞留在越海岸，不能到达，因而将本国文字写在鸟羽上。如果不是京师学者的话是不会解读的。海北国际交流频仍。文明已经渗透到肃慎的原野。这一时期，人们不仅研究汉典，还要研究、通晓靺鞨文字。在大倭朝廷中，保守派和改进派的冲突已经迎来末期。

翌月，高丽大使责备副使："囊者①，汝等不听我言，被其他地方所骗，将国调分给征者是汝等的过失。此事如果被国王得知，必然要杀头。"副使与手下人商议说："若回国，大使揭露我之过失，不会有好下场。"于是，夜里，副使与手下人在馆中的院子里杀死大使。第二天早上，副使欺骗领客的坂上子麻吕等说："天皇赐给大使妻，大使不受。无礼之极，故替天皇杀了大使。"因此，有司以厚礼收殓大使的尸体。到了七月，使者使命完成回国。敏达天皇二年癸巳五月，高丽使者又来，住宿越海岸。由于船破，溺死者颇多。朝廷对高丽人来大倭频频迷路一事颇为怀疑，这次不作声就放还了高丽人，并遣吉备的海部直从难波护送高丽使者回国。敏达天皇二年七月，送使难波让船人大岛首磐日、狭丘首间狭乘高丽使者的船，让两名高丽使者乘送使难波的船出海。然而，不出数里，因害

---

① 指以前。

怕风浪，送使难波将两名高丽使者扔进海里而回，复命说"高丽使者遇到鲸鱼而毙命"。敏达天皇觉察出送使难波在胡言乱语，将送使难波驱使至官，不许回国。敏达天皇三年五月，高丽使者又来到越海岸，在敏达天皇三年七月入京禀奏："去年，相逐送使，先到藩国。藩国招待磐日等，国王以厚礼相待。磐日等送使的船，但现在还不到。因此，朝廷让人送磐日等，来问使臣为何没到。"于是，敏达天皇历数送使难波之罪，将送使难波判刑。

敏达天皇四年，北藩国经百济进贡，比历年增多。因新罗尚未重建任那，敏达天皇告诫皇子、大臣不要懈怠任那之事。四月，敏达天皇将吉士金子派往新罗，将吉士木莲子派往任那，将译语彦派往百济。六月，新罗来进贡。数量也比往年增多，并且还将新罗侵略的多多罗、须奈罗、和陀、发鬼四邑的贡调也带来了。这让人觉着其后的吉士金子的使命不得要领。敏达天皇九年，新罗的进贡使又来了，但敏达天皇不纳贡品，放还使者。过了一年，新罗使者又来了，但同样被敏达天皇放还。最终，敏达天皇从百济召来达率日罗，向达率日罗咨询重建任那的对策。

敏达天皇十年，虾夷数千人入侵倭国边境①。于是，敏达天皇召来大毛人魁师绫糟等发出敕令："就虾夷而论，大足彦天皇在位期间，抵抗者斩，投降者赦。朕此次也遵循先例，诛杀元恶。"绫糟等诚惶诚恐，接旨后顺着泊濑川而下，对着三诸岳、嘴里含着河水盟誓："臣等虾自今以后子子孙孙，以清明之心侍奉天阙，若背盟，天地诸神、天皇之灵灭绝臣种。"《日本书纪》也记录了而后的事情，倭国东北逐渐陷入动荡之中。

关于虾夷问题，毛野氏、阿倍氏是大倭朝廷的藩屏。同样，在任那方面，倭国天皇委托百济作倭国藩屏。在宣化天皇时期，大伴金村让火苇北国造、刑部、靫部、阿利斯登出使海表，让自己的儿子日罗留下来侍奉百济。日罗贤勇过人，进军达率。敏达天皇想成就没有能够重建任那而含恨离世的先帝的遗志，但岁月蹉跎，一直没有进展。因此，敏达天皇召来日罗谋划此事。敏达天皇十二年，敏达天皇以纪国造押胜、吉备海部直羽岛为使召日罗前来。百济王舍不得日罗，没

---

① 《天书》称虾夷数万人入侵陆奥。——原注

有放行。于是，敏达天皇再次遣羽岛前往百济。羽岛首先到日罗家拜访。朝鲜奴婢出来用朝鲜语说："以汝之根进入我根之内"，然后就进去了。羽岛悟出奴婢意思，随后跟进。日罗出来迎接，密告国情，告诉他在宣敕之时显出威严之色。羽岛按照日罗所说来做。百济王惶恐，不敢违抗圣旨，让恩率参官及德尔余怒等送日罗。当日罗到达备前儿岛屯仓时，朝廷派大伴糠手子来慰劳他。在日罗到了难波馆之后，朝廷派大夫来访问。日罗解下铠甲，献给敏达天皇。在大倭的阿斗桑市，敏达天皇建馆舍安置日罗，尽其所需予以供应。敏达天皇遣阿倍目、物部赞子、大伴糠手子三人向日罗询问国政事宜。日罗详细讲了政治之要及厚待藩客、免遭百济的欺诈等策略。恩率参官回国时，唆使德尔余怒偷偷杀掉日罗。回到难波馆后，恩率参官和德尔余怒趁日罗不备刺杀了日罗。日罗在临死之际说："这是我骗使等所为，并非新罗。"

日罗作为神人而受到敬畏。据说刺客在偷窥日罗时发现日罗身上有光。光如火焰，因而刺客未能刺杀日罗。十二月三十日，刺客看到日罗身上失去光辉才杀了他。日罗向阿倍目、物部赞子、大伴糠手子提出的政治策略是："要治理天下，需要养护黎民。朝廷不能穷兵黩武，否则就是亡国之道。是故当务之急是让从朝堂的臣连二造到百姓都富饶起来，不受贫困之苦。这样一来，三年则兵食足。以悦使民，不避水火。然后造船舶，列置港口，以示藩客，让其生畏。遣能使召百济王或者佐平王子，让他们自己产生钦佩之心，然后向他们问罪。百济人谋划如果有三百只船就图谋筑紫。果真如此的话，朝廷就假装给百济三百只船。百济要新建国家，就会载妇孺而至。此时朝廷在壹岐、对马设伏兵杀百济人。千万不要被骗。在要害处要修筑坚固的壁垒。"大倭朝廷将这些作为日罗的遗策而予以重视，之后采取了整修国政、不擅自动兵以巩固国本的方针。"以悦使民"成为此后的国策。敏达天皇让物部赞子、大伴糠手子将日罗葬在小郡西畔丘之前。今天大阪天满同心町有日罗墓。敏达天皇绑缚德尔余怒等置于下百济阿田，派数个大夫进行拷问。德尔余怒等认罪说是奉了恩率参官之命杀的日罗。因此，敏达天皇将德尔余怒和恩率参官下狱，赐予苇北之眷属，任他们处置。苇北君杀了德尔余怒和恩率参官，将尸体投于弥卖岛，之后将日罗移葬于苇北。

第3节 物部首屋败亡

日本列岛四面环海，本来不受邻国侵略。然而，靺鞨在向津兴起。在西面，倭国受高丽影响。在东面，倭国受虾夷影响。东西两面都不太平。一般来讲，落后民族对文明的传入感觉比较迟钝。虽说如此，最终还是浸润了文明的恩泽。看一下佛教在中国大陆传播的轨迹可以发现，儒学素养的深浅与佛教传播的早晚关系密切。后汉初年，佛教从印度传来。自那以后，经过三百年，佛教蔓延到中国大陆北部、中部。在朝鲜半岛北部，佛教逐渐渗透到最早熏染汉学的高丽、百济。五六十年后，佛教又传入新罗、任那。之后，佛教又逐渐渗透到筑紫、山阴。就大倭的文运而言，经学也得到了发展。基于政治统治的需要，百年间渐渐兴起了文史学。这样一来，日本自然为佛教的传播打下了基础。继体天皇再兴经学时已经算晚了。之后，随着汉学不断发展，佛教传播到大倭。自从苏我氏尝试传播佛教以来已经过了五十年。随着群卿、臣连信仰佛教者不断增多，佛教的传播开始加速，已经势不可挡。苏我氏的二嫔在入宫前曾经到过向原的道场，颇受佛教的感化，可以说她们腹中的皇子、皇女都从乳浆中吸入了佛教思想。终于天皇、皇后乃至整个皇室都受到佛教的熏染。敏达天皇十四年，瘟疫流行，死者众多。大连物部守屋、大三轮君逆、中臣磐余一起商议正好利用这件事情消灭佛法，焚烧寺塔，丢弃佛像。然而，苏我马子据理力争，坚决不从。《日本书纪》的注中引用某个记载称上面这些基本属实。《日本书纪》正文中指出：守屋中臣和胜海同奏称瘟疫流行是苏我臣传播佛法造成的，并在接到天皇的许可命令后亲自到佛寺，踞坐胡床之上，让手下人推倒佛塔、烧毁佛像和佛殿，之后将烧残的佛像丢弃难波堀江。是日无云却风雨大作。这只不过是对钦明天皇庚寅年的事情进行了重复记录而已。大连物部守屋、大三轮君逆、中臣磐余烧毁的并非樱井寺，也不是石川精舍。这场事件没有留下任何痕迹，毫无疑问是子虚乌有的"虚传"。《日本书纪》接着记载道："遣佐伯连御室唤来善信等三尼。苏我马子啼泣，交付于彼等，褫三衣禁锢，楚挞于海石榴市亭。时发疮死者充盈国内。其患状如烧、打、抓，啼泣而死。互相传闻是烧佛像之罪。"苏我马子也患了病，上奏说"臣之病如果不借助三宝之力，实难得救"。于是，钦明天皇说："汝独前往，断余人之罪，将三尼还给苏我马子。"这一记载也很难令人相信。考虑到当时苏我氏的势力、苏我马子一门的繁荣，或是苏我马子与官掖的姻亲关系，啼泣将三尼交于使者一事是可疑的。而钦明天皇的举措也是疯狂的。毫无疑问这是小说式的虚构之谈。不过，由于疮疾流行，大连物部守屋、大三轮君逆和中臣磐余对神祇产生畏怖之心并因而羞辱三尼的法衣之类的事情大概也是有的。由此可以推测，在佛教尚未传播之际，倭国并不知道保护宗教的方法。人们不仅针对朝鲜藩国，还羞辱中国僧徒法衣。倭国因此被怒骂为野蛮国家，在国际上颜面扫地。

钦明天皇曾将难波木莲子从新罗派到任那。当时，敏达天皇又任命坂田耳子王为"重建任那大使"。就在此时，敏达天皇和大连都患了疮疾，事情没有成功。到了八月，敏达天皇病情加重，留下"不要违背皇弟橘丰日尊天皇之敕命，勤修任那之政"的遗诏而驾崩。于是，新天皇在磐余的池边双槻宫继位，史称用明天皇。大臣苏我马子、大连物部守屋如故。用明天皇在广濑建敏达天皇殡宫。大三轮君逆利用隼人把守此宫殿。

敏达天皇是钦明天皇的嫡子，是石姬皇女所生。用明天皇和丰御食吹屋姬都是苏我坚盐媛所生。而用明天皇的皇后穴穗部间人皇女及穴穗部皇子、泊濑部皇子都是苏我坚盐媛之妹小姊君所生。于是，穴穗部皇子生出暗中和物部守屋谋划夺位的念头。因为大三轮君逆严密护卫殡庭，穴穗部皇子大怒说："为何侍奉死王之庭，而不侍奉生王之所？"用明天皇元年丙午，穴穗部皇子来到殡宫，要见穴穗部间人皇女。大三轮君逆的卫兵严把宫门，不让穴穗部皇子进去。穴穗部皇子七次大喊开门也不得入。穴穗部皇子来到大臣、大连处，历数大三轮君逆的无礼，要斩之而后快。大臣、大连唯命是从。于是，穴穗部皇子借口杀大三轮君逆，和物部守屋一起率兵包围磐余池边帝宫。大三轮君逆得到消息后藏于三诸山，半夜潜出，隐藏在太后丰御食吹屋姬的别业海石榴市。白堤、横山二人将此事报告穴穗部皇子。穴穗部皇子命令物部守屋："汝去杀死大三轮君逆父子。"物部守屋立刻率兵斩杀大三轮君逆等[①]。苏我马子叹息道："如此下去，

[①] 有的书称是穴穗部皇子自己去射杀的。——原注

用明天皇

不久天下必大乱矣。"物部守屋闻言说道："此为汝小臣所不知也。"大三轮君逆是钦明天皇的宠臣。苏我马子早就听说这个阴谋，告诉丰御食吹屋姬。丰御食吹屋姬和苏我马子都怀恨穴穗部皇子，而物部守屋尚未觉察。

第二年，用明天皇在磐余河上举行新尝祭，患病还宫，下诏群臣："朕欲归三宝。"物部守屋坚决反对，而苏我马子根据诏书主张"应该予以协助，为何会生异志"。于是，苏我马子便和皇弟、皇子一起将丰国法师请入大内。此时，押坂部史毛屎突然来到，向物部守屋密语："今群臣欲图卿，复将断路。"物部守屋听到这话，退到别业阿都，集结兵马。阿都就是前面讲过的阿斗桑市，在矶城郡。物部守屋以物部八坂大市造、小坂漆部造为使来告诉苏我马子："我听说群臣想谋害我，所以退居家中。"大概物部守屋尚不知他的阴谋已经被苏我马子察觉。苏我马子遣土师八岛连到大伴毗罗夫处，让土师八岛详细讲了物部守屋的话。毗罗夫手执弓箭皮盾来到苏我马子的槻曲家，昼夜不离守护苏我马子。自从狭手彦以来，大伴氏与苏我氏属于同一血缘。

用明天皇病情不断恶化，在四月驾崩。穴穗部间人皇女所生的嫡子厩户皇子当时十四岁。敏达天皇的皇子彦人大兄与厩户皇子年龄相仿，略微年长，由広姬所生。丰御食吹屋姬所生的竹田皇子应该是十岁左右。中臣胜海在家中集结兵力，要帮助物部守屋。他制作彦人大兄和竹田皇子的像进行诅咒。大概是因为此时群卿中的很多人的意向是选择两个皇子中的一个来拥立。然而，中臣胜海突然明白事情很难办成，归附了彦人大兄的水派宫。舍人迹见赤梼瞅准中臣胜海正在退避的时候拔刀斩杀了他。中臣家谱中没有中臣胜海。有的书上说中臣胜海是和物部守屋、大三轮君逆共同谋划废佛的中臣磐余。在家谱中，中臣磐余是

物部守屋

中臣镰足的曾祖中臣常磐的同胞弟。该家谱极其粗略,且死于非命者多不记入家谱。因此中臣胜海所属不详。中臣氏由于这一失败而倒向儒佛。

五月,物部守屋的军兵非常吃惊。其他皇子离开物部守屋,要立穴穗部皇子,并以游猎之名谋划废立皇子。他们秘密派人到穴穗部皇子处让穴穗部皇子驰奔淡路游猎。苏我马子探知这一阴谋后,在六月奉丰御食吹屋姬之命让佐伯连丹经手、土师连磐村、的臣真啮带兵包围穴穗部皇子、宅部皇子的宫殿,将他们诛杀。宅部皇子是宣化天皇之子,上女王之父,和穴穗部皇子关系很好,因此一起被杀。七月,苏我马子和诸皇子、群臣谋划诛杀物部守屋。大伴啮、阿部人、平群神手、坂本糠手、春日臣等都率军兵到了物部守屋在阿都的住宅。物部守屋亲率子弟和敌军作战。迹见赤梼被射落马下。物部的军兵大败。援军分散于广濑的勾原上。家奴等穿鸟衣而散。物部守屋的儿子们和眷属一起逃匿苇原。有的隐姓埋名,有的不知所终。当时的人议论说苏我马子之妻是物部首屋之妹,而苏我马子采用了妻子之计杀了物部首屋。

就物部首屋败灭的始末缘由而言,可信的说法如上。其他都是僧徒牵强附会的捏造,并不可信。我举两三个理由来论述。据《圣德太子传补缺记》记载,"丁未年七月,物部弓削守屋大连与宗我大臣缘佛法兴,不之论,率己党类以稻为城"。书中将原因归于佛法兴否之论。事实未必如此。《日本书纪》又记录了出军诸皇子的名字。其中泊濑部皇子年长,是穴穗部皇子的同母弟弟。事实是否如此尚不清楚。其他都是十五岁以下的幼小皇子。纪男麻吕以下都从军了,很难相信都是如此。或许只是见到与苏我马子观点相同的人的名字。斩杀物部氏的有四将,人数过多。据《补缺记》记载,"兴惩军士真难波自后而袭,以平群神手为少军,自志纪袭涩川,贼势二分,东西相战"。分为志纪、难波两个方向前往或许是事实。有的说法认为就志纪、难波而言,这是后来物部守屋将志纪、涩河附近的收公地捐献出来,在难波建了四天王寺,遂了圣德太子的夙愿,还称圣德太子和苏我马子一起出兵,在难波玉造指挥,在这遗址上建了四天王寺。这很明显属于杜撰,并且时期很早。据《日本书纪》记载,"圣德太子束发于额面随军,后斫白胶木作四天王像"。据《法王帝说》记载,"丁未年六七月,苏我马子宿祢大臣伐物部守屋大连时，大臣军士不克而退。故则上宫王举四王像建军士前誓……即军士得胜，取大连讫"。在法隆寺传说中，这则是最值得相信的古传说，但此处采用了四天王寺的说法。斩杀物部守屋者是在殡宫的大行皇帝的嫡子，年龄为十四岁，根本没有必要束发从军。当时佛教的传播者将物部守屋视为"法敌"，将圣德太子尊信为法主王，编造了法主王讨伐法敌的故事。这是在大化改新前后杜撰的"浮说"而已。

在佛法兴隆之初，倭国混入佛教信徒的"造说"。混乱史实之处颇多，需要仔细甄别。首先就变乱的事件而言，四月，用明天皇染上疮疾，并于当月驾崩。在用明驾崩之前，物部首屋退居阿都，集结兵力。大伴毗罗夫守护苏我马子的槻曲宅。其后直到中臣胜海被杀、穴穗部皇子被杀经过了五十余天。讨伐物部首屋应该在六、七月之交。五月和六月，用明天皇被安放在殡宫。在变乱被平定后，七月，用明天皇被葬于磐余池上。这一骚动共持续了百天左右。《天王寺缘起》中记载道，"物部大连①讨伐毕，厩户皇子和苏我马子一起营造玉造寺，安置四天王像"。这属于后世的杜撰。如果厩户皇子出阵不成立的话，那么营造玉造寺也不成立。因为这时根本不是营造玉造寺的时候。据《日本书纪》记载，"八月，炊屋姬尊②和群臣劝进泊濑部皇子。皇子即位，在仓桥建立宫殿"。虽然一般书中都是这样记载的，但按当时的情况看，皇位绝不可能这么快就定下来。这一点需要仔细斟酌。

在用明天皇驾崩后，苏我马子根据丰御食吹屋姬的命令行事。此时能够继承大统的有彦人大兄、竹田皇子和厩户皇子及皇弟泊濑部。苏我马子正是收买人心之际，有立自家所出的嫌疑。和苏我一族有密切关系的有纪、巨势、平群、膳，其他家族中有阿倍、春日、大伴诸卿。苏我还需要和他们一起商议此事。以前，中臣胜海要立穴穗部皇子，并诅咒彦人大兄和竹田皇子。《日本书纪》在这一条中有："太子彦人皇子"字样。结合这一点考虑可以发现，群臣的意向倾向于彦人大兄。然而，彦人大兄是広姬所生，年龄在十五岁左右。竹田皇子是丰御食吹

---

① 指物部首屋。
② 指丰御食吹屋姬。

屋姬所生。想立竹田皇子的属于人情在起作用。竹田皇子是彦人大兄的弟弟，而且年幼，因此很难定下来。用明天皇的厩户皇子十四岁。此时，在继承皇位问题上，群臣尚未关注他。厩户皇子的母后穴穗部间人皇女同样是苏我一族所生。因此在穴穗部皇子失败之后，群卿不愿意立穴穗部皇子的一奶同胞。因此，在打倒物部首屋之后，确定皇统继承人相当困难。泊濑部皇子是穴穗部间人皇女的母弟，因是末子，所以此时的年龄应该在二十四五岁。为了重建任那，需要立长君，而泊濑部皇子是最好的人选。泊濑部皇子登上皇位，史称崇峻天皇。虽说如此，《日本书纪》的一个版本记载道："在杀大三轮君逆时，这个皇子也参与了谋划，吹屋姬大后和苏我马子不愿立他。"法王帝说的治世年表中将池边天皇二年写成了三年，将仓桥天皇五年写成了四年。在与注文相接续的部分写着："戊申一年数到前朝是空位。"《法隆寺旧记》中纠正了《日本书纪》的错误纪年，堪称证据确凿。试想，崇峻天皇时，皇位确定经过了一年多时间，国家大事是按照丰御食吹屋姬的命令实施的。皇位虚空之后，备选皇子是最危险的。

　　仓桥宫位于多武峰音羽山的溪水汇流的山谷。此时丰御食吹屋姬所住的地方就是后来即位时的丰浦宫，与飞鸟岛的苏我马子的宅子离得很近，与仓桥相隔十二公里山路。可以推测当时的政治命令总是在丰浦宫召集群臣做出决定的，但应该是以仓桥宫的名义发布的。因为物部首屋被灭，旷日持久的大臣、大连的倾轧终于结束。朝廷上已经没有反对势力了。倭国朝廷成了苏我马子一个人的舞台。对抗竞争通常表现为一方妨碍事物的前进，于是成为社会运动的阻力，遮住了光辉。而在这一阻力消失后，像无风的天空，反而正是危险之处。在苏我马子攻灭物部守屋的过程中，《日本书纪》上所列出的讨伐物部首屋者的名字是纪臣男麻吕、巨势臣比良夫、膳臣贺托夫、葛城臣乌那罗、平群臣神手、坂本臣糠手。他们都和苏我马子是同族。阿倍臣人、大伴连啮及春日臣是其他姓氏的大族。大伴毗罗夫从一开始就护卫苏我马子的宅子。这些都是拥戴苏我马子作代表的贵族社会的巨擘。自应神天皇以来，文明的发展遇到了巨大阻力，而今改进派终于获胜，排除反抗干扰势力。如《日本书纪》所说，就苏我马子的才能而言，他有武略，也有辩才。苏我马子的拥护者得到这样一个好首领，消除了长年的愤懑。为了达到这一目的，他们首先要抓好大政措施。他们在岛宅聚首，着手佛法、虾夷及任那方面的工作。

戊申年，百济遣思率首信等进贡，同时还献上了佛舍利，僧聆照，律师令威、惠众、惠宿、道严、令开等，寺工太良未、太文贾古子，炉盘博士将德白昧淳，瓦博士麻奈父奴阳贵、文陵贵、文昔麻帝弥，画工白加。造佛、造寺工在敏达天皇时期来到大倭，住在难波，教授佛殿寺塔的建筑和佛像的雕画，此时开始建造官立的大寺。大倭向百济征集良工，因而百济才献上这些人。炉盘是炉炭炉，是运钓之盘。在多武峰妙药寺的宝塔露磐铭上写着"敬科炉盘安置三重宝塔上"。这些内容见诸《大和志》，其实是指塔尖。人们也将铸工称作炉盘。苏我马子聘请百济僧等询问受戒之法，并且在百济僧回国之时拜托他们请来善信尼等有学问的僧人。最后，飞鸟的衣缝造树叶毁掉旧宅。旧宅位置被称为真神原，又名苫田，位于飞鸟村的上方，成为神奈备山之灵地。人们选定此处建造法隆寺。一年多后，善信尼等来到这里，住在樱井寺，即丰浦寺。不久，善信尼等度了大伴狭手彦之女善德、貊夫人、新罗媛善妙、百济媛妙光及汉人善听、善通、妙德、法定、照善、智听、善智慧、善光等。鞍部多须奈也出家，称作德齐法师。据《用明纪》记载，在用明天皇弥留之际，多须奈进奏要为用明天皇出家修道，还要造丈六佛及寺庙。用明天皇为此悲痛。在今天的南渊坂田寺有丈六木佛像挟持菩萨。这大概与坂田寺的缘起传说有关。从用明天皇驾崩算起，到四年才能够得度。司马达等是佛法传播的守唱者。他的儿子多须奈、女儿善信尼其实是大倭僧尼之始祖。多须奈之子岛是佛师寺工之祖。与此同时，大伴狭手彦之女和高丽、新罗、百济的三媛都是尼姑。她们是贵族之女出家之嚆矢[①]。就大倭佛法初期而言，比起僧寺僧，其实更重视尼寺尼。在宣化天皇末期，狭手彦坐镇任那，当时还是弱冠之时，而今已经八旬。善信是他的末女，已经三十多岁了。狭手彦的履历与佛法关系密切。狭手彦和苏我氏始终站在一个立场上，一直鼓吹佛法。称他是大伴氏令人生疑。这一年，人们开始进山采伐建法隆寺的木材。这一点在后面详细解释。

[①] 指事物的开端或先行者。

崇峻天皇元年乙酉，朝廷遣近江臣浦到东山道观察虾夷边境，又派宍人臣雁到东海道视察东方滨海的各边境，派阿倍臣到北陆道视察越等诸国边境。究其原因，这时肃慎风云迭起，虾夷动荡不安，东北边境经常告急。这一点毫无疑问。大倭朝廷对偏远地区的动静起初是派观察使，之后才派大将军。景行天皇派武内宿祢视察东国，之后才派倭健尊东征，用的就是上述办法，而后又派毛野臣到东国，派阿倍臣到北国，将这些地方当作藩屏。至此，崇峻天皇又派观察使。这是一个颇为重要的举措。日本国史相传不太详细。之后过了五十年，倭国又派军征讨东夷北狄，来到毛野鄂田地区。对上述三个使者的家族进行调查可以发现，在继体天皇朝时，近江臣到任那赴任。筑紫国造说："以前他是我的同伴，摩肩触肘。"但据《古事记》记载，近江臣浦是波多八代宿祢的后裔，和苏我氏同族。逸见氏在甲斐兴起的源头就是这一家族。就宍人臣雁而言，《姓氏录》中记载道："与阿倍臣同祖，大彦命男彦背立大稻腰命之后也。"宍人臣雁和越国造是同族。

三年辛亥，崇峻天皇和群卿商议建任那官家之事。群卿都同意敕命。十一月，崇峻天皇让纪男麻吕、巨势比良夫、膳贺托夫、大伴啮、葛城乌奈良五大将军率领氏氏臣连建立裨将部队，领着二万余军队出发，在筑紫驻扎，派吉士磐金到新罗，派吉士木莲子到任那，让他们询问任那之事。得到结果后回复朝廷。因此，从仓桥宫发出的诏命含义深刻。崇峻天皇是要实现钦明天皇、敏达天皇的遗诏。自此，倭国重启任那重建的谈判。倭国军队之后班师。这一点后面再讲。

在崇峻天皇一朝发生的事情大概如上所述。记载内容虽然粗略，但当时的紧要事项也不过如此。崇峻天皇是大臣擅权初期拥立的，可以说他即位时险象环生。在大政方针方面，崇峻天皇时期应该没有令人愤懑的事情。在家天下的帝王贵族之间，"隐危"可以导致大事。崇峻天皇很早就纳大伴糠手子之女小手子为妃，生下蜂冈皇子和锦代皇女，即位之后还未立皇后。一段时间后，崇峻天皇对小手子的宠爱降温，要纳苏我马子之女河上娘为嫔。四年壬子十月，有人献上山猪。崇峻天皇指着山猪说何时能像砍断此山猪的脖颈一样斩杀自己所讨厌的人。宫中设有很多兵仗，与往常大有不同。小手子将根据砍断山猪脖颈的旨意增加了宫中兵仗一事偷偷告诉苏我马子。苏我马子大吃一惊，担心这是否意味着崇峻天皇在讨厌自己，于是集结党羽谋划弑君。十一月，苏我马子诈称东国新来进贡，让东汉直驹刺杀崇峻天皇，当天将崇峻天皇埋葬于仓梯冈，并派驿使快马奔驰到筑紫将军之处，告诫说不要因为内乱而在外事上有所怠惰，这样才能做到内外平安。汉人在文明的引进上起了很大的作用。东汉直一族一直侍奉苏我家族，掌管财政。正如前文讲的那样，在当时的崇文时尚中，这一家族还是主力。东汉直驹是磐井之子，颇得苏我马子的宠信和重任。东汉直驹虽然和河上娘私通，但以弑杀崇峻天皇为契机将河上娘藏匿起来，并对苏我马子撒谎说河上娘已经死了。此事貌似迂阔，但东汉直驹弑杀崇峻天皇，将葬礼办得非常仓促，然后趁此机会称崇峻天皇的嫔已经殉葬，以此来蒙骗苏我马子。这也是有可能的。不久，这一事情败露。苏我马子将东汉直驹诛杀。仔细分析事情的始末缘由可以发现这件事也是在苏我和大伴两大家族达到妥协的基础上而做的。虽然没有大连的任命，但当时的事实是大伴氏主要做的就是与大臣保持意见一致，同时也联合了阿部家族。这些都是仅次于皇室的尊贵家族，而政务的主力则是第二阶层的归化姓家族，其中东汉直一族堪称巨擘。到了天武天皇时期，天皇对东汉直家族下的诏命就是："汝之党族犯下了七不可罪。从小垦田天皇在位时期开始到近江朝，汝等就以谋划为事。"由此可见，引诱大伴小手子妃，让她对苏我马子及其父糠手子说崇峻天皇的坏话，自己却来做弑君的行凶者，并淫乱宫闱，这些都是经过了东汉直驹的巧妙的谋划。这是东汉直家族犯下的七不可的首桩大罪。在推古天皇朝，圣德太子也遭到东汉直家族毒计的算计，痛苦不堪。后来的斑鸠宫惨祸也应该是七不可之一。从这里可以嗅出在文明落后时期所形成的京师腐败的气息。

第4节 三宝兴隆和任那重建

发生崇峻天皇凶变之后，群卿向丰御食吹屋姬劝进。第二年十二月，丰御食吹屋姬在丰浦宫即位，史称推古天皇。这是大倭朝廷第一个女天皇。立女天皇古代也有先例，但由于家天下的积弊，导致大权落在大臣、大连手中。开启这一先例的缘由大致可以搞清楚。武内宿祢立胎中天皇，戕害两皇子，让神功皇后摄政，而自己独掌大权。这样一来，兴起了葛城、纪、平群、苏我、巨势等八腹臣门阀，开启了大臣、大连掌权的先例。在安康天皇、雄略天皇时期，皇子互相残杀，造成皇室的皇胤衰微。最终，饭丰青皇女下令迎来显宗天皇、仁贤天皇。在安闲天皇、宣化天皇两朝，天皇在位时间很短。遵照春日山田皇女的命令，钦明天皇继位。用明天皇驾崩后，根据丰御食吹屋姬的命令，崇峻天皇继位。崇峻天皇驾崩后，留下彦人大兄、竹田皇子、厩户皇子三皇子，而推古天皇是用明天皇的同母妹妹，是国母，因此与其立名义上的幼主，不如以皇后身份登基更稳妥。这样一来，群卿才劝进。迄今为止的历史只不过是一种博弈。佛僧虚构的圣德太子的事迹不能轻信。枝节繁多却扰乱了事实。弊端很多。从物部首屋被灭到崇峻天皇被弑之间，推古天皇暗中成为苏我、大伴一党的共主。选哪一个皇子作天皇是件很难决定的事情。因此，只能立女天皇。当时，后来的圣德太子厩户皇子有和穴穗部皇子、崇峻天皇一党的嫌疑，因此，群卿还没有将希望寄托在他身上。

壬子年，倭国建法兴寺佛堂和走廊。因此佛教徒将这一年称作法兴元年。这大致类似于西方的耶稣纪元。法兴这一年号在法隆寺释迦像铭和伊豫国道后温泉的碑铭中记载着。推古天皇元年癸丑是法兴二年。正月，朝廷立法兴寺的刹柱，将佛舍利置于柱础中。

四月，推古天皇立用明天皇嫡子厩户皇子为太子，作为摄政。史称"圣德太子"。此时圣德太子二十岁。圣德太子被委任"万机"。《太子传》中记录了圣德太子颖悟风达。这都是根据名字进行的牵强附会的杜撰，不可轻信。圣德太子生于敏达天皇三年甲午。当时用明天皇还是皇子，住在橘，故称橘昱日皇子。据橘寺的寺传记载，圣德太子在用明天皇别宫出生。这一记录可信。圣德太子是巡视穴穗部后的马官。马官相当于厩户。称圣德太子出生于马厩则是不实之词。厩户是子代部的土地，或许在厩坂边。"丰听耳"之谈不足取。上宫亦称用明天皇的上宫。因为位于丰浦南山，所以上宫之名也有一定道理，并非钟爱此地而坐落于此。推古天皇虽然即位，但其实彦人大兄坐太子更合适。然而，考虑到推古天皇

圣德太子

更喜欢竹田皇子,却不能立他,因此,在推古天皇即位后,厩户皇子已经无望即位了。然而,对照内外的经典可以发现,此时正值文明兴盛之际。厩户皇子在学士、僧徒中威望很高,因而被立为太子,被任命为摄政。

如果按照《太子传》所说,圣德太子很早就在王公贵族中表现突出的话,那就没有必要拥立女天皇了。直到此时,在俗人眼里,厩户皇子只不过是个温良的皇子而已。摄政之后,圣德太子和苏我马子兄弟及阿倍、大伴诸卿一起裁决大政,崭露头角,给朝野以很强的感化力。

二月,圣德太子向大臣发出兴隆三宝的诏书。于是,臣连等为了报答各君亲之恩,建造佛舍,称之为寺。三年,高丽僧慧慈、百济僧慧聪来到大倭。二僧弘扬佛教，都是三宝的栋梁。第二年，法兴寺落成。苏我马子的长子善德拜命寺司，以慧慈、慧听为主持，将法兴寺改成元兴寺。圣德太子在内教上请教高丽僧惠慈，跟着博士觉哿。作为博士，觉哿是归化的朝鲜人。在慧慈来的时候，圣德太子二十二岁。正是学问成熟时期。起初，从在橘宫时开始，圣德太子的外典即文史素养就十分雄厚。就内典而言，高僧云集丰浦寺、坂田寺等。圣德太子在当太子之前已经受过普通的教育，有"聪慧"之美称。慧慈、觉哿是圣德太子成熟期之师，对他实施进一步的教育。据《法王帝说》记载，"上宫王师高丽慧慈法师能悟涅槃，常住五种佛性也"。据《补缺记》记载，"慧慈法师慕化来朝，太子悦。为师受业间一知十，二年业成矣"。圣德太子从二十三四岁时深悟佛典。有时八人同时禀奏，圣德太子能够一一辨析出每个人的声音，各得其情。各种书上都是如此描述圣德太子。这一说法可以付诸一笑。在摄政的圣德太子面前，八人、十人一起说话，跟打官司告状相差无几。这种事情是不可能有的。

田舍汉的饶舌之谈即便是多个人一起说话，圣德太子也容易辨别出其中的含义。《太子传》中充斥着这类愚谈。《伊豫风土记》中记载了汤冈的碑文："法兴六年十月，岁在丙辰，我法王大王与惠法师及葛城臣逍遥夷兴村。"葛城臣就是苏我马子。这件事发生在元兴寺落成之年，证明了圣德太子与慧听的交往。大概从那时起圣德太子就称法王。

法兴寺是三宝兴隆的代表，是在京师建造的大刹。对此，谁都没有异议。但称在此之前就在难波玉造寺安置了四天王像则是有问题的。据《日本书纪》记载，在发出兴隆三宝诏书的第二年乙卯，"是岁始造四天王寺于难波荒灵"。这个可以认为是四天王寺的草创。就此寺而言，《崇峻纪》中写道："物部大连奴半兴宅为大寺田、庄，以田一万顷赐迹间首赤梼。"朝廷以没收物部氏的地民为资产，在与外国往来的大港口，由政府出钱建立此寺。尽管如此，说圣德太子和苏我马子合谋诛杀物部首屋、在玉造寺安置四天王像、直到这一年才移到荒陵是令人难以置信的。这一定是在四天王寺落成后，托法王太子的圣德虚构的故事，是关于四天王寺缘起的最古老的故事。苏我马子在与群卿商议的基础上对如何处置物部弓削家族的领地、领民做出了决定。这属于政务范畴，并非可由诸皇子私发善心而捐赠。将四天王像说成是圣德太子军中私发善心的捐赠肯定是无稽之谈。《天王寺本愿缘记》中记载道："子孙从类二百七十二人为寺永奴婢，没官所领田亩十八万六千六百九十代定寺永财。"二百七十二人也就是大连奴的半数。田亩一代相当于五步。这样算下来没收的田亩不足四百町，不到物部家族领地的十分之一。其余的领地归苏我马子之妻所有。至此，朝廷在会议上决定以物部家族没官的奴田在难波都建造大刹。四天王像是圣德太子以白胶木树胶亲自制成。有人说是由秦河胜制作的。尚无定论。因为四天王像已经被烧成了灰烬，所以无法查证。这也是托圣德太子的名望而编造的故事。荒陵位于难波海岸的高坡处，直接往西向着淡路赤石的岔口，是个风景秀丽的地方，向着西方极乐之门，是释迦转法轮之地。朝廷在外国人聚集的地方设定一个佳地，分配给外国人敬田院及施疗、施药、悲田三院。在传教初期，朝鲜僧人的准备可谓周到。在修建法兴寺之后，修建四天王寺之前，朝廷发布兴隆三宝之诏。这意味着公开允许佛法的传播，也就是说让臣民皈依佛教。朝廷抛舍土地财产，修建寺院，养活僧尼。对于那些得到官方同意的寺院，不管是已建的还是新建的，朝廷都对它们予以保护。

在圣德太子摄政之初，京师正在修建官立寺院。而在崇峻天皇三年，西下的吾大将军依然驻扎在筑紫，遵守钦明天皇、敏达天皇的遗诏，正在就重建任那进行谈判。圣德太子继承这一政策，反复进行谈判，终于实现了任那的重建。推古天皇三年七月，五将班师回京。推古天皇五年，圣德太子将吉士磐金派到新罗。圣德太子在苏我马子和慧聪僧的陪同下西下伊豫温泉。圣德太子一行从伊豫回来的路上，催促法兴寺完工。磐金也不辱使命，于翌年戊午回来复命。圣德太子初政就完成了之前天皇未竟的事业。功绩卓然。

推古天皇请圣德太子在宫中讲解《胜鬘经》。《日本书纪》称这事发生在推古天皇十四年，《法王帝说》则认为是在戊午年四月十五日。"天皇请上宫王，令讲胜鬘经，其仪如僧也。诸王公主及臣连公民信受不嘉也，三个日之内讲说讫也。"这属于实录。《胜鬘经》是天竺沙门摩诃衍在宋元嘉中翻译的一卷，在内典中受到重视。圣德太子拜慧慈为师，鉴于此经教义深刻，一直到推古五年才读懂大意。据《补缺记》记载，"二年业成"大概是指这个。梁武帝并非僧人，却每次在同泰寺升法座讲经。根据这一先例,慧慈等钦佩圣德太子颖悟,经常劝推古天皇让圣德太子开此法座。在诸王、贵妇人、臣、连、公民男女聚集的地方,二十五岁的摄政太子精辟地讲解这部经书,给听众的荒芜的心田里浇灌"法水",让他们流下"随喜"之泪。此后,圣德太子声名鹊起。佛僧等借着这个好形势宣传佛教,盛赞圣德太子,称他为"圣德法王",将他憧憬为佛法传播的化身。这也是在这次讲经会以后的事情。

新罗反复无常。推古天皇八年庚申,新罗又进攻任那。因此,圣德太子任命苏我马子的弟弟摩理势为大将军,任命穗积臣为副将军率万余众去救任那。倭国军队从海路直指新罗,连拔五城。新罗真平王惶恐不安,举起白旗到倭国将军麾下投降,割让多多罗、素奈罗、弗知鬼、委陀、南加罗、阿罗六城给倭国。于是,倭国将军商议既然新罗知罪服从,再强行攻击灭亡其国是不可取的。于是,他们上奏大倭朝廷。大倭朝廷将难波吉师神派到新罗,派难波吉士木莲子到任那,视察那里的真实情况。新罗任那两国国王遣使进贡,奉表说:"天上有神,地上有天皇,除去此二神又有何惧。自今以后绝不相攻。不干船舵,每岁必来朝贡。"于是,大倭遣使召回军队。自继体天皇以来,大倭对新罗一直耿耿于怀。这次战役消除了一切愤懑。

然而,在倭国将军离开新罗以后,新罗又来侵略任那。推古天皇九年辛酉三月,倭国派大伴啮作为宣诏使到高丽,派坂本糠手到百济,急忙救助任那,断掉新罗的后援。推古天皇九年九月,倭国人在对马抓到新罗间谍迦摩多,将他送至京师。圣德太子将间谍迦摩多流放至上野,然后决定征伐新罗。推古天皇十年壬午年二月,圣德太子任来目皇子为大将军,授予来目皇子诸神部、国造、伴造及军众二万五千人。来目皇子四月到达筑紫,驻扎岛郡,集结船舶运送军粮。经过月余,派出去的高丽、百济宣诏使大伴啮、坂本糠手也回到大倭。来目皇子偶染疾病,没有达到征伐新罗的目的。推古天皇十一年癸亥二月,来目皇子终于在筑紫薨。下人驿使飞报朝廷。推古天皇吃惊惋惜,下诏圣德太子和大臣:"来目皇子已薨,未成大事,甚悲伤。"推古天皇派土师连猪手到周防国娑婆,令他为来目皇子治丧。来目皇子后葬于河内国埴生山冈上。来目皇子是圣德太子的同胞弟弟。

推古天皇十一年四月，圣德太子拜当麻皇子为征新罗大将军。当麻皇子是圣德太子的庶兄，葛城直磐村之女广子所生。推古天皇十一年五月，当麻皇子出发，来到播磨。从行妻舍人姬王在赤石薨。姬王是推古天皇的母妹，故埋葬于其处的桧笠冈上。迁延之间，新罗屈服。当麻皇子班师回朝。自此海北安定。自此，倭国开始制定冠位、朝礼制度，并与隋朝使者往来。此时，倭国没有军事上的行动。在新罗还回六城之后，任那再兴。朝廷在任那设置内官家，保障新罗和百济之间的加罗、安罗等各小国的安全，让它们遣使进贡，但朝廷就将任那委托给新罗还是百济问题出现争执。

推古天皇二十年，隋炀帝调集三十万大军征伐高丽，却大败而归。高丽遣使告知大倭，献上俘虏贞公、普通二人及鼓吹、抛石等和骆驼一匹。高丽也疲敝不

隋炀帝

堪。隋军暗中让百济从中撮合。在隋军兵败之后，新罗更加骄横。到了推古天皇三十年，新罗又用兵任那。任那降服新罗。于是，推古天皇下诏众卿商议征伐新罗事宜。田中臣说："不可急于征伐新罗，应先遣使探听其消息。然后再采取行动。"中臣国子说："任那本我官家，而今新罗伐任那据而有之。应兴兵征伐，夺回任那，委托百济管理。"田中臣反驳说："不然。百济这个国家反复无常，无论什么事情都玩弄诈骗手段，不能托付给百济。"最终朝廷还是决定暂停征伐，遣吉士磐金、仓下二人责问新罗。新罗答道："安敢据有天皇的附庸国？可以像往常一样设置内官家，绝不打扰。"新罗王做出这一承诺后派使者跟着两吉士贡上两国的调贡。然而，在大倭朝廷里，境部雄麻吕、阿云连等往年从新罗得到币物，吃惯了甜头，因此劝苏我马子大臣在责问使回国以前兴征伐之军。因此，倭国任命雄麻吕、中臣国子二人为大将军，派了七名副将，率数万兵众。船舶遮蔽大海，前往新罗。两国调贡使见此大惊，赶紧返回。新罗王惶恐不安，赶紧请降。雄麻吕、中臣国子等上奏。推古天皇允许新罗请降。磐金、仓下二人回朝，禀奏详情。推古天皇问苏我马子是怎么回事，苏我马子才后悔仓促出师。其后，新罗、任那、百济、高丽使者与大倭互相往来，没有发生异变。从舒明天皇时期开始，正如中臣国子所说的那样，倭国将任那托付给了百济。大化元年，在给百济使者的诏书中，倭国写道："远皇祖之世，以百济国为内官家，譬如三绫之纲，中间以任那国属赐百济。"

第5节　制定冠位宪法

二百年来，上层被锁在守旧的云层里，而其以下的阶层世世研究儒学、佛教，逐渐促进时代的发展。自钦明天皇以后，改革的时机已经成熟。贵族拥戴苏我大臣，打倒了物部大连，接着佛法兴隆起来。然而，需要改革的事项仍然很多。在国际上，中国大陆形势发生了重大变化。在崇峻天皇继位那年，隋文帝灭了陈，统一了分裂四百年的中国大陆。

当时的文明国家都是由门阀种族形成的，因此以臣民阶级的品节为主，形成了以衣冠分等级的国家。此外，所谓的文明政治是指贵贱交往以仪容、礼节、秩序为主，崇尚垂裳而治。换言之就是垂拱而治。因此，应神天皇以来着力发展桑蚕业，促进了裁缝技术的改良，但依然未改尚武粗俗的陋习，根深蒂固。就朝廷的秩序而言，倭国还很难称作衣冠垂拱之国。因此，倭国将与晋宋的交往事宜委托给归化人，开启受爵之先例。这有损大国的体面。然而，随着倭国学问不断进步，国际交往习惯的改革迫在眉睫。此外，中国大陆佛教信仰非常普及，只有日本还很闭塞。如果倭国保护日本的古神教的话，就有可能遭到其他国家的侮辱。值此之际，隋朝的统一并未给周边国家带来负面的骚动。过了十余年，隋朝开始对周边各国的形势产生影响。筹备派遣遣隋使成为大倭朝廷工作的重中之重。三宝兴隆及其他改革的重心也在于此。这样说也不为过。在当时各国的文明中，京师必然都有一二大伽蓝，而大倭京师难波还没有。这是一大缺点。因此，倭国的当务之急是在大倭建造巨刹。其次，倭国要制定朝堂上臣连的品级、秩序。在礼节和文化上，倭国也还缺乏体面。这一点亟待解决。改革派贵族拥护圣德太子，和高僧博士聚首。实施新政刻不容缓。

　　后世给推古天皇的谥号为"推古"。从这一时期起，倭国才开始追谥天皇，推进了历法的进步。在延历年间，倭国制定了谥号制度。《三代格》中讲"百济僧观勒贡历术，而未行于世"。《政事要略》的"年中行司历奏"之条引用儒传称："小治田朝十二年，岁次甲子正月戊申朔，始用日历。"这应该出典于推古天皇朝。自从钦明天皇招聘博士以来已经过了五十年。壬戌年百济僧观勒来朝，献上了历本、天文地理书及遁甲方术书，选书生三四人来教授。阳胡史之祖玉陈学习历法，大友村主高聪学习天文遁甲，山背日并学习方术，皆学有所成。之后第三年正值甲子，观勒玉陈等首次推演日本历法，上溯至古代，定了日历，推算出日本历法应开始于推古朝。这并非用推历建历，因此"未行于世"。但在此之前，倭国并非不知日历。据《魏志》记载，"倭俗不知正岁四节，但记春耕秋收为年纪"。这只不过是直到缺史时期的粗鄙的风俗而已。在与中国和朝鲜的交流开始之后，倭国必然会引进汉历，知道正岁四节，使用其日历。然而，大倭和东汉的洛阳经度相差二十度。将中国的正岁四节用到倭国农时，气候误差颇多。倭国必须有自己的历法。但贵族不事稼穑，在文明进步上持消极态度，迄今为止尚未推演历法。

就冠位宪法之始而言，《日本书纪》记载道，"十二年①十一月始行冠位，十二年②四月，皇太子亲肇作宪法十七条。"但据《法王帝说》记载，"少治田天皇之御世乙丑年五月，圣德王与岛大臣共谋建立佛法，更兴三宝，即准五行定爵位也。七月，立十七条宪法也"。这个说法是正确的。也就是说，这是推历的第二年乙丑的事。《日本书纪》认为在前一年制定了冠位制度，从甲子年正月朔旦的朝仪开始实施，正好配书。《日本书纪》的编修者搞错年月往往是因为文饰过多的缘故。

如前所述，冠位是当时政治的根本所在。上古时期没有姓尸，称作天神、国神之子。从第二次肇国之后开始，日本有了姓尸制度。尸与新罗的骨相同。人们由此来定君臣之分，产生了臣、连、国造、伴造及伴部等阶层。难波奠都以来，姓尸逐渐增多，出现分支，但朝廷的官职尚未制定等级、品目。在朝鲜，就新罗而言，一等是伊伐飡；二等是伊飡；三等是匝飡；四等是波珍飡；五等是大阿飡，以上都是被授予真骨的王侯。六等是阿飡；七等是吉飡；八等是沙飡；九等是级伐飡；十等是大奈麻；十一等是奈麻；十二等是大含；十三等是少含；十四等是吉士；十五等是大鸟；十六等是小鸟；十七等是造位。里面的词很多是方言。真骨以上是相当于仲哀天皇以前的称呼。制定十七等则是在法兴王时期。百济称一品为佐平，称二品为达率，称三品为恩率，称四品为德率，称五品为扞率，称六品为奈率。以上都戴着饰以银华的冠。称七品为将德，系着紫带；称八品为施德，系着皂带；称九品为周德，系着赤带；称十品为季德，系着青带；称十一品为对德，十二品为文督，都系着黄带；十三品为武督，十四品为佐军，十五品为振武，第十六品为克虞，同样都系着白带。共计十六个等级。这些可以称为古制，汉化程度很高。这是在与晋宋交往之后逐渐形成的品节。因此，藩国早就定下了礼制品节，而倭国只有大连、臣连、国造、伴造等称呼。官员等级是以姓尸为秩序

---

① 癸亥年。——原注
② 甲子年。——原注

的。这样一来，大倭朝廷颇失体面。就乙丑年制定的冠位而言，《日本书纪》记载道："分为大德、小德、大仁、小仁、大礼、小礼、大信、小信、大义、小义、大智、小智，共计十二节，以当色的𬘘来缝制。顶部撮起来像囊，饰边，只是在元旦着髻花。"冠的缝制方法大致在以前就是用的这种形状。当色是指德是最贵重的紫色。以下以《法王帝说》中的所谓的五行为准：在仁为木，是青色；礼为火，赤色；信为土，是黄色；义为金，是白色；智为水，是黑色。𬘘训为"绘似布"，是粗绢的凡称。

就"宪法"而言，《三代格·序》中写道："国家法制自兹始焉"，而《日本书纪》称"太子亲肇作"，并非是发大诏而制定的国宪，是圣德太子垂示群臣的训诫。据《大织冠传》记载，在近江律令中也有训诫之类的内容，如后世的"壁书"①，和法制性质迥异。其第一条开宗明义："以和为贵，无忤为宗。人皆有党，亦少达者。"贵族有尚武风气。这是大臣、大连党派的余风，粗豪相忤，缺乏礼文品致。圣德太子对此进行了告诫。"礼之用，和为贵。先王之道，斯为美。小大由之，有所不行。"这是《论语》孔子之言。礼仪是指以和相交的态度。这一年朝廷制定冠位，又九月制定朝礼。因此，圣德太子制定宪法，训诫群臣予以遵守。第二是笃敬三宝之条，第三是承诏必谨之条，第四是"群卿百僚以礼为本"之条，第五是"绝餮弃欲，明排诉讼之条"，第六是惩恶扬善，第七是任掌等共计十七条。这些都记录在《日本书纪》中，也有单行本，可以参照。《1903年度史学讲义录》上刊登的野野村的《反故樱花》中对此宪法做出了解释。其见解堪称"隽逸"，值得一读。然而，材料书籍的选择过于庞杂，枝节过多，容易走向歧途。这是其瑕疵之处，应该用心研读。

在当今突然转变为立宪政体的国家中，人们一听说、一看到宪法的第一印象就是"政治保护的根本律法"。这与迄今为止教化政治中的宪法名称一样，但意思大相径庭。古书中将"宪"训为"法"。"宪章""宪令"都训为"法则"。在《周官》、《天官》和《小宰》的注中，"宪谓表悬之，若今新有法令云"。这类似于迄今为止所讲的"表悬之法"。这才是此字的正确解释。"宪"起源于"象

---

① 指座右铭。——原注

魏"，是《周官》中所讲的。王官中门的左右堂是楼，称之为"阙"。每年正月十日之间悬挂五象之法，让民众观看，因此也称"观"，即象魏之法。五象是指治象、教象、政象、刑象、事象，只是没有春官礼象。礼包含在五象之中，因而"魏阙""楼观"是指此宪象的场所。汉以后废除了象魏之法，但帝官建筑还是沿袭了建魏阙楼观的方法。宪法的本意就是如此，涉及治、教、政、刑之事，人们将实施这些的本意写在文辞图表中，以示万民，给予训诫。其品节表现在礼上。完善品节秩序称为"礼文之化"。圣德太子的宪法大概就是效仿其意，制定冠位朝礼而颁行。因此，将执行的要领条陈来训示群卿百僚就是古代的"constitution"，即宪法，和今天的宪法似是而非。这一点应该予以注意。

从讲解《胜鬘经》开始，圣德太子已经在群卿中声名鹊起，被称为传播佛法的"权化"即典范。圣德太子被称为法主王也是开始于这一时期。冠位朝礼等制度是学者们聚在一起起草的。虽说如此，就让朝野臣连心悦诚服来遵守的宪法而言，要是苏我马子大臣的话，无论多么具有武略、辩才也是不够的。只有在让天皇、皇子、贵族等数人流血的基础上才能公布这些文字吧。至此，大概就连苏我马子也衷心屈服于圣德太子了。有人说宪法十七条是圣德太子亲自制定的，但在起草过程中大概是在慧慈高僧、博士觉哿等学识渊博者仔细研究的基础上定稿的。在大化年间，高僧玄旻和高向玄理二人任国博士，选定官制律令。这一先例已在此时开启。

这一年，推古天皇给皇太子、大臣及诸王、诸臣下诏，共同起誓造铜绣丈六佛各一躯，于是命鞍作鸟为造佛工。高丽王上贡黄金三百两。第二年，佛像竣工。朝廷将这一铜像安放于元兴寺的金堂。由于佛像太高，不能从堂门进去，所以诸工要毁堂门。这时鸟秀工不毁堂门而将佛像放了进去。这一天，人众会集，不可胜数。自此，日本每年四月八日、七月十五日设斋。这已成为惯例。在元兴寺丈六佛像光背铭上写着"十三年岁次乙丑、四月八日戊辰、以铜二万三千斤，金七百五十九两敬造释迦丈六像，铜绣二躯并，挟持等"。魏太祖所铸的丈六像一个用铜五千斤。与此相比，倭国佛像的大小是魏太祖佛像的五倍。天官寺的立像高四十三尺，用了赤金十万斤，黄金六百斤。与此相比，前述佛像只不过是其四分之一。四月八日是释迦牟尼佛的诞辰，是浴佛会之日。将七月十五日定为佛的诞辰是因这一天是释迦牟尼佛托生于净住国摩耶夫人之腹之日。托生日大概是从四月八日进行逆推得出的数字。七月十五日叫中元，称为祭生身魂之节日，和盂兰盆会起因不同。

鞍部鸟是司马达等之孙。法隆寺中坛释迦像的铭中有"使司马鞍首止利佛师造"等字样。鞍部鸟是当时有名的佛师这一点是毫无疑问的。这一年五月，推古天皇下诏书："囊者兴隆内典，建佛刹，始求舍利，汝祖父司马达等献之。又国无僧尼，汝父多须奈为橘丰日天皇出家，恭敬佛法，姨岛女首次出家，成为诸尼的导者，修行佛教。今朕欲造丈六佛，汝献佛像甚合朕心。且得以不破户而入堂，皆汝之功也"，赐予鞍部鸟"大仁"之位，赏近江国坂田郡水田二十町。鞍部鸟以此田为推古天皇造金刚寺。这就是今天的南渊坂田尼寺。据这一诏书讲，元兴寺的丈六佛是鞍部鸟佛师以多须奈为用明天皇所造的坂田寺的菩提本尊为模型而铸造的。大仁是第三个等级，过高，大概是"大信"之误。大信是第七个等级。二十町相当于大宝令从四位的位田。只不过这个是可世袭的"永代"赐田。

之后，圣德太子制作大盾戟，绘在旗帜上，指定了黄画画师、山背画师，让诸王诸臣着褶服等，演习朝礼。癸丑年，倭国迁都小垦田，称飞鸟冈本宫。这些都是在为遣隋使做准备。这一年，推古天皇又请圣德太子在冈本宫讲《法华经》。这和六年讲《胜鬘经》的仪式相同。讲解完毕后，推古天皇将播磨国伊保之地五十万代赐给圣德太子作为布施。这就是今天的斑鸠驿。就"五十万代"而言，《日本书纪》中称水田百町，而在《法王帝说》中注解道："今在播磨田三百余町。"背书上写着"二百七十三町五反二十四步"或者"三百六十町"。法隆寺资财账上的记载中也有所不同。这是因为水田因时代不同及荒芜等原因有所损害。圣德太子在讲解了《胜鬘经》之后的八年期间，跟着慧慈、慧听二僧学习《法华经》并结业。这时，圣德太子开始建造斑鸠宫。据《日本书纪》记载，"九年初兴宫室于斑鸠"，但《日本书纪》的年月很难让人采信。在法隆寺东坛佛药师佛像的光背上的铭文中有"根据用明天皇的发愿，东宫圣王大命受赐而岁次丁卯仕奉"的记录。此像安置于推古天皇十五年，确凿无疑。因此，斑鸠宫的建造是根据先帝的遗愿而实施的,是建法隆寺的基础。圣德太子将通过讲解《法华经》得到的赏赐或布施来定寺田,这就是太子的学问寺。此时倭国正在着急准备延见隋使。倭国在难波津的天王寺和京师的元兴寺之间的龙田口选择一处地方建斑鸠寺,大概是为了让隋使知道倭国崇敬文明的意愿。作为圣德太子的别宫,斑鸠宫和飞鸟距离很远。后来,圣德太子薨于饱波宫。饱波宫位于法隆寺南面、龙田川北面。

第6节 遣隋使和圣德太子的文化

推古天皇十五年丁卯二月,天皇率领圣德太子及大臣百僚祭拜神祇。推古天皇十五年七月,朝廷任命大礼小野妹子为遣隋使,任命鞍作福利作通事,即翻译。小野妹子属于大春日一族。"彦姥津命五世孙,米捣使主之后也。以近江滋贺郡小野为本居。"朝廷从皇别贵族中选拔出使海西的使者还是第一次。据《隋书》记载:"大业三年,其王多利思比孤遣使朝贡。使者曰:'闻海西菩萨天子重兴佛法,故遣朝拜,兼沙门数十人来学佛法。'"也就是说,大礼小野妹子在丁卯年作为礼佛使者前往中国,当时还带着学问僧。《隋书》中又写道:"其国书曰:日出处天子至书日没处天子无恙云云。帝览之不悦,谓鸿胪卿曰:蛮夷书有无礼者,勿复以闻。"倭国不再遵循从晋、宋、齐、梁接受封爵的先例,以对等的国书来赠答。这还是第一次。毫无疑问,此事与国家体面关系重大。我认为此文中多有可疑之处。毫无疑问,"日出处""日没处"是轻侮之言。三国时期,蜀国的秦宓和吴国博士论战,问道:"日生东乎?"吴国博士答道:"虽生东,没于西。"二者有可对比之处。原书中说"日本天子致书海西天子"等,自然在隋炀帝看来,日本这个词意味着日出,触犯了"西面是日没处"这一忌讳,仅此而已。因为原稿未存,所以很难判断。《隋书》中还写道:"开皇二十年,倭王姓阿每,字多利思比孤,号阿辈鸡弥遣使诣阙。"八年庚申,倭国已经与隋通使。当时在派遣大使和草拟国书等时在倭国朝廷内部肯定进行了讨论。阿每多利思比孤就是天足彦,是男称,作为摄政太子的使者来到隋朝。以后的大使也是作为圣德太子的大使来对待的。据《日本书纪》记载，"十六年夏四月，小野臣至自大唐，唐国号妹子臣，曰苏人高即大唐使人裴世清、下客十二人，从妹子臣至于筑紫"。使者往来的海路如旧例经过百济到达筑紫。大倭朝廷遣难波吉士雄成到筑紫迎接隋使，在难波高丽馆上建新馆。六月，隋客到达难波津，难波吉士雄成以饰船三十艘迎至江口，引入新馆，以中臣宫地、乌麻吕、大河内糠手、船史王平为掌客。隋炀帝授予小野妹子的国书被百济人抢走，无法上奏。小野妹子因而被处以流放之刑。但推古天皇下诏："此事如被大国使者听到，会有不良后果，是故赦免小野妹子。"八月三日，裴世清等入京。倭国朝廷以饰骑七十五匹到石榴市迎接。十二日，裴世清等到皇宫参见推古天皇，以阿布鸟、物部依网抱为向导奉上国书。国书写道："皇帝问倭皇，使人长吏大礼苏因高等至具状，朕亲承实命，临仰区宇，思弘德化，覃被含灵，爱育之情，无隔遐迩，知皇介居海表，抚宁民庶，境内安乐，风俗融合，深气至诚，远修朝贡，丹欸之美，朕有嘉焉，稍喧比如常也。故遣鸿胪寺掌客裴世清等指宣往意，并送物如别。"

是日，皇子、诸王、诸臣头上皆着金髻花，衣服皆用锦紫绣织及五色绫罗①。谒见完毕，九月，倭国在难波大郡款待客人。据《姓氏录》记载，"掌客中臣宫地，大中臣，同祖宫处朝臣，是中臣的支族，此时是有才学者之一。二十年，皇妣苏我坚盬媛改葬，内臣阿倍鸟宣读天皇之命，乌麻吕念大臣之辞，苏我马子之弟摩理势背诵姓氏本，乌麻吕、摩理势能背，鸟不能背"。中臣胜海败灭之后已经过了二十年。这一家族心向儒佛、知识渊博并逐渐积蓄了取代苏我家族的潜在势力也是这个时期。中臣常磐之兄多能祐生下御食、国子、糠手三子。御食出入禁省，深得推古天皇信任，即镰足之父。国子和苏我丰理势一起当过征新罗的大将军，即大中臣家族之祖。糠子是弘文天皇的右大臣金之父。镰足实际上生于推古二十二年甲戌。木枯藤荣之机就孕育在这一胚胎中。

当隋使裴世清回朝时，推古天皇又命小野妹子为大使，以难波雄成为小使以鞍作福利为通事和隋使一起前往。推古天皇写给隋帝的书辞中说："东天皇敬白西皇帝，使人鸿胪寺掌客裴世清等至，久忆方解，季秋薄冷，尊侯何如？想

---

① 一说衣服色与冠色相同。——原注

清悉此即如常,今遣大礼苏因高、大礼乎那利等往谨白不具。是时让学生倭汉福因、奈罗、译语惠明、高向汉玄理、新汉大国四人和学问僧新汉旻、南渊汉请安、志贺汉惠隐、新汉广齐四人随行。"第二年九月,小野妹子等回朝。唯有通事福利留在隋朝。这一年,百济僧道欣、惠弥等十人和俗人七十五人一起奉国王之命赴吴国。吴国有乱不得入。道欣等归路遇暴风,漂流至肥后国苇北津。筑紫太宰上奏推古天皇。因此,推古天皇遣难波吉士德摩侣、船使笼慰问,护送道欣等回本国。到了对马,道欣等都希望留下,即表请让他们住元兴寺。筑紫太宰之名首次见诸史册。自宣化天皇末年大伴磐驻扎这里以来,复兴任那的军旅经常在筑紫决定进退。如今与隋朝的往来也以此港为必经之地,从百济来到这里。朝廷在筑紫府设立太宰管辖九州二岛则是钦明天皇以后的事情。而后,遵循先例,九州二岛被委任给太宰帅,接受太宰帅管辖。熊袭隼人和虾夷同样依然是化外民族。

推古天皇十八年,新罗使者奈末竹世士、任那使者大舍首智买来到筑紫。推古天皇遣使召来。他们十月到京。倭国朝廷以额田部比罗夫、膳大伴为两客庄马长,将客人请入阿斗阿边馆,在进入皇宫时由秦河胜阿闭大笼做向导,由南内进入,立在庭中。大伴啮、苏我虾夷、坂本糠手、阿倍鸟四人将使者的意图告诉大臣苏我马子。苏我马子赐予使者禄物。之后,使者回去了。推古天皇命河内汉贽、锦织久僧为二使的共食者。在倭国朝廷宴请二人后,二人回国。自此开启了在朝廷招待外国、藩国使臣的先河。这属于一种正式礼仪。

由于物部首屋败灭,大倭成为苏我大臣一派的政府。苏我大臣一派第一步就是建造法隆寺。多年来努力建立的礼制日臻完善。经过二十余年的摸索,倭国终于能够成功接待隋使、朝鲜使。推古天皇十九年五月五日,朝廷在菟田野举行药猎。当时诸臣的服色和冠色一致,在冠上着髻花,德配金,仁佩豹尾,礼以下用鸟尾。鸡鸣时分,人们集合在藤原池上,黎明前往菟田。栗田细目是前部首领。额田部比罗夫是后部首领。《荆楚岁时记》就重五的药猎①记载如下:"五月五日,鸡未鸣时,采艾似人形者揽而取之,用灸有验,是日竞采杂药。"这是住在

---

① 即采药。

中国中部的南方种族的风俗。日本很早就有这一风俗。后世献菖蒲船的习俗就源于此。药玉出自《延喜式》。《藤原明衡往来》中写道，"今朝自或所给药玉一流，作于百草之花，贯以五色之缕，模草虫形，栖其花房，芳艳之美有兴有感，古人云此日悬续命缕，则益人命。"续命缕说的就是药玉。这也是由药猎而衍生的物品。据《集解》记载："太平御览田夏小正曰：五月、此月畜药，独除毒气。夏小正有畜兰"。《古事记传》称"为沐浴"。兰汤是北部的风俗。畜药是南部的风俗。《太平御览》中有畜药之文。这一点毫无疑问。迄今为止，贵族有尚武风气，以山野狩猎为最快乐之事。男女相会，割肉宴饮。这种风俗浸润已久，无法阻挡。佛教戒杀生，以慈悲为怀。在钦明天皇时期，人们将医药历筮作为佛教的前驱，开启知识，开始崇敬三宝。天王寺除了敬田之外，还有施药、疗病、悲田、共由四院组成。可以说在传道之初，僧徒为民众呕心沥血的信念很强烈。于是，朝廷进行药猎等，会集山野，采草药，替代狩猎鸟兽，其宗旨在于去掉野民粗暴之风，涵养礼文温和之品行。每年五月五日，举行药猎成为惯例。

在隋使及新罗使的延见结束之后，朝礼的制定已近尾声。因此，推古天皇二十年正月，朝廷大摆酒宴，款待群卿。苏我马子献上寿词，推广天皇与他相和。推古天皇二十年二月，朝廷追封先妣苏我坚盬媛为皇太夫人，改葬于钦明天皇桧隈大陵。推古天皇、诸皇子、大臣及姓氏人等都来到轻街。苏我氏迎来全盛时期。朝廷废除大连，实行一大臣负责制。此大臣独掌国权，但还要和阿倍、春日、大伴、中臣、阿云等大族进行协商。文明的焕发仰仗于圣德太子的圣德。之后，圣德太子将高僧聘请到学问寺，研究内典，为《胜鬘经》《法华经》《维摩经》作疏，并将它们公布于世。这些疏至今流传，是日本著述之发端。

佛教有五明：其一为因明，主要研究逻辑；其二为内明，主要研究教典；其三为声明，主要研究语言音律；其四为医方明；其五是工巧明。圣德太子的《胜鬘经》和《法华说经》是因明的一端。据《法王帝说》记载，"上宫王师、高丽慧慈法师能悟涅槃，常住五种佛性也。理明法华三车权实二智之趣，通达维摩不思议解脱之宗，且知经部萨波多两家之辩，亦知三玄五经之旨，并照天文地理之道。即造法华等经疏七卷，号曰上宫御制疏"。从此时开始，天文学得到传播。

僧人观乐开始制定历法，儒学也兴盛起来。此皆内明之功效。百济乐和佛教一起传来。推古天皇二十年，百济人味摩之在吴地学习音乐，学得伎乐舞而归化大倭。朝廷让味摩之住在樱井。此乃声明之一端。朝廷设立施药疗病院，开始药猎。留隋朝学问僧惠日修行医道，回到大倭。自钦明天皇以来，倭国首次佛教、医道研究并举。医方明开始兴起。在修建官寺的过程中，寺工传授印度的建筑方式，发展了房屋建造技术。炉盘工也传授铜的铸造方法。瓦工传授砖瓦之术。佛画师改良倭画。像佛师鞍作鸟之类的名工辈出。铸像、塑像技术获得发展。推古天皇十八年，高丽王贡上高僧云征、法定。云征精通五经，又擅长制作彩色颜料及纸墨，还会制作碾子、凳子。制造碾凳始于此时。就佛教兴隆而言，工巧明发展最显著。因此，近世称圣德太子是日本美术之祖。当时日本的知识究竟是否发展到理解审美这一观念的程度依然是一个疑问。但塑像、绘画、音乐、建筑艺术在此时得到了极大的改良。这一功绩说明对圣德太子的赞誉并非空穴来风。

制定朝礼之后，圣德太子让遣隋留学生学习明法学，促进了律令的选定。功不可没。高向玄理就是其中的一个。推古天皇二十八年，圣德太子和岛大臣一起商议要编修天皇记、国记及臣连、伴造、国造、一百八十伴部公民等的本记，以此为《日本书纪》之起源。传世的《旧事本纪》中的序写明是圣德太子所撰。《旧事本纪》是对《日本书纪》的摘抄，再加上平安朝初期编纂的《国造本纪》等内容，是一部伪书。就此学者们已经有了定论。参照涉猎的古史史实对其进行剖析的人不在少数。很明显，《旧事本纪》本来就不是圣德太子所录历史。

圣德太子是日本文明的启发者。在圣德太子的启发下，日本百余年的文明停滞状态一扫而光，国家的品位也得到提高。凭借海西、海北建立的功勋，圣德太子永远彪炳史册，熠熠生辉。圣德太子政令的精神实质就是兴隆佛法。由此而取得的政绩很多，如重建任那、制定礼制、改革外交及振兴教学之本。圣德太子是日本国家的第二个创造者。圣德太子从弱冠时期起就被僧徒仰慕。男女臣民都敬爱他的德行，称他为传播佛法的权化，是救世菩萨的化身或思禅师的后身。这些说法都不值一驳。然而，称圣德太子为"法王""法王主""圣德太子"则是在他讲《胜鬘经》之后的事情。据《法王帝说》记载，"太子起七寺，四天王寺、

四天王寺

法隆寺、中宫寺、橘寺、蜂丘寺、池后寺、葛木寺"。前面已经讲过法隆寺创建的缘起。人们将法隆寺称为学问寺或者鹓僧寺。中宫寺在法隆寺北面，是穴穗部间人皇女之宫，也叫斑鸠尼寺，是与法隆寺同时修建的。中宫寺北面的冈本宫称作池后寺。认为圣德太子讲《法华经》的冈本宫就是此处是错误的。蜂丘寺就是太秦的广隆寺。据《日本书纪》记载，"十一年十二月，太子对诸大夫说：我有尊佛像，谁能敬拜？秦造河胜主动说：我拜。是故造蜂丘寺"。但当时尚未造法隆寺。为何在山背上造蜂丘寺还不清楚。《广隆寺缘起及其资财交替实录》中记载道："推古天皇即位壬午之岁，秦造河胜造立。"将这句话和《法王帝说》对

491 | 第17章 国教国政改革

照可以发现，圣德太子获赐位于山背的壬生之地及其上面的宫殿。河胜在上面造了寺。据《日本书纪》记载，"三十一年，新罗任那大使来朝，贡佛像一个及金塔并舍利，且大灌顶幡一具，小幡十二条。当即将佛像安置于葛野秦寺，其余收藏于四天王寺"。这是在圣德太子薨后翌年发生的事情，因此葛木寺是在圣德太子生前创立的。葛木寺被赐予了葛木臣。从雄略天皇时候起，大臣苏我马子的本居葛城县就属于皇室，因此葛木寺不在葛城县。据吉田东伍氏的《地名辞典》记载，葛木寺应该是向原的丰浦寺。丰浦寺是苏我稻目所建。称物部守屋被烧死是无稽之谈也不公允。就此事以后再讲。

　　《大安寺缘起》称"圣德太子在饱波的苇墙宫病危"。《法隆寺释迦佛铭》《中宫寺绣帐铭》称"其薨岁次辛巳十二月，鬼前大后崩，明年二月二十一日癸酉，王后即逝，翌日法王登遐"。圣德太子享年四十九岁。在他前一日薨的是圣德太子的妃子膳大刀自，葬于河内矶长之坟茔，即今天睿福寺的御墓山。过了一年，一僧犯下恶逆。之后朝廷才开始设立僧正僧都。僧正僧都负责管理僧尼。朝廷任命观勒为僧正，任命鞍部德积为僧都，任命阿云连为法头。法头就是寺司。当时，政治教化之本在于佛教。而后，僧正僧都参与政治，被委以重任。这一年九月，朝廷对寺及僧尼的僧籍进行统计，共有四十六寺，八百一十六僧及五百六十九尼。这就是三宝兴隆之后三十余年进行教化的功绩。

第18章

天智帝中兴大业

第1节 苏我氏擅权和山背大兄王败亡

从仁德天皇开始,葛城家族连着三朝成为皇室外戚,权势不断膨胀,最终爆发了眉轮王之变。自葛城圆败亡后,倭国形成立皇女为皇后的惯例。然而,在敏达天皇突然驾崩后,由于皇子年幼,而用明天皇、崇峻天皇、推古天皇都是苏我氏之女所生,再加上苏我马子的雄略和辩才,苏我氏如虎添翼。苏我氏排斥大连,形成大臣独宰之势。倭国再次出现外戚势力。从推古天皇时期开始,苏我氏大臣享受仅次于天皇的尊荣。苏我马子在飞鸟河畔造宅邸,在院中造水池,并在池中起小岛。当时的人称苏我马子为岛大臣。小岛接近上宫,也称橘岛,位于小治田上游。直到皇太夫人苏我坚盐媛改葬前,大政改革大致结束。倭国与隋朝往来,鼓励发展文化事业。推古天皇二十二年,在苏我马子卧病在床时,朝廷让男女各千人出家。推古天皇三十一年十月,阿云连、阿倍麻吕二人向推古天皇请示道:"葛城县是元臣之本居,因此成为姓氏。希望将其县作为封县。"推古天皇答复道:"朕是苏我氏所出,何用言辞解释?然而,朕在位期间若失去此县,后世的君主会骂朕妇人饶舌干涉国政,以致失去此县。这就不仅是朕不贤的罪过了,而且也是大臣的不忠,会在后世留下骂名。"最终没有允准。葛城县是绥靖天皇丘宫之旧都。武内宿祢的长子葛城袭津彦得到它后,被称作葛城长江曾都毘古。长江在高宫乡。据《古事记》记载，"所谓五村屯宅者今葛城之五村苑人也"。据《神功纪》记载，"袭津彦攻占新罗的草罗城后，其俘虏之人等是今桑原、佐糜、高宫、忍海凡四邑汉人等始祖也"。桑原、佐糜、高宫、忍海就是《古事记》所述五村中的四村。

从用明天皇驾崩起，苏我马子就是倭国文明的首倡者。大伴、阿倍、春日诸氏辅佐苏我马子。在大政改革方面，苏我马子拥戴圣德太子摄政。随着太子的"圣德"逐渐显现，苏我马子愈加诚心拥戴圣德太子，辅佐圣德太子实现了小治田朝的昌盛。从苏我马子首次成为大臣以来已经过了五十五年。推古天皇三十四年五月，苏我马子殁，享年七十六岁，葬于河内东条桃源墓，位于圣德太子庙的东南侧。据《扶桑略记》记载，苏我马子留下遗言："画圣德太子像，让我跪于圣德太子前，以此画挂于圣德太子墓前。"苏我马子的弟弟苏我境部摩理势最受圣德太子的信任和宠爱。内臣阿倍鸟及中臣御食、阿云连等皆是苏我马子的心腹。苏我马子的长子善德是法兴寺司，大概早逝了。苏我马子之子苏我虾夷继任大臣，当时四十一岁，被称为丰浦大臣。苏我马子酷似春秋时期晋国的赵盾。赵盾承继祖先权势，拥立晋灵公。结果晋灵公嫉恨赵盾，想要伏兵杀赵盾。赵盾逃了出来，出奔他国。同族的赵穿弑杀晋灵公，将赵盾迎回，拥立晋成公。晋国太史董狐因此写道："赵盾弑其君。"《春秋》的左氏穀梁二传称董狐为良史，称赵盾为良大夫。孔子还赞誉赵盾是最大的忠臣。这似乎是颇无标准之辞。如果对此事实进行辨析的话，那么赵盾没有诛杀凶手赵穿就说明他自己也是同谋。此外，赵盾前后两次效忠晋国，功勋卓著。以此来评价他，那么他就是良大夫。这一观点比较公允。苏我马子虽然也弑杀了一个天皇、两个皇子，但因为他诛杀了凶手东汉直驹，所以比赵盾要罪轻一等。但他的教唆之罪不能被抹去。然而，他提倡文明进步，为国鞠躬尽瘁，这一功绩绝不比赵盾逊色。称苏我马子为良大夫也不为过。

推古天皇三十六年三月，推古天皇病重。当时，竹田皇子已薨。彦人大兄之子田村王虽然是敏达天皇的嫡系子孙，但圣德太子之子山背大兄王酷似父亲，非常贤明。推古天皇很难确定要立哪一个，于是下诏给田村王说："皇位是大任，不可轻言",然后下诏给山背大兄王说:"汝尚幼稚,心里希望,嘴上不能说。"推古天皇享年七十三岁,驾崩,在遗诏中写道:"葬于矶长的竹田皇子的坟茔。凶饥之年,禁止厚葬。"然而,皇位继承问题还没有解决。很久以来,群臣就想立敏达天皇一支的子孙为天皇。然而,当时圣德太子声望正盛,且与苏我氏所生的两位皇子关系颇深。

苏我虾夷也不知道该立哪一个。推古天皇三十六年九月,在葬礼结束后,苏我虾夷先和阿倍麻吕商议,之后将群臣召集到自己家中,大摆宴席。宴会快结束时,苏我虾夷让阿倍麻吕宣读遗诏,问群臣该立哪一个皇子。群臣都默然不语。在追问下,大伴鲸首先开口,称遵从遗命即可。他说道:"既然天下大任在田村王,应该立田村王。"采女摩理志、高向宇摩、中臣御食、难波身刺赞成这一建议。许势大麻吕、佐伯东人、纪盐手主张立山背大兄王。苏我雄麻吕称需要深思熟虑再回答。在酒宴散后。因为群臣意见不一致,所以苏我虾夷问其叔父境部摩理势。境部摩理势回答道:"当立山背大兄王。"于是,苏我虾夷让阿倍、中臣、纪、河边、高向、采女、许势七人到斑鸠宫如实宣读遗诏。山背大兄王详细讲了当天的情况:"我听说天皇患病,立刻赶到皇宫,在门下侍奉。中臣从御气禁省出来,说:天皇有命,赶紧去合门。粟隈采女黑将我迎入大殿。近习以栗下女王为首,女孺鲔等八人及数十人侍奉在一旁,田村皇子也在。栗下女王说:山背大兄王见驾。天皇起身说:朕病危矣。汝乃朕的心腹,宠爱之情无与伦比。国家的根基不在朕之世。朕尽到了职责。汝虽稚嫩,谨慎为之。当时的近习都知道这些。另外,我在丰浦寺探望叔父病情时,天皇遣采女鲔传话说:汝叔父、大臣都很犯愁,朕百年之后是否该传位于汝,故要好自为之。如今大臣所遣群卿来奏请批示。我希望好好跟叔父讲。"

山背大兄王之子泊濑王对中臣、河边说道:"我等父子出自苏我一门,如恃高山,勿轻言嗣位一事。"苏我虾夷不能做出决断,让阿倍、中臣等对山背大兄王说:"从矶城岛御宇到近世,群臣都很贤哲。今臣不贤,而且缺乏人才。值此之际,不能以居群臣之上而定之,唯有不误读遗诏而已",又让阿倍、中臣问境部摩理势。摩理势回答道:"此事我要与大臣当面讲",愤然退到苏我田家,不上朝。苏我虾夷也愤怒地说:"虽然忤逆年长者是自己不愿意做的,但不能违背众议。如果听从汝的建议,我等二人就会亡国,在后世留下骂名。千万不要萌生逆心。"即便如此,境部摩理势也不听从苏我虾夷的话,前往斑鸠宫,留在泊濑王宫。苏我虾夷遣群臣让山背大兄王劝说境部摩理势。因此,山背大兄王劝说摩理势:"不要忘记汝先王之恩,汝志向可嘉,然而先王临终时告诫说:诸恶莫做,诸善奉行。我即便有私情,也不敢违背先王之意。不要怨恨。诸卿也要听从大王之命。"境部摩理势啼泣回家。过了十余日,泊濑王终于患病而薨。境部摩理势听说后叹道:"我活着还能靠谁?"这时,苏我虾夷军兵到来,境部摩理势率领仲子阿椰出门,坐于胡床之上等着,父子一起被来目物部伊区比绞杀。第二年正月,群臣一起拥立田村王为天皇,史称舒明天皇。拥立敏达天皇的嫡统是群臣"如严矛取其中",即两害相权取其轻之举。苏我虾夷之所以杀掉叔父、听从众意是因为外戚权威尚不足以独断专行。虽然无可厚非,但泊濑皇子之死可疑之处颇多。舒明天皇共在位十三年,其间主要大事如下:推古天皇二十七年①,即隋朝灭亡,被李氏唐朝取代。倭国留学生、留学僧留在唐朝。舒明天皇二年,即唐贞观四年②,舒明天皇派大仁犬上三田、大仁药师惠日到唐朝。舒明天皇四年,唐朝遣高表仁送三田耜。学问僧灵云、僧旻、胜岛养及新罗送使一起经过对马来到难波津。舒明天皇遣大伴马养在船上备齐鼓乐和旗帜,来到江口迎接客人,并将他们迎进馆舍,赐予他们神酒。当客人第二年归国时,舒明天皇让吉士雄麻吕、黑麻吕等送到对马。其后到了舒明天皇十二年,南渊僧请安、高向玄理都回国了。当时,中臣氏已经心向儒佛。中臣御食子身居要职。其子中臣镰足二十余岁。诸贵族云集僧旻的易经讲座。在讲座结束后,僧旻留下中臣镰足说:"入吾堂者无出苏我太郎之右者。唯有君相貌不俗,学识渊博,有过人之处,请自爱。"苏我太郎就是苏我入鹿,又称鞍作、林太郎。

继位初年,舒明天皇纳苏我马子之女苏我法提郎媛,生下古人大兄皇子,后来纳兄长茅渟王的女儿宝姬王为妃,生下大中兄皇子、大海人皇子,立宝姬王为

---

① 619年。
② 630年。

皇后,实际称宝姬王为皇女。舒明天皇住在飞鸟冈本宫。舒明天皇七年,飞鸟冈本宫发生火灾。舒明天皇在百济川侧造大宫大寺,以书直县为大匠,在西民造宫殿,在东民建寺院。此寺院本来是圣德太子创建的熊凝道场,根据圣德太子遗命迁移至此,称作百济大寺,后来迁至平城,称大安寺。继位第十二年,舒明天皇迁至百济宫,第二年十月驾崩,享年四十九岁。在确定皇位继承人之际,有山背大兄王及古人大兄皇子和大中兄皇子。应该立哪一个也是一个很难决断的问题。于是,按照推古天皇的先例,朝廷立皇后宝姬王为天皇,史称皇极天皇。大臣苏我虾夷当时五十七岁,志得意满。其子苏我入鹿执掌政务。苏我入鹿性情乖张,刚愎自用,盛气凌人之处胜过其父。人们都抖衣而颤。

皇极天皇

皇极天皇元年壬寅九月，倭国从近江越征发建造大寺的人丁，限期十二个月建造宫室。朝廷从各国征集建造殿宇的材料，东面以远江为限、西面以安艺为限征发建筑人丁。皇极天皇元年十二月，先帝舒明天皇被葬于滑谷冈。皇极天皇迁至小垦田宫。苏我氏也在葛城高宫建造祖庙，使用天皇的舞乐。苏我虾夷又在葛城的今来建造自己和苏我入鹿的双墓，大概是不想死后再劳民伤财吧。朝廷征调了全国一百八十万部曲，进而集结上官壬生部的所有民众进行奴役。山背大兄王体恤封户之民，十年内不想劳民。如今，封户之民无缘无故被征发。上官大娘对此无理行径十分愤慨，此后和苏我氏产生罅隙，最终招来惨祸。

从皇极天皇二年十月开始，苏我虾夷因病不朝，私自将紫冠授予苏我入鹿，让苏我入鹿模拟大臣，称次子为物部大臣。这是因为物部大臣的祖母是物部首屋之妹，而苏我虾夷通过母亲的财产向世人显示威势。苏我入鹿极其忌讳和嫉妒山背大兄王的威名，暗中策划废除上官王家，而让自己家族所出的古人大兄皇子登上皇位。古人大兄皇子也隐约觉察到这一企图。对这一点，社会上也早有议论。京师童子唱道："岩边有小猿，烧米来通过，山羊大叔善，祸端应不远。"小猿是指苏我入鹿。这是在比喻要火烧斑鸠宫。山羊大叔是比喻山背大兄皇子的头发已经斑白。这首童谣大概是后人根据事实创造的。皇极天皇二年十一月，苏我入鹿计议停当，以巨势德太、土师娑婆为将军向斑鸠宫掩杀过去。上官之奴三成和数十舍人出宫抵抗，射杀土师娑婆。进攻者惶恐退却。军中纷纷议论"一人当千"。这大概是在称颂三成。奴是指上官的家人。所有没有登记在上官户籍上的人官方都称作奴婢。当时分家人、奴婢二等。据《户令》记载，"凡陵户、官户、家人、公私奴婢，皆当色为婚。放家人、奴婢为良及家人"，指的就是这个。舍人是良民。三成是家人，如同家老。

其间，山背大兄王让人将马骨投入内寝，率领妃及子弟等逃出。三轮文屋、舍人田目连等跟随，进入胆驹山中。巨势德太纵火烧宫，在灰中发现骨头，称山背大兄王等皆死，解围退兵。山背大兄王滞留山中，过了四五天，依然得不到饮食。三轮文屋建议山背大兄王前往深草屯仓，"骑马催促东国的壬生部兴师问罪，必然获胜"。然而，山背大兄王答道："诚如卿所说大概会取胜，然孤之所愿就是十年间不劳民，不能以一身之故而烦劳万民，后世会被人骂：因吾之故而丧其父母，即便战胜岂可称丈夫哉。损身固国才称得上真丈夫。"因此，山背大兄王没有听从三轮文屋的建议。有人汇报说："胆驹山中见到上宫王等。"苏我入鹿大惊，让高向国押急忙发兵前往山中寻找并捉拿山背大兄王。高向国押答道："我的任务是守卫皇宫，不敢外出"，并不听命，按兵不动。苏我入鹿打算亲自前往。这时，古人大兄皇子气喘吁吁地进来问道："要去哪里？"苏我入鹿讲述缘由。古人大兄皇子听罢说道："鼠伏穴中而生，失穴而死。"苏我入鹿这才打消念头，派部下去抓山背大兄王。山背大兄王从山中回到斑鸠寺。苏我入鹿的部下与山背大兄王方向相反，到山中寻觅，因而没有找到山背大兄王，之后回师包围斑鸠寺。山背大兄王让三轮文屋对苏我入鹿的部下说："请将我之身赐予苏我入鹿。"之后，山背大兄王和子弟妃妾十五人上吊自杀。诸皇子之祸至此惨烈到极点。据《日本书纪》记载，"圣德太子之丧，诸王、诸臣乃至百姓如丧爱子、与父母分离一般悲痛。然而，其子孙遭此横祸，诸王、诸臣都拱手不动，世上没有比德义之报更靠不住的"。历史是重复的。斑鸠宫之祸酷似穴穗部皇子和物部守屋一起在海石榴市进攻大三轮君逆。东汉直驹因苏我氏而为恶。天武天皇诏书中责骂东汉直驹犯下七不可大罪。残酷地灭掉上宫山背大兄王也应该属于七不可之一。这样一来，古人大兄皇子和苏我入鹿又会陷入怎样的轮回呢？姑且拭目以待。

听到这件事后，苏我虾夷骂道："噫入鹿极愚痴，专暴恶伤身，命已不远。"皇极天皇三年正月，皇极天皇拜中臣镰足为神祇伯。此官取自中臣、斋部两家，是最高等级官员。据《古语拾遗》记载："掌管王族宫内礼仪、婚姻、卜筮之事。"后来，即便设立了八省，因为重视本朝古仪，朝廷仍然将此官置于太政官之上。中臣镰足获得荣升，再三不受，称病退居三岛别业。前一年二月，国内的巫觋等折取枝叶，挂上木棉，在瞅准大臣过桥时争着陈述神语的微妙。这类人颇多，混淆视听。老人等闻言，称此乃时风变化之征兆。而到了此年六月，剑池的莲花生出一茎二萼。大臣妄自推断这是苏我氏荣华之祥瑞，用金墨记下，献给法兴寺丈六佛。当年，苏我氏在丰浦的甘梼冈上建双邸，称苏我虾夷之邸为宫门，称苏我入鹿之邸为谷宫门，称自家男女为王子、王女，在家外建城栅，在门侧建兵库，让力士持兵器守护。苏我入鹿在亩旁山之东穿池为城，在库里备箭，平常将五十兵士称作健人，让他们围绕自己身边，苏我入鹿称之为东之从部，氏氏人等进入东之从部，在其门侍奉，称为祖子孺，汉直等完全在二门侍奉，臣下同样侍奉。汉氏自满知以来，与苏我氏因缘很深。葛城四区也有汉氏居住，是苏我氏谱弟的资人，至此四世的权势达到顶峰。

第2节 苏我入鹿受诛和大化改新

苏我氏立皇极天皇。苏我入鹿执掌国政。自从那时以来，皇室衰微，不能掌握政治实权。中臣镰足私下对此表示愤慨。大概在退居三岛时，中臣镰足与皇极天皇之弟轻皇子交好。轻皇子有脚疾，不能上朝。因此，中臣镰足到轻皇子宫中侍宿。轻皇子知道中臣镰足思虑高远，智略过人，让妃子阿倍氏扫干净别殿，朝夕侍养、厚待中臣镰足。轻皇子与中臣镰足话语投机，终夜畅谈，忘记疲劳。中臣镰足感恩戴德，对舍人说：“让汝君为天下之君。”舍人向轻皇子传递中臣镰足的话。轻皇子大悦。苏我入鹿的所作所为令君臣长幼失序，而他自己独揽大权，觊觎国家。中臣镰足素有匡清之志。然而，轻皇子器量、能力不足，而中大兄皇子雄略英迈。中臣镰足早有辅佐中大兄皇子之意，却始终不得时机披露心中所想。一天，法兴寺的槻树下举行蹴鞠大赛。中臣镰足的皮球和中大兄皇子的皮球一块踢出去一块落下来。中臣镰足将球捧在掌中献给中大兄皇子。中大兄皇子也还礼接球。以此为契机，二人意气相投，亲密来往，互诉衷肠，中大兄皇子和中臣镰足讨厌其他人频频来和他们交谈，而是手持黄卷在南渊先生那里学习周孔之道。在行人往来的路上，二人谋划大事，感叹英雄所见略同。在舒明天皇出殡时，中大兄皇子十六岁。有的书上说是十九岁。中臣镰足生于甲戌年，当时三十一岁。与大海人皇子相比，中大兄皇子要长十岁左右。古史在数字上缺乏谨慎，很难采信。当时，大海人皇子正值学问成熟的大好年华。

这时，苏我入鹿杀戮了山背大兄王一族，罪恶昭彰，导致天人共怒。中大兄皇子越来越感到皇室处于危难关头，因而与中臣镰足商议对策。中臣镰足建议

中臣镰足

说:"苏我山田麻吕为人刚毅,应纳其长女为妃,以作为强援。"中臣镰足亲自做媒。然而,快到婚期时,苏我山田麻吕的长女被中臣镰足之弟偷去。因此,苏我山田麻吕的小女主动前往,以表侍奉中大兄皇子的赤心。中大兄皇子慢慢与苏我山田麻吕说出此事,奉劝说:"苏我入鹿暴虐无度,如果助纣为虐,会给祖宗惹来大祸。"苏我山田麻吕回答道"臣也这么想,一切事情愿以皇子马首是瞻",与中大兄皇子一起谋划对策。中臣镰足称佐伯子麻吕、葛木稚犬养纲田二人强勇,已经做好准备等待机会诛杀苏我入鹿。皇极天皇四年乙巳六月,三韩进贡。皇极天皇出席主持仪式。因此,中大兄皇子和苏我山田麻吕准备于此时在殿上诛杀苏我入鹿。到了当天,皇极天皇来到大极殿。古人大兄皇子侍坐。中大兄皇子关闭了卫门府十二门,切断交通,将卫士聚在一起,赏赐他们财物。舍人催促苏我入鹿上殿。中臣镰足看到苏我入鹿手里不离兵器,让俳优想法拿走苏我入鹿的兵刃。苏我入鹿一边笑着一边放下兵刃,进殿侍坐。中大兄皇子手执长枪,中臣镰足手拿弓箭,一起隐蔽到殿侧,让海犬养胜麻吕授两刃于佐伯子麻吕、葛木稚犬养纲田,入内斩杀苏我入鹿。殿中苏我山田麻吕正在宣读表文,行将完毕。此时,佐伯子麻吕犹豫不前。中大兄皇子一面鼓励他,一面突然走了出来,刺杀苏我入鹿。苏我入鹿站了起来要跑,却被佐伯子麻吕刺伤脚摔倒。皇极天皇大吃一惊,责问中大兄皇子要做什么。中大兄皇子伏地而奏:"鞍作①消灭王宗,觊觎皇位,是故以天孙来取代鞍作。"皇极天皇立刻起身入内。当天降雨,雨水积满庭院。中大兄皇子用席子裹了苏我入鹿尸体,让人交给苏我虾夷。古人大兄皇子逃进自己宫中闭门不出。

中大兄皇子直接进入法兴寺,修筑城堡,以备不测。皇子、诸王、群臣都跟随他一起。苏我虾夷在宅邸召集汉直等眷属,整饬甲兵,以作战备。中大兄皇子

苏我入鹿被刺杀

---

① 指苏我入鹿。

通过将军巨势德太告诉苏我虾夷部下高向国押、汉直等："苏我入鹿已经被诛杀,不出两日苏我虾夷也将被诛杀,尔等在为谁而战?又将要为谁受刑?"于是,众人解剑、舍弃弓箭而去。苏我虾夷部下士兵也丧失斗志,作鸟兽散了。这也是东汉直驹犯下的七不可罪之一。苏我虾夷等纵火自尽。此时,船史惠尺匆忙从火中取出《天皇记》《国记》,献给中大兄皇子。这就是《日本书纪》的材料。中大兄皇子将苏我虾夷的尸体埋葬,但禁止有人为苏我虾夷之死哭泣。

皇极天皇下诏要传位给中大兄皇子,但中臣镰足劝中大兄皇子说:"古人大兄皇子是殿下兄长,轻皇子是殿下之舅。殿下即位与恭敬相悖。请拥立舅作天皇。"中大兄皇子深以为然,私下奏请将皇位传于轻皇子。轻皇子向古人大兄皇子辞让。古人大兄皇子坚辞不受,说"臣出家到吉野",然后解下佩刀退出,去往法兴寺,在佛殿和塔之间剃发为僧。于是轻皇子即位。百官、臣、连、国造、伴造、一百八十部罗列匝拜,史称孝德天皇。孝德天皇向先帝祭拜,奏请给皇祖母上尊号,立中大兄皇子为皇太子,任命阿倍内麻吕为左大臣,任命苏我山田麻吕为右大臣,授予中臣镰足大锦冠,作内臣,任命高向玄理、僧旻为国博士。孝德天皇始建年号,称大化元年。其后,在吉野山,苏我田口川堀、物部榎井椎子、倭汉文麻吕、朴市秦田来津等和古人大兄皇子谋叛,但党中成员吉备笠垂向阿倍内麻吕、苏我山田麻吕两大臣自首。是故,当年十一月三十日甲午,中大兄皇子派阿倍渠曾臣、佐伯部子麻吕率兵三千来攻。古人大兄皇子及其妃妾自缢而亡。吉备笠垂因为此功获赐功田二十町。倭汉就是东汉,这也是东汉直驹犯下的七不可罪之一。可以看出,归化姓在皇族、大臣家里弄权,毒害不浅。

七月,孝德天皇下诏给阿倍内麻吕、苏我山田麻吕两大臣,称"以信治天下",并向大夫及百伴造询问以悦使民的方法。右大臣苏我山田麻吕上奏说:"首先祭镇神祇,之后处理政务。"孝德天皇遣敕使到尾张、美浓征收币物。大化新政以此为开端。询问的要旨如下:"敏达天皇曾向苇北国造日罗询问复兴任那之策。当时,日罗对曰:侍奉朝列臣连二造,下及百姓,悉皆饶富,令无所乏,如此三年,足食足兵,以悦使民,不惮水火。"主要讲的是轻易兴兵是自取灭亡之道。人们信奉日罗如神明。自此,孝德天皇谨慎黩武,专修内政,令人想起圣德太子的崇文之治。关于圣德太子制定冠位朝仪，一言以蔽之就是为了向隋使、朝鲜使等宣扬倭国的文明。当时，圣德太子让遣隋学生、僧徒研究学问、宗教，进而制定律令。制定冠位朝仪大体就是按照这个顺序进行的。而今已经过了三十余年。苏我入鹿专横跋扈，导致大业荒废，因而被诛杀。之后，朝廷最先做的就是任命留学生、留学僧中的佼佼者高向玄理、僧旻二人为国博士，开启实行新政的端绪。实际上是圣德太子开启了大化新政的端绪。这是人们所熟知的。但迄今为止，尚无人指出为此最早提出对策的是日罗。此事关乎海北的藩国、虾夷、肃慎的形势。在研究改新之诏时，对此要多加注意。

八月，孝德天皇拜东国国司，意在治理万国；规定归国家所有的公民、大小所领人众都要造户籍；校对田亩，与百姓共兴园池水陆之利。孝德天皇向国司等提出下述几条禁令：一、不准判罪；二、不准收取贿赂；三、不许率领百姓上京；四、除公事往来外，部内不准骑马；五、部内不准餐饮。受贿以二倍惩罚。

孝德天皇又在空旷之所建造兵库，收缴国郡的刀甲、弓箭。只有在和虾夷接壤之处只统计兵器数目，而将兵器暂借给本主。人们将此称为大化改新的初发阶段。对此，后人产生误解的是"百姓"一词。从室町末期开始，这个词指农夫。本来，百姓是指有姓之家的总称。大化二年的诏书中说："集侍群臣大夫、及臣连、国造、伴造、诸百姓，又氏氏人。"①这便是明证。百姓直接隶属天皇，被编入官方户籍，是获赐班田的良民。贱人分为家人、奴婢二类。家人是指贵族的陪隶。在地方上，即便是有田数千百町的豪门，在官方看来还是属于贱民。在户籍上，奴婢没有夫妻，没有姓，因而没有家。其中细节请参看我的《古文书学讲义》的第六章及第七章。引证天平时期的古文书可以进行辨析。

可以看出，此后的诏书是以日罗所主张的"在政策上，臣、连二造及百姓皆饶富，以悦使民"为主旨的。就东国国司而言，大化二年三月的诏书中说："以良家大夫使治东方八道。"在东方八道的国宰、介等中，将长官、次官、判官、主典等并称国司。长官即宰由穗积咋、巨势德祢、纪麻利耆柁、阿云连、大市连、匡田臣、羽田臣、田口臣八人充任。在菟砺郡人的要求下，大市连任骏河国宰；在三

---

① 有的书称民民、王民。——原注

国人的要求下，田口臣介平郡臣任越前国宰。此外，伊势、近江、尾张、三野、三河、远江合称东方八道。大化田籍从畿内开始实施，紧接着就在东方八国实施。大概是因为在这些国居住的公民百姓数量很多，仅次于畿内，即国家所有的大小所领的土地、人民都住在这里。本书第八章讲到高天原有可能就在神风伊势国附近。试想，伊奘诺尊的本国就在东方诸国。天神一族最先着手拓殖的应该就是此肥沃的平原。之后，随着大倭奠都，皇族的所辖领地扩展到丹波道、吉备道及但马县等，但该地古老豪族领地颇多，编入官方田籍的公民很少。因此这只不过是第二步而已。修建兵库，收缴公民的兵甲是为了防止私斗。从六月至九月，孝德天皇遣使四方各国收缴种种兵器。越路两野等与虾夷接壤的边境地区准许建栅户，暂借兵器，目的是将皇族的子代部民改为封户。

接着，孝德天皇派使者到倭六县，同样编制户籍，校正田亩。孝德天皇又在朝廷设置钟匮，接受伴造等的投诉。就其户籍法而言，良男娶婢所生的孩子随母。良女嫁给奴婢所生的孩子随父。一方为贱民，孩子不许称为良民。这是古代的遗法。此法于持统天皇五年得到润色，开放了编为良民的途径。孝德天皇遣使至大寺，任命貊族的大法师福亮、惠云、常安、灵云、惠至、僧旻、道登、惠邻、惠妙、惠隐为十师，教导僧众，修行佛教。孝德天皇还下诏称："凡从天皇至伴造，不能修建造立的寺院者，朕予以辅助。"朝廷任命寺司、寺主，让他们管理诸寺的僧尼、奴婢、田亩等；任命惠妙为百济寺主，任命来目臣、三轮色夫、额田部甥为法头。这些都是在为新制定的法令而做准备；钟匮与涉及其事的良民资产关系密切，因此朝廷担心国司等专权、受贿。这也是为了查明这些情况，为了一时的方便而设立的。将钟匮和古书中的谏鼓、诽谤木等形式的东西混为一谈就大错而特错了。大倭六县是指高市、葛城、平群、层富、矶城、菟田。

自应神天皇以后，历代都指定标准的"标代"民。臣连二造也分别设置自己的民，没有官私之别，肆意驱使；又分割国县的山海、林野、池田，据为己有。有的兼并数万顷，有的甚至没有立锥之地，因此争战不已。等到进贡调赋之时，臣连、伴造等首先自己进行征收，然后分出一部分进贡朝廷。另外，在修建官殿、国陵之际，臣连、伴造等各自率领自己的部民来服徭役，为此搞得上下疲敝，当时百姓贫困不堪。有势者分割水陆之地据为私有，将地卖给百姓，年年榨取剥削。因此，前面诏书中的"园池水陆之地"所涵盖的意思是要与百姓共享利益，规定自今往后不得卖地、妄自成为地主、兼并弱小。朝廷将使者遣往各国记录民的实际数目。迄今为止，有学者对财政理论不熟悉，导致拘泥于"普天之下莫非王土，率土之滨莫非王臣"的理念，并根据这一诏书将当时理解为整个日本列岛再无私地私民。这属于让人无语的误解。根据实际情况，此诏书是灵活执行的，演变为分占垦田、拥有庄园。这里潜藏着历史学上应该仔细研究的重要内容。《古文书学讲义》的第七章对此进行了详细论述，希望读者予以参考。

大化元年十二月，倭国迁都难波的长柄丰崎。起初，在皇极天皇二年，朝廷迁都飞鸟的板盖新宫。然而，当时在宫寺之间有物，远听如猿吟。这是预示板盖宫会成为废墟的兆头。六月，苏我入鹿喋血大殿，至此朝廷迁都难波。据说长柄就是今天的大阪。这个说法非常正确。朝廷拆除难波狭部邑子代屯仓，建造行宫。大化二年正月朔，贺岁完毕，孝德天皇发出改新诏书，共计四条：

其一，废除历朝子代屯仓及别、臣、连、国造、伴造、村首所拥有的部曲之民。大夫以上赐予食封，以下的官人、百姓赐予布帛之禄。给予封户课户，将其户纳租半额和调庸全额归封主。封户领有户口，执行赋役令。

其二，修建京师，划定畿内。从名垦横川以西，从纪之兄山以北，从赤石栉渊以西，近江狭狭合坂山以东为畿内。设置国司、郡司、关寨、斥候、防人及驿传。由国造选定郡的大小领主政、主帐。京师有坊长、里有里长，由其坊、里的百姓选任。这也并非新创设的制度，大倭奠都以来逐渐将河、山、摄定为畿内，而国司、郡领早就有了。坊里长也应该有了。这一诏书使现状成为成文法令，文理缜密，仅此而已。

其三，制定户籍、记账、班田收授之法。根据课户数目设置里。规定田的町段及其租稻。长三十步，宽十二步，共计三十六步为一段。这一面积大小大概属于创新性的。以前的田是用"代"来计算的，规定稻租也是如此。不过税率仍然按照旧例。

其四，废除旧赋役，实施田调。根据乡土所产，有的可以上缴绢、棉布等。绢以匹来计算，布以端来计算。其他的调中还有副产品。对官长以户来计算征收马匹，对士兵每个人征收刀甲弓箭幡鼓等物。就仕丁而言，在此之前每三十户有一人充厮，当时改为五十户。让郡领以上者贡容貌端庄的女子为采女，还要出相应的庸米。这些措施都是沿袭了圣德太子新政的部分内容，此外还研究隋、唐的典法、明法学。这是修订律令之始。此后，条文逐渐完善，成为二十二卷的《近江令》，之后经过不断的修改、润色，成为《大宝令》《养老令》，流传至今。详细情况应该就这些书进行研究。

大化二年二月，孝德天皇从子代离宫回到丰崎宫，在新宫供奉诸神。虽说到了农月，但建造新宫也是迫不得已的。因此，孝德天皇大赦天下。在钟匮中被投诉的八个违法者中，就有前一年拜任的东方八国司中的两人。孝德天皇下诏根据前诏予以处罚。朝廷还举行朝会，让官员具陈事实情况，因怠拙过误而被责罚者犹多，但因恰逢大赦所以过往不究，以观后效。孝德天皇废除官司的屯田及吉备皇祖母的借稻，将屯田颁赐给群臣、伴造等，将脱籍寺的稻田、山收归官有。吉备皇祖母是茅渟王妃吉备姬的母亲、皇极天皇的祖母。借稻是后来实施的带息稻子。其由来很早。孝德天皇向皇太子中大兄皇子咨询道："而今百姓流离失业，此番实施新政之际，臣、连、伴造、国造所拥有的历代天皇的子代入部及皇子私有的御名入部屯仓等是否维持原样？"中大兄皇子具表答道："使役万民者唯有天皇。让入部封民充仕丁应按照以前惯例办理。此外，私人驱使万民是不合适的。"中大兄皇子奉还了入部五百二十四口、屯仓一百八十一所。就大化改新而言，朝廷编制户籍，制定班田封户，从畿内开始，承认臣、连二造百姓对家产的所有权，消除失业者。这是一整套措施，体现了"以悦使民"的宗旨。追究国司的违法怠惰责任，以儆效尤。紧接着在东国实行户籍校田。改革措施终于渗透到诸国。"白雉三年自正月至二月，班田讫，四月造户籍。"这标志着此项改革的完成。日本田令、户令、赋役令以此为起源。

家族政治的积习混淆公私，形成门阀阶层。这一余弊造成家谱错乱，名不副实。由于一代一代得不到梳理，整理田籍令朝廷颇费周折。孝德天皇二年八月下诏晓谕一切人等："天皇及臣、连所拥有的品部自今往后悉皆废止，均为国家之民。闻假借王名成伴造者、袭祖名成臣连者不悟其情,大概认为祖名会消亡。在川野轻易挂王名,将其名称百姓者实属过分之举。王者之号随着日月而远流,而祖子之名和天地同在。奉仕之卿大夫、臣连、伴造、氏氏人等按照汝等奉仕之状改去旧职,新设百官,定位阶,以官位而叙。发遣国司收缴之田均赐予民,勿生彼我。"第二年四月,正式颁布诏书。到当时为止,臣连按照种种惯例占有天皇的名代子代的品部及屯仓,公私不分。如今根据实名制改为封户班田,平均分配。这就是大化改新的大纲。迄今为止,人们误解了百姓这一称呼,认为日本也是"普天之下莫非王土,率土之滨莫非王臣",臣连以下的私有土地皆收归官有,而民不分贵贱都进行平均分配。这样认为的人不在少数。其实并非如此。

　　大化二年九月,孝德天皇行幸虾蟆行宫。第二年,孝德天皇毁掉小郡,建造宫殿。工人倭汉直、荒田井比罗夫误穿沟壑,导致难波危在旦夕,百姓疲于奔命。有上疏谏阻者。孝德天皇说:"此乃朕之过也。"即日停工。"是岁,规定织绣紫锦青黑大小及建武冠十三阶,在大会宴会上着用。"大化四年,朝廷废止古冠。大化五年,朝廷又制定十九阶冠,分别是大织、小织、大绣、小绣、大紫、小紫、大华上下、小华上下、大山上下、小山上下、大乙上下、小乙上下及立身。此冠位实行了一段时期。当月,孝德天皇给博士高向玄理和僧旻下诏"设立八省百官",将大化二年诏的内容付诸实施。这就是官位令、职员令的起源。此八省百官是给迄今为止的官司制定上下统属关系。很明显这并非此时的创举。社会上很多人讲这是对隋、唐制度的模仿。不知道这些人具体是指哪一点,大概是说官名相似吧。将政务分开、给局部起名字如民部和兵部等类似是理所当然的。然而,当时还有很多与隋、唐部名不同的名字,譬如将礼部叫治部,将吏部叫式部,将户部称民部,将度支称大藏等。在制定律令之际,朝廷让遣隋、遣唐留学生研究隋、唐相关学问。在此基础上,律令才制定成功。然而,彼我历史背景不同,官制也大相径庭,因此此律令也并非是对隋、唐制度的照搬。很多官职名称与唐名有所不同便是明证。

第3节 大化时期日本国内的情况

大化改新仅用四五年时间就结束了。其内容非常简洁。如果去掉迄今为止被世人误解的"幻觉"部分来看的话,实际上,圣德太子已经开启了端绪,而此革新在三十余年之后又迈进了一大步而已。分析历史事实可以发现,圣德太子的改新内容包括隋使的往来、派遣留学生、留学僧、给群臣置酒、改葬皇太夫人等。在大化改新时,朝廷也派遣唐使、留学生、留学僧,并且因为出现白雉祥瑞进行了改元。平心静气来观察可以发现,在文明进步的氛围中,对亟待解决的社会问题进行改革,而在实施之后,经过对改革实效进行观察,还需要进一步改革,这样逐渐发展下去。尽管如此,改革事业迁延日久才进行说明日本尚武风气浓厚,门阀贵族对文明不敏感。直到周围国家都进步了,日本被逼无奈才走出了这一步。无论什么事情,总是拖拖拉拉,裹足不前。在实施了两三项改革内容后,日本又停了下来,在其他事情上借口进行调查,迁延时日,蹉跎岁月。进一步讲,日本列岛对邻国的刺激相对迟钝,加之日本风土秀丽,生活相对容易一些。"沃土之民易生怠惰之情"这句话最适合日本,日本处于一种容易安于小成的状态。这或许是日本历史的表现吧。

就大化改新而言,在日本国史学上需要研究的要点是:在改革进行当中,要加强军队治理,预防邻国侵略。当时,朝鲜的形势非常不稳定。大倭在海北有属地,因为与大陆接壤,所以来自边境的刺激不堪忍受。因此,朝廷委托藩国治理倭国属地,但藩国也被灭掉了。这是遮掩不住的事实。因此,在讨论大化改新问题时,不仅要观察国内外形势还要观察局部形势。下面分国外、内国、边国、藩国四个方面进行论述。内国是指畿内,即直属天皇的各个小国。居住这里的百姓享有在朝廷为官的特权,被授予"内位"。外国是指畿外的各国。东方八道及纪、淡、阿、赞、丹等国的百姓在京师有宅邸,派遣"朝集使",经过历年为官后,可以列入朝廷官员行列,但与后世的"外样"大名类似,只能被授予外位。边国是只与化外接壤的国家。在东面,越国造防御北狄,毛野臣等防御东夷。直到信浓的溪谷都是防御虾夷的边国。西面归太宰府管辖,属于防御朝鲜的边国。直到吉备、伊豫都是边国。直到这一时期，曾国隼人和虾夷同样都属于化外。从推古天皇时期开始，倭国与南岛进行交流。藩国是指任那、新罗、百济、高丽。它们每年都遣使进贡，是大倭的属国。

《大化改新令》按照从内国向外国的顺序实施。当时在难波津等与他国进行交流的港口，以朝鲜钱作为进行贸易的媒介。一般的国民还处于物物交换的时期。因此，对于在远国广泛拥有领地的倭国来说，使用财富非常不便。即便是京师贵族，如果在畿内管辖很多土地的话，比起田地本身的价值来，其本身富贵不止翻倍。因此，人们竞相将籍贯编入畿内。占有土地的百姓很多，与此同时也具备了在朝廷为官的资格。即便是在畿外，伊贺、伊势、近江、尾张、美浓等地自古以来就得到开发，由天神一族管辖。因此，在外国中与朝廷渊源很深的播磨、淡路、阿倍、赞岐、纪也是如此。因此，大化改新从东方八国开始。正如皇极天皇所说："朕思起造大寺，宜发近江与越之丁"，又"欲营宫室可于国国取殿屋材。然东限远江，西限安艺，发造宫丁"等。以此可以推知，田籍颁授都实施到外国。据《正仓院文书大宝二年》所记，"三野、下总、筑前、丰前诸郡的户籍"可作证明。如果京师良家大夫到外国赴任的话，那么作为物物交换时代的习惯做法，往来应用物品都由当地二造、百姓提供。因此，京官仗着朝廷威风进行勒索。在大化元年，朝廷禁止国司从事司法工作，禁止让当地供应马匹、食物，禁止收受贿赂。然而，积习依然未改。据朝集使的状纸所述："向每户百姓勒索，或取国造、田部之马，或让他们制作刀弓箭，让他们送军需物品。这种现象时常发现。在各国设置的名代子代的品部及屯仓也被臣、连、伴造、国造等根据种种惯例占有了其民，任意驱使。"这种事情司空见惯，是故改新令首先要收回这些特权，将这些特权阶级全部作为封户，消除对百姓的烦扰。

就姓氏的滋生而言，冒认现象很多。这一点在第十五章已经详细讲过。从伊奘诺尊、伊奘冉尊到仁德天皇，这一数字达到二百多万。到了孝德天皇时期，达到二亿五千万之多。因此，这一时期竞相冒认王名、神名的现象非常严重。在大化二年八月的诏书中，"始王之名名，臣连、伴造、国造分其品部、交杂，使居国县，遂使父子易姓，兄弟异宗，夫妇交互殊名，一家五分六割。由是竞争之讼盈国充朝,终不见治,相乱弥盛"。大化三年四月诏书又叙述道:"又拙弱臣连、伴造、国造以彼为姓,神名、王名逐自心之所归,妄付前前处处,爰以王名、神名为人赂物之故。入他奴婢,秽汙清名,遂即民心不整,国政难治。"这也是因为时运发达、人类繁殖之故。这可以说是自然的力量。因此,"相乱弥盛,民心不整",而见诸史书的门阀、家格争讼、贿赂一点也不足怪。在大化元年九月的诏书中说道:"割国县、山海、林野、池田以为己财,争战不已。"与此相对照考虑的话,地方豪族一方面竞争门阀家格,诉讼不绝于后;另一方面占有田地、林野,互相争战不息。这些事情都是必然的。此后,诸国的情况也都会如此。

大化二年四月的诏书中就当时郡县的风俗描述说:"奴婢欺主贫困,自托势家求活,势家乃强留买,不送本主者多。"就此,在正仓院文书中写道:"东大寺和藤原绳主家争因幡国高庭庄。"公文中的时间是承和九年七月十九日,别当僧向郡庄提出申请:"上述园麻吕经三个年预于庄家土奉,而有所负巨多之目,因兹寺家之使,负物堪征之间,窃逃隐之。登时难访求,不闻所住。传闻二方郡部内有彼身,望请移文进于其国部内,搜求彼身,负物欲令填纳。"这些话正好说明上面的事情。在奈良时期,脱籍流浪者逐渐多起来。这也是由此事由引起的。诏书中接着又说:"有妻妾为夫所放,经年之后适他恒理。而此前夫三四年后,贪求后夫财物,为己利者甚多。"今天看来,这是没有道理的事情,但在良贱有别的时代,也是有其道理的。诏书又说:"有恃势之男,浪要他女,而未纳际,女自适人,其浪要者嗔求两家财物,为己利者甚多。"这个事又与上文相反。"又有亡夫妇,经十年、二十年,适人为妇,并未嫁之女始适人时,斯夫妇使被除多"。这是说以被除死亡之秽为口实受贿。又"为妻被嫌离者特由惭愧所恼,强为事瑕之婢"。"事瑕之婢"是指变成瑕物,拒绝成为妻子,变成奴婢之意。"又嫌己妇奸他,好向官司请决,得明三证,然后可咨。"据《持统纪》记载:"若有百姓,弟为兄见卖者从良,子为父母见卖者从贱。"父母能够卖子。"弱准贷倍没贱者从良,其子虽配奴婢,所生亦皆从良。"贷倍是指利息和本钱同数。贷借是以此为最终期的法律。正仓院文书中说:"天平胜宝二年,高屋连某以田二段为质,出举钱四百文。其妻二女共四人,作为生死同心的连带借,若年不过者稻女、阿波比女，二人身入申。"如此之类是被配为奴婢者。以上数条可以看出当时门当户对的风俗。

"有被役边民，事了还乡，忽得疾，卧死路。于是，路头之家谓何使人死于余路，因留死者友伴，使祓除。"这一条可以证明旅途的不便。诸国有土之士在京师边国服徭役，荡尽资产，相当于镰仓时期的大番役①，在京两年之后，披着蓑笠赤脚回乡。更何况那个时代实行物物交换，旅行要课役，对百姓来说其困难可以想象。"又有百姓溺死于河。逢者谓河使：我遇溺人，因留溺人有伴祓除。"这个习俗说明神道忌讳死秽。"又有被役之民路头炊饭，路头之家谓何任情炊饭余路，使祓除。又有百姓，就他借甑炊饭，其甑触物而覆，甑主乃使祓除。"此时的旅行要携带炊米炊甑。到了后世，武士将炊具放在阵樽挑着，以备野战。在宿驿自己做饭称木赁宿。木赁是炊饭的柴火钱，意思是借其家室。直到近代，人们还将大名的旅馆称作本阵或胁本阵。这都是来自上述习俗。由此可以推测旅行的不便和简朴。大化元年的诏书中写道："禁止国司在私人旅行中吃部内之食物。"二者应该结合起来考虑。甑是蒸米的器具。古代以蒸饭为食。

"有百姓临上京时，马瘦，行路困难。以布二寻、麻二束来雇佣三河、尾张国之人，委托其饲养，还乡之日，送锹一口。三河人不养而让其累死。这时，顿生贪欲，诈称瘦马被人偷了。有人说如果母马在自己家怀孕的话，需要让马主人被祓除，要夺其马。这属于传言。于是规定：当让路旁国养马时，将被雇人报告给村首，给予酬劳，还乡时无须再给报酬，马匹瘦损的话，不得接受酬劳。违反者科以重罪。"此外，埋葬之风逐渐奢靡，规模更大。在埋葬时，棺材要涂漆三遍，让死者口中含玉，施以珠襦玉押。还有金银、锦绫等陪葬品。起高冢，让殉葬者自缢而死或者绞杀，让亡人之马殉葬，也有活人为之断发、刺股的。至此这些陋习都已废除。朝廷对墓冢及外域在内长、阔、高等方面进行限制。墓石要用小石头，帷帐要使用布料，乘普通车，庶人收埋于地，帷帐用粗布。朝廷规定墓地，上下皆不得营殡，违反者其族获罪。

以上所讲的是畿内东国百姓的风俗。坂东、北越、山阳、山阴、筑紫等自古

---

① 指大管家。——原注

以来被国造、县主分割占有。在家人奴婢众多的地方，其习惯风俗也有所不同。日本国史上很少记录这些内容。因此无从查证。总而言之，全国尚武风气浓厚，对文明文化反应迟钝。即便到了汉学、佛教逐渐浸润的时代，在地方上，文明、知识的发展仍然非常迟缓，已然接近太古时期的状态。通过历史推测以后的发展是个正确的方法，但有的地方发展的确缓慢。

在朝廷的记录中，有关边国的内容非常少。究其原因，大体而言，京师贵族委托藩屏进行管理，如对岸观火，漠不关心。当时东北边境绝非平安无事。随着粟末靺鞨的兴起，其影响必然波及奥羽越地区。现在对这一情况进行分析。在崇峻天皇时期，倭国在三道派遣观察使。之后，到了推古天皇六年，越国献上白鹿一头。这一年，高丽王元率领靺鞨进攻辽西，导致隋军大举征伐高丽。之后，突厥在西面崛起，导致北大陆局势越来越动荡。大倭的边国岂能无事？过了三十余年，舒明天皇九年，虾夷谋反，不来朝见，因此倭国任命上毛野形名为将军征

上毛野形名

讨虾夷。对"不来朝见"几个字进行分析可以发现，当时大倭朝廷的藩国每年来朝进贡。贡品数量很少。因此，对大倭朝廷来说，边境发生动荡似乎与自己风马牛不相及。京师贵族们对此不大关心。然而，派上毛野形名征讨则会产生重大的影响。上毛野形名前往征讨，被虾夷挫败，误入垒中被围。上毛野形名的妻子说："祖先渡海，征程万里，平水裘之政，将威武之名传扬后世。而如今夫君兵败，玷辱祖宗名声。"于是，上毛野形名的妻子佩剑张弓，带领数十名女仆鸣弓弦给丈夫助威，向虾夷发起冲击。虾夷看到这边军士还有很多，于是退兵。上毛野形名的妻子军威大振，伐夷之信心倍增，最终将虾夷悉数俘获。哪里的虾夷入侵了什么地方？这一点没有提及。在东山都督之后，毛野君崛起。当时，从磐城到陆奥都是化内之地。多贺也建起了镇府。就大化时期的虾夷而言，在陆前、陆中的交界处有栅养虾夷盘踞在那里；陆奥有津刈虾夷；滨海有向大倭贡献海带的须贺；麁虾夷出没于雄胜山中到出羽边境一带。毛野君在东夷的历史就此终结。大化时期以后，倭国开拓北狄。奈良朝设置征夷大将军、镇守府、秋田城介。对坂东边国的控制发生了变化。

越国造阿倍氏负责北狄方面的防御，是大倭朝廷的藩屏。肃慎的变动主要表现在这一地区。皇极天皇元年九月，越边虾夷数千归附大倭朝廷。皇极天皇元年十月，"在朝堂上宴请虾夷，苏我马子设虾夷于家，面躬慰问"。磐船边的熟虾夷归附。据《伊吉博德记》记载，虽说是熟虾夷，但"其国无五谷，食肉而存活"，尚属于蒙昧之野民，并非是与其他国民同日而语的族类。朝廷大臣所宴请的是酋长及头目。这些酋长及头目大概是巢栖人。大化新令中规定："诸国治兵，收缴武器。在与边国虾夷接壤之处，将收缴的兵器暂时借给本主，翌年遣使者修缮兵库"，又记录了虾夷归附之事。大化三年，越国造制造渟足栅，设置栅户。渟足位于今天的新潟县东岸。这就是内关。大化四年，朝廷修理磐船栅，征发越和信浓之民，设置栅户。这就是今天的羽后界，也是阿倍氏招抚的北狄的边界。当时，肃慎的形势越来越不稳定，因此，朝廷将这两栅定为官设，做好从背后攻击出羽虾夷的准备。因此，从一个侧面来看大化改新的话，由于边国形势不稳定，为了加强郡国的军备，朝廷要借助公民的力量。这个情况很耐人寻味。

就筑紫而言,任那府灭亡之后,大倭朝廷让太宰驻扎在娜津,在此整饬海北渡海军备。从某种意义上可以说朝廷将任那府迁到了这里。这就是太宰府的起源。有的书上说在舒明天皇时,大锦上阿部比良夫任太宰帅。曾国隼人和虾夷相同,都是化外之民。曾国隼人之主称曾君。阿多大角隼人早就归化,类似于熟虾夷。

就南岛而言,在推古天皇二十四年,掖玖人三十四人首次归化,被安置在朴井,均已死亡。推古天皇二十八年,掖玖人漂流至伊豆岛。掖玖相当于大隅的屋久岛,当时类似于南岛的总称。据《隋书·东夷传》记载:"(大业)三年……入海求访异俗……因到琉球国,言不相通,掠一人而返……宽取其布甲而还。时倭国使来朝,见之曰:此夷邪玖国人所用也。"其中,"琉球""邪玖"可能就是南岛南北的分别称呼。

大化五年三月,左大臣阿倍内麻吕殁,临终之际对太子大中兄皇子说"我的异母兄麻吕将反"。大中兄皇子相信了他的话,兴兵包围右大臣苏我山田麻吕家宅。苏我山田麻吕带二子来到倭国边境他的长子兴志之所。兴志集结士卒,拒绝苏我山田麻吕等人进入。苏我山田麻吕劝说寺僧和兴志:"以君臣之分而论,今身遭谗言诽谤,避开杀头之祸来到此地,此伽蓝是为元天皇誓愿而建的。因此,临死想有个善终。"于是,兴志打开佛殿,发誓"但愿吾生生世世不怨恨君王",言毕自缢而亡。苏我山田麻吕妻子儿女八人殉葬。与苏我山田麻吕连坐被戮者有田口臣筑紫、耳梨道德等二十三人。之后,大中兄皇子遣使者没收苏我山田麻吕财产。其中,在好书上,苏我山田麻吕题"皇太子书",在重宝之上,苏我山田麻吕题"皇太子物"。在下人向大中兄皇子详细禀报了这一情况后,大中兄皇子才知道苏我山田麻吕内心贞洁、纯净,备感懊悔、羞耻,哀叹不已。孝德天皇即日拜日向身刺为筑紫太宰帅。世人称日向身刺为"隐流"。筑紫太宰帅之称始见于此。大化五年四月,孝德天皇任巨势德太为左大臣,任大伴长德为右大臣。大化改新在这里告一段落。第二年,穴户国司献白雉。孝德天皇以此为祥瑞之兆,改元白雉。

迁都难波长柄以来已经过了六年。这一年十月,让工匠荒田井比罗夫竖起官殿界标,很多人家的坟丘被圈入宫地。朝廷赐予被毁坏丘墓的人家物品。翌年十二月，孝德天皇在味经宫的院里点起两千七百余盏灯，请来两千七百余僧尼诵读安宅土侧等经。于是，孝德天皇从大郡回到新宫，命名新宫为长柄丰崎宫。第二年功讫。宫殿之状美不胜收，规模宏大。大中兄皇子奏请迁都倭京。孝德天皇不许。于是，大中兄皇子率皇祖母尊宝姬王、间人皇后并皇弟等居住倭之飞鸟河边行宫。公卿、大夫、百官等都随大中兄皇子迁徙。孝德天皇恨恨不平，要放弃国位，让人营造山崎宫。白雉五年，遣唐押使高向玄理卒于唐。白雉五年七月，法师僧旻卧病阿云寺。孝德天皇行幸探病，执着僧旻的手说道："法师今日要亡，朕明日也将亡矣。"听说僧旻圆寂后，孝德天皇厚加吊赠。皇祖母尊宝姬王、皇太子大中兄皇子也都遣使吊唁，造了很多佛菩萨像安置于川原寺。白雉五年十月，孝德天皇患病。大中兄皇子听说后，率皇祖母尊宝姬王、间人皇后和皇弟、公卿等赶赴难波。不久，孝德天皇驾崩，葬于河内大坂矶长陵。大中兄皇子又奉皇祖母尊宝姬王到河边行宫。

第4节 征讨虾夷和肃慎

第二年乙卯正月，皇祖母尊宝姬王在飞鸟板盖宫再次登极，史称齐明天皇。大化之初，官设渟足、磐船两栅，在诸国建兵库，整饬军备。东北边境的北狄形势不容乐观。越国的阿倍氏、坂东的毛野氏进行交涉、绥靖、安抚，之后献上招抚的虾夷。当年七月，在难波朝堂上，朝廷设宴招待北虾夷九十九人、东虾夷九十五人和百济调贡使，赐予棚养虾夷九人、津刈虾夷六人各二阶冠位。虾夷、隼人率众归附，来到阙下，进行朝献。可见，倭国对两国隼人都采取了绥靖、安抚政策。此时，皇化已经浸润到陆奥北边津轻一带。四年四月，阿倍臣率水师一百八十艘征讨虾夷，鳄田、渟代二郡虾夷吓得抖衣而颤，望风乞降。于是，阿倍臣将军船停靠鳄田浦等待降军。鳄田虾夷恩荷进而说："本来为官军着想，我不应带弓箭来。但我的手下都是吃人肉的，所以带来弓箭防着他们。鳄田浦的神明可以作证，我带弓箭来不是为了对付官军。"恩荷以此来表白纯洁之心，发誓要效忠朝廷。于是，朝廷授予恩荷小乙上冠位，设立渟代、津轻二郡。最终在有间滨招抚渡岛虾夷等。大排宴席之后,阿倍臣率领水军回朝。鳄田就是秋田。秋田城的历史始于此时。顾名思义,"渡岛"就是渡过海峡的岛,是指松前以北。据《三才图会》记载,"渡岛在东北海中,北邻鞑靼云云。加罗布登则鞑靼部也"。加罗布登就是桦太。

四年七月,虾夷二百余人来到大倭朝廷朝觐,朝廷赐宴赐物比寻常加倍。朝廷给两个栅养虾夷授予冠位一阶,授予淳代郡大领沙尼具那小乙下①,授予少领宇婆左建武冠位,授予津轻郡大领马武大乙上冠位,授予少领青蒜小乙上冠位,与此同时,赏赐廿鼓、弓箭、铠各二,又授予都岐沙罗栅造、淳足栅造大伴稻积小乙下冠位,赐予淳代大领虾夷户口、俘虏户口。这一年,越国守阿倍引田比

阿倍引田比罗夫

---

① 也有说法称授予二阶,让他们统计户口数。这一说法比较可信。——原注

罗夫讨伐肃慎，献上生熊二头，熊皮七十张。阿倍引田比罗夫是大纳言宿奈麻吕的父亲，因为是越国守，所以应该是越国造家族的族长。与阿倍引田比罗夫一族的阿倍臣是官军的将领，在向秋田进发的同时，令遣越国士兵讨伐肃慎，扰乱肃慎人背后，结果报捷，大概是同时发生的。如上所述，直到近古时期，人们都将桦太称作靺鞨部。当时的肃慎在渡岛以北，应该说在桦太以西，在靺鞨七部中属于黑水部。因为这边是冻港，所以必须在四月至九月之间作战。第二年，高丽使者带来一张熊皮，称在大倭按其价值可以换到七十斤棉。市司笑着离座，说："在我家里宴请与高丽画师子麻吕同姓者时，我从官方借来熊皮七十张，铺到宴席的榻榻米上。然而，客人羞愧离席。"阿倍引田比罗夫献熊皮一事令高丽使臣大吃一惊，这称得上一种不合惯例的交涉法。

齐明天皇五年，陆奥国和越国的虾夷来到京师。齐明天皇五年三月，朝廷在甘梼丘东川上造须弥山，宴请虾夷，当月又让阿倍臣率水师一百八十艘讨伐虾夷国。当时，人们将此虾夷国称作虾夷地。此地大约位于今北海道。在阿倍臣讨伐虾夷国后，倭国首次将北海道纳入版图。阿倍臣将齶田郡和淳代郡的虾夷二百四十一人、虾夷俘虏三十一人，津轻郡的虾夷一百一十二人、虾夷俘虏四人，以及胆振国虾夷二十人集合在一个地方宴饮，赐予他们物品。阿倍臣以一艘装满五色彩帛的船祭祀当地的神，在当地遍播威信，之后进军肉入笼。当时，间兔虾夷中的胆鹿岛、兔穗名二人建议将后方羊蹄定为郡衙。阿倍臣接受他们的建议，设立郡领，之后率军返回。胆振国、肉入笼及后方羊蹄究竟在哪里，现在已经无从知晓。北海道的地名中有很多是近世定下来的，很难作为凭据。朝廷分别赐予陆奥国和越国国司冠位二阶，赐予郡领主政冠位一阶。根据被赐予的位阶或者冠位，官员可以领到位田，即加增领地。位田数由田令规定。显而易见，从推古天皇时期开始，冠位就已经存在。陆奥国和越国等国家的土地并未被开垦，因而土地必然既广阔又肥沃。虽然当地官员享受终身俸禄，但当地还是作为特殊地区被特殊管辖。这一点还需要进行进一步的研究。有的书上称阿倍引田比罗夫和肃慎作战凯旋回朝，献上四十九名俘虏。这应该是前一年的事情，是倭国从背后攻击桦太后发生的。

在舒明天皇末期，阿倍引田比罗夫当上筑紫太宰。他对海北的情况非常熟悉。在皇极天皇时期，新罗成为唐朝的附属国。高丽、百济入侵新罗，引来唐军。到了皇极天皇三年，唐太宗任命骁将李世勣为辽东大总管。第二年，即大化元年，唐太宗亲自征伐高丽。高丽和靺鞨联合进行防御，最终打败唐军。唐军撤退。大倭朝廷一直派遣唐使赴唐，与唐朝维持着友好关系，但新罗、靺鞨不断扩张，大倭形势危急。当时，阿倍引田比罗夫向肃慎炫耀武力，而阿倍臣连年向虾夷用兵。这种关系必然会对朝鲜和唐朝的形势产生影响。大化五年①，唐太宗驾崩。白雉五年，阿倍臣从虾夷班师。白雉五年七月，孝德天皇任命津守吉祥为遣

唐太宗

---
① 649年。

唐高宗

唐使。当时已经是唐高宗时期。津守吉祥带着两个陆奥国虾夷,要给唐高宗看。《原注》中记载了伊吉博德的文稿。文稿中写道:"天子问曰:此等虾夷国有何方?使者谨答:国在东北。天子问曰:虾夷几种?使者谨答:类有三种,远者名都加留①,次者龅虾夷,近者名熟虾夷。每岁入贡本国之朝。天子问曰:其国有五谷?使者谨答:无之,食肉存活。天子问曰:国有屋舍?使者谨答:无之,深山之中,只有树木。天子重曰:朕见虾夷身面之异,极理奇怪云云。"这篇文稿应该结合第十三章景行天皇的诏书来研究。据《新唐书》记载:"唐高宗总章二年,倭使者与虾夷人偕朝,亦居海岛中。其使者须长四尺许,珥箭于首。令人戴瓠立数十步,射无不中。"总章二年是天智天皇援助百济的援军从氏礼城撤退那年。《新唐书》很可能是将总章二年和显庆四年混淆了。然而,记载中有"使者"字样。之所以出现这种情况,大概是后来倭国又向唐朝派遣使者了。此事令人感到

---

① 即津轻。——原注

可疑。据伊吉博德文稿中所记，津轻，即都加留是最远的。其次的麁虾夷住在陆中的雄胜胆泽一带。熟虾夷住在陆前磐城。食肉一事和前述恩荷所讲的吻合。迄今为止，虾夷不从事农耕，没有屋舍，栖息于树木上，在山野狩猎，还依然属于野民。他们不断繁衍，完全处于蛮夷状态，是不化之民。事实果真如此吗？鉴于大倭朝廷授予大小郡领冠位、兵勇，并设酒宴招待他们，因此，其中的贵民应该不是巢栖的蛮夷了。

齐明天皇六年三月，朝廷又派阿倍臣率二百艘船讨伐肃慎国。背景如下：此前，倭国平定渡岛，设后方羊蹄郡。之后，阿倍引田比罗夫连年用兵，征服北边国家并设定了边界。阿倍臣让陆奥虾夷乘自己的船到达大河岸边。那里有渡岛虾夷千余人。他们屯聚在海边，向着河的方向扎营。因为肃慎属于大陆人种，所以对他们来说，大河就相当于黑龙江。渡岛虾夷的营寨应该位于北海道以北面向桦太的大河。之后，营中出来两人突然大喊"肃慎水师来了很多，要杀我等。但愿封锁此河"。于是，阿倍臣派船叫来那两个人，问他们肃慎人的藏匿之处和船的数量。二人指出肃慎水师藏匿之处，并说有二十艘船。阿倍臣立刻遣使唤肃慎人来降，但肃慎人不肯来。阿倍臣使用诱敌之计，将彩帛、兵器、铁器等堆积在海边，故意表现得马虎大意，借此吸引肃慎人上当。不久，肃慎人排开水师，将羽毛绑在木头上做旗帜，向海边前进。肃慎人将船停在浅水处。从一条船里出来两个老翁。他们在船上徘徊，一直凝视着堆积的彩帛等物。之后，他们换上阿倍臣丢下的单衫，带上彩帛乘船回去了。不久，老翁又来到海边，脱掉单衫，将拿走的彩帛放回远处，然后乘船退去。这大概是因为肃慎人贪图彩帛，但又非常警惕。于是，阿倍臣派几条船召肃慎人过来，但肃慎人还是不肯来，退到弊赂弁岛。不久，肃慎人向阿倍臣求和，但阿倍臣不允。肃慎人只好据守栅栏，一直抵抗下去。在这场战役中，能登臣、马身龙被杀，但阿倍臣的军队士气依然高涨。肃慎人最终战败，连同他们的妻子儿女一起被杀。《日本书纪》注中写道："弊赂弁岛并非渡岛。"能登臣是崇神天皇的皇子大入杵命的后人。根据这一纪录可以确定，当时，直到今北海道的西北岸都属于肃慎。渡岛虾夷也从属于肃慎。跨海设立郡领是占领此地的开始，郡领只不过是松前地区的一角而已。阿倍引田比罗夫献上五十多个肃慎人,大倭朝廷在石上池边造如庙塔般的须弥山,在这里来宴请他们。

日本朝廷这三年用兵的目的是征讨、安抚东北虾夷及肃慎。之后,朝廷开始着手开拓渡岛。这一年,在新罗的诱导下,唐高宗任命苏定方为将军进入朝鲜讨伐百济。苏定方俘获百济王、百济太子及以下一干人等。鬼室福信等请求大倭救援。于是,大中兄皇子陪着天皇西巡,任命阿倍引田比罗夫为将军赴朝鲜。倭国终止了对日本东北的用兵。

第5节 遣唐使及救援百济

迄今为止,学界和社会上对历史有下述误解:认为大化改新的理想就是"普天之下莫非王土,率土之滨莫非王臣"。人们认为在这一理念下,朝廷诛杀苏我入鹿父子,之后趁着这一威势将臣连两造等私有的土地、人民全部没收归官,重新制定国郡制。直到今天,这一误解还根深蒂固。这是迂阔之论,根本不值得一驳。圣德太子开启了大化改新的端绪。之后,在修订律令之前,朝廷检定了官有的户籍、田籍。这样说比较妥当。然而,对当时的国际形势进行概观的话就会发现,实际上,当时的形势很不乐观。为了军备和养兵,朝廷的当务之急是检定户田。这一点前文大致讲过。皇极天皇三年,唐朝任命李世勣为辽东大总管。之后唐太宗亲征高丽。这一年正好是大化元年。这是笔者的猜测。此后,海北形势风云险恶。天智天皇初年,百济灭亡。为了阐明这个问题,首先要注意的是推古天皇开启了再兴任那的事业。下面从舒明天皇以来倭国在朝鲜的藩国的事情讲起。

在任那重建后,倭国在将任那托付给新罗还是百济的问题上举棋不定。两种选择各有什么利弊成为争论的焦点。对于在大陆一角占据任那这块土地并在当地设立太宰府,朝廷里的群臣已经放弃了。直到舒明天皇时期,倭国一直委托新罗收缴任那的贡赋。到了天皇末年,倭国再将任那托付给百济。大化元年七月,在给百济使者的诏书中,孝德天皇写道:"中间以任那国恩赐百济,后遣三轮栗隈君东人观察任那国界，是故百济王随敕，悉示其界，而调有缺，由是却还其调。任那府出物者，天皇所明览。夫自今以后，可具题国与所出调"，再次派三轮东人、马饲造到朝鲜。此时，新罗与唐朝联手，和高丽反目。皇极天皇元年，百济王大举进攻新罗，攻取新罗西边四十余城，又和高丽谋划如何切断新罗与唐朝的联合。这就是由百济收取任那贡赋的原因。因此，新罗比之前更依靠唐朝，请来了唐军。大化元年，唐太宗率十万军队征讨高丽，却被高丽击败，最终撤退，仅有千人逃回。《日本书纪》引用某本书称："在孝德天皇时期，高丽、百济、新罗三国每年遣使贡献。"正如此书所写，大倭的海北诸藩国对倭国非常恭顺，白雉年间以后，大倭朝廷更加志得意满。

新罗对唐朝越来越恭顺。白雉二年，贡调使知万沙飡等穿着唐朝的服装住在筑紫。倭国朝廷对此非常厌恶，斥责他们，然后将他们驱逐出境。左大臣巨势德太奏请孝德天皇："方今如不伐新罗，必然后悔。即便征伐新罗，也无须用全力，只是从难波津到筑紫连为一体，加强防守。将船舶浮在海面，然后召新罗，责问其罪即可。"巨势德太是包围斑鸠宫和苏我氏宅邸的大将，当时是朝廷首屈一指的元勋，但他过于乐观估计了新罗的形势。据《韩史》记载，贞观二十二年[①]，新罗女王遣伊飡金春秋到唐朝，对唐太宗说："百济强大、狡猾，往年大举攻下数十城，阻塞朝觐之路。如果不借助天威，是无法朝贡的"，又请求改章服为华服。唐太宗深以为然，让苏定方率军二十万征讨百济。第二年，唐太宗驾崩。事情因而被暂时搁置。左大臣巨势德太虽然了解这一情况，但说唐军不足依靠，让唐军来威慑新罗是引狼入室。之后并无迹象表明倭国实施了这一策略。不久，大倭派出遣唐使，意图与唐朝新皇帝搞好关系。

白雉四年相当于唐高宗永徽四年，即653年，倭国派吉士长丹、吉士驹为正副使出使唐朝。同船的还有学问僧和留学生一百二十二人，及高僧道昭、内大臣镰足之子定慧、中臣渠每之子安达、留学生巨势德永老人等。另外，以高田根麻吕、扫守小麻吕为正副使的另一条船也一起出发。这条船上还有学问僧和学生一百二十人。白雉四年七月，在萨摩的竹岛海域，高田根麻吕的船沉没，只有门部

---

① 大化三年。——原注（译者按：648年。）

金等五人漂流到神岛。此外，倭国又派高向玄理为遣唐押使，派河边麻吕、药惠日为正副使，取道新罗，停泊莱州，最终到达长安，拜见唐高宗。在被问到日本地理和国神时，他们详细对答，获赐大量文书宝物。吉士长丹和百济、新罗的使者都回到筑紫，向诸邦夸耀日本的文明。《韩史》中写道："高丽宝藏王十四年，百济和靺鞨联军侵略新罗北边三十三城。新罗遣使唐朝求援。"直到这一年，高丽和百济都还一直遣使向倭国进贡，并送飡弥武及十二名才伎者到倭国做人质。后来，飡弥武病死。其后，倭国年年遣西海使，主要前往百济。三年，倭国将遣唐学生、学问僧托付给新罗使者，让新罗将他们送到唐朝。新罗使者不答应，独自回去。至此，新罗才和倭国绝交。

　　在百济王义慈战胜新罗后，大夫人伎女擅权，沉溺于淫酗宴乐。新罗王子春秋出使唐朝，舍去旧俗衣冠，谄媚唐朝皇帝，之后与百济使者一起回国，成为新罗国王。此时，阿倍引田比罗夫向肃慎频频用兵。阿倍引田比罗夫是通晓外国情况的良将，必定有深谋远虑。津守吉祥带虾夷向唐高宗展示的时候正是唐朝要灭亡百济之时。由此可见，这里面也有外交策略。六年庚申，唐高宗命左卫大将军苏定方发新罗之兵进攻百济。唐军从莱州渡海，舳舻相衔，驻军德物岛。新罗太子法敏前往相见。苏定方说："我从海上进军，太子从陆上进军，七月十日会师，直捣义慈都城。"《日本书纪》引用其他书籍称："七月十日，苏定方率船师，军尾资之津。新罗王春秋智率兵马军于怒受利之山夹击百济。相战三日，陷我王城，同月十三日，始破王城。怒受利山百济之东境也。"就尾资津而言，《唐书》中写道："百济守熊津口，定方纵击，大败王师，乘潮帆以进，趋其都城。"由此可见，尾资津就是今天的锦江口。于是，在西部，鬼室福信占据任射岐山，中部达率余自进占据久麻怒利城。他们的士兵持木制武器作战，击败新罗士兵，抢夺新罗兵器，最终取得胜利。唐军不敢进入百济王城。鬼室福信、达率余自进共同光复王城。有的书上说任射岐也叫北任剑利山，而久麻怒利就是熊津。百济王义慈和妃子恩古、太子隆等五十余人被押解到唐朝。十一月，他们被带上唐朝朝堂。之后，唐高宗将他们放回。

十月，鬼室福信派佐平贵智向倭国献上唐朝俘虏百余人，请求倭国出兵，并请求立人质王子丰璋为百济王。天皇下诏分派将军，以解百济倒悬之苦。十二月，天皇行幸难波宫，准备军器，敕命骏河造船，行将行幸筑紫。七年辛酉，天皇乘御船西征，经过备前、邑久、伊豫、熟田津，三月抵达娜大津，住在磐濑行宫，将当地改名为长津。五月，天皇迁至朝仓橘广庭宫，七日驾崩。人们纷纷传闻，由于在天皇迁宫时，砍伐朝仓社木，建造宫殿，因此舍人、近侍病死者颇多。就磐濑宫、长津、朝仓宫的所在地而言，迄今为止，人们一般认为磐濑就是远贺郡石濑，即翻越上座的道口。如果这样的话，那么长津就是山鹿芦屋，而朝仓就是上座郡和下座郡。这些说法都不可信。从上古时期起，每每提及娜大津，其实就是指傩县的港口。橘小门也是此港口的一部分。安闲天皇的那津口屯仓也是其中一部分。磐濑行宫也应该是其中一部分。将长津称作那珂，就是这个地方。朝仓宫也应该在傩县附近。《和名抄》中将上座郡和下座郡的"座"训读为"安佐久良"，是"tugura"的古代训读。原来上座郡和下座郡到底是怎样的地方？打开地图来看可以发现从筑前东南山的阳面，朝着千岁山的山谷出发，在博多一带的海岸要翻过崎岖不平的大山，需要花费两天时间，那里是个偏僻的地方。齐明天皇是大中兄皇子的母亲，年近七旬。当时，那津有可能爆发战争，即便齐明天皇不早点躲避到遥远的山谷里，但便利的地方有很多，为何单单选择朝仓橘广庭宫？上座郡和下座郡是狭僻的峡谷，并非合适的迁宫之地。来到这里的人都有这种感觉。当然，称"此地"明显是错误的，其实应该叫朝仓广庭宫。朝仓有树，也有神社，是个人烟稠密的邑。八月甲子朔，中大兄皇子"奉徙天皇丧还至磐濑宫，其夕于朝仓山上，有鬼着大笠，临亲葬仪，众皆嗟怪"。这些话应该细读。朝仓山和磐濑绝非偏远之地。如前所述，就那津而言，为了海防，朝廷建造海门，导致潮水淤塞，那津因而成为新地，并且地面宽阔。一千二百年前的海湾和今天有很大的不同。今天的博多、箱崎等以前大半是大海。香椎就是傩县。从三宅村到香椎的海边的地貌等也发生了很大的变化。磐濑当然也不例外。朝仓应该是朝着海的山。朝仓橘是指橘小门的橘，就是今天位于香椎的立花山，是一个适合建行宫的地方。要是让我选天皇行宫地点的话，就应该在这座山的周围。

从七月开始,大中兄皇子着素服执政,不久迁至长津宫处理水陆军政。就在当月,唐朝苏定方和契苾何力从水陆两路抵达高丽城。据《韩史》记载,"苏定方在浿江破高丽军,夺取马山,包围平壤城"。据《新唐书·高宗纪》记载,"命六道行军总管任雅相攻浿江,契苾何力攻辽东,苏定方包围平壤,萧嗣业攻夫余,程名振攻铸方,鹿孝恭进攻沃沮,分任六道行军总管,率领三十五支军队讨伐高丽"。八月,大中兄皇子派前将军阿云比罗夫、后将军阿倍引田比罗夫等五将救援百济,送去兵仗粮食。九月,大中兄皇子将多蒋敷之妹嫁给百济王丰璋,并派狭井槟榔秦田来津率兵五千护送百济王子回国。鬼室福信迎接百济王子,将国政交付百济王子。据《韩史》记载,鬼室福信以浮屠道琛和周留城为据点迎立百济王子。百济西北等地区都纷纷响应,将唐朝镇将刘仁愿包围在熊津城。周留城是忠清道的西北海角的唐津县。应唐朝将领邀请,新罗军队进入百济。在豆良伊城和沙比城,鬼室福信击败新罗军队。新罗军队从铁岭逃回。到了十二月,天气非常冷,导致浿江结冰。高丽士兵胆气甚壮,夺取唐军的二垒,只剩下二塞。唐兵抱膝而哭。新罗王志在高丽先恫吓百济罢兵。然而,百济不听,在附近攻击甚急。唐军锐气消磨,力量衰竭。听到这个消息后,百济派金庾信发兵数万,送两千余辆车米到平壤。但冰滑路险,人马困乏。

　　元年五月,阿云比罗夫率一百七十艘船到达百济,宣旨让百济王子即位,赐予鬼室福信等金策,予以褒扬。众皆流涕。十二月,丰璋、鬼室福信等认为州柔①远离田亩,是地形硗确之地,不能久处。避城被古连旦泾之水环绕,可以建成水田,解决衣食之忧。于是,丰璋、鬼室福信等商定迁至此处。百济将领朴市田来津劝他们不要这样做,称避城距离唐军所在地区仅一夜路程,而饥饿事小,亡国事大。朴市田来津认为,如今之所以敌人不敢擅自前来,是因为州柔山险,防御严密,如果不居此地,怎么可能抵抗到今天呢?然而,丰璋、鬼室福信等拒绝朴市田来津的建议,最终南迁至避城。避城就是全罗道的西北金堤。高丽向倭国请求救援。因此,天皇派军将据守疏留城。此后,唐军不能侵略南界,而新罗也不能给西垒输入给养。二年二月,新罗去救刘仁愿,烧掠百济的南境四州,夺取

---

① 周留。——原注

安德等战略要地。避城因为距离唐军和新罗军队很近，所以很难站住脚。于是，百济朝廷又回到州柔。这与朴市田来津所谋划的一致。三月，前将军上毛野稚子、间人大盖、中将军巨势神前译语、三轮根麻吕、后将军阿倍引田比罗夫、大宅镰柄等率领二万七千人讨伐新罗。六月，众将等夺回沙鼻、岐奴江二城。沙鼻、岐奴江二城大概位于熊津口。

犬上君将军情告诉高丽。在回国途中，犬上君在石城见到百济王子纠解。纠解谈到佐平、鬼室福信所犯罪行。不久，百济王丰璋怀疑鬼室福信谋反，将鬼室福信逮捕斩首，将鬼室福信的头制成醢。八月，新罗听闻百济斩了良将，立刻打算入侵百济，夺取州柔。百济打探到新罗的阴谋，百济王对诸将说："今闻日本的救援之将庐原君率健儿万余人，即将跨海而至。但愿将军等如期而至。吾先前往白村江慰问劳军。"几天后，新罗军队到达州柔，包围王城。唐朝将领率船一百七十艘排列在白村江口。经过十天，日本水师先头部队到达州柔，与唐朝水师展开决战，但因战事不利而退兵。唐军坚守军阵。据《韩史》记载，唐军是刘仁轨及夫余隆率领的水师，从熊津口前往疏留城。而在白村江遇到倭军的是刘仁愿的水师。熊津口就是锦江口，与唐津在海上相距约一百二十公里。倭军就是丰璋所说的庐原君的部队。倭国的诸将和百济王都不愿持重，都称己方必须抢占先机、积极进兵，这样的话敌方自然退去。倭军以乱军和中军之卒进击唐军，唐军便用水师从左右夹击，包围倭军。须臾之间，倭军败绩。倭军赴水溺死者颇众，舳舻不能回旋。朴市田来津仰天发誓，咬牙切齿怒嗔，但无可奈何，胡乱斩杀数十人，最终在这里战死。据《新唐书》记载，"四战皆克，焚四百艘，海水为丹，王子余忠、胜忠志等率其众，与倭人降"，说的就是这件事情。百济王丰璋带着数人乘船逃往高丽。九月七日，州柔城最终降唐。国人纷纷传言："州柔已降，无可奈何。百济之名由此消失。只有从丘墓之所复往。"伹氏前往礼城，与日本军将相见，商量对策。日本军将领称通知在枕服岐城的妻儿离开当地。日本诸将在伹礼城扎营。百济人相率从牟伹出发，前往伹礼。九月二十四日，日本水师及佐平余自信、达率木素贵子、谷那吉首等人聚集于伹礼，第二天发船前往日本归队。伹礼城就是今天的岳陵江上游的全罗道南原府的求礼城。

三年甲子初,百济王丰璋和弟弟禅广一起入侍大倭。但本国遭难,禅广被困不能归。三月,大倭让禅广居难波,后持统天皇赐禅广百济王号。这就是善光王。在住吉、东成两郡之间,有百济郡。这就是善光王封邑。第二年,百济国勘校官位阶。鬼室福信之子鬼室集斯以功被授为小锦下。百济将百济男女四百余口安置在近江国神崎郡,之后又将余自信、鬼室集斯等男女七百余安置在蒲生郡。神崎郡和蒲生郡位于湖东爱知川南的山野。

五月,唐朝的百济镇将刘仁愿派朝散大夫郭务悰奉表函、献物。到了十月,天皇下令内臣中臣镰足,派沙门智祥赐郭务悰物。对方设宴招待沙门智祥。一个月后,郭务悰使命完成归国。当时,天智天皇在筑紫的磐濑宫。京师给皇太弟大海人皇子下令,让大海人皇子负责处理政事。前一年,倭国朝廷安置了百济君臣。这大概就是大海人皇子处理的。储位是在称制那一年决定的。郭务悰是唐朝的使者。在郭务悰逗留筑紫五六个月后,最终天皇委任中臣镰足,让僧人接待郭务悰。由此可以推测后世的军中使者也是委托僧人来做的。

大海人皇子

李世勣

天智天皇仍然留在筑紫，为搞好当地的防卫工作而做准备。天智天皇四年七月二十八日，唐朝派上柱国刘德高为使者，与柱国郭务琮等共计二百五十四人到达对马。天智天皇四年九月二十日，天智天皇将他们请到筑紫。郭务琮上表函。天智天皇四年十一月，朝廷宴请使者，并赐给使者大量物品。天智天皇四年十二月，使者完成使命回国。天智天皇派守君大石、坂合部石积、岛祢吉士真间等到唐朝。天智天皇车驾还幸大倭大概是在天智天皇五年。天智天皇六年十一月，刘仁愿让熊山县令司马法聪等送石积等到达筑紫都督府，让伊积博德、笠诸石送法聪。到了天智天皇七年，新罗派沙飡金东严等为使向大倭进贡。中臣内臣让沙门法弁、秦笔二人赐给东严等一艘船，又让布势耳麻吕赐给新罗王一艘进调船。这一年，唐朝任命大将军李世勣为辽东道行军大总管，率两万军队伐高丽，破平壤城，活捉高藏男建等，割裂高丽之地为州县。高丽灭亡。

起初，《日本书纪》注中写道，在辛酉之役中，苏定方平定了百济五都督、三十七州、三百五十县、户二十四万、口一百二十万；截至癸亥之后，苏定方共计平定五十一州，和百济王义慈之子余隆以下的大官等缔结条约，封他们为都督刺史。刘仁愿驻守泗沘城。后来唐朝决定使用新罗之兵来镇守泗沘城。在高丽灭亡时，唐朝将五部、一百七十八城、六十九万七千余户改为九都督、四十二州、一百个县，在平壤城设立安东都护府，任命薛仁贵为检校都护，率兵两万镇守此地。高丽旧部酋有功者被任命为都督、刺史、县令。汉朝时，秽、沃沮分别占据朝鲜。从那时起，朝鲜土地有的隶属乐浪，有的设立都尉治，有的成为侯国，有的成为县，不一而足。这都是因为不时发生战争导致势力消长之故。虽然机构名称发生了诸多变化，但实际上是一个各种民族形成的小联邦，形成一个松散粗杂的联合体而已。然而，自然的发展力量很强。人口不断增加，土地得到开垦。这两个因素相辅相成。再加上酋长们相互倾轧，导致兵役增加、种族间竞争加剧。最终机构形式和名称都发生变化，形成了高丽、百济。高丽和百济相互争夺边界领土，并非铁板一块。而今，两国溃灭，被唐军一网打尽。虽然名称改为郡县，但占据地方的民众的状态依然如故。国王的名称虽然变为官绅，获取租调，但奴役民众依然如故。虽然镇将、都护统率其兵，镇守这里，但朝鲜好斗之俗依然不改。易叛之民动辄反叛。因此，朝鲜的历史不过是根据各个时期的具体形势改变统治机构的名称，仅此而已。

第6节　天智天皇的政治

接到唐军攻入百济的战报后，大中兄皇子护卫着齐明天皇巡幸筑紫。不久，齐明天皇驾崩。大中兄皇子素服称制，在长津官商讨海外的军政，即位仪式延期。《日本书纪》将第二年壬戌年写作"元年"。《大织冠传》中写道："皇太子作为摄政，分为摄政元年、即位元年。"本书以《日本书纪》的说法为准。新天皇称自己与内臣中臣镰足早年就感情甚好。二人不仅是师友关系，传闻二人关系与唐太宗和魏征的关系酷似。另外，中臣镰足与高丽的盖金、百济的善仲、新罗的庾淳等一样，都是当世的俊杰和有谋略之人。皇太弟大海人皇子负责留守大倭。天智天皇三年，天智天皇下旨增换冠及位阶，改定氏上、民部和家部。从此时起，冠位变为二十六阶，如下所示：

织：小、大；绣：小、大；紫：小、大；锦：小、大、小下、小上、大下、大上；山：小、大、小下、小上、大下、大上；乙：小、大、小下、小上、大下、大上；建：小、大。

将七阶以下分为上下，将初阶也分为上下。阶层是维持朝政秩序的根本。秩序逐渐加强是门阀政治自然的趋势。除了阶层，贵族还需维持家族、品位、规格的"家格"，以此来消除频频发生的领地、领民的争讼事件。这是朝政的大纲。因此，天智天皇同时修改了"氏上、民部、家部"。氏上这个名词此时首次见诸史书，但它的起源要远比这久远。氏上后来被称作长者。桓武天皇延历十八年十二月，桓武天皇下旨："天下臣民氏族已众，或原同流别，或宗异姓同。欲据谱讲，多经改易，至检籍账，难辨本枝，宣布天下，令进本系账。若原出于贵族之别者，宜取宗中，长者置申之。"直到那个时期，贵族都是由宗家规定氏长者。直到后世，只有藤原、源氏、橘氏规定了氏长者。这一规定造成了同称异字。因此，氏上仅限于贵族，是由官方公认的一种制度。这一年，在天智天皇下达给大海人皇子的旨意中，天智天皇规定赐予大海人皇子大氏氏上大刀，赐予小氏氏上小刀，赐予其伴造氏上干盾弓箭，另外规定了民部、家部。直到伴造这个阶层，伴造氏上赐物，朝廷进行认定并赋予各个家族使用公职人员的资格与权力。这是诸大夫、杂掌等公职人员的起源，一直延续到后世。试想臣连、国造、伴造逐世繁衍增加，由宗中定其为氏上，以此来统辖这些官职，利用本系账来防止诈冒，来统辖领地、领民，防止其迁徙。这对于门阀统属来说是个必要的设置。起源必然早于此时。后世的公卿只剩藤原氏、源氏。这样看来，以"长者宣"的形式来管理家族事务的仅有这两个家族。这一点已成不争的事实。那时，地方豪族中也设立了统领。统领是统辖管理本家、末家的领地者，是不可或缺的角色。人们因为忌悼称氏上，所以回避这个称呼而称作统领。

这一年五月，大紫苏我连大臣殁。他是内臣中臣镰足的舅舅，是藤原不比等的外祖父。四年二月，百济国勘校官位官阶，因为佐平、鬼室福信之功，赐予他们的儿子达率、鬼室集斯小锦下锦。五年，太子接见唐使。十月，太子大阅菟道。六年二月，太子将先帝葬于越智冈陵。《大织冠传》就此事做了叙述。认为先帝驾崩于十一月，"丧至自朝仓行宫，殡于飞鸟川原"。在背书中说"摄政五年八月葬"。在唐使回国后，太子从筑紫还京，宣布先帝给皇太子的遗诏："因忧恤万民，不兴石椁之徭役，希冀永远以此为镜诚。"自此厚葬之风渐息。

三月，朝廷迁都近江。天下百姓不愿迁都。讽谏者颇多。相关童谣也很多。很多地方日夜失火，史称乐浪大津宫，俗称志贺宫。狭狭浪是湖首的泛称。其作品收入《万叶集》中的柿本人麻吕在经过近江旧都时作的和歌中写道："盛气凌天大都城，石走淡海国家兴，乐浪大津天皇巡，天下都知有新宫，天皇神命建大宫，闻言大殿在此处，春草茂密绿莹莹，春日朝霞放万道，百矶城中见大宫。"柿本人麻吕又在另一首和歌中歌咏道："滋贺辛崎起涟漪，大宫人多等船急。"由此可以断定，新宫位于大津至辛崎之间。有人认为新宫位于滋贺村见世一带。这两个说法比较接近。称新宫在粟津则太离谱。

七年正月，太子继位，在大内赐群臣酒宴。继位之所以延期是因为考虑到要制定典礼以垂范后世。元明天皇、圣武天皇的即位诏书中称："近江大津宫御宇天皇制定万世不改之常典，以供后世效法。"这便是明证。年月也和《大织冠传》相同，只不过在为《日本书纪》作注的某本书中写道："六年岁次丁卯即位。"就此应该进行思考。五年八月，朝廷葬先帝。翌年三月举行即位大典，之后迁都近江。这才是正确顺序。即位大典是在大倭的河边行宫或者是板盖宫举行的。朝仓宫或者木丸殿，顾名思义，说明当时皇居非常简朴。而且因为是七年，应该是在将新都设在滋贺宫之后举行即位大典的。七年五月，新天皇在蒲生野举行纵猎。皇太弟、诸王、内臣及群臣都跟随前去。七月，天皇在近江国讲武、牧马、宴请虾夷。当月，天皇从滨台下至诸鱼奄，令舍人处处设宴。时人说天皇的大命将至。《大织冠传》称："朝廷好无事游览，与群臣在滨楼置酒。皇太弟大怒，中臣镰足从中调和。"有人引用《万叶集》中收录的"蒲生野猎"之歌，讲天皇和皇太弟在镜王女事情上不和。就这一点，本书在后面进行辨析。唐朝的李世勣灭亡高丽就是这一年。天皇拜难波皇子①之子栗前王为筑紫帅。他是橘氏之祖，美浓王之父。第二年正月，苏我赤兄取而代之，十年任左大臣，栗前王复任。苏我赤兄是前率身刺之弟。此前建大倭之高安城、赞吉的屋岛城、对岛的金田城。八月，天皇登高安岭，商讨修建城堡一事，但因体恤百姓疲敝，打算放弃此项工程。时人感叹天皇仁爱之德，称不应半途而废。于是，朝廷征收畿内田税，修筑城堡。到底高安、屋岛、田山三城有何方便和重要性而同时修建？其原因仍需进一步研究。高安城背靠胆驹山，是连接龙田口、宇治口、难波口的要冲。因此，朝廷在这里修建大城堡，拱卫大倭。在平城初期②，朝廷将高安城迁至胆驹山。就志贺宫而言，人们可以从此处往返宇治川至难波津，而且走湖水可以到敦贺津，进而能到朝鲜。此外，朝着美浓口方向便于控制抵御虾夷。景行天皇东征之后经此地还京。天智天皇西征之后迁都此地。在这里修建城堡是因为此地地理位置非常重要。八年己巳五月，天皇在山科野游猎。皇太弟也和内臣、群臣相随。当年秋天，内大臣中臣镰足家又打雷。到了十月，内大臣卧病在床。病情逐渐加重。天皇临幸内大臣家探病，对他的病情深感忧虑，问内大臣有何遗嘱？内大臣回答说："丧事一切从简，活着没有为军国效力，死了有何脸面劳民伤财？"过了数日，天皇派皇太弟到内大臣府上授内大臣大织冠和大臣之位，赐姓为藤原朝臣。第二天，内大臣殁，享年五十六岁。一天后，天皇驾临内大臣家，让苏我赤兄宣旨，赐予内大臣家金香炉。翌年闰九月，按照内大臣遗嘱，送终之具尽量从简。天皇下旨王公卿士都来参加葬礼，将内大臣葬于山科精舍。

中臣镰足跟随天皇去筑紫。送唐使刘德高之后，五年，跟随天皇还京，在京师逗留三年多，和天皇、皇太弟一道整顿朝政。中臣镰足就是在这一期间病死的。藤原氏起源于此时。三代之后，藤原氏集贵族权势于一家，位极人臣，获得了很大的尊荣。而后的历史焦点集中在这一家族。迄今为止，中臣镰足使国家中兴，建立了丰功伟业，荫蔽子孙。此后，中臣家族演变为藤原家族，发生了

---

① 敏达天皇的皇子。——原注
② 奈良初期。

浮沉、沿革，与之同列的贵族很少，取而代之绝非易事。要弄清楚原因尚有很大的研究余地。下面对中臣氏镰足有关的几代人的活动轨迹进行概括。该家族从上古时期开始就是辅佐皇室举行神道仪式的唯一家族。到了敏达天皇时期，此家族成为排斥儒佛的主力。从中臣胜海败亡开始，这一家族开始出现儒学人才，得到推古天皇的信任。这时，中臣家族已经开始信仰佛教，最终出了神佛儒兼信的中臣镰足。中臣镰足师事遣唐僧南渊僧请安、僧旻等。据《兴福寺缘起》记载，诛杀苏我入鹿时，中臣镰足发誓要造丈六释迦佛，据说丈六释迦佛就是其金堂的本尊。白雉四年，孝德天皇派遣唐使。其中和道昭僧一起前往的学问僧中有个叫定慧的。他就是内大臣中臣镰足的长子。安达是中臣渠每之子。据《多武峰缘起》记载，定慧就是孝德天皇的皇子，生于大化元年，跟着沙门慧隐出家。如果按照这种说法的话，定慧九岁入唐。因此，这本书很难令人相信。定慧是孝德天皇落胤之说也见诸《水镜》和《日本书纪》注释书。果真如此的话，那么他必然是孝德天皇之妃安倍氏所生。孝德天皇派道昭僧去唐朝是为了让他跟玄奘学习法相宗。定慧入唐也是为了在日本兴起法相宗。这些都是在中臣镰足的赞助下实施的。就山科精舍而言，据《兴福寺缘起》记载，中臣镰足患病，请百济的法明尼诵读《维摩诘经》，当即痊愈，因此在山阶陶原家盖起精舍，开设维摩会，以此作为法相宗大伽蓝兴福寺之缘起。定慧再次入唐，殁于唐朝。倭国闻丧，造中臣镰足公之像，同时筹措寺塔之材。当定慧遗体回国后，朝廷在多武峰上修建圣灵院，安放其像，将此作为多武峰之缘起。定慧嗣子藤原不比等是末子，尚且年幼。

在中臣镰足离世那年，朝廷任河内鲸为遣唐使入唐。唐朝派郭务琮等人来倭国答谢。九年庚午正月，大倭朝廷宣布礼仪及行路相避之礼，又禁止"诬妄妖伪"。二月，朝廷造户籍，禁止盗贼和流浪。就盗贼、流浪而言，地方地主因所得发生争执，甚至还诉诸武力，进行抢夺。这些人就是盗贼。苦于重税和徭役而脱离籍贯、依附于有势力者称为浪人。盗贼流浪变多是地方田地逐渐匮乏、生存竞争加剧的前兆。朝廷在三月山御井旁设立诸神座，班以币帛，让中臣金念祝词。后来，人们在御井修了三井寺。因为在天智天皇、天武天皇、持统天皇生下来时，人们在这口井里打水烧开，用于清洗，所以僧人圆珍将这口井命名为三井。虽说如此，三个天皇不可能出生在近江滋贺。这也属于"诬妄"之谈。十年正月二日，苏我赤兄、巨势人二臣来到殿前，奏请贺正，并请中臣金主持神事。天皇任命大友皇子为太政大臣，任命苏我赤兄为左大臣，任命中臣金为右大臣，任命苏我果安、巨势人、纪为御史大夫。六月，皇太弟奉宣[①]实行冠位法度，大赦天下。据说此法度冠位之名在新律令中有所体现，但如今已经失传。

就上面所说，据《弘仁格序》记载，"至天智天皇元年，制令二十二卷，世人所谓近江朝廷之令也"。这样一来，朝廷就颁行了《近江令》。在即位元年，《近江令》已成。在大友皇子以下，天皇任命了太政大臣、左右大臣、御史大夫。这就意味着实施了《近江令》。御史大夫就是今天的大纳言。《近江令》继承了圣德太子的冠位朝礼。在很长一段时期内，朝臣、学士对冠位朝礼制度进行研究，到这时已经成功。据《大织冠传》记载，"帝令大臣撰述礼仪，刊定律令，通天人之性，作朝廷之训，大臣与时之贤人损益旧章，略为条例：一、崇敬爱之道，同止奸邪之路，理慎着狱，德洽好生。至于周之三典，汉之九篇，无以加焉"。这些内容属于浮华不实之笔。朝廷之训是指在制定律令的同时，还要制定类似于宪法的朝廷的训诫。这些法令自此公布于世，在中臣镰足殁后开始实施。朝廷进而任命从百济归化大倭的诸臣佐平一昌、余自信、沙宅为法官大辅，任命鬼室集斯为学识头，任命谷那晋首、木素贵子、忆礼福留、答体春初学习兵法，命令日比子赞波罗、金罗金须、鬼室集信、德顶上、吉大尚学习药理，命许率母习五经，命令角福牟学阴阳。到当时为止，因为百济一直都是倭国学习大陆文明的重要"津港"，所以百济诸臣很多被任命为艺业之职。因此，当时的童谣里出现"橘枝生己枝，珠贯贯己珠"等内容。《近江令》中的官名很多和后世的有所不同。经过再次修改后，此律令演变为今天尚存的《养老令》。

四月，朝廷在新台设置漏刻。直到这时，倭国才开始打候时、鸣钟鼓。使用漏刻始于此时。据说这是天皇还在当太子时亲自制造的。圣德太子的法令第八条规定："群臣百僚早朝晚退。"而在舒明天皇时期，敏达天皇的皇子大派王大

---

① 有的书上称是大友皇子奉宣。——原注

臣劝虾夷"群臣卯时上朝,巳时退朝,以钟声为准",但虾夷不从。因此,一直到当时为止,朝廷的朝散并未规定时刻,没有规则。

从九月①开始,天皇卧病在床。十月,朝廷在大内举行百佛开光仪式,又为法隆寺的佛像奉上袈裟、金钵、象牙、沉香、旐坛以及其他珍珠宝物,但天皇的病情还是逐渐加重。皇太弟辞去储位,出家,将皇位让给太后倭姬王,想请大友皇子宣布诸政,天皇表示同意。十一月,大藏省第三仓着火,近江宫被烧毁。十二月三日乙丑,天智天皇驾崩,享年五十八岁。有的人说享年四十六岁,但按照天武天皇的寿命进行推断,这是不正确的。据《神皇正统记》记载,"天智天皇是中兴之主,国忌随时间变动,但这一点是永恒不变的"。

---

① 某些书称八月。——原注

第19章

天武天皇整顿朝纲

第1节 壬申之乱

十二月,天智天皇驾崩。第二年①,大海人皇子起兵进攻近江大内,杀死大友皇子等人,在大倭飞鸟宫即位,史称天武天皇。这场政变就是壬申之乱。关于壬申之乱,有人认为大友皇子一方是正义的。明治初年,朝廷将大友皇子追谥为弘文天皇,将他加入历代天皇之列。不过,对于壬申之乱的真实情况和是非功过,我们还有研究的余地。

搞研究本来应当顺应真理。辨别其他见解是学者的天职。学者应该禁戒以个人好恶判断是非。然而,历史事迹就是好恶聚集的仓库。其中会有个人好恶的情感起伏。因此,史学家应该常常提醒自己确认事实、认真研究真理。在确认壬申之乱的真实情况前,某些史学家只是受同情和扶助弱者等世俗情愫影响,用爱憎论来评判天武天皇。这种做法并不理智。就壬申之乱的起因而言,如前文所述,早在天智天皇在筑紫称制时就已经确定储位。天智天皇专门处理大倭政务。他有一个接近五十岁的皇叔。在实行新令时,天智天皇任命大友皇子为太政大臣,然后任命了左右大臣、御史大夫等。在处理政务时,天智天皇突然病情加重。在以往,当决定皇位继承者时,大臣等会谋划、拥立自己择定的储君,以此

---

① 壬申年。——原注

来掌握实权。自履中天皇以来，这是贵族们惯用的伎俩。天智天皇病重时正是策划阴谋的好时机。十月，天智天皇病重，派苏我安麻吕召皇太弟大海人皇子。因为苏我安麻吕是右大臣苏我连子之子，和大海人皇子交情甚密，所以在大海人皇子被领进大殿卧内时，苏我安麻吕回头提醒大海人皇子隔墙有耳且周围有阴谋者。大海人皇子这才明白过来，因而更加谨慎。天智天皇对大海人皇子说："朕有意将后事托付给汝。"大海人皇子拜倒在地说："臣多病，无法承担重任，但愿将天下托付给皇后。让大友皇子处理各种政务。臣今日出家为陛下修功德"，坚辞不受皇位。说完，大海人皇子站起来。天智天皇答应了这一请求。于是，大海人皇子立刻在大内的佛殿内剃发为僧，而天智天皇派吹田生磐赐袈裟给大海人皇子。大海人皇子收缴私人兵器藏于府库。第三天，大海人皇子向天智天皇告假，前往吉野。群臣以苏我赤兄和中臣金为首，将大海人皇子送至菟道。有人评价说群臣此举如同放虎归山。在大海人皇子前往吉野四十多天后，天智天皇驾崩。

到了十二月，在近江大内西殿的佛前，大友皇子和苏我赤兄、中臣金、苏我果安、巨势人、纪大人列坐，先拿起香炉发誓："六人应同心同德，遵奉诏书。违反者将受天谴。"接着，苏我赤兄发誓："臣等五人愿追随殿下遵奉诏书，违反者子孙灭绝，满门灭绝。"之后，中臣金、苏我果安、巨势人和纪大人逐个发誓。过了七天，六人又在天智天皇面前盟誓。一天后，天智天皇驾崩。朝廷在新宫治丧。当时已经是年末，唐使郭务悰等逗留在筑紫的大津馆。第二年三月，朝廷派阿云稻敷报丧。郭务悰举哀，进献国书、信物。当年五月，郭务悰完成使命回国。也是在当年五月，朴井雄君到达吉野，见到大海人皇子。朴井雄君向大海人皇子汇报道："我因私事到美浓时，近江朝廷命令美浓、尾张两国司征调民夫营造山陵，并且按照人头出兵。"之后，又有人向大海人皇子汇报道："朝廷从近江到大倭设置关卡，把守菟道桥梁，阻挡皇太弟从宫中运送舍人的私粮。"在派人核实后，大海人皇子发现这些情况都是事实。他认为如果自己不采取行动就会大祸临头，而他绝不可能束手就擒。于是，大海人皇子下定决心做好举兵反抗的准备。

壬申之乱的起源就是这样。自古以来，历史是重复的。绥靖天皇杀害兄长手研耳命，应神天皇杀害兄长忍熊王，反正天皇为了储君之位杀害兄长墨江皇

大友皇子

子，安康天皇杀害兄长轻太子，苏我马子弑杀崇峻天皇，不一而足。这些变乱原因各异，很难以成败论是非。关于天武天皇对大友皇子所做的事，自古以来，人们就很难判定是非曲直。在明朝时期，明太祖朱元璋驾崩，嫡孙朱允炆继位。朱允炆的叔父燕王朱棣起兵争夺帝位，杀了朱允炆而自立，史称明成祖。后人断定朱允炆是正义的。在江户初年，人们读到这段历史，认为这段历史与壬申之乱酷似，于是进行模仿，将大友皇子比作朱允炆，并因而对天武天皇大肆批判。当时的人们认为这是正义之声。然而，断定朱允炆正义本来就是明朝儒士之假声。相反，某些人认为大友皇子是正义方。他们唯一的根据是收录在《怀风藻》里的大友皇子的诗序中的小传。论者以此为根据，称天武天皇一党任意篡改《日本书纪》，遮掩己方丑恶。这是一种片面的推论，受爱憎情感左右，如今已经成为顽疾。大友皇子的诗序极其肤浅，很难让人将它当作史实对待。详情如下：

《淡海朝大友皇子》二首

皇太子者淡海帝之长子也，魁岸奇伟，风范弘深，眼中精耀，顾盼章章。唐使刘德高见面异曰："此皇子风骨不似世间人，实非此国之分，当夜梦天中洞启，朱衣老翁捧日而至，擎授皇子，忽有人从腋底出来，便夺将去，觉而惊异。具语藤原内大臣①曰：恐圣朝万岁之后，有臣滑间，然臣平生曰'岂有如此事乎'。臣闻天道无亲，惟善是辅，愿大王勤修德，灾异不足忧也。臣有息女，愿纳后庭，以充箕帚之妾，遂结姻戚，以亲爱之。年甫穷冠，拜太政大臣。总百揆以试之。皇子博学多通，有文武才干，始亲万机，群下畏服，莫不肃然。年二十二岁，立为皇太子，广延学士、沙宅绍明，塔季春初，吉太尚、许率母、木素贵子等以为宾客。太子天性明悟，雅爱博古，下笔成章，出言为论。时议者叹其洪学，未几文藻日新，会壬申之乱，天命不遂，时年廿五。"

《怀风藻》是751年写成的书，十分珍贵，比《日本书纪》成书晚三十年，因此并非古传。《怀风藻》起初记录人相，后来记录梦占。随着佛法的传播，奇异灵验之谈和祥瑞一起，很早就流传于世。作为古传，它们经常被《日本书纪》采纳，虽说如此，但舍去的部分也相当多。《怀风藻》的一些作品可以看作是其中的废纸之一。据《历史通考》记载，唐使刘德高四年九月来到筑紫，十二月回国。当时大友皇子在筑紫长津宫。《历史通考》的作者恐怕搞错了，将筑紫长津宫写成了大倭。天智天皇元年，大海人皇子被定为皇太弟，负责处理大倭政务。也是在那个时候，大友皇子梦见朱衣老翁，但中臣镰足未必曾给他圆梦。这个诗序的作者

---

① 即中臣镰足。

是天智天皇的长子，是个有资格被立为太子的人物。中臣镰足举荐子女到筑紫，而事实并非如此。这说明《历史通考》的作者在记录这件事情时认为它是发生在大倭的事情。中臣镰足的女儿冰上娘、五百重娘是大海人皇子的妃子。中臣镰足最小的女儿嫁给了大友皇子，即便如此也没有作用。中臣镰足家族的家谱中可以看到这个小女儿。但《绍运录》的其中一个版本中写道："大友皇子的女儿是意志姬王，母亲是大织冠女耳面刀自。"因为是"刀自"，即老夫人，所以大友皇子出身很低贱。这一点尚不清楚。弱冠是指不满二十岁。当时应该是天智天皇五年或天智天皇六年。当年，天智天皇从筑紫还京。有的书上写着"六年丁卯即位"。按照这一说法，那一年大友皇子被任命为太政大臣，"总百揆而试之"这句话说明大友皇子被任命为太政大臣的时间很早。《日本书纪》记载道："十年正月颁布新令，拜太政大臣。"这一点不能说是错误的。"总百揆而试之"是模仿《舜典》的浮华之辞。直到八年中臣镰足殁，皇太弟是存在的。"廿三立为皇太子"是说在中臣镰足殁后废皇太弟，立皇太子。这点令人费解。据《扶桑略记》记载，"十年十月，皇太弟入吉野的同月，立大友太政大臣为皇太子"。这个说法或许是正确的。皇太弟大海人皇子说道："嘱托太后，宣大友王。"这句话是符合逻辑的。而"立太子"则是子虚乌有的事。由此可见，《怀风藻》的小传属于肤浅的浮华之文，与史料不符，只不过是文学家鼓动笔端的小说而已，还导致了"历史混乱"。这些文字是对历史的篡改。

　　按照当时确定皇统的习惯，皇室必然立皇女为皇后，也必然立皇后所生子为太子。如果皇后无子，就要立公卿的贵女出身的妃嫔所生子为太子。我们对前后的例子进行通盘考虑就会一目了然。天智天皇的皇后是古人皇子之女倭姬王，无子。在天智天皇的四大嫔妃中，苏我远智娘是苏我石川麻吕的女儿，生下大田皇女和鸬野赞良皇女。两位皇女嫁给了大海人皇子。鸬野赞良皇女就是后来的持统天皇，生下建皇子①，但建皇子是个哑巴。鸬野赞良皇女之妹侄娘②生下两个皇女。妹妹阿部皇女就是后来的元明天皇。阿倍内麻吕之女橘娘生下两个

---

① 此处疑似有误，建皇子应是苏我远智娘所生。
② 此处疑似有误，应为苏我远智娘之妹姪娘。

皇女。苏我赤兄之女常陆娘生下一个皇女。这样一来，大臣家族的四个嫔妃都没有皇子。次一等级的忍海造之女色夫古娘生有川岛皇子，道君之女伊罗都女生下施基皇子。这两个嫔妃都是伴造之女，还算贵种。而大友皇子则是伊贺宅子所生。伊贺宅子是伊贺国山田郡司之女，以采女身份入宫。在古往今来的案例中，还没有采女所生皇子继承大统的。当时的皇胤很少，采女所生皇子继承大统也有不得已之处。而皇太弟大海人皇子与天智天皇的两个皇女结婚，又纳了内大臣中臣镰足的两个女儿，长期处理国政，非常练达，且年近五旬，尊贵耀世，在公卿中德高望重。因此，废除皇太弟大海人皇子而立采女所生皇子为太子是很难实施的。因此，大海人皇子请求天智天皇遵循皇极天皇的先例，立倭姬王皇后，任命大友皇子摄政。这属于一种斟酌形势的权变。病中的天智天皇同意了这一请求。然而，过了一个月，当天智天皇在弥留之际时，五个公卿唆使大友皇子盟誓则属于阴谋的表露。在天智天皇驾崩的前两天，在他病床前盟誓。这绝非美事。《扶桑略记》中的立太子之说纯属推测。

  天智天皇和天武天皇因镜王女不和。这属于一种"痴说"绯闻。对此，《万叶集》写道："天皇游猎蒲生野时，镜王女作歌：'茜指紫野行标野，野守之景汝可瞥，君袖飘飘奴不忘，君之内心奴猜测。'皇太弟赠答曰：'身着紫衣妹可人，不许示爱有人伦，已成人妻可奈何，吾妹可爱吾恋甚。'""人妻"是说镜王女是天智天皇的宠妃。皇太弟大海人皇子对她爱慕有加，与她有过一夜情。据《天武纪》记载，"初娶镜王女额田姬王，生十市皇女"。因此，天智天皇愤恨不已，要废皇太弟。这只不过是一种想象而已。《天武纪》中还写道："内大臣藤原卿①聘镜王时，赠内大臣歌，内大臣有答歌。"可见，镜王女是中臣镰足之妻。查一下镜王女额田姬王的履历就可以发现，上述歌是镜王女跟随齐明天皇西巡时所做的和歌。镜王女所生的十市皇女是大友皇子之妃，是葛野王之母。镜王女初婚是在二十余年前，是在孝德天皇时期，之后侍奉齐明天皇，在齐明天皇驾崩后侍奉天智天皇，是有名的歌人、才女，最终成为中臣镰足的妻子。镜王女之墓是五墓之一，是藤原不比等之母。然而，以她所做的和歌来证明天智天皇和天武天皇的不

---

① 即中臣镰足。

和纯属无稽之谈，连付诸一笑的价值都没有。据《大织冠传》记载，即位之后，当天智天皇在滨楼置酒正酣时，大海人皇子以长枪刺透地板。天智天皇大怒，将大海人皇子抓起来要杀他。中臣镰足赶忙谏阻，事情才收场。起初，大海人皇子非常讨厌中臣镰足颇受天智天皇宠爱一事，但在此之后，大海人皇子和中臣镰足走得很近。后来，从吉野逃往东国时，大海人皇子仰天叹息道："倘若内大臣[①]还在世的话，我也不至于遭此大难。"这点有思考的价值。

试想，本来天智天皇毫无废掉皇太弟大海人皇子的意思，大海人皇子也平心静气。而在天智天皇病重之后，苏我赤兄、中臣金等撺掇大友皇子，阴谋废掉大海人皇子。当时，公卿拥立天皇执掌政权已经成为习惯。中臣镰足和孝德天皇、天智天皇结亲，拥立他们登上皇位，进而执掌国政。这便是最近的明证。苏我家族的兄弟相倾始于拥立舒明天皇之时。雄正的四子名叫身刺，杀死兄长山田麻吕；赤兄撺掇有间皇子谋反，导致有间皇子被杀，这些事情说明苏我家族的兄弟属于权谋诡诈之臣。然而，首谋是中臣金。在中臣多能子的三子中，长子中臣御食子生下中臣镰足，而中臣镰足是藤原氏的始祖，提升了家族名声。中臣多能子的次子中臣国子生下中臣国足。中臣国足是大中臣氏的始祖。中臣多能子末子中臣糠子生下中臣金，是中臣糠子的长子。大概是想取代中臣镰足而将权势收揽在自己家，中臣金和苏我赤兄等勾结，有所图谋。很久以前，颇具英雄气概的大海人皇子就得到群臣认可和仰慕。而苏我赤兄、中臣金等人撺掇大友皇子搞阴谋反而使滋贺郡成为废墟，并且连自己的身家性命都不保。

潜居吉野之后，大海人皇子在近江京师的宫中以十市皇女为耳目，在外廷以苏我安麻吕为耳目。大伴马来田和大伴吹负称病不上朝，回到大倭[②]。国司及三轮氏等心向大海人皇子。太宰帅栗隈王及吉备国守也站到大海人皇子一边。到了六月，近江发兵三千至大倭。这个消息很快就传到吉野。因此，大海人皇子派村国男依到美浓，派大分惠尺到近江。二十二日，大海人皇子和妃鸬野赞良皇女及诸皇子一道从宇陀翻过伊贺来到桑名。此时，村国男依已经堵住不破关。大津

[①] 即中臣镰足。
[②] 此处似乎指领地。

皇子和大分惠尺堵住铃鹿关。大倭贵族都响应吉野。近江腹背受敌。七月二日，苏我果安、巨势人率数万之众来到犬上川滨。听说村国男依率大军从不破关出来后，营中开始骚动起来。苏我果安自杀。在大倭方面，三日大伴吹负从奈良坂杀出，被大野果安打败。大野果安一直进军至矶城郡，但京街处处防守严密，只好退兵。自此，奈良、铃鹿、犬上、诸口的战役打响。村国男依的军队在野洲河被打败，而十七日村国男依的军队破栗太，二十二日来到濑田。大友皇子和群臣在桥西驻军，进行大战。最后，大友皇子的西军大败。苏我赤兄、中臣金等违背誓言，东奔西逃。大友皇子向山崎逃去，从者只有物部麻吕一人和两个舍人，最后在山崎自缢而亡。史称弘文天皇。弘文天皇是否举行了践祚仪式尚不清楚。物

弘文天皇

部麻吕就是后来元明天皇时期的左大臣石上麻吕。"疾风知劲草，板荡知忠臣"可以用来形容此人。

大海人皇子驻跸不破宫。苏我赤兄、中臣金等人就缚，将大友皇子的首级献于营前。八月，高市皇子宣布近江群臣的罪状，将重罪的八人处以极刑，将右大臣中臣金在浅井郡田根斩首，将左大臣苏我赤兄、巨势人及其子孙以及中臣金和苏我果安的子孙流放。其余都予以赦免。自此大津宫被废。后来，高市古人感伤旧墟，作和歌唱道："风吹起涟漪，国津神在此，年久水浦荒，京师催悲思。"大海人皇子对有功者论功行赏。

九月，大海人皇子从不破关出发，途经桑名、铃鹿、阿闭、名张，回到倭京宫殿，不久迁至冈本宫，营造宫室。这就是后来的飞鸟净御原宫。第二年二月，大海人皇子即位，史称天武天皇。天武天皇立鸬野赞良皇女为皇后。鸬野赞良皇女就是后来的持统天皇。历史上没有天武天皇任命辅政大臣的记载。《怀风藻》序中写道："及至淡海先帝之受命也，恢开帝业，弘阐皇猷，道格乾坤，功光宇宙，既而以为调风化俗，莫尚于文面，润德光身，孰先于学，爰则建庠序，征茂才，定五礼与百度宪章法则，规模弘远。"这些措施不仅限于近江朝。此外，近江朝建大学诸学，制定朝礼制度，继承圣德太子的事业。净御原、藤原时期以后朝政进入整顿时期。

第2节 天武天皇整顿朝政

天武天皇在位十五年，进一步完善各种制度。通过冠位、朝礼、宪法及崇佛等措施，圣德太子使朝廷更有秩序。在此基础上，倭国进一步引进文明，培养遣隋学生、遣隋僧人，期待引进先进文明，这样才实现了大化改新，制定了《近江令》，完善了各种制度。虽说如此，要将这些制度付诸实施则还有许多重要事情要做。敏达天皇时期，苇北国造日罗献策，希望臣连百姓富饶，做到"以悦使民"。受此启发，朝廷实施了大化改新。结果王者之号与日月同辉，祖子之名与天地共存。在家天下的政权中，王名和神名对制定阶级制度、保护门阀不可或缺。

这是朝廷所认可的最重要的事情。群臣所关注者也在于此。然而，国运逐代进步，奋进不息，而人口繁衍促进了门阀的消长。与允恭天皇在世时相比，当时门阀兴替更加剧烈。

自从神武天皇奠都大倭以来，崇神天皇实现了第二次肇国，布武威于四方。直到应神天皇征服海北，世道依然属于开拓时期。以大倭为中心，门阀阶层辐辏四周。日本皇室将全国的向心力集中于大倭已经很久。大倭高原已经成为贵族的渊薮。在山河摄的平原上，臣连云集，集中在直到伊贺近江的上游地带，这是自然的趋势。大化时期，四畿的界限确定下来。前文讲过四畿土地只不过七十万町，登记在当时的田籍上的只不过五万町。收获的稻子只能养活百万人口而已。除去其他的蚕桑之利外，出于农业习惯，日本并不重视山林收益。很多山野被贵族大地主瓜分。普通的臣连只能分到河摄山的水田数町而已。以此来维持自给自足的生活者居多数。直到这个时期，在物品交易中还没有出现获取商业之利的现象。这一点是需要认真思考的。货币是贸易所必需的媒介。就货币而言，据《显宗纪》记载，"稻谷银钱一文"。大概是在将朝鲜作为属国后，日本开始使用朝鲜的银钱。时期是比较早的。到了天武天皇十二年，天武天皇下诏："自今以后，必用铜钱，不得用银钱。"然而，几天内就又恢复了铜钱、银钱并用的制度。这是因为铜钱依然匮乏，只是在难波津、桑市、海石榴市等大市场使用而已。一般情况下，人们都是带着米和锅，以布、麻、锹等为酬谢物，并饲养马匹。这些都可以在大化时期的诏文中看到。当时就是这样一个时代。当时，籍贯在畿内而在远国拥有土地并享受利益的仅限于大贵族。其他人没有任何希望这样做。因此，随着人丁繁衍，臣连百姓阶层面临的生存竞争不断加剧，只能依靠在朝廷为官来补贴生活，追求荣华富贵。这一倾向一代强似一代。日罗建议要让臣连百姓富足说的就是这个意思。要求修改大化以来的律令制度的条件以及焦点必然集中于让臣连百姓富足上。

天武天皇二年二月，天武天皇在飞鸟宫举行即位典礼，赐予有功勋者爵位。天武天皇二年五月，天武天皇下诏规定公卿大夫、臣连伴造等初入仕途者，首先从大舍人这个职位做起，然后选拔有才能者充任各类职位。另外，无论有无丈夫或年龄如何，妇女如果想入仕途，就必须经过特许，然后按照官人之例进行选考。天武天皇四年，天武天皇废除天智天皇为诸氏划分部曲的制度，收回赐予亲王、诸王、诸臣、诸寺的山泽、岛浦、坡池等。另外，在诸国征税之际，朝廷要明察百姓贫富，将百姓简化为三等。中户以下贷与生产用资料。后来史书上称之为出举稻①。出举稻是一种税赋，其中有利有弊。天武天皇五年四月，以西国为限，朝廷停止向赐给诸王、诸臣的封户征税，改变东国相应的封户。另外，对于畿内以外的人，即"外国人"，臣连、伴造及国造之子允许进入仕途，以下的庶人如果才能出众者也可以入仕，甚至连百济、高丽等的归化人也可以入仕，得到官职，直到此时才允许畿外人入仕必然有深层原因，需要进一步研究。

前文已经就内国、外国进行了论述。畿内人将畿外称作外国。畿内和畿外的区别不仅表现在仕途上，还表现在位阶上。近江新令中对此也有规定。譬如元年三月规定："内小七位、阿云连稻敷。"二年闰月规定："赠给百济沙宅昭明赠外小紫位。"四年六月规定："赠大分君外小紫位。"由这些可知，直到平城天皇初年，日本还存在着内位、外位。《养老令》以后依然存在着内外命妇。在运输不畅的物品交易时代，只有畿内人才有资格走入仕途是自然的趋势。如果户籍在畿内的话，即便是出身朝鲜者也能做官，而在此之前，居住远国的人是不允许在京师做官的。因此，走上仕途自然而然成为住在大倭、难波附近的人的特权。这和内国、外国的人在位阶上也有区别一样。然而，臣连二造②家族如果在京师有宅邸的话，子弟走向仕途并不困难。另外，因为扩大了举才的界限，最终也允许"外国人"，即畿外人为官。从经验来看，这是理所当然的，并且最终将导致消除内位、外位之别。

天武天皇五年四月，天武天皇下诏美浓国，将居住在砺杵郡的纪臣阿佐麻吕之子迁往东国，让他成为东国的百姓。天武天皇五年五月，下野国司禀奏："所部百姓遇到荒年，饥寒交迫，卖子者频出。"朝廷商议之后决定对下野国司的禀奏不予理睬。由这些例子可以看出，有势力的大族即便身处远国，步入仕途也没

---

① 出租稻谷收取利息。
② 指国造、伴造。

有什么障碍。藤原氏身居京畿,却让子弟居住远国,子弟占有土地,无论进退都能得到方便。这一现象最终导致藤原氏在全国拥有庄园。而没有势力的小家族即便在远国,遇到年景不好,也只能卖儿卖女。更何况住在畿内人口稠密地区的贫民。他们的生活困难程度可想而知。因此,京师居民为了仕途和斗升之禄而拼死竞争。这一状况已经在这一时期开始出现。大化以来,朝廷将山泽、园地、林野、岛浦等利益收归官有、国领,之后分给百姓,让他们开垦,以此致富。但即便如此,无实力者是无法实现富足梦的。结果,这些土地不久便被王公、诸臣等有权势者占据。天武天皇九年,天武天皇向百官下诏:"有利于国家、对百姓实施宽政之术者来京师,亲自陈述建议,如果其所说合理,则立为法则。"然而,根据历史记载,当时并没有出现什么好的政策。

因此,官尊民卑之风逐渐弥漫。有权势的家族越发尊大。此外,在数次立女天皇之后,导致官掖势力越来越猖獗。天武天皇八年正月,天武天皇下诏:"正月节,诸王、诸臣、百僚兄姊以上的尊亲及自己的氏长除外,不得拜贺。因母非王姓,诸王不得拜贺。如果是卑母,诸臣也不得拜贺。其他诸节也以此为准。若有犯者视情节轻重予以定罪。"天武天皇十年,天武天皇下诏:"百僚诸人恭遇官人,甚过分,有的造访其门请谒己讼,有的奉币物谄媚其家。自今以后若有此类人者,就事论事,予以量刑。"这些诏书是否真正付诸实施及弊端是否得到纠正,我们不得而知。但以此足以了解当时京师的状况。

很久以来,王公诸臣竞相争夺土地、人民。在仁德天皇时期,朝廷让秦人经营蚕桑业。臣连等大肆掠夺,将这些秦人归为己有。之后,将官民作为私民使役之风日盛。在大化改新时期,这种风气得到纠正,最终在近江朝杜绝了这种风气。但积习难改,诸国出现了很多脱籍、流浪人员。贫穷家庭看到有利可图之地就另谋新就。因此,天武天皇六年,天武天皇下诏:"将流浪者送还其本土,如果又返回该地者征收两处课役。"随着苏我氏的兴旺,汉民开始执掌苏我氏家族事务,最终弑杀崇峻天皇,并诱惑多个皇子大臣行凶作恶。天武天皇六年,天武天皇六年下诏给东汉直驹等:"汝等党族本来犯下七不可之罪。从小垦田天皇①在位时直到近江朝，常因汝等阴谋策划而发生事端。而今朕在位，本应当根据汝等所犯的大逆不道之罪而量刑。然而，朕有好生之德，不忍灭绝汉直一族，故降大恩，赦免汝等。以后如果再犯必不宽恕。"于是，天武天皇赐予倭汉直连姓。倭汉直男女皆来谢恩，对赐姓欣喜若狂。天武天皇八年，天武天皇下诏："近闻暴恶者居多，充斥巷里。此乃王卿等之过也。或闻有暴恶者，以其烦琐而忍耐，不予纠正，或见暴人而隐匿，不予制裁。苟如见闻，受到弹劾，岂非以暴恶同罪？自今以后，请勿烦倦，上责下之过，下谏阻上之暴，国家得治。"

大体而言，庶人是指不入色之百姓。大倭朝廷赐爵位，规定冠、服的颜色。百姓以下有良家和白丁之别。良家是有品位的家格，是不入色者。将一般的有姓公民称为白丁。白丁是公民，仅仅接受班田，不同于家人、奴婢等陪隶。当时，白丁中的为官者按日接受米、盐、绢、布等。日本将此作为物品交易时代的俸禄。庶人为官者俸禄很微薄。天武天皇四年，天武天皇下诏："让初位以上的百僚进薪。正月十五日，进薪之殿长七尺以上，以二十株为一担。"这一制度始于此时。天武天皇五年，天武天皇下诏诸国："禁止渔猎者设置陷阱、木笼、机关和扎枪。四月朔以后九月三十日以前不要设置陷阱。"夏秋禁止狩猎的制度始于此时，又"禁止吃牛马犬猿鸡肉，若有犯者定罪"。日本不准食肉的风俗也始于此时。这与佛教的杀生戒律有关。之后，随着人口不断增加，水田逐渐匮乏，朝廷以林野山泽之利来弥补水田的匮乏。官方征收林野山泽之利，运往京师，支付官员俸禄，维持官员生活。这样一来，内国的生活越来越俭约。赴任"外国"作国司发财致富之风也始于此时。在迁都奈良以后，此风日盛。

第3节 八姓与修改位阶制度

天武天皇十年二月，天武天皇和鸬野赞良皇女一同来到太极殿，召集亲王、诸王和群臣说："朕今欲更定律令，修改法律形式，是故与诸位臣工一起完成此事。然，陡然从事此事，有可能耽误公事，故分头进行。"之后，朝廷开始着手修

---

① 指推古天皇。

改《近江令》。天武天皇十年三月，天武天皇又临太极殿，命川岛皇子、忍壁皇子、广濑、竹田、桑田、三野的四王、毛野、三千、忌部首、阿云稻敷、难波大形、中臣大岛、平群子首等记述帝纪及上古诸事，并予以刊行。中臣大岛和平群子首亲自执笔予以记录。圣德太子最先着手这项事业。天武天皇这次是对圣德太子的作品进行修订，完成了《日本纪》①的资料筛选。到了天武天皇、持统天皇时期，朝廷让大三轮、雀部、石上、藤原、石川、巨势、膳部、春日、上毛野、纪、阿倍、佐伯、采女、穗积、阿云、伊、平群、羽田十八氏提交他们祖上的墓记。这也是为修史准备材料。到了和铜七年，即714年，纪清人、三宅藤麻吕等撰写日本国史，补修《持统纪》，与此同时，对《持统纪》进行校订。养老四年，即720年，舍人亲王再订、校注，终使《日本书纪》成书，将纪三十卷，系图一卷进献朝廷。《日本书纪》是由中臣大岛和平群子首等执笔，根据船史惠尺从苏我家取来的圣德太子的原稿而写成，完成了直到天智天皇《日本书纪》的编纂，继而在和铜年间继续撰写《天武纪》《持统纪》，经过养老年间的校订而成书。对《日本书纪》纪年进行逆推，将神武纪以后按照年月进行排序，就可以发现这必然是在天武时期进行资料筛选的，从天智天皇时期已经开始动笔撰写。天武天皇和持统天皇部分当然是补充进去的。在养老年间，《日本书纪》加入了校注，有明显的痕迹。这一点可以对照《日本书纪》一点一点检查得知。十一年，又编纂一部四十四卷。据《释纪》引用《古事记》中的《师说》所述："此书在今图书寮，其字体颇似梵语字，未知其字义所根据。"

　　从那时起，日本开始了姓氏改赐。天武天皇下诏："如有氏上未定者，定各氏上，申送理官。"天武天皇十一年，主考官仔细审查考生族姓及简历，之后应对此进行思考。"如果景迹行能很清楚，而其族姓不定者并非考选之色。"也就是说这是考课令的条件。接着，天武天皇又下诏："诸氏人等确定各氏上后申送。其眷属多者，即分家来定各氏上，申送官司。然后斟酌其情形，予以处理。因此，要接受官方的决定。不要因故排除自己家族，而轻易改姓依附其他家族。"申令发出后，官员对诸氏的情况进行考察。

---

① 　此处大概是指《日本书纪》。

到了天武天皇十三年十月，天武天皇下诏，更定诸氏的族姓，制定八色姓，以此来融合天下万姓。八姓如下：一为真人，二为朝臣，三为宿祢，四为忌寸，五为道师，六为臣，七为连，八为稻置。姓就是尸，迄今为止的尸按照古来始祖的旧例，各有异同，容易混淆。因此，综合起来，姓被分为八大类。

真人姓赐予与皇族略微疏远的家族。自古以来，这些家族地位与臣类似。经过长久的岁月，臣姓完全演变为臣下贵族。因此，天武天皇给关系较疏远的皇族赐予此姓，将他们列入后来的赐姓臣行列。被赐予真人姓的家族有十三家。详情如下：当麻公：推古天皇时期当麻公被任命为征新罗大将军，用明天皇当麻晶子①之后；守山公、路公：敏达天皇、难波皇子之后；丹比公、猪名公：宣化天皇之后，猪名又写作伟郡；三国公、坂田公、酒人公：继体天皇皇子；羽田公、山道公、息长公：应神天皇稚野毛二派皇子之后；高桥公：不详；茨城公：不详。此后，朝廷赐予天武天皇之孙长屋王后人文室真人之姓。到此截止。之后是赐予朝臣姓的例子。

天武天皇赐予京师的大贵族以朝臣姓。在此之前，朝臣姓被赐予阿倍、苏我两大臣及中臣镰足。至此，天武天皇将朝臣姓赐予与此三家匹配的大族。臣是皇别的姓尸。神别中只有穗积臣。从藤原朝臣开始，日本开启这个先例，当时对有势力的神别也赐予这个姓。按照族别叙列如下：多臣：绥靖天皇之兄神八井耳命之后；大春日臣：孝安天皇之兄天足彦国押人命之后；栎井臣：孝安天皇之兄天足彦国押人命之后，在大岗乡；大宅臣：孝安天皇之兄天足彦国押人命之后；阿部臣：孝安天皇之兄天足彦国押人命之后，在十市郡；粟田臣；小野臣；柿本臣；阿倍臣：以前所赐，开化天皇之兄大彦命之后；伊贺臣、阿闭臣：二者同族，领有伊贺国；若樱部臣：大倭十市郡若樱部；宍人臣、膳臣；苏我臣：以前所赐，开化天皇的弟弟彦太忍信命之后，武内宿祢一族三代都任大臣，一族强盛，根据地是大倭国葛城，领有高市郡苏我；石川臣：石川是苏我近支，始祖是石川麻吕；川边臣：十市郡川边；樱井臣：高市郡樱井；高向臣、田中臣：以下为苏我稻目之后；小垦田臣：小垦田臣和田中小垦田都是樱井臣近支；来目臣、岸田臣；

---

① 此处疑似有误，应为皇子。

纪臣：和苏我臣同祖，纪角宿袮之后；角臣、坂本臣；波多臣：高羽田矢代宿袮之后；林臣、波弥臣①、星川臣、道首臣：以上同族；平群臣：平群木菟宿袮之后；玉手臣：葛城袭津彦之后，本来是苏我以下八腹臣之宗家，与眉轮为党，葛城被收缴，宗家转移至平群氏，后移至苏我氏；上毛野君、下毛野君：崇神天皇的庶兄丰城入彦命成为东山都督，其后有此家族；车持君、佐味君、池田君、大野君：以上同祖；犬上君：倭建尊之子稻依别王之后；绫君：建贝儿王之后，赞吉绫君；下道君、笠臣：孝廉天皇皇子吉备稚武彦命之后；大三轮君：事代主神之后，领有大倭矶城郡三轮；鸭君：大田田根子之后，领有葛城鸭；物部连：饶速日命之后；穗积臣：领有大倭山边郡穗积；采女臣；胸方君：神代胸方三神之后，领有筑前胸方郡；藤原朝臣中臣连；山背臣：这个仍需考证。

赐予臣连家族以上的五十五氏朝臣姓。此前，大臣、大连及内臣等朝廷政要属于一等家族，地位尊贵。它们堪称国家柱石，大都在倭国要地拥有领邑，在诸国成为藩屏。其中出将入相的强势家族很多。从神别的旧家族加入此列的不过六七家。

宿袮是从神别的大族中选拔出来家族而赐予的，皇别也加入宿袮姓的行列。这和神别加入朝臣之列的做法相同。这和神别加入朝臣之列的做法相同，两姓中并非有始祖类似。大体而言，朝臣属于皇别，宿袮属于神别，都是能够撼动朝廷的有势力的贵族。将受赐宿袮的家族按照族别来叙列的话，详情如下：

大伴连、佐伯连：同族，从雄略天皇时期开始分离，此前的大连家族只有这两个，被赐予宿袮姓；尾张连：火司命之后，尾张的藩屏；伊福部连、手襁连、丹比连、靱丹比连、稚犬养连、津守连、巫部连②、若汤人连、矢集连、春米连：以上同祖；神服部连③、阿刀连、冰连、弓削连、大汤人④、额田部；阿云连⑤、海犬养连、凡海连：以上同祖；县犬养连、爪工连、田目连、山部连；委文连、美浓

---

① 也称波美臣。——原注
② 物部连的分支，伊香色雄命之后。——原注
③ 饶速日命之后，以下同族。——原注
④ 天津彦根命之后。——原注
⑤ 丰玉彦之后，住在筑紫。——原注

连；玉祖连①、中臣酒人连②、扫部连；忌部连③、土师连④；小子部连、茨田连；猪使连、新田部连；间人连、樱井田部连、忍壁连、草壁连、三宅连、狭井连、菟道连、诸会臣、漆部连。

从连家族中选出以上五十氏赐予宿祢姓。属于神别且维持了自古以来家族名声的旧家族也列入此类。其中，大伴、尾张、阿云三个家族是内外最有势力的大家族。忌部、玉祖属于琼琼杵命的五部伴绪之内。

旧家族也有被赐予忌寸姓。此外，朝廷对归化诸藩家族中的最大家族也赐予了忌寸姓，但赐予的数量很少，每十四年遴选一次，之后就终止了赐忌寸姓。被赐予忌寸性的家族有十一个，详情如下：

大倭连⑤、葛城连⑥、凡河内连⑦、山背连⑧、难波连、纪酒人部⑨、倭汉连⑩、河内汉连⑪、秦连⑫、书连⑬、大隅直⑭。

倭汉以下是藩姓。在汉、秦、书三姓中，有的家族后来被赐予宿祢姓。坂上宿祢等就是汉忌寸的支族。

道师是赐予长于诸道技术、艺术、学问的家族的姓。此前有倭书师、黄文、画师、和药师等姓。道师大概是此类姓的凡称。但并未记录其姓氏。后世之所以看不到此类姓是因为这些姓到朝廷赐忌寸姓时截止，之后情况不允许，而在天武天皇驾崩后，赐姓措施不再实施。

伴造、国造家族、直、首、使主、村主等的姓尸各种各样，因此分为臣、连、

---

① 高魂命之后。——原注
② 中臣连的分支。——原注
③ 高魂命子太玉命之后。——原注
④ 天穗日命之后。——原注
⑤ 神武天皇的功臣椎根津彦之后，被任命为倭国造。——原注
⑥ 剑根命之后，神武天皇时期的葛城国造，也称葛城直。——原注
⑦ 天津彦根命之后，也称凡河内直。——原注
⑧ 天津彦根命之后，本来称作直，天武天皇十二年改称连。——原注
⑨ 景行天皇皇子神栉王之后。——原注
⑩ 汉灵帝之后，阿知使主等称倭汉直，天武天皇十一年赐连姓。——原注
⑪ 汉灵帝之后，称西汉直。——原注
⑫ 本来称秦公或秦造。——原注
⑬ 百济王仁之后，又称书首，天武天皇十二年赐连姓。——原注
⑭ 来源不详，大概是大角隼人之宗家。——原注

稻置三类。在此之前，被赐予连姓的姓氏颇多。由臣连家族中选出一些赐予朝臣、宿祢姓。其余依然如故。稻置是赐予国造、县主、村主、仓长等的姓，但后来称此姓的家族并不多见，最终终止。这一点毫无疑问。

就八姓的改定而言，其中又加了毛野、吉备、胸方、尾张等外藩。这些家族都在大倭有采地，有籍贯。大体上，列入此类的家族籍贯都属于畿内，不包括近江、纪伊、阿波、淡路、播磨、丹波等"外国"，以外的远国更不包括在内。这一点毫无疑问。大化改新以来，大体上仅对"辇谷"阶层以下进行了整理，尚未普及日本全国。八姓的整理还未在畿内普及便终止了。分散到诸国的臣连二造的家族、其他旧姓、古老家族颇多。另外，诸部氏称百姓，出现在直到幕府时代仍然存在的古文书中。畿内之民虽然在朝廷的爵位很高，但小家小户，生活贫困。而住在诸国的百姓领地很大，生活富裕。因此，内国人在仕途上要求外任，或是贪图庄园垦田，与诸国豪族争利，从中产生了武门武家。

在改定八姓的第二年，天武天皇进一步修改了爵位称号，增加了阶级。诸王以上的爵位有六阶，每阶分为大、广，共计十二阶。诸臣为六阶，每阶再细分四阶。再将各大广进行分类，共计六八四十八阶。详情如下：

明：大一位、广一位；明：大二位、广二位；净：大一位、广一位；净：大三位、广三位；净：大四位、广四位。

以上相当于后来的品。直到此时，诸王依然很多，因此也需要很多阶级。

正：大一位、广一位；大二位、广二位；大三位、广三位；大四位、广四位。直：大一位、广一位；大二位、广二位；大三位、广三位；大四位、广四位。勤：大一位、广一位；大二位、广二位；大三位、广三位；大四位、广四位。务：大一位、广一位；大二位、广二位；大三位、广三位；大四位、广四位。追：大一位、广一位；大二位、广二位；大三位、广三位；大四位、广四位。进：大一位、广一位；大二位、广二位；大三位、广三位；大四位、广四位。

将上述和后世相比较可以发现，"正"位中有公等，"直"位中有卿，"勤"位中有大夫，"追""进"位中有士。虽然将每个位分为八阶非常烦琐，但如果不进行如此细分的话，当时四畿的贵族、官人是无法维持稳定秩序的。

持统天皇

因此，天武天皇改定朝服颜色。净位，即诸王以上着朱华。朱华称为"hanesu"，是一种绯色服装。诸臣的正位着深紫色，直位着浅紫色，勤位着深绿色，务位着浅绿色，追位着深蒲萄色，进位着浅蒲萄色。蒲萄是紫色中极浅的颜色。到了持统天皇四年，朝廷量授冠位。就朝服而言，净广二以上者着黑紫色，净广四以上者着赤紫色，正位着赤紫色，直位着绯色，勤位着深绿色，务位着浅绿色，追位着深缥色，进位着浅缥色。缥色就是蓝色。天武天皇七年，天武天皇让天下百姓穿黄衣，奴婢穿皂衣。

改制当天，天武天皇让草壁皇子着净广一服，让大津皇子着净大二服，让高市皇子着净广二服，让川岛皇子和忍壁皇子着净大三服。明位出缺。天武天皇大体上将直位以下授予诸臣。持统天皇的右大臣丹治比岛被授予正广三位，百济王余禅广被授予正广四位。这些都是最高位。天武天皇五年，天武天皇封丹治比岛五百户，封余禅广二百户，封直大一布势御主人大伴御行三百户，又赐给丹治比岛宅地四町，赐给直广以上二町，直广以下一町。对勤位以下至无位者，根据户口，上户赐给一町，中户半町，下户四分之一町。总体而言，当时，天武天皇整顿了朝政，修改了法令，对官人和畿内百姓的阶级进行了分等，制定了衣冠服色和仪式。因此，从天武天皇时期开始，京师男女的服装等多有改变。然而，礼制的根本受到财富的丰俭左右。这是不可避免的。四畿之地人口逐渐饱和，而百姓困窘者居多。朝廷根据阶级等级授予田地，赐予封户，给予宅地，减少租役，借给租稻。这些措施非常烦琐。即便如此，直属朝廷的内国生活依旧日益穷困。

第4节　迁都和开发南岛

《令义解》中省去了有关内位外位的区别的内容，但从整体脉络来看，直到后世，内国、外国之别依然存在。积习已久。以前，这一区别非常严格。天武天皇十二年的诏书中写道："诸文武官人及畿内有位人等四孟月必朝参。"持统天皇四年，朝廷向住在京师和畿内的年龄在八十岁以上的人赐稻，对百官人及畿内人长年辛劳者量授冠位。六年，朝廷采取了一系列措施，免除了畿内百姓的调役。畿内四国和其他诸国有所不同，作为朝廷的直接辖区接受统治。因此，规定八姓也只适用于住在畿内的氏族。冠位、封户、宅地的赐授也仅适用于畿内地区。这些制度虽然也在诸国实施，但虎头蛇尾，最终终止的情况很多。

就畿外的情况而言，在位阶改定之年的九月，天武天皇派五王到京师和畿内检校人夫、士兵，任命都努朝臣牛饲为东海使者，任命石川朝臣虫名为东山使者，任命佐味朝臣少麻吕为山阳使者，任命巨势朝臣粟持为山阴使者，任命参路真人迹见为南海使者，任命佐伯宿祢广足为筑紫使者。他们各带着判官一员、史一员前往巡察国司及百姓的情况。之所以北陆地区没有这一巡察使是因为北陆地区是阿倍家族的管辖地区。后来，日本也是按照巡察使、观察使的套路分为七道的。这和古代将国称作道是不同的。此前任命国司郡司之法不甚明了。因为郡的区域很窄。多数情况下，占领当地的豪族就是谱代的郡司。一个国管辖着几个郡。日本的地理适合于小范围割据。在谱代中不会产生国司这种地位的大族。因此，自成务天皇以来，国宰多从京官中任命。在古代拓殖时期，臣民聚集在国都周围，开垦占有田地，竞相争夺爵位，导致畿内人口稠密，田地匮乏。因此，这一时期人们反而向畿外发展，竞相占领土地。外放国司成为京师贵族追求财富的有力手段，任期很短更迭频繁。这给竞争此职务带来了诸多便利，但弊端很多。大化改新的诏书中提到了这一点。于是，朝廷开始派大贵族巡察国司郡司。在远国有总令所。直到大宝时期，还可以看到总领一词。总领大致就是带仗官的意思。然而，这种情况背后另有隐情，作为回京后的利润，外放国司的京官占有赴任国的膏腴一二区。这已经形成惯例。不久，朝廷发布了垦田令。自从大化时期一来，占有庄园的野心已经膨胀起来。而后经过优胜劣汰，藤原家族越发占据优势。

　　当时，朝廷专门治理畿内，将外国的治理放在次要地位。朝廷编制户籍，授班田，在征收租役、地租等方面实行减负措施。据《正仓院文书》记载，大宝二年^①的户籍账留下很多。东面有美浓、下总，西面有筑前、丰前。无论在哪里，每户百姓都称某部之姓，按照田令获得班田。社会上有人认为将班田搭配水田授予农民耕种是一个很大的误解。班田是指士族的给田，一般来讲要缴纳的租子是地租的三分之一，属于委托统治的"知行地"。整体来说，居住各国、登记在官方户籍上、称作百姓的有姓之家很多都是该乡村的土豪大地主，占据各色^②便利肥沃的土地。因此，从总收入中将纳租部分算作班田部分只不过是所谓的账面上的计算而已。地上的实际收入其实很多。因此，这一办法一直到远国都很盛行。这是理所当然的。持统天皇三年，持统天皇命令造户籍，限月追捕流浪者。当年，下毛野子麻吕请求免除奴婢六百口。持统天皇五年，持统天皇下诏："父祖之

---

① 702年。大宝是文武天皇年号。
② 寺社土地、权势的领地、国郡的支配地、封户、垦田、牧地、山野等。——原注

时所免的奴婢已经除籍，其眷属等不得说是我奴婢。"因此，畿外豪族领有的土地很广，而人民极多。种种事情可以随心所欲。这一点我们应予以注意。

打败近江朝廷后，天武天皇还像原来那样在大倭飞鸟建造宫殿，以此作为深宫大内。虽然同样是在飞鸟建造宫殿，但天武天皇遵循神武天皇修建白檀原宫以来的每代都要变换宫殿建造地址的习俗。直到神武天皇，倭国天皇已经迁宫三十四五次。自圣德太子进行国家改革以来，帝都所在地开始固定下来。推古天皇的飞鸟、孝德天皇的难波、天智天皇的志贺这三处是固定的。难波是应神天皇以来的别都，成为国家的中心港口。那里藩国的亭馆鳞次栉比。近江是景行天皇的别宫，是成务天皇的都城。天智天皇重建此都城，因为这里地形险要，从水路到敦贺，再到海北新港口，然后翻过不破关，控制东海、东山。这是因为虾夷的形势发生变化，因而开拓东北的时机已经成熟。此外，大倭京师土地狭窄，作为大国的首都是不合适的。因此，到了天武天皇时期，朝廷开始讨论建都之地。第二年二月，天武天皇派广濑王、大伴安麻吕及判官录事、阴阳师、工匠等到畿内查看可以定都之地，寻找新城之外可以作为永久都城之地，又派三野王、采女臣、筑罗等到信浓勘察地形，打算将此地作为都城。三野王等进献信浓国地图。天武天皇十四年，天武天皇让人在信浓建造行宫，想要行幸东间温泉，但没有成行而驾崩。天武天皇的意图是取代近江，寻觅景行天皇行幸的泳宫，在东山寻找方便的要地。此事虽然不了了之，但到了文武天皇时期，作为开辟岐苏路的线索也有可观之处。朝廷虽然迁都难波，但十五年阿斗连药家里失火，火势蔓延到大藏省进而导致所有官室烧毁，只有兵库职尚存。灾后，天皇住大安殿。这里应该是指飞鸟的大安殿。七月改元朱雀。此时，朝廷将宫殿改名为飞鸟净御原宫。

天智天皇七年，新罗一个叫沙门道行的人偷了尾张国热田的草薙剑，想要逃跑回国，却在半路上因风雨迷路，来到难波津，最后自首，被处以斩刑。草薙剑照原样还回宫中。到了天智天皇七年六月，天智天皇身体状况不好，敕命飞鸟寺借三宝之威祛病。天智天皇七年七月，僧正僧都等赶赴宫中，念经并占卜病情，称这是草薙剑作祟，即日到热田神社向神祇祈祷。然而，天智天皇病情还是加重，当年九月驾崩，享年六十五岁。

六月以来，天武天皇下诏："天下事情委托皇后处理。"在壬申之乱中，天武天皇和皇后鸬野赞良皇女共同谋划，终于躲过大灾大难。自那以后，鸬野赞良皇女陪伴天武天皇左右，献言献策，大有裨益。鸬野赞良皇女政务练达。在天武天皇驾崩后，鸬野赞良皇女临朝称制。鸬野赞良皇女是天智天皇的皇女。起初，天智天皇纳苏我石川麻吕之女，生下大田皇女和鸬野赞良皇女。大田皇女和鸬野赞良皇女同为皇太弟大海人皇子之妃。大田皇女生下大津皇子，鸬野赞良皇女生下草壁皇子。在壬申之乱中，大津皇子和高市皇子一起从大倭救援，堵住伊势朝明关，谒见天武天皇，而后立下很多军功。大津皇子比草壁皇子年长。大田皇女是鸬野赞良皇女的姐姐，但早逝。因此，天武天皇将草壁皇子立为东宫太子。此前有个老规矩就是在皇位更迭之际，可以让群臣拥立自己所希望的人选。让天武天皇预想不到的是，大津皇子涉嫌阴谋争夺皇位。因此，群臣将政务委托给鸬野赞良皇女。由于发生了这样的猜忌，大津皇子难保无事。十月，谋反一事果然东窗事发。大津皇子在译语田舍被赐死。受此连累的有八口音橿[①]、壹岐博德、中臣麻吕、巨势多益须、新罗沙门行心及砺杵道作等三十余人。他们都被捕下狱，但只有砺杵道作被流放，其他人都被赦免了。大津皇子有才学，爱文笔，擅长诗赋，被赐死时有临终绝句留世："金乌临西舍，鼓声催短命，泉路无宾主，此夕谁家向？"另外，在磐余池，他还留下"百传磐余池，鸣鸭今日见，吾魂隐云端"的诗句。大津皇子的妃子是天智天皇的皇女山边皇女，当时年仅二十四岁，披发跣足，奔赴大津皇子被赐死处殉情。见此场景者皆唏嘘不已。在敏达天皇驾崩后，皇子被卷进阴谋而死于非命之事依然持续着，一直到大津皇子。之后，皇子因为此类事情遭到灾祸的情况逐渐减少，直至绝迹。

鸬野赞良皇女临政，立草壁皇子为太子。三年三月，草壁皇子也薨逝。草壁皇子的妃子是持统天皇的妹妹阿部皇女，生下皇孙珂瑠。因为皇孙年幼，所以鸬野赞良皇女继承大统，第二年即位，史称持统天皇。持统天皇和阿倍皇后一同抚养皇孙珂瑠。三野王的女官县犬养三千代作为内命妇，是有名的贤女。她给

[①] 苏我氏。——原注

皇孙珂瑠当传姆，即家庭教师，后来嫁给中臣镰足①之子藤原不比等做妻子，生下橘诸兄和光明皇后，兴起了藤原氏和橘氏两个家族。后来，阿部皇女继承大统，史称元明天皇。元明天皇开启了推古天皇以来立女天皇的先例。经过皇极天皇、齐明天皇两朝，宫掖才媛辈出，最终立藤原氏之女光明皇后，通过外戚势力，藤原氏一门在群臣中独掌权力，位极人臣。这一形势的变化早在持统天皇养育皇孙珂瑠②时已经埋下了种子。

在持统天皇即位后，高市皇子辅政。高市皇子带领公卿百僚查看藤原宫的地形。这一年十二月，持统天皇行幸藤原，视察宫殿选址。藤原有允恭天皇的别宫，位于天香山以南，后来当地建起藤原氏的宅邸。这次宫殿的选址位于天香山西面的藤井原，和天香山东面的飞鸟仅仅隔着一个冈峦。自从神武天皇奠都磐余邑橿原以来，历代的宫殿多集中于高市郡的南山。历代这样做当然也有其他的原因，其一是臣民的习惯。历代从前朝开始就占卜奠都的好地方。如果没有好地方，臣民就仍然愿意留在原处。于是，朝廷将视线集中在飞鸟的西原。藤原的山阳就是吉野。当时，持统天皇频频行幸吉野行宫。柿本人麻吕的和歌中有"御心吉野国，花落知多少。秋津之野边，宫柱粗又长。百矶城宫人，船并旦船渡。舟竞夕河渡，此川无绝时。此山弥高时，泷水如珍珠。都城虽常见，无有看厌时"。游览吉野山水令大宫人流连忘返，可见吉野山水真是胜景。吉野山与熊野相连，森林幽深。吉野川流到纪伊名草郡津。漕舟上下穿梭。如果坐得习惯的话也非常便利。持统天皇八年十二月，倭国终于迁都藤原，设立造宫官。一代一迁宫的先例行将废除。到了文武天皇时期，文武天皇修建大内。到了庆云元年③，皇室扩张宫地。被划入宫中的百姓的宅子达一千五百处，但皇宫规模仍然很小。因此，过了五年，朝廷在北山的平城修建大内。

当时，海北兴起渤海国。在这一过程中，朝廷将镇抚虾夷地的事宜委托给阿倍、毛野诸藩，因此史书上没有相关记载。但有不少记载称"朝廷按照藩客之礼用酒宴招待虾夷隼人"。一直到齐明天皇时期，从虾夷地直到渡岛，朝廷都设

---

① 中臣镰足后称藤原镰足。
② 即后来的文武天皇。——原注
③ 704年。庆云为文武天皇、元明天皇年号。

有郡。一直到海峡以北都被纳入倭国统治区域。须贺君贡海带等都能说明这个问题。但虾夷依然未开化，杂居生活。生熟虾夷一面维持着旧习俗占据这里。这些人属于开拓时期的野民。就西国的隼人而言，曾于城是隼人的根据地，曾君是他们的首领。因此，朝廷依然像对待化外之民一样对待他们。朝廷在伊豫、吉备以西设置总管。西国地区也和虾夷地一样，属于边陲地区。因此，在丰前的筑城及赞吉，朝廷也设置了要塞。

自应神天皇以来，倭国和吴地的交流都要取道百济。之后，大陆地区航路逐渐开辟。早在派遣随使时期，从掖玖人的来朝中就可以看出这一迹象。之后，朝鲜的形势也发生了变化。白雉年间，遣唐使取道南岛海路，漂流到萨麻曲竹岛之门。此时，吐火罗舍卫人也漂流到日向。吐火人、罗舍卫人应该来自吕宋岛。这是有关南岛的消息首次传到日本。在唐朝灭亡百济、高丽后，要与唐朝往来，倭国就更有必要开辟南岛航线。天武天皇六年，朝廷设宴招待多祢岛人。这是多祢岛首次见诸史书。天武天皇十年，朝廷遣使多祢岛。之后，使者献上多祢岛岛图，称："该国距离京师五千余里，位于筑紫南海中。切发草裳，粳稻常丰，一种两收。土毛有支子、莞子及种种海产品很多。"支子是染成黄色的颜料。莞子是织席的材料。现在的青席在九州叫七色席，说的就是莞子。第二年七月，很多隼人来到倭国，贡上地方特产。大隅隼人和阿多隼人在朝堂上进行相扑。朝廷赐予多祢人、掖玖人、阿麻祢人禄物，又在飞鸟寺西面招待隼人等，举行各种娱乐活动。行人纷纷来看热闹。多祢岛就是今天的种子岛。掖玖岛就是今天的屋久岛。阿麻美岛就是今天的奄美岛，但在当时，从七岛到冲绳整体叫作多弥。之后，此群岛及七岛人逐渐见诸史书。这是因为开通了倭国往来吴地的航路。很久以来，作为化外之民，萨隅隼人有时归附大倭朝廷，有时住在畿内，而在本地形成不同人种的聚落，有时像藩国一样从属于大倭朝廷。到了藤原、奈良两朝之交，倭国朝廷派征夷大将军到东面开始征伐、安抚虾夷，派征隼人大将军到西面征服曾于城。萨隅和多祢岛完全纳入倭国国郡制，接受太宰府管辖。朝廷在九州三岛设司。今天的冲绳也属于多祢岛，但这件事情尚未在日本国史中找到记录。

在藤原朝的大宝时期，大化时期的律令再次修改。在养老时期，此律令又一次修改。现存的律令一般称《大宝令》，但实际上属于《养老令》①。在该律令修订期间，历史沿革相互关联，需要通盘考虑。详细情况必须在文武天皇、元明天皇、元正天皇时期的《日本书纪》中考证。不过，《日本书纪》的撰写截至持统天皇时期。本书将至到天武天皇的时期称作上古时期，然后稍微论述一下持统天皇时期的情况，以此来过渡到中古时期，以此来结束本书。

---

① 其中有后来增减的部分。——原注

后 记

第一，古代史是历史中最难写的也是最难读懂的内容之一。日本史尤其如此。这一点需要对读本书的人说明。

第二，古代史家写作时，依据的是古代的记录。对于《古事记》《日本书纪》《风土记》《氏文》《姓氏录》《古语拾遗》或古碑铭之类，就算是专攻国语汉文的名家，也还有难解之处。古代史家必须有解读这些文献的素养。古代历史记录既简单又不完善，并且混入很多荒诞不经的内容。因此，古代史家要掌握事实真相并不容易。此外，古代史家必须拥有真知灼见，从中选择可信的材料加以研究。在中国、朝鲜的古记录中，日本古代史随处可见。通过古代的遗物或者日新月异的技术，古代史家可以对其中很多误传予以纠正，但这件事说起来容易做起来难。撰写日本古代史者必须懂一些日新月异的科学，与此同时还要具备解读古记、古文的素养，此外，还要有穿透纸背的眼光和见识。这就是撰写古代史非常困难的原因所在。

第三，史家论事不允许有空论。史家所说必然有明确的证据，而古代史所依据的大体上是古代的文书。古代史既不是教科书，也不是儿童读物，虽然内容精致，但并非通俗易懂。这也是古代史不易读懂的原因所在。

第四，本书的著者久米邦武先生学识贯穿古今，眼光力透纸背。久米邦武先生的史论著作虽然没有风靡一世，但一经出版，其中倡导的新说无不引人议论纷纷。然而，斗转星移，在人心归于平静后，人们都会佩服久米邦武先生的卓识。老先生因史论而获罪被罢官,但作为史海之大家和早稻田大学的优秀讲师,尽管遭此厄运,老先生依然受到世人尊重,原因也在于此。在读本书的人中,有人因为书中内容与《古事记》和《日本书纪》的记载有所不同而不满,也有人平心静气推究书中所说是否合理。

第五,本书是严谨的著述。为了尽可能准确地阐述史实,久米邦武先生旁征博引,参考了很多古书。在引用古书中,通常的做法是统一名称。譬如,《古事记》中的须佐之男命,在《日本书纪》中则称素盏呜尊或素盏乌尊,而《出云风土记》中则称须佐乃乎神,或者将"怡土"写作"伊睹""伊都"等。有些是不得已的。如果因为文字不同而认为是不同名称实乃儿童之见。此外,在古书中,有很多字是通用的,并不区分意思,譬如"大"、"太"和"班"、"斑"等。我们不应该用今天惯用的字义来约束这些,也希望读者不要认为这是输入失误。熟悉古文的作者其文章自然带有古文调,且混杂着现代日语中不用的古语,有的还会省略送假名。这些在所难免。因此,本书的读者要仔细玩味其中含义,不要误解。

第六,本书中论及日本的原始人,说到日本、朝鲜和闽地间的联合,考证了纪元年数六百余年的错误。这些都是大问题。久米邦武先生指出,《日本书纪》中所说的素盏呜尊所在的熊成峰是今天的忠清道公州,曾尸茂梨是今天的江原道春川府牛头州,日本武尊"三叹吾嬬者耶"的碓冰岭是今天的足柄碓冰。在本书中,这些远见卓识随处可见。这些观点有的并非老先生独创,但尽管如此,本书的研究价值丝毫不减。编者[①]希望读者反复阅读此书,如果发现本书中有讹误,应堂堂正正进行讨论。著者不吝改掉其中错误之处。对此,编者确信无疑。

1907年正月

种村宗八

---

① 此处指种村宗八。